万载年鉴

WAN ZAI NIAN JIAN

(2021)

《万载年鉴》编纂委员会 编

方志出版社
Publishing House of Local Records

图书在版编目（CIP）数据

万载年鉴. 2021 / 《万载年鉴》编纂委员会编. --北京：方志出版社，2021.12

ISBN 978-7-5144-5092-7

Ⅰ. ①万… Ⅱ. ①万… Ⅲ. ①万载县-2021-年鉴 Ⅳ. ①Z525.64

中国版本图书馆CIP数据核字（2021）第276750号

万载年鉴（2021）

编　　者：《万载年鉴》编纂委员会
责任编辑：王海荣
出 版 者：方志出版社
地址　北京市朝阳区潘家园东里 9 号（国家方志馆4层）
邮编　100021
网址　http://www.zgfzcb.cn
发　　行：方志出版社图书营销中心
电话（010）67110500
经　　销：各地新华书店
印　　刷：宜春市同茂印务有限公司
开　　本：889mm×1194mm　1/16
印　　张：22.5
字　　数：522千字
版　　次：2021年12月第1版　2021年12月第1次印刷
印　　数：001～700册
ISBN 978-7-5144-5092-7　定价：198.00元

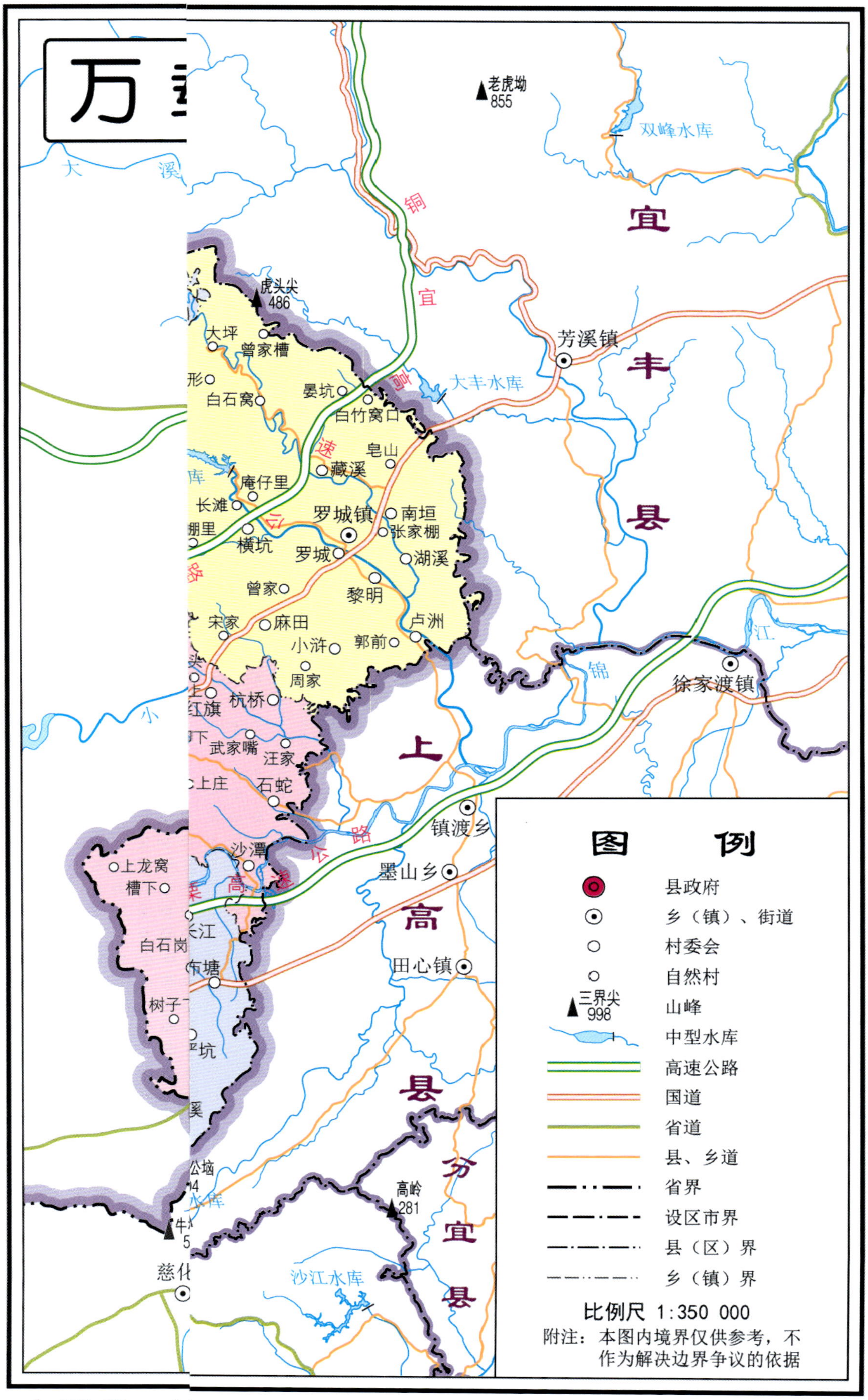

审图号：赣

江西省测绘成果资料档案馆编制

11月4日，江西省副省长陈小平（左三）考察万载县生活垃圾焚烧发电厂

12月8日，江西省副省长胡强（左五）到万载县调研脱贫攻坚和现代农业发展工作

10月，万载县领导走访慰问全县参加抗美援朝的志愿军老战士、老同志

5月29日，江西江山红花炮制造有限公司在罗城镇小浒村竣工投产

6月4日，万载县2020年生活垃圾分类和减量工作领导小组第一次会议召开，标志着万载全面启动22个居民小区生活垃圾分类工作

6月9日，江西玉春山生态农业科技有限责任公司开工庆典举行

9月6日，江西茂隆新材料有限公司在县工业园举行开工仪式

9月15日，中央广播电视总台《驴友阿凡提》剧组走进国家AAAA级旅游景区——万载古城开机拍摄

9月17—18日，省专家评审组到县中医院开展“二甲复评工作，对医院各项工作进行严肃、客观、专业、全面的大检阅”

9月21日，万载县汇鑫源礼花制造有限公司竣工典礼在三兴镇湖源村举行

9月23日，总投资额达20亿元的东方希望集团（万载）现代化生猪养殖全产业链项目在罗城镇小浒村启动开工

万载县仙源乡横岭村集中安置点贫困户喜迁新居

9月中旬，江西省首届周边县级餐饮赣菜菜品交流大会在奉新县举行

10月16日，在龙湖公园举行全县首届电商节开幕仪式

10月23日下午，中国非公医疗机构协会在上海举行“社会办医疗机构战疫纪念章授章仪式”，万载诚济医院受到表彰

10月28日，万载县举办第九届中小学生运动会。图为红旗方阵入场

11月8日，宜春市农业科学院测产专家组对万载县白良镇“亚太超精1号”超级稻示范基地进行测产验收。专家测出稻田平均亩产达到940公斤

11月8日，在南昌召开的2020江西民营企业100强峰会上，万载县喜获第四届江西省十佳优化营商环境县，江西睿锋环保公司位居全省100强民营企业第60位

11月下旬，在婺源县召开的“2020年全省‘四好农村路’高质量发展现场会”上，万载被授予全省第五批“四好农村路”示范县称号

11月13—16日，“第八届全国市县电视台、融媒体中心推优展播暨百台论融媒活动”在广州市番禺区举办。万载县融媒体中心制作并推送的作品获三个大奖，并获最佳电视栏目单位称号

12月5日，万载县红十字志愿者协会（万载县南丁格尔志愿服务队）授旗仪式举行

鹅峰乡红十字会第一届会员代表大会举行

11月16—18日，湘鄂赣边境毗邻县(市、区)政协工作研讨会第49次会议在万载县举行

12月22日，江西省天然气管网工程万载支线项目开工仪式举行

万载株潭镇株山村人周炳红参与设计运载火箭工作。图为10月4日嫦娥五号发射现场

11月底，万载县专业森林消防大队被应急部公布为第五届全国119消防先进集体

12月7日，万载县工商业联合会（总商会）第十四次会员代表大会召开

10月20日，万载县退役军人创业孵化基地揭牌

12月10日，民革万载县总支召开第四届委员会全体会议

11月20日，双桥镇绍江村被中央文明办评为全国文明村

12月16日，农工党万载县总支召开第六届委员会全体会议。会议听取和审议了总支第五届委员会工作报告，选举产生了第六届委员会委员

7月初，三兴镇湖源村潘斯圣等人自发组成党员先锋队到扶贫基地清淤、排水

2月16日，万载县扫黑除恶专项斗争新闻发布会召开

12月21日，万载县境内首个开放式国省干线公路服务区——S308万东线奇枫服务区，建成并正式投入使用

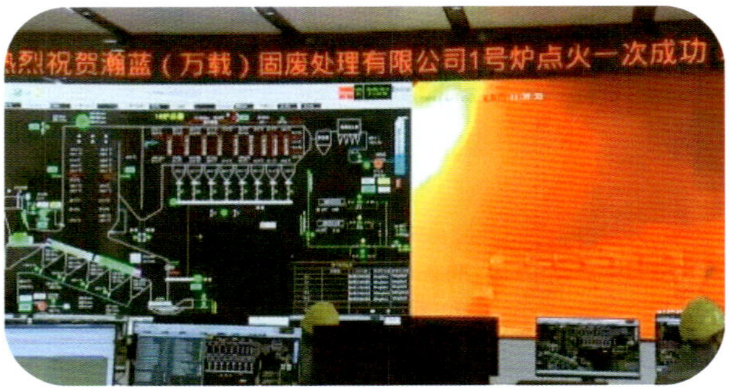

10月，投资4.09亿元的生活垃圾焚烧发电厂建成并点火运行

12月25日，浏阳·上栗·万载·铜鼓“异地通办”合作交流第一次会议在上栗县行政审批局召开

8月1日，投资1.16亿元、占地30.5亩的万载人民医院西院（株潭镇卫生院）整体搬迁

3月18日，马步乡宝石村举行党员议事日活动

2020年年底，5000平方米的县政府小游园建成开园

《万载年鉴（2021）》编纂委员会

《万载年鉴（2021）》编辑部

编辑说明

一、《万载年鉴(2021)》以马克思列宁主义、毛泽东思想、邓小平理论、“三个代表”重要思想、科学发展观、习近平新时代中国特色社会主义思想为指导,坚持辩证唯物主义和历史唯物主义的立场、观点和方法,坚持为改革开放和社会主义现代化建设服务。

二、《万载年鉴(2021)》记录了2020年万载经济建设和社会发展的基本情况。作为背景资料,年鉴内容有部分涉及2020年之外的情况;有些方面的基本情况虽然在前几卷《万载年鉴》有记载,但为了方便阅读和保持内容的完整性,仍予以记载。

三、《万载年鉴(2021)》采用类目、分目、条目三级结构层次,设特载、大事记、万载概览、文件汇编、中国共产党万载县委员会、万载县人民代表大会、万载县人民政府、中国人民政治协商会议万载县委员会、纪检监察、民主党派和工商联、群众团体、法治、军事、应急管理、基础建设、工业、农业农村、交通、金融、贸易、财政　税务、经济管理与监督、信息业、科技教育体育、文化卫生、社会事业、脱贫攻坚、乡镇、统计资料、索引类目。

四、《万载年鉴(2021)》的条目除概述或概况外,相关部分的单位资料均为动态标题,以便于突出条目信息价值和年度特色。

五、《万载年鉴(2021)》对各单位资料之间重复记述的部分,在分清主次和互相协调的基础上,采用平衡删留、详略互见、区别视角等不同的记述方法。

六、《万载年鉴(2021)》乡镇(街道)、部门、单位、企业及人物排序不分先后。合并前的相关单位内容,列入合并后的单位内容中。由于年鉴内容采写时间与统计数据发布时间难以同步，如果文中涉及的相关数据与统计数据不符，以统计数据为准。数据计量单位遵从各单位的实际工作需求，并不严格使用标准计量单位。其中，1 亩=1/15 公顷=10000/15 平方米≈666.67 平方米。

目　录

MULU　　MULU

特　载

大事记

万载概览

文件汇编

中国共产党万载县委员会

万载县人民代表大会

万载县人民政府

中国人民政治协商会议 万载县委员会

纪检监察

民主党派和工商联

群众团体

法　治

军　　事

应急管理

基础建设

工　　业

农业农村

交　通

金　融

贸　易

财政　税务

经济管理与监督

信　息　业

科技教育体育

文化卫生

社会事业

脱贫攻坚

乡 镇

统计资料

索　引

特 载

政府工作报告

——2021年2月4日在万载县第十六届人民代表大会第六次会议上

万载县人民政府县长 曾文军

各位代表：

现在，我代表县人民政府，向大会报告工作，请予审议，并请各位政协委员和列席会议的同志提出意见。

一、2020年及“十三五”工作回顾

过去的一年，是极不平凡、极不寻常、极不容易的一年。在市委、市政府和县委的坚强领导下，在县人大、县政协的监督支持下，我们团结依靠全县广大干部群众，众志成城渡难关，携手奋进奔小康，统筹推进疫情防控和经济社会发展，扎实做好“六稳”工作，全面落实“六保”任务，全县经济运行总体平稳。全年生产总值209亿元，增长3.3%；财政总收入28.63亿元，增长1.8%；规模以上工业增加值增长3.8%；固定资产投资增长7.2%；社会消费品零售总额65.47亿元，增长2.5%；城镇居民人均可支配收入32700元，增长6.3%；农村居民人均可支配收入14300元，增长7%。获评全国电子商务进农村综合示范县、全国基层中医药工作先进单位，荣获全省十佳优化营商环境县、全省“四好农村路”示范县、全省双拥模范县等称号。

这一年，我们抓实体、兴产业，在更加复杂的形势中增添了发展动能。工业加快升级。引进新能源新材料企业14家、投产4家，投资10亿元的涂联科技破土动工；建成标准厂房78万平方米，入驻电子信息和高端制造企业26家、投产8家，战略性新兴产业增加值增长15%。成立花炮产业供应链领导小组，全力推进花炮企业按国标整顿提升，获得新一轮许可颁证72家，江山红、汇鑫源等重点花炮项目竣工投产，福建百特组合烟花内筒装药自动化生产成套设备取得科技、安全“双认证”，鑫鸿源公司爆竹湿润法自动化装药设施设备取得科技认证。新增规模以上工业企业32户，规模以上工业总产值增长4.4%。农业稳步提升。新建高标准农田3.52万亩，粮食总产量26.35万吨。建设有机富硒农产品基地11.8万亩，有机农业总产值超26亿元。全县生猪存栏41.5万头，出栏38.78万头。新增中药材种植面积1.05万亩，新增稻鱼综合种养标准化面积2600亩。亚太中商万亩富硒现代农业产业园和东方希望百万头生猪养殖全产业链2个20亿元项目开工建设，国家农业绿色发展先行区建设稳步推进。服务业持续发展。成功举办首届直播电商节，入选国家“互

联网+”农产品出村进城工程试点县，完成电商交易额50亿元。万载古城被评定为省文旅融合发展示范区创建单位，创建省AAA级乡村旅游点2个，接待旅游人数909万人次，增长1%；旅游产业收入98亿元，增长0.9%。

这一年，我们勇改革、重项目，在更可持续的战略中激发了发展活力。重点改革深入推进。启动相对集中行政许可权改革试点工作，组建县行政审批局，首批划转事项215项。推行“容缺审批+承诺制”办理模式，工程建设项目审批时限由120个工作日缩减至89个工作日。深化国资国企改革，重构万投集团，组建万兴集团，成功发行10亿元企业债和14亿元项目收益专项公司债。项目建设成果喜人。引进千万元以上项目53个，总签约金额312亿元，其中亿元以上项目32个，通过省级认定“5020”项目1个。深入推进“项目建设提速年”活动，68个重大项目累计完成投资97.86亿元。全年争取各类上级无偿资金8.36亿元，增长14.8%。创新创业焕发生机。新增国家高新技术企业18家、科技型中小企业38家，花炮产业技术创新战略联盟获批省级技术创新战略联盟。建立退役军人创业孵化基地，入驻企业19家。完成技能提升培训1.03万人，发放创业担保贷款2.44亿元，带动创业8800人。

这一年，我们强功能、提品质，在更美蓝图的描绘中拓展了发展空间。城市建管有质量。实施城市功能与品质提升项目98个，完成投资56.4亿元。改造老旧小区17个，建成棚改安置房905套，收储土地3915亩。G220万载绕城段公路、宜万快速通道累计完成投资10亿元，康乐大道南延伸段、环湖南路东延伸段等道路建成通车，G320工业园段提升改造、南部新城“一纵两横”路网等项目开工建设。县城西水厂投入试运行，铺设天然气管网36公里、惠及群众1.5万户，增设停车场8个、停车位1476个。拆除违建461起1.52万平方米，新增生活垃圾分类收集亭81个，生活垃圾焚烧发电项目并网发电。乡村建设有成效。完成501个新村点建设，新建改建公厕93座，农户改厕9657户，创建美丽宜居示范线1条、美丽宜居乡镇2个、美丽宜居村庄20个。城东农贸市场、龙山夜市等村级集体经济项目完成主体工程，181个村集体经济收入均超过5万元。建设农村公路180公里，改造危桥17座，修建生命防护工程196公里。9个乡镇污水处理厂投入运营。环境整治有力度。打好污染防治攻坚战，推进环保督察问题整改，空气优良率达97.2%，主要河流断面水质达标率100%，完成2.62万亩受污染耕地安全使用及严格管控工作。人工造林2.16万亩，封山育林1.2万亩。2家矿山企业通过绿色矿山第三方评估验收。开展“零点行动”30次，关闭“散乱污”企业34家。

这一年，我们抗疫情、战脱贫，在更多殷切的期待中共享了发展成果。疫情防控稳扎稳打。面对突如其来的新冠肺炎疫情，及时启动重大突发公共卫生事件I级响应，严格落实联防联控工作机制，全县除早期报告1例输入确诊病例外无二代病例。因时因势调整防控策略，抓紧抓实常态化疫情防控，摸排监测中高风险地区和重点地区人员1806人。投入防控经费3063万元，建设核酸检测实验室2个，防疫物资储备充足。脱贫攻坚决战决胜。投入132万元购买精准防贫保险，剩余1300名农村贫困人口全部脱贫。投入扶贫产业发展资金5314万元，建设产业项目145个，发放自主发展产业奖补资金1146万元，销售扶贫产品1.54亿元。十四大扶贫工程全面推进，整改“四项保障”问题1.29万个，脱贫攻坚取得决定性胜利，得到国家和省级成效考核组的高度肯定，高村镇被推荐为全国脱贫攻坚先进集体，万载县得到市委、市政府及时奖励。城镇贫困群众脱贫解困目标如期完成。民生事业有声有色。新增城镇就业4730人，城镇就业率96.92%。建设农村幸福食堂35个，改扩建乡镇敬老院3家，2个社区居家养老服务中心投入使用。落实药品带量采购政策，中选药品价格平均降幅超70%。新招聘教师530人，龙湖实验学校投入使用，新改扩建公办幼儿园8所，新建足球场7片。医共体信息化平台建成上线，县人民医院西院完成整体搬迁，建设标准化村卫生室152所。万载花灯剧团改革全面完成。县殡仪馆和县级公墓完成主体工程，建成农村公益性墓地210处。平安社会共建共享。在全省率先开展基层应急管理人员垂直管理改革，安全生产专项整治三年行动深入推进，以对安全隐患的“零容忍”实现了烟花爆竹领域事故“零发生”。全省森林防灭火暨专业扑火队建设推进会在万载召开，县专业森林消防大队获评“全国119消防先进集体”。化解信访积案116件。纵深推进扫黑除恶专项斗争，整治重点行业领域乱点乱象问题180个，实现乡镇专职巡逻队全覆盖。

这一年，我们优服务、转作风，在更高标准的要求中优化了发展环境。政务服务出实招。全面推开乡村便民服务中心标准化建设，建成政务服务“好差评”系统。推广应用“赣服通”3.0版，办理“一次办好”事项21.1万件、“一次不跑”事项3.2万件、延时错时服务事项近2万件。网上中介服务超市上线运行，采购项目272个742.62万元。“12345”政府服务热线受理工单5903件，按期办结率99.76%，群众满意度98.58%。营商环境谋新招。派驻复工专员263人，出台优化营商环境“十不准”，实施安商“红黄榜”网络评价，推行“营商专员”和政企圆桌会议制度，为145家企业协调解决事项266项。强化银企对接，为574家企业发放“三贷一保”贷款20.92亿元。全面落实减税降费政策，为企业减负4.71亿元。作风建设亮硬招。持续推进法治政府和“五型”政府建设，深入开展“优环境、促发展”大讨论活动，出台重大行政事项决策规范性制度9项。全面推进基层政务公开标准化规范化，办理人大代表建议73件、政协委员提案145件。坚定推进政府系统全面从严治党，驰而不息正风肃纪。

与此同时，国防动员、民族宗教、外事侨务等工作取得新成效，史志档案、石油烟草、防灾气象、工青妇、残疾人、红十字会、关心下一代等事业取得新进展。

各位代表，2020年各项工作的完成，标志着“十三五”的顺利收官。回首过去的五年，我们付出的艰辛历历在目，取得的成绩可圈可点。

总体看，转型发展成效好。坚持强攻工业不动摇，“两新”产业逐步壮大，2016年以来共引进23家电子信息企业、18家新能源新材料企业，营业收入分别超35亿元、50亿元；花炮产业提质发展，企业总数由424家减少到170家，入规企业由33家增加到82家。国内生产总值突破200亿元，实现了进位赶超，三次产业结构由“十二五”期末的12.9：56.9：30.2调整为9.7：46.1：44.2。

关键是，内生动力后劲足。“十三五”期间，共引进千万元以上项目161个，总投资523.4亿元，其中亿元以上项目80个，较“十二五”增加42个，通过省级认定“5020”项目2个。工业园扩区调区获省政府批复，面积由1.07平方公里调整到6.96平方千米，获批“全国大宗固体废弃物综合利用基地”。

百姓说，城乡面貌变化大。投入62亿元推进棚户区改造，新建棚改安置房10003套；改造老旧小区19个，新修城区道路25.33千米，县城建成区增加1.7平方千米。投入7亿元完成2061个新村点建设，新建改造村组公路1887千米，拆除“三房”168.3万平方米。恒晖艺术农业景区、万载古城晋升国家AAAA级旅游景区，成功承办全省旅游产业发展大会。

务实干，人民群众福祉多。投入9.3亿元助力脱贫攻坚，36个贫困村全部摘帽退出，9637户29129名贫困人口全部脱贫，1439户2695名城镇贫困群众如期脱贫解困。新建中小学校3所、幼儿园11所，新增学位1.6万个、教师2228名；新建医院3所，改扩建卫生院8所，床位增至2698张。深入开展生态保护“四大专项行动”，获评全省生态文明示范县。打掉黑社会性质组织1个、恶势力犯罪集团1个、恶势力团伙12个，刑事拘留450人。

各位代表，奋斗充满艰辛，成绩来之不易。这些成绩的取得，是市委、市政府和县委科学决策、坚强领导的结果，是县人大、县政协和社会各界有效监督、鼎力支持的结果，是全县上下广大干部群众团结拼搏、共同奋斗的结果。在此，我代表县人民政府，向全县人民，向人大代表、政协委员、各民主党派、工商联、无党派人士、各人民团体、离退休老同志和社会各界人士，向关心支持万载发展的各界朋友，表示衷心的感谢和崇高的敬意!

在肯定成绩的同时，我们也清醒地认识到，前进道路上还存在不少困难和问题。主要是:县域经济实力薄弱，缺少重大项目和骨干企业支撑;基础设施建设、民生保障领域还有不少短板，城乡发展还需提速；少数干部干事创业劲头和能力不足,“怕慢假庸散”等作风顽疾仍然存在。对此，我们一定坚持问题导向，担当作为、攻坚克难,努力把各项工作做得更好。

二、2021 年主要工作

2021 年是“十四五”开局之年，也是中国共产党成立 100 周年，扎实做好全年工作，意义重大,影响深远。

今年政府工作的指导思想是：以习近平新时代中国特色社会主义思想为指导，全面贯彻党的十九大和十九届二中、三中、四中、五中全会以及习近平总书记视察江西重要讲话精神，深入落实省委“创新引领、改革攻坚、开放提升、绿色崛起、担当实干、兴赣富民”二十四字工作思路,紧扣市委建设“综合实力强市、绿色发展大市、文明幸福城市”目标,立足新发展阶段,贯彻新发展理念,构建新发展格局，扎实做好“六稳”工作、全面落实“六保”任务，担当实干、务实创新、锐意进取，确保“十四五”开好局,以优异成绩庆祝建党 100 周年。

总体要求是：坚持以党的建设为统领，坚持稳中求进工作总基调，巩固拓展疫情防控和经济社会发展成果。坚定不移主攻、强攻工业，坚定不移推动乡村振兴和城市品质提升，坚定不移增进民生福祉，更好地统筹发展和安全、环保的关系,按照“融入宜春、聚力园区、双城联动、特色彰显、宜业宜居”的工作思路,全力实现工业强、城市美、生态优、民生好新目标。

主要预期目标是：生产总值增长 8.2%，财政总收入增长 6.5%，一般公共预算收入同口径增长 5%,规模以上工业增加值增长 8.7%，固定资产投资增长 8.8%，社会消费品零售总额增长 9.5%，实际利用外资增长 6.5%，城镇居民人均可支配收入增长 8%,农村居民人均可支配收入增长 8.5%,居民消费价格总水平涨幅控制在 3%左右,城镇登记失业率控制在 4.5%以内,节能减排完成市下达任务。

围绕上述目标，重点要抓好以下六个方面工作：

(一)坚持工业为重,加快转型升级新步伐。

快速壮大新兴产业。加快发展新能源新材料产业，以新能源新材料产业园为载体，推动正鼎新材料、涂联科技等项目建设,扶持南氏锂电、睿达新能源等企业做大做强,力争营业收入达 58 亿元。大力发展电子信息产业,以高新技术产业园和 85 万平方米标准厂房为载体,加快南极光电子、华瑞新能源等项目建设，支持声佳电子、昌圣电子、华尔升科技等企业快速发展，力争营业收入达 40 亿元。稳步发展安全环保产业，以全国大宗固体废弃物综合利用基地为载体，推动大宗固体废弃物交易及检测平台建设,加快金隆铜业、红狮环保等项目落地,力争落户企业 2 家。同时,加快万申机械、万工铝业等项目投产,统筹推动医药、新型建材等产业持续壮大。

提质发展花炮产业。全面完成落后烟花爆竹企业整顿退出工作,加快推进国标整改工作,力争新一轮许可发证企业达到 170 家。加强新工艺、新产品、新技术、新机械的研发、应用与推广,推进烟花爆竹 1.1 级工序“机器换人”进程，推广应用爆竹湿润法自动化装药技术。成立烟花爆竹产业发展服务中心，加强花炮商会建设,启动花炮大厦建设。成立烟花爆竹贸易有限公司，试行花炮产业供应链金融，有效解决企业发展资金短缺问题。

加快培育重点企业。实施企业梯次培育计划,围绕“个转企、企入规、规转股、扶上市、育龙头”的企业成长路径，力争新增规模以上工业企业 20 家、“专精特新”企业 10 家。推动亚太科技、联陆生物等现有企业技改扩产，助力企业升级发展。加快南氏锂电、睿锋环保等企业上市进程，力争新增股改企业 2 家。

聚力工业园区发展。深化园

区体制改革，对工业园区管委会实行独立的财政管理体制，加强园区班子和干部队伍建设。按照“应赋尽赋”的原则，实施全链审批赋权，把最大的权限授予园区、把最优的政策聚于园区、把最强的力量配给园区。加快高新技术产业园“两桥三路”、工业园污水处理厂二期及污水管网建设。完成园区主要道路的黑化、绿化、亮化改造工作，推动铂瑞热电联产项目达产见效，提升水、电、气、路等生产要素保障水平。加快标准厂房配套生活设施建设。开展“三清”工作，盘活园区存量土地资源。完成化工企业“一企一管”建设，争取成功申报省化工园区。探索推进应急环保产业园建设，打造安全绿色发展示范区。

（二）坚持产业为基，开拓乡村振兴新局面。

振兴乡村产业。稳定粮食生产，建设高标准农田3.5万亩，推进山塘等水利设施建设，力争粮食播种面积达76万亩，土地流转率达60%以上。抓好生猪复产增养，快速推进投资20亿元的东方希望百万头生猪养殖全产业链项目。建设现代物流产业园，加快市场要素聚合，构建集种养技术、检验检测、金融支持、冷链物流、销售渠道于一体的农业产业平台。打响有机富硒品牌，加快推进恒晖大农业、亚太中商万亩富硒现代农业产业园等项目建设，新建有机富硒农产品生产基地3.2万亩，培育有机富硒产品116个，打造健康食品产业示范区。发展乡土特色产业，推动油茶、龙牙百合、“三黑一黄”特色养殖、“三子一壳”道地中药材、稻渔综合种养等产业快速发展。实施休闲农业和乡村旅游精品工程，打造省A级乡村旅游点2个以上，启动仙源红色小镇规划建设。因地制宜发展壮大村级集体经济，确保城东农贸市场、龙山夜市等项目开业运营。推进国家农业绿色发展先行区建设，创建国家农村一、二、三产业融合发展试点示范县。

实施乡村建设。按照“尊重村民意愿、先试点再推广”的原则，科学规划村庄建设。开展农村违规建房清理，坚决遏制农村乱占耕地建房行为。深化农村人居环境整治，实现城乡环卫一体化运营。加快城乡供排水一体化建设，建成5个乡镇污水处理厂。开展“文明村镇”“文明家庭”创建，丰富群众精神文化生活。加强乡村治理，注重发挥村民理事会作用，树立乡村文明新风。

优化乡村生态。强力推进森林督查整改和森林保护工作，实施封山育林1.3万亩、人工造林1万亩。推进绿色矿山建设，完成矿山修复700亩。深入推进“河长制”工作，全面开展锦江流域生态环境治理，关停环保不达标的小型造纸厂4家。大力开展农业面源污染治理，深入实施畜禽粪污资源化利用整县推进项目和农药化肥减量行动，抓好受污染耕地安全利用。推进环保督察问题整改落实，巩固污染防治攻坚战成果。

（三）坚持品质为先，展现城市提升新风貌。

新城建设大提速。加快推进“多规合一”，完成国土空间规划编制，力争新增建设用地规模5平方公里。完成第三期3166户棚户区改造，加快安置房建设，收储土地5000亩。快速有序一体推进南部新城基础设施和公共服务配套设施建设，启动“三馆合一”“两校两中心”、学校、医院等规划选址，推进布城水系连通及水环境综合治理工程和华润万家综合体等项目，完成G220万载绕城段公路改建、宜万同城快速通道和“一纵两横”路网工程，建成中心城区备用水源工程和省天然气管网工程万载支线项目。

老城功能大提升。开展社区综合服务中心建设试点并逐步推广，构建以社区为最基本单元，集社区综合服务、户外休闲、文化体育为一体，有场所、有人员、有活动的城市生活圈。按照“双降双增”原则，持续抓好老城区功能与品质提升，改造11个老旧小区，新建110千伏东门变电站，完成谢灵运路、万根竹路、东大路西段、沿河东路北段、阳乐大道北延伸段、城北佳园周边路网等道路建设。推进智慧停车场建设，新增停车位约600个。启动第二污水处理厂建设，铺设污水管网13.4千米，推进污泥和厨余垃圾处理。修复城市生态，建设城市绿道17.8千米。

城市管理大提质。启动集智慧政务、智慧管理、智慧生活“三位一体”的智慧城市体系建设,提升城市精细化管理水平。加快推进划行归市,做好做活餐饮经济、娱乐经济、夜间经济,全面推动文旅、运动和养老服务产业发展,打造具有万载地方优势和特色的都市娱乐休闲业态聚合区。启动“国家卫生城”创建工作,开展“示范街道”建设,加强占道经营、建筑渣土等专项治理,持续抓好垃圾分类工作,引进1家建筑垃圾处理厂。严厉打击违法违章建筑,全面遏制新增违法建设。

(四)坚持项目为王,积蓄赶超发展新动能。

提升招商实效。聚焦新能源新材料、电子信息、安全环保、烟花爆竹等主导产业,充分发挥中介招商、以商招商作用,大力实施产业链招商。瞄准“头部企业”,坚持招大引强,力争引进亿元以上项目27个、“5020”项目2个。大力组建外埠商会,积极开展“万商返乡”活动,引导万商回归投资创业,切实让万商愿意回、落得下、稳得住、有前景。

加强要素保障。实行“拿地就开工”建设机制,推行“容缺审批+承诺制”服务,强化签约项目落地转化。加大批而未用土地消化力度,积极向上争取用地指标,力争完成土地开发4000亩、增减挂钩600亩,保障重大项目用地需求。筹划产业发展基金,鼓励金融机构创新金融产品,力争新增贷款30亿元。深化校企合作,开展职业技能培训7000人。科学编制“十四五”规划,抢抓国家政策“窗口期”,做好重点项目储备,全力跑项争资。

优化营商环境。出台《万载县损害营商环境责任追究办法》,规范界定政商交往正负面清单。常态化推行政企圆桌会议制度,建立企业诉求“一把手”负责制。完善“营商专员”入企帮扶机制,抽调科级以上干部“一对一”帮扶重点企业。持续推进降成本优环境专项行动,设立惠企政策兑现代办窗口,全面落实减税降费政策。优化安商“红黄榜”网络评价制度,选聘20名营商环境观察员,推行优化营商环境公开承诺制。

推动改革创新。全面完成事业单位改革。深入推进“放管服”改革,抓好“一次不跑”改革,完善“一窗受理”平台运行机制。改革矿产资源管理,持续壮大万投集团和万兴集团资产总量,力争万兴集团信用等级达到AA。提升株潭镇的区域中心镇地位,支持西部乡镇建设赣湘边发展先行区。加大科技创新投入力度,力争新认定高新技术企业15家,入库国家科技型中小企业60家,新增市级以上科技创新平台2个。

(五)坚持民生为本,创造幸福美好新生活。

抓实民生保障惠民。保持现行脱贫攻坚政策的延续性,继续购买精准防贫保险,全面构建防范致贫返贫风险的长效机制;在产业扶贫、就业扶贫、消费扶贫上持续发力,推进脱贫攻坚与乡村振兴有效衔接。做好退出花炮企业劳动力转岗就业工作,新增城镇就业5850人。开展全民参保计划扩面专项行动,基本养老保险新增扩缴4000人以上。开展根治欠薪专项行动,稳步提高困难群众基本生活保障水平。

优化公共服务利民。慎终如始抓好常态化疫情防控工作,提高应对突发公共卫生事件能力。深入开展“健康万载”行动,加快县中医院综合大楼建设,探索推进医联体建设和乡村卫生一体化管理,支持民营医院发展。加快推进县五小、县六小新建,完成县三中改扩建,启动老城区两所小学规划布点,建设公办幼儿园13所,新增学位5200个,净增教师不少于260名。支持和规范民办教育发展,推进职业教育融合创新。开工建设S222万载高村至三兴公路改建工程,完成滽源至界岭县道升级改造和3条专项公路改建,建设农村公路50千米,新建桥梁5座、改造危桥5座,争取将S308(原万上线)升级为国道。提升改造2所乡镇敬老院,构建以社区养老为核心、居家养老为主体、机构养老为支撑的养老服务体系。完成县级殡仪馆及公墓新建并投入使用。

创新社会治理安民。持续开展安全生产专项整治三年行动,压紧压实各方安全生产责任,全力做好安全隐患排查治理工作。从严开展安全生产监管执法,健全联合“打非”机制,坚决落实闭环监管办法,筑牢安全防线。积极配合全国烟花爆竹安全发展先行区建设。强化初次信访办理,推进重复信访专项治理。实施“八五”普法,加快“平安乡村”视频监控建设,深入开展“五员联动,共创平安”活动,完善社会治安防控体系。推进市域社会治理现代化试点,构建扫黑除恶专项斗争常态化机制。

各位代表,我们按照“群众提、委员议、代表定、政府办”的要求,梳理了群众关切的14项民生实事,提交各位代表审议票决,确定今年重点实施的12项民生实事。我们将细化任务清单和责任清单,坚决把实事办好、把好事办实。

(六)坚持务实为要,树立五型政府新形象。

保持政治定力。深学笃行习近平新时代中国特色社会主义思想,增强“四个意识”,坚定“四个自信”,做到“两个维护”。牢固树立“讲政治、顾大局”的规矩意识,确保上级党委、政府和县委的各项决策部署落地见效。始终坚持以人民为中心的发展思想,着力解决群众身边的操心事、烦心事、揪心事。

增强实干魄力。推动“五型”政府建设走深走实,增强政府系统广大干部的实干本领,着力提高解决实际问题的能力水平。深入推行“一线工作法”,做到问题在一线解决、矛盾在一线化解、责任在一线落实,确保各项工作有力有序有效推进。

提升廉政能力。强化法治意识,推进政务公开,自觉接受人大法律监督和政协民主监督。严格执行中央八项规定及实施细则精神,深入整治“怕慢假庸散”作风顽疾,力戒形式主义、官僚主义。坚决守住廉洁从政底线,坚决整治群众身边的不正之风和腐败问题,推动政治生态持续向上向好。

各位代表,实干开新局,奋斗谱新篇。让我们高举习近平新时代中国特色社会主义思想伟大旗帜,在县委的坚强领导下,解放思想、开拓创新,锐意进取、真抓实干,加快推进万载高质量跨越式发展,以优异成绩向建党100周年献礼!

名词注释

1. “六稳”:稳就业、稳金融、稳外贸、稳外资、稳投资、稳预期。

2. “六保”:保居民就业、保基本民生、保市场主体、保粮食能源安全、保产业链供应链稳定、保基层运转。

3. “容缺审批+承诺制”办理模式:项目单位申请办理审批事项时,在具备主审材料但暂时缺少可容缺报审材料的情形下,经项目单位自愿申请、书面承诺按照规定补齐,审批部门可以先行办理。

4. “5020”项目:国家级开发区和省级开发区每年分别至少引进一个投资超50亿元、超20亿元的产业项目。

5. “一纵两横”:环湖南大道、康南路、龙湖路。

6. 十四大扶贫工程:结对帮扶、资金绩效、教育扶贫、健康扶贫、社会保障、基础设施、就业扶贫、产业扶贫、村庄整治、生态扶贫、危房改造、易地搬迁、精神扶贫、残疾扶贫工程。

7. “四项保障”:义务教育、基本医疗、住房和饮水安全保障。

8. 药品带量采购:在药品采购过程中开展招投标或者谈判议价时,要明确采购数量,让企业针对具体的药品采购数量进行报价,将药品采购价格与采购数量挂钩,采购量越大,药品单价越便宜。

9. 医共体:以县级医院为龙头,整合县乡两级医疗卫生资源,形成一个医疗体系,最大化发挥资源优势和技术优势,逐步提高县域医疗卫生服务质量。

10. 安商“红黄榜”网络评价:由100家持票企业对64个职能部门和要素单位在“智慧万载”APP上进行网上投票,对服务满意的单位,投“红牌”;对服务不满意的单位,投“黄牌”。

11. “三房”:农村空心房、危旧房、违章搭建房。

12. “四大专项行动”:天然阔叶林保护、水库退养、畜禽养殖污染防治和矿山整治。

13. 供应链金融:银行围绕核心企业,管理上下游中小企业的资金流和物流,并把单个企业的不可控风险转变为供应链企业整体的可控风险,通过立体获取各类信息,将风险控制在最低的金融服务。

14. “专精特新”企业:具有

“专业化、精细化、特色化、新颖化”特征的企业。

15. “三清”:土地使用税清收、闲置低效用地清理、标准厂房内未履行合同的项目清退。

16. “三黑一黄”:黑山羊、黑兔、黑猪、康乐黄鸡。

17. “三子一壳”:黄栀子、吴茱萸子、车前子、枳壳。

18. “多规合一”:将国民经济和社会发展规划、城乡规划、土地利用规划、生态环境保护规划等多个规划融合到一个区域上,实现一个市县一本规划、一张蓝图,解决现有各类规划自成体系、内容冲突、缺乏衔接等问题。

19. “三馆合一”:图书馆、文化馆、博物馆。

20. “两校两中心”:党校、进修学校、妇女儿童活动中心、青少年活动中心。

21. “双降双增”:“双降”指降容积率、降人口密度,“双增”指增绿地、增城市功能,旨在为城市“留白”,留下更多的空地建绿地、公园、休闲场所等。

22. 土地增减挂钩:城镇建设用地增加与农村建设用地减少相挂钩,依据土地利用总体规划,将若干拟整理复垦为耕地的农村建设用地地块和拟用于城镇建设的地块等面积共同组成建新拆旧项目区,通过建新拆旧和土地整理复垦等措施,在保证项目区内各类土地面积平衡的基础上,最终实现增加耕地有效面积。

23. “五员联动,共创平安”:组织政法干部、乡镇干部、派出所民警、平安志愿者、网格员组成204个平安建设团队,深入全县204个村(社区),当好平安建设工作的指导员、宣传员、调解员、督导员、信息员。

大事记

1月

月初，万载县市监局城镇分局局长李伟建获“全国市场监管系统优秀基层工作者”称号，江西省仅2人获此殊荣。

月初，郭桃平2019年因连续保障飞行安全、为部队建设作出重大贡献，立二等功。

5日，省残联理事长何剑锋到万载走访贫困残疾人。

7日凌晨，万载县城遭遇大风天气，马路中间护栏与行道树被大风吹倒吹断无数，上午10点左右，城区天气逐渐转晴。

8日，万载县红十字会举行揭牌仪式，标志着县红十字会组织机构从卫健委分离正式独立开始运作。

8日，“万名文艺家下基层——江西省文联系统名家讲堂”“文艺轻骑兵”走进万载，中国作家协会会员罗张琴到万载县图书馆三楼主讲，结合她自己近年发表在《人民日报》《光明日报》《散文》《江西日报》的散文畅谈如何写好散文。此次散文创作讲座由万载县文联、万载县作家协会联合主办，万载县图书馆协办。

20日，万载县召开全县组织系统自身建设工作推进会，各乡镇（街道）组织员、组织干事，县委各部门、县直各单位分管组织人事工作领导及县委组织部全体机关干部职工参加会议。

20日下午，由赤兴乡皂下村主办的2020年“村晚”文艺会演在皂下村文化技术培训中心浓情上演，为村民们献上了一份别样的文化“年货”。舞蹈、戏曲、小品、歌曲演唱等精彩节目轮番上演。

21日下午，万载县召开驻外流动党组织、驻外招才引智工作站负责人座谈会，全县各流动党组织负责人、招才引智工作站站长等参加会议。座谈中，各流动党组织负责人及工作站站长分别就过去一年的工作开展情况做汇报，并畅谈新年工作打算。

24日，万载县新型冠状病毒感染的肺炎疫情防控指挥部针对国内部分省市陆续发生新型冠状病毒感染引起的肺炎病例，通过万载发布微信平台发出《致全县人民的一封信》，要求民众近14天有来往武汉等疫情地区的人员，请配合逐一登记建档，接受体温监测，同时自觉待在家里，不外出，不参加聚会，有发热、咳嗽、气促等急性呼吸道感染症状的，请立即拨打120急救电话（或与当地卫生院联系），到定点医疗机构——万载县人民医院诊治，不要自行开车或乘坐公交工具前往就诊，并要求注意个人卫生，勤洗手，戴口罩，不随地吐痰，保持室内空气的流通，养成良好的公共卫生习惯，避免接触和食用野生动物。

25日，县委、县政府领导分别奔赴全县新型冠状病毒感染的肺炎疫情防控一线，督查指导疫情防控工作，看望慰问一线工作人员。

25日，万载县人民政府发出暂时关闭全县活禽交易市场通告。县民政局婚姻登记处同时发出取消结婚登记高峰日登记通知。

26日，中共万载县中医院党总支发起组建“中医院抗击‘新冠肺炎’志愿者服务队”的倡议，有86人加入志愿队，其中党员38人，团员及干部职工48人。

26日，万载县新型冠状病毒感染的肺炎疫情防控应急指挥部为有效切断病毒传播途径，发出通告，从即日起取消全县一切群众性集会活动，所有娱乐场所暂停营业，公共场所关闭，严禁举办婚宴、寿宴、庆典等聚会，按属地管理原则，各地要严密组织管理外来人员，此后全县城镇、乡村实施设卡封路，对进出人员测量体温，要求办理相关手续。

27日，万载县新型冠状病毒感染的肺炎疫情防控应急指挥部发出暂时停运全县客运车辆通告。

28日，万载县红十字会积极应对新型冠状病毒感染的肺炎疫情，从即日起依法开展募捐，接受国内外组织和个人的捐赠。

29日，万载县下发江西省教育厅《关于2020年全省春季学期延期开学的通知》，要求全省各级各类学校春季学期2月17日前不得开学，具体开学时间将根据疫情防控形势研判后另行通知，未获得具体开学时间通知前任何学校不得提前开学，所有学生不得提前返校。要求相关部门在开学前开展专项督查，逐校逐园检查防控工作预案落实情况，确保研判到位、责任到位、措施到位、人员到位和物资保障到位。

31日，县人大代表、万载县禧泰花炮制造有限公司总经理钟水红向基层防控一线捐赠口罩20000个，其中捐赠马步乡4000个。

下旬，非公经济企业已成为推动万载经济社会发展的重要力量，2019年，全县个体工商户已达到20799户，非公企业达6044户，规模以上企业个数为186个。全县非公有制经济实现增加值142.53亿元，非公有制经济增加值占地区生产总值的比重为70.12%，对地区生产总值的贡献率达到69.9%。

2月

2日，万载人大代表、政协委员纷纷助力防控疫情。其中，县政协委员、江西源禾农业发展有限公司董事长兼总经理李华兴向万载县红十字会捐赠价值2.3万元的大米5000公斤，由县新型冠状病毒感染的肺炎疫情防控应急指挥部统一调配，根据实际情况，分发到县人民医院、县中医院和马步、鹅峰、株潭等乡镇疫情防控卡口，助力打赢疫情防控阻击战。

4日，万载发布微信平台从即日起开设“短视频”专栏，不定期推送由万载人制作的短视频，大力宣传万载在近期防疫工作涌现的精彩、感人瞬间，此后播发《仙源防疫客家山歌》《康乐街道防疫“三句半”》《岭东手语舞》《马步花灯戏：齐心抗疫》《茭湖乡上峰村防控疫情宣传短片》《双人花灯戏：定把那冠状病毒一扫清》《人社局：疫情防控顺口溜》《单人花灯戏：战疫》《三句半：众志成城抗疫情》，及其他抗击疫情歌曲，大力弘扬万载特色文化，凝聚起强大的抗疫宣传力量。

8日，万载县3个高速路口收费站开始对非本地牌照、户籍人员车辆实施劝返。

9日，黄茅镇光明村出现全县首例新型冠状病毒感染的肺炎确诊病例——王某某。光明村党支部书记张金海带领村两委干部吃住在村，通过微信发布《告光明村全体村民书》，对全村防疫工作进行了再部署，明确近期重点，告诫村民要注意做好自我防护，并组织力量为村民进行物资采购，安排全村接受捐赠物资的分发事宜。

10日，万载发布微信平台发布万载首例确诊病例患者——王某某返乡活动情况，稳定民心。

10日，万载县人民法院、万载县人民检察院联合发布《关于依法严厉惩治涉疫情违法犯罪行为的通告》。

10日，万载教体系统积极响应教育部“停课不停学”相关倡议精神，全县各学校积极依托学校党组织，规划线上学习方案，精心开始线上教学，做到抗疫促学不停步。

10日，万载县公安局双桥派出所依法抓捕在抖音上发布双桥镇黄源村有一例感染肺炎的虚假视频发布者辛某圣。警方提醒民众，网络不是法外之地，在网上发布信息言论，应遵守法律法规，对于编造、传播、散布谣言，扰乱社会秩序的违法行为，警方将依法查处，绝不姑息。

中旬，国家林业和草原局公

布第二批国家森林乡村认定名单，万载共有11个村庄榜上有名，分别是马步乡寨下村、高村镇大坳村、高村镇黎源村、高村镇歧源村、高村镇同心村、罗城镇横坑村、罗城镇藏溪村、白水乡槽岭村、仙源乡乐坪村、仙源乡仙源村、茭湖乡谢溪村。

中旬，钟瑞斌、龙瑞清、邓鑫、钟敏、田贵平、刘艳清等6名战斗在抗击疫情一线的工作人员向党组织递交入党申请书。

15日，万载县诚济医院组织一支医疗队前往武汉市汉阳医院抗击新冠肺炎。

20日，万载县新冠肺炎疫情防控应急指挥部发出《致万载县人民群众的一封信》，指出万载战“疫”取得阶段性胜利，要求万载民众在春回大地阳光明媚之际，千万不能麻痹与大意，牢记不串门、不聚集、不聚餐、少外出，戴口罩、勤洗手、勤通风等防护措施。

26日，江西省卫健委和宜春市卫健委通报，2月25日0时至24时，宜春市无新增新型冠状病毒肺炎确诊病例，新增治愈出院病例6例，其中万载县确诊的1例病患已治愈出院。万载此患者为王某某，40岁，黄茅镇光明村人，在武汉市务工。2月7日，因咳嗽4天等症状入院隔离治疗。2月9日，转入宜春市人民医院治疗。

下旬，万载县在园区举办两场“万载县工业园区企业用工专场招聘大会”，两天共有118家企业和9500多名农民工参加现场招聘活动，现场录用2595人。

3月

7日，万载专门举办带贫困户到公司找工作的点对点精准就业招聘会。150多名贫困户在各乡镇分管领导的带领下，先后到声佳实业、昌圣科技、剑发铝材、瑛维箱包等公司应聘。

16日，万载县召开决战决胜脱贫攻坚春季集中行动部署会。会上对决战决胜脱贫攻坚春季集中行动方案进行解读，着重对春季集中行动任务清单、政策清单进行细致解读，要求做好“1123”工作，即做好一宣讲：“集中宣讲教育”；一摸准：“摸准兜底保障贫困户”；两落实：“落实就业扶贫、落实产业扶贫”；三整改：“整改住房安全问题、整改饮水安全问题、整改干部帮扶问题”工作。

19日，县委理论学习中心组开展集体学习。县领导及县委理论学习中心组全体副县级以上领导干部参加学习会，主要学习中共中央政治局常务委员会会议精神和习近平总书记在湖北省考察新冠肺炎疫情防控工作时的重要讲话精神、习近平总书记对全国春季农业生产工作作出的重要指示，以及中共中央办公厅印发的《纪检监察机关处理检举控告工作规则》通知。

24日，万载县与江苏省建集团正式签约，大九龙、竹山洞康养旅游项目成功落地。大九龙国际生态康养旅游度假区项目总投资约20亿元人民币，该项目将按照按国家级休闲度假区和国家AAAAA级景区标准建造；天马山（竹山洞）旅游度假区开发项目总投资约10亿元人民币，该项目将按照AAAAA级旅游景区和智慧旅游景区标准进行项目建设、运营，用发展旅游的理念把旅游新的“商养学闲情奇”六要素和养生休闲度假高度融合，将度假区打造成以养生养老、休闲观光、养心养性、强身健体、文化体验、科学普及等并重的世界级养生休闲度假胜地。

25日下午3点多，邬辉、胡思敏、黄佩、唐海洋、胡新梅等5名万载驰援武汉医疗队天使在武汉圆满完成了新冠肺炎救治任务后，荣归家乡。在鹅峰乡丁田村万载高速路口，县人民政府、县卫健委、县红十字会、县疾控中心、诚济医院等单位领导与万载蓝天救援队、万载志愿者、万载交警、江南出行、花先生花艺成员、各媒体采编人员有序迎接英雄们凯旋，向他们致以最崇高的敬意。县人民政府副县长袁常青致辞，代表县委、县政府和万载人民欢迎抗疫英雄平安凯旋，认为他们用炙热的情怀、精湛的医术救助了几百名新冠肺炎患者，在武汉汉阳医院最危急的时刻伸出了援手，年轻的他们展现白衣战士的担当与责任。

31日，万载县委书记、县总林长发布《关于切实做好当前林业相关重点工作的行动令》的总林长1号令。1号令强调,全县各级林长要强化责任担当、切实履职尽责,于4月10日前深入各自责任区域开展林长制工作专项督查,重点抓好森林资源保护、造林绿化、森林防火、松材线虫病防控、森林乡村创建、野生动物保护管理及其疫源疫病监测防控、林业“十四五”规划编制、森林督查问题整改、林长制信息化网格化建设等工作,

4月

4日10时起,万载县举行全国性哀悼活动,表达全国各族人民对抗击新冠肺炎疫情斗争牺牲烈士和逝世同胞的深切哀悼,人民默哀3分钟,汽车、火车、舰船鸣笛,防空警报鸣响。

8日,万载县与江西金融发展集团股份有限公司举行战略合作协议签约仪式,就万载产业园高质量发展的策划、招商、融资、建设、运营等事宜达成如下战略合作框架协议。

中旬,万载县进一步细化建筑物的保护等级,保护历史街区整体人文环境,启动小北关历史文化街区保护规划编制工作:一是委托江西省城乡规划设计研究总院编制《万载县小北关历史文化街区保护规划》;二是召开《万载县小北关历史文化街区保护规划》编制相关资料收集工作布置会;三是万载县住建局会同规划编制单位,对万载县小北关历史文化街区现场进行原状勘察,并与文广新旅局、自然资源局、城管局、交通局、供电公司等十多个部门联系,获取小北关历史文化街区的翔实资料。

16日,十四届县委第八轮专项巡察工作动员部署会在县行政服务中心三楼会议室召开。县委常委、县纪委书记、县监委主任、县委巡察工作领导小组组长对此轮巡察工作进行了动员部署,县委常委、组织部部长、县委巡察工作领导小组副组长彭宇波主持会议。会上传达学习了《关于对贫困村开展扶贫领域腐败和作风问题专项巡察的实施方案》,宣布了巡察组组长、副组长人员名单和任务分工。

23日,团县委在全县各级团组织中广泛开展网络评选最美一线青年活动,选出了“万载最美一线青年”20名,授予10名参与抗疫一线青年“万载最美一线青年”疫情防控类称号,授予10名青年“万载最美一线青年”综合类称号。

27日,万载县获评全省2019年度城市功能与品质提升考核工作成效明显的县(市、区)。

月底,万载县人民法院成立“万载县道路交通事故损害赔偿一体化处理中心”。法院会同公安机关交通管理部门、司法行政机关、保险监管机构、保险行业协会等职能部门,相互衔接、协调联动,实现一体化办公,为当事人提供一站式服务,实现理赔计算、调解、鉴定、诉讼、理赔等业务的信息共享和在线处理,让人民群众足不出户就可以处理交通事故,鼠标一点就可以拿到赔偿款。

5月

月初,万载县人民法院团支部获“全国五四红旗团委(团支部)”称号。

11日上午,全县组织系统“六型”“四讲”自身建设推进会在县老年大学五楼会议室召开,县委组织部全体机关干部、县委“三化”建设专班全体成员参会。

11日,随着烈士纪念设施第三阶段数据采集校核工作的结束,至此,万载县烈士纪念设施数据采集校核工作圆满完成。此次,全县共采集烈士纪念设施信息数据205处,其中国家级烈士纪念设施1处,县级烈士纪念设施3处,零散烈士墓201座。从2019年10月开始,县退役军人事务局分三个阶段对全县的烈士纪念设施数据进行采集校核。

17—19日,万载县举办为期三天的脱贫攻坚业务培训班。此次培训对象包括全县2019年7月以后新任职的乡镇班子成员,2020年新任职或调整的村第一书记、驻村工作队员和村两委干部共200余人。培训课程坚持实用的原则,开设十四大扶贫工程最新政策及相关工作解读、脱贫攻坚相关问题整改和如何

做好驻村帮扶等三个方面17堂课,十四大扶贫工程牵头单位主要领导做权威解读,并设置了一名第一书记做经验交流发言。

27日,万载县南部新城路网工程项目开工。工程分两期实施,此次开工工程为一期南部新城路网工程的龙湖路项目。龙湖路位于县南部新城规划区,起于G220终点至宜万快速通道。道路长约3079米,红线宽30米,项目投资12371.74万元。一期项目总投资45527.74万元;分为环湖南大道、康南路、龙湖路3个工程项目。其中环湖南大道起于G220,终点至宜万快速通道。道路长约3067米(其中:西段沿湖西路至G220长881米,中段环湖东路至迎宾大道长1504米,东段320国道至宜万快速通道),红线宽46米,项目投资16285.65万元。康南路起于将军大道终点至南环路。道路长约3521米,红线宽34米,项目投资16870.35万元。

27日,共青团万载县委召开十六届四次全体(扩大)会议。团县委委员、候补委员;各乡镇(街道)团委书记、专职副书记;教育团工委、工业园团工委、县直单位团组织、县直学校团组织负责人;各界青年代表;青年志愿者代表;团县委全体机关干部参加此次会议。

28日,中国人民政治协商会议万载县第十三届委员会第五次会议在县会议中心开幕。

29日,万载县第十六届人民代表大会第五次会议在县会议中心召开。来自全县各个行业、各条战线的人大代表肩负着近60万人民的重托,行使人大代表的神圣职责,共商万载发展大计。

6月

月初,万载县纪委县监委查处了4起扶贫领域典型案例。分别是仙源乡乐坪村原党支部书记许某某落实扶贫工作不力的问题、岭东乡东山村原党支部书记龙某某对利用虚假材料骗取项目资金负有直接责任的问题、县卫生计生综合监督执法局工会主席李某任三兴镇漕源村第一书记期间履职不力的问题、黄茅镇洪炉村党支部副书记、村委会主任高某某在危房改造工作中履职不力的问题。通报指出以上4起问题,有的是监管不力、机制形同虚设;有的是弄虚作假、骗取项目资金;有的是责任淡薄、履职不力;有的是漠视规矩、明知故犯。这些问题的发生,严重影响了贫困群众的获得感和幸福感,损害了党和政府的形象,必须严肃依纪依规进行查处。

9日下午,万载县召开第七次全国人口普查动员大会。会上对普查摸底和普查区、普查小区电子地图绘制、“两员”选聘和培训、宣传报道、部门信息比对等工作进行详细部署。

9日,江西玉春山生态农业科技有限责任公司和万载县蒂亚五金制品有限公司开工仪式分别在三兴镇和县工业园举行。玉春山生态农业科技有限责任公司项目总投资6800万元,占地90亩,项目计划新建年产5万吨有机肥生产线,年销售收入达5000万元,主要以万载县以及周边县市丰富的农副产品下脚料及畜禽粪便为主要原料,用于生产水稻、蔬菜、油茶暨果园专用的有机肥。万载县蒂亚五金制品有限公司项目总投资5000万元人民币,项目建设总面积达13000平方米,设计年产200万套香水瓶及锌合金配件。

10日上午,万载亚太农业产业投资有限公司开发的万亩富硒现代农业产业园区在白良镇白良村举行了启动仪式。万亩富硒现代农业产业园区是一个田园综合体及有机、富硒产业项目,投资总额达20亿元,属于全国推进富硒产业高质量跨越式发展所引进的重点项目之一,将以富硒农业为主导,打造出一个集富硒农业种植加工、观光体验、餐饮娱乐、生态度假于一体的花园式主题农业生态园。

15—19日,万载县新提拔科级领导干部专题研讨班在县委党校举办,全县近三年新任副科级干部共计107人参加研讨。

23日上午,万载法院通过远程视频公开审理被告人彭某某涉嫌贩卖毒品罪一案,判处被告人彭某某有期徒刑十个月,并处罚金1万元。经审理查明,2019年4月29日15时许,三名吸毒人员开车从万载前往宜春购买毒品吸食,在路上通过微信联系被告人彭某某购买冰毒,见面后支付600元购得冰毒约0.6克,事后三名吸毒人员在车上吸食购来的冰毒。2019年5月2日晚,其中两名吸毒人员因形迹可疑被万载县公安局民警抓获,二人供述了向彭某某购买冰毒后吸食的事实,二人尿液检测结果均呈阳性。

29日,宜春市重大招商引资项目“云平台”集中签约仪式举行,活动采用“主会场分会场投资方视频连线”的网络视频形式举办,万载县和广州嘉适贸易有限公司以及深圳市门川家居有限公司分别签约总投资52亿元的轮毂产业园项目、总投资5亿元的智能家居生产项目,两个项目将解决近7000人就业。

30日上午,万载县交通运输综合行政执法大队举行揭牌仪式,宣告万载县交通运输综合行政执法大队正式成立。

7月

3日上午,万载女子协会揭牌仪式在阳乐大道县中小企业服务管理局举行。万载女子协会是由万载一批有正能量、有上进心、有社会责任感的各行各业优秀女性代表自发组织的一支女性队伍,协会宗旨是“助力女性、丰富生活、公益典范”,宋忠平当选为万载女子协会会长。

5日,万载首例显微镜下小骨窗颅内血肿清除术,在诚济医院获得成功。

8日,共青团万载县委联合农业发展银行万载县支行、万载县志愿者协会开展“部门联动凝心聚力,圆梦留守儿童微心愿”活动。

9日,一场持续一天的暴雨突降万载,建成大道路段严重积水,好几部过往车辆被淹,龙湖公园成为一片汪洋,万载古城、赣西商城部分路面水漫到膝盖,多个乡镇出现严重山体滑坡、道路塌方、农田被淹。

10日下午,全县“红色名村”建设工作座谈会在政府418会议室召开。县委“两新”工委书记、黄茅镇、潭埠镇、双桥镇、高村镇、赤兴乡、白水乡、茭湖乡、仙源乡等8个乡镇党委书记、组织委员,县委宣传部、党校、发改委、财政局、农业农村局、文广新旅局、史志办、湘鄂赣革命纪念馆、烈士纪念馆有关负责人参会。

10日,商务部公示了2020年电子商务进农村综合示范县名单(第一批),江西省6个县市区入选,万载县榜上有名。此次综合示范县的成功获批,将大力推动全县电子商务进农村进程和电子商务公共服务的平台建设,进一步完善县乡村三级高效物流体系,提升全县农村电商发展整体水平。

15日,中共江西省委常委、统战部部长陈兴超到调研万载中心教堂,了解其发展情况。

18日下午,由县委组织部、扶贫指挥部牵头,万载县在政府七楼会议室召开脱贫攻坚集中约谈会议,对在业务考试中未及格的23名第一书记、19个派驻单位的主要领导和13个所驻乡镇的党委书记进行集中约谈。会议强调,2020年是脱贫攻坚的收官之年,大家一定要拿出硬作风,采取硬措施,取得硬成果,打一场脱贫攻坚完美收官战,努力向全县人民交上一份满意的答卷。

21日,第六届全省“人民满意的公务员”和“人民满意的公务员集体”表彰大会在南昌举行,黄茅镇党委书记黄平在工作中做出突出贡献给予记一等功,在南昌现场接受表彰。

29日下午,万载法院刑事审判庭走进岭东乡东山村,以巡回审判的方式,公开开庭审理被告人郭某根非法狩猎一案并当庭宣判,部分村干部、村民参与了旁听。

31日,万载县人民医院西院(株潭中心卫生院)整体搬迁至株潭镇市民路的新院。

下旬,江西省高级人民法院下发《关于表彰2018—2019年度全省优秀法院(法庭)优秀法官(工作人员)的决定》,万载县人民法院被授予“全省优秀法院”荣誉称号,该院易家洪同志荣获全省优秀法院工作人员荣誉称号。

是月,万载县被商务部评为“电子商务进农村综合示范县”。

8月

月初，最高人民法院发布《关于对全国法院人民法庭工作先进集体先进个人予以表扬的通报》，万载县人民法院康乐人民法庭被最高人民法院表彰为“全国法院人民法庭工作先进集体”，是江西省三家基层法院获此殊荣的人民法庭之一。

1日，万载古城焰火嘉年华盛大启幕，由湖南广电金牌制作团队、奥运焰火、APEC焰火技术团队联袂打造。活动至10月30日。

3日，中央电视台新闻频道《新闻直播间》栏目报道了发生在万载的一则感人故事：《跨越86年的寻亲 小山村的世代守护》。24日，中央电视台再次强势推出四集系列报道：《遇见你一枚戒指背后跨越86年的“寻亲”》。这是一名红军烈士与茭湖乡上峰村村民跨越86年，关于一枚银戒指的感人故事。

3日，万载县学习贯彻中共十九届四中全会精神暨“优环境、促发展”大讨论集中轮训班开班，全县副科级以上干部参加培训。培训班特邀省委党校教授李志强现场授课，以“深化‘放管服’改革、优化营商环境，切实提升为民服务效能和水平”“优化发展环境，推动经济高质量跨越式发展”等多个主题课程开展专题培训。

8日上午，2020年万载县全民健身日系列活动启动仪式暨“百城千村健身气功”展示活动在万载县龙湖公园举行。各健身协会和民间团队共1000多人参加展演。

9日晚上7:00，万载县“乐享农商杯”首届全民综艺大赛总决赛在龙湖公园举行。

10日，由省交通运输厅委托的第三方安全生产专家调查组，对万载大型危货企业万载大地物流有限公司进行安全生产调查，专家调查组在对企业的安全生产标准化建设、企业日常安全生产管理、风险源辨识、管控、应急预案制度及安全经费提取使用情况等进行了全面的详细调查。

12日，万载县人民法院发布涉黑涉恶涉伞执行悬赏公告，对23名涉黑涉恶涉伞人员征求社会举报线索。

14日，万载县针近年来全县查处的一批严重违纪违法案件，召开全县党员干部警示教育大会。大会主要任务是坚持以习近平新时代中国特色社会主义思想为指导，认真贯彻落实中央纪委、省纪委和市纪委全会精神，以警示教育为重要抓手，通过身边事教育身边人，做到稳思想、稳队伍、稳发展、稳基本面，推动全县党员干部进一步增强纪律意识、规矩意识、责任意识，确保“优环境、促发展”大讨论活动取得实实在在的成效。

21日下午，一场狂风暴雨突袭万载，县城大街人行道上不少电动车、马路中间白色围栏都被吹倒。

21日，万载县召开花炮产业发展座谈会，就全县花炮企业发展，特别是国标整改有关工作听取相关单位与企业主的意见和建议。

是月，三兴镇至320国道专项公路改建项目终于建成通车。路线总长14.709千米，投入6231万元。

是月，万载县获评“2017—2019年度全省外贸出口先进单位”。

9月

1日，新建的万载县龙湖实验学校、县政府小区幼儿园投入使用。龙湖实验学校总用地面积70多亩，总建筑面积20412.35平方米，是新建的第一所九年一贯制公办学校，规划58个教学班。县政府小区幼儿园占地面积300多平方米，总建筑面积900平方米左右。

4日下午，万载县自然局召开农村乱占耕地建房专项整治行动第一阶段工作布置会，县林业局、县水利局、县农业农村局主要领导，各乡镇(街道)党委书记，自然资源局领导班子和相关股室人员以及各中心所所长参加会议。省里已下发万载县乱占耕地建房图斑16579个，面积2.08万亩，列全市第二，与相邻县市比问题非常严重。前两名的乡镇为黄茅、株潭，图斑数都超过了2000个，最少的岭东也将近500个。按照省、市的统一安排和部署,此次图斑排查9月底之前必须完成外业调查、内业核查、举证和系统的填报工作。

6日,江西茂隆新材料有限公司在县工业园举行开工仪式。该项目总投资3.5亿元,规划用地约86亩,总建筑面积约5.8万平方米,主要生产锂电池负极材料。项目建成投产后,年产可达1.6万吨,预计可实现年销售收入8亿元,年上缴税金3000多万元,预计可安排就业岗位600余人。

8日,全国抗击新冠肺炎疫情表彰大会在北京人民大会堂举行,万载县民政局普通干部成国辉参加大会。成国辉和其他5名队员组成的江西民政系统驰援湖北工作队获"全国抗击新冠肺炎疫情先进集体"称号。

9日,阿里巴巴达摩院青橙奖评选揭晓,全国10名青年科学家"青橙学者",万载籍青年科学家冷静文获奖。青橙奖是阿里巴巴达摩院在2018年发起的公益性评选,面向35岁及以下的中国青年学者,发掘和支持对科技进步有关键推动作用的人物。除了100万元奖金,获奖选手还将得到阿里提供的开放数据、应用场景等全方位科研支持。冷静文为2005届万载中学学子,2010年7月毕业于上海交通大学,获得学士学位,他在博士期间主攻方向为GPU处理器的体系结构优化,目前主持一项自然科学基金青年基金(2017年)和多项合作课题,他也入选了2018年微软亚洲研究院青年学者铸星计划。

中旬,万载县第三中学荣获教育部公布的第三批"国防教育特色学校"称号。

中旬,江西省首届周边县级餐饮赣菜菜品交流大会在奉新县举行,万载"扎肉"(又叫"块肉")、万载"油卷"获得特金奖。

11日,万载县在县政府党政七楼会议室举行2020年慈善助学活动助学金发放仪式。此次万载县慈善会共资助100名考取二本以上的家庭困难的优秀高考学子,每人5000元,共50万元。

15日,中央广播电视总台《驴友阿凡提》剧组走进国家AAAA级旅游景区——万载古城开机拍摄。情景喜剧《驴友阿凡提》是中央电视台少儿频道播出的一部幽默剧,该剧讲述了阿凡提和大家搞笑而有趣的生活故事,启发小朋友思考问题。

17日,万载县人民法院依法公开开庭审理被告人李某旺等7人涉嫌污染环境罪刑事附带民事公益诉讼一案,该案是万载县首例刑事附带民事公益诉讼案,亦是宜春市首例涉污染环境罪刑事附带民事公益诉讼案。2016年年底以来,被告人李某旺与周某民、韩某贤、朱某良、李某、李某等人在无危险废物经营许可证的情况下,非法收购未拆解的废旧铅蓄电池,购买拆解设备和炼铅设备。被告人李某旺等人租用万载县内6个仓库,聘请工人对废旧铅蓄电池采用"砸碎"的方法进行拆解获得含铅纸板,然后租用万载县内7处厂房,先后使用"小平炉""冲天炉"等方法非法炼制铅锭。

22日,江西省委、省政府通报了2017—2019年全省开放型经济先进单位名单,万载县获得表彰。

23日,总投资额达20亿元的东方希望集团(万载)现代化生猪养殖全产业链项目在罗城镇小浒村启动开工。项目规划建设集36万吨生物饲料加工、100万头生猪养殖、100万头屠宰加工于一体的现代化高效生态循环养殖产业链。项目建成后,将解决当地劳动力就业3600余人,至少带动500户养殖户增收致富,预计实现年销售收入40亿元,实现年利税数亿元。

24日上午,万载县2020年度转业士官公开选岗会在县退役军人事务局二楼会议室举行。会议邀请了万载县纪委、县人武部、县编办、县人力资源和社会保障局、县财政局领导对公开选岗进行监督和指导,参加会议共30余人。此次万载县政府共提供10个单位19个岗位供转业士官选择。

27日,万载县召开市委四届十次全会精神宣讲活动暨全县"优环境、促发展"大讨论活动总结大会。

27日,万载县从"三方面人员"中选拔乡镇(街道)机关干部，根据笔试成绩、实绩量化加分和面试成绩，由高分到低分按岗位招聘计划 1∶1.5 的比例，确定拟入围体检人员名单。周欢、丁永峰、陈丽、张育春、熊炜、张书生为优秀事业编制干部，张金海、丁芸芸、郭龙院为优秀村(社区)干部，邹兵兵、陈亮、金晓燕为优秀大学生村官。

27 日，万载县鹅峰乡入选全省首批“五型”政府建设示范乡。

28 日，中央文明办发布 2020 年 1 月中国好人榜名单，茭湖乡上坪教学点教师兰小华榜上有名，被评为敬业奉献类好人。兰小华为上坪小学代编教师，她坚守山区教学 33 年。

30 日，万载发布招录 88 名大学生专职村干(党建宣传信息员)公告。大学生专职村干(党建宣传信息员)经笔试面试录取到村任职，前两年为聘用期，签订聘用合同，实行单列管理，工资标准按每月 3000 元执行，并参照村两委干部的缴费标准和负担比例办理养老保险，所需资金除个人负担部分外，按现行财政体制承担；在村工作满两年、考核合格的，由组织人事部门办理乡镇(街道、场)事业单位(管理岗位)工作人员正式聘用手续，机构编制部门办理上编手续，并继续在村工作至少 5 年，5 年内(不含聘用期)离开该岗位的，不保留事业编制身份；在村工作满 5 年后(不含聘用期)，可按事业编制人员正常提拔、交流。

30 日，万载县委、县政府在县革命烈士陵园组织举办烈士公祭活动，县四套班子在家领导、部分干部群众、中小学生、烈士家属代表及老战士代表等近千人参加公祭活动，深切缅怀革命先烈的丰功伟绩，告慰先烈在天之灵。

30 日，“荡口古镇杯”2020 年全国健美锦标赛暨世界健美锦标赛选拔赛在江苏省无锡市落下帷幕，1988 年 5 月出生于万载县的郑少忠获得古典健美全场总冠军。

是月，黄茅镇中心卫生院院长龙斌继 2010 年获全国优秀卫生院院长称号后，再次获全国优秀卫生院院长称号。

10 月

1 日，潭埠镇新农贸市场正式投入使用。潭埠镇新农贸市场总投资 1700 万元，建筑面积 7900 平方米。市场划分为水产生鲜区、畜禽销售区、蔬菜区、南北货区、肉类销售区、农副食品区等六大类，两层共计 130 个摊位。

9 日，大雾迷城，整个县城沉浸在乳白色的雾气之中。

10 日上午，万载县召开全县领导干部大会，会议宣布了江西省委、宜春市委关于万载县委主要领导调整的决定，严旭辉任万载县委委员、常委、书记。万载县四套班子领导，法院院长、检察院检察长、县公安局政委及其他副县级以上领导出席会议。各乡镇(街道)党政正职，县委各部门、县直各单位党政负责人参加会议。

中旬，县领导走访慰问万载县参加抗美援朝的志愿军老战士老同志高翔、徐桃生、刘心格、贾兴生，为他们颁发“中国人民志愿军抗美援朝出国作战 70 周年”纪念章，并送去党和政府的关心和祝福。

中旬，中华精品字库工程公益应用计划正式启动 15 款精品字库，传承中华汉字之美，万载籍书法家欧阳荷庚担任“中华精品字库工程”审稿专家。

中旬，江西锦江酒业有限责任公司销售内勤主管龙英、康乐街道北门社区党委书记钟红英、双桥镇绍江村党支部书记朱冬茂、绿森园种养农民专业合作社理事长黄映艳、万载县专业森林消防大队大队长刘荣启、县扶贫办公室主任朱华军，分别获评省级劳动模范和先进工作者。

13 日，双桥镇的江西省猎鹰烟花制造有限公司总经理朱伏茂获 2020 年度全省脱贫攻坚奉献奖。

14 日，万载县在县政府广场举办以“消费扶贫、创富万载”为主题的全县第二届消费扶贫农产展销会暨第七个国家扶贫日活动，集中展销了 17 个乡镇(街道)、30 家扶贫企业、320 种扶贫农产品。活动单日线上线下交易额超过 900 万元。

15 日，中共江西省委编办

派驻万载县潭埠镇山塘村第一书记潘晨宇入选江西“最美扶贫干部”名单。

16日晚,以“万载好物　匠心未来”为主题的万载首届直播电商节在龙湖公园盛大启幕。此次直播电商节合作平台及主播的粉丝覆盖量超过了1.3亿人次,来到活动现场的全国各地网红主播近100位,共包括京东直播、抖音直播、特抱抱、耀你直播四大直播平台。电商节活动取得了开门红,其中耀你直播平台累计人气值260万人次,累计销售额1180万元,特抱抱直播平台累计销售订单量4.5万单,累计销售额1326万元。

18日,万载县太极拳协会成立,标志着全县群众体育项目再添“生力军”。

20日,宜春市第24期中青年干部培训班(中青一班)和第1期副科级优秀年轻干部培训班(中青二班)共90名学员赴万载开展红色现场教学。

22日下午,上饶师范学院党委副书记、教授刘国云率省调研组到仙源乡调研“红色名村”建设工作。

22日,万载县退役军人创业孵化基地在县工业园区揭牌。万载县退役军人创业孵化基地是由县退役军人事务局与县人社局等多部门联合打造,是一个专门为退役军人创业提供创业指导、政策支持、帮助服务的平台,依托万载瑞森医药产业园建立。

23日,万载诚济医院获中国非公医疗机构协会颁发的“战疫纪念章”。

28日上午,万载县第九届中小学生运动会在万载二中开幕,此次田径运动会历时三天,设有小学组、初中组、高中组,共有来自全县51支代表队的917名中小学生参加比赛,角逐包括100米、800米、1500米、4×100米接力、跳高、跳远、铅球等比赛项目。

29日,万载高城镇境内(S308省道10千米+840米)处发生一起大型客车与小型面包车正面相撞的交通事故,造成8人死亡。

31日,白水乡红十字会召开第一次会员代表大会。至此,全县实现辖区乡镇(街道)红十字会基层组织全面覆盖。

是月,万载县开始为10万宗左右的宅基地颁发农村房地一体确权登记证(中华人民共和国不动产权证书)。新颁发的农村房地一体登记证,从权利人、坐落地址、用途、独用土地面积、房屋建筑面积等方面做了细致描述,成为法律意义上农房合法身份的唯一证件。

11月

1日零时。万载县启动十年一次的全国人口普查。

1日起,企业社会保险费(含灵活就业人员)征收职责划转至税务部门。

6日,万载县召开相对集中行政许可权改革试点动员大会,县四套班子领导,县人武部部长、政委,县法院院长、县检察院检察长,县公安局政委及其他副县级以上领导,各乡镇(街道)党政主要负责人,县委各部门、县直各单位主要负责人参加会议。

8日,万载再次获评全省十佳营商环境县,县工业园区睿锋环保公司在全省100强民营企业中列第60位。

8日,根据农业农村部超级稻认定的测产方法,宜春市农业科学院测产专家组对万载县白良镇“亚太超精1号”超级稻示范基地进行测产验收。专家随机选取一块1.68亩的田块,机器收割后,被测产稻田平均亩产达到1880斤。

9日,万载县专业森林消防大队获评第五届全国119消防先进集体。

9日,在全市组织系统“六型”部门先进集体表彰中,万载县委组织部获“研究型”先进奖。

上旬,万载县工商联连续四年再次荣获“全国五好工商联”称号。

10日,万载县公布2020年从优秀村(社区)干部中选聘乡镇(街道)事业编制人员入围体检人员名单,曹干永、王军庆、龙启荣、杨冬财、周生光、欧阳清和、郭建禄、高如平为优秀村干部,宋玮、辛雪芳为优秀社区干部。

10日,中共宜春市委组织部常务副部长宋交根到白水乡槽岭村、高村镇上村村调研基层党建“三化”建设和脱贫攻坚工作。

10—12 日，由人力资源和社会保障部、国家发展改革委、科技部、国务院扶贫办、共青团中央、中国残联联合举办的第四届“中国创翼”创业创新大赛全国选拔赛及决赛在景德镇市举行。万载县选送的“黄源水酒，别样情怀”项目获第四届“中国创翼”创业创新大赛扶贫组“三等奖”和“全国优秀创业创新项目”称号。

中旬，在纪念中国关心下一代工作委员会成立 30 周年暨全国关心下一代工作表彰大会上，罗城镇关工委的陈克获得“全国关心下一代工作先进工作者”称号。

中旬，万载县个体私营经济协会获全国个私协会系统先进单位称号。

中旬，国家知识产权局批准宜春夏布为地理标志保护产品，自即日起实施保护。万载为宜春夏布产地。

12—13 日，万载县委组织部与县委党校联合举办 2020 年中青年干部培训班开展集中研讨交流活动，学员立足岗位实际，围绕县中心工作和重大决策部署，紧扣“推动万载高质量跨越式发展，再创万载辉煌进程”主题，进行了交流发言。

13 日，万载县疾病预防控制中心发布新冠肺炎疫情紧急风险提示，要求民众近期非必需不前往上海浦东新区、天津滨海新区、安徽省颍上县。如确需前往，请务必做好个人防护；从上海浦东新区、天津滨海新区、安徽省颍上县来万载后，应及时主动向单位、社区或村委报告，并配合落实相关防控措施。

13—16 日，由中国电视艺术家协会指导，中国视协市县电视委员会主办，广州市番禺区融媒体中心承办的“第八届全国市县电视台、融媒体中心推优展播暨百台论融媒活动”在广州市番禺区举办。万载县融媒体中心受邀参加活动，其制作并推送的作品《脱贫路上》《法治万载》《扶贫小作坊　致富大品牌》获三个大奖，并获最佳电视栏目单位称号。

16—18 日，湘鄂赣边境毗邻县（市、区）政协工作研讨会第 49 次会议在万载县举行，会议以“挖掘非遗文化，促进文旅融合”为主题，湘鄂赣边境毗邻县政协 27 家成员单位，150 余名代表出席会议。

19 日，中共宜春市委常委、市委组织部部长余正琨到万载县白水乡槽岭村、高村镇上村村调研脱贫攻坚工作，并入户与群众面对面交流，宣讲中共十九届五中全会精神。

20 日，双桥镇绍江村获评第六届全国文明村镇称号。

25 日，“嫦娥五号”卫星发射成功。万载人周炳红（中科院国家空间科学中心研究员）参与主导此次项目研究。在网络直播中，他详细地介绍了嫦娥登月对中国的意义。

下旬，万载县荣获全省第五批“四好农村路”示范县。

是月，茭湖乡永兴家园安置小区被国家发改委评为“美丽搬迁安置区”，搬迁户李学明获评“励志易地搬迁群众”。

是月，县发展和改革委员会合并县粮食局，承担粮食行政管理职能。

12 月

月初，万载县人民法院公开开庭审理了被告人柯某甲、肖某等 15 人涉嫌电信诈骗罪一案，各界群众 200 余人旁听。庭审结束后，主审法官结合典型电信诈骗案例和相关法律知识对学生进行了法治宣讲，增强了学生杜绝诈骗、预防犯罪的意识。

月初，万载县鹅峰乡获全省首批“五型”政府建设示范乡（镇、街道）称号。

1 日，万载县专业森林消防大队获江西省专业森林消防队伍大比武团体第一名。

2 日，万载获江西省双拥模范县称号。

3 日下午，由宜春市非公办、市工商联市政府新闻办主办的 2020 宜春民营企业 100 强发布会在宜春迎宾馆召开。此次宜春民营企业 100 强入围门槛达 5.17 亿元。万载睿锋环保、万日橡胶、盛凯铜业、青叶食品、千年食品、辉明化工、晨光服饰等 7 家企业上榜宜春百强民营企业。

4 日，万载县发布 2020 年第二批事业单位公开引进急需紧缺高层次专业技术人才公告，计划公开引进急需紧缺高层次专业技术人才24名。其中卫生领域事业单位计划引进18名,教育领域事业单位计划引进6名。

上旬,江西省人民政府公布第三批江西省国防教育基地27个单位的名单,万载县烈士纪念馆入选。万载县烈士纪念馆原名万载县革命烈士纪念馆,始建于1953年,2010年3月拆旧馆重建,2012年4月1日建成开馆;新馆占地面积4500平方米,建筑面积1000平方米，绿化面积2000平方米。2016年经县编委会同意,更名为万载县烈士纪念馆,是宜春市唯一的烈士纪念馆。

上旬,全国多地接连在进口冷链食品和外环境中检测出新冠病毒核酸阳性,进口冷链食品已成为疫情防控“外防输入”的风险点。为此,万载县疾控中心、卫生监督、市场监督等执法部门联合开展冷冻食品安全监管行动,全面落实冷冻食品经营单位疫情防控主体责任,向相关商家下发常态化疫情防控期间食品经营承诺书,要求商家依法依规经营。

上旬,国家发展和改革委员会办公厅下发《关于全国“十三五”时期易地扶贫搬迁典型案例的通报》，宜春市5个先进典型入选,万载县茭湖乡集镇安置点被评为“十三五”美丽搬迁安置区,万载县梦想花苑安置区李学明为“十三五”励志易地扶贫搬迁群众。

7日,万载县召开工商联合会(总商会)第十四届会员代表大会。大会经投票选举产生新一届工商联执行委员会委员、常委、秘书长、副主席、副会长、常务副主席、主席。张功才被选举为新一届工商联主席、总商会会长。

8日,江西省人民政府副省长胡强到万载县调研脱贫攻坚和现代农业发展工作。

10日，民革万载县总支第四届委员会全体党员大会召开。大会以不记名投票方式,选举产生民革万载县总支第四届委员会委员,谢昌仁当选为第四届总支委员会主委。

中旬,辣椒价格暴涨,红椒均价23元/斤,海花红19.8元/斤,长线红椒22.8元/斤,小米椒21.8元/斤,红泡椒最便宜也达6.98元/斤，青椒均价8元/斤。其他菜蔬也出现价格暴涨。

13—15日，万载伴有雨夹雪,最低气温降至1℃左右。

14日,《人民日报》“大地”副刊用三分之二版面刊发记者朱磊撰写的《一坛美酒出深山》文章,介绍双桥镇黄源水酒产业发展历程。

15日，万载县棚改指挥部召开会议,对令县第三期棚改工作进行部署。此次征迁政策将采取10%货币补偿和90%产权调换的形式进行,共涉及被征迁户共计436栋,653户。棚改范围分三大块,A地块是荷花塘地块;B地块是十字布周边地块;C地块是马步邓家岭地块。

16日，农工党万载县总支第六届委员会全体党员大会召开。会议审议通过了农工党万载县总支第五届委员会工作报告,按照法定程序选举产生了农工党万载县第六届总支委员会,张晓涛当选为农工党万载县第六届总支委员会主委。

17日，万载县与中国移动通信集团江西有限公司宜春分公司签订数字经济暨5G应用示范城市建设战略合作框架协议,双方就数字经济和5G应用领域开展战略合作。根据战略合作框架协议,双方确定聚焦万载县数字经济开展5G+AICDE(人工智能、物联网、移动云、大数据、边缘计算)应用示范合作,实现5G技术带动数字经济产业发展,形成功能性集聚、产业链支撑、生态型发展格局,努力打造省内领先的信息服务业集聚示范区，让万载人民充分享受5G网络带来的实惠和便利。

19日，万载县召开烟花爆竹产业链链长会，各乡镇（街道)、相关责任单位负责人参加会议。会议通报了发证整体情况,花炮企业第五轮行政许可近段时间取得成绩和下一步工作打算。会议要求加大招商引资力度,全力以赴服务好进入第五轮国标行政许可的花炮企业加快整改力度,各乡镇、相关部门要在土地征用、林地报批、施工环境上营造宽松的环境,要全力以赴拓展市场,以订货会、产品推介会、线上销售等各种形式推销产品。

22日，江西省天然气管网工程万载支线项目开工仪式举行。省天然气管网工程项目起于袁州区西二线樟树—湘潭支干线宜春分输站，途经宜阳新区、袁州区、万载县、上高县，终点为万载县工业园区的万载末站，项目总投资2.7亿元。

24日，万载县召开高质量发展考评工作推进会，会议学习传达了全市高质量发展考评工作推进会精神，通报了全县高质量发展考核工作有关情况，并对《2020年全省高质量发展考核评价工作实施方案》进行了解读。

24日，万载县召开应对新型冠状病毒感染肺炎疫情工作领导小组会议。县委、县政府、县政法委、县委宣传部领导出席，县卫健委、县市监局、县交通局等相关单位负责人参加会议。会议认为当前疫情防控形势仍然严峻复杂，尤其是临近春节，人员流动性加大，各级各部门必须时刻保持高度清醒和警觉，确保各项常态化疫情防控举措落实到位，各部门、乡镇要及时掌握人员流动情况，加强对外来人员的排查，重点做好对商超、医院、宾馆、车站、冷库等重点场所的防控排查工作。

25日，浏阳·上栗·万载·铜鼓政务服务“异地通办”合作交流第一次会议在上栗县行政审批局召开，万载县、上栗县行政审批局，浏阳市行政审批服务局，铜鼓县行政服务中心等相关负责人参加会议，并签订了政务服务“异地通办”合作协议，这标志着四地政务服务“异地通办”合作新篇章正式开启。

30日，全省抗击新冠肺炎疫情表彰大会在南昌召开，表彰在抗击新冠肺炎疫情中涌现出的先进个人、先进集体以及优秀共产党员、先进基层党组织。万载诚济医院急诊科主任，主治医师唐海洋，万载县疾控中心党支部书记、主任、主管公卫医师龙深广，万载县公安局罗城派出所副所长刘铿，万载县殡葬管理所党支部副书记、火化科科长成国辉，万载县高村镇新竹小学校长罗长石，万载县人民医院、万载县鹅峰乡人民政府受到表彰。

31日，全国妇联发布“2020年全国最美家庭”，万载县双桥镇张包春家庭荣登榜单。

31日，万载县召开村（社区）两委换届选举工作动员部署会议，落实中央、省委、市委有关要求，以及全国、全省、全市村（社区）两委换届工作会议精神，安排部署全县村（社区）两委换届工作。

31日，万载县开始接种新冠疫苗，县人民医院、县中医院、诚济医院、县人民医院西院设置了新冠病毒疫苗接种点。第一批新冠病毒疫苗接种人员在经过体温检测、出示健康码、测量血压、身体健康询问、签署同意书流程后，确定符合接种标准，分批前往接种区域免费接种疫苗。接种人员年龄在18~59岁，共接种2剂，两剂间隔28天，紧急时至少间隔14天。全县第一批新冠病毒疫苗接种时间从2020年12月31日开始至2021年1月4日。

下旬，江西省人民政府颁布第四届江西省专利奖授奖决定，江西南氏锂电新材料有限公司拥有的“从锂云母矿中提取碳酸锂”的专利技术获此殊荣。

是月，万载县脱贫攻坚指挥部与万载县广播电视台共同主办的电视栏目《脱贫路上》从2019年开始播出，已定期播出40期。栏目围绕脱贫攻坚、党建引领、产业发展、乡村振兴等内容，通过生动感人的故事，展示脱贫带头人、扶贫干部以及广大农民在脱贫致富路上的精神风貌和坚定信念。

是月，万载县获评“江西省四好农村路示范县”。

是月，全县实现10户以上村民小组通水泥路全覆盖。

万载概览

政区沿革

万载，上古属扬州之域。殷商时属吴国。战国周考王九年（前432年）勾践灭吴，属越国。三国吴黄武元年（222年）置阳乐县，县治设罗城，这是万载作为一个县级行政单位的开始，属豫章郡。西晋太康元年（280年）阳乐县更名为康乐县。隋开皇九年（589年）置洪州，将康乐县并入建成县，隶属洪州。十国吴顺义元年（921年）置万载县。北宋开宝八年（975年）隶袁州为紧县。北宋宣和三年（1121年）更名为建成县，仍属袁州。南宋绍兴元年（1131年）复名万载县，至今未变。元至元十九年（1282年），改州为路，万载隶属袁州路。明洪武二年（1369年）改路为府，万载隶属袁州府。

清朝沿用明制，万载隶属未变。

辛亥革命后，废州郡，万载为全省81个县之一。1926年废道制，万载直属江西省管辖。1932年，江西省13个行政区，万载隶属第8行政区。1935年，江西省缩编为八个行政区，万载属第二行政区。1939年，全省改为11个行政区。万载属第二行政区。1942年，江西省缩改为9个行政区，万载属第二行政区。

1949年中华人民共和国成立后，先后隶属袁州分区、袁州专员分署、南昌专员公署、宜春专员公署、宜春地区革命委员会、宜春地区行政公署管辖。2000年，宜春地区行政公署撤地设市，万载隶属宜春市管辖。

2020年年底，万载县设有9个镇7个乡1个街道办事处，分别是黄茅镇、株潭镇、潭埠镇、双桥镇、三兴镇、高村镇、罗城镇、高城镇、白良镇、茭湖乡、白水乡、仙源乡、赤兴乡、鹅峰乡、马步乡、岭东乡、康乐街道办事处，共有181个村23个社区。万载是中国绿色名县、全国双拥模范县、全国社会工作人才队伍建设试点示范县、全国有机食品生产基地、国家首批有机农产品认证示范区、国家现代农业示范区、国家农业绿色发展先行区、全国大宗固体废弃物综合利用基地、全国电子商务进农村综合示范县。

自然资源

野生动植物资源。1.野生动物。1998年7月至1999年3月，万载县组织技术力量首次进行了全县野生动物资源调查。据调查，全县境内分布的野生动物约92种，其中：鸟类19科46种，兽类13科26种。2.珍稀植物。树种有南方红豆杉、银杏、罗汉松、闽楠、苏铁、半枫荷等20余种。古树名木有古樟树、柏树、苦槠、枫香、猴樟、皂荚、木荷、酸枣、苦楝、杉木、马尾松、桂花树、牛根树、重阳木、黄檀、罗木石兰、古檵树等。

湿地资源。根据省、市林业主管部门统一部署，1996年11月至1997年3月，万载县集中时间首次开展了全县范围内的湿地资源调查。调查成果统计，全县8公顷以上的湿地6处，总面积为25258.53公顷，占全县总面积的14.74%，其中面积在100公顷以上的湿地2处，计725.7公顷（即三十把和锦江水库）；面积在8公顷以上100公顷以下的湿地66处，面积为

1799.5公顷，均为常年性淡水水域；全县水稻田湿地计22733.33公顷。另全县8公顷以下的水库86个、山塘1838个、溪流154条，主要河流断面水质达标率100%。

森林资源。全县第五次森林资源二类调查从2002年7月至2003年2月全部完成调查成果材料。通过此次森林资源二类调查及森林分类经营区划调查得出：在全县171400公顷的面积中,林业用地面积108649公顷，其中森林95962公顷，灌木林地10620公顷，疏林地333公顷，无立木林地1726公顷，苗圃地8公顷。全县活立木蓄积为4074832立方米，其中森林蓄积2536758立方米，疏林地蓄积1801立方米，散生木蓄积1353874立方米，四旁树蓄积182399立方米。活立竹47708839株，其中林分毛竹42415233株，散生竹5293606株，全县森林覆盖率达67.58%，全县规划发展生态公益林29681公顷，商品林79116公顷。

气 候

万载县位于北纬27°~28°，东经113°~114°，属亚热带湿润气候，四季分明，气候温和，雨量充沛，日照充足，对工业生产和人们生活较为有利。但也常出现一些不利于工农业生产和人们生活的不利气候因素，如春季低温、阴雨，初夏小满寒、盛夏洪涝和干热风，夏秋干旱，秋季寒露风和烂秋天气以及冬季寒潮所带来的冰雪、霜冻天气等。万载县全年平均气温为16.9℃~18.29℃。1月为全年最冷月，平均气温为3.79℃~8.0℃。7月至8月为全年最热时期，月平均气温为26.5℃~30.6℃。秋季时间较短，入秋后，随着北方冷空气势力加强，不断有冷空气影响，气温明显下降，日平均气温为20.0℃~22.0℃。冬季较寒冷，气温变幅较大，常有较强冷空气，带来降温、降雪和霜冻天气。

年平均降水量为1742.5毫米，年际变化较大，最多的2002年达2353.3毫米，最少的1986年仅1321.2毫米。4至6月降水最多，占全年降水量的42%左右。11月至翌年2月降水最少，占全年降水量的20%，其他月份占38%。

人 文

古邑万载，岁月峥嵘，远绍人文。数千年前始，先民于此渔猎农耕、繁衍生息，初现文明之光。1982年，在第二次全国文物普查中，江西省考古研究所在仙源新市榨树垴、下垴考察发现两处商代文化遗址，100余处西周古文化遗址。

万载建县1800年，历来地灵人杰、储财擢秀、人才辈出，山川锦绣、物华丰美、富庶人和。万载是中国山水诗鼻祖谢灵运的封地，在城郊的莲花形山至今还遗存有谢灵运墓。东晋太元八年（383年）谢玄因淝水之战立下赫赫战功被封为康乐公，食邑万载。太元十八年(393年)，8岁的谢灵运承袭祖爵为康乐公，食邑两千户，世称谢康乐。

自唐至清末，万载进士及第43人，官至七品以上者233人，出现了如南唐宰相宋齐丘，工部侍郎李征古，五代文学家徐弦、徐锴兄弟。明初有参修《元史》的史学家黄盅，明代有秉公执法的刑部左侍郎郭瑾，清代有地理学家李荣陛，历任礼部、工部侍郎的辛从益，被曾国藩誉为“江右人杰”的彭寿颐，曾任广州护法非常国会议员、黎元洪大总统府顾问的谢济沂等一大批名人学士。新中国成立后，又涌现了心理学家郭一岑、20世纪国内三大词学家之一龙榆生、女作曲家辛沪光等一批文化名人。革命战争的艰苦岁月，造就了杜平、张翼翔、王宗槐三位中将和谢胜坤、罗章、彭盛三位少将。境内保存有战国时赵相蔺相如遗迹、明代城隍古庙、清代文明古塔等一大批古建筑、古墓葬、古文化遗址。万载开口傩、花炮和夏布制作技艺、得胜鼓等四项文化被列入国家非物质文化遗产名录。

岁月长河铸就了万载诸多闻名遐迩的人文景观和自然景观。有建于明洪武三年(1370

年)全省保存最好、规模最大的城隍庙，建于清乾隆二十一年(1756年)的文明塔,建造于北宋淳化元年(990年)官元山船埠滩的观鹰桥;有全国重点文物保护单位中共湘鄂赣省委、省苏维埃政府等革命旧址;有谢灵运墓和清代汉民族古民居周家大屋;有誉为江西十大特色美景之一的大型喀斯特溶洞——竹山洞;有诡异莫测、宏大深远的云峰古洞和横空出世、栩栩如生的马步寨下特大山体卧佛;有三十把水库省级自然保护区和九龙省级森林公园；有被誉为万载“历史档案馆”和“老城博物馆”的万载古城田下街区。其中,九龙省级自然保护区,保存了近万亩原始森林,有珍稀动植物300多种;三十把水库省级自然风景保护区,湖光山色,景色宜人;全长达4000多米的“华东第一地下长河”竹山古洞,被评为“江西省十大美景之一”，洞内有神奇怪异的奇石飞瀑,洞外有天马山山体卧佛、四千亩石笏石林和富硒温泉,相映生辉,奇观天成;万载古城田下街区以万载非遗文化、赣派建筑风情为内核,保存有明清、民国时期古祠堂27座,涉及辛、宋、郭、彭、闻、易、周、张、高、鲍、陈、龙、欧阳等13个姓氏,还有许多古民居、古街、巷弄、粮仓、水井等古建筑和不可移动文物，是保存较为完好、具有赣西文化特色的古建筑群,共有乡土风情商业街区、江西风味小吃及土特产街区、娱乐休闲文化街区、时尚购物街区、古建民宿文化区、国学文化示范区等区域。

黄庭坚、杨万里、汤显祖等文人墨客均曾游历万载,留下了170多篇脍炙人口的山水诗词。“碧嶂千层附城出，清江一条穿市飞”“一水浮光转，千峰远翠连”“推窗延月照画图,万峰苍翠松涛呼”“风乱竹枝垂地影,霜干桐叶落阶声”等名句流传至今,给万载的灵山秀水平添了浓厚的诗意，缔造出一座生态静谧、康乐和谐的江南宜居山水县城。

万载物产富庶,是中外闻名的“花炮之乡”“百合故里”。“三大特产”(花炮、夏布、土纸)和“三大名产”(百合、辣椒、三黄鸡)闻名遐迩,史上素有“富万载”的美称。20多年来,全县以“生态立县、有机富民”为理念,大力发展有机农业，从1999年建立茭湖有机农业有机食品示范园区开始,历经艰辛探索,将万载打造成“江南有机农业第一县”。

地理与地貌

万载县位于江西省西北部,东邻上高、南接袁州、西连浏阳、北毗铜鼓。县城距南昌昌北机场170千米，离长沙黄花机场178千米，距宜春明月山机场25千米,离浙赣铁路宜春站30千米,沪昆高铁、昌栗高速、铜宜高速、320和220国道穿境而过。

万载县境地势南部和西北部高,东部偏低,白西北向东南逐渐倾斜。南部属峰顶山——蒙山山脉,北部为九岭山脉初级隆起所组成的古陆山脉。地理概貌为“七山半水分半田,一分道路和庄园”，属丘陵山区县。境内800米以上的山峰有36座,最高峰位于县北55千米处高村镇上坪村的仙姑崬(旧称太阳山),海拔1404.4米。最低点为三兴镇沙潭村的均车,海拔70米。

工　业

县工业园区共有企业248家(含厂中厂47家),其中规上企业83家（其中华栋家具与青萌家具实际为一家企业)，高新技术企业34家。全县登记企业7892家、个体户23314家。工业企业主营业收入累计239.86亿元,同比增长5.37%;利润总额累计24亿元,同比增长3.11%;出口交货值累计24.63亿元,同比下降13.19%。园区完成财政税收4.03亿元。全县186户规模以上工业企业营业收入286.46亿元，利润总额29.51亿元。

农业农村工作

全县粮食播种总面积76.43万亩,粮食总产32.095万吨,水稻播种面积66.78万亩。有机认证耕地和野生采摘面积达46.2万亩,建设富硒农产品基地11.8万亩,落实千亩以上基地10个,其中万亩基地1个，评定2020年宜春市示范基地8个,已注册的富硒农产品有20多种。全县共有农业龙头企业21家，农民专业合作社1207家，其中国家级4家，省级16家，家庭农场476个,其中省级11个。全国绿色食品原料基地面积12万亩；绿色认证生产企业2家,绿色产品18个；有机认证46个品种，有机认证生产企业9家,其中隐逸轩、锦江和金世本香3家企业被认定为“江西老字号”,“龙牙百合”获中国地理标志;休闲农业发展规模经营企业总数达122家,农家乐73家,带动当地3200多名农民就业，休闲农业产值达6200多万元。全县生猪饲养量83.6272万头,家禽存笼174.4991万羽，出笼303.9122万羽；羊存栏10.4375万头,出栏15.5389万头；兔存笼80.4127万只,出笼148.9215万只；肉类总产5.91084万吨,禽蛋产量0.49951万吨;实现畜牧业总产值25.71亿元。水产总产量18538吨,其中特种水产品产量4吨；养殖面积19383亩,总产量17323吨，其中稻田养鱼72404亩,产量7168吨。

在马步、三兴、罗城等10个乡镇创建了以花生、百合、荞头、中药材等十大特色果蔬为主导的产业示范基地2000亩，基地产业收入2.15亿元。完成501个新农村点建设任务,创建1条美丽宜居示范风景线(万上线)、2个美丽宜居乡镇（白水乡、白良镇)、20个美丽宜居村庄和2000个美丽宜居庭院。完成64座农村公厕、9688户农村户厕建设任务。20个农村污水处理设施建成并投入运营,城乡环卫一体化建设已完成50%。

全县林业用地176.37万亩,占土地总面积的68.47%,活立木总蓄积716.08万立方米，活立竹9355万株，森林覆盖率67.58%,实施生态公益林49.94万亩，天然林保护23.98万亩。营造油茶、茶叶、果木林、饲料林，涉林项目31个，总投资1929.55万元，产业扶贫专项资金1349.65万元，参与贫困户1545户,受益贫困人口4342人(次)。全年实现林业总产值259555万元，其中一产77230万元、二产121959万元、三产60366万元。

全县共建成农村饮水工程324处，供水规模6.19万吨/天,覆盖人口43.99万人,完成投资17996.34万元。完成深度贫困村水利基础设施建设、新桥下水闸升级改造、株潭镇农饮工程、潭埠镇农饮工程、农村饮水工程维修养护等工程建设,推进茭湖乡防洪工程、县城防洪工程(二期)、城区双水源工程、山塘专项整治、49个小(二)型水库标准化创建、农业水价综合改革等项目。

城乡建设

实施城市功能与品质提升项目98个，完成投资56.4亿元。改造老旧小区17个,建成棚改安置房905套，收储土地3915亩。国道G220万载绕城段公路、宜万快速通道累计完成投资10亿元,康乐大道南延伸段、环湖南路东延伸段等道路建成通车,国道G320工业园段提升改造、南部新城“一纵两横”路网等项目开工建设。县城西水厂投入试运行，铺设天然气管网36千米、惠及群众1.5万户,增设停车场8个、停车位1476个。

完成501个新村点建设,新建改建公厕93座，农户改厕9657户,9个乡镇污水处理厂投入运营,创建美丽宜居示范线1条、美丽宜居乡镇2个、美丽宜居村庄20个。城东农贸市场、龙山夜市等村级集体经济项目完成主体工程,181个村集体经济收入均超过5万元。建设农村公路180千米,改造危桥17座,修建生命防护工程196千米。

环境保护

城区空气质量优良天数共319天，优良天数比例为97.2%,同比上升6.3个百分点;PM10平均浓度为46微克/立方米(实况值),与2019年同期持平;PM2.5平均浓度为24微克/立方米(实况值),同比下降4%。境内4个地表水监测断面水环境质量均达到优良,主要河流断面均车、卢洲、枣木及县城集中式饮用水水源地断面水质达标率达到100%,其中卢洲断面和枣木断面优于国家《地表水环境质量标准》(GB3838—2002)Ⅱ类水质标准,均车断面达到Ⅲ类良好水质标准,县城集中式饮用水水源地断面优于Ⅱ类水质标准。完成受污染耕地安全利用和治理修复26221亩,治理率达100%。排查出疑似污染地块1块,无再开发利用的疑似污染地块和污染地块,污染地块安全利用率100%,全年未发生污染地块再开发利用环境事件。

建成总投资4.01亿元的生活垃圾焚烧发电项目。新增百合花城、锦龙湾等15个垃圾分类试点小区,56个行政企事业单位开展了生活垃圾分类,县城覆盖率达到40%,市民生活垃圾分类知晓率达到了97%,参与率达到了90%,生活垃圾回收利用率达到37%。累计完成26221亩受污染耕地安全利用与严格管控目标任务,完成率100%。对58家"散乱污"企业进行排查,并完成分类整治,整改完成率100%。全县畜禽养殖粪污综合利用率达96.33%,畜禽规模养殖场粪污处理设施装备配套率达100%。

全县绿色防控技术推广应用面积30.3万亩,覆盖率58.3%,专业化统防统治技术应用面积28.6万亩,覆盖率49.73%。推广测土配方施肥,全县测土配方施肥水稻应用面积达46.8万亩,技术覆盖率在95%以上。

基本完成12座垃圾中转站建设,对全县已建成投运的20个农村污水处理设施项目开展工程性验收及技术性验收。已完成无害化卫生厕所改造9657户(任务数9288户),超额完成省、市下发的任务。

交通运输

全县境内公路总里程3663.116千米,其中农村公路里程3245.215千米(县道13条,230.545千米;乡道73条,458.259千米;村道2510条,2161.565千米;专用公路7条,14.846千米;自然村组级公路264条,380千米)。公路密度212.93千米/百平方千米。全县拥有公路营运汽车8513辆,比上年年末减少2.9%。年末全县拥有载客汽车103辆、3605客位,比上年年末分别减少7.3%和7.3%。其中大型客车53辆、2525客位,与上年持平。营业性客运车辆完成公路客运量276.3万人,旅客周转量13538.7万人千米,比上年分别减少26%和增加26%,平均运距49千米。营业性货运车辆完成货运量3298万吨,货物周转量313310万吨千米,均比上年减少15%和15%,平均运距95千米。

推进交通基础设施建设。全长14.758千米的国道G220绕城一级公路建设累计完成投资2.7亿元。宜万同城快速通道,万载境内含主线约3.04千米和连接线10.02千米,总投资约9.06亿元。危桥改造13座。完成农村公路养护工程23个,共投资675.5万元。村民小组的通达率100%,农村公路硬化实现全覆盖。

供水供电

县城及乡镇日供水能力10.5万立方米,用水人口近20万人。完成城区管网改扩建工程,铺设新城区DN200~DN800供水干管14.35千米。把推动三十把水源工程建设作为解决县城供水水源单一问题,致力提高县城供水应急能力及供水水质安全。在14个乡镇污水处理厂网建设工程中,1 期 9 个乡镇污水厂网建设总投资 1.47 亿元;2 期 5 个乡镇污水厂网建设总投资 0.38 亿元。完成老丁田桥、建材市场、和谐一期到真君庙 DN200 供水管网改造;垃圾处理厂、青石甲纵二路 PE160 供水主管改造、图书馆、老江工厂门口、新华书店旁、联和至高车路段、龙河星城(1、2、3 期)、益连 7 组、里泉四中、里泉村部至杉树亭路段 PE110 供水主管改造。

全县辖区内共有 220 千伏变电站 1 座,容量为 30 万千伏安;110 千伏变电站 5 座,总容量为 43.30 万千伏安;35 千伏变电站 9 座,总容量 12.20 万千伏安;35 千伏线路 15 条,长度 168.30 千米;10 千伏公用线路 93 条,长度 2646.58 千米;10 千伏专线 15 条;0.4 千伏及以下线路长度 5202.48 千米;公用配变 2498 台,用电户数 22.43 万户。全年出现最高负荷达 21.9 万千瓦,同比增长 11.45%。

电网建设提质加速,努力推进 220 千伏高城变、110 千伏东门变、110 千伏三兴变、35 千伏官高线、35 千伏双口线等重点项目落地实施。完成电网常规投资 5400 万元,自主实施项目 338 万元,完成第一批特殊举措项目 1094 万元,1 项工程获评"省公司配电网百佳优质工程",1 个项目部获评"省公司 2020 年配电网工程优秀项目部"。

教　育

全县有中小学校 227 所,其中普通完全中学 3 所,十二年一贯制学校 1 所(民办),初中 17 所,九年一贯制学校 3 所(含 2 所民办),小学 200 所(含教学点 59 个),职高 2 所(含 1 所民办),特殊学校 1 所。在校中小学生(含职高生)108419 人(小学 57234 人,初中 32396 人,高中 16475 人,职高 2314 人)。一本录取人数 492 人,本科录取人数 1939 人,位列宜春市第五名。

商　务

全县利用省外资金 57.09 亿元,同比增长 8.68%,完成年度目标任务;入统项目 26 个,合同金额 33.02 亿元,其中亿元以上项目入统 10 个。利用外资完成 6800 万美元,同比增长 7.2%。外贸出口完成 2.48 亿美元,同比增长 13.43%,总额排名第六,增幅排名第八。其中自营出口 1.85 亿美元,同比增长 35.78%。实现社会消费品零售总额 64 亿元左右,同比增长 1%,增幅在宜春市排名第五。

财政与税务

全年实现全口径税收收入 24.51 亿元,实现财政口径收入 24.48 亿元,占全县财政收入的 85.5%,入库非税收入 7.13 亿元,同比增长 64.09%。全年累计实现综合所得个人所得税 195 万元。

人口与人民生活

2020 年年末,万载县总人口 57.91 万人,比上年增长 0.31%,共 160610 户。其中城镇人口 22 万人,比上年增长 4.82%。乡村人口 35.9 万人,比上年减少 2.27%。

全年财政总收入 286357 万元,比上年增长 1.8%。城镇居民人均可支配收入 32446 元,比上年增长 5.6%。农村居民人均可支配收入 14326 元,比上年增长 7.2%。社会消费品零售额 654695 万元,增长 2.5%。

文件汇编

万载县电子商务进农村综合示范工作实施方案

万府办发〔2020〕37 号

为认真贯彻落实财政部办公厅、商务部办公厅、国务院扶贫办综合司《关于开展 2020 年电子商务进农村综合示范工作的通知》(财办建〔2020〕48 号)等文件精神,巩固提升电子商务进农村综合示范效应,探索农村电商可持续发展机制和巩固脱贫攻坚成果、助力乡村振兴,根据第七批国家电子商务进农村综合示范县建设要求,结合我县实际,特制定本工作方案。

一、指导思想

以习近平新时代中国特色社会主义思想为指导,按照中央和省、市电商工作有关部署,坚持精准扶贫基本方略不动摇,以巩固提升脱贫攻坚实效、服务乡村振兴发展为导向,以电子商务促进产业转型升级、经济结构优化为发展方向,以电子商务进农村综合示范县"改造提升"为抓手,以普及和深化电子商务应用为重点,夯实农村物流基础设施,健全农村电商公共服务体系,培育壮大农村市场主体,畅通农村产品进城和工业品下乡,强化益贫带贫联结机制,实现万载县电子商务发展从量的增加到质的飞跃,满足农村居民美好生活需求。

二、总体目标

以数字化为引领,以数据为驱动,通过大数据收集与运用,挖掘县域电商发展潜力。通过开展电子商务进农村综合示范建设,进一步推进万载县建立健全支撑农村电子商务发展的公共服务体系,加快推进电子商务在万载农村地区的应用和推广,建立农村电子商务发展的长效机制,推动电子商务与精准扶贫的融合,完善有利于农村电子商务发展的财政、金融、税收、人才等政策环境。到 2023 年,全面完成示范项目建设工作,实现以下建设目标:

升级改造万载县电子商务公共服务中心。进一步完善公共服务中心在运营数据统计分析、活动举办、产品及成果展示等配套功能。

提升建设农村产品上行体系。支持统筹品控、品牌、认证、培训、营销等服务,帮助解决农村产品上线销售的前置障碍,拓宽农村产品线上线下销售渠道;支持提升强化农村产品分级、包装、预冷、初加工、冷链仓储、配送等基础设施建设;支持加快农村传统商贸流通企业转型升级、拓展网络销售渠道;支持加大农村产品产销对接力度,打造农村电商多元化供应链。

升级改造和新建镇村级电商服务站。建设和升级改造乡村电商站点。整合全县已有的村级电商服务站,从中严选优秀电商服务站(涵盖全县 36 个贫困村)进行升级改造和动态管理;在产业基础条件良好、人口数量较多的行政村新建一批村级电子商务服务站,实现县域内电商服务站覆盖 50%以上行政村。

建设三级智慧物流体系。提升完善县乡村三级物流配送体系,升级改造 1 个县级电商物流仓储配送中心;物流快递覆盖所有乡镇和村级电子商务服务站点,从县级物流仓储配送中心到村级电子商务服务站点 1 天内配送(偏远地区 2 天内完成);整合现有物流快递资源,实现县、乡、村三级统一配送体系,降低物流快递成本,农村产品网络上行物流价格低于整合前价格或与宜春市基本持平。

加强电商培训。针对县乡村基层干部、返乡农民工、退伍军人、贫困户、涉农企业等人员开展电子商务培训，培训总数达2000人次以上。

电商促进效果。农村网络零售额同比增长 20%以上，农村产品网络零售额同比增长30%以上。

三、实施内容

(一)加快城乡高效物流配送体系建设，打造智慧高效物流

整合现有快递企业及商贸流通(含冷链)企业资源，完善电子商务公共物流体系建设。完善县、乡、村三级物流快递配送体系，升级改造县级物流仓储配送中心，中心建筑面积达3000平方米以上，同时其硬件须满足搭建物流快递信息共享平台功能，确保快递运输时效；根据工作开展实际需求在重要区域节点（产业基础好的乡镇、行政村）、快递配送路线交叉区合理设置至少 5个乡镇仓储物流配送节点，并不断提升物流快递网点服务覆盖率，达到县到乡、村配送时效不超过36小时，解决物流配送“最后一公里”问题；搭建数据中心平台，引导全县物流快递企业资源进行资源共享，整合县域内物流快递企业，开展农村快递共同配送，优化县域日用消费品、农资下乡和农村产品进城双向配送，推动商流、物流统仓共配，降低农村物流成本。实现物流配送信息化、数字化、可视化、智能化，全面提升电子商务物流配送公共服务体系功能和作用，以智慧物流带动相关产业发展。

(二)加大农村产品供应链体系建设，推进农村产品上行

1. 搭建县域农村产品网货供应链体系。充分利用县级品牌网货研发供应能力，叠加农村产品储存、分拣、配货、送货、信息处理等功能，全面整合县内优质农村产品入驻，进行动态目录式管理。通过产品数据的收集、整理、分析和运用，充分挖掘生产商、网商、服务商“三商”联动潜力，搭建和完善县域农村产品网货供应链体系。

2. 加大农村产品品牌建设力度。按照“产业有特色、县域有特品”的原则，积极配合、协调农业、林业、科技、市监等部门，整合我县龙牙百合、百合粉、有机大米、有机毛豆、山茶油、南酸枣糕、蜂蜜、罗城扎粉等特色农村产品和相关产业的标准化生产水平，统筹制定县级农村产品品牌培育计划，加强我县农村产品基地和品牌建设。未来3年，针对县内主导特色产业着力培育1~2个农村产品主导品牌；着力打造一个县域农特产品公用品牌；培育、孵化、扶持3~5个有代表性、普遍性的农业企业品牌或农村产品特色品牌，并使其在网络直播、社区自营电商及各大电商网络平台上实现销售，打造县域农村产品网络爆款和典型。

3. 加强农村产品品控和标准化体系建设。加快构建我县农村产品质量品控体系和安全追溯体系，引导企业、合作社等主体加入溯源系统；引导和协助各企业、合作社及个体户进行相应的商标注册、推进农村产品合格证制度、有机食品认证以及地理标志认证。探索建立农村产品电子商务交易标准化工作。建设农村产品分拣、包装、闪冻、冷藏、初加工等基础设施；提供品牌注册、品牌培育、检测、网络营销策划、网站托管等增值服务，重点打通与北上广深地区农村产品快递、冷链物流通道，提升农村产品标准化程度，实现农村产品网销提速增收。

4.以精准扶贫为向导，探索电商助力脱贫增收新模式。强化电商脱贫增收效应，以促进农村产品网络销售和贫困农民创业就业为中心，以点带线、以线带面，细化电商精准扶贫措施，加大贫困村(户)农村产品上行和产销对接支持力度，推动电子商务与扶贫增收相衔接，切实增强扶贫成效，探索出可持续、可推广电商精准扶贫新模式。

(三)提升和改造电子商务公共服务中心

加快数字化中心建设，完善县级电子商务公共服务中心配套功能。充分发挥公共服务中心运营数据统计分析、活动举办、产品及成果展示的功能；优化县级公共服务中心办公区、展示体验区、生活区、培训区、创客孵化

区、电商直播区等功能;提升产品质量追溯、产品认证、品牌培育、营销推广等综合服务能力;提升中心对接各类平台资源能力、承接和举办各类电商活动能力和组织企业参与电商活动能力。

(四)升级和改造乡镇、村级电子商务服务站

建设和升级改造乡村电商站点。依托原有基础良好的村级电子商务服务站进行必要的升级改造,对改造升级的村级服务站实行动态数字化管理,对服务站各类数据的收集和整理,及时调整运营方式、方法;在产业基础条件良好、人口数量较多的行政村新建一批村级电子商务服务站。到2023年底实现县域内电商服务站服务覆盖50%以上行政村。电子商务服务站具备为村民提供农特产品货源,组织网络销售、网络代购、缴费充值、信息咨询、快递收发等服务,提升农村产品上行服务能力,让农户足不出户就能享受到优质的电商服务。

(五)开展电商专业培训,带动电商人才创业就业

整合县内培训资源,支持对县乡村基层干部、返乡农民工、退伍军人、贫困户、涉农企业等开展农村电商普及和技能培训,强化培训机制,突出培训质量,重点考核就业率、创业率和增收指标。完善标准化教材,提升培训的针对性,根据实际需求丰富直播带货、社交电商等培训内容。健全培训转化机制,指导对接就业用工。深化电子商务在农村的认知度和使用率,通过为农户提供就业、创业机会,助其稳定增加收入,重点对贫困户开展培训,做到应培尽培,带动创业、就业,保障脱贫成效,巩固脱贫成果。到2023年,全县力争培训总数在2000人次以上,带动就业创业人员200人以上。

(六)开展农村电子商务的规划和宣传

开展农村电子商务发展研究,委托专业机构编制本县域农村电子商务发展规划。支持加大电子商务政策和示范县创建工作宣传,鼓励创建电子商务示范乡镇、示范村,加大总结和宣传成功经验和典型案例力度,进一步营造发展农村电子商务的良好氛围。加大政策宣传推广力度,引导群众更新观念,提高贫困人口的电子商务参与度。认真总结综合示范工作取得的成效,及时总结推广典型经验和做法,充分发挥典型案例的示范效应,同时加强地区之间相互交流与借鉴,增强综合示范辐射效应。

四、实施进度

(一)启动阶段:2020年10月—2020年12月

成立万载县国家电子商务进农村综合示范工作领导小组,编制本县域农村电子商务发展规划,研究制定电子商务进农村综合示范工作实施方案、项目管理制度、资金管理制度与项目验收管理制度等。全面启动项目承办单位遴选程序,开展项目建设前期筹备。

(二)实施阶段:2021年1月—2023年10月

主要通过政府采购方式确定各项目承办单位,签订项目建设合同,全面推进各项目建设工作,督导各项目达成预期绩效目标。

(三)验收阶段:2023年1月—2023年12月

对已完工项目进行验收,对不达标项目承建单位在政府网站进行公开通报,限期整改。对整改后仍不到位和无法通过验收的项目停止后续资金划拨,并追回已拨付资金。

五、推进措施

(一)加强组织领导

成立国家电子商务进农村综合示范县工作领导小组,规范领导小组职能,加强推进国家电子商务进农村综合示范工作的领导和协调能力。建立万载电子商务进农村工作推进过程中的多部门协同机制。领导小组负责结合本县实际情况,细化资金支持方向、补贴标准,明确各类项目建设内容、建设标准、功能要求和验收程序,建立项目台账制度,明确责任人和进展时限,确保资金安全、方案落地、项目落实、农民受益。

(二)强化过程管理

领导小组负责加强日常监督、检查、指导,密切跟踪示范项目进展情况,及时发现并解决项目和资金管理等存在的问题。在所有中央财政资金支持项目显

著位置标识“国家电子商务进农村综合示范项目”字样，同时提供省级主管部门的举报监督渠道，主动接受社会监督。

县商务局、扶贫办等相关部门对项目的立项与建设内容实地勘察后，联合行文上报领导小组审批，县财政局严格按照中央资金及配套资金使用要求，通过规范审批后拨付项目资金；对相关工作过程文件、招投标文件、票据等进行妥善保管并存档；对大型项目开展不定期现场勘察、确认工程进度与运行情况，实行按阶段拨付资金；对相关项目建设严格按规定履行报账程序并实行专账核算，按规定完整保存电子商务进农村专项资金报账资料。

建立大额资金支付动态跟踪制度，县财政局会同县商务局加 强对大额专项资金使用跟踪、监控，定期或不定期检查资金使用及管理情况。成立由纪检监察、财政、商务、审计等部门为成员的督查工作协调小组，定期组织开展专项资金重点检查工作，加强项目与专项资金管理。

（三）做好政务公开和信息报送

领导小组负责在万载县人民政府门户网站显著位置设置“电子商务进农村综合示范工作”专栏，征求意见窗口或纪检、审计举报窗口，并及时、全面、准确、集中在省、县二级专栏上公开综合示范工作方案、项目内容、资金安排、决策过程等信息，主动接受社会监督。构建万载县电子商务工作政务公开与相关信息抄送机制，推进县内网上经营主体信息公开披露，探索建立万载县农村电子商务信用管理和信息共享机制，促进信用产品在万载县农村电子商务发展中的应用，促进万载县农村电子商务规范有序发展。

督促示范项目承办单位与商务部农村电子商务信息系统进行对接，按时报送项目进展、资金拨付等材料。指导示范项目承办单位合作协议的达成，凡接受财政补贴的项目必须按要求提供交易和活动信息。同时依法保护项目承办单位信息安全。督促项目承办主体、县乡村服务站（物流点）下载安装“智慧乡村服务应用”APP，推广智慧乡村服务应用，不断提升综合示范信息化管理和服务水平。

（四）做好总结和宣传推广

系统总结综合示范工作开展情况，及时通报进展情况，总结推广典型经验与做法。加大宣传推广力度，加强地区之间相互交流与借鉴，增强综合示范辐射效应。充分利用国内外主流媒体和网络平台，加强对万载电子商务整体品牌的营销推广，扩大万载电子商务发展的影响力和吸引力。

加强万载县电子商务宣传推广体系建设，加大万载县电子商务宣传力度。充分运用媒体的舆论导向作用，加大对电子商务发展成功案例、重点企业的宣传力度，宣传和普及电子商务知识，提高全民对农村电子商务的认知水平。依托电子商务协会和其他行业组织，积极开展电子商务推广活动，引导和鼓励广大企业、消费者学习掌握电子商务知识。采用多种形式，加强守法、诚信、自律观念的引导和宣传教育，增强企业和公民诚信交易和信息安全意识。加强电子商务和网络购物的宣传、知识普及和应用推广，增强企业和公民应用意识，在全社会形成良好的应用氛围。

（五）强化绩效考核

按照市场有效、政府有为的原则，充分发挥市场在资源配置中的决定性作用，激发市场主体活力和内生动力，打造良好电商发展环境，在坚持扶贫重点导向基础上，统筹推进电商发展，助力产业扶贫和乡村振兴，强化示范工作的普惠性和公益性，注重项目绩效性及后续社会化服务，让广大群众享受电商发展红利。

附件：

万载县电子商务进农村综合示范项目安排汇总表

表 1

序号	项目名称	支持方向	项目承办	建设内容	推进时间	建设目标	投资规模（万元）			
							合计	中央资金	市县配套	社会资本
1	县域电子商务物流快递配送体系巩固提升建设项目	升级打造三级智慧物流体系	待定	升级改造面积达 3000 平方米以上的县级仓储物流配送中心，同时其硬件须满足搭建物流快递信息共享平台功能，确保快递运输时效；根据工作开展实际需求在重要区域节点、快递配送路线交叉区合理设置至少 5 个乡镇仓储物流配送节点，并不断提升物流快递网点服务覆盖率，达到县到乡、村配送时效不超过 36 小时，解决物流配送“最后一公里”问题；搭建数据中心平台，引导全县物流快递企业资源进行资源共享，整合县域内物流快递企业，开展农村快递共同配送，优化县域日用消费品、农资下乡和农村产品进城双向配送，推动商流、物流统仓共配，降低农村物流成本。实现物流配送信息化、数字化、可视化、智能化，全面提升电子商务物流配送公共服务体系功能和作用，以智慧物流带动相关产业发展	2020.10 至 2023.6	县级仓储物流配送中心建筑面积达 3000 平方米以上；建设 5 个以上乡镇仓储物流配送节点；物流快递覆盖所有乡镇和村级电子商务服务站点；县到乡、村配送时效不超过 36 小时；建成物流配送信息化、数字化、可视化、智能化的县、乡（镇）、村三级智慧物流体系	1160	280	80	800
2	农村产品上行体系提升建设项目	软硬件提升改造	待定	推进特色农村产品实现标准化生产，支持相关企业申请 SC 生产许可证，鼓励申请生态、有机农村产品认证，培育打造 1~2 个农村产品网络品牌。通过对接国家或省级质量追溯平台，实现质量可监控，过程可追溯，政府可监管。扶持相关企业自建或在第三方平台开设特色农村产品网店、专卖店或旗舰店，重点扶持扶贫效果明显的优势产业，支持建设农村产品 O2O 展示馆，打造集产品展示品牌宣传、线上销售、线下配送的综合平台	2020.10 至 2023.6	培育 1~2 个特色农村产品区域网销品牌；新增 10 个以上绿色食品、有机食品认证；建成线上特色农村产品销售旗舰店 2 家以上；建成 300 平方米以上的展示体验馆	1200	250	150	800

续表 1

序号	项目名称	支持方向	项目承办	建设内容	推进时间	建设目标	投资规模(万元)			
							合计	中央资金	市县配套	社会资本
3	县域电子商务公共服务中心提升建设项目	软硬件提升改造	待定	依托万载县电子商务产业园现有基础设施，进一步完善县级电子商务公共服务中心配套功能。一是充分发挥公共服务中心运营数据统计分析、活动举办、产品及成果展示的功能；二是优化县级公共服务中心办公区、展示体验区、生活区、培训区、创客孵化区等功能;三是提升产品质量追溯、产品认证、品牌培育、营销推广等综合服务能力；四是建立和完善农村产品品牌网货研发供应中心功能，着力打造适销对路的农村产品。五是提升中心对接各类平台资源能力、承接和举办各类电商活动能力和组织企业参与电商活动能力。六是打造电商直播孵化基地，培养一批网红主播带货农产	2020.10至2021.12	公共服务中心建设面积达到5000平方米,电商配套服务企业不少于10家,服务园区入驻企业30家以上,孵化电商企业20家以上。	600	150	150	300
4	镇村级电子商务服务站点提升改造项目	软硬件提升改造	待定	建设乡村级电子商务服务站。电子商务服务站具备为村民提供农特产品货源,组织网络销售、网络代购、缴费充值、信息咨询、快递收发等服务，提升农村产品上行服务能力，让农户足不出户就能享受到优质的电商服务	2020.10至2023.6	建设和升级改造乡村电商站点。整合全县已有的村级电商服务站,从中严选优秀电商服务站(涵盖全县36个贫困村)进行升级改造和动态管理;在产业基础条件良好、人口数量较多的行政村新建一批村级电子商务服务站,实现县域内电商服务站服务覆盖50%以上行政村	270	140	50	80

续表 1

序号	项目名称	支持方向	项目承办	建设内容	推进时间	建设目标	投资规模(万元)			
							合计	中央资金	市县配套	社会资本
5	农村电子商务人才培训项目	人员培训	待定	整合县内培训资源，支持对县乡村基层干部、返乡农民工、退伍军人、贫困户、涉农企业等开展农村电商普及和技能培训，强化培训机制,突出培训质量。完善标准化教材,提升培训的针对性,丰富直播带货、社交电商等培训内容。健全培训转化机制，指导对接就业用工 深化电子商务在农村的认知度和使用率,通过为农户提供就业、创业机会,助其稳定增加收入,重点对贫困户开展培训，做到应培尽培,带动创业、就业,保障脱贫成效,巩固脱贫成果。到 2023 年,全县力争培训总数在 2000 人次以上,带动就业创业人员 200 人	2020.10 至 2022.12	3 年内培训电商人才 2000 人次以上,对贫困户做到应培尽培,带动就业创业人员 200 人	200	80	40	80
6	农村电子商务规划和宣传项目	规划和宣传	待定	开展农村电子商务发展研究,委托专业机构制定本县域农村电子商务发展规划。支持加大电子商务政策和示范县创建工作宣传,鼓励创建电子商务示范乡镇、示范村，加大总结和宣传成功经验和典型案例力度，进一步营造发展农村电子商务的良好氛围 加大政策宣传推广力度，引导农民农村居民群众更新观念，提高贫困人口的电子商务参与度。要认真总结综合示范工作取得的成效，及时总结推广典型经验和做法，充分发挥典型案例的示范效应，同时加强地区之间相互交流与借鉴,增强综合示范辐射效应	2020.10 至 2023.6	编制完成本县域农村电子商务产业发展规划,农村电子商务宣传工作农户家庭覆盖率不低于 90%,创建 5 个以上省市级电子商务示范基地或示范企业	160	100	30	30
总计							3590	1000	500	2090

万载县烟花爆竹企业安全员管理制度(试行)

(万府办发〔2020〕3号)

第一章 总 则

第一条 为进一步加强烟花爆竹企业安全生产管理,全面落实企业主体责任,建立安全员职责和约束机制,根据《中华人民共和国安全生产法》和相关法律、行政法规的有关规定,结合我县实际,特制定本制度。

第二条 全县烟花爆竹企业根据产能大小和车间数量设立专职安全员岗位职数,每户企业必须配备2名以上专职安全员,原则上爆竹企业每台一体机配备1名安全员;烟花企业A级证照配备5名安全员、B级证照配备4名安全员、C级证照配备3名安全员、D级证照配备2名安全员;引火线、单基粉企业配备2名安全员;黑火药企业配备3名安全员。各企业应该将符合条件的安全员数量、名单统一报所属乡镇(街道),由乡镇(街道)择优定额为企业专职安全员,并报县应急管理局备案。

第三条 全县分乡镇(街道)对安全员实行"统一管理、统一培训、统一薪酬、统一标准、统一调配",安全员根据乡镇(街道)统一安排,专职管理企业安全生产工作,接受乡镇(街道)和县应急管理局监督、检查。

第二章 安全员职责

第四条 安全员必须依法依规取得从业资格,方可上岗执业。

第五条 安全员必须尽职尽责做好以下工作:

1. 认真贯彻执行各级有关安全生产法律法规、规章规定,认真贯彻落实上级会议、文件精神和要求;

2. 认真学习烟花爆竹行业的业务知识,熟悉行业标准、操作规程和相关的安全生产知识;

3.认真履行安全检查职责,每天必须全程跟班管理,上班前和生产过程中必须对全厂所有流程的各环节进行全面检查,确保不留隐患;

4. 发现隐患必须立即采取措施妥善处理,及时消除隐患。发现重大隐患不能立即处理的,必须向企业相关领导和所属乡镇(街道)应急办报告或直接拨打县应急管理局执法电话(0795-8829318)。必要时可立即停止作业,待隐患消除后方可恢复作业;

5. 协助企业负责人抓好安全生产工作,督促企业各工区、工序、车间的管理人员抓好安全生产和安全管理,对违规违章行为及时予以纠正,并作出相应的处理和处罚;

6.督促管理各环节的成品、半成品、原材料等收发、搬运、储存及生产作业;

7. 定期组织企业从业人员进行安全知识、安全操作规程和安 全技能学习培训,准时参加上级各种安全培训学习和会议;

8. 做好所有安全检查、培训、学习等记录,并整理归档备查;

9. 对各级提出的隐患必须负责跟踪整改到位,并将整改情况报企业负责人和所属乡镇(街道)应急办;

10.对企业发生的生产安全事故,按照"四不放过"的原则,积极配合有关部门和事故调查组进行调查。

第六条 安全员必须按时按质按量完成所属乡镇(街道)、县应急管理局、县烟花爆竹总商会和乡镇商会交办的各项工作任务,并每季度上交工作小结,年度上交工作总结。

第三章 "黑名单"制度

第七条 烟花爆竹企业安全员有下列情况之一,直接列入"黑名单":

1. 所在企业发生较大及较大以上生产安全责任事故的;

2. 所在企业安全生产管理混乱,年度内被执法部门立案查处3次(含)以上的,或该企业年度内被监管部门3次以上查明存在重大隐患的;

3. 安全生产许可证到期继续组织生产的;

4. 企业在1.3级工房组织1.1级工序作业(或储存1.1级危险物品)的;

5.经监管部门核实,因履职不到位被企业依据有关规定辞退的;

6.不服从乡镇(街道)统一

管理、统一调配的;

7. 被司法机关追究刑事责任的。

第八条 对被列入“黑名单”的企业安全员,在“黑名单”管理期限内,实施以下管理措施:

1. 由县应急管理局向发证机关申请依法吊销其安全员资格证,规定期限内不得申领安全员资格证;

2.安全员被列入“黑名单”后,企业应根据劳动法和企业内部管理制度依法解除其劳动关系或调整其岗位,并且根据行业自律要求,两年内任何烟花爆竹企业不得聘用其为安全员;

3.依据相关法律法规规定,限制其从事与安全生产管理有关的其他工作。

第四章 日常管理

第九条 由乡镇(街道)和县应急管理局共同核定各烟花爆竹企业应配备的安全员职数,并报县政府审定,在乡镇(街道)范围内公布。

第十条 安全员一律由乡镇(街道)统一调配并实行企业聘用制,由各乡镇(街道)确定月薪。由企业将安全员全年工资按季度交所在乡镇(街道),再由乡镇(街道)根据工作考核情况按月发放。

第十一条 乡镇(街道)可根据安全员平时工作表现或季度考核情况按季度调整安全员所负责企业,安全员和企业都必须无条件服从。

第十二条 安全员离岗必须依据劳动法提前一个月书面向企业负责人报告,并报县应急管理局、所属乡镇(街道),乡镇(街道)要及时为企业补足安全员,并报县应急管理局备案。

第十三条 安全员统一着装上岗,独立行使对所负责企业的安全工作权利,全面客观、实事求是,任何个人不得干扰。

第十四条 乡镇(街道)要加强对安全员的统一教育、统一培训和统一管理。对需列入“黑名单”管理的安全员要及时报县应急管理局,对存在其他更轻微或更严重情形的安全员,乡镇(街道)可作出保留或剔除出安全员名单的决定,并报县应急管理局备案。

第十五条 凡是安全员未足额配备到位的企业,一律不得擅自开工生产。

第五章 考核奖惩

第十六条 对企业安全员工作情况,由所属乡镇(街道)和县应急管理局每季度组织考核一次,原则上每季度第一个月上旬完成对上一季度的考核。

第十七条 考核分为优秀、合格、不合格三个等次。优秀等次原则上不超过40%,不合格等次原则上不少于10%。

第十八条 凡是被评为优秀安全员的,下季度月薪按100%发放;凡是被评为合格安全员的,下季度月薪按90%发放;凡是被评为不合格安全员的,下季度月薪按80%发放;年度内累计两次考核为不合格的安全员,下季度月薪按70%发放;年度内累计三次考核为不合格的安全员,一律列入“黑名单”管理。

第十九条 单个企业的安全员一个年度内累计有4人次评为不合格等次的,取消该企业该年度评先评优资格和机械化奖补等所有优惠政策。

第二十条 各乡镇(街道)企业安全员一个年度内累计有超过 30%的安全员被评为不合格等次的,取消该乡镇(街道)该年度安全生产工作方面的所有评先评优资格。

第六章 附 则

第二十一条 本制度自2020年3月1日起实施,由县应急管理局负责解释。

万载县损害营商环境责任追究办法(试行)

(万办发〔2021〕2号)

为深入贯彻落实《中共宜春市委关于规范政商交往推动构建亲清政商关系的意见》(宜发〔2020〕10号)文件精神,积极营造政策最优、成本最低、服务最好、办事最快的“四最”营商环境,激发市场活力和社会创新力,推动万载经济高质量跨越式发展,特制定本办法。

一、责任追究对象

本办法所指责任追究是指承担行政审批、行政执法、经济管理职能的单位及其主要负责人，分管领导、股(科、室)负责人和相关工作人员不履行、不正确履行职责或在公务活动中存在滥用职权、玩忽职守、徇私舞弊等行为，违反有关政策、纪律规定造成损失或者不良影响的，对相关单位和责任人依据有关规定和程序进行责任追究。

二、责任追究重点

（一）具有行政审批、行政执法、经济管理职能的单位，有下列情形之一的，应当进行责任追究

1.滥用自由裁量权，对企业乱检查、乱摊派、乱收费、乱罚款、乱募捐、乱扣留、乱揽储的；

2.在政府资金安排、土地供应、税费减免、资质许可、标准制定、项目申报、职称评定、人力资源政策等方面，制定或者实施歧视性政策措施，区别对待各类市场主体的；

3. 违反规定对国家明令取消或暂停审批的事项仍不停止审批的，对国家明令取消的证明、材料仍然收取的；

4.违反规定增设审批环节，增加审批条件、资料的；

5. 对省市县有关优化营商环境重大决策部署执行过程中“搞变通、打折扣”或拒不执行的；

6. 未建立公开和落实岗位目标责任制、首问责任制、一次性告知制、限时办结制、办事公开制和投诉举报制等各项效能管理制度的；

7. 采取行政命令、强买强卖，强制有偿服务的；或将应由监管服务对象自愿接受的咨询、信息、检测、商业保险等服务变为强制服务，强行收费的；

8. 把应由行政管理部门提供的咨询、办理证照等服务和应履行的职责，非法转交由中介服务组织咨询和办理并进行收费的；违法准许中介机构或者其他组织、人员从事审批、核准、备案代理活动的；对受委托的组织和个人实施的行为不依法监督，造成不良社会影响的；

9.对已审批的事项负有事后监管职责的部门因不监管或监管不力，造成不良社会影响的；

10.对政企圆桌会议问题清单落实和整改不力的；

11.对 12345 政府服务热线群众诉求办理不力、处理不公、回复不及时，或者存在其他失职失责问题，造成不良影响的；

12.其他违反法律、法规、规章和政策规定行为。

（二）具有行政审批、行政执法、经济管理职能的单位，有下列情形之一的，应当追究单位主要负责人或分管领导责任

1. 对直接管辖范围内发生明令禁止的违法违纪行为不制止、不纠正、不查处，或对上级部门交办的事项拒不办理的；

2. 由于管理不严、监督不力，致使直接管辖范围内发生的损害营商环境问题被中央、省、市通报批评或媒体曝光的；

3. 因发生损害营商环境重大案件、恶性案件造成不良社会影响的；

4. 因擅自使用临聘人员或不具备行使公权力资格的人员开展优化营商环境工作，造成不良社会影响的；

5.擅自要求企业停产的；

6.其他违反法律、法规、规章和政策规定行为。

（三）具有行政审批、行政执法、经济管理职能的单位，有下列情形之一的，应当追究股(科、室)负责人和相关人员责任

1. 对管理和服务对象态度生硬、言行举止不文明礼貌，服务质量差或作风粗暴、态度恶劣、群众反映强烈的；

2.不正确履行“营商专员”职责，未做到“三个一次”的(“三个一次”，即每月对企业开展一次实地走访，每月与企业负责人进行一次交流，每月为企业落实一次问题)；

3.办理涉企案件不规范，随意对企业采取搜查、扣押、冻结、查封、拘留、逮捕等措施的；

4.对该办理的事项不办理、拖拉敷衍、推诿扯皮，或有其他不作为、慢作为行为，造成不良社会影响的；

5. 对符合规定条件申请应予受理而不予受理、应予办理而不予办理的，不予受理、办理而不告知理由的；

6. 未在规定或者承诺时限内完成申请类事项办理工作或告知办理结果的;

7. 未按规定进行一次性告知而让管理服务对象多跑路,引起投诉或媒体曝光的;

8. 向企业及其负责人托办个人事项、承揽企业业务,或者以明显低于市场的价格购买企业产品或服务的;

9. 将个人消费开支转由企业及其负责人买单的;

10.向企业投资入股或者向企业及其负责人放贷、借贷资金,变相占用、使用企业汽车、房屋等物品的;

11.违规在企业任职或者挂名、挂证领取薪酬、奖金、津贴,或者以担任顾问、提供中介服务为名向企业及其负责人收取咨询费或者其他好处的;

12.收受企业及其负责人赠送的可能影响公正执行公务的礼品、礼金、消费卡(券)和有价证券、股权、其他金融产品等财物,或者收受其他明显超出正常礼尚往来的财物的;

13.接受企业及其负责人提供的可能影响公正执行公务的宴请或者旅游度假、娱乐保健、高档消费等活动安排的;

14.违规干预和插手市场经济活动,损害企业合法权益或者为企业及其负责人谋取不正当利益的;

15.其他违反法律、法规、规章和政策规定行为。

三、责任追究原则

(一)各乡镇(街道)、县直各单位主要负责人是优化营商环境第一责任人,对优化营商环境工作负主体责任。

(二)各乡镇(街道)、县直各单位相关班子其他成员对分管范围的优化营商环境工作负领导责任。

(三)各乡镇(街道)、县直各单位股(科、室)负责人及其相关业务工作人员对优化营商环境工作的具体职责、事项负直接责任。

(四)实施损害营商环境责任追究,应当依法依规、实事求是、客观公正,根据岗位职责、履职情况、履职条件等因素合理、确定相应责任。

四、问责的方式和适用

根据《中国共产党问责条例》《中国共产党纪律处分条例》《中华人民共和国监察法》《中华人民共和国公职人员政务处分法》《中华人民共和国公务员法》《行政机关公务员处分条例》《事业单位工作人员处分暂行规定》等法律、法规及我县关于优化提升营商环境工作相关政策规定,结合本县实际,责令作出书面检查、约谈、通报批评、诫勉谈话或调离岗位、引咎辞职、责令辞职、免职、降职等组织处理。对失职失责应当追究纪律法律责任的,依照有关规定给予党纪政务处分。涉嫌犯罪的,移送司法机关依法处理。

五、监督检查及成果运用

(一)畅通线索收集平台。通过政府服务热线、政企圆桌会议、新闻媒体等平台,广泛收集问题线索。对实名举报查实的,给予 300~600 元不等的奖励。县纪委县监委不定期实行电话回访,随机抽取办结事项,了解服务质量、服务态度、服务效率、群众满意度。

(二)曝光反面典型。严格落实《万载县作风建设和营商环境提升督查工作实施方案》文件要求,采取日常督查、专项督查、集中督查等方式开展明察暗访,及时发现损害营商环境的典型人和事,并在一定范围内进行曝光,由县纪委县监委跟踪督办,对整改不力或造成不良社会影响的,予以严肃追责问责。

(三)强化成果运用。问责情况纳入单位年度党风廉政建设责任制考核范围,单位主要领导受到责任追究的,取消单位当年党风廉政建设评先资格。受到责任追究的党员干部,取消当年年度考核评优资格。同时,受到诫勉处理的,六个月内不得提拔;受到调离岗位处理的,一年内不得提拔;引咎辞职和受到责令辞职、免职处理的,一年内不得重新担任与其原任职务相当的领导职务,两年内不得提拔;受到降职处理的,两年内不得提拔。同时受到组织处理和党纪政务处分的,按照影响期长的规定执行。

中国共产党万载县委员会

综述

2020年是全面建成小康社会和“十三五”规划收官之年，也是极不平凡、极不寻常、极为不易的一年。面对突如其来的新冠肺炎疫情，县委常委会坚持以习近平新时代中国特色社会主义思想为指导，在省委、市委的坚强领导下，坚持稳中求进工作总基调，全面贯彻新发展理念，落实高质量发展要求，统筹推进疫情防控和经济社会发展，团结带领全县各级党组织和广大党员干部群众，积极作为、砥砺奋进，推动全县经济社会发展和党的建设各项事业迈上新台阶。

一、始终把准政治航向标，践行“两个维护”的政治自觉持续增强

坚持把学习贯彻习近平新时代中国特色社会主义思想作为首要政治任务，持续在学懂弄通做实上下功夫，引导广大党员干部群众增强“四个意识”、坚定“四个自信”、坚决做到“两个维护”。习近平总书记发表的系列重要讲话、作出的重要指示批示，以及省委、市委的贯彻意见，县委都第一时间学习、第一时间传达、第一时间落实，努力做到内化于心、外化于行、转化为果。县委理论中心组围绕党章、习近平总书记关于统筹推进疫情防控和经济社会发展的重要论述、《习近平谈治国理政》第三卷、《中华人民共和国民法典》等，组织开展了集中学习研讨10次，其中互动式研讨学习8次。中共十九届五中全会召开后，第一时间组织学习并研究贯彻落实，邀请市委宣讲团来万载举办中共十九届五中全会精神报告会，县委常委带头深入基层一线，开展形式多样的宣传宣讲活动，迅速在全县掀起了学习宣传贯彻中共十九届五中全会精神的热潮。同时，紧密结合万载实际，认真抓好全县“十四五”规划编制工作，坚持开门问策、集思广益，擘画了万载“十四五”时期发展新蓝图。

二、坚决打好三大攻坚战，决战决胜全面建成小康社会

脱贫攻坚取得决定性胜利。全县9637户29129名建档立卡贫困人口全部实现脱贫，36个“十三五”贫困村(其中深度贫困村30个)全部退出，顺利迎接了国家精准扶贫工作成效第三方评估，如期全面完成脱贫攻坚任务，彻底消除了绝对贫困，兑现了向人民、向历史作出的庄严承诺。全县贫困人口人均可支配收入从2016年的3791元增长至10288元。

污染防治攻坚战取得阶段性成果。全力开展污染防治攻坚战八大标志性战役和30个专项行动，抓紧抓实中央、省生态环境保护督察问题整改，深入推进“河长制”“林长制”工作。持续从严开展各项环境执法专项行动，取缔关闭“散乱污”企业34家，完成2.6万亩受污染耕地安全使用及严格管控工作，空气优良率达98.3%，主要河流断面及县城集中式饮用水水源地水质达标率达100%。

防范化解重大风险攻坚战取得持续性成果。坚持底线思维，摸清政府隐性债务底数，把住政府债务限额底线，严控政府隐性债务增量，全面规范地方融资举债，防范化解地方政府债务风险，经济金融势头持续稳定向好。坚持抓早抓小、防微杜渐，统筹抓好房地产、企业债务等领域风险防范,全县各领域风险总体可控。

三、积蓄强劲发展动能,高质量跨越式发展迈出坚实步伐

经济运行取得新成绩。聚焦疫情对经济运行带来的冲击和影响,有力有序全面恢复经济社会发展,全力做好“六稳”工作,落实“六保”任务,各项经济指标企稳回升。全县实现地区生产总值209.01亿元,同比增长3.3%,财政总收入完成28.64亿元,同比增长1.8%;规上工业增加值同比增长3.8%;固定资产投资同比增长7.2%;社会消费品零售总额完成65.5亿元,同比增长2.5%;城镇居民人均可支配收入32466元,同比增长5.6%;农村居民人均可支配收入14326元,同比增长7.2%。

优化环境展现新作为。积极开展“优环境、促发展”大讨论活动,坚持刀刃向内、勇于自我革命,以“三专班一督查”为抓手,全力清“淤点”、通“堵点”、消“痛点”、解“难点”,出台有关制度文件和方案21个,推出具体举措295项,整改销号问题10050个。尤其是对标一流打造“四最”营商环境,出台优化营商环境“十不准”,实施安商“红黄榜”网络评价,推行“营商专员”和政企圆桌会议制度,为145家企业协调解决事项266项,获评“全省十佳营商环境县”。

工业发展取得新成效。努力克服疫情带来的不利影响,“一对一”帮助企业落实防疫措施,全面推进复工复产。坚持“筑巢引凤”,建成标准厂房78万平方米,实现“两新”“高端装备制造”等优质企业“拎包入住”,已入驻26家、投产8家。大力实施“三资”招商、以商招商和产业链招商,签约引进亿元以上项目32个,通过省认定“5020”项目1个。推动传统产业转型升级,158家花炮企业按国标整顿提升,65家获得新一轮许可颁证,江山红、汇鑫源等重点花炮项目实现竣工投产。

城市建设实现新突破。稳步推进国土空间总体规划编制,积极跟进“两规”融合局部调整。实施城市功能与品质提升项目98个,竣工34个,完成投资56.4亿元。康乐大道南延伸段、环湖南路东延伸段等道路建成通车,G320工业园段提升改造、南部新城“一纵两横”路网等项目开工建设。全力抓好17个老旧小区提升改造工程,改造项目开工率达100%。积极推动棚户区改造,已建成905套棚改安置房。保持“两违”高压整治态势,共拆除违建461起1.52万平方米。铺设天然气管网30千米,惠及群众1.5万户。生活垃圾焚烧发电项目实现并网发电。

乡村振兴开启新篇章。新建高标准农田3.52万亩,完成粮食播种面积66.8万亩。生猪复产增养已经恢复到2017年的水平。进一步完善以有机富硒为特色的产业体系,建设有机富硒农产品基地11.8万亩,注册富硒农产品20余种,有机农业总产值超30亿元。全面完成新农村“四年扫一遍”建设任务,农村人居环境整治三年行动通过省级验收。获评全国电子商务进农村综合示范县、全省“四好农村路”示范县。

深化改革激发新动能。完成“五大领域”综合行政执法体制改革,持续推进“放管服”改革,启动相对集中行政许可权改革试点工作,组建县行政审批局,首批划转事项215项。工程建设项目审批时限由120个工作日缩减至89个工作日。深化国资国企改革,重构万投集团,组建万兴集团。全面落实中央减税降费政策措施,为企业减税降费达4.71亿元。

四、全力保障改善民生,人民群众幸福指数不断攀升

慎终如始抓好疫情防控。面对突如其来的新冠肺炎疫情,及时启动重大突发公共卫生事件I级响应,严格落实联防联控工作机制,全县仅在早期报告1例输入确诊病例,无二代病例。因时因势调整防控策略,抓紧抓实常态化疫情防控,摸排监测中高风险地区和重点地区人员。投入防控经费3063万元,建设核酸检测实验室2个,日检测能力超过2万人份。

强基促稳保障安全生产。全面建成覆盖300余家烟花爆竹企业的县、乡、企三级联网联运接警智能监控平台,推动监管由“人防”向“技防”转变。在全市率先开展基层垂直管理试点工作，完善和落实安全生产责任制，深入推进安全生产专项整治行动，及时消除隐患。县专业森林消防大队获评“全国119消防先进集体”。2020年，全县安全生产工作总体平稳，烟花爆竹安全生产实现“零事故”“零死亡”双零目标。

持之以恒增进民生福祉。强化稳就业举措，新增城镇就业4730人，城镇就业率96.92%。推进教育基础提升，龙湖实验学校等项目建成并投入使用，县五小、六小、三中新建改扩建工程有序推进，完成3所城区配套幼儿园建设。改善卫生健康服务能力，建设标准化村卫生室152所，县人民医院西院(株潭中心卫生院)项目完成整体搬迁，县中医院综合楼建设项目加速推进，万载县获评全国基层中医药工作先进单位。加快发展养老服务，建设农村幸福食堂35个，改扩建乡镇敬老院3家，2个社区居家养老服务中心投入使用。稳步推进殡葬改革工作，建成农村公益性墓地210个，实现全县全覆盖。

齐抓共管维护社会稳定。扎实推进平安万载建设，纵深推进扫黑除恶专项斗争，成功打掉黑社会性质组织1个、恶势力犯罪集团1个、恶势力犯罪团伙12个。严格落实党政领导接访下访和包案化解制度，扎实开展“清存量、控增量、防风险”信访突出问题专项治理活动，化解信访积案116件。抓好综治中心实体化建设，构建源头防控、排查梳理、纠纷化解、应急处置的社会矛盾综合治理机制。

五、全面加强党的建设，推动全面从严治党持续向纵深发展

坚持以党的政治建设为统领，压紧压实管党治党责任，推动全面从严治党向纵深发展，为万载高质量发展提供坚强政治保障。

提升组织功能，基层党建更加过硬。坚持把党建“三化”建设作为“一号工程”来抓，组建工作专班，440个纳入目标数的党组织全部完成“三化”建设。全力落实村书记、主任“一肩挑”要求，全县“一肩挑”占比达96.1%。整顿提升15个软弱涣散村，基层党组织创造力凝聚力战斗力明显增强。持续发展壮大村集体经济，181个村集体经济收入均超过5万元。开展机关党员干部“双进双服务”活动，全县1041名在职党员到社区开展结对共建。每月开展“党员学习议事日”，持续举办“党课开讲啦”“五级书记讲党课”等活动，广大党员干部的理论修养进一步提高。

抓好思想宣传，阵地管控更加稳固。旗帜鲜明坚持党管宣传、党管意识形态的原则不动摇，压紧压实意识形态工作责任，全县意识形态领域总体态势向上向好。始终把抓好党员干部群众理论学习作为武装头脑、指导实践、推动工作的有力举措，创新性组建10支特色宣讲小分队开展常态化理论宣讲活动，推动习近平新时代中国特色社会主义思想更加深入人心。全县在中央级大报大台上稿116篇，在省“一报两台”上稿229篇，20次登上《人民日报》，25次登上中央电视台《新闻联播》。持续加大文明创建力度，双桥镇绍江村获评“全国文明村镇”，茭湖乡上坪村小学教师兰小华入选“中国好人榜”，张包春家庭入选“全国最美家庭”。

强化队伍建设，人才支撑更加有力。始终把政治素质建设放在干部队伍建设的首位，建立健全干部选拔任用提名制度，逐步优化县管领导班子结构。坚持把严管与厚爱，约束和激励相结合，持续加强公务员队伍管理，完善和优化乡镇绩效考核内容和指标体系，有序开展公务员职级晋升工作。举办中青年干部培训班，有针对性地培养了领导干部后备梯队。面向全县招录88名大学生专职村干(党建宣传信息员)，为乡村振兴输入新鲜血液。认真做好从“三方面人员”中选拔副科级领导、从优秀村(社区)干部中选聘乡镇(场、街道)事业编制人员等工作，极大地激发了广大干部的工作热情。

深化监督执纪，干部作风更加务实。召开全县党员领导干部警示教育大会，开展政治纪律、廉洁纪律、工作纪律、中央八项规定精神执行情况专项督查。持续深入整治“怕慢假庸散”等作风顽疾，坚决破除形式主义、官僚主义。2020年，全县共查处扶贫领域腐败和作风问题130起142人，党纪政务处分21人；查处违反中央八项规定精神35起37人，党纪政务处分20人；查处形式主义官僚主义问题46起49人，党纪政务处分8人。坚持政治巡察定位，彰显巡察“利剑”作用，采取常规巡察和专项巡察相结合的形式开展了3轮巡察，发现问题线索34条，倾向性问题697个，立案4件，党纪政纪处分7人，诫勉谈话6人。

*加强民主监督，法治氛围更加浓厚。*支持人大及其常委会依法履行职责，把人大监督和重大事项决定工作纳入党委决策和落实体系，健全完善代表工作机制，加强基层人大建设，充分发挥各级人大作用，持续畅通社情民意表达渠道。坚持推进政治民主协商建设，支持县政协认真履行政治协商、民主监督、参政议政三大职能，全力支持政协围绕全县中心工作和热点难点问题深入开展调研，为推动万载经济社会发展建言献策。

*凝聚思想共识，团结协作更加深入。*加强和改进统战工作，全县各统一战线成员助力疫情防控，踊跃捐款捐物，充分彰显了“讲大局、勇担当”的责任意识。加强党外代表人士队伍建设，帮助指导民革、农工党等民主党派完成换届选举。全面贯彻党的宗教工作基本方针，加强民族宗教服务管理。扎实做好群团工作，加强对非公有制经济人士、党外知识分子和新的社会阶层人士的团结引导。压紧压实党管武装责任，加强国防动员和后备力量建设，推进军民共建深度发展，连续九届被省委、省政府、省军区命名为“全省双拥模范县”。

重要会议

【县委全委(扩大)会议】 2020年，中共万载县委共召开县委全委(扩大)会议1次，主要内容：研究部署2020年全年工作，确定全县工作的总体思路是“1423”，即“1”是指突出政治引领和党的建设；“4”是指持续打好打赢“四大战役”；“23”是指全力做好2020年23个方面的重点工作。

【县委常委会会议】 2020年，中共万载县委共召开常委会会议21次，对全县各重点工作和重大问题进行了研究部署。主要内容：全面从严治党、党风廉政建设、“优环境、促发展”大讨论活动、高质量发展考核、基层党建、全面深化改革、法治万载建设、巡视整改、组织人事、宣传、意识形态、统战、宗教工作；脱贫攻坚、富硒产业发展、秀美乡村、生态文明建设、文化旅游；城市建设、棚户区改造；强攻工业、招商引资、项目建设、营商环境；安全生产、信访维稳、扫黑除恶、教育医疗；财政预算等工作。

重要决策

【印发《万载县新一代宽带无线移动通信网国家科技重大专项成果转移转化试点示范(03专项)实施方案》】 2月20日，县人民政府办公室贯彻落实省、市相关文件精神，印发《万载县新一代宽带无线移动通信网国家科技重大专项成果转移转化试点示范(03专项)实施方案》，抢抓战略机遇，加快推进“新一代宽带无线移动通信网”国家科技重大专项成果转移转化试点示范工作，确保试点示范工作实现网络全覆盖、平台有特色、应用有实效、产业有龙头，全面提升NB-IoT网络质量，加快eMTC网络建设。方案要求县工信局、县发改委、县应急管理局、万载电信、万载移动、万载联通、万载铁塔、各乡镇(街道)人民政府(办事处)等单位，要做好实施基础设施提升工程、启动技术创新引领工程、开展应用示范推广工程，按照宜春市市政府的工作部署，2020年力争同步建成NB-IoT/eMTC省级网络；争取组建移动物联网研发平台；实现新一代宽带移动通信网在农业、工业、服务业和智慧城市等有关领域的广泛应用；积极培育本地移动物联网企业，力争引进移动物联网企业,改造一批提升传统产业企业,并推出物联网产品。

【印发《2020年万载县城乡环境综合整治工作要点》】 4月27日,县委、县政府按照省、市深入推进爱国卫生运动暨城乡环境综合整治工作视频会议精神及《2020年全省城乡环境综合整治工作要点》(赣综整〔2020〕1号),印发《2020年万载县城乡环境综合整治工作要点》,重点聚焦卫生脏、秩序乱、设施差、亮点少等问题,以重点区域整治、专项环境整治、精细化提升整治和长效机制建设四大行动为抓手,要求开展重点区域环境整治大行动(乡镇所在地环境整治行动、城郊接合部环境整治行动、城中村环境整治行动、农贸市场环境整治行动)、专项环境整治大行动(城市建筑屋顶脏乱差专项整治行动、城镇“防盗窗”专项整治行动、城乡线缆“线乱拉”专项整治行动、建筑工地扬尘专项整治行动),以及精细整治提升大行动,强化中心城区主次干道、背街小巷、老旧小区及无物业小区等区域的精细化提升整治,宜万铜和昌栗高速公路,320、220国道,万上线沿线“五大整治行动”(违法建设整治行动、环境卫生整治行动、容貌秩序整治行动、坟墓裸露整治行动、绿化美化整治行动),治理“两车”乱停乱放问题,逐步建立智能停车系统,督促落实“门前三包”(包卫生、包秩序、包绿化),清理沟渠池塘溪河淤漂浮物、障碍物,严禁超高超大建房,做到“四无四净”,即无卫生死角、无暴露垃圾、无乱堆乱放、无残垣断壁,村庄道路净、村庄田头净、房前屋后净、河塘沟渠净。通过城乡环境综合整治,全力打造干净整洁、规范有序、生态宜居的万载城乡环境新面貌。

【强化“三专班一督查”】 8—10月,市委常委、政法委书记黄德刚到万载牵头负责县委工作,在充分调研并听取相关情况汇报后,成立了“三专班一督查”(产业发展专班、安全生产工作专班、社会稳定工作专班和开展纪律作风专项督查),在“优环境、促发展”大讨论活动中,形成专报《万载县成立“三专班一督查”贯彻落实市委书记于秀明“四稳”工作要求确保实现年初既定目标》,得到市委主要领导的批示:“万载县成立‘三专班一督查’推进当前各项工作的做法,值得各县市区和功能区借鉴。”

【印发《关于做好“六稳”工作落实“六保”任务推进高质量跨越式发展实施方案》】 10月21日,县人民政府办公室全面落实党中央和省市各项决策部署,扎实做好“六稳”工作,认真落实“六保”任务,努力克服各种不利因素,在常态化疫情防控中全面推进全县经济社会发展,制定并印发《关于做好“六稳”工作落实“六保”任务推进高质量跨越式发展实施方案》,要求各单位各部门扎实开展就业稳岗暖心服务行动,加大援企稳岗力度,多渠道挖掘就业岗位,积极开展技能培训,统筹做好重点群体就业,同时积极落实民生兜底保障行动,全力以赴保障基本民生,中财政资金重点落实好普惠性、基础性的民生政策,及时清理标准过高、不可持续的民生政策;提高基本民生保障能力,建立部门协调机制,充分发挥综合治税作用,对应收的各项收入及时、足额征缴入库,确保“应收尽收、颗粒归仓”,推动减税降费政策和应对疫情影响阶段性惠企政策落地生根,坚持“放水养鱼”涵养税源;加快分配和使用民生类资金,把保障困难群众基本生活等基本民生支出放在优先位置,按标准足额安排基本民生支出经费预算;切实保障困难群众基本生活,以失业人员、城乡低保户、残疾人、建档立卡贫困户等困难群众和优抚对象为重点,稳步提高社会救助、医疗保障、社会福利等保障标准;加强民生领域资金管理,对基本民生资金分配、拨付、使用进行全流程监管,加大检查力度、频率和覆盖面,严肃查处违法违规问题,确保基本民生领域资金用得规范、用出实效。加强民生资金绩效管理,不断提高民生资金使用效益。方案还要求,要全力稳定市场需求、降低企业经营成本、支持中小微企业融资纾困、培育新产业新业态新模式、进一步优化营商环境，有效推进激发市场主体活力行动，全面推动产业链供应链稳定行动，确保城镇新增就业4000人、就业困难人员实现再就业不少于340人、农村劳动力转移就业新增5850人，确保民生方面支出占一般公共预算支出的比重不低于80%，同时推进财政资金统筹使用，提高基层财政部门落实基本民生政策的财力水平，统筹抓好粮食生产和收购，确保粮食市场供应充足、价格平稳；加强电力工程和长输油气管道项目建设，保障高效、稳定的能源供给；精准发力保产业链供应链稳定，进一步做强产业链、提升价值链、融通供应链，培育一批主导产业集群、产业基地、优势企业，形成多业并举、多点支撑的现代产业发展格局。

【20项民生实事】 （1）持续推进电商扶贫，为3万名贫困人口购买精准防贫保险，确保现行标准下的剩余1308名农村贫困人口实现稳定脱贫。（2）全面启动501个新村点“七改三网”建设，完成农户改厕13258户，建设农村公厕64座。（3）建设高标准农田3.8万亩。（4）启动第三期3166户棚户区改造工程。（5）推进县城老旧小区改造工程，完成3883户改造任务。（6）加快宜万天然气管网工程建设步伐，推进城区天然气管网建设。（7）完成万载县垃圾焚烧发电厂建设并投入使用。（8）完成第三中学改扩建工程；启动第四中学改扩建工程；新建第五小学、第六小学，建设新源城市花园小区幼儿园、阳光花苑与凤凰华府小区幼儿园，以及名仕御湖、帝景龙湖、水悦龙湖小区、梦想花苑小区、凤凰御景小区幼儿园。（9）新建县中医院中医保健康复大楼，完成县人民医院西院整体搬迁，提高医疗卫生服务水平。（10）完成省道S222三兴至高村段改建。（11）加快宜万快速通道（万载段）及连接线道路工程建设。（12）加快国道G220万载绕城一级公路建设。（13）启动水马冲水库区域市民康养休闲公园建设，完善各项体育休闲配套设施。（14）启动南部新城“两纵三横”路网（康南路、环湖东路南延伸段、光明大道西段、环湖南大道、龙湖路）和景观区建设。（15）逐步提升改造老城区将军大道两端、阳乐大道、康乐大道、建成大道、宝塔路、国道G320工业园段等六条道路。（16）启动万载县殡葬服务体系建设项目。（17）启动老城区智慧停车场建设。（18）启动三十把备用饮用水源工程建设。（19）建设农村“党建+乐龄中心（幸福食堂）”60个。（20）按照绿色生态、公开公正的要求，依法规范砂石矿山开采行为，推进绿色矿山建设。

【中共万载县委领导成员】

书　记：胡全顺（任至2020年7月。7月31日，因涉嫌严重违法违纪，被江西省纪委省监委纪律审查和监察调查）

黄德刚（2020年8—10月，市委常委、政法委书记牵头负责万载县委工作）

严旭辉（2020年10月任）

副书记：曾文军

陈志尧

常　委：何根生（任至2020年10月）

谢春松

彭述荣

胡　锋

李宏勤（2020年10月任）

彭宇波（2020年1月任）

徐济周

钟世平

张　帅

县委办公室工作

【综述】 2020年，对于县委办来说，是极为不易、充满挑战的一年。在县委的坚强领导下，全办上下凝心聚力、共克时艰，有力保障了县委的高效运转和工作的全面开展，彰显了党办人的使命和担当。

一、围绕中心、服务大局，当好高质量发展的“排头兵”

一是主动担当积极作为疫情防控见实效。坚持一手抓疫情防控、一手抓复工复产，第一时间抽调10名党员干部到挂点社区做好疫情排查、政策宣讲、体温测量等工作，以实际行动让党旗在抗疫一线高高飘扬；派出2名对工口业务熟悉的干部专职负责服务企业，解决了一批企业生产经营面临的困难和问题,助力全县经济平稳有序增长。

二是精准帮扶接续发力脱贫攻坚获好评。一年来,县委办聚焦全面建成小康社会目标,深入践行以人民为中心的发展思想,全力攻克贫中之贫、坚中之坚,帮扶的贫困村全部出列,85户贫困户全部脱贫,脱贫攻坚战取得了全面胜利,脱贫成效得到巩固提升,挂点村多次成功迎接国家、省、市成效考核检查,赢得了上级的高度肯定。

三是倾心相助用情服务安商招商赢口碑。秉承"亲商为民显真情、服务至上无止境"的理念,全力打造"四最"一流营商环境。服务的江西华尔升科技有限公司总投资1.2亿元,为首家入驻万载高新技术产业园标准厂房的高新技术企业,目前已正式投产;服务的万载南极光电子科技有限公司总投资10亿元,预计2020年能够竣工投产,将成为2021年市委巡回看变化的重点备选项目。

二、身在兵位、胸为帅谋,当好参谋辅政的"主力军"

一是督查督办出真招。围绕疫情防控、重大项目建设、脱贫攻坚、生态文明建设等重点工作,全力开展实地督查、明察暗访、专项督查,印发《万载督查》12期,下发督办单45个,形成《督查快报》3期,推动县委各项决策部署落地落实。同时,用好用活"交账会""赛马会"两项工作机制,有力破解各项重点、难点问题,不断强化督查落实功能,督查"利剑"作用得到进一步彰显。

二是以文辅政出精品。全年开展专题调研30余次,形成一批有价值、有深度的调研报告,其中《关于乡镇财政运转情况调研报告》得到了市委常委、政法委书记黄德刚的批示肯定。组织起草各类文稿300多篇,在省委办公厅内部刊物发表文章1篇,在市级以上刊物发表文章30余篇,2020年第6期《宜春论坛》专版宣传推介万载。

三是办文办会出成效。严格落实基层减负要求,完善办文办会制度,发文较上年减少45%,会议较上年大幅度压缩,真抓实干氛围更加浓厚。同时,加强保密系统建设,提升保密工作意识,做到检查"全覆盖"、值班"零空隙"、保密"零失误"。获评"全省保密工作优秀集体""全省机要保密工作优秀单位"。

三、严明纪律、锤炼品格,当好初心不改的"奋斗者"

一是政治站位更加坚定。学深悟透习近平新时代中国特色社会主义思想,深入贯彻落实市委"四稳"(稳思想、稳队伍、稳社会面、稳发展)要求,扎实开展"优环境、促发展"大讨论活动,《万载县成立"三专班一督查"贯彻落实市委书记于秀明"四稳"工作要求确保实现年初既定目标》得到市委主要领导批示,全市仅有2个县获得。

二是理论学习更加充实。坚持两周一次的学习例会制度,积极开展党员讲党课、专题读书班等活动,掀起"学习强国"比学赶超学习氛围,用好用活江西干部网络学院学习平台,并在每人300元购书经费的基础上增至500元,在全办营造起"想读书、愿读书、爱读书"的学习热潮。

三是干部培育更加有效。坚持备用结合、动态管理,推荐1人到乡镇挂职党委副书记、1人担任组织委员,推荐1人到省委办公厅跟班学习;全年发展新党员2人、入党积极分子2人。同时,持续做好干部传、帮、带,做到新进人员"一月进入角色、半年胜任岗位、一年独当一面",干事氛围更加浓厚。

四是干部作风更加优良。纵深推进全面从严治党,压紧压实"两个责任",严守中央八项规定,旗帜鲜明反对"四风",坚决落实《关于工作日全面禁酒的决定》,始终以制度管好人、用纪律约束人,全力打造廉洁模范机关。

当然,也清醒地认识到工作中还存在一些不足。比如,信息工作全市靠后,与兄弟县市区相比还有差距。2021年,将坚决做到"三个过硬":一是强党性,坚决做到政治过硬;二是强业务,坚决做到履职过硬;三是强素质,坚决做到队伍过硬。

【县委办公室】

主　任:刘德明

副主任:周春雷

　　　　石根平

督查室:袁北友
政研室:辛 伟(任至2020年10月)
谢 磊
台 办:刘 江
国安办:刘 江
深改办:辛 伟
保密机要局:陈国赞
副科级干部:聂丽娟
谢应勤

组织工作

【概述】 2020年是决胜脱贫攻坚、全面建成小康之年。全县组织系统高举习近平新时代中国特色社会主义思想伟大旗帜,认真落实新时代党的建设总要求和组织路线,聚焦主责主业,抓基层打基础,选干部配班子,建队伍聚人才,争创新时代组织部门“第一等的工作”,为决胜全面建成小康社会、决战脱贫攻坚、夺取疫情防控和经济社会发展“双胜利”、建设幸福万载提供了坚强的组织保证。

【基层党建工作】 (一)政治建设摆首位,打造忠诚高地

习近平新时代中国特色社会主义思想列为干部学习培训的第一课。认真贯彻中央和上级党组织要求,把学习习近平新时代中国特色社会主义思想和习近平总书记的重要讲话、重要指示批示精神作为党委(党组)领导班子会议、理论中心组学习、党员学习议事日的第一个议题,作为干部教育培训的第一课,抓好中共十九届四中全会精神集中轮训和中共十九届五中全会精神集中学习。贯彻新发展理念,提升干部专业能力,举办了各类主体班12期,培训科级以上干部、村(社区)书记、农村两小组长等各级各类干部2600人次。对2019年度未完成江西干部网络学院的12名干部,取消年度评先评优资格。从常态化学习到培训覆盖所有干部,夯实了全县党员干部的思想根基,进一步树牢“四个意识”、坚定“四个自信”、做到“两个维护”。

(二)“三化”建设夯基础,打造坚强堡垒

集体经济增收。拿出120多亩商业价值高、地段好的土地兴建“1+3”特色商贸市场、购买高标准厂房2100多平方米,由县级统筹兜底,解决少数村后续发展乏力的问题。举办村级集体经济组织负责人专题培训,增强自主“造血”能力。2020年,全县所有村集体经济收入均超过5万元,其中30万元以上的村19个。

阵地建设提标。由县级顶层设计,步调一致,统一规范了活动场所、组织生活和组织设置。开展“感党恩、美环境、除陋习”十百千万大行动,把净环境、除陋习作为党员学习议事日的规定动作,常态化解决活动场所闲、散、脏、乱问题。完成120家“幸福食堂”标准化建设,5家被评为省级示范“幸福食堂”。率先在全市启动村卫生室标准化建设,完成率居全省第一。

红色名村出彩。突出“屹立不倒的红旗”主题,以湘鄂赣革命旧址为中心,全力打造了9个“红色名村”建设示范点,全市唯一一个中组部红色名村建设点落户万载。

基层治理有招。创新“五员联动,共创平安”和“祠堂说事议事”机制,打造了一批“七无”平安村(社区)。实现了进京非访“零登记”,成功化解了长达12年之久的农校委培生信访积案。重点难题突破。整顿提升了15个软弱涣散村(社区)。174个村实现书记主任“一肩挑”,占比96.1%。实施“百村千人”计划,培养村级后备干部的做法,向全省推介。规范村干部报酬待遇的做法,向全市推广。“党建+商会”的做法,获得省市工商联的肯定。万载离退休干部“示范党支部”工作得到省委老干部局的充分肯定,全省经验交流会在万载顺利召开。

(三)党建引领促中心,打造幸福万载

扣紧“责任链”,决战决胜脱贫攻坚战。坚持把脱贫攻坚作为重大政治任务和民生工程抓紧抓好。打好严管与厚爱“组合拳”,对第一书记,实行月度考勤,强化督查提醒,并作为年度考核重要依据。对帮扶不力的扶贫干部,严肃追责,2020年,共通报扶贫干部94人,约谈58人,取消评先评优资格4人,“召

回”1人，纪律处分3人。2020年向市委组织部、市委宣传部、市扶贫办上报7名第一书记为“全市最美扶贫干部”人选，推荐“最美女第一书记”和“最美女扶贫干部”各1人。

吹响“红号角”，坚决打赢疫情防控阻击战。发动536个基层党组织、1.4万名党员干部投身“战疫”，确保1例输入型病例“清零”，组织党员捐款269万余元，党员参与率居全市第三。跟进复工复产、经济发展需要，发动乡村党组织种植早稻26.78万亩，帮助园区党组织举办专场招聘会，为企业输送员工3500多名，协调处理劳务纠纷36起，助推复工复产跑出“加速度”。

组建“先锋队”，全力打好抗洪救灾突击战。363名第一书记和工作队员驻守在村，率领200余支党员先锋突击队，日夜驻守河道、水库及防洪工程，巡查山洪、泥石流等地质灾害易发点，转移受灾群众20376人，发放救灾物资100余万元，帮助群众恢复了生产生活。

【干部选拔任用】 1. 开展政治素质考察。下发《在“优环境、促发展”大讨论活动中开展政治素质考察的通知》和《县管领导干部政治素质考察办法（试行）》，通过自身查摆、正反测评、组织评价等方式，全面掌握县管干部政治素质情况，收到政治素质自查报告书1105份。同时采取多部门联审、信息互通共享等方式，多维度掌握干部政治素质信息，作为干部提拔使用的重要参考依据。截至2020年年底，已对14名拟提拔重用人选进行政治素质考察，在从“三方面人员”中选拔副科级领导考试、从优秀村（社区）干部中选聘乡镇（场、街道）事业编制人员以及竞争性选拔优秀年轻干部考察工作中，对经过考察了解政治素质不符合要求的2名人选，坚决拿下。

2.规范干部选拔任用。专门出台《党委（党组）推荐县管干部人选暂行办法》《个人署名推荐县管干部人选暂行办法》，对推荐提名进行严格把关。全年共调整干部2批次47人，其中提拔17人，重用8人，平职调整21人。另外，因机构改革调整14人，民革、农工党和工商联换届调整16人。对于不符合好干部标准、违反法纪法规的干部，严格按照问责条例进行处理。2020年以来，2人因涉嫌违规违纪违法被撤职，2人因严重违纪违法被双开。结合“优环境、促发展”大讨论活动，扎实开展了“选人用人不正之风”专项整治，全县各单位共开展专题会议81次，学习97次共涉及2202人次，查摆问题516个，提出整改措施556条，已整改问题385个。

3.完善干部梯队建设。通过制定规划、分类施策、激活“源头”、引入“活水”等方式，加强了年轻干部培养。在全市干部工作务虚会上，万载县的做法得到市委组织部领导的充分肯定。举办中青年干部培训班，集中调训60名优秀年轻干部。其中，中青一班由30名85后全日制大学学历的副科级干部组成，中青二班由27名88后全日制大学学历、工作4年以上、2019年度考核为优秀的一般干部以及3名90后全日制研究生学历、工作两年以上的一般干部组成，通过到鹰潭红旗干部学院集训、专题调研、论坛研学等方式，有针对性地培养了领导干部后备梯队。积极策应全市“1211”工程，向上推荐了1名85后全日制大学学历任正科级三年以上的优秀年轻干部人才、8名90后全日制硕士研究生学历优秀年轻干部人才参与全市公开选拔和2名近期可提拔担任副县级领导职务的干部人选，其中5名全日制硕士研究生学历优秀年轻干部顺利入选；向全县范围招录了88名大学生专职村干（党建宣传员），为乡村振兴输入新鲜血液。

4.开展公务员职级晋升。按照党委（党组）择优推荐、符合续晋条件优先的原则，根据乡镇（街道）实际，拿出编制数的10%用于首次职级晋升。针对县直单位公务员普遍年龄偏大、任职时间较长、提拔空间窄、涉及面广、关注度高的特点，拿出空缺职数的50%用于首次职级晋升。注重业绩突出，不搞平衡照顾，确保了职级晋升平稳有序。

5. 落实乡镇绩效考核和工作补贴。指导乡镇（街道）进一步完善绩效考核内容和指标体系，按30%、60%、10%的比例，区分一二三等级，落实2019年度绩效考核，全县17个乡镇街道988人，共发放3061万元，人均3万元；按200~400元的标准，分类发放乡镇工作补贴，充分体现对基层一线特别是艰苦边远地区公务员的关心关爱。对2019年度公务员考核进行组织安排和审核把关，其中评为优秀的768人，连续三年评为优秀记三等功的53人。向上推荐担当作为先进典型4人、人民满意公务员2人。

6.从严管理监督干部。全面考核重实绩，17个乡镇（街道）和67个县直部门领导班子和科级干部中，2019年度被评为“好班子”的25个，占29.7%；被评为优秀的科级干部278人，占25%；脱贫攻坚、城市提升、强攻工业等一线被评为优秀的干部238人，占7%。发现问题早提醒，对在全省、全市城镇贫困群众脱贫解困工作推进视频会上会议纪律执行不严的14名干部进行了约谈和全县通报，全年开展提醒谈话26人次，约谈97人次，函询4人次；受理群众信访举报14件，其中县级9件，市委组织部转办5件。从严治吏重末端，出台万载县《退出领导岗位干部管理办法》，加强对303名退出领导岗位干部约束和管理；发出县直部门和乡镇街道“一把手”离任审计委托书4份。

【人才工作】 落实月报、例会、清单制度。一是落实了工作月报制度，由县委人才工作领导小组各成员单位、各乡镇(街道)党委每月报送统计表，及时调度掌握全县引进人才、重大人才活动、人才平台建设情况，做到心中有数。二是坚持了工作例会制度，先后召开1次人才工作协调人会议、1次县委人才工作领导小组会议，了解工作进展，部署重点工作，解决疑难问题；三是坚持了清单销号制度。各成员单位对照上年度人才工作专项述职报告、全年人才工作重点任务，建立了人才工作任务清单，明确完成时限、责任人，县委人才办定期调度完成情况。

多渠道引才聚才。抓好县直属事业单位、教育卫生系统和企业等多渠道引才聚才。围绕解决急需紧缺人才引进难题，参加全市高层次人才引进招考，第一批县直属事业单位引进5名全日制硕士研究生；赴华中师范大学引才，达成签约意向2人；江西中医药大学现场招聘，达成签约意向2人。组织3场校园招聘，招聘教师96人，有效缓解城区学校教师不足压力。面向社会公开招聘44名合同制专业技术人员，解决基层医技人才缺乏难题。探索人才专项编制，组织5家企业赴深圳参加高层次人才对接会，召开在深万载籍人才座谈会，加强信息对接，帮助企业破解人才引进难。

抓好“两库、两培”。一是建立优秀高层次人才信息库，对县级机关单位、事业单位、国企平台的全日制硕士研究生及以上学历学位及“985”本科学历学位、40周岁以下的青年进行摸底，对符合条件的111名人员建立台账；二是建立科技人才信息库，对技术类、技能类、实用人才进行摸底；三是加强专题培训，举办了全县中高级知识分子(技术骨干)“优环境、促发展”大讨论专题研讨班，组织2019年县直属事业单位引进人才，参加了全县新录用机关工作人员培训班。四是加强高端人才培养。推荐卫健系统1人参加省“百千万”人才工程选拔。推荐县中医院、万载中学各1人申报享受政府特殊津贴人选。已推荐学科带头人1人，获批后备人才7人。

积极申报重大人才工程。有效申报省“双千计划”项目共11个，其中团队3个，长期2个，短期6个，超额完成市委人才办下达的8个任务指标数，较2019年增长57%。亚太、睿达两家企业，成功获批市级工程技术研究中心。推荐万载县电子商务产业园申报国家级创新创业示范基地。推进睿达新能源与西安交大建立联合研究院，利用高等学校人才资源，帮助解决企业发展技术瓶颈和产业优化升级难题。

优化人才环境。一是真心爱才。坚持县领导联系服务专家制度，县领导春节走访各行业优秀人才50人，发放走访慰问金10万元。二是真金奖励。落实《创新人才发展体制机制加强人才工作的实施意见》《万载县高层次人才引进办法(试行)》,兑现人才优惠政策,发放人才补贴、津贴、购房补贴、社保补贴返还、企业配套奖励共120余万元。拨付第二批省“双千”计划第一期项目资助资金230万元;三是真诚留才。完善《万载县人才公寓管理办法》。选定龙山佳园23套住房作为第三期人才公寓,拟投入230万元进行装修,实现拎包入住。

【老干部工作】 扎实开展“示范党支部”创建。组建了老年活动中心联合党支部,规范了5个老字号组织生活。在打造教体局、住建局2个全省“示范党支部”的基础上,对林业局、法院、公安局等其余50个离退休干部党支部进行逐个督查、逐个提升。2020年7月,在万载县召开的全省离退休干部“示范党支部”推进会上,万载县的有关做法得到了省市领导的充分肯定。

推广“银耀赣鄱”信息平台。对全县3610名退休人员,50个离退休干部党支部1881名党员纳入“银耀赣鄱”信息平台,推广老同志专属平台“银耀赣鄱”微信小程序,提升服务管理水平。认真落实了离退休干部走访关怀、健康体检、阅文参会、在职领导联系老干部及重大决策重大问题征求意见等制度。全年安排25万余元资金,继续做好春节走访慰问、生病住院看望、特困走访、重阳节活动。特别是县委书记严旭辉到任后,把走访离退休干部代表作为第一次公开活动,并借重阳节活动与全体老干部见面座谈,十分尊重老干部、重视老干部工作。

激励老干部新作为。继续开展好“增添正能量、共筑中国梦”为主题的正能量活动。万载县在疫情防控和复工复产中充分发挥老干部作用的经验做法,在全市老干部工作会上作了典型发言。做好关心下一代工作,“一元捐爱心助学”品牌活动持续开展,全年共募集善款56万元,资助110名贫困大学生完成学业。罗城关工委陈克获评全国关心下一代工作先进个人。

【自身建设】 坚持把学习贯彻习近平新时代中国特色社会主义思想作为部务会第一个议题。在疫情防控、脱贫攻坚、扫黑除恶、人居环境整治等中心重点工作中,能够坚决贯彻落实党中央的决策部署,完成工作任务在全县均排在前列。带头抓好部机关“三化”建设,开好“三会一课”、组织生活会,严肃党内政治生活。七一主题党日活动中,县委组织部机关在万载县革命烈士纪念馆举行了重温入党誓词、读学悟活动,到挂点的双桥镇绍江村开展扶贫志愿服务,有效加强了党性锻炼。完善每周例会、财经纪律、办公室管理等制度,确保了运转高效有序。

成功化解12年的宜春农校委培生信访积案。积极为县委县政府分忧解难,针对22名宜春农校委培生问题,8月以来多次召开专题部署会、座谈会,研究处理意见,至11月将委培生安置到位。

3. 注重培养组工干部素质能力。每日督促干部参与江西干部网络学院“对答如流”和“学习强国”学习,每月进行一次学习排名;开设青年组工干部论坛,每周开展学习研讨;组建信息调研攻坚小组,每周撰写稿件上报,倒逼提升组工干部业务水平。在全市组织系统“六型、四讲”建设表彰活动中,万载县委组织部分别获“研究型”先进奖和对答如流大比武“优秀组织奖”、第二届趣味运动会二等奖,其中团体广播体操比赛获得第一名。举办了全县组织系统气排球和篮球赛,充分展现了新时代组工干部精诚团结、拼搏进取的风采。

【县委组织部领导成员】

县委常委、组织部部长:彭宇波(2020年1月任)

常务副部长:涂小江

副部长、县直属机关工委书记:李荣忠

副部长:周　斌

副部长、县人社局党组书记、局长:喻驰彬

县纪委县监委派驻第二纪检组监察组组长:杨珍珍(女)

县“两新”党工委书记:廖云德(2020年3月任)

原县委基层办主任:袁群星(女)

宣传工作

【概况】 2020年,万载县委宣传思想战线在宜春市委和县委的坚强领导下,围绕中心、服务大局,求真务实、守正创新,抓好了宣传思想文化领域各项工作,为推动全县经济社会高质量发展提供了坚强的思想保障、舆论环境、智力支持和文化条件。一是坚持以"学习强国"平台为着力点,强化理论武装,习近平新时代中国特色社会主义思想更加深入人心;二是坚持以"决战脱贫攻坚、决胜全面小康"为主线,狠抓新闻舆论宣传,万载好声音更加响亮;三是坚持以"新时代文明实践中心(所、站)"为落脚点,以点带面,点面结合,文明实践进一步走深走实;四是坚持以"优环境、促发展"大讨论活动为契机,扬长项补短板,文教事业齐头并进、卓有成效;五是坚持以"联乡(镇)挂点'八个一'"为抓手,转作风重落实,推动意识形态工作责任制进一步落地落细落实。

【理论武装】 县委宣传部始终把学习宣传贯彻习近平新时代中国特色社会主义思想作为首要政治任务和理论学习的主题主线,以"学习强国"平台为着力点,重点抓好中共十九届五中全会精神和《习近平谈治国理政》(第三卷)学习宣传工作,让党员干部群众从"要我学"转为"我要学"、从"被动学"转为"主动学"。全县"学习强国"学员总数达30406人,人均积分达34分以上,平台上稿171篇,其中省级平台141篇,全国平台30篇,人均积分、参与度和平台用稿数均稳居全市前三。在全市"'学习强国'我最强"大型群众性知识竞赛系列活动中,万载县获团体赛总冠军,王珍珍获个人达人赛冠军。先后组织召开县委理论中心组专题学习会议10次,其中交流研讨8次,邀请领导专家就《习近平谈治国理政》(第三卷)等内容进行专题辅导,组织开展全县读书交流研讨会,把习近平总书记重要讲话精神与全县"优环境、促发展"大讨论活动紧密结合,列入必学科目,做到以学为先、以学促改,实现环境大优化,推动经济大发展。

创新基层理论宣讲模式,组建了专家、扶贫、"理论小戏台"、"大篷车"、好人、法治、农技、新青年、"红色娘子军"、文艺等10支特色宣讲小分队和县、乡两级新时代文明实践理论志愿服务队,以"群众'点单'、队员'买单'"的模式,围绕中共十九届五中全会精神开展分众化、对象化、互动化、常态化理论宣讲活动达300余场,鹅峰乡的"周五大讲堂"、潭埠镇的"巾帼志愿宣讲队"等深受广大干群欢迎。采取"理论+文艺"形式,在全县范围内巡回宣讲中共十九届五中全会精神,截至2020年年底共宣讲150余场次,受众达15多万人次。疫情防控形势转好后,组建以医务工作者、公安干警、村(社区)干部、文明实践志愿者、理论宣讲员为代表的万载县"众志成城·齐心战'疫'"先进事迹巡回报告团,全县巡回宣讲达22场,讲好了全县上下齐心抗疫的动人故事。举办"我们的幸福生活"暨《习近平谈治国理政(第三卷)》微宣讲大赛,通过微宣讲的形式,评选出了一批金牌宣讲员,定期开展"送理论下乡"活动,打通了基层理论服务群众"最后一公里"。

【新闻舆论】 一是抓好新闻选题策划。策划了无名烈士的"一枚戒指"、大山里的音乐课、"U盘校长"李道勇、"骑手校长"罗长石等新闻选题,先后在《人民日报》《新华每日电讯》《江西日报》等媒体推出大稿、重稿。中央电视台《新闻联播》和《焦点访谈》相继推介万载县脱贫攻坚的经验做法。央视《驴友阿凡提奇妙假期》《美食中国》《夕阳红》等栏目组先后到万载县拍摄。截至2020年11月23日,全县在中央级大报大台上稿96篇,同比增长12.7%;在省"一报两台"上稿203篇,18次登上《人民日报》,21次登上中央电视台《新闻联播》,2次登上《江西日报》头版头条,实现了上稿数量和质量的双提升。二是加快媒体融合力度。创立新闻阅评和信息公开机制,充分整合各乡镇(街道)宣传力量和平台载体资源,实现了县乡两级信息共享、资源互补。围绕县委中心工作,先后在《万载新闻》和“万载发布”微信公众号开设《脱贫路上》《众志成城,防控疫情》《学习贯彻党的十九届五中全会精神》等专题专栏,积极发声主动宣传,为做好各项工作提供强有力的舆论支持。开办的“万载发布”官方抖音号当月粉丝量便突破10万人,年底粉丝量将近68万人,单条抖音点赞量超过167万次,总点赞量达1530余万次,在全市“产业兴赣,链接未来”集中展播活动中,万载的数量为全市之最。《小萝卜彰显大爱无疆》抗击疫情案例,入选《人民日报》主办的全国党媒信息平台“县级融媒齐心抗疫”创新案例。三是强化网络宣传和舆论引导能力。建立万载县核心网评小分队、网评专家小组和网络大V培养库,全县骨干网评员达200余人,未造成一起重大舆情事件发生。在妥善处置负面舆论的同时,更加注重网络宣传正面引导。结合脱贫攻坚、疫情防控以及重大节庆假日,创新性开展网评漫评引领网络舆论引导,推出一系列网评文章和暖新闻,截至2020年年底全县网评文章21篇,网评作品数量和网评积分分别居全市第一、第三。推出全省网络正面热点2个,稳居全市前列,《“骑手校长”:为了一个都不能少》一文得到124个网站转发,围绕脱贫攻坚工作主题策划的“盲人羊倌脱贫记”登上新华网总网首页,“#75岁老木工巧制50多种微缩农具#”登上新浪微博热搜,阅读量达2300多万人次。组织新媒体协会成员开展“一年四季看万载”和“美丽万载·网络媒体生态行”活动,挖掘全县脱贫攻坚先进典型,刊发网络文章32篇,网络视频108个,万载县新媒体协会被推荐为首批江西省网络社会组织联合会会员单位。

【社会宣传】 县委宣传部围绕中共十九届五中全会、宜春市委四届十次全会、“优环境、促发展”大讨论活动等重点活动以及脱贫攻坚、扫黑除恶、疫情防控等中心工作,营造良好舆论氛围。疫情期间,组织全县所有志愿者协会分会、88个志愿服务组织、5600余名志愿者安全有序参与疫情防控志愿服务活动。发动农村广播(小喇叭、宣传车)688个,发放疫情通告7.3万余张、公开信23万余份、宣传单16.8万余张,使用宣传横幅2850余条、宣传栏190余个,创作各类防疫文艺作品310余个,16个作品入选全市“众志成城,同心抗疫”优秀文艺作品。组织开展“理论+文艺”作品创作,以花灯戏、顺口溜、三句半、快板、漫画、歌曲、短视频等群众喜闻乐见的方式宣传中共十九届五中全会精神和疫情防控知识,受到群众欢迎。

【文明实践】 县委宣传部建立新时代文明实践中心(所、站)建设联席会议制度,明确把开展好文明实践活动纳入意识形态责任制考核和高质量发展考核评价体系。按照典型引领、全域覆盖的工作思路,率先建设了万载古城大碗茶、马步乡宝石村等文明实践站精品点,每个乡镇打造了1~2个文明实践示范点,整合乡镇综合文化站、乡村文化中心、农家书屋、乡村文化休闲广场等各种文明实践资源500余个,搭建各类文明实践平台300余个,组建文明实践志愿服务队680个。全县有13个乡镇(街道)成立县志愿者协会乡镇分会,30000多名文明实践志愿服务队员参加活动,开展文明实践志愿服务活动2000多场次。

加大文明创建力度。开展农村“推动移风易俗,促进乡风文明”主题行动,围绕脱贫攻坚工作主题,在17个乡镇(街道)开展“感党恩、美环境、除陋习‘十百千万’”大行动和“五扶五评”典型评选表彰活动,评选出自强之星、五好家庭等一批脱贫攻坚先进典型。组织开展全县首届文明村镇评选,双桥镇绍江村被评为“全国文明村镇”,马步乡寨下村继续保留“全国文明村镇”称号。广泛开展“好人”推荐、评选活动,茭湖乡上坪村小学教师兰小华入选1月份“中国好人榜”。深入推进未成年思想道德建设,万载二小学生高君昊被教育部评审列入第十四届宋庆龄奖学金获奖名单,并获“宜春市第二届新时代好少年”称号。

【文教事业】　一是全力推进文化繁荣和文旅融合。结合脱贫攻坚、扫黑除恶等主题,组织创作了以万载花灯戏、小品为形式的《清风亭上》《搅屎棍》《采桑》《过关》等多个文艺作品,合计演出200余场,观众达16万余人次。成功举办全县首届全民综艺大赛,挖掘出一批优秀文化人才。成立了万载县花灯戏剧团有限公司,正在筹建万载县花灯戏学院、万载县花灯戏研究院和万载花灯戏传承保护基地。高村仙姑岽、赤兴皂下景区创建省AAA乡村旅游点已通过市级初审。湘鄂赣革命根据地入选“长征国家主题文化公园建设规划”和“罗霄山红色旅游发展总体规划”。启动“江西省旅游强县”和“江西省文旅融合示范区”创建工作。万载县6个工坊被评为省级非遗扶贫工坊(宜春市仅16个)。二是切实抓好教育教学工作。全力抓好疫情期间“线上教学”工作,《从明代走来的银色美食——炒罗城扎粉》《古邑万载百合飘香——万载百合及系列美食制作》《杜平将军》等劳动教育课程先后在赣教云线上教学平台播出,确保了“停课不停学、停学不停教”。加强和改进师生思想政治教育,推行书记、校长思政课教学大比武和向国旗敬礼、国旗下讲话、小手拉大手、面对烈士宣誓、我为祖国做什么等主题征文、演讲活动,制定教师队伍“十要十不准”行为规范,实行师德师风反向测评制度,进一步淳化师风学风校风。着力提高公办园占比数,新建一所九年义务教育一贯制龙湖学校和百合花城、和谐佳园、政府小区、龙湖佳园五个小区幼儿园,建成村级公办园或小学附属幼儿园112所。全面做好义务教育阶段控辍保学、贫困家庭子女就学资助政策落实、函告跟踪制度落实三项重点工作,推动教育精准扶贫走深走实。

【意识形态】　落实习近平总书记关于增强宣传思想干部“四力”和宣传思想工作基层“三问”要求,在部机关创立“联乡(镇)挂点”工作机制,推行“八个一”工作法,即由宣传部领导带队,组成四个小组,深入基层调研,做到发掘一个先进典型、总结一个特色经验、撰写一篇调研文章、采写一篇新闻稿件、发掘一个理论宣讲人才、指导建设一个新时代文明实践站所、制作一期短视频作品、作一场理论宣讲。通过“走转改”的形式,查找薄弱环节,补齐工作短板,力求提升整体工作实效。另一方面,建立健全工作机制。以持续抓好省委意识形态专项巡视整改和成效巩固为契机,先后建立全县意识形态风险防控制度、联席会议制度以及网络安全事件应急预案,出台《万载县推进网络评论队伍建设实施方案》,组织召开全县意识形态工作会议、宣传思想工作会议和意识形态工作联席会议,进一步明确把贯彻落实意识形态工作责任制内容纳入县委党建工作领导小组年度工作要点和县委落实全面从严治党主体责任年度责任清单以及十四届县委巡察工作规划,抽调若干人员参与十四届县委巡察,2020年已16次向宣传部门征求相关人员落实意识形态工作责任制情况,健全了宣传、纪检、组织、政法、统战、公安、教育、文化等部门的工作协调机制,强化了意识形态工作“一盘棋”格局。

【县委宣传部领导成员】

县委常委、宣传部部长:张　帅

常务副部长:高叙景

副部长:吴　媛

统战工作

【概况】　2020年是开启全面建设社会主义现代化国家新征程重要节点,面对艰巨繁重的发展稳定任务及新冠疫情严重冲击,万载县委统战部以习近平新时代中国特色社会主义思想为指引,深入贯彻落实中共十九届五中全会精神,广泛凝聚共识、积极汇集力量,做到抓实民主政治建设,抓好民主党派工作,做实民族宗教工作,强化非公经济工作,为全面建成小康社会,打赢疫情防控战、推动万载县经济社会高质量发展而奋发努力。

【民主政治建设】 一是筑牢“同心”思想。以“优环境、促发展”大讨论活动为契机，通过正面宣传、主题教育、阵地建设，不断提升统一战线队伍政治责任、大局意识。值民主党派、党外知识分子联谊会、工商联等换届之际，把准党外干部培养考察、推荐选拔关，营造风清气正的政治生态环境；发出统战好声音，传播统战正能量，《“四字原则” 做好基层统战工作》刊登在《中国统一战线》上，《万载县创新推动海外统战工作平台建设》入选《江西统一战线》等；二是汇集“同心”力量。按省市县新冠肺炎疫情防控工作部署，汇聚全县统一战线成员、海外侨胞同舟共济、同心战疫的力量，共计捐款现金304.71万元，物资价值130.66万元；三是增进“同心”服务。成立“县侨界志愿者服务队”，开展送医送药、走访慰问、联谊交友等志愿服务活动。建立香港—万载老乡联谊群，为全县近100名海外侨胞、港澳台同胞、留学生及其眷属传递党和政府温暖、增进交流互信；县新联会积极探索“百城百点”实践创新，适应需求，创新服务，为推动万载高质量跨越式发展贡献力量和智慧。

【民主党派工作】 一是关心党外干部学习成长。7月份，省委常委、统战部部长陈兴超赴万载调研指导基层统一战线工作，并深入县“民革党员之家”视察指导，强调各级党委政府应支持党派组织建设、关心党外人士成长。2020年分四批次选派知联会、党派等优秀党外人士参加省、市、县处级、科级干部政治理论学习培训班；二是引导党外人士履职尽责。两会期间，党派成员共提交提案15件。县民革总支的《疫情未了，产业要为脱贫发力》入选市政协全会发言材料，《化危为机，精准发力产业扶贫》在江西政协报刊登并呈送省委参阅，《棺葬已改，陋习当除》以社情民意的形式被全国政协采纳；农工党县总支《浅析新时代基层农工党组织思想建设问题及对策》获2020年农工党中央庆祝农工党成立90周年理论征文三等奖，《做好新时代基层政协协商工作的实践与思考》获江西省人民政协理论研讨征文三等奖，《依托万载优势 抢抓养老先机》入选县政协大会发言材料，受到干群好评；三是支持民主党派换届工作。全力支持召开民革县总支第四届委员会全体会议、农工党县总支第六届委员会全体会议，圆满完成新老班子的顺利交接。

【民族宗教工作】 一是补齐短板弱项。以“四个坚持”工作法，推进“三化”管理、“三支队伍”建设，完善“九个一”“四个进”长效管理机制，做好宗教场所赋码换证、教职人员考试及资料填报审核工作等；二是致力疫情防控。按照“外防输入、内防反弹”原则，严格宗教活动场所防控、隐患排查及消防基本技能“四会”实操实训等；三是做好服务工作。加强少数民族流动人口服务工作，成立服务管理工作站，促进各民族交往交融；四是提升学习实效。组织全县民宗干部、宗教界人士学习中共十九届五中全会精神和相关法律法规，参与“百万网民学法律”知识竞答（逾千人参加），提升政策法规学习实效。

【非公经济工作】 一是优化营商环境。协调召开检察院与花炮企业座谈会，与县政协联合开展法治营商环境专题调研，帮助企业提高防范和化解风险的能力，让民营企业家切实感受到司法温暖；二是落实优企政策。助力相关部门落实各项惠企政策，保障企业防控物资供应、缓解企业招工难题等，助力企业税收减负总额46471万元；三是积极回馈社会。组织20多家企业及4个商会通过国家扶贫网站及县第二届“消费扶贫、创富万载”扶贫产品产销会购买扶贫农产品逾25.8万元。连续两年获全省优化营商环境县（第三届、第四届）、江西省营商环境十佳县第二名、营商环境第三方测评获全市第一，创新创业活力迸发。

【县委统战部领导成员】

县委常委、统战部部长：彭述荣

常务副部长:郭永红
副部长:曾道平
　　　龙荣明
正科级干部:易春根
副科级干部:周果山
　　　　　巢时平

机构编制

【概况】 2020年,在县委、县政府和县委编委的正确领导下,县委编办围绕新时代机构编制服务大局需要,围绕县委、县政府中心工作,不断创新工作思路,积极发挥机构编制部门在全面深化改革的一线作用,推动政府职能转变,认真履职、主动作为,为全县经济社会发展提供体制机制和机构编制保障。

万载县委机构编制委员会办公室是万载县委机构编制委员会的办事机构,作为县委工作部门,正科级。归口县委组织部管理,内设秘书股、机构编制管理股、事业单位登记管理股(事业单位登记管理局)、监督股。设主任1名,副主任2名,核定行政编制6名,工勤编制1名。

【综合行政执法体制改革】 县委编办认真贯彻落实中央、省、市关于综合行政执法改革的部署要求,协调督促"五大领域"全面完成综合行政执法改革各项任务,制定出台五大执法队伍"三定"规定,进一步整合了行政执法队伍,推进执法重心下移。于2020年6月5日完成市场监管、农业农村、交通运输、文化市场等领域综合执法改革,组建万载县市场监督管理执法稽查大队、万载县农业综合行政执法大队、万载县交通运输综合行政执法大队、万载县文化市场综合行政执法大队,至此万载县"五大领域"综合行政执法体制改革全面完成。

【完成生产经营类事业单位改革任务】 县委编办按照中央、省、市有关从事生产经营活动事业单位改革精神及相关要求,提前谋划、认真调研、稳妥实施,自2018年改革工作启动后,通过"撤、转、封"的方式,抓好改革中的人员安置、资产处置等重点环节,把工作做深、做细,分批完成了7个生产经营类事业单位改革,于2020年6月12日将最后2个生产经营类事业单位(县电影发行放映公司和县建筑设计院)转企,共收回事业编制21名,圆满完成生产经营类事业单位改革任务。

【筹备县行政审批局组建工作】 为提高行政审批效率,进一步激发市场和社会活力,根据《江西省行政审批制度改革工作领导小组办公室关于确定全省第三批相对集中行政许可权改革试点单位的通知》(赣审改办字〔2019〕4号)精神,经省委、省政府以及市委编办批复同意组建万载县行政审批后,县委编办积极协助筹建工作,牵头就行政审批局"三定"方案进行起草,经县政府常务会、县委编委会、县委常委会审议同意,于2020年9月7日以文件形式下发。

【推进"放管服"改革工作】 为贯彻落实《江西省人民政府关于赋予乡镇(街道)首批县级审批服务执法权限的通知》(赣府发〔2020〕1号)文件精神,配合县政府办完成乡镇(街道)首批县级审批服务执法权限的认领。在各乡镇(街道)认真研究、主动认领的基础上,于2020年4月19日印发了《万载县人民政府关于赋予乡镇(街道)首批县级审批服务执法权限的通知》(万府字〔2020〕90号),赋予了乡镇(街道)首批县级审批服务执法权限。

【推进全县事业单位改革】 县委编办认真研究中央、省委和市委有关改革精神,对标中央、省、市机构改革总体要求,超前开展摸底调研,梳理全县事业单位情况,明确思路,吃透政策。10月22日,正式启动深化事业单位改革试点工作。

【机构设立】 万载县财政局增设债务金融股;县委党校(行政学校)增设信息技术股;县统计局增设统计行政执法监督股;县教育体育局新设立下属事业单位万载县龙湖实验学校、万载县康乐幼儿园;县委办增设下属正股级事业单位万载县电子政务内网管理中心;县委政法委增设股级事业单位万载县综治中心;设立万载县法学会，列群团系列,归口县委政法委管理;组建县行政审批局。

【机构撤销】 撤销县应急管理局下属事业单位万载县安全生产培训中心;县司法局下属事业单位江西天使律师事务所改为社会组织;撤销万载县市场监督管理综合执法大队;撤销万载县粮食局,职责划入县发展和改革委员会。

【机构更名】 县教体局下属事业单位万载县福星小学更名为万载县第四小学;万载县森林消防专业队更名为万载县专业森林消防大队;县文广新旅局下属事业单位万载县电影发行放映公司事业单位转为国有企业(万载县电影发行放映有限公司);县住建局下属事业单位县建筑设计院改为企业,纳入万投集团管理。

【增挂牌子】 万载县司法局人秘股增挂“万载县全面依法治县委员会办公室秘书组”牌子。

【事业单位登记管理】 2020年对全县事业单位登记总数386个全部进行了年检，年检率达100%,合格率100%,顺利完成了2019年度事业单位法人年度报告工作。截至2020年11月23日通过网上审批办理事业单位设立登记48个,变更登记48个,注销登记132个,证书补领6个;机关群团设立3个,变更13个,撤销1个。

【县编办领导成员】

主　任:龙　潜

副主任:高　颖

一级主任科员:叶　林

县事业单位登记管理局局长:聂碧川

档案工作

【概况】 1959年4月,在县委、县人委两个机关档案室的基础上成立了县档案馆,配专职档案员2人,主要负责全县档案的收集、保管、统计及业务指导等工作。1980年11月,成立县档案局,与档案馆合署办公。档案局主要履行全县档案工作行政管理和档案行政执法职能。根据文件要求,档案局馆按具体职能划分开,档案行政职能(档案局)归口县委办管理。县档案馆单独设立,为县委、县政府直属正科级事业单位,负责纸质档案资料和电子档案资料的接收、保管、鉴定、统计、利用和馆藏档案数字化建设等工作。有编制12人,领导职数一正两副，现有人员12人(含转县委办2人),内设办公室(秘书股)、档案接收征收股、电子档案管理股、档案鉴定利用4个股室。到2020年年底,县档案馆有全宗228个,馆藏档案资源为170445卷(册)133897件。

2020年，县档案馆紧紧围绕服务县委、县政府工作大局,稳步开展各项工作,扎实推进全县档案事业蓬勃发展。2020年在全省档案馆业务评价建设工作中取得优异成绩。省一级综合档案馆和省十六届文明单位年度复查合格。

【强化档案安全体系建设】 档案馆始终把档案安全工作放在首位,每次会议必谈档案安全工作,严格按照档案管理“十防”要求狠抓落实,进一步健全档案安全管理制度，强化安全责任落实，加大日常监督管理工作力度，定期对库房开展全面检查。档案库房进行无尘化管理,各档案库房每半年进行一次彻底的清洁和消毒,档案馆电脑内网和外网实行严格的物理隔离。确保数字档案在形成、移交、接收、保管、利用等环节的安全。坚守档案安全底线,对未进馆的立档单位档案,实行年度检查与不定期检查相结合,发现问题,及时整改,确保档案的保管绝对安全。

【强化档案资源体系建设】 档案馆始终坚持以档案资源建设为重点，深入全县各立档单位，指导并推进到期档案移交工作。2020年,有县委、县人大、县政协和县纪委等县级单位,县总工会、县民政局、县生态环境局、县水利局、县工信局等县直单位，及机构改革撤并的物业中心、农工部、农机局、农业开发办、畜牧水产局、口岸办等单位，整理移交进馆文书档案126卷11116件，专业档案16082卷1095件，科技档案354件，实物档案70件。

【提升档案服务能力】 在热情做好“一站式”窗口服务的基础上，结合预约查询、信件查询、电话查询和邮件查询等方式，为各单位和市民提供快捷、高效、优质的档案服务，实现了同一问题最多只跑一次的承诺。一年来，共接待社会各界档案利用者2623人次，查阅档案3314卷(次)，复制证明材料2049份，解决问题1785个。为干部职工社保统筹、核实工龄、婚姻证明、山林纠纷、工作参考、组织关系和人事档案信息核实等提供了第一手资料。

【强化档案制度体系建设】 全面梳理涉及工作职责和工作纪律、行政规范、业务工作、数字档案馆管理等职责和制度，全面规范、提升档案馆的整体工作和业务水平。

【强化档案宣传】 利用查询窗口和上街发放档案宣传手册，电子屏幕循环播放档案宣传标语，“万载在线”公众号和县政府智慧平台等网络媒体强化档案宣传，扩大了档案工作的社会影响力。完善激励机制，加强对外宣传力度。一年来，县档案馆在国家、省市档案报刊和网站发表信息160多篇，其中国家级刊物发表32篇，省级65篇，增强了万载档案工作的知名度和美誉度。

【档案执法检查】 2020年12月底，万载县委办公室联合县档案馆组成档案行政执法检查组，对全县17个乡镇和随机抽取的21个县直立档单位进行档案行政执法检查。分成东线、西线和县直三个检查组，检查组通过听取汇报、查看资料、询问了解、实地检查等方式，对抽检单位档案工作在组织管理、档案保护条件、档案信息化建设、基础业务、档案移交等工作开展情况进行了全面督查检查。对发现的问题现场进行了反馈，就做好档案工作提出了指导性意见和要求，并以县委书记督办单的形式对存在问题单位限期整改。通过档案执法检查，加大了依法治档力度，增强了档案法治意识，进一步提升档案管理标准化、规范化、科学化水平。

【出版国家重点档案保护与开发编研成果】 县档案馆充分利用馆藏民国档案丰富的优势，对相关的民国重点档案资源进行整理和挖掘，2017年和2018年，县档案馆两次成功申报国家档案局重点编研课，该项目由万载县档案馆领题，宜春学院提供学术和技术支持，校馆合作，联合编研。2020年《民国时期万载县宗族资料汇编与整理》和《民国时期万载县教育工作资料汇编与整理》由安徽黄山书社正式出版发行，圆满完成了国家档案局给予县档案馆的两项国家重点档案保护与开发课题。

【第二期民国重点档案数字化】 2019—2020年，县档案馆利用国家扶助的项目资金15万元，争取县财政配套资金15万元，完成了一项国家重点档案保护与开发项目。该项目于2019年进行公开招标，宜春义信档案有限公司中标。2020年完成了馆藏J002、J003两个全宗共计2857卷民国档案的裱糊修复任务和目录数据库建设、档案全文扫描任务，形成了6.9万条文件级目录、17.3万页档案数字化副本和约774GB一式三套离线存储介质保存的数字化成果数据。

【档案馆领导成员】
馆长、党组书记：黄光辉
副馆长、党组成员：龙奇伟
朱　静

信访工作

【概况】 2020年，是全面建成小康社会和“十三五”规划收官之年，县委信访局围绕县中心任务，突出信访工作，大力开展疫情防控和“优环境、促发展”大讨论活动,认真学习贯彻习近平总书记对信访工作的指示批示精神,依法及时就地解决好群众合理诉求,着力规范信访工作秩序,提升信访工作水平,为全县经济社会发展营造良好的外部环境。县信访局现有编制 13 个(其中行政编 6 个,工勤编 1 个,事业编 6 个),实际在编 10 人,5 个班子成员,5 个事业编干部(下派 1 个第一书记)。

【专项治理信访突出问题】 按照市委、县委统一安排,7 月下旬起开展"清存量、控增量、防风险"信访突出问题专项治理活动。通过化解信访积案,清除信访存量、控制信访增量,防范信访稳定风险,在市级排查 95 件的基础上,自行排查 47 件,共 142 件重点信访事项,重点信访事项共化解 116 件,化解率 81.7%,其中市级排查的重点信访事项化解 76 件,化解率 80%,县级排查的重点信访事项化解 40 件,化解率 85.1%。

【信访矛盾化解攻坚战】 按照省级业务要求对标对表完成任务,万载县列入矛盾攻坚战信访件 8 件,其中国家信访局排查 1 件,市级排查 1 件,县级排查 6 件。

【重复信访化解】 11 月,印发《关于开展集中治理重复信访、化解信访积案专项工作实施方案》,明确工作目标任务,成立工作专班,确保在 2021 年年底前完成重复信访专项治理工作任务。按照文件要求,对重复信访件全部落实县领导包案,并要求责任单位落实班子成员包案化解对上级转交办和县本级排查的重复信访 124 件建立专项台账,点对点发送到包案领导及各乡镇(街道)、各县直单位,及时督促化解落实。

【发放民情家访日记卡片】 进一步完善县、乡、村、组四级工作网络,健全完善"互联网 + 民情信息"工作模式,把"以人民为中心"理念贯彻落实到初信初访办理工作中,及时有效地把问题化解在基层,让群众最多访一次,不断提高初信初访办结率和群众满意率。全县共发放"民情家访日记"卡片 8913 份,收回 3200 余份,民情总量 417 件,办结 417 件,满意率 100%。

【专项领域信访问题】 2020 年,严格按照国家、省、市信访局关于暂停接待群众来访的通知要求,停止接待群众来访,引导群众通过网上信访、电话、来信等非接触方式反映信访诉求。疫情期间,共受理网上信访 66 件,电话访 37 件,来信访 11 件,并主动做好涉疫信访事项排查化解工作,共排查涉疫信访问题 3 件。

【依法治访】 坚持依法治访,分类处理,落实诉访分离和引导群众依法逐级走访,建立访调对接机制,推动律师参与接访工作,在信访接待中导入心理咨询,不断提升信访工作法治化水平。

【信访救助】 2020 年,全县共申报特殊疑难信访救助对象 7 人 28 万元,其中中央省市配套 19.6 万元,县级配套 8.4 万元,已全部发放到位。

【县信访局领导班子成员】

局　长:王成根(2020 年 3 月任)

副局长:闻梅芳(女)、张曼谷、罗秋兰(女)

副科级信访督查员:陈庆明

史志工作

【概况】 2020 年,万载县史志工作办公室在县委、县政府的正确领导下,脱贫攻坚工作扎实稳步推进,各项史志工作顺利开展,获评宜春市史志工作先进单位。

【方志工作】 按照上级精神,年鉴自 2019 年开始由两年一鉴改为一年一鉴,切实强化了业务工作,出版发行《万载年鉴(2019)》《万载年鉴(2020)》。《万载年鉴(2020)》经专家评审,被评为全省优秀县级年鉴(三等奖),同时配合宜春市史志办编辑出版《宜春年鉴》,以及省方志办编辑出版《江西年鉴》,完成了万载篇稿件近3万字。

【党史工作】 一是对民国19年(1930年)万载《土地问题决议案》作出了探析,对湘鄂赣苏区的土地革命实践进行了研究,形成七八千字的论文,并参加湘鄂赣苏区论坛,被湖南省委党史研究院、湖北省委党史研究室、江西省委党史研究室评为“优秀论文奖”。二是结合抗日战争与抗美援朝战争纪念,重点采访了鹅峰乡多江村百岁老兵徐桃生,撰写成《百岁老兵徐桃生回忆抗美援朝浴血岁月》《徐桃生:百岁老兵的抗美援朝经历》《百岁老兵徐桃生的抗战经历》等文章,分别在11月5日《赣西晚报》《江西地方志》第5期与9月28日《解放军报》客户端刊发、推出。

【完成《万载县革命老区发展史》编纂工作】 与江西高校出版社签订《万载县革命老区发展史》出版合同。于5月中旬将36.5万字书稿发往江西高校出版社,年底出版。《万载革命老区发展史》共设置为五篇:第一篇,万载概况,介绍万载地理位置、气候、人口变化、经济文化与老区分布等基本情况;第二篇,革命历程,介绍土地革命战争时期万载革命斗争活动;第三篇,艰辛探索,记述新中国成立后万载如何巩固政权,恢复城乡经济,建设社会主义,开启老区建设起点;第三篇,改革开放,记述万载如何调动积极因素,抓好市场经济,焕发城乡活力,推进改革进程,建设小康社会;第五篇,奋进新时代,记述万载在强攻工业、发展花炮产业、建设秀美乡村、抓实脱贫攻坚、保护生态环境等诸多方面工作。书稿还增加了附录,介绍万载名优特产、杰出人才、革命遗址与旧居,以及个别烈士事迹。在编纂过程中,编纂人员查找了大量档案与史料,参考了《中国共产党的九十年》《中国共产党江西历史》《江西改革开放简史》《习近平新时代中国特色社会主义思想三十讲》等众多文献与读本,力求充分写好革命时期这个根本点,写好社会主义革命和建设时期这个关键点,写好改革开放特别是中共十八大以来所取得的辉煌成就这个重点、亮点,以老区的发展为主线,以老区的辉煌成为亮点,阐述好在党的领导下,万载革命老区光辉的革命史、不懈的奋斗史和辉煌的成就,致力打造成具有鲜明时代特点和厚重历史价值的文化精品。

【开展主题教育】 在“优环境、促发展”大讨论主题教育工作中,县史志办认真按照要求,在万载县委第八督导小组的精心指导下,先后组织了大讨论专题学习会、主题讨论及问题查摆整改提升。对于查摆的问题,县史志办对照规定深学细照找差距,触及灵魂剖析根源,认真开展问题整改提升。针对有时存在的重业务、轻党建的问题,支部按照《中国共产党支部工作条例》,全面加强了标准化、规范化、信息化建设,支部党建“三化”带动史志工作迈向新台阶。针对对外沟通、联络、协调不够的问题,县史志办积极主动对接相关部门,与相关领导沟通,争取万载县委、县政府的支持,按照时间要求高质量编纂《万载年鉴》。

【助力打造红色名村】 继续指导部分乡镇红色名村建设,先后对仙源乡仙源村、潭埠镇新田村、马步乡宝石村、黄茅镇军屯村、白水乡槽岭村、赤兴乡书堂村、双桥镇柏树村等红色名村建设进行指导与协助,或提供建设蓝本,或提供相关资料,或提出相关建议,使仙源乡仙源村被中组部评定为国家级红色名村,使潭埠镇新田村、马步乡宝石村、白水乡槽岭村被评定为省级红色名村。

【扶贫工作】 在精准扶贫工作中,县史志办根据万载县委“四大战役”的工作部署,按照扶贫工作的安排,认真做好帮扶工作。全办干部7人帮扶仙源乡株木村10户、株潭石塘村3户、罗城小浒村3户、县城金三角社区1户、龙湖社区2户,共计19户贫困户。县史志办还派出一位工作人员到仙源乡株木村专职扶贫,与单位工作脱钩,按质按量完成了相关扶贫工作任务。

【史志宣传工作】 县史志办积极对外推介万载新形象，史志研究成果丰硕。办公室党员干部的史志专题研究文章先后多次在省级刊物、研讨会和微信公众号刊发。《万载县孙吴黄武元年建县考略》《小浒的读音》在《江西地方志》刊物上公开发表；《万载花炮三百年》在“方志江西”微信公众号上刊发。

【县史志办领导成员】

副主任：兰小红（2020年3月任）

蔡友平

党校工作

【概况】 2020年，县委党校在县委、县政府的领导下，以习近平新时代中国特色社会主义思想为指导，认真贯彻落实中共十九大精神，按照《中国共产党党校工作条例》，牢牢把握全国党校工作会议精神，坚持党校姓党，坚持围绕大局，聚焦主责主业，积极发挥理论宣传主阵地、干部培训主渠道、党性锻炼大熔炉作用，高标准高质量完成了全年干部培训任务，开展了40多堂理论政策宣讲，理论科研工作有成效，同时实施党校教师专业发展“薪火计划”，开展轮流讲学、电教共学、讨论互学、点评促学，为提高领导干部素质和能力作出了积极的贡献。

【完成全年干部培训任务】 2020年共举办培训班20期，其中主体班14期，部门班6期，培训学员4000多人；举办“万载大讲堂”1期，培训科级以上领导干部120人。干部教育培训工作中，针对学员的实际，科学设置培训课程，强化基础理论教育，着重抓好习近平新时代中国特色社会主义思想和《习近平谈治国理政》第三卷的学习，进而不断增强“四个意识”，坚定“四个自信”，做到“两个维护”。

【提高干部教育培训质量】 一是坚持理论教育为主，在培训班的课程安排中，党的理论和党性锻炼课程占比达75%。二是严格落实上级党校关于学制的要求，确保学习质量，其中，“新提拔科级领导干部培训班”学制为7天，“全县村党支部书记发展壮大村级集体经济专题研修班”为期6天，“全县中青年干部培训班”为期30天。三是不断改进教学方式，综合运用讲授式、研讨式、现场体验式等教学方法，活跃课堂气氛，充分调动学员的学习积极性。组织学员赴异地开展培训，分别组织学员到修水、宜丰及鹰潭红旗干部学院进行学习，进一步拓宽视野，活跃了思维；安排学员进行讨论，加强沟通交流，进一步形成思想碰撞。通过这些措施，进一步提高了培训效果，学员们真正感到学有所获。四是严格学员管理，进一步完善学员管理制度，严格考勤，加强班级管理，学风有明显改善。

【开展理论政策宣讲】 以“百堂党课进基层”活动为载体，组织教师送课到乡到村到企业，全年有10多名教师到基层送课40多堂，受众达3000多人次。还成立专家宣讲小分队，配合县委宣传部开展了“众志成城，齐心战疫”先进事迹宣讲，中共十九届四中、五中全会宣讲，“优环境、促发展”大讨论活动宣讲等，深入基层，深入一线，帮助广大干部群众正确认识形势，积极营造改革发展稳定的浓厚氛围，凝聚人心增进共识，助推全县经济社会高质量跨越式发展，发挥了党校服务大局、促进发展的作用。

【理论科研工作有成效】 党校确立“科研兴校”的思想方针，组织教师和广大学员紧紧围绕县委、县政府的中心工作和干部群众关心的热点、难点、堵点等问题，深入基层一线开展调研，共组织了“干部教育培训”“干部作风建设”“农村基层党组织建设”等专题教学调研，鼓励教师积极参与理论征文及各类学术研讨活动。钟勇民主持的全省党校行政学院系统哲学社会科学研究项目“农村基层党组织建设存在的具体问题与改进路径研究”已完成调研与论文撰写工作，预计年底可以顺利结项。钟勇民、刘翊、胥涵三人共同撰写的《问诊干部作风 助推发展崛起——

关于领导干部作风建设的调查与思考》一文获得宜春市委常委、政法委书记黄德刚的重要批示，万载县委以参阅件形式下发。在11月举办的中青年干部培训班上，组织60名学员围绕数字经济、金融发展、花炮安全、人才引进、城市建设、文旅经济、基层组织建设等课题，进行深入广泛的调研，并形成9篇有质量、有分量、有实效的调研文章，得到了县委书记的充分肯定和评价。

【加强意识形态工作】 管好课堂阵地。坚持“学术讲政治、课堂讲纪律”，始终将党性修养、理想信念、党章党史、党规党纪等作为党校理论教育和党性教育的主体，党性教育课程的比重占主体班总课时的30%以上，并强化对全体教职工“四种意识”的渗透，要求他们务必讲政治、讲党性、讲正气、讲纪律。管好科研阵地。严格要求教研人员抓住“主业”，干好本行，加强马克思主义基础理论研究、党的方针政策研究以及围绕县委、县政府的中心工作和重点任务开展调研咨询，为县委、县政府科学决策提供参考和依据。管好宣传阵地。巩固完善“百场党课进基层”这一党的“阵地”，坚持贴近实际、贴近基层、贴近群众，服务中心、服务基层、服务党员和讲政治、讲党性、讲正气、讲纪律；实时掌控网络、微信、微博等新媒体宣传动向，做到重大问题亮观点、重大节点有声音；要求全体党校人必须时刻保持清醒头脑，不信谣、不传谣、不造谣，始终和不良思想、不良行为、不良倾向、不良风气作坚决斗争，确保弘扬主旋律，传播正能量，确保意识形态绝对无“杂音”。

【提升教师素质】 实施党校教师专业发展“薪火计划”。积极开展轮流讲学、电教共学、讨论互学、点评促学等。做到每天微信学，每周一领学、每月一次集中学，每季度一次的精品课评选。实行严格的教案审核、集体备课、课前试讲等制度，对课堂教学进行科学评估并建立激励机制。同时提倡并规范在线学习。每位教师每年完成干部教育网络学院在线学习学分50分；要求在职职工参加“学习强国”在线学习，要求每日学分不少于50分，参学率达100%，学习情况及学习成效列入年终绩效考核。另外，还组织教师外出培训学习10人次，其中参加理论干部专题培训1人次，参加全省党校系统培训班学习2人次，参加全省社会主义学院师资培训班1人次。

【县委党校领导成员】
常务副校长：钟勇民
副校长：龙健文
　　　　杨　琼
　　　　王小毛

老干部工作

【概况】 2020年，县委老干部局机关有9人，有退休人员8人。下设老干部活动中心(有管理人员3人)、县关工委办公室(有管理人员1人)和县老年大学(有管理人员3人)3个直属事业机构。老干局主要负责落实全县离退休干部政治待遇，督促检查落实老干部生活待遇，搭建老干部党支部、老干部活动中心、老年大学、关工委和老年体协、老年诗书画、老科协等涉老平台，积极引导老干部发挥作用，组织老干部开展有益身心、有益社会的多种活动，为党的事业增添正能量，使全县老干部们老有所学、老有所养、老有所医、老有所为、老有所乐，过上幸福祥和的晚年生活。全县有离休干部3671人(其中离休干部24人、正县级老干部17人、副县级老干部14个)。全县已建立离退休干部党支部51个，各级老干部活动中心(室)39个。

【开展示范党支部创建工作】 围绕中心工作，促进老干部工作的开展。2020年在全县开展“全省离退休干部示范党支部”的创建申报工作，从政治建设等五个示范方面进行创建，县城建局和县教体局两个单位先进行创建申报，以点带面逐步进行，推动实现离退休干部党支部政治建设更加牢固、组织设置更加合理、班子建设更加坚强、教育管理更加规范、制度机制更加健全、服务保障更加有力、作用发挥更加凸显的目标。

【推广使用信息化平台】 全省离退休干部服务管理信息化平台——“银耀赣鄱”PC 端和微信小程序在全县推广使用，为离退休干部享受信息化带来便捷学习和生活。

【落实离退休干部政治生活待遇】 2020 年，继续抓好《老友》和《老同志之友》杂志征订工作，并协调组织部为原四套班子老干部每人征订《半月谈》。定期通报政治经济和社会发展等重要情况制度，通过召开座谈会及上门走访等形式及时向老干部通报万载县经济社会发展情况；邀请老干部代表参加重要会议制度，全县经济工作会、人代会、政协会等重要会议邀请了离退休老干部代表参加；定期走访慰问老干部制度，做到重要节日全面访、老干生日当日访、家有困难及时访、生病住院入院访、老干部逝世帮善后，在春节、重阳节对全县离退休干部进行了全面走访，日常中走访慰问生病、行动不便老干部 51 人次，到医院探望生病住院老干部 33 人次；召开老干部座谈会制度，组织召开了县级离退休老干部迎春座谈会；建立完善领导班子联系老干部党支部制度，通过重要节日走访和日常走访，及时把老干部日常生活存在的问题、矛盾困难解决在基层。

【落实离退休干部各项生活待遇】 一是确保“三个机制”的正常运行。对离休干部的各项政策性待遇，凡是有政策规定的，做到优先照顾。进一步提高离休干部医药费统筹标准，医药费报销便利化，在其统筹金超支的情况下，继续实行离休干部医药费报销财政兜底制度，按时足额发放离休费。年初，利用县财政解困经费 5 万元，对 17 名困难离休干部和 12 名无固定收入离休干部遗属实行重点帮扶。二是抓好健康体检制度的落实。10 月份组织原四套班子老干部 33 人，在县人民医院进行了一次健康体检。

万载县人民代表大会

综　述

2020年，注定是一个被历史铭记的特殊年份。一年来，面对新冠肺炎疫情防控和决胜脱贫攻坚的双重考验，县人大常委会在县委的坚强领导下，始终坚持以习近平新时代中国特色社会主义思想为指导，围绕打造有为人大、责任人大、公信人大、创新人大、活力人大"五个人大"工作思路，突出"政治主线、监督主责、代表主体、创新主调"工作重点，全面依法履行监督权、重大事项决定权、人事任免权，圆满完成县十六届人大五次会议确定的主要任务，迈出了万载人大与时俱进、创新发展的铿锵步履。全期共召开常委会会议9次、主任会议15次；听取和审议专项工作报告27项，组织专题调研视察6次，检查2部法律法规实施情况；协助省市人大完成调研视察、执法检查35次，为全县经济社会高质量跨越式发展作出了新贡献。

——办好"三件大事"。协助县委召开全县人大工作会议，印发《关于加强新时代县乡人大工作二十条》，为今后五年全县人大工作提供了行动指南。承办全市人大选任联工作现场会，围绕如何"创新代表工作、发挥代表作用"作经验介绍，擦亮万载县代表工作新名片。扎实开展为期一个月的生态型宜居城市建设专题调研活动，形成的调研报告作为县委十四届十三次全会重要参考文件。

——深化"四项活动"。组织选区内38名市四届人大代表进驻7个乡镇（街道）人大代表联络工作站，开展联系人民群众视察活动，收集重点意见建议12条，办结满意率100%。开展"脱贫攻坚人大代表在行动"活动，累计捐款捐物1000多万元，有力推动620户贫困户、30个深度贫困村实现脱贫摘帽。组织28名县人大常委会组成人员开展"一挂两帮"（挂一家企业、帮企业优环境、帮企业促发展）亲商安商主题实践活动，收集重点意见建议16条。县人民政府主要领导高度重视，第一时间主持召开政企圆桌会议，现场解决问题10个、转办6个。组织69名县人大代表回选区开展向选民公开述职活动，实现届期内所有县人大代表回选区述职全覆盖。

——实现"五个首次"。建立全市首个县级人大预算联网监督中心，开启了省、市、县三级联通的预算联网在线监督新模式。首次开展全县星级人大代表联络工作站（室）创建工作，有5个乡镇代表联络工作站和17个村级代表联络工作室被评定为"五星级"。开展的民生实事项目代表票决制和代表建议办理情况的理论研究成果，首次被省人大常委会办公厅理论研究会全文收录。首次把县十六届人大常委会履职以来的重要制度和规范性文件，筛选汇编成《人大工作之基》，形成有章可循、按章办事、规范高效的制度体系。首次一年之内连续制作《战"疫"一线的人大力量》《决胜脱贫路上的代表力量》《砥砺奋进的五年》三部专题政论片，进一步奏响万载人大工作"好声音"。

【县十六届人大五次会议】 万载县第十六届人民代表大会第五次会议，于2020年5月28—30日在县城召开。出席会议代表208名，县十三届政协委员、县委、县政府各部门、县直正科级单位主要负责人、党委(党组)书记和垂直管理部门的主要负责人等列席了会议。会议主席团由38人组成。会议听取和审议了县人民政府工作报告、关于万载县2019年国民经济和社会发展计划执行情况与2020年国民经济和社会发展计划草案的报告、关于万载县2019年全县和县级预算执行情况与2020年全县和县级预算草案的报告、县人大常委会工作报告、县人民法院工作报告、县人民检察院工作报告，并作出和通过了相关决议。县委书记出席会议并作了讲话。

常委会工作

【坚持党的领导不偏向】 把学习宣传贯彻落实习近平总书记系列重要讲话精神，作为县人大常委会党组会议、主任会议和常委会会议的第一议题，进一步树牢“四个意识”、坚定“四个自信”、做到“两个维护”。严格落实重大事项请示报告制度，提请县委研究的7项人大工作全部通过，特别是10月份县委主要领导调整后，常委会及时向县委呈送《县十六届人大及其常委会换届以来工作情况汇报》，确保人大工作始终与县委同心同向。10月22日，县委书记严旭辉对此作出批示：“本届万载人大常委会主动履责，积极作为，认真‘为党督政、代民行权’，‘以四化五新’为抓手，生动展现了‘有为、责任、公信、创新、活力’的人大工作新局面。希望人大进一步发扬好传统、好作风，切实增强监督的针对性、实效性，加强和基层人大代表的联系，努力保持与人民群众的联系。”批示既充分体现了县委对全县人大工作的高度肯定，更为今后一段时期的县乡人大工作指明了方向，提供了遵循。

【坚守疫情防控不迟疑】 新冠肺炎疫情发生后，常委会第一时间召开主任会议，第一时间发布《致全县各级人大干部、人大代表的倡议书》，全县各级人大代表、人大干部闻“令”而动，累计捐款411.1万元。为从源头上阻断病毒传播，县人大常委会农环工委把《全国人大常委会关于全面禁止非法野生动物交易、革除滥食野生动物陋习、切实保障人民群众生命健康安全的决定》列为2020年执法检查的重头戏，推动万载县滥食野生动物陋习有效扭转。同时，县人大常委会教科文卫工委组织开展《中华人民共和国传染病防治法》执法检查，推动县财政投入200多万元建设核酸检测实验室2个，有效提升万载县常态化疫情防控能力。

【坚决服务中心不松劲】 组织开展关于万载县教育高质量发展专题调研活动，形成的调研报告引起社会各界热烈反响。9月7日，牵头负责万载县委工作的宜春市委常委、政法委书记黄德刚对此作出批示：此报告非常符合万载实际，有深度、有高度，望县人民政府认真研究，提出切实可行的解决办法，真正形成尊师重教兴教的良好氛围，回应社会关切。坚持刀刃向内抓整改，扎实开展“优环境、促发展”大讨论活动，13个方面90个问题全部整改到位。其中，聚焦“四最”营商环境主题，开展全县“财园信贷通”专题调研活动，督促退还“财园信贷通”贷款保证金3700多万元。

【监督工作】 县人大常委会围绕全县经济社会高质量发展主题，以财政经济、执法司法、生态环境、社会事业为监督重点，着力推动法治万载建设行稳致远。管好人民“钱袋子”。县人大财经委组织听取审议县人民政府关于全县国有资产管理情况的综合报告，摸清全县除自然资源之外的各类国有资产“家底”515.74亿元。听取审议计划、预算、审计工作报告，审查批准2019年县级决算、2020年县级预算调整方案和政府债务限额，对县财政局、县自然资源局、县就业局等7个单位开展审计查出问题整改工作的跟踪问效，督促长期拖欠的3.9亿元土地出让金追缴到位。强化法律“正义感”。县人大监司委采取“实地调研+现场询问”方式,组织听取审议县人民法院关于服务保障营商环境优化工作情况的报告,推动落实财政保障破产费用专项基金100万元。听取审议县人民检察院关于落实认罪认罚从宽制度工作情况的报告,推动万载县认罪认罚从宽制度适用率超过80%。听取审议全县2017—2019年度公安工作情况的报告,提出的5个方面审议意见得到积极办理。健全规范性文件备案审查工作流程,对“一府两院”4个规范性文件进行备案。呵护生态“高颜值”。县人大常委会农环工委开展全县绿色矿山建设专题调研,提出“细化建设标准、规范建设秩序、健全保障机制”的审议意见,推动万载县两座绿色矿山顺利通过市级验收。配合省人大开展“环保赣江行”活动,全面巡查县域水系保护情况,推动县级以上集中式饮用水水源地水质全部达标。听取审议县人民政府关于全县环境状况和环境保护目标完成情况的报告,推动县城区空气质量优良天数再创新高,主要河流4个断面水质优良比例100%。县人大常委会教科文卫工委围绕乡村振兴主题,组织听取审议全县乡村旅游发展情况的报告,提出的“科学编制规划、完善基础设施建设、丰富旅游业态”审议意见,转化为县人民政府2021年重点工作之一。提升社会“满意度”。县人大社会委召开第一次全体会议,组织开展残疾人权益保障工作专项视察活动,推动万载县贫困重度残疾家庭无障碍改造工作走在省市前列。听取审议全县安全生产工作情况的报告,提出“加强化工区安全基础设施建设”的审议意见得到县人民政府积极研究落实,推动县工业园化工集中区安全风险排查评分由65分提高至74.5分。

【选举和任免工作】 县人大常委会坚持党管干部和依法任免干部相结合的原则,认真行使人事任免权,严格实行干部任前供职发言和宪法知识考试制度,全年共依法任免国家机关工作人员64人次。健全对国家机关工作人员的任前了解制度,组织13名拟任人员进行任前宪法知识考试,举行18名新任命国家机关工作人员向宪法宣誓仪式,进一步增强新任命国家机关工作人员的宪法意识。

【代表工作】 县人大常委会恪守代表主体地位,进一步强化建议办理、深化代表活动、优化履职服务、固化考核机制,有力引导广大人大代表正确履职、有效履职。强化代表建议办理。认真做好县十六届人大五次会议以来收到的78件代表建议办理工作,办结率100%,满意率98.7%,其中有10件代表建议被评为“优秀代表建议”。比如,李骏代表提出的《关于加强健身运动体系管理和加快体育基础设施建设的建议》,县人民政府投入1000多万元,新建了8个社会化足球场和4个篮球场。继续组织县人大代表在县人代会预备会议上,对承办部门办理代表建议情况开展满意度测评工作,督促各承办单位进一步提升“代表意识”。深化代表主题活动。县人大常委会选任联工委以“一次调研、一次进站、一次督办、一次献策、一次述职、一次宣传”为主题,连续三年组织开展“美丽万载代表行”主题实践活动,广大代表的履职意识和能力水平有效提升。组织部分市县人大代表开展“公路交通代表行”专项视察活动,持续巩固万载县“四好”农村公路建设成果。顺利完成省市人大代表集中视察我县“新经济、新产业、新动能”重大项目活动,推动万载县“三新”项目加速建成。优化代表履职服务。邀请县人大代表列席常委会会议、参与调研视察、旁听法院庭审等活动180余人次,进一步丰富闭会期间的代表履职活动。开展第二届“五型”人大代表评选活动,有20人获“学习型、服务型、担当型、创新型、廉洁型”人大代表称号。高标准完成届内159名县人大代表的《代表风采》电视栏目拍摄工作,累计播出100期。固化代表考核机制。出台《万载县人民代表大会代表履职考核办法》,编印《代表履职考核手册》,从“依法履行职责、接受群众监督、发挥表率作用”等方面进行量化评分,作为2020年县人大代表连任的重要参考。按照“组织保障强、硬件设施全、运行机制优、活动内容实、群众点评高”等五方面星级创建标准，采取以奖代补的方式，扎实开展全县星级人大代表联络工作站(室)创建试点工作，有力带动各乡镇(街道)代表联络工作站(室)提档升级。

【县人大常委会领导成员】

主　任：张清华(涉嫌严重违纪违法，2021 年 4 月 1 日主动投案，接受宜春市纪委市监委纪律审查和监察调查。)

副主任：谭秀英(女，任至 2020 年 3 月)

刘学松（2020 年 5 月任）

张功才

周庚明

袁正生

汤建勇

刘小全

正县级干部：谢绍平

欧阳晓东

谭秀英（女，2020 年 3 月任）

副县级干部：丁梓青

袁梅辉

刘继贤

办公室主任：陈国亮

农环工委主任：辛　华(女)

财经委主任委员：邓智伟(任至 2020 年 3 月)

漆建武(2020 年 5 月任)

监察和司法委员会主任委员：

欧阳普恩

教科文卫外侨民宗工委主任：

李文龙

选任联工委主任：李勇燕(女)

社会建设委员会主任委员：

陈小斌(2020 年 5 月任)

办公室副主任：宋珊童(女)

教科文卫外侨民宗工委副主任：

彭小娟(女)

备案审查工委副主任：

唐红艳(女)

预算审查工委副主任：杨世平

监察和司法委员会副主任委员：

兰武亮

选任联工委副主任：辛增友(任至 2020 年 12 月)

财经委副主任委员：梁星耀(2020 年 3 月任)

社会建设委员会副主任委员：李立(2020 年 3 月任)

人大机关主任科员：宋甫生

邓智伟(2020 年 3 月任)

农环工委主任科员：刘长江

县人大办公室工作

【概述】 2020 年，县人大办在县委和县人大常委会党组的正确领导下，认真学习宣传贯彻落实习近平新时代中国特色社会主义思想，紧紧围绕打造“有为人大、责任人大、公信人大、创新人大、活力人大”的“五个人大”工作思路，坚定不移讲政治，积极有为善履职，较好地完成了年初制定和上级交办的各项目标任务。

一、始终坚持学习贯彻习近平新时代中国特色社会主义思想，进一步坚定机关党组正确政治方向

注重思想政治建设。不断增强“四个意识”、坚定“四个自信”、做到“两个维护”，坚决维护县委权威，始终与县委方向一致、步调一致、号令一致。扎实开展了为期 2 个多月的“优环境、促发展”大讨论活动，帮助马步乡软弱涣散村宝石村筹集项目资金 110 多万元，有力解决该村基础设施薄弱问题。持续开展“学习研究宣传贯彻习近平总书记关于坚持和完善人民代表大会制度的重要思想”专题活动，进一步筑牢了机关党组的思想政治基础。注重机关党的建设。以“大力推进人大机关党建三化”为主抓手，认真落实“三会一课”制度。健全完善机关谈心谈话制度，做到机关全体党员每年谈心谈话至少一次。扎实开展机关首届“身边好人”评选活动，有 7 名同志获评机关首届“身边好人”。投入 5 万多元，在县人大机关 518 会议室新建党员活动室，在五楼走廊新建一条包含十三届全国人大常委会委员长经典语录的人大党建文化走廊。顺利通过市级文明单位考核验收，被评为“全市文明单位”。注重意识形态建设。把意识形态工作放在机关各项工作的重要位置，牢牢把握住了人大意识形态工作的领导权、话语权、主动权。严格执行机关信息发布“三审三校”制度,全年未出现重要舆情和重大信息发布错误。制作了《战“疫”一线的人大力量》《决胜脱贫路上的代表力量》《砥砺奋进的五年》等三部专题政论片,总收视超过10万人次。持续加强“一刊一网一号一栏目”建设,印发《人大工作参阅》7期,坚持网站每周更新,微信公众号每日推送,“代表风采”栏目累计播出100期,全年共上稿国家级媒体10条、省级媒体40多条。

二、始终坚持践行“为党督政、代民行权”的工作理念,进一步推进人大机关各项工作

*服务常委会有作为。*支持配合县人大及其常委会依法履行法定职责,为全县经济社会高质量发展贡献了人大力量。承办全市人大选任联工作现场会,围绕如何“创新代表工作、发挥代表作用”作经验介绍。扎实开展为期一个月的生态型宜居城市建设专题调研活动,形成的调研报告作为县委十四届十三次全会重要参考文件。组织开展关于万载县教育高质量发展专题调研活动,形成的调研报告引起社会各界热烈反响。

*服务中心有力度。*牵头组织对建成社区6400多户居民开展疫情摸排,没有发生一起疫情。协助常委会拟定《致全县各级人大干部、人大代表的倡议书》,组织动员全县各级人大干部、人大代表捐款捐物411.1万元,其中县人大机关干部职工捐款4.66万元。坚持每月组织机关干部到马步乡洞口村为基层干部群众解决实际问题,协调争取项目支持资金20多万元,为群众解决实际问题50多个。洞口村帮扶事迹在省人大新闻网和微信公众号发布。牵头县住建局、县城管局等5家单位,着力抓好务前社区人居环境集中整治月行动,清运陈年垃圾200多吨、设立临时停车场3个、整治臭水沟6条,被县委以督查通报形式在全县范围内通报表扬。

*服务群众有成效。*督促各建议办理单位认真做好县十六届人大五次会议以来收到的78件代表建议办理工作,推动一批群众关心、代表关注的民生实事得以解决。持续开展“人大代表脱贫攻坚在行动”主题实践活动,累计为群众捐款捐物1000多万元,有力推动了620户贫困户、30个深度贫困村脱贫“摘帽”。

三、始终坚持对标新时代人大工作“两个机关”职责定位,进一步夯实人大机关各项建设

*制度建设更规范。*将县十六届人大常委会履职以来制定出台的47个重要制度和规范性文件,筛选汇编成《人大工作之基》一书,赠送给“一府一委两院”和全体人大代表参阅,形成了有章可循、按章办事、规范高效的制度体系。建立每季度县人大机关卫生评比制度,有4个办公室被授予“卫生流动红旗”。

*能力建设更全面。*一是建立机关干部职工每月学习制度,每次不少于两名干部进行研讨交流发言,全年共开展集中学习12次,有力提升了机关党员干部的政治理论素养。二是开展的民生实事项目代表票决制和代表建议办理情况的理论研究成果,首次被省人大常委会办公厅理论研究会全文收录。三是以“管好用好代表联络工作站”为目标,首次开展全县星级人大代表联络工作站(室)创建工作,有5个乡镇代表联络工作站和17个村级代表联络工作室被评定为“五星级”。

*廉政建设更严格。*始终坚持把政治纪律、政治规矩挺在最前面,严格执行中央八项规定和“一岗双责”制。建立了机关主要领导亲自抓、各机关党组成员配合抓、3名机关纪检干部具体抓的党风廉政建设工作机制,年初印发《2020年度县人大机关党风廉政建设工作要点》,切实抓好机关党风廉政建设各项工作,积极引导机关干部职工树立正确的世界观、人生观、权力观、价值观。

万载县人民政府

综　述

2020年，万载县政府紧紧围绕县委工作思路及“六稳、六保”的目标任务，真抓实干、攻坚克难，全力推动全县经济社会“一稳定、双胜利、三升级、四突破、五提升”。

“一稳定”，即全力推动全县经济运行稳定向好。为有效应对疫情影响，县政府及时出台确保经济平稳健康运行40条、“六稳”“六保”34条等政策措施，派驻234名复工专员“一对一”帮扶企业，在全省率先开展现场用工招聘会，为企业减负4.71亿元，以超常规举措稳住经济发展基本盘。全年生产总值209亿元，增长3.3%；财政总收入28.63亿元，增长1.8%；规模以上工业增加值增长3.8%；固定资产投资增长7.2%；社会消费品零售总额65.47亿元，增长2.5%；城镇居民人均可支配收入32700元，增长6.3%；农村居民人均可支配收入14300元，增长7%。

“双胜利”，即全力推动全县疫情防控、脱贫攻坚取得胜利。疫情防控取得阶段性胜利。面对突如其来的新冠肺炎疫情，及时启动重大突发公共卫生事件I级响应，严格落实联防联控工作机制。因时因势调整防控策略，投入防控经费3063万元，建设核酸检测实验室2个，抓紧抓实常态化疫情防控，持续向好态势得到巩固。脱贫攻坚取得决定性胜利。全面推进十四大扶贫工程，投入132万元购买精准防贫保险，9637户29129名农村贫困人口全部脱贫，1439户2695名城镇贫困群众如期完成解困目标。脱贫攻坚工作得到国家和省级成效考核组的高度肯定，高村镇被推荐为全国脱贫攻坚先进集体，万载县得到市委、市政府奖励。

“三升级”，即全力推动全县三次产业加快转型升级。工业加快升级。全县规上工业企业达到186户，规模以上工业总产值增长4.4%。全年技改项目达90个，占工业投资的比重67%，较2019年同期提高了37.6个百分点。全力推进花炮企业按国标整顿提升，获得新一轮许可颁证72家。引进新能源新材料企业14家，投产4家，入驻电子信息和高端制造企业26家，投产8家，战略性新兴产业增加值增长15%。农业稳步提升。新建高标准农田3.52万亩，粮食总产量26.35万吨。建设有机富硒农产品基地11.8万亩，有机农业总产值超26亿元。全县生猪存栏41.5万头，出栏38.78万头。新增中药材种植面积1.05万亩，新增稻鱼综合种养标准化面积2600亩。亚太中商万亩富硒现代农业产业园和东方希望百万头生猪养殖全产业链2个20亿元项目开工建设，国家农业绿色发展先行区建设稳步推进。服务业持续发展。全力助推旅游产业，万载古城被评定为省文旅融合发展示范区创建单位，创建省AAA级乡村旅游点2个，接待旅游人数909万人次，增长1%；旅游产业收入98亿元，增长0.9%。大力发展电子商务，全县电商企业超150家，完成电商交易额50亿元，入选国家“互联网”农产品出村进城工程试点县。

“四突破”，即全力推动全县改革攻坚、招商引资、创新创业、环境整治有突破。改革攻坚有新作为。在全市率先开展基层应急管理人员垂直管理改革,创新出台烟花爆竹闭环监督管理办法,以对隐患的"零容忍"实现了首次烟花爆竹领域事故"零发生"。启动相对集中行政许可权改革试点工作,组建县行政审批局,首批划转事项215项。推行"容缺审批承诺制"办理模式,工程建设项目审批时限由120个工作日缩减至89个工作日。深化国资国企改革,重构万投集团,组建万兴集团,成功发行10亿元企业债和14亿元项目收益专项公司债。招商引资有新成效。全面打响"产业招商升级战",签约引进千万元以上项目53个,总签约金额312亿元,其中亿元以上项目32个,通过省级认定"5020"项目1个,实现了50亿元项目的突破。深入推进"项目建设提速年"活动,68个重大项目累计完成投资97.86亿元。全年争取各类上级无偿资金8.36亿元,增长14.8%。创新创业有新成果。大力支持鼓励科技创新,新增国家高新技术企业18家、科技型中小企业38家,花炮产业技术创新战略联盟获批省级技术创新战略联盟。建立退役军人创业孵化基地,入驻企业19家。完成技能提升培训1.03万人,发放创业担保贷款2.44亿元,带动创业8800人。环境整治有新收获。坚决打好污染防治攻坚战,全力推进环保督察问题整改,空气优良率达97.2%,主要河流断面水质达标率100%,完成2.62万亩受污染耕地安全使用及严格管控工作。人工造林2.16万亩,封山育林1.2万亩。2家矿山企业通过绿色矿山第三方评估验收。

"五提升",即全力推动全县营商环境、城市建设、乡村建设、民生保障、自身建设有提升。营商环境勇争先。出台优化营商环境"十不准",实施安商"红黄榜"网络评价,推行"营商专员"和政企圆桌会议制度,为145家企业协调解决事项266项,强化银企对接,发放"三贷一保"贷款20.92亿元,全面落实减税降费政策,为企业减负4.71亿元,获评"江西省第四届十佳优化营商环境县"。城市建设提品质。实施城市功能与品质提升项目98个,完成投资56.4亿元。改造老旧小区17个,建成棚改安置房905套,收储土地3915亩。国道G220万载绕城段公路、宜万快速通道累计完成投资10亿元,康乐大道南延伸段、环湖南路东延伸段等道路建成通车,国道G320工业园段提升改造、南部新城"一纵两横"路网等项目开工建设。县城西水厂投入试运行,铺设天然气管网36千米,惠及群众1.5万户,增设停车场8个,停车位1476个。乡村面貌换新颜。完成501个新村点建设,新建改建公厕93座,农户改厕9657户,9个乡镇污水处理厂投入运营,创建美丽宜居示范线1条、美丽宜居乡镇2个、美丽宜居村庄20个。城东农贸市场、龙山夜市等村级集体经济项目完成主体工程,181个村集体经济收入均超过5万元。建设农村公路180千米,改造危桥17座,修建生命防护工程196千米。民生保障有改善。新增城镇就业4730人,城镇就业率96.92%。龙湖实验学校投入使用,新建公办幼儿园8所。县人民医院西院完成整体搬迁,建设标准化村卫生室152所。纵深推进扫黑除恶专项斗争,整治重点行业领域乱点乱象问题180个,社会大局安定有序。自身建设创一流。持续推进法治政府和"五型"政府建设,深入开展"优环境、促发展"大讨论活动,出台重大行政事项决策规范性制度9项。全面推进基层政务公开标准化规范化,办理人大代表建议73件、政协委员提案145件。全面推开乡村便民服务中心标准化建设,建成政务服务"好差评"系统。推广应用"赣服通"3.0版,办理"一次办好"事项21.1万件、"一次不跑"事项3.2万件、延时错时服务事项近2万件。网上中介服务超市上线运行,采购项目272个742.62万元。"12345"政府服务热线受理工单5903件,按期办结率99.76%,群众满意度98.58%。

重要工作

【政府常务会议】 2020年,县政府共召开政府常务会议14次，由县长曾文军主持。会议传达学习了中央、省、市关于脱贫攻坚、安全生产、生态环境保护、扫黑除恶、党风廉政建设等重点工作有关文件和讲话精神；讨论研究了经济及产业发展、重点工程和重点项目建设、机构改革、落后烟花爆竹产能整顿提升、“十四五”规划编制、营商环境建设、城市及农村基础设施建设、公共服务资源优化升级、生态环境整治提升、农村人居环境整治、建筑行业与房地产市场规范管理、城镇贫困群众脱贫解困等工作。会议还对人事问题和县政府领导分工调整进行了研究。

【政务公开】 2020年，全面梳理26个试点领域县乡两级政务公开标准目录，共梳理出县本级26项试点领域2082项政务公开事项及17个乡镇(街道)的政务公开标准目录，在各乡镇(街道)便民服务中心等办事场所打造了集信息公开、自助办理、查阅获取、政民互动于一体的政务公开体验区。规范依申请公开处理程序，制定了依申请公开办理流程图及28种类型答复书参考文本，全年共办理依申请公开56件。持续推动政务“五公开”，全年县政府门户网站发布信息3008条，信息公开专栏4620条。积极回应关切，处理“问政江西”平台转办问题29个。加快推动“赣服通”3.0版、“赣政通”建设。扎实开展整治“指尖上的形式主义”，共清理微信工作群68个、微信公众号25个。

【“五型”政府建设】 建设忠诚型政府。结合“优环境、促发展”大讨论活动，聚焦“政治生态环境、营商环境、自然生态环境、高质量发展”四个主题，把对党绝对忠诚铸入全县政府系统工作人员的灵魂血脉。践行以人民为中心的发展理念，扎实推进十大方面民生实事。全面落实上级各项决策部署要求，全力实现工业强、城市美、生态优、民生好新目标。建设创新型政府。创新“三资”“两新”招商模式，通过中金润等开展专业招商，引进千万元以上项目53个，总签约金额312亿元，其中亿元以上项目32个，通过省级认定“5020”项目1个。加快科技创新平台建设，新增市级创新平台2个、高新技术企业18家；县花炮产业技术创新战略联盟获批省级产业技术创新战略联盟。建设担当型政府。投入132万元购买精准防贫保险，剩余1300名农村贫困人口全部脱贫；投入扶贫产业发展资金5314万元，建设产业项目145个，发放自主发展产业奖补资金1146万元，销售扶贫产品1.54亿元；高村镇被评定为全国脱贫攻坚先进集体；城镇贫困群众脱贫解困目标如期完成。面对突如其来的新冠肺炎疫情，及时启动重大突发公共卫生事件Ⅰ级响应，严格落实联防联控工作机制。因时因势调整防控策略，投入防控经费3063万元，建设核酸检测实验室2个，抓紧抓实常态化疫情防控。推进环保督查问题整改，空气优良率达97.2%，主要河流断面水质达标率100%，完成2.62万亩受污染耕地安全使用及严格管控工作；人工造林2.16万亩，封山育林1.2万亩；开展“零点行动”30次，关闭“散乱污”企业34家。以县政府和县政府办名义印发的文件共250件，为基层减负，同比压减27.32%；围绕阶段性中心工作(如脱贫攻坚、安全生产、城乡人居环境整治等)开展专项督查或联合督查18次，编发《政务督查》20期。建设服务型政府。深化“放管服”改革，办理“一次办好”事项21.1万件，“一次不跑”事项3.2万件。12345政府服务热线处理群众有效诉求5903件，按期办结率99.76%。派驻复工专员263人，出台优化营商环境“十不准”，实施安商“红黄榜”网络评价，推进“营商专员”和政企圆桌会议制度，为145家企业协调解决事项266项；强化银企对接，为574家企业发放贷款20.92亿元；全面落实减税降费政策，为企业减负4.71亿元，获评“第四届十佳营商环境县”。建设过硬型政府。严格遵守政治纪律和政治规矩，坚决做到一级对一级负责、个人对集体负责、班子对事业负责。以“万载大讲堂”“新时代文明实践中心”等为载体开展专题培训，选派百余名年轻干部到“四大战役”一线锻炼,全面提高政府系统工作人员能力水平。深入开展“怕、慢、假、庸、散”等作风问题集中整治,查处违反中央八项规定精神问题35起、处理37人,查处形式主义、官僚主义问题46个,处理49人。

【县政府领导成员】

县委副书记、县长:曾文军

县委常委、副县长:胡　锋

副县长:刘学松(任至2020年3月)

黄志荣

程淑兰(任至2020年3月)

郭　锐

袁常青

郭瑞清(2020年3月任)

潘集章(2020年3月任)

陈祖良(挂职,2020年7月任)

党组成员:黎俊昌

黄　松(任至2020年3月)

游承飚(2020年3月任)

县政府办公室

【概况】 2020年,县政府办公室紧紧围绕中央和省、市、县重大决策部署,强化责任担当,充分发挥参谋助手、运转枢纽、服务保障作用,想透说清干实,努力做到了政治强、运行畅、信息灵、督查实、服务优、作风硬,切实保障了政府各项工作的高效运转。省政府办公厅对万载县上半年信息调研工作取得的良好成效予以函告表扬,信息调研工作全年度在全省排名第四、全市第一。在第四季度宜春市政务公开工作的通报中,万载县被评为“最美服务之星”。入选评江西省“五型”政府建设网络问政平台“问政江西”全省红榜。

【信息调研】 全年共编发《政务信息》刊物23期,报送上级约稿117篇,国务院办公厅采用77篇、省政府办公厅采用105篇,其中获省以上领导批示14篇;全年上报政务信息992条,省政府办公厅采用14条,市政府办公室采用86条,为领导知情决策提供了有力的信息参谋服务。另一方面,紧紧围绕“1423”重点工作开展调查研究,形成了一批具有前瞻性、针对性的决策咨询建议,为县委、县政府重大决策提供了基础支撑。全年完成调研报告16篇,其中《万载县发展有机富硒产业的实践与思考》被市政府办参阅件刊用。

【政务督查】 共开展各类专项督查18次,编发《政务督查》20期。对73件人大代表议案(建议)、145件政协提案进行了及时交办督办。同时,认真做好信访件转办督办工作,全年收到省、市转办信访件64件,已全部办结。

【政务保障】 坚持24小时值班制度,及时处理各类来文,确保第一时间办理,切实当好政府系统运转的“巩固后院”,全年共处理各类来文5436件。认真落实《关于进一步做好精简文件工作有关事项的通知》(万办发电〔2020〕38号)文件要求,强化发文管理,全年制发各类政府公文250件,与2019年同期相比下降40%。细心办会,强化会议统筹管理,严格规范办会程序,注重会前准备、会中组织、会后落实,确保实现了全年会务服务零失误、零差错,切实提高会议效果。

【政务公开】 完成了26个试点领域县乡两级政务公开标准目录编制,基层政务公开标准化规范化工作得到省市领导高度肯定,马步乡政务公开线下专区将由省政府办公厅作为全省政务公开工作亮点推荐至国办。全年通过县政府门户网站共发布各类信息3008条,信息公开专栏4620条。“赣政通”注册激活率100%,全市第一。“问政江西”及时回复率96.15%,全市第一,并入选江西省“五型”政府建设网络问政平台《问政江西》栏目组全省红榜,获问政有速度的赞誉。在第四季度全市政务公开工作的通报中,万载县被评为“最美服务之星”;在2020年第四季度全省政府网站与政务新媒体检查情况的通报中,县政府网站获得通报表扬。

【优化营商环境】 以创建最优营商环境为目标,积极开展调研,为93家企业帮办各类事项

169件次，落实减税降费政策帮扶企业减负4.71亿元。积极推进“互联网+监管”，认领监管事项数859条，检查实施清单完成数580条，监管行为覆盖率达到100%。同时，以刀刃向内的勇气，出台优化营商环境“十不准”，推行安商“红黄榜”网络评价、“营商专员”、政企圆桌会议等制度，保障企业权益，助推企业发展。2020年度，万载县获“江西省第四届十佳营商环境县”称号、全市县(市、区)及三区营商环境评价结果第三名。

【提升金融服务质效】 深化政银企合作，组织银企对接会3次，签约项目123个，累计签约金额15.82亿元。不断壮大金融机构，富民村镇银行已正式营业，赣州银行已开始试营业。助推企业股改上市，南氏锂电、锦源生物、睿锋环保成功纳入省重点上市后备企业库。常态化开展金融风险防范，开展“六进”活动280场，互动宣传覆盖18.95万人次，形成全社会自觉远离和抵制非法集资的浓厚氛围；组织开展非法集资风险隐患专项排查、非法集资专项治理行动，排查重点领域各类机构794家；密切关注罗氏金行等涉嫌非法吸收公众存款案件，协助做好维稳工作。

【抓好外事侨务】 紧紧围绕抓好疫情防控工作，认真做好外事管理和侨务服务，全年摸排追踪到入境人员83名(62名外国人境、21名港澳台入境)，组织61名入境人员开展核酸检测(均为阴性)。对35名在第一入境点所在地完成集中隔离观察14天的境外入万载人员实施健康监测管理，严防境外疫情输入；同时，妥善安置在万载外籍人员，协助帮助解决日常需求及留校生活中存在的困难。积极帮助符合政策要求的企业办理“财园信贷通复工复产贷款”，如帮助万载声佳实业增贷500万元，解决企业燃眉之急。

【加强政治建设】 一是制订了2020年理论中心组学习计划，由办公室党支部负责组织、科级干部分别领学，深入学习了中共十九届四中、五中全会精神和习近平总书记重要讲话精神、《习近平谈治国理政》第三卷以及脱贫攻坚、扫黑除恶等相关业务知识；二是在办公室工作例会上经常传达学习其他党章党规、上级文件精神、全会精神、纪检通报文件等；三是以“优环境、促发展”大讨论活动为契机，给每位党员干部印发了《学习资料汇编》，通过四大专题学习研讨和全县科级干部大讨论活动轮训班等进行集中学习，深入学习了习近平新时代中国特色社会主义思想、习近平总书记重要讲话精神、《中国制度面对面》等内容，认真学习了《忏悔录》和市委书记于秀明在全市“优环境、促发展”大讨论活动上的有关讲话精神，组织集中观看了警示教育片等，并进行了交流研讨，办公室全体干部接受了一次思想政治上的深刻“大洗礼”；四是充分利用“学习强国”APP进行线上学习，县政府办公室在全市、全县积分排名一直名列前茅。

【加强机关文化建设】 关心干部职工身心健康，积极凝聚正能量，开展了以“不忘初心担使命、不负韶华再奋进”为主题的“七个一”系列活动(即一次讲党课活动，一次“牢记初心使命，重温入党誓词”主题教育活动，一次“双进双服务”活动，一次机关党员家访、慰问活动，一次党员政治生日活动，一次学习《易炼红省长讲话汇编》评比活动，一次户外拓展活动)，确保办公室干部队伍保持定力、把握大局，看清方向、站稳脚跟，更好地服务保障全县工作大局。

【加强党风廉政建设】 落实办公室党组班子成员“一岗双责”，切实承担好党组廉政建设分担责任，推动党风廉政建设工作向纵深推进。坚持重大决策、干部任免、大额资金预决算和使用等重大事项集体讨论决策。开展廉政风险排查和防范化解，每名党员干部认真自查岗位及个人风险点。强化廉政纪律监督检查，运用好监督执纪“四种形态”，加强对权力运行的制约和监督，为依法履职提供纪律保障。

【县政府办公室领导成员】

主　任:黎俊昌

副主任:周绍庆

黄俊文

袁锦平

阳智德

戴苏蓉

生态办主任:卢荣辉

工业园区开发经营公司副总经理:欧阳璟

原外侨办副主任:张云桥

副科级干部:袁秀连

生态办副主任:王志安

生态办副主任:袁文彬

副主任科员:喻　勇

文联副主席:叶　锋

重大政策

【印发《2020年万载县城乡环境综合整治工作要点》】 4月27日，万载县人民政府按照省、市深入推进爱国卫生运动暨城乡环境综合整治工作视频会议精神及《2020年全省城乡环境综合整治工作要点》(赣综整〔2020〕1号)，为巩固城乡环境综合整治工作成果,提升"净化""序化""美化"工作成效,全面深入推进城乡环境综合整治工作,结合万载县实际,印发《2020年万载县城乡环境综合整治工作要点》。工作要点重点聚焦卫生脏、秩序乱、设施差、亮点少等问题,以重点区域整治、专项环境整治、精细化提升整治和长效机制建设四大行动为抓手,做到补短板、强弱项、建长效,全力打造干净整洁、规范有序、生态宜居的万载城乡环境新面貌。主要内容是在乡镇所在地、城郊接合部、城中村、农贸市场等重点区域开展环境整治大行动、专项环境整治大行动、精细整治提升大行动、长效机制建设大行动,要求各乡镇(街道)、各相关单位要结合工作实际，制定工作方案，将重点区域整治、专项环境整治、精细提升整治和长效机制建设四大行动各相关要点内容及时细化分解,明确工作推进"时间表""路线图"，跟进具体工作要求及进度安排,确保各项工作有人抓、有人管、有序推进。

【印发《万载县新一代宽带无线移动通信网国家科技重大专项成果转移转化试点示范(03专项)实施方案》】 2月20日,为了全面贯彻落实《江西省人民政府办公厅关于印发〈江西省移动物联网发展规划(2017-2020年)〉的通知》(赣府厅发〔2018〕1号)、《江西省人民政府办公厅关于印发〈推进新一代宽带无线移动通信网国家科技重大专项成果转移转化试点示范实施方案〉的通知》(赣府厅字〔2018〕12号)以及《关于印发〈2018年推进新一代宽带无线移动网国家科技重大专项成果转移转化试点示范工作要点〉的通知》(赣专字〔2018〕1号)、《关于印发〈2019年宜春市新一代宽带无线移动通信网国家科技重大专项成果转移转化试点示范(03专项)工作要点〉的通知》(宜专字〔2019〕1号)要求,抢抓战略机遇,加快推进"新一代宽带无线移动通信网"国家科技重大专项成果转移转化试点示范工作,县人民政府办公室印发《万载县新一代宽带无线移动通信网国家科技重大专项成果转移转化试点示范(03专项)实施方案》。方案要求,做实"03专项"试点示范工作,确保万载县试点示范工作实现网络全覆盖、平台有特色、应用有实效、产业有龙头,全面提升NB-IoT网络质量,加快eMTC网络建设。按照宜春市市政府的工作部署,2020年力争同步建成NB-IoT/eMTC省级网络;争取组建移动物联网研发平台;实现新一代宽带移动通信网在农业、工业、服务业和智慧城市等有关领域的广泛应用;积极培育本地移动物联网企业,力争引进移动物联网企业,改造一批提升传统产业企业,并推出物联网产品。

【印发《关于做好"六稳"工作落实"六保"任务推进高质量跨越式发展实施方案》】 10月21日,为深入贯彻落实习近平总书记重要讲话重要指示批示精神,全面落实党中央和省市各项决策部署,扎实做好"六稳"工作,认真落实"六保"任务,努力克服各种不利发展因素,在常态化疫情防控中全面推进万载县经济社会发展，县人民政府办公室印发《关于做好“六稳”工作落实“六保”任务推进高质量跨越式发展实施方案》。方案要求，全力以赴保居民就业：2020年确保城镇新增就业4000人、就业困难人员实现再就业不少于340人、农村劳动力转移就业新增5850人；想方设法保基本民生：确保民生方面支出占一般公共预算支出的比重不低于80%，同时推进财政资金统筹使用，提高基层财政部门落实基本民生政策的财力水平；多措并举保市场主体：紧盯打造“四最”营商环境目标，进一步优化稳定、公平、透明、可预期的创新创业环境，切实减轻企业负担，确保万载县全年降低企业成本9亿元以上，其中减税降费5.8亿元以上；千方百计保粮食能源安全：精准有力实施宏观调控，统筹抓好粮食生产和收购，确保粮食市场供应充足、价格平稳；加强电力工程和长输油气管道项目建设，保障高效、稳定的能源供给；精准发力保产业链供应链稳定：进一步做强产业链、提升价值链、融通供应链，培育一批主导产业集群、产业基地、优势企业，形成多业并举、多点支撑的现代产业发展格局；齐心协力保基层运转：加大财政统筹力度，坚决落实支付责任，实时调度了解乡镇（街道）财政收支和库款情况，切实保障基本民生、工资发放和机构运转。做到加大援企稳岗力度，多渠道挖掘就业岗位，积极开展技能培训，统筹做好重点群体就业，积极落实民生兜底保障行动，有效推进激发市场主体活力行动，大力实施粮食能源安全保障行动。

行政审批

【概况】 2020年6月，县行政审批局由行政服务中心更名而来。该局在县委、县政府的正确领导下，深入学习贯彻习近平新时代中国特色社会主义思想，贯彻落实中共十九大会议精神，坚持以深化改革为主线、以群众满意为标准、以提升工作效能为目标，打造“政策最优、成本最低、服务最好、办事最快”的“四最”营商环境。

【政务服务工作】 全年窗口一共接待办事群众13万余人，办理事项266931件，其中“一次办好”事项214081件、“一次不跑”33958件、周末（节假日）延时错时服务18892件。完成两个目录清单梳理。一是政务服务系统预约服务事项清单。全面开展大厅、各乡镇便民服务中心、各部门专业办事大厅非工作日预约服务事项清理，利用“12345”政府服务热线实行“一号预约”。二是涉企优惠政策目录清单。按照标准化要素表和流程表，截至2020年12月，共梳理出19个单位89条涉企优惠政策。做好两个延伸服务。一是非工作日错时延时服务。加强全县政务服务系统错时延时服务督查考核，强化作风建设，提高服务水平，确保企业群众节假日能办事、办成事。二是延伸乡村两级便民服务。全面推开了乡、村两级便民服务中心标准化建设，利用电子视频监控对乡镇便民服务中心进行了常态化监管，对窗口工作人员违纪行为进行了每月通报。对所有村级便民服务中心进行了标准化改造，要求全部设立了敞开式窗口，村干部全部下楼集中办公，打通了便民服务“最后一公里”。积极开展相对集中行政许可权改革。11月6日，万载县相对集中行政许可权改革试点动员会召开。按照部署，围绕相对集中行政许可权改革，对全县各单位行政许可事项进行了全面梳理，确定了首批15个单位215项直接划转事项，建立了审管互动、联席会议等7个制度组成的万载县行政审批局审批运行机制，制定了《万载县开展相对集中行政许可权改革试点工作实施方案》。

【公共资源交易工作】 全年共完成各类开标264场，交易金额约56.44亿元，节约1.44亿元，节约率为2.49%。积极运维网上中介服务超市。3月1日，万载县网上中介超市正式上线运行，下发《万载县网上中介服务超市管理暂行办法》（万办发23号）。截至2020年12月底，入驻万载县中介服务的中介机构共有35家,资质审核120条,注册账号的项目业主95个,开展中介服务采购项目251个,中介服务费727.97万元。

【政府采购中心工作】 采购中心全年共完成采购项目66个,预算金额为10977.32万元,成交(中标)金额10675.82万元,节约301.50万元,节约率为2.75%。严格规范采购行为。一是规范采购流程,全面梳理和完善工作流程和程序,对公开招标、竞争性磋商等采购方式模板进行修改、调整,使采购文件不断完善并符合法律、法规及政府采购政策功能。二是规范项目管理。在程序上做到委托权责明确化、项目信息公开化、组织开评标公平化、文件归档完整化;在内容上做到采购需求的精确化、到价格分值合理化、评审因素合规化,规范项目管理。

【政府服务热线工作】 全年工单共5903件,按期办结率为99.76%,群众满意度为98.58%。一是加强考核管理。制定并下发热线工作考核指标,明确对各热线成员单位每月工单办理情况进行月考核排名。二是加强通报督办。对快速办结率低、满意度差、重复派发工单多的单位,并以县12345政府服务热线工作领导小组名义刊发《县12345政府服务热线工作运行情况月报》,予以通报。三是加强催办协调。对所有工单均按照办单时限采取电话、微信等形式提醒成员单位,严防出现超期工单,对紧急重大诉求,做到接单即办,能不过夜的坚决不过夜办理。

【领导成员】

党组书记、局长:戴苏蓉(女)
党组副书记、副局长:肖　桦
党组成员、副局长:宋咏岚(女)
　　　　　　　　　杨剑晗
副科级干部:廖庆辉
　　　　　　张　冰(女)
热线办主任:周荣丽(女)

接待工作

【概况】 万载县接待办成立于2006年,为正科级事业单位,办公室实有在编在岗人员7名。2014年成立县接待点,2019年7月搬迁至万申机械厂旁改造区,占地总面积34.95亩。县接待点实行体制内对外接待运营模式,下设4个部门,分别为住宿部、餐饮部、厨房部和后勤部,含有住房30间,会议室3个,餐饮包厢6个,自助餐厅1个,聘用工作人员18名,负责承接万载县各种公务及商务接待,其中以县委县政府接待办负责范围内接待为主,体制内对外接待为辅,可提供餐饮、住宿、会议服务,由县接待办统一管理。

2020年,万载县接待办始终秉持着精细服务和开拓创新的工作理念,紧紧围绕县委、县政府的中心工作,服务大局发展,充分发挥接待部门的职能和作用,不断寻求新时代新形势下接待工作的新发展、新突破,努力增强接待辅政能力。面对2020年接待宾客人数多、批次密、任务重、防疫要求严的特点,全体干部职工上下一心,精心组织、周密安排、热情服务、讲政治、顾大局、肯奉献,圆满完成了各项接待任务。2020年接待各类宾客376批次,其间不仅出色地完成了对省部级领导、外省市领导、重要客商、新闻媒体、专家学者、省直有关部门等来宾的日常接待工作,而且完成了国家扶贫验收检查组、省扶贫交叉检查组、省纪委检查组、市“优环境、促发展”督查组等长时间的专项接待。同时,县接待办与其他单位密切配合,圆满完成了全市巡回看变化、全市旅游迎宾宴评比大赛、第49次湘鄂赣边境毗邻县(市、区)政协工作研讨会等重大活动的接待任务,受到各级领导和来宾的一致好评。

【用“三化”标准抓接待】 大胆创新工作方法,不断拓展服务领域,坚持“细节化”、“人性化”和“人文化”的三化标准,做细每一个接待环节,做优每一次接待任务。一是做好“细节化”服务。通过细化接待流程,强化细节服务,着力培养接待人员细心周到的良好习惯,尽量做到事前想细,事中做细,事后谋细,努力提高接待水平。事前周密制定接待方案、统筹协调各方、督促细节落实；事中热情细致周到、规范简化礼仪、全程跟踪服务，尽可能考虑到接待细节的方方面面；事后及时查找不足、总结经验做法、在接待后把重要来宾的个人信息、饮食习惯等信息及时记录整理，连同接待方案、接待手册等一并存档，便于日后查找，为下一次有针对性提供个性化服务，做好接待工作打下基础。二是打造“人性化”服务。在日常接待中充分考虑接待对象的地域风俗、饮食习惯等特点，力争在餐饮、住宿等方面做到兼顾大众与照顾个别；在有来宾入住的时候安排接待人员24小时轮值留守，确保在宾客有服务需要的第一时间出现；在寒冷阴雨天气为客人准备一杯姜茶驱寒取暖，诸如此类的人性化服务极大地提升了宾客的满意度和对万载的好感度。在疫情形势严峻时期，采取“送餐”和“自助”两种形式提供用餐服务，并在包厢和客房设计制作了已消毒提示卡、消毒记录卡、温馨提示卡以及消毒湿巾、免洗消毒液、额温枪等，处处体现精心细致和人性化关怀。真正做到了融“情”于接待，努力在“亲情式”“订单式”的服务中进一步丰富接待内涵和外延，提升接待质量和服务效果。三是开发“人文化”服务。努力在接待中体现万载的传统文化、饮食文化和民俗文化，致力于构思和探索将地方历史文化特色与接待环境相融合，在接待环境中各个细节都尽量体现万载元素，让文化为接待工作的生机和活力。小到茶杯上的“中国·万载”标志、大到利用餐厅包厢和走廊等空间展示万载百合等特色菜、万载风景名胜、历史古迹等，无一不使来宾眼前一亮，对万载的人文历史及特色文化留下了深刻印象。并在接待手册、席位卡、温馨提示等一整套接待用品中形成了一系列“万载记忆”，高雅脱俗、特色显著、节俭得体，强化来宾的“万载印象”，无形中扩大了万载的知名度，提高了美誉度。

【用整体联动抓接待】 努力提高政务接待效果，积极加强部门之间的团结协作，构建“领导高度重视，部门通力配合，上下协作联动”的接待网络。一是加强与上级业务部门之间的交流与协作。特别是在接待重要省市领导前，和市接待办积极沟通，尽可能多地获取来宾信息，有针对性地做好接待工作；在重大活动时积极听取市接待办的意见建议，学习借鉴更科学的工作方法，确保各类重大接待活动准确到位、合理规范。二是加强与同级职能部门之间的协作与配合。其一加强与县内各部门特别是与公安、城管、交通、电力、卫生等部门之间的协作与配合，进一步优化接待环境。其二是与政协人大、团县委、文广新旅局等部门团结协作，对一些重大活动起到画龙点睛的作用。在国庆期间举办的“全市旅游迎宾宴评选大赛”中，对志愿者的礼仪、服务等各方面进行系统的讲解、培训和示范，并且反复彩排演练，直到熟练完成所有环节。牵头布置环境、把关菜品质量、掌握流程衔接等等，在全市人民面前展示了万载的文化底蕴和万载人的精神风貌。三是加强与各乡镇和酒店宾馆、之间的协作与配合。乡镇和部分酒店、宾馆也是具体承担接待工作的重要成员，着力加强与他们之间的协作配合及业务指导，才能确保接待取得良好的效果。与各个合作酒店定期沟通，互相借鉴学习特色菜品，改善接待环境，同时结合各乡镇实际情况，引导各乡镇挖掘和开发乡土特色菜品，宣传万载饮食文化，把地方特色融入接待之中。

【突出发展主题抓接待】 新形势下的接待工作是一个地方对外宣传的重要窗口和展示发展环境的重要载体。接待办不断增强接待辅政意识，坚持通过高质量的接待服务赢得朋友、赢得支持、赢得信息、赢得投资，努力推动万载经济社会实现高质量跨越式发展。一是当好特色产品的推销员。将白水百合、罗城扎粉、茭湖大米、三黄鸡等具有地域特色的农副产品经过精心烹饪后送上餐桌并加以讲解，提高了全县各类特产的知名度和竞争力。二是当好优势资源的宣传员。在接待中广泛宣传全县丰富的历史文化和得天独厚的自然生态资源,使万载的好山好水好风光进入更多考察工作的领导、投资考察的客商视野中,更多地亮出了万载旅游的名片。三是当好招商引资的服务员。加强对重要客商的接待，通过周密细致的安排、热情周到的服务,提升客商对万载的好感,成为打造“四最”一流营商环境的“助推器”。精细化的接待得到了许多客商的认可,服务过的南极光电子科技有限公司、康德莱供应链管理有限公司、亚太中商控股(集团)有限公司、轮毂协会等重要客商已成功入驻万载。

【勤俭节约抓接待】 坚持在敢于管理、善于管理、严于管理上下功夫，努力提高接待质量,不断降低接待成本。一是严格接待流程管理。把中央八项规定和《党政机关国内公务接待管理规定》与接待工作实际相结合,在公务接待中严格执行有关规定和标准，规范接待范围和流程,在菜品和数量上合理安排、精打细算。公务用餐严格按照《江西省直机关差旅费管理办法》实行刷卡消费,开发票或收据一次一结算。同时严格遵守接待清单制度,按时填写“接待电话通知单”和“接待清单”,如实填写接待事由和人数,杜绝无公函无电函和超标准超范围接待。二是严格经费制度管理。单位经费开支严格执行公务卡结算,实施接待经费报销结算管控制度,扎紧经费口袋。采购接待物资以“质优价廉”为原则,在严格监控采购渠道和产品质量的同时,最大限度地降低物资成本。

（喻宇　欧阳珍珍）

【接待办领导成员】
县委办党支部副书记、县接待办主任:辛华梁
县接待办副主任:雷　闽(女)

生态文明建设工作

【概况】 万载县生态文明建设办公室为县政府直属正科级财政全额补助事业单位。核定全拨事业编制 9 名,领导职数一正三副,股级职数 2 名,实有单位领导一正二副，在编在岗干部 3 名。2020 年,县生态办深入贯彻落实中央、省、市关于生态文明建设的各项决策部署，全力以赴抓好改革创新、污染防治、绿色发展、生态保护等各项重点工作。

【构建生态文明体系】 完成林长制“一长两员”源头管理体系网格化、规范化、信息化建设,划分管护网格 223 个,设立专职护林员 223 人。健全县乡村三级河长制组织体系,全面落实三级河长,重新选聘贫困人员担任护河员 180 名，落实防溺水巡查员 360 名。新增垃圾分类试点小区 15 个,注册居民 11451 户,覆盖城区住宅小区 40%以上。生态文明宣传成果丰硕,中央主流媒体上稿 10 条、省级媒体 16 条、市级媒体 32 条，学习强国江西学习平台 30 条。

【攻坚污染防治】 坚决守护好蓝天、碧水、净土,切实筑牢生态屏障,生态环境持续向好,全年城区空气质量优良率达 97.2%,同比上升 6.3 个百分点,PM2.5 浓度均值 24 微克 / 立方米,同比下降 4%,主要河流断面水质达标率 100%。森林覆盖率稳步提升,达 67.68%,湿地保护率达 74.25%。

【促进绿色发展】 储备省、市“生态 + 大健康”重大项目 8 个、环境保护补短板项目 10 个,列入省级绿色项目数据库 13 个。推行化工小区重点涉水企业“一企一管”13 家。签约新能源新材料企业 14 家，签约电子信息企业 8 家。新增中药材种植面积 1.05 万亩，新增产值 0.5 亿元，建设富硒农产品基地 11.8 万亩，总投资 20 亿元的亚太中商集团万载田园综合体及有机(富硒）产业开发项目启动建设,仓黄医药年仓储 10 万箱药品项目顺利投产。

【狠抓生态保护】 实施生态修复,完成人工造林 2.16 万亩,封山育林 1.2 万亩，退化林修复 3.65 万亩,森林抚育 2.26 万亩。夯实城市绿化基础,城市绿化覆盖率、绿地率、人均公园绿地面

积分别达到38.8%、37.06%、14.94平方米。总投资4.05亿元大型生活垃圾焚烧发电厂点火运行，实现生活垃圾无害化处理率100%。全力推进秀美乡村建设，建设万载至上栗美丽宜居示范带，赤兴、白良美丽宜居试点乡镇，20个美丽宜居试点村庄，2000户美丽宜居示范庭院。新(改)建农村公路180千米，获全省“四好农村路”示范县称号。

【县生态文明建设办公室领导成员】

主　任：卢荣辉

副主任：王志安

　　　　袁文彬

机关事务综合管理

【概况】 2020年是全面建成小康社会和“十三五”规划收官之年，也是全县“脱贫攻坚”战役的决胜之年，在新型冠状肺炎疫情突如其来，疫情防控、后勤保障至关重要的大背景下，县机关事务局立足实际，按照县委、县政府要求，紧紧围绕县委“1423”工作思路，在做好公共机构节能、公务用车管理、脱贫攻坚等中心工作的同时，全力做好机关食堂餐饮保障、办公区域消毒、政府会议会务保障等各项疫情防控工作，各项机关后勤工作取得良好成效，机关后勤服务水平进一步提升。

【新冠疫情防控工作措施有力】 2020年防疫工作尤为突出，县机关事务局自2月17日起全员上岗，全力做好消毒防疫、人员管控、公车调度等各项工作。一是全面消毒防疫，保障工作安全。为保障疫情防控期间政府大院各区域卫生安全，事务局第一时间筹备了应急物资，采购调配了口罩、洗手液、消毒液、体温仪等防疫物资，针对党政大院开展了全方位消毒防疫。二是强化人员管理，建立工作台账。疫情期间，实施单一通道管理，所有进入人员必须佩戴口罩、必须接受体温测量，做好信息登记，建立工作台账。2月21日起，按照市委、县委工作安排，党政大楼要求所有人员使用“宜码通”扫码通行，严格落实“一码一行”。三是调度公务用车，保障出行无忧。县公车中心坚持每日调度驾驶员及车辆，保障出行需求，同时每日对所用车辆进行全方位消毒，对驾驶员进行体温监测，要求驾驶员全程佩戴口罩，在保障出行需求的同时做好了安全保障。

【公共机构节能工作成效明显】 以节约型机关建设为抓手，进一步加强万载县公共机构节能工作。(1)认真组织开展节能宣传周活动，6月11—17日，围绕“节能有我　绿色共享”主题开展为期一周的节能宣传周活动，制作了30多版节能宣传板报、印制了横幅30多条、宣传画报200多张，推动了全县公共机构节能工作的全面深入开展。据统计，全年全县人均能耗、人均水耗及单位建筑面积能耗较2019年同期相比有小幅度下降，努力实现了全县公共机构人均综合能耗、水耗、单位建筑面积能耗同2015年相比下降5%的目标。

【脱贫攻坚工作圆满收官】 2020年是全面脱贫的收官之年，按照县委、县政府脱贫攻坚工作要求，县机关事务局驻村工作小组将脱贫工作作为中心工作来抓，坚持定期为贫困户送去食用油和米，持续深入走村入户，听取乡、村、贫困户的意见，科学制订年度脱贫工作计划，严格落实开展，确保2020年度如期实现脱贫任务。

【党建工作扎实推进】 一是按照《万载县推进基层党建标准化规范化信息化建设工作方案》，大力推进基层党建标准化规范化信息化建设，成立了局工作领导小组，明确了局三化建设职责分工，由局办公室拟制了三化建设工作方案，并严格按照方案要求部署推进三化建设工作；按照三化建设工作方案要求，对前期党建资料进行整理，形成了“人员名册”“工作计划”“档案材料”“学习资料”“会议记录”等多项工作台账，切实将三化建设工作落到实处；落实工作经费，拟定党建活动、党员培训等方案，切实将党员培训经费用于党员学习提升,在提高党员干部素养的同时将三化工作推向深处。二是深入开展“优环境、促发展”大讨论活动。按照县委工作部署,成立了局机关“优环境、促发展”大讨论工作领导小组,带领机关干部围绕“建设风清气正政治生态环境、打造‘四最’一流营商环境、呵护秀美自然生态环境、推动高质量跨越式发展”这一目标,积极学习领会,坚持刀刃向内,刮骨疗毒,直面问题谈提升,在机关食堂管理、办公用房管理、安保人员培训、党政大院绿化管护等各项工作上取得了较好成效。

【公务用车管理工作规范透明】 公务用车使用严谨透明。根据省市机管局要求,积极推动“全省一张网”平台投入使用,公车中心用车均通过“全省一张网”平台进行调派,切实实现了省、市、县三级平台联网、信息互通,为便捷派车、高效用车、透明管车、有效督车提供了有力保障。公务用车管理严格规范。根据省市工作要求,对全县公务用车开展信息统计工作,10月以车改领导小组名义下发了《关于做好全县党政机关公务用车统计报告工作的通知》,要求各单位及时填报信息,上传图片,不断完善全县公务用车信息台账,已全部完成了全县公务用车信息统计数据上报工作,为进一步规范万载县公务用车管理工作奠定了坚实的基础。公务用车保障高效精细。在平时,经常性对所有车辆电瓶、轮胎、卫生和车况进行检查,不定期组织驾驶员开展交通安全知识培训,引导驾驶员形成“听从指挥、严守纪律、安全行车、文明礼貌”的服务理念,不断提升政府车队的良好形象。

【办公用房管理严格规范】 一是办公用房监管有力。县机关事务管理局组织开展了全县党政机关办公用房使用情况专项检查,对发现的违规使用办公用房情况全部督促整改到位。二是办公用房调配合规,受县委、县政府委托,与广信汽车销售服务有限公司就广信物流园写字楼租赁事宜签订协议,作为部分行政事业单位办公使用,并于5月上旬完成签订,6月代为支付了2019年度租赁费用,12月将按期向县委、县政府申请专项经费用于支付2020年度租赁费用并及时支付,确保商务局、公路局等单位办公需求得到保障。三是为助力全县招商引资计划,按县委、县政府要求,联合县商务局负责做好了上海天碗光纤光缆有限公司落地万载办公场所调度工作,并于5月中旬签订协议将广信物流园写字楼五楼租赁给江西天碗光电科技有限公司作为办公场所。

(袁　斐)

【县机关事务管理局领导成员】
局　长:刘益波
副局长:廖高安

中国人民政治协商会议万载县委员会

综　述

2020年，县政协在市政协的悉心指导和县委的坚强领导下，坚持以习近平新时代中国特色社会主义思想为统领，紧扣团结、民主两大主题，不断提高政治协商、民主监督、参政议政水平，以新时代奋斗者的姿态和干劲，自觉投身凝心聚力、决策咨询、协商民主、国家治理第一线的具体实践，为万载经济社会发展贡献了政协的智慧与力量，体现了政协的责任与担当。

一、坚持党建引领。坚持强化党的领导。严格执行重大问题请示报告制度，重大活动、重要会议均以各专委会为单位成立临时党组织，重要文件、重大课题调研、重大履职活动等均报县委批准后再实施。持续强化理论武装。组织各类学习活动26次，开展中心组理论学习12次，深入学习习近平新时代中国特色社会主义思想和习近平总书记重要讲话精神，深刻领会习近平总书记关于加强和改进人民政协工作的重要思想，及时跟进学习中共十九届五中全会和省、市、县委全会等重要会议精神，筑牢理论基础。扎实推进党的建设。县政协党组成员以普通党员身份参加各类党建活动，严格落实"三会一课"、主题党日、政治家访等规章制度，严格按照"十有"标准配备党员活动室，规范台账资料，全面激发党组织战斗堡垒作用和党员干部先锋模范作用。

二、服务中心大局。积极投身疫情防控一线。疫情期间，在县委的统一安排部署下，按照"不漏一户、不遗一人"的原则，对负责的居住小区逐门逐户测量体温，实行24小时动态体温检测，确保问题早发现、早报告、早处理。积极响应县政协党组号召，努力动员政协委员和社会力量为疫情防控开展捐助，捐赠各类物资、现金援助超百万元。在万载县确诊黄茅镇首例新冠肺炎患者以后，积极联系民政、水利、交通等7个县直单位，为隔离点捐赠大米、猪肉、取暖器等相应保障物资。疫情平稳期间，积极深入工业园区、挂点乡镇有序组织企业复工复产。重要会议、重大活动期间，严格落实佩戴口罩、核酸检测、绿码入场等要求，持续织密常态化疫情防控网。全心全意服务大局。聚焦"花炮产业发展""宜业万载建设""推动株潭打造万载经济发展次中心"等课题深入开展调查研究，积极思考打破制约万载经济社会高质量发展瓶颈的有效方法，累计提出了50条贴合实际、务实管用的对策建议，得到了县委、县政府的充分肯定和有效采纳。全面收集万载籍在外成功人士个人信息，加强沟通联络，引导他们返乡投资、回馈家乡。着力强化脱贫攻坚。经常深入挂点的扶贫村走访慰问、开展调研，努力争取资金，完善设施建设，倾心尽力实施帮扶。深入开展脱贫攻坚专项整治行动和"回头看"，问题整改全面清零，推动黄茅镇南江村以及结对帮扶贫困户高质量完成脱贫攻坚国家普查、省级验收、市级检查。扎实推进挂点村黄茅镇南江村帮扶工作，筹资20万元用于新建南江村部，改善村级办公条件。

三、全力履职尽责。建言资政方面。2020年度政治协商议题全部围绕民生服务展开，着力聚焦"优化城市道路交通管理"

“城市规划区域内自主建房问题”“城区老旧小区改造”等群众关切、社会关注的热点、焦点话题深入开展调查研究,为着力推动解决民生问题积极建言献策。围绕“高标准农田建设与管理情况”“棚户区改造拆迁、安置工作及安置小区建设情况”开展委员视察活动,组织委员实地走访,深度协商,为推动该两项民生工程建设贡献智慧和力量。民主监督方面。选取移动万载分公司作为民主评议单位,向县水利局委派民主监督员,就农村饮水问题开展专项议题监督,切实回应群众关切,维护群众切身利益问题,累计查摆出被评议监督单位服务群众方面存在的26项具体问题,提出28项改进建议,帮助被评议监督单位改进工作、优化服务。提案工作方面。全年共收到提案168件,经审查,立案147件,未予立案、转社情民意和意见建议使用的20件,并案1件。提案管理信息平台正式推广使用,所有提案全部实现线上操作,大大提高了提案办理工作的效率。全面贯彻落实党政领导与政协领导“双领办”重点提案制度,有效带动提案工作的整体推进与落实。许多服务地方、推动发展的“金点子”在提案办理中得到落实,一大批民生问题在提案办理过程中得到解决。社情民意方面。全年收集社情民意来稿133条,编辑并刊发《社情民意专辑》9期,要求责任单位及时向委员和提案委函复办理情况,社情民意办理效果显著提升。向上级政协推荐高质量社情民意25条,其中4条被全国政协采用、7条被省政协采用,用稿数量在全省各县(市、区)排名第三。

四、广泛凝聚共识。毗邻协同谋发展。高要求、高质量承办湘鄂赣边境毗邻县(市、区)政协工作研讨会第49次会议,就“挖掘非遗文化,促进文旅融合”进行深入探讨,有效增进了27个湘鄂赣毗邻县(市、区)之间传统友谊,达成了“推动组建湘鄂赣旅游产业发展联盟,推动打造贯通湘鄂赣、连接‘中三省’的旅游精品线路”的战略共识,有力地深化各县(市、区)合作发展渠道。广开言路促团结。着力强化政协统战功能,积极走访各民主党派、工商联、无党派代表人士,着力为他们发挥作用创造条件;拓展同党外知识分子、非公有制经济人士等新的社会阶层人士的交往渠道,有针对性地做好各方面代表性人士的工作;切实加强对外联谊,先后接待省内外政协及有关单位调研学习团体11批130多人次。宣传报道聚思想。将宣传报道工作纳入乡镇政协活动组年度目标管理考评,采用设定标准,奖优惩劣的办法,提高政协干部撰写新闻宣传的积极性和参与度,全年在国家级新闻媒体上稿15篇,省级上稿29篇,市级上稿293篇。宣传报道工作进入全市政协系统先进行列。

五、加强自身建设。加强政协队伍建设。扎实开展“优环境、促发展”大讨论活动,开展专题学习研讨活动5次,在严格完成规定动作的基础上,充分结合人民政协中心工作拓宽学习,既提思想、又强业务。深入查摆班子及成员在政治生态环境、营商环境、自然生态环境、高质量发展、选人用人等6个方面存在突出问题共91项,研究制定整改措施108条。健全完善企业帮扶制度、学习研讨制度等9项制度,填补制度漏洞。组织召开优化营商环境专题座谈会议,收集万载县营商环境方面突出问题25项,收集意见建议7条,助力优化万载县营商环境。压实党风廉政建设责任。认真贯彻党风廉政建设责任制,严格履行“一岗双责”,严格贯彻落实中央八项规定精神,严格遵守各项廉政规章制度,严格依法依规,按程序办事。坚持以案示警、以案促改,大力加强廉政教育,坚持把各级纪委通报文件纳入集体学习内容,在各类会议、活动中经常性强调和部署党风廉政工作,牢固树立底线思维、红线意识,时时刻刻敲响警钟,不越雷池一步,不逾红线半分。大力加强机关作风效能建设,坚决抵制“四风”问题,持续整治“怕、慢、假、庸、散”作风顽疾,着力营造“务实高效、勤勉奋进、干净担当”的干事创业氛围。严守意识形态高地。坚持把意识形态工作摆在极端重要位置,2次专题研究意识形态工作，切实履行党组书记“第一责任人”责任，坚持做到重要工作亲自部署、重要问题亲自过问、重大事件亲自处置。加强机关微信群管理，对5个不经常使用的工作微信群进行解散清理；强化微博等线上平台意识形态工作，动员机关干部积极转发正能量、传播主旋律，旗帜鲜明反对和抵制与党中央理论路线方针政策相违背的错误思想和不良言行。

重要会议

【政协万载县十三届五次会议】 中国人民政治协商会议江西省万载县第十三届委员会第五次会议，于2020年5月27—29日在万载举行。会议听取并审议通过了龙雷君代表县十三届政协常委会所作的工作报告和叶悠青代表县十三届政协常委会所作的提案工作情况报告，6名委员分别代表专委会、民主党派作了大会发言，为万载县经济社会发展出谋划策。与会委员列席了万载县第十六届人民代表大会第五次会议，听取并赞同县政府县长曾文军所作的政府工作报告及会议其他报告。会议选举程淑兰为政协万载县第十三届委员会副主席，杨鹏程、陶俊为县政协第十三届委员会常务委员。会议通过了政协万载县第十三届委员会第五次会议决议。

建言献策

【建言土地开发画出占补平衡同心圆】 5月下旬，万载县政协助推自然资源工作有序发展，引导乡镇政府当主角，积极参与自然资源土地开发，实现耕地占补平衡。先是摸清家底，部门联动，做到对土地有序开发。县政协督促县自然资源局土地开发整理中心按照二调数据库资料，将所有可开发后备资源3500多个图斑下发到乡镇，再由乡镇逐个现场核查，对有开发价值的1200个图斑地块进行上报，摸清后备资源家底，多部门联动支持开发，组织召开自然资源、财政、审计、农业、林业、水务、环保等相关部门一把手会议，对口协商零距离服务，对符合开发条件地块出具合法相关证明材料，县财政及时对项目所在乡镇提供资金保障，审计提供审计报告，在人、财、物上给予保障。整理开发中心根据用地需求制订分期开发计划，不搞一锤子买卖、杀鸡取卵、急功近利，做好有序开发，保障资源永续利用，本着自愿优先的原则，整理开发中心实地落实开发地点，逐年按照用地需求的120%左右完成。再是制度在先，开发共赢，让土地得到协调利用。实施中政协全程跟踪服务，派出懂业务的专职委员对接项目，严格执行项目法人制、项目监理制、项目招标制、项目管理合同制、资金使用管理制、项目公告制等六项制度，规范操作程序，注重实施效果，确保项目及时、顺利通过验收。当年验收面积优先乡镇自主占补平衡，罗城、三兴两个集中移民新村优先使用开发指标150亩在集镇做好。结合全县精准扶贫茭湖、高村、仙源等乡镇深度贫困村优先使用占补平衡指标132亩，做好贫困户住房安全保障。根据规模开发确定技术单位，300亩以上项目由省自然资源厅确定技术单位勘测，60~300亩由市自然资源局确定技术单位勘测、60亩以下由县里确定技术单位。最后压实责任，跟踪监管，使土地利用政策长期有效。县政协积极参政议政，采取一线工作法，每名副主席都跟踪一个项目，为了维护耕地保护长效监管机制，压实乡镇监管责任，建议对乡镇主要领导变动时考核辖区耕地总量动态平衡及耕地荒芜情况，对届期内没有完成耕地占补平衡和违法用地全县面积、宗数第一的乡镇主要领导和分管土地管理的领导不得提拔重用，被政府采纳。在验收开发项目时，与乡镇签订栽种协议，暂扣5%的工程款在财政专项账户，开发水田必须栽种水稻，旱地必须栽种当地特色农产品，五年内耕作完好全额发放，同时要求除国家重大项目外不得占用开发地块搞非农建设，改变土地性质。每个地块都落实一名以上的监管责任人，责任领导由乡镇副职担任，乡镇与耕作主体签订责任状保证耕作不荒芜,当年开发,长期受益。每年利用土地卫片对已开发地块进行影像监督和不定期现场监督相结合。

【围绕民生实事谏睿智之策】 县政协办提出的《关于2020年万载县重大民生实事项目的建议》,提出了关于"加快宜万天然气管网工程建议步伐"等共15项民生实事的建议,内容涉及新村点建设、高标准农田改造、棚户区改造、路网建设、垃圾发电等方面。所提建议已经解决或基本解决的有5项,需跨年度完成或继续列入2021年重大民生实事项目的有9项,因条件不具备决定取消实施的1项。

【围绕经济高质量发展献可用之计】 潭埠镇政协活动组提出的《关于推进烟花文化和旅游产业融合的建议》提案,立意新、建议实、操作性强,得到了县委、县政府及有关部门的高度重视。万载县组织了万载古城景区与万花筒文旅(燃朝烟花文旅)、唐人艺术、佳煜科技、云火文化等相关单位强强联合打造的常态化的万载焰火嘉年华活动项目,得到市、县领导及省内外宣传媒体单位和文旅部门的高度关注与大力支持。万载古城充分利用新媒体即时性、丰富性、互动性的优势,通过移动平台融合传播等方式,多点推送、矩阵发力,助力文旅融合发展,凸显了万载古城作为文旅龙头的传播力、引导力、影响力。

【围绕生态文明可持续发展建肺腑之言】 委员李荣忠提出的《关于加强万载县境内锦江流域治理工作》提案,调研深入、数据翔实、有深度、有高度,为锦江流域生态环境保护提出了很多好对策,有效促进了万载县境内锦江流域治理;委员郭建禄《关于加强农村环境保护,进一步改善农村人居环境建议》中提到的问题客观、实在,建议合理、有效,得到县委、县政府高度重视,把治理农村生活垃圾工作作为"一把手"工程,并出台《万载县关于建立村庄环境长效管护机制的意见》。

【围绕重点、难点问题资前瞻之谋】 郭永红等29名委员联名的提案《拓宽万上公路,推动西线乡镇经济社会发展》,得到县委、县政府领导高度重视,承办单位积极作为,做了大量前期准备工作,已将该项目列入了江西省"十四五"国省干线公路拟建项目库,并且争取将S308(万上公路)升级为国道,待批复后万载县将积极推进项目建设相关工作。

提案办理

【重督办,领导重视凝合力】 2020年7月,县委召开了政协工作会议,对提案工作高度重视,制定了县委、县政府与县政协班子成员共同领办重点提案的制度,是全省率先实行提案办理"双领办"的县(市、区)之一。提案委员会制定了重点提案督办方案,编制《重点提案预选目录》,经主席会议审议确定《关于2020年万载县重大民生实事项目的建议》《多措并举发展壮大村集体经济》《关于我县花炮产业技术创新的建议》等13件具有全局性、前瞻性、战略性,对宏观决策和长远规划具有重要参考价值的,或有利于推动解决人民群众普遍关心的实际问题的提案列为重点提案,由县委、县政府会同县政协领导开展双领办。县领导对督办工作十分重视,下发指示、认真办理、组织视察、座谈反馈,起到了促进提案办理落实的作用,提案人对办理结果都表示满意。提案委员会还对辛丹委员提出的《关于缓解康乐幼儿园周边停车难的问题》开展提案办理回头看,组织城管、住建、规划、教体、万投集团、康乐街道等相关职能部门负责人召开现场办公会,经讨论协商提出办理方案,合理利用公共资源,积极疏导解决拥堵问题,使该提案回复由基本满意改为满意。

【勤尽责,部门办理有成效】 受新冠疫情影响,2020年两会召开比往年更晚,提案交办也到了6月份,提案数量比以往更多,提案办理时间短、任务重，各承办单位抢时间、抓进度，勤勉办理积极作为，基本都在规定时间办理完成。县卫健委承办提案21件，其中主办提案19件、协办2件，是2020年办理提案最多单位，提案涉及医疗队伍建设、医疗水平提升、防疫物资储备、校园卫生安全、公共卫生安全、农村饮水安全等十几个方面，涉及面广泛，办理难度大，办理人员能克服困难，迎难而上，在规定时间内按要求办理回复提案，满意率100%。县住建局重视提案办理，所有提案均由局长批示交办，分管领导落实，办理提案做到深入调查，认真分析，把提案办理与自身工作有机结合，将上门沟通和集中座谈相结合，面复率100%，满意率100%。县交警大队承办提案17件，对主办、协办提案都认真对待，主办的提案主动与协办单位进行联系，还派人员上门征求办理意见，对协办的提案，也积极向主办单位提供资料，提出办理意见和建议。

【强服务，协调各方展作为】 提案委员会努力发挥桥梁纽带作用，做好协调服务工作。一是工作手段和督办方式创新。2019年引进和启用提案管理信息平台，实现委员网上提交提案100%。2020年，这一平台得到了更好的推广和应用，顺利实现提案网上交办、网上办理回复、委员网上查看提案办理进度、网上反馈意见和沟通评价，大大提高了各个环节的工作效率；督办方式创新，2020年提出的重点提案“双领办”制度，得到县委、县政府领导高度重视，县委、县政府领导督办提案，把提案办理工作推上一个新高度，大大激发了委员们通过提案履职的主动性和积极性。二是多种形式宣传报道提案工作。积极通过各级政协报刊及其他媒体，宣传报道提案办理经验做法、办理成效、协商成果，扩大了传播范围，更好凝聚了共识。三是加强协商督办。2020年10月，县政府办召集13家提案办理滞后及问题解决率较低的单位召开了办理工作督办会。会上进行了经验分享和表态发言，并对办理存在问题进行了集体研究，进一步提高了各承办单位的工作效率和责任意识。县政府督查室还对提案办理工作建立了工作台账，与政协提案委加强互动，紧盯提案办理的交办、督办、协商、反馈等关键环节，分阶段通报提案办理督办情况，保证了办理工作的顺利开展。

【开展重点提案督办】 教科卫体和文化文史学习委员会对78号《花炮产业科技创新》重点提案进行督办。9月，召集提案人、花炮企业主、政协教文委部分委员及提案办理单位就提案所涉及的内容进行商讨，确定初步解决方案。10月，组织部分委员和科技局、工信委相关人员就花炮产业创新发展，花炮科技成果转化等内容到湖南醴陵、萍乡上栗产区进行了参观、学习、交流、调研，为提案承办单位办理好提案提供借鉴和思路。11月，召开重点提案督办会，就提案承办单位的办理效果进行评议，且邀请常务副县长胡锋参加会议，提升提案办理的实际效果。

专门委员会工作

【提案委员会工作】 县政协十三届五次会议以来，广大政协委员以习近平新时代中国特色社会主义思想为统领，深入学习贯彻习近平总书记关于加强和改进人民政协工作的重要指示，以及省、市关于政协提案工作的文件精神，紧紧围绕全县经济和社会发展以及人民群众普遍关心的热点、难点问题，认真调查研究，积极建言献策。共收到提案168件，经审查，立案147件，未予立案、转社情民意和意见建议使用的20件，并案1件。提案中涉及政治建设方面8件，占4.37%；经济建设方面26件，占15.38%；文化建设方面14件，占8.28%；社会建设方面82件，占49.11%；生态文明建设方面17件，占10.06%。这些提案内容丰富、重点突出、建议务实，具有较强的针对性、实效性和可操作性，凝聚了委员履职的责任和智慧，反映了广大政协委员高度的政治责任感和参政议政水平，为推动万载县经济和社会发展发挥了应有的作用。

截至2020年年底，经承办单位办理，所有提案已全部办结，提案中许多意见和建议得到较好落实。经统计，委员建议已被采纳且提案中所提问题得到解决或基本解决的101件，占办复总数的68.7%；所提问题正在解决或列入规划逐步解决的44件，占29.9%；因政策、体制和客观条件所限暂时难以解决或需待以后解决的2件，占1.4%。委员满意的提案145件，满意率98.6%，基本满意的2件，基本满意率1.4%。

同时，提案委做好调研工作。成立"加快城镇老旧小区改造"专题调研小组，组织调研小组成员多次深入单位、小区进行调研，并于7月21—22日，由县政协副主席叶悠青带队到赣州市章贡区学习考察老旧小区改造经验，获得了大量一手资料，撰写了调研报告报送县委、县政府参阅。

【经济委员会】 认真开展专题调研。一是根据市政协"1+3"调研工作安排，2020年4月9日至5月13日，以万载县为例，深入16家企业和14家执法单位，通过走访座谈、问卷调查等方式，对营造良好的法治营商环境及公平公正执法的有关情况进行专题调研。撰写完成《进一步改善营商环境，推动宜春高质量跨越式发展之法治环境的调研与建议》的调研文章，得到了市政协领导的肯定和表扬，同时作为参阅件提交县委参考。二是根据县政协2020年协商计划工作安排，围绕"县城区域农民建房问题"开展了专题调研工作。三是按照县委主要领导安排，积极地开展关于"宜业万载建设"的专题调研工作，赴宜丰、上高、高安、南昌县等地学习考察，深入工业园区调研，提交报告供县委决策参考，得到高度肯定。积极开展委员活动。一是组织经常开展专委会委员活动，加深了委员们的感情和工作联系。二是深入工业园及乡镇企业，开展座谈走访，深入了解基层委员企业的工作情况，听取委员对政协工作的意见建议，积极反映和帮助委员解决在工作或创业中遇到的困难和问题。做好其他有关工作。一是报送的题为《棺葬已改　陋习当除》的社情民意被省政协采纳，提交省委决策参考，并由省政协向全国政协专报，被全国政协采纳。二是专委会委员巫碧宏的创业故事《从农村娃到企业家的华丽转身》被宜春人民广播电台播出，江西人民广播电台现场连线委员邓煜群抗击新冠肺炎疫情的故事，很好地宣传了委员履职成效，极大地提升了委员履职积极性。三是做好抗击新冠肺炎疫情、脱贫攻坚等有关工作。

【人口资源环境委员会】 高质量开展民主评议工作。从4月份开始，组织了全委委员对移动万载分公司的民主评议工作。做好了与移动公司的对接，商量了工作开展形式，为评议工作开展制定了初步方案，拿出了工作计划，明确了工作要求；组织召开移动公司全体干部职工、各网点负责人和相关单位人员动员会，并填写了征求意见表；分别到株潭、仙源、高村、工业园、社区召开了10多次座谈会，了解各地移动网点业务办理情况、移动收费情况、群众办事情况以及移动公司人员廉政情况，并就移动套餐业务收费和办理流程进行了了解；召开移动公司问题整改对接会，对调查调研中发现的问题听取了移动公司的汇报，确定了整改方案和整改方式；召开了民主监督总结会，总结了民主评议工作。完成专项调研工作。组织全委委员对秀美乡村建设进行有序、有针对性的调研，通过下基层察看现场，发现问题；与理事会座谈，了解管护工作难点和问题；同时与乡镇秀美乡建设管理人员、村支部书记座谈，了解建设前期和后期管护工作政策方面存在的问题；走访一些秀美乡村点住户，了解群众对秀美乡村建设点的支持情况，收到工作建议近百条。针对调研发现的问题，调研组多次召开会议，并多方了解有关部门的政策和规定，撰写万载县秀美乡村后续管护工作调研报告，报县委、县政府决策参考。组织重点提案督办。针对政协委员提出的《多措并举，壮大集体经济》和《拓宽万上公路，推动西线乡镇社会经济发展》两个重点提案办理情况进行了督办，到有关提案办理单位召开座谈会，听取了单位提案办理情况汇报，了解提案办理重视程度、办理进度、办理质量情况，通过督办提高了部门单位对委员提案的重视程度，提升了委员撰写提案水平和提案质量。

【法制和社会（三胞）委员会】 组织委员积极参加社会活动。应法院、检察院、司法局、发改局等部门邀请，组织部分委员参加了万载县“第一例污染环境案件”审判、“工程车撞人死亡”不起诉公开宣告、“中小学生课后托管服务收费标准”、“棚改摇号”等10多起案件听证活动，较好地履行了政协委员依法监督、民主监督的职能职责。着力重点领域调研。对全县城市道路交通安全展开调研，组成工作组先后深入交警、交通、城管等相关部门走访调研，通过实地调研、查看资料、举行座谈等方式掌握第一手资料，形成了调研报告《治理交通乱象，提升城市品位》。根据主席会安排，利用一个多月时间对万载县社会组织服务社会、助力万载发展中的作用及社会组织的发展瓶颈问题，到宣传部、民政局、教体局、团委、妇联、红十字会等部门和单位了解情况，深入万载县志愿者协会、蓝天救援队、红十字救援队、平安志愿者协会、万载县花炮商会等10多个社会组织进行实地调研，组织近10次座谈会，广泛听取各界的意见建议，形成了调研报告《让社会组织之花在万载绽放》。抓好社情民意工作。作为县政协社情民意的收集、编辑职能部门，把重点放在提高质量上，把着眼点放在出精品上，着力打造好社情民意这一委员履职的平台。2020年向上级政协推荐的18篇社情民意，全国政协采用2篇、省政协采用5篇、市政协采用3篇，编辑县本级《社情民意专辑》9期27条。同时加强对编辑的社情民意的督办力度，刊发的社情民意每条都向责任单位发出工作函，要求对委员反映社情民意的办理情况及时向委员和我委进行函复，大多数的社情民意信息得到了有关部门的办理和回复，如《人行道岂容用来开菜园!》《建议在康乐幼儿园增设巡特警巡逻打卡执勤点》。承办单位接到工作函后，一周内就进行了落实。

【教科卫体和文化文史学习委员会】 深入开展调研视察。一是开展“促进科技创新和成果转化，提升企业核心竞争力”专题调研。组成调研组，先后到千年食品、睿锋环保、亚太科技、恒晖大农业、现代农业示范区管委会、猎鹰烟花、花炮创新联盟等15个单位，对科技创新、成果转化、新产品开发、新技术试验示范等方面的工作情况进行调研，针对“科技人才匮乏、科技投入不足、企业主体创新意识不强”等问题，提出“完善人才激励机制，突出规划引领、强化服务体系”等意见建议，以参阅件的形式报送给县委、县政府领导审阅参考。二是开展“学校复学”防疫工作专题视察。分组对万载中学、万载二中、万载外国语等学校进行专题视察，对各学校复学后应对疫情防控方面，实地察看，听取汇报，详细了解学校师生到校防护、进校检测、就餐方式、公共卫生防护、应急处置等方面的工作应对及准备情况。视察委员围绕校园疫情防控措施落实、学生出入及错时就餐等方面提出了意见建议，为广大师生的生命安全和身体健康提供保障。开展文化文史工作调研。深入史志办、文联等单位进行调研，召开文化文史工作座谈会，详细了解全县文化文史现状以及存在的困难问题，为2021年编订系列丛书工作奠定基础。全力落实交办工作。一是积极配合市政协教科卫体委员会在万载开展“中医治未病、加快科技型企业梯度培育”等调研，接待省一附院党委、团委到万载座谈调研、义诊。二是认真开展万载籍在外人士名单征集工作。制定《万载籍在外知名人士名单征集编制工作方案》，多次召开万载籍在外人士信息采集工作布置会。通过查重整理后，汇总人士信息740条，将所有名单审核提炼后，将分行业分乡镇分地域提炼出精英名单，为宣传推介万载，促进万载经济社会发展助力。三是认真做好宣传报道工作。县电视台开设的“政协传真”栏目已制作播出8期,同时在万载县电视台、万载在线和智慧万载手机台进行推送,国家、省、市宣传报道稿件上稿数量有较大提升,市级上稿23篇(除工作信息),省级上稿29篇,国家级上稿15篇，超过年初制定的任务目标。四是认真收集汇总文史资料。按照省市政协相关文件要求,报送抗疫先进典型事例材料4篇、脱贫攻坚先进典型事例材料12篇。

【农业和农村委员会】 聚焦农业发展建言献策。聚焦全县高标准农田建设和管护开展专题调研，组织专委会委员深入黄茅、株潭、三兴、双桥、仙源等乡镇，就高标准农田建设与管护情况进行实地查看，了解相关情况，并召开座谈会,征求乡村两级干部意见建议。组织全体政协常委赴仙源乡开展视察,详细了解高标准农田建设与管理工作现状、存在的困难和问题,汇总形成专题调研报告报送县委、县政府决策参考。民主监督推动部门工作。挑选四名委员组成民主监督工作小组,对水利局近年来的工作以及农村饮水安全与保障工作开展了一系列民主监督活动，召开民主监督工作动员会,先后赴黄茅镇、潭埠镇、高城镇、三兴镇、鹅峰乡、马步乡、赤兴乡、茭湖乡、岭东乡等乡镇调研,召开乡镇党委书记或乡镇长,分管水利工作的领导、水利员、部分村党支部书记和群众代表参加的座谈会,并开展问卷调查。同时,深入相关部分乡镇察看群众反映突出的山塘、河堤失修现场、农村饮水问题突出地点了解情况,经过梳理总结,形成民主监督县水利局工作报告和全县农村饮水专项报告等两份监督报告,送达县水利局对照整改。听取县水利局工作整改汇报情况,有力推动了全县水利工作。围绕花炮产业出谋划策。根据县委有关指示要求,牵头成立专题调研组，围绕万载花炮面临的新形势、新情况、新变化,展开了一系列调研活动,深入部分花炮企业调查了解情况,召开部分花炮企业负责人、花炮生产重点乡镇主要领导和县直有关部门负责人、专家、政协委员代表参加的专题座谈会，广泛听取各方意见建议,在两周内形成专题调研报告报送县委、县政府,多数意见被采纳执行,推动了万载县花炮产业健康发展。

【县政协领导成员】

主　席:龙雷君
副主席:程淑兰(2020年5月任)
　　叶悠青
　　肖惠平
　　辛永红
　　谢菊香
　　龙水莲
　　谢昌仁
　　卢仕星(任至2020年2月)
二级调研员:张鼎明
　　卢仕星(2020年5月任)
三级调研员:卢仕星(2020年2月任)
秘　书　长:胥小林
办公室主任:刘冬笑
办公室副主任:徐　娟
提案委员会主任:
　　刘彩云(2020年4月任)
经济委员会主任:王刊宏
人口资源环境委员会主任:袁晓鸿
人口资源环境委员会副主任:
　　曾　丁
法制和社会(三胞)委员会主任:
　　项　斌
法制和社会(三胞)委员会副主任:欧阳何根
教科卫体和文化文史学习委员会主任:蔡丽蓉
教科卫体和文化文史学习委员会副主任:辛文辉
农业和农村委员会主任:朱潘根
农业和农村委员会副主任:颜昭涵

纪检监察

综　述

2020年是全面建成小康社会和“十三五”规划收官之年，是全面脱贫攻坚战决胜之年。一年以来，县纪委、县监委在市纪委、市监委和县委的坚强领导下，紧紧围绕营造风清气正的政治生态目标，聚焦中心任务，强化监督执纪问责，以锐意进取、争创一流的精神状态，深入推进全县党风廉政建设和反腐败斗争，在高质量发展上取得新进展、实现新突破。

一、强化党的政治建设，聚焦全面从严治党责任落实。学深悟透习近平新时代中国特色社会主义思想和习近平总书记重要讲话精神，始终把“两个维护”作为纪检监察机关的根本政治任务，突出政治监督。2020年，全县党内问责56起，其中，问责党组织12个，问责党员干部59人，5人受到党纪政务处分；通报曝光党内问责案件19起21人9个党组织，持续释放“失责必问、问责必严”的信号。廉政审查干部任用情况212人次，评优评先、出国境、选拔考核等其他意见回复958人次，提出否定意见9人次，其他影响性意见3人次，严把党风廉政意见回复关。

二、做实做细监督职责，推动监督提质增效。聚焦新冠肺炎疫情防控，始终坚持生命至上，深入一线强化监督执纪问责，查处问题70个，处理93人，立案6起，积极构建“1+4+8”疫情监督模式，为全县疫情防控取得重大胜利和复工复产达产提供坚强的纪律保障。聚焦决战决胜脱贫攻坚，始终坚持问题导向，查处扶贫领域腐败和作风问题136个，处理148人，党纪政务处分24人，通报15批27起50人。聚焦农村耕地保护，开展关于坚决做好遏制农村占用耕地建房乱象监督工作专项整治，共立案6件，处理人数13人，其中5人受到党纪政务处分，8人受到第一种形态处理。

三、驰而不息纠“四风”，不断营造良好社会风气。查处违反中央八项规定精神35起37人，党纪政务处分20人，通报违反中央八项规定精神问题21起23人。查处形式主义官僚主义问题46起49人，党纪政务处分8人，通报形式主义官僚主义问题11起23人。开展纪律作风专项督查，发现问题35个，对16名干部采取第一种形态处理，下发通报三期，通报曝光4个单位23人。坚持纪法联动，主动对接司法机关，查处90名党员或公职人员酒驾、87名党员或公职人员涉嫌“黄赌毒”等违法犯罪问题，专门下发了一期党员干部参与“黄赌毒”典型问题的通报，警示推动全县党员干部遵纪守法，切实做到用身边事警示身边人。

四、持续深化标本兼治，一体推进“三不”机制。始终坚持“严”的主基调，全县各级纪检监察机关共处置问题线索327件，立案178件，同比增长0.56%；立案涉及人数189人，其中科级干部12人。聚焦重大工程、重点领域滋生的问题，立案查处了群众反映强烈的城建、人防系统科级干部腐败案件4人。聚焦“打伞破网”问题，对没有打出“保护伞”的涉恶案件进行包案和再次复核，立案查处3起“保护伞”问题，同时，对51名推动扫黑除恶专项斗争工作不力和失职失责的党员干部以第一种形态处理。

做好审查调查“后半篇文章”，推动以案促改，积极运用典型案例开展警示教育，做到宽严相济。开展信访举报和问题线索集中清理“冬季攻势”专项行动，成立8个核查组，对近年来积压未办的信访举报和问题线索开展集中清理和处置。

五、坚持政治巡察定位，彰显巡察“利剑”作用。2020年，县委巡察机构围绕中心服务大局，精心组织谋划，采取常规巡察和专项巡察相结合的形式有效开展了三轮巡察，共巡察了4个乡镇（街道）党委、21个县直单位党委（党组）和103个村级党组织，发现问题线索34条，倾向性问题697个，立案8件，党纪政纪处分8人，诫勉谈话11人，倾向性问题整改到位655个。强化成果运用，做实巡察“后半篇”文章，实行挂点（分管）县领导出席反馈会制度，督促被巡察党组织切实担负起巡察整改主体责任。对5个被巡察单位党组织实行问责，对6名相关责任人员进行诫勉谈话，以问责促整改、促落实，彰显巡察的震慑作用。

六、深化纪检监察体制改革，激发干部队伍活力。全面加强对派驻机构的领导，赋予派驻机构监察职能，调整派驻机构监督单位，建立健全区域协作和对口监督联系工作制度，打通内部沟通联系内循环。强化教育培训，提升干部能力素质，以线上培训、自主办训为主，以跟班学习、上挂锻炼为辅，有层次、有计划地抓好全员培训，确保全县纪检监察干部普遍轮训一次以上。坚持刀刃向内，严防灯下黑，对反映纪检干部的问题线索一律开展初核，依规依纪处理，共处置反映纪检监察干部问题线索5条。

学习教育

【举办理论学习中心组（扩大）学习会暨读书班】　12月17—18日，县纪委举办理论学习中心组（扩大）学习会暨读书班，县委常委、县纪委书记、县监委代理主任李宏勤主持会议并讲话。会议指出，在实现“两个一百年”奋斗目标的历史交汇点上，中共十九届五中全会重点研究关于制定“十四五”规划和2035年远景目标建议，对动员激励全党全国各族人民，百折不挠办好自己的事情，实现新时代党的历史使命，具有重大而深远的意义。纪检监察机关作为政治机关，要把学习贯彻习近平总书记重要讲话精神作为重要政治任务，对国之大者心中有数，自觉把自己摆进去、把职责摆进去、把工作摆进去，把党中央决策部署与纪检监察职能结合起来，在学习贯彻党中央重大决策部署方面，先学一步、深学一层、走在前列。会议要求，要提高站位、强化使命，在贯彻落实中共十九届五中全会精神中把握纪检监察工作高质量发展要求，以纪检监察工作高质量发展护航经济社会高质量发展。把工作置于县委大局中去考虑和衡量，置于落实党中央决策部署和万载经济社会发展实践中去谋划、定位和摆布。会议强调，要忠诚履职、担当尽责，把全会精神转化为谋划工作和推动发展的具体举措。要严格日常监督，坚持问题导向、目标导向、结果导向，围绕构建风清气正的政治生态、生态环保问题治理、行业不正之风整治、优化营商环境等工作加强监督检查，贯通运用“四种形态”，强化约谈提醒、督促推动、检查考核作用。要突出严管厚爱结合，既以党规党纪为准绳，又以反面典型为警示，共同维护纪检监察干部良好形象，奋力谱写新时代万载纪检监察干部履职新篇章。县委党校常务副校长钟勇明受邀作专题辅导报告，陈初平等5人结合各自实际作了交流发言，县纪委县监委班子成员，各乡镇（街道）纪委书记，县委巡察办、巡察组、县纪委县监委各派驻纪检监察组、机关各科室全体干部参加会议。

【开展“珍爱家庭、远离酒驾”专题警示教育】　从11月初开始，万载县纪委监委第六派驻纪检监察组在县教体系统持续开展“珍爱家庭、远离酒驾”警示教育活动，并形成“一学一议一承诺”警示教育机制。组织党员、学校教师学习《中国共产党纪律处分条例》《中华人民共和国监察法》

《中华人民共和国道路安全交通法》;围绕“酒驾醉驾相关危害”进行深入讨论,谈体会、谈认识;党员干部、学校教师签订《严禁酒后驾车安全承诺书》,并对照承诺书进行自我检查、自我警示。截至11月底,全县教体系统已组织召开相关酒驾警示教育会50场次,累计培训党员、教师5132人次,签订承诺书5132份。

【召开理论学习中心组学习(扩大)会】 11月13日,万载县纪委县监委召开理论学习中心组学习(扩大)会议。县委常委、县纪委书记、县监委主任提名人选李宏勤主持会议并讲话。会议传达学习了中共十九届五中全会精神、《习近平谈治国理政》(第三卷)关于全面从严治党重要论述、赵乐际在十九届中央纪委常委会第十七次集体学习时的讲话精神、省纪委省监委理论文章《准确运用全面从严治党政策策略和方法》和市纪委常委会(扩大)会议精神。会上,姚晓辉等6人结合各自实际,交流了学习体会。县纪委县监委理论学习中心组成员、机关各科室负责人、县委巡察办巡察组负责人、派驻纪检监察组组长及各乡镇(街道)纪委书记参加会议。

【县纪委县监委领导成员】

县委常委、县纪委书记、县监委主任:何根生(任至2020年10月)

县委常委、县纪委书记、县监委主任:李宏勤(2020年10月任)

县纪委副书记、县监委副主任:
姚晓辉

县纪委副书记、县监委副主任:
陈初平

县纪委副书记、县监委副主任:
聂建华

县纪委常委、正科级纪检员、信访室主任:郭世忠

县纪委常委、正科级纪检员:
辛　昉

县纪委常委、巡察办主任:
蓝海根

县监委委员:汪建平

县纪委常委、县监委委员:
张学平

县纪委常委:刘传枝

县监委委员、第一纪检监察室主任:胡东江

民主党派和工商联

民革万载县总支

【概况】 2020年，民革万载县总支在中共万载县委和民革宜春市委会的领导下，在县委统战部的关心指导下，团结和带领全县民革党员，坚持以习近平新时代中国特色社会主义思想为指导，紧紧围绕县委、县政府中心工作，充分发挥民革优势，深入开展同心实践活动，切实履行参政党职能，全面推进自身建设，深入开展调查研究，在疫情期间积极作为，为建设幸福和谐万载尽智尽力。截至2020年年底，总支共有党员48人。根据党员的行业分布情况，将总支划分为3个支部，分别是文艺支部、教育支部、综合支部。全体党员中在职在岗的有32人，离退休的有16人。在职在岗党员中，政界有5人，文化艺术界有8人，医药卫生界有5人，教育界有9人，经济界有3人，农业界与法律界各1人。48名党员中，党政机关党员中有副县级干部2人，副科级干部4人；研究生学历3人，大学以上学历占91.67%；市政协委员2人，市侨联委员1人，县政协委员11人，县侨联委员2人。总支领导职数一正三副，1名事业编专职干部。

【加强思想建设】 坚持“一季度一学习”制度。5月，民革万载县总支组织委员们专题学习习近平总书记在党外人士座谈会上的重要讲话精神。总支主委谢昌仁对讲话全文进行领学。接着，委员们结合自身工作性质和专长依次发言，总结了自己为抗击疫情所做的努力。8月，召开全体班子成员的谈心会，学习借鉴中共党组织开展民主生活会的好做法、好经验，查找自身思想作风方面存在的突出问题，进一步加强作风建设。总支主委谢昌仁带头开展自我批评，总支副主委、委员逐一“亮家丑”“揭伤疤”。通过此次会议，民革党员们更加振奋精神，不忘合作初心，继续携手前行，表示将会继续积极投身全县工作大局中去，适应新常态下的新要求，做到思想严、工作实、活动新，发挥党派优势，围绕县委、县政府中心工作参好政、履好职，争取做出更大贡献。

【参政议政】 民革万载县总支坚持每年组织全体党员围绕县委、县政府中心工作，通过百字金点子、社情民意、提案、调研报告、大会发言等形式，为万载经济社会发展建言献策。题为《村里来了扶贫特派员》的文章成为民革中央《团结报》开辟的“走向我们的小康生活，扶贫干部风采”的开篇之作，之后在“江西政协”“江西统一战线”“江西民革”微信公众号和杂志期刊连续转载4次。《化危为机，精准发力产业扶贫》一文，在《江西政协报》上刊登，并以社情民意的形式，由省政协提交给了省委参阅。2020年县政协全会上的一篇题为《棺葬已改　陋习当除》的大会发言，引起了县政协委员们的热议，同时以社情民意的形式，被省政协采纳，提交省委决策参考，并由省政协向全国政协专报，被全国政协采纳，成为万载县2020年第一篇被全国政协采用的重要信息，展示了民革万载县总支“参到点子上，议到关键处”的风采。

【疫情期间彰显社会责任】 防控疫情，人人有责。自万载县民革总支通过微信群发出“病毒无情，民革有爱”的倡议，号召全体党员都行动起来，贡献自己的一分力量，短短 3 天时间，有 42 名党员共捐款 1.3 万余元。来自企业界的党员曾鸣，为疫情防控值守卡点捐款捐物；来自医疗界的党员欧阳景明、罗会玲、龙水林、卢旭波、郭颖、张翰等，始终坚守在抗击疫情的第一线；来自机关的党员徐小明创作的歌曲《抗疫》，在江西电视台播出，他创作的散文《在路上》，获宜春市抗疫优秀作品奖。5 月，总支中的医疗专家在总支主委谢昌仁的带领下，到万载百年颐康护理院开展义诊活动，为护理院和福利院的老人们进行免费体检和讲解健康知识。义诊活动持续了一天时间，共为护理院和福利院 160 多名老人送去了温暖，帮助老人们提高健康意识，做到有病早治、无病先防，同时让护理院和福利院的老人们感到老有所养、病有所依，让他们感受到社会大家庭的温暖。这些活动，充分彰显了民革的社会责任感。

【加强自身建设】 7 月，中共江西省委常委、统战部部长陈兴超，省委统战部副部长曹国庆、中共宜春市委副书记饶莉萍等领导到万载民革党员之家考察指导，对民革万载县总支近年来的工作特别是获评“民革全国示范支部”表示肯定，对民革万载县总支在“参政议政”“社会服务”“共同抗疫”“脱贫攻坚”“自身建设”等方面的工作给予了很高的评价。10 月，民革万载县总支召开重阳节老党员座谈会，向已退休老党员致以总支对他们的节日慰问和祝福，他们是万载民革的宝贵财富，值得其他党员虚心学习。希望每位老党员能够做到“退休不退党、退休不褪色”，一如既往地关心、关注和支持总支的各项工作。

【召开第四届委员会全体会议】 12 月 10 日召开民革万载县总支第四届委员会全体会议，中共万载县委副书记陈志尧，中共宜春市委统战部副县级干部何征、万载县委常委、统战部部长彭述荣应邀出席并讲话。宜春市政协副主席、民革宜春市委会主委熊勤香、民革宜春市委会专职副主委陈平等出席会议。会议听取和审议了总支第三届委员会工作报告，依法产生了第四届委员会委员：谢昌仁当选为主委，杨家远、刘胜财、黄淑贤为副主委，周殷为秘书长，卢旭波、辛丹、游世平、龙小琳为总支委员，顺利实现新老交替和政治交接；同时健全《民革万载县总支委员会工作职责》，完善《走访慰问制度》《工作与学习制度》等。

（袁文君）

【民革万载县总支领导成员】

主　委：谢昌仁

副主委：杨家远

　　　　刘胜财

　　　　黄淑贤（女）

秘书长：周　殷

专职干部：袁文君

农工民主党万载县总支

【概况】 农工党是以医药卫生、人口资源和生态环境领域高中级知识分子为主，由一部分社会主义劳动者、社会主义事业建设者和拥护社会主义的爱国者组成的政治联盟。是接受中国共产党领导、同中国共产党肝胆相照的亲密友党，是致力于中国特色社会主义的参政党。2020 年，农工党万载县总支以习近平新时代中国特色社会主义思想为指导，贯彻落实中共十九届四中、五中全会精神，围绕县委、县政府中心工作和农工党市委会要求部署，着力推动党派工作不断发展。农工党万载县总支设有 5 个支部，分别为县人民医院支部、县中医院支部、县税工商贸支部、县文化教育支部、县前进支部，1 个前进医疗门诊，共有党员 66 名、专职干事 1 名。

【强化思想建设】 通过召开会议、座谈、调研等形式，组织全体党员学习习近平新时代中国特色社会主义思想、习近平总书记视察江西时的重要讲话精神，贯彻中共十九届四中、五中全会精神、农工党十六次全会精神、省市县工作部署等，牢固树立“四个意识”，坚定“四个自信”，做到

“两个维护”。通过主题教育、实践活动、重温“五一口号”等,重温多党合作历史,弘扬优良传统;以“庆祝农工党成立90周年”系列活动为载体,以“不忘合作初心,继续携手前进”等主题教育活动为主线,组织“主题征文”“党史知识竞赛”“同心系列行”等。党员王彬红撰写的《浅析新时代基层农工党组织思想建设问题及对策》《向阳坡上芳草菲》分别获农工党中央庆祝农工党成立90周年征文三等奖、农工党省委会二等奖,《小街流淌的春景》《白云深处有人家》分别刊登在江西统一战线网、《江西政协报》上,《筑牢共同思想政治基础,汇聚共创伟业强大合力》《在希望的田野上》入选农工党中央《前进论坛》第4期、第8期;党员欧阳珍珍《我自豪 我是农工党党员》获农工党省委会庆祝农工党成立90周年征文三等奖。

【进行主题教育】 围绕“优环境、促发展”大讨论活动,先后组织骨干党员围绕营商环境与企业发展谈看法、提建议,向县政协提交《关于优化营商环境的几点建议》等;党员欧阳珍珍在县“优环境、促发展”大讨论主题演讲比赛中,获第二名佳绩。

【加强队伍建设】 健全《农工党万载县总支委员会工作职责》,完善《宣传工作奖励条例》《走访慰问制度》《工作与学习制度》等,在大事上坚持民主集中制原则,基本做到了有章可依、有规可循,坚持制度管人管事。以特长、特色为准则配优各支部成员,增强各支部活力;以高素质、严要求为标准,选派3名年轻骨干党员参加农工党省委会、省社院培训学习,极大地提升了党组织的战斗力,有3人被评为“县优秀政协委员”。

【聚焦脱贫攻坚】 按照“核心是精准、关键在落实、确保可持续”的方针,总支通过走访、座谈、实地查看等方式,聚焦脱贫攻坚中难点,调研课题成果《健康扶贫任重道远》作为县政协大会发言受到县委重视,《“健康扶贫”助力“精准扶贫”建设美丽健康万载》提案被市、县政协采纳,《关于加强农村基本公共文化服务建设的意见建议》《关于对秀美乡村建设的建议》《在推进秀美乡村建设中留住乡愁》等受到相关部门重视采纳。充分发挥农工党员服务精准扶贫、助力乡村振兴的力量。

【积极参政议政】 总支通过市、县人大会议、县政协会议及“百字金点子”等重要平台,谏真言、献良策,围绕县“1423”工作目标集思广益、参政议政。提交政协提案7条、“百字金点子”13条,件件围绕发展大局,条条紧扣社会热点;调研报告《依托万载优势、抢抓养老先机》入选政协大会发言,受到干群好评;王彬红撰写的《做好新时代基层政协协商工作的实践与思考》获江西省人民政协理论研讨征文三等奖;2020年辛明辉、罗贤彬、黄龙等三名党员围绕疫情防控积极建言献策,获农工党省委会授予的建言献策证书等。

【实施社会服务】 坚持组织中高级医疗专家下乡开展医疗咨询服务,受到群众热烈欢迎;县中医院支部多年坚持重阳佳节期间赴县社会福利院开展送医、送药、送温暖活动;新冠肺炎疫情防控期间,总支医护人员主动请缨支援武汉,副主委黄龙获农工党中央抗击新冠肺炎疫情“先进个人”表彰;全体党员积极捐款捐物,累计向县红十字会捐款60100元;党员陈仕梅身在美国,心系祖国,捐款50500元;人民医院支部宋兴国2020年8月在武功山助人事迹受到群众称赞。

【召开第六届委员会全体会议】 12月16日召开农工党万载县总支第六届委员会全体会议,中共万载县委副书记陈志尧,市委统战部副部长章志强,万载县委常委、统战部部长彭述荣应邀出席并讲话,农工党宜春市委会专职副主委、二级调研员黄和平,市委会副主委、宜春新建医院院长谭光瑛等出席会议。会议听取和审议了总支第五届委员会工作报告,依法产生了第六届委员会委员:张晓涛当选为主委,王体辉、曾琼、黄龙为副主委，张卫红为秘书长，龙天、辛婧、龙思政、曾令伟为总支委员，顺利实现新老交替和政治交接；以高素质、严要求为标准，选派3名年轻骨干党员参加农工党省委会、省社院培训学习，极大地提升了党组织的活力；健全《农工党万载县总支委员会工作职责》，完善《走访慰问制度》《工作与学习制度》等，基本做到了有章可依、有规可循，坚持制度管人管事。

（王彬红　刘　沁）

【农工民主党万载县总支领导成员】

主　委：辛明辉(任至2020年12月)

　　　　张晓涛(女,2020年12月任)

副主委：王体辉

　　　　王彬红(女,任至2020年12月)

　　　　曾　琼(2020年12月任)

　　　　黄　龙(2020年12月任)

工商联

【概况】 一年以来，在县委、县政府的正确领导和省、市工商联、县委统战部的精心指导下，万载县工商联以习近平总书记系列重要讲话为指导，以服务“两个健康”为主，以促进非公经济更好更快发展为主线，紧扣县委“1423”工作部署，务实奋进，真抓实干，为全县经济社会发展做出了积极的贡献。

万载县工商联（总商会）下有5个商(协)会和1个外埠商会，分别是万载县创新企业商会、万载县新生代商会、万载县工业园区企业家商会、万载县浙江商会、万载县广告协会、南昌市万载商会。万载工商联以高度的政治自觉和强烈的使命担当服务“两个健康”，扎实推进非公党建工作，稳步开展“百企帮百村”消费扶贫工作，全力开展民营企业维权工作，切实做好省第三方营商环境评估工作，积极引导非公经济人士参与新冠肺炎疫情的防控，共同参与龙湖社区防疫共建活动，圆满完成换届工作，常规工作常抓不懈、有序开展。2020年先后获得“江西省第四届十佳营商环境县”和江西省“千企帮千村”精准扶贫行动组织工作先进集体等称号，并在2020年全市工商联年终考核名列前茅。

【抓实推进商会非公党建工作】 按照县委部署要求，县工商联以高度的政治责任感开展基层组织“三化”建设工作。按照县委四个方面要求，抓好创新企业、工业园、新生代、花炮四个直属商会的活动场所标准化建设。切实抓好商会党组织活动规范化建设，按照县委“六个方面立规范”坚持“三会一课”制度，结合实际开展“先锋创绩”、党员承诺践诺，党员志愿服务活动，切实发挥党支部在商会组织中战斗堡垒作用。8月份，县委副书记和县委组织部部长带领全县各乡镇、县直单位分管党建的领导到全县“三化”建设社会组织先进典型的县创新企业商会参观、调研“三化”建设工作。

【推进“百企帮百村”消费扶贫工作】 为鼓励全县广大民营企业、商会积极参与“百企帮百村”消费扶贫，采取“以购代捐”“以买代帮”等方式采购贫困地区产品和服务，在4月初时下发《2020年“百企帮百村”工作要点》《“百企帮百村”消费扶贫倡议书》，组织创新商会、花炮商会等走进金色田园公司，零距离接触消费扶贫产品，鼓励民营企业、商会与贫困地区农副产品生产企业、合作社建立长期的供应关系，争做消费扶贫的代言人。10月17日上，在全县举办的消费扶贫展销会上组织各商会会员到现场购买扶贫产品，据不完全统计购买金额10万多元，全县民营企业家及各商会在消费扶贫、教育扶贫及各种捐赠达500多万元，带动就业1200多人。

【维护民营企业合法权益】 为提高服务和保障非公有制经济健康发展能力水平，充分发挥工商联桥梁、纽带和助手作用，到省维权中心学习，成立万载县非公经济维权点。加强与公检法司部门沟通联络，建立了联席会议机制，收集到民营企业反映问题线索214条，向相关部门反映解决136个问题，正在处理的78个。联系检察院与每个基层商会召开面对面座谈会,对涉法涉诉纠纷等问题进行交流探讨,针对企业违法用地的案件向检察院发出免予立案起诉6起,全部受理了,并免予起诉;向公安局发出一份取保候审的建议函,公安局也受理了。与县政协一起完成了法治营商环境调研课题。

【做好省第三方营商环境评估工作】 4月份,根据《江西省营商环境评价实施方案(试行)》有关要求,省营商环境第三方评估组到万载县进行测评。县工商联组织100名企业家参与测评、20家企业参加座谈会以及走访调研。确保测评工作顺利完成,并获得江西省第四届十佳营商环境县称号。

【引导非公经济人士参与新冠肺炎疫情防控】 引导非公经济人士共同参与龙湖社区防疫共建活动。引导非公企业人士捐款捐物合计600多万元参与抗疫工作。两名党员从2月3日开始到龙湖社区204户居民家中核查信息,量体温,轮守宝源小区。单位内部严格遵守指挥部的要求,办公场所进行消毒,测量体温等做好各项防疫工作。

【抓好企业调研】 组织10家企业完成上规模民营企业调研,10家企业参与了社会责任调查工作等一系列调研工作,江西睿锋环保公司在江西省民营经济百强企业中排第60名。

【深化基层商会改革】 认真贯彻落实中央实施意见和省市实施方案精神,常态化推进“四好”商会建设,努力实现打造4个示范商会,提升2个“弱散”商会,新成立1个商会(万载浙江商会),清理4个“空壳”商会,切实推动商会改革发展走深走实。为提升万载服务水平,激励行业发展,正在积极组建万载县酒店行业商会。

【完成换届工作】 县工商联在接到省、市委统战部的换届文件后,积极组织各乡镇推荐执委以上人选,已经在12月初完成了换届工作,选举了主席(会长)1名、专职副主席2名、兼职副主席(会长)25名、秘书长1名。

【县工商联领导成员】

主席(会长):
　　张鼎明(任至2020年12月)
　　张功才(2020年12月任)
党组书记、常务副主席:龙荣明
专职副主席:杨　琴(女)
　　陈星辉
兼职副主席:朱伏茂　刘兆材
　　刘家云　汤尚松
　　李　骏　李　森
　　杨清风　吴成庚
　　吴振生　张小山
　　张兵牙　郑广辉
　　项仙中　袁谟祥
　　陶　俊　曾　鸣
　　黎永来
兼职副会长:卢　亮　朱海鹏
　　李文强　辛增勇
　　宋忠平(女)
　　张小龙　陈光辉
　　钟世波
秘书长:高美华(女)

群众团体

县总工会

【概况】 2020年，县总工会在市总工会的精心指导和县委的正确领导下，以习近平新时代中国特色社会主义思想为指导，深入学习贯彻落实中共十九大、十九届五中全会精神和上级工会决策部署，紧紧围绕县委工作思路，统筹抓好了疫情防控和服务经济社会发展工作，狠抓工会重点工作落实，团结动员广大职工为打赢疫情防控阻击战、推动经济高质量发展建功立业。至2020年年底，县总工会内设机构有办公室、组宣网络基层工作部、经济技术部、法律工作部、保障女工部、财务部、互助保障办和经费审查办。经县机构编制委员会核定编制16人（其中机关行政编6人，工勤编1人；下设股级事业单位困难职工帮扶中心。在职人员18人，工会协理员4人，退休干部10人。县总工会有直属基层工会34个、基层行政、企事业工会599个，有工会会员5.94万名。

2020年，县总工会获得多项荣誉：7月，获得“2020年江西省‘安康杯’职工安全生产和职业病防治知识竞赛优秀组织奖”称号；10月，江西工人报社授予县总工会“2020年度全省工会新闻宣传工作先进单位”称号；11月，江西省厂务公开领导小组授予县总工会“推动厂务公开民主管理工作先进单位”称号；12月，江西省总工会授予县总工会“2020年度全省工会‘七五’普法先进单位”。乡镇、系统及基层工会也获得多项荣誉：3月，宜春市总工会授予昌圣科技有限公司工会委员会、发投远大装配式建筑有限公司工会委员会、教体局工会委员会、株潭镇花炮商会工会委员会、国家税务总局万载县税务局工会委员会“宜春市‘六有’基层工会优秀示范点”称号；4月，宜春市总工会授予万载县人民医院感染科、中国建设银行万载县分行营业部“宜春市五一巾帼标兵岗”称号。多名职工(会员)受到上级表彰：12月，江西省总工会授予县总工会孙志勤“2020年度全省工会‘七五’普法先进个人”称号；3月，江西省总工会授予国网万载县供电公司调控运行班班长杨锦秀“江西省五一巾帼标兵”称号；2月，宜春市总工会授予县教体局工会副主席郭基平、国网万载县供电公司工会主席黄涛、马步乡工会主席黄育荣、发投远大装配式建筑有限公司工会主席刘洋、声佳公司工会主席梅军荣、南氏锂电公司工会主席张后忠、卫健委工会主席钟秋华“最美娘家人”称号；4月，宜春市总工会授予县总工会高鹏“2019年度全市互助保障先进个人”称号，授予发投远大装配式建筑有限公司人事行政主管曾正平、白良镇中小工会主席喻勤、县妇幼保健院儿保科护师周文清“宜春市五一巾帼标兵”称号。

【打好疫情防控战】 一是筹集专项防控资金走访慰问。疫情期间，县总工会看望慰问了坚守防控一线的医护人员和高速路口卡点的值勤人员，共拨付了7万元资金和7000多元的生活物资。二是援企稳岗助力企业复工复产。分组走进工业园声佳电子、昌盛科技、橡塑、九润食品等十余家企业进行调研，了解企业疫情期间复工复产和防控措施落实情况，联系购买了1万多个口罩分发到相关企业,缓和了部分企业员工口罩紧缺情况,开展线上线下"春送岗位",帮助解决用工需求。三是开展抗击疫情助力内需活动。在全县基层工会中开展抗击疫情、助力内需活动,为夺取疫情防控和经济社会发展双胜利贡献工会力量。

【慰问劳动模范】 五一国际劳动节期间,为全县121名劳动模范、先进人物和一线职工送上8.1万元慰问金、鲜花果篮和人身意外医疗保障计划;10月12日欢送6名省级劳动模范和先进工作者参加全省表彰大会,县委、县政府主要领导为劳模送行,营造了尊重劳模、弘扬先进的浓厚氛围。

【组织企业参加全国"安康杯"劳动竞赛】 组织了48家企业参加全国"安康杯"劳动竞赛,推荐了1家单位参加全国安康杯竞赛"优秀组织奖"评选,组织了120家企业参加了全省经济技术创新活动。先后在水泵公司举行了园区企业一线职工岗位练兵和技能竞赛,联合卫健委开展了职工技能大比武、联合教体局举行了"互助保障杯"教师技能竞赛,引导职工立足岗位,创新实践。7月,县总工会获得"2020年江西省'安康杯'职工安全生产和职业病防治知识竞赛优秀组织奖"。

【维护职工合法权益】 全年开展法律"六进"服务6次,为1700多名职工普及法律知识,提供法律援助案件3件,指导43家规模以上企业开展工资集体协商,指导32家企事业开展厂务(校务)公开工作。全县各级工会组织和县驻外维权办事处共接待职工来信、来电、来访等263人次,协同有关部门调处疫情期间引发的各类劳资纠纷31例,追讨欠薪50余万元,为职工赢得追工伤(亡)赔付款307万元。

【帮扶困难职工】 共帮扶困难职工352人次,下发帮扶资金73.509万元,对困难职工和坚守一线的职工等进行走访慰问,送温暖慰问547人次,发放送温暖资金41.448万元。有序做好困难职工解困脱困工作,全力做好省总工会困难职工解困脱困工作成效第三方评估检查工作。找准工会在精准帮扶和助推营商环境优化的结合点,当好娘家人,做好服务员:开办了暑假"假日课堂",为因工作没时间照顾子女的职工家庭以及留守儿童家庭提供托管服务;为高温下坚守岗位的一线职工送去防暑降温"清凉礼包"500余份;号召全县各级工会干部以"一对一"的形式结对兜底,全县共有130多名困难职工提出了"微心愿"并已全部实现;开展职工技能培训进企业活动,举办"携手小康"月嫂和面点制作培训班,切实做好"六稳"工作,落实"六保"任务,助推困难职工解困脱困。同时做好了关心关爱女职工工作,为工业园昌圣公司150余名女职工提供免费体检。二是着力推进普惠服务。作为全省工会会员服务卡试点县之一,紧紧抓住这一有利契机,加大宣传力度,深入推进普惠化服务工作,创新举措、升级服务、强化管理,进一步增强基层工会吸引力和凝聚力。三是做好职工互助保障工作。全县参保单位227个,参保会员15967人,共为160名职工赔付146.6万元,帮助患病和遭受意外的职工解决了实际困难。同时,为全县68名抗疫一线医务人员赠送了互助保险,提高他们防大病的风险能力。

【提升工会组织建设】 进一步加强区域性、行业性工会联合会和园区工会建设,全年新建工会组织22家,新增会员2000余名,特别是九大员建会有突破,新建县保安公司、国安货运、大地货运公司等工会,打造星浩实业等3个"六有"优秀示范点。5月份的全县组织工作暨基层党建"三化"建设工作推进会上,县总工会被选为4个现场参观点之一。

【纪律作风建设】 严格执行廉洁自律准则、中央八项规定精神,落实"一岗双责",不断加强党风廉政建设和反腐败工作。坚持民主集中制原则,规范"三会一课"、主题党日等组织生活,巩固深化“不忘初心、牢记使命”主题教育成果，认真开展好“优环境、促发展”大讨论活动，积极配合好县委巡察工作。从严落实意识形态责任制工作，组建好工会志愿服务队，努力打造廉洁高效、善谋实干的工会队伍。同时加强了工会经费收缴工作，规范税务代征与财政划拨机制，规范工会审计工作。

【县总工会领导成员】

党组书记、主席：谢绍平（县人大常委会二级调研员）

党组副书记、常务副主席：袁艺

党组成员、副主席：黄小青
何冬梅

二级主任科员：孙志勤
张小明
康　平
刘晓琴

副科级干部：张碧蓉

共青团万载县委

【概况】 2020年，共青团万载县委坚持以习近平新时代中国特色社会主义思想和中共十九大精神为指导，认真贯彻落实团十八大精神和省第十六次团代会精神，共青团万载县委在上级团组织和县委的正确领导下，以“服务青年，促进青少年健康成长，推动城市文明创建、团组织格局创新”为主线，深入开展青年文明号、希望工程、志愿者行动三大品牌工作，发挥了组织、引导、服务青年和维护青少年合法权益的职能作用，团结带领广大团员青年为实现万载县社会、经济健康快速发展做出了新的贡献。

【举办“同心抗疫”主题美术、书法作品展】 受疫情影响，万载县全县广大团员青年众志成城、攻坚克难，筑起防控疫情的坚强堡垒，其间涌现出了许多可歌可泣的感人故事。为讴歌真英雄、传播正能量，展现全县团员青年勇于担当和作为的精神面貌，向奋战在疫情防控一线的全体工作人员和广大人民群众致敬，团县委、县文联拟在五四期间举办以“同心抗疫，共画深情”为主题的美术、书法作品展。此次展览共收到全县美术、书法作品160余件，5月11日经过专业评审，共评选出等级奖12名、优秀作品奖20名、入展奖105名、人气奖2名。

【举办评选“最美一线青年”活动】 为集中展示万载新时代青年的精神风貌和价值追求，充分发挥优秀青年的典型示范作用，激励全县广大青年在建设“再创万载辉煌，全面建成小康”的伟大征程中发挥生力军和突击队作用。4月23日，团县委在全县各级团组织中广泛开展网络评选最美一线青年活动，选出了“万载最美一线青年”20名，授予10名参与抗疫一线青年“万载最美一线青年”疫情防控类称号，授予10名青年“万载最美一线青年”综合类称号。

【举办“优环境、促发展”大讨论主题演讲比赛】 为深入学习贯彻习近平新时代中国特色社会主义思想，从更高层次落实习近平总书记视察江西时的重要讲话精神，加强全县“优环境、促发展”大讨论活动学习研讨，丰富学习研讨方式。根据《中共万载县委印发〈关于开展“优环境、促发展”大讨论活动的方案〉的通知》要求，8月6—11日，由团县委联合县委“优环境、促发展”大讨论活动领导小组办公室共同举办“优环境、促发展”大讨论主题演讲比赛，比赛分初、决赛两场分别举行，来自各乡镇（街道）、县直单位、县直各部门的19名入围决赛的选手依次登台演讲，展现新时代青年风采。

【开展“优环境，促发展”人居环境专项整治活动】 为推动城乡人居环境综合整治工作向纵深发展，全力打造卫生整洁、环境优美、宜商宜居的城乡环境，8月25日，共青团万载县委结合“优环境、促发展”大讨论活动和城市党建“双进双服务”工作要求，深入挂点网格东门社区，开展人居环境专项整治行动。

【参与“留守儿童关爱行”公益活动】 为帮助贫困地区留守儿童走出山村开阔视野、陶冶情操，激发他们对美好生活的向往,培育积极向上的正能量,引导贫困地区学生树立自强不息、勇于追梦的精神,充分发挥团组织和青联在“阻断贫困代际传递”中的积极作用,助力全县决战决胜脱贫攻坚。9月13日,共青团宜春市委与万载县团委,联合市青联、市青少年活动中心举办“爱心入户·宝贝出村——留守儿童关爱行”公益活动。孩子们不仅走进周文公祠国学课堂,以《大学》作为开篇,熟读国学经典和文化,还参观了万载县湘鄂赣革命纪念馆。

【参与“中秋与爱同行·瑞幸相伴左右”公益活动】 由共青团中央中国光华科技基金会与瑞幸咖啡(中国)有限公司携手发起的“中秋与爱同行·瑞幸相伴左右”公益活动,在河北省固安县特殊教育学校启动。共青团万载县委也参与了这次的公益活动,9月27日,在团县委曾楚的带领下,团县委全体干部,万载县志愿者协会志愿者携瑞幸咖啡(中国)有限公司的爱心月饼来到了茭湖谢溪村童心港湾、罗城南垣村童心港湾,马步乡宝石村童心港湾,并给学子们带去了一堂堂生动有趣的公益课。

【开展“部门联动凝心聚力,圆梦留守儿童微心愿”活动】 为助力脱贫攻坚,落实团省委“赣青扶贫”行动要求,大力弘扬“奉献、友爱、互助、进步”的志愿服务精神,以志愿服务为载体深入践行社会主义核心价值观,7月8日,共青团万载县委联合农业发展银行万载县支行、万载县志愿者协会开展“部门联动凝心聚力,圆梦留守儿童微心愿”活动。根据前期童心妈妈周敏荣搜集报送至团县委的22名留守儿童微心愿清单,团县委书记曾楚、农业发展银行万载县支行行长陈莹、副行长李智为孩子们发放了微心愿,给22名留守儿童准备了不同的礼物,还为宝石村童心港湾送去了积木桌、雪花积木、绘画纸、马克笔等玩具和文具用品。

【召开十六届四次全体(扩大)会议】 5月27日,共青团万载县委召开十六届四次全体(扩大)会议。团县委委员、候补委员;各乡镇(街道)团委书记、专职副书记;教育团工委、工业园团工委、县直单位团组织、县直学校团组织负责人;各界青年代表;青年志愿者代表;团县委全体机关干部参加此次会议。为深入学习贯彻中共十九大和十九届二中、三中、四中全会精神和习近平总书记关于青年工作的重要思想,认真落实团十八届四中全会、团省委十六届三次全会和团市委四届二次全会精神,总结2019年工作情况,部署2020年重点工作。

【参与万载古城“焰火之吻”七夕专场狂欢夜美食交友活动】 为贯彻落实中共十九大、团的十八大精神,切实推动中共中央、国务院印发的《中长期青年发展规划》中青年婚恋领域工作的相关精神和工作要求在万载县有效实施,进一步发挥共青团在青年婚恋方面引导和服务青年的作用,为全县单身青年提供交友平台,8月25日,20名青年男女齐聚古城,参加万载古城举办的“焰火之吻”七夕专场狂欢夜美食交友活动,此次活动全方位展示了万载的文化底蕴和人物风采,最大限度地向外宣传、推介万载。

【开展“向国旗敬礼,青春致敬祖国”主题团队日活动】 为庆祝新中国成立71周年,引导和激励广大青少年大力弘扬爱国主义精神,团县委在“十一”前夕组织全县各中小学校团组织和少先队开展“向国旗敬礼,青春致敬祖国”主题团队日活动,进一步引导广大青少年传承红色基因,树立制度自信,展现青春风貌。

【开办县教育系统团队组织建设及基本能力提升培训班】 为深入学习贯彻习近平新时代中国特色社会主义思想和中共十九大精神,贯彻落实团十八大、团省委十六届三次全会和团市委四届二次全会精神工作部署,深化推动共青团改革,落实全面从严治团,提升基层团队组织建设工作质量。10月23日万载团县委在万载县行政大厅三楼会议室举办了“2020年万载县教育系统团队组织建设及基本能力提升培训班”。培训第一阶段由宜春市少工委副主任张志红进行少先队工作业务培训，让万载县教育系统团队对少先队基础知识有了更加明确的认识。第二阶段由宜春市第八中学团委书记聂文清进行团务知识培训，对“入团志愿书规范填写说明”及“团员发展程序介绍”进行了详细讲解，让万载县教育系统团队对团务知识有了更进一步的了解。

【组织深入学习宣传贯彻中共十九届五中全会精神活动】 为深入贯彻中共十九届五中全会精神，激励青少年自觉践行社会主义核心价值观，12月18日上午，团县委书记曾楚到万载中学开展了“历史变革中的新征程——学习贯彻党的十九届五中全会精神”主题宣讲活动。

【团县委领导成员】

书　记：曾　楚

副书记：袁佑微

　　　　易　娟（2020年4月任）

县妇女联合会

【概况】 2020年，县妇联紧紧围绕县委、县政府的中心工作，以决胜“四大战役”全面建成小康为目标，进一步深化妇联改革，开拓妇联工作取得新成效，先后被评为全省妇联系统舆论阵地建设先进单位、县综治工作目标管理先进单位、县文明单位和县节能减排先进单位等。

【党建工作】 树牢“四个意识”，坚定“四个自信”，做到“两个维护”，学习贯彻学习中共十九大、十九届二中、三中、四中、五中全会精神和习近平新时代中国特色社会主义思想、《习近平谈治国理政》第三卷，每月进行党员学习议事日活动，开展民主生活会、组织生活会；落实“双进双服务”工作，在龙湖社区开展“心手相系　感恩母亲”活动，观看感恩母亲视频、评选最美妈妈、同唱《感恩的心》并组织免费体检，开展人居环境整治工作，对违规种菜进行清理，切实做好党建各项工作，引领基层妇女听党话、跟党走。

【脱贫攻坚工作】 认真做好黄茅镇烘炉村、白水乡白水村脱贫攻坚工作，定期走访贫困户，宣传扶贫政策；下派副主席黄锦芳担任康乐街道里泉村第一书记；帮扶对象14户全面脱贫；推进城镇贫困妇女“两癌”免费检查工作，2020年检查贫困妇女186人，签署放弃检查协议130人，全面完成检查任务；关爱贫困妇女儿童，贫困农村留守女童45人，进行一对一关爱活动，救助13名“两癌”贫困妇女共13万元，帮扶白水乡白水村10名“春蕾女童”，共6000元。

【意识形态工作】 县妇联积极履行意识形态工作主体责任，充分利用党组理论中心组学习、党员学习议事日集中学习，“三会一课”、党员主题活动等形式加强理论武装，坚持做好学习强国、江西网院网络学习，深化理想信念教育；及时传达中央、省、市、县关于意识形态工作会议有关精神，切实抓好全体党员领导干部意识形态工作；做好万载女性等新媒体的使用，积极向上投稿。

【疫情防控工作】 一是组织县内干部前往建成社区对98户居民进行体温测量，对景峰佳苑小区进行值守；二是组织乡、村、组三级妇女干部开展疫情防控宣传，利用万载女性开展宣传妇女干部、优秀家庭的抗疫事迹；三是联合县心理咨询师协会开展“共抗疫情公益心理援助热线服务”，接待咨询61人次，疏导隔离群众9人次；四是向上推荐万载县抗疫优秀典型，35名妇女小组长获市级先进荣誉，全国、省、市妇联刊发万载县抗疫文章共14篇。

【开展“优环境、促发展”大讨论】 紧紧围绕“建设风清气正政治生态环境、打造一流营商环境、呵护秀美自然生态环境、推动高质量跨越式发展”四个方面，深入开展学习研讨交流，进行问题查摆,对查摆妇联领导班子和班子成员的12个问题做到立行立改,确保大讨论活动取得实效。

【组织各类活动】 5月30日,在顷波图书馆开展庆六一“陪伴儿童,与爱同行”活动,30余名家长和儿童参与此次活动。8月12日,在白水乡白水村开展“关爱留守儿童”主题活动,与孩子们进行心理健康团体辅导游戏,观看防溺水宣传片,开展防性侵教育,制作手工涂鸦等内容。8月25日,县妇联联合县工业园、县教体局、县商务局联合举办“七夕寻缘·爱在万载”交友联谊活动,来自全县各行政机关、企事业单位的82名单身青年参加活动,充分展示全县青年追求幸福、美好生活的精神风貌。11月18日,前往三兴镇湖源小学开展留守儿童心理辅导活动。11月20日,走访县残疾儿童康复中心,关爱残疾儿童。面向康乐街道、鹅峰乡、马步乡、白水乡、岭东乡、罗城镇等乡镇(街道)村妇女小组长开展履职培训班。推广全民阅读活动,致力于不断提高全民素质,开展“崇尚孝德、感恩父母”“陪伴的力量”“父母的语言”“正面管教”系统家长课等主题教育活动60余场;组建巾帼志愿宣讲团走进乡村、社区、企业、机关、医院、学校,开展家风、反家暴、防性侵、《中华人民共和国民法典》、《家庭教育促进条例》等宣讲活动100余场。

【县妇联领导成员】
主　席:刘　丹
副主席:黄锦芳
　　　　刘菊华
党组成员:龙　珑(2020年12月任)

县科协

【概况】 万载县科协在县委、县政府的正确领导下,在市科协的大力支持及指导下,深入学习贯彻习近平新时代中国特色社会主义思想和中共十九大精神,勇担新时代科普工作新使命,有效提升公民科学素质,为万载高质量跨越式发展做出新贡献。2020年,在新冠肺炎疫情期间,认真实施“外防输入、内防扩散”策略,在打赢疫情防控阻击战中彰显了科协力量;扎实开展科技“三下乡”“科普之春”“全国科普日”等传统品牌科普活动,不断创新形式,注入新内容,使传统品牌活动焕发了新活力。

【进行新冠肺炎疫情应急科普宣传】 一是以有效动员彰显科协组织力。1月28日统筹做好向全县科协系统发出《万载县科协应对新型冠状肺炎病毒感染的肺炎疫情防控倡议书》,号召所属协会及广大科技工作者,立即进入战斗状态,积极主动作为,体现责任担当,投身疫情防控,共同维护人民生命安全和身体健康。二是以聚合平台增强科学传播力。广泛利用“科普中国”APP(应用程序)、“科普万载”公众号等科普终端载体和平台,向公众推送新冠肺炎科普知识,进行解疑释惑和科学辟谣。在全县发放、张贴“强防护、信科学,打赢疫情防控阻击战”应急科普宣传画报300余张。三是以实际行动体现科协战斗力。按照全县统一部署,科协机关全体干部下沉社区一线,协助社区严格落实管控措施。

【进行品牌科普活动】 一是9月19日举行了万载县2020年“全国科普日”主场活动。以展板展现、发放资料、互动体验等为主要途径,以生动活泼、轻松易懂、现场互动等多样化方式,展现科技的魅力,凸显智慧生活的便利与快捷,为广大公众带来一场丰富多彩的科普盛宴。二是大力推行“科普中国”APP(应用程序)安装,利用平台组织中小学生、社区居民参与丰富的网络活动,参与活动打卡、直播、短视频、网络挑战赛等网络在线科普活动,组织7200余人参与“2020年宜春市全民科学素质网络挑战赛”。三是科普大篷车进校园。向上级争取到一辆“科普大篷车”,把科普大篷车开进校园,充分发挥“流动科技馆”的独特功能,以声光电互动展品展出、VR(虚拟现实)科普体验、航空航模无人机表演、思维教具互动演示、科普展览等开展内容丰富、生动活泼的科普活动。四是组织科普志愿服务队来到县城社区，现场指导居民操作，利用展品展示、亲身体验等形式让现场的居民大开眼界。科普大篷车为广大社区居民及青少年直观地展示了声、光、电相结合的新兴科技展品，以贴近生活，接近群众的展览方式，生动、有趣、直观地展现了各种科学原理，力求让百姓群众爱科学，懂科学、学科学、用科学。五是“流动科技馆”巡展走进万载图书馆。科协和图书馆合作，开展为期三个月的以“体验科学”为主题科技展览，通过“能力测试”“力与数学”“虚拟现实”“机械传动”“视觉体验”“健康生活”6 个主题展区的 20 余件互动展品，与科学表演、科学实验、科普影视相结合，为公众提供参与科学实践的场所，让各类优质科普资源以寓教于乐的方式走进了寻常百姓家。

【科普助力精准扶贫工作】 整合科协科技助力精准扶贫资源，创造性开展挂点帮扶村的扶贫工作。在三兴中心小学组织开展以“扶贫扶智，放飞梦想”为主题的公益研学活动，进一步提高了乡村青少年的科学素质，激发了他们学科学的热情，为科技助力精准扶贫树立了典范。组织挂点的潭埠镇新田村 82 名学生前往省科技馆开展了以“扶贫扶智，放飞梦想”为主题的公益研学活动，进一步提高了帮扶村青少年的科学素质，激发了他们学科学的热情，为科技助力精准扶贫树立了典范。

【科普软硬件设施建设】 一是大力推行“科普中国”APP 安装，关注“科普中国”“科普宜春”“科普万载”等科普公众号。组织中小学生、社区居民参与丰富的网络活动，参与各类线上线下科普日活动，学习科普知识，极大地丰富了大众学科学、爱科学、用科学的热忱。二是向中国科协争取到价值 40 多万元的科普大篷车一辆，充实了科普设施。充分发挥科普大篷车流动科普平台优势，深入开展科普大篷车进校园进社区活动，以科普大篷车为抓手，不断提升辖区公民科学素质。

【完成国家全民科学素质测评工作】 2020 年，国家通过第三方机构，对各地区公民科学素质情况进行评估。县科协高度重视此次测评工作，6 月中旬召集全县 17 个乡镇布置了全民科学素质测评工作，开展全民科学素质工作集中培训，邀请专家对各乡镇（街道）全民科学素质工作领导小组成员单位分管领导、社区（村民）居民、科普志愿者进行专题辅导，并进行乡镇全覆盖测评演练。在 7 月的国家第三方测评中结果显示，万载县全民科学素质得到较好的提升，高质量完成了国家全民科学素质测评工作。

【抓实乡镇、企业科协组织建设】 在 6 月召开的全县科学素质工作推进会上，一是下发《万载县全民科学素质工作领导小组关于进一步规范提升基层科协组织力“3+1”建设工作的通知》，全县 17 个乡镇（街道）及县工业园区全部建立了基层科协，由乡镇（街道）、工业园分管科协工作的领导兼任科协主席，吸纳同级医院院长、学校校长、农技站站长担任兼职挂职副主席。二是下发《万载县科学素质领导小组关于做好科技志愿者队伍和人员登记注册的通知》，充分调动公众志愿参与科普服务的积极性，全力推动万载县科普事业发展。2020 年，全县范围内共组建、注册科技志愿者 880 名，不断加强科普志愿者队伍建设。至此，标志着万载县科协系统接长手臂、向基层延伸，基本实现了基层科协组织全覆盖。

【推广科技普及在企业中发展中的作用】 在“优环境促发展”的活动中，县科协深入园区 30 余家企业，扎实开展调查研究，与科技工作者对接，收集企业意见建议、实际情况、矛盾问题和企业科技方面需求。在征集企业有技术难题后，向企业推荐使用“海外专利信息资源库”进行尝试，企业通过查询相关专利应用案例，分析运用，对照改进工艺技术，以实现技术突破。

【举办“农函大”培训班】 向省农函大争取到 3 万元农函大培训费，开展了贫困地区创业致富带头人帮扶培训,进一步加大科技助力精准扶贫力度和实施乡村振兴战略步伐。培训内容紧紧抓住时代背景,从创新创业、乡村振兴战略、创业者自我意识提升、经营管理、5G时代农副产品电商销售,农村中药材种植技术等具有现时代、当地特色的课程进行详细讲解。共培训农村实用技术人员60多名,进一步提高了全县农村实用人才的科学素质,增强了他们依靠科技发展壮大当地产业的信心。

【培育、创建优秀科普示范基地】 全年评估、申报2个省级科普示范基地;申报成功2个市级科普示范基地;创建5个县级科普示范基地。在培育、创建优秀科普示范基地中,充分发挥科技示范户"以点带片、以片带面"的辐射效应,引导示范,做给农民看、教会农民干,教与学相得益彰,大大激励了广大农民学科技、用科技的热情。万载县夏布艺术馆发挥科普示范基地带动作用,常年面向社会展出地方传统手工艺,全年开展实地考察、展览、咨询等10余次活动,开展实用技术培训2期次,发放资料1000余份(册),组织青少年参观学习4期200人次,促进传统手工产业的健康发展。

【县科协领导成员】

县政协副主席、科协主席:谢昌仁

党组书记:黄晓繁

副主席:范小燕(女)

二级主任科员:黄荣生

文学艺术界联合会

【概况】 2020年,在县委、县政府的坚强领导和县委宣传部的有力指导下,万载县文联坚持以习近平新时代中国特色社会主义思想为指导,深入贯彻习近平总书记文艺工作系列讲话精神,积极落实中央及省市重大决策部署,坚持问题导向、着力关键环节、突出重点发力,开展形式多样的文艺活动,为不断满足人民群众对美好生活的需求、加快文化大县建设提供了强有力的思想动能和精神支撑。

【举办散文和书法讲座】 1月8日,万载文联理论宣讲分队邀请中国作协会员、作家罗张琴,书法家廖晓丹分别在县图书馆和金三角社区开展了一次散文和书法创作讲座。

【举办书法巡展】 1月16日,在万载书画院举办了"宜春市获奖书法家精品巡展",展出宜春籍41名书法家72件作品,受到当地书法作者和传统文化爱好者的热烈欢迎。

【送春联活动】 1月12日、18日,万载文联理论宣讲分队组织书法家走进校园、走进社区,为师生和社区群众义务书写春联,送出春联1000余副。

【举办书画作品网络展】 2月7日,组织书协、美协举办了"防控新冠状病毒肺炎"书画作品网络展,展出作品60余幅。同时,积极组织作协、摄协会员创作了大批以抗疫为主题的文学、摄影作品。如戏曲协会创作的花灯戏《战疫》、音舞协会徐小明创作的歌曲《你是这一个》等等,据统计,抗疫期间万载县文艺工作者创作的抗疫作品数多达百件(首)。

【举办书画征集活动】 五四青年节期间,与团县委联合举办了以"同心抗疫,共画深情"为主题的书画征集活动,并于6月1日上午在古城郭南轩公祠开展,展出作品160余件。

【开展脱贫攻坚征文活动】 7月、8月分别与卫健委、脱贫攻坚指挥部开展了"关于学习习近平总书记关于扶贫工作的重要论述""决胜小康,奋斗有我"脱贫攻坚征文活动。

【新时代文明实践志愿活动】 9月30日,理论小分队积极参加新时代文明实践志愿活动——走进岭东。组织书协、美协宣讲队员为群众送去了丰富的文艺精神食粮。

【举办书画作品展】 9月28日,万载县美术家协会"庆国庆、迎中秋"书画作品展顺利在万载古城郭南轩公祠开展。此次共展出万载美协人的81幅精心之书画作品,反映了万载近年来突飞猛进的发展与风俗人情,展示了"万载美协国画提升班"公益教学的成果。

【县作家协会出版杂志与作品集】 10月,县作家协会编辑出版《红土地》1期,刊登文艺作品70余篇(首)。11月,县作家协会还编辑出版《万载文学作品选》,收录了55名当地作者300篇(首)文艺作品,计30余万字。

【徐小明作品获奖与入选专集】 县作家协会主席徐小明继2019年创作的《中国阳光》在《宜春日报》发表,被评为2019全国报纸副刊年度佳作(三等奖),并收入中国报纸副刊作品集萃后,他撰写的报告文学《获富村里酒飘香》发表于《江西政协报》,在第28届江西省报纸副刊好作品(2020年度)评选中获三等奖。其诗作《梦行天涯》入选《新世纪江西文学精品选(2000—2019)》大型丛书"诗歌卷"。

【易定国叙事诗集《丰碑颂》出版】 由中共万载县委宣传部、县退役军人事务局、县史志工作办公室联合出品,万载县文联原主席易定国创作的叙事诗集《丰碑颂》8月由中国文艺出版社正式出版发行。《丰碑颂》为叙事诗体,共分为三辑。第一辑初心摇篮,叙说万载20处革命苏区旧址;第二辑使命壮歌,记叙万载21名烈士的革命事迹;第三辑历史丰碑,表达对万载烈士公墓中长眠烈士的无限崇敬。该书浓墨重彩地描绘了一轴震撼人心的壮丽画卷,有着真切的现场感,具有强大的感情冲击力,每一个画面都是一串有力的音符。是全县党员干部和中小学生了解万载革命史,进行革命传统教育、爱国主义教育、理想信念教育的重要读物。在该书写作中,作者将革命先辈的奋斗史迹融汇诗中;让深藏纪念馆、博物馆、档案馆、史志办的珍贵历史资料得以沿袭。

【县文联领导成员】

党组书记、主席:余　刚

党组成员、副主席:叶　锋

残疾人联合会

【概况】 2020年,县残联在县委、县政府的正确领导下,在市残联的精心指导下,以"优环境、促发展"大讨论活动为牵引,以组织实施惠残民生工程为抓手,不断创新工作举措和工作机制,加快推进残疾人社会保障体系和服务体系建设,圆满完成了各项工作任务,全县残疾人事业呈现出蓬勃发展的良好态势。县残联内设人秘股、康复股和就业服务所,是全额拨款的参公事业单位,年末在职干部职工12人。截至2020年年底,全县有持证残疾人16468人。残疾等级中一级854人、二级4387人、三级4713人、四级6514人;残疾类别中视力1933人、听力1102人、言语282人、肢体9109人、智力1637人、精神1431人、多重974人。2020年,县残联获评"全市残疾人工作综合先进单位"。

【聚焦残疾人脱贫攻坚】 1.认真抓好脱贫攻坚巡视回头看反馈问题、"不忘初心、牢记使命"主题教育检视问题及成效考核反馈问题的整改落实工作,共梳理"三项整改"方面问题13个,其中中央第十一巡视组巡视"回头看"反馈问题7个,"不忘初心、牢记使命"主题教育问题3个,2019年成效考核反馈问题3个。所有问题已全部整改到位。2.扎实抓好残疾人实用技术培训,全面提升残疾人职业技能水平。共举办了盲人按摩、种养技术、农家书屋管理和电子商务培训班4期,培训残疾人150人,其中建档立卡残疾人95人,为增加残疾人的家庭收入,实现稳定脱贫奠定了扎实基础。3.加强公益性岗位和农家书屋管理员的规范管理。一是先后两次与县文广新旅局组成联合督查组对全县农家书屋管理员履职情况进行集中督查,对督查情况下发了联合通报;二是按照属地管理原则,对公益性岗位工作补贴拨款方式进行了纠正,过去直接由残联拨给公益性岗位个人更改为由残联将款拨给乡镇，再由乡镇拨给个人；三是所有公益性岗位聘用合同一律与用人单位签订，实行县残联与用人单位双重管理。根据2019年考核结果，对履职不到位的残疾人农家书屋管理员进行了调整，2020年农家书屋管理员新增10人，履职不到位的解聘2人，全县181个农家书屋管理员中有59名由建档立卡残疾人担任。4.继续完善出台《残疾人自主创业奖补办法》，促进残疾人就业创业。一年来培植助残基地15个，其中申报省二级阳光助残基地2个、市级阳光助残基地4个，扶持县级助残基地9个，基地安置残疾人用工114人。5.实施精神、智力和重度肢体残疾人托养服务。一是在马步、双桥2个乡镇实施了阳光家园托养服务，根据残疾人需求开展个性服务，惠及建档立卡残疾人150人。二是争取县委、县政府支持，协调财政、扶贫、民政、卫健等部门支持，在高城、马步、赤兴3个乡镇敬老院改造建立建档立卡重度失能残疾人托养中心，托养贫困重度失能残疾人共20人，大大提升了残疾人的获得感、幸福感。6.切实抓好残疾人两项补贴申报工作，全年发放残疾人两项补贴共9672人，671.2万元。3952名建档立卡残疾人享受两项补贴273.13万元。先后三次开展了残疾人2016—2020年漏享受两项补贴排查，共排查出502人漏享受两项补贴，累计补发48.81万元。7.切实做好残疾人脱贫攻坚工作宣传。一是组织拍摄了残疾人脱贫攻坚专题片——《残疾人都说共产党好》，拍摄成效较好，11月在中残联融媒体展播。二是组织了“你笑起来真好看”摄影比赛活动，真实地反映出了全县残疾人在脱贫路上的幸福场景、开心片刻。

【聚焦残疾人精准康复】 1.为确保年度康复服务率超过80%，按照制定年度精准康复需求计划，根据残疾人需求，下发辅助用具2000余件（套）；为319名残疾人提供支持性服务，其中成人肢体残疾139人，智力残疾和自闭症儿童80人，听力言语儿童30人，精神残疾人70人；为100名精神残疾患者提供免费服药，积极做好假肢安装、人工耳蜗安装宣传和转介工作，全年假肢安装转介15人、人工耳蜗安装(0~6岁)需求的对象救助2人；继续为建档立卡和有康复需求的残疾人开展了家庭医生签约服务。2.全面实施残疾儿童康复救助制度，全年转介94名残疾儿童在机构康复训练，其中听力言语14人，智力17人，自闭症51人，脑瘫12人，转介13名视力障碍儿童到万载博视眼科医院视力康复训练。3.规范残疾儿童康复机构准入制和协议管理，8—9月，对全县2所康复机构(万载县残疾儿童康复机构和万载启迪康复教育发展中心)规范开展残疾儿童康复服务进行初查和复查，督导2所机构认真开展整改完善，逐步完善评估制度，并进行协议化管理，确保残疾儿童康复机构有序运转，康复档案齐全，账目独立规范。4.继续加强社区康复站建设，继续巩固基层30个社区康复站点，为白良基层康复站点和颐康养老院添置康复器材；监督和引导北门社区精神障碍患者康复中心继续为30名稳定期精神障碍者提供工疗、娱疗、日间照料、心理疏导、心理支持及转介转诊等社区康复工作。5.做好残疾人基本服务状况与信息动态更新，分两期先后组织举办了“全县残疾人基本服务状况与信息动态更新培训班”，共有270人参加培训；组织人员定期打电话或实地到乡镇（街道）残联督查，了解数据采集情况，进行答疑解惑，据统计，此次登记对象人数16418人，实有登记人数15979人，其中入户登记14338人，电话登记人数1641人；未完成登记人数439人，其中查无此人14人，已搬迁91人，空挂户17人，外出97人，死亡220人。数据报送过程中，继续坚持了残工委与残联领导“双签字制度”，确保数据安全。

【聚焦残疾人维权】 1. 积极开展贫困重度残疾人家庭无障碍改造。按照“统一勘察设计、统一预算口径、统一工程施工、统一器具购置、统一工程监管、统一检查验收”的标准和程序，精心选择既有施工资质又有无障碍改造经验的施工队伍，组织开展县乡村三级五方上户勘查，根据勘察结果“因户施策”分别制定改造方案，做到勘察、设计、预算、施工、采购同步进行，做到一个乡镇一个乡镇推进。此次改造共涉及全县17个乡镇106个村的263户残疾人家庭，总投资约75万元，其中土建工程60万元，器具用品采购15万元。6月11—12日，宜春市助力脱贫攻坚贫困重度残疾人家庭无障碍改造推进会在万载召开，对万载工作给予了充分肯定和高度评价。2. 加强残疾人信访工作力度。对信访中涉及的法律问题，及时转介到法律援助和法律救助层面解决，坚持领导信访接待日制度和领导下访排查制度，做到定期下访、定点排查、定人包案。继续聘请志愿律师负责全县残疾人机构和个人的法律咨询和服务工作。一年来，共接受法律咨询12人次，接待来电32人次，来访6人次。3.开展残疾人通信费优惠服务。5月，联合县工信局下发《关于为残疾人群体提供通信资费优惠的通知》，携手中国移动、中国电信、中国联通三家公司，在现行在售资费套餐基础上，针对全县持证残疾人用户给予五折优惠，折扣期为二十四个月。4.落实了符合条件的缴费困难残疾人享受政府“两代缴”政策。继续推进残疾人参加基本医疗保险、基本养老保险补贴等优惠政策，全县2552名重度残疾人得到扶助，县政府代缴了基本养老保险费26万元，代缴基本医疗保险费66.4万元。5.落实申报残疾人机动轮椅车燃油补贴108人，发放2020年机动轮椅车燃油补贴120人计3.12万元。

【创建服务型干部队伍】 1.强化创新理论武装。坚持抓好党员日常学习督促检查工作，坚持每月党员议事日理论学习制度，创新学习形式，提升学习效果；加强“学习强国”平台推广使用，积极完成江西干部网络学院的学习任务。2.持续抓好纠“四风”工作。严格落实中央八项规定精神及省市县相关规定，扎实开展“严规矩、强监督、转作风”集中整治形式主义官僚主义专项行动，开展正风肃纪行动，坚持不懈纠正“四风”。深化日常教育与警示教育，从严日常监督，让党员干部知敬畏、存戒惧、守底线。3.深入开展党建创建工作。积极培育和践行社会主义核心价值观，成立了万载县助残志愿服务队，深入鹅峰乡严坑村开展送辅具、送服务活动；联合县侨界志愿服务队，到马步、高城、赤兴敬老院为集中照护的建档立卡重度残疾人开展了送医、送药、送温暖活动；同时，深化机关与北门社区“双进双服务活动”，持续抓好脱贫攻坚相关工作，充分发挥党支部和党员在脱贫攻坚工作中的先锋模范作用。4.积极开展“优环境、促发展”大讨论活动。7—9月，按照县委安排，在残联系统开展了“优环境、促发展”大讨论活动，残联班子对照“政治生态方面”“营商环境方面”“自然生态环境方面”“高质量发展方面”“巡视巡察方面”及“选人用人方面” 存在的问题进行查摆，共查摆6个问题，对所有问题，列出了问题清单，制定了10条整改措施，落实了整改责任人、整改时限，并抓实了问题整改。

【省残联理事长何剑锋到万载走访贫困残疾人】 1月5日，省残联党组书记、理事长何剑锋一行三人在县政府副县长程淑兰的陪同下深入三兴镇开展春节走访慰问活动，其间分别走访了徐中平、郭帮基、聂清连、李忠兴、潘卫平家庭，每到一处，何理事长与残疾人握手交谈，并到厨房、饭桌、房间察看了解残疾人家庭“两不愁、三保障”情况。走访徐中平家庭时，何理事长对他那种乐观向上的精神给予了高度赞扬；走访聂清连家庭时，看到其家庭实施无障碍改造后的面貌，对县残联在助力脱贫攻坚工作上所作的努力给予了高度肯定；走访全失能的李忠兴家庭和精神残疾的潘卫平家庭时，鼓励其家属要相信共产党，小康路上决不会让一个贫困人口掉队。

【全县建档立卡贫困残疾人全部如期脱贫】 截至12月，全县

4156人建档立卡贫困残疾人在各级政府和残联组织的共同努力下,通过教育、就业、医疗、社保、住户和饮水,结对帮扶等措施的有效帮扶,全部实现家庭稳定增收,摆脱贫困,与全县人民一道将迈上小康之路。

【下村入户为贫困重度残疾人办理残疾人证】 针对农村不少瘫痪在床办证困难问题,县残联联合县卫健委组织评定专家,先后2次深入乡镇(街道)、村(社区)农户家庭共为277名建档立卡残疾对象和重度肢体残疾对象办理了残疾证。

【全市助力脱贫攻坚贫困重度残疾人家庭无障碍改造推进会在万载县召开】 6月11—13日,"全市助力脱贫攻坚暨贫困重度残疾人家庭无障碍改造推进会"在万载县召开。省残联维权处处长乐华昌、市残联领导及宜春市各县(市、区)残联的分管领导出席会议,与会人员现场观摩了谌梦雪、辛宝莲等贫困重度残疾人家庭无障碍改造情况,对万载县的无障碍改造工作给予了充分肯定。2020年,全县共改造263户,涉及17个乡镇106个行政村,其中工程改造111人,发放无障碍用品208户。改造内容为,对肢体残疾人家庭实施灶台、浴室、卫生间、门窗、轮椅出行路面等进行无障碍改造,并安装抓杆扶手、固定浴凳等;为视力残疾人发放盲杖、盲人报警电饭煲、热水壶等无障碍用品;为听力残疾人购买闪光热水壶、闪光电饭煲等无障碍用品;为智力和精神残疾人加固防护门窗等。

【开展建档立卡重度失能残疾人集中托养试点工作】 在县委、县政府的高度重视和财政、扶贫、民政、卫健等部门的大力支持下,出台《万载县建档立卡重度失能残疾人集中照护试点工作方案》。5月,以乡镇敬老院为依托,先后在高城、马步、赤兴等三个乡镇改造建立了建档立卡重度失能残疾人托养中心,共托养贫困重度失能残疾人20人,为托养残疾人家庭解决了后顾之忧,入住对象的获得感、幸福感大大增强。

【残疾人两项补贴实现城乡一体化】 从1月1日起,全县残疾人两项补贴取消城乡差别并提标,即重度残疾人护理补贴为70元/月,生活补贴为60元/月。2020年,全县有9672人享受残疾人补贴,发放资金671.2万元。

【加大残疾人自主创业和阳光助残基地奖补力度】 2020年扶助残疾人自主创业28人,扶助资金5.6万元;扶助盲人按摩15人,扶助资金3.4万元;扶助阳光助残基地15个,其中省级二级基地2个,市级基地4个,县级基地9个,省、市、县共扶持资金62.6万元。

【加大残疾人文体宣传力度】 一是组织拍摄了残疾人脱贫攻坚专题片——《残疾人都说共产党好》,11月在中国残联融媒体展播,获得了良好的社会反响;二是在残联系统组织了"你笑起来真好看"摄影比赛活动,收集到摄影作品40幅,作品真实地反映了万载县残疾人在脱贫路上的幸福场景,比赛共评出一等奖3名、二等奖6名,三等奖12名。三是万载县选送的《深山盲人羊倌记》获全省脱贫攻坚微视频比赛二等奖;理事长吴萍英撰写的《远山的呼唤》,获全县脱贫攻坚征文比赛二等奖。

【同心勠力共抗新冠疫情】 新冠疫情期间,全县残疾人主动融入抗疫队伍中,通过各种方式奉献一片爱心。县残联在残疾人就业、扶贫等方面提供各种援助与支持,让关爱在细微中彰显。一是为全县疫情灾区送温暖,给黄茅镇光明村28户建档立卡残疾人每户发放临时救助200元、口罩10个;二是经多方协调,为三兴湖源农民种植专业合作社解决农用物资的运输配送问题,为双桥绍江实诚家庭农场解决鸡鸭销售困难的问题;三是为高城镇农村建档立卡重度失能残疾人集中托养中心赠送20袋大米、20壶食用油及200个口罩等;四是动员爱心人士——宜春市鹏鸣医疗器械有限公司捐助医用口罩2000个折款一万元;仙源乡建档立卡肢体二级残疾人王乃春捐款1000元到县红十字会。在抗疫期间,还涌现了医者仁心的“逆行者”——仙源乡双溪村卫生室肢体残疾医生李玉石每天上户给湖北返乡人员测量体温;风雨无阻的“宣传员”——黄茅镇中罗村肢体贫困残疾人辛集辉在本村防控宣传;忙忙碌碌的“采购员”——马步乡残联专委周毛根为行动不便的残疾人买菜和采购生活用品;冲在一线的“先锋员”——潭埠镇陂田村贫困残疾人彭开兴主动请缨参与卡点的值班看守;播种大爱的“践行者”——双桥镇绍江村贫困户肢体一级残疾人朱牛根为本村值班卡点捐赠了矿泉水、八宝粥、方便面等,并捐赠5000元给5户贫困残疾人家庭。

【开展形式多样的志愿助残服务活动】 6月,成立万载县残联志愿服务队,并定期开展活动。每月县人民医院残疾评定日,有3~5名志愿者为残疾评定开展受理登记、服务引导、疫情防控隔离、维护现场秩序等工作。9月30日,县助残志愿服务队与全县其他专业服务队下到鹅峰乡严坑村新时代文明实践站开展政策宣讲、卫生保健、文化下乡、技能培训、助残敬老、移风易俗等各种内容的文明实践活动,打通服务群众的最后一公里。助残志愿服务者为残疾人理发、宣传保健知识,并根据残疾人的需求,及时发放辅具、指导其本人及家属正确使用。10月15日,在全国第七个扶贫日到来之际,县残联志愿者协会、县侨界志愿者协会组织志愿者12人先后到马步乡、高城镇、赤兴乡重度失能残疾人集中托养中心,为入住对象开展义诊送药、心理咨询、针灸按摩、指导康复训练等服务。此外,县残联多次组织志愿服务队协助评残、下乡义诊、开展盲人按摩和政策宣传等活动,受到残疾人及其家属的一致好评。

【龙卫获江西省第三届“最美邮递员”称号】 肢体一级残疾人——株潭镇韵达、圆通代理点负责人龙卫获江西省第三届“最美邮递员”称号。2019年10月,由江西省邮政管理局精神文明建设委员会主办、省快递行业协会承办的江西省第三届“最美快递员”评选拉开了帷幕,通过严格评选和群众广泛参与,全省共评出12名“最美邮递员”,宜春市仅龙卫1人获此殊荣。2020年7月17日,宜春市邮政管理局负责人为龙卫颁发了证书和奖金。

【开展第二代残疾人证到期换证工作】 2020年是中国残联启用残疾人基本数据库后残疾人证十年有效期满的首年。县残联按照上级通知精神,专门召开党组会议进行研究,制定了换证方案。4月15日前重点换发建档立卡残疾人到期证件;4月16—30日,换发非建档立卡但享受残疾人两项补贴人员到期证件;6月份前完成其他人员到期证件的换发工作。要求对所有第二代证到期人员名单(精神类、16周岁以下未成年人除外)在村级明显位置进行公示,并在村级设立举报箱,公示5个工作日后,以村为单位收集意见上报乡镇(街道)残联,对无异议的人员简化程序,由本人申请后直接换发新证。对残疾类别和等级存有异议的人员需到指定机构进行残疾等级鉴定。2020年度共为到期人员换发新证4930人。

【落实了残疾人通信资费优惠政策】 根据省残疾人联合会、省通信管理局《关于为残疾人群体提供通信资费优惠的通知》(赣残联字〔2020〕11号)精神,县残联、县工信局积极从保障残疾人的利益出发,积极推进此项工作,联合下发了《关于为残疾人群体提供通信资费优惠的通知》(万残字〔2020〕12号),并通过“万载发布”“万载在线”、万载电视台等相关媒体向社会发布消息,从5月1日起各通信运营商开始受理,优惠折扣期为二十四个月。为切实解决部分残疾人办理困难的问题,公司派出工作人员采取上门服务。这项政策的出台,又一次让残疾人享受了不同寻常人的优待,享受到了党和政府的额外关怀。据统计,至2020年年底,各通信运营商共为1600余名残疾人办理了通信资费优惠手续。

【举办盲人节按摩比赛】 11月17日第37个国际盲人节之际，万载县残联联合县盲人协会组织全县近40名从事盲人按摩的残疾人在县康尔泰按摩中心开展了一次专业按摩比赛。全县17个乡镇(街道)的盲人按摩点均派员参加,评比标准从按摩手法使用的均匀力度、用力柔和度、动作的连贯性、用力的渗透性等方面进行综合考量。经过激烈角逐,评出一等奖1名、二等奖2名、三等奖3名。

【开展“创维情·文化行”助残捐赠活动】 7月16日,县残联与创维集团在万载县东信家电营业厅联合举办“公益创维,扶贫助残”捐赠活动。全县数十名残疾人代表参加了活动现场捐赠仪式。此次活动创维集团共捐赠价值3万余元的电器，其中,电热水器5台、全自动洗衣机4台、落地电风扇118台。另外,创维集团为全县每名残疾人赠送一张价值500元的优惠券。活动得到残疾人的一致好评。

【为听残障残疾人适配助听器】 6月和12月，县残联分两次邀请南昌助听器适配专家现场为听力残疾对象进行专业测试，指导听障残疾人保护听力常识,对适配的40名对象进行了免费安装价值2500元的助听器,帮助他们能更好地工作、学习和生活,增强他们参与社会活动的信心,使之与健全人共享美好生活。

(彭述文)

【县残联领导成员】

党组书记、理事长:吴萍英

副理事长:付莉珍

主任科员:刘　祥

　　　　　龙成云

副科级干部:彭述文

　　　　　　黎水庚

红十字会

【概况】 万载县红十字会于2019年8月底理顺体制独立运行,并于同年10月28日召开第一次会员代表大会,选举产生了第一届理事会、常务理事会、监事会。

万载县红十字会是从事人道主义工作的群众团体,依法参照公务员管理,参公事业编制5个,机构不定级别,办公地址位于康乐街道阳乐大道188号三楼。万载县红十字会履行《中华人民共和国红十字会法》规定的应急救援、应急救护、人道救助、无偿献血、造血干细胞捐献、遗体和人体器官捐献以及红十字志愿服务、红十字青少年工作等各项职责，依法开展募捐活动，参与养老服务,协助人民政府开展与其职责相关的其他人道主义服务活动。

【做好新冠肺炎疫情备灾救灾工作】 2020年,按照县委、县政府的总体部署,万载县红十字会自1月28日起至4月23日依法开展专项募捐,共接受捐赠款物共11292069.51元，其中捐款8530652.71元，接受物资价值2761416.8元。

【开展省级民生工程】 联合县委各部门、各单位,积极组织社区居民、大型企业职工、学校老师和学生进行应急救护培训,完成救护员培训1250人次，普及培训12000人次。

【打造红十字工作品牌】 开展“博爱进万家”“博爱助学”“博爱助老”“博爱助困”“博爱助农”“抗疫英雄走访”等活动,发放人道主义救助金共30.7万元,同时谋划建设红十字博爱家园、生命健康体验馆、养老志愿服务基地、红十字景区救护站、博爱校医室式等项目。

【推进红十字基层组织建设】 完成全县17个乡镇的红十字基层组织全覆盖;完成街道社区基层组织建设全覆盖;完成部分学校红十字基层组织建设;完成一个企业红十字组织建设;发展团体会员单位20个。

【举行第一届“红十字博爱助学金”发放仪式】 9月27日下午,县红十字会在县教体局举行万载县第一届“红十字博爱助学金”发放仪式。此次活动是县红十字会借助腾讯公益“99公益日”的平台，向全社会募集善款来资助品学兼优的困难学子，为2020年初升高的20名和考上一本的11名家庭贫困、品学兼优的同学提供资助，共12万元。捐助企业分别是江西省金世本香实业有限公司、万载县新锦江购物广场、江西盛典科技有限公司、万载双龙钢构有限公司、万载县双宇烟花制造有限公司、宜春市龙晨净水材料有限公司、万载汇丰大酒店有限公司、万载青叶食品有限公司、宜春恒效医疗器械有限公司。

【爱心企业捐赠医疗设备】 8月13日，万载县红十字会走进白水乡卫生院，接受了宜春恒效医疗器械有限公司定向捐赠给白水乡卫生院的4台医疗器械，用于提高白水乡卫生院的医疗检验水平，方便当地群众就近检查就地就医。捐赠物品包括一台迈瑞全自动生化分析仪、一台优利特五分全自动血液细胞分析仪、一台凯特电解质分析仪和一台优利特尿液分析仪，经验收合格，即将投入临床使用。

【持续开展应急救护员培训】 从12月开始，万载县红十字会应急救护培训班分别走进万载邮政、早教中心，开展为期一个月的应急救护知识专题培训，进一步提升全县各单位工作人员应对突发事件和意外伤害事故的应急救援和自救互救能力。培训主要从理论教学和实践操作两个方面，通过实际案例分析和具体操作示范，教授心肺复苏、海姆立克等急救技能，明确生命体征评估、昏迷人员的安全体位、高质量心肺复苏等急救要点，并在现场利用人体模型进行心脏复苏模拟演示，指导学员实际操作。

【组建专业志愿服务队伍】 12月5日，成立万载县红十字志愿者协会（万载县南丁格尔志愿服务队），下设红十字应急救护队、红十字“三献”志愿服务队、红十字人道救助志愿服务队、红十字筹资劝募志愿服务队。

【县红十字会领导成员】

会　　长：刘学松(兼)
常务副会长：丁　凤
党组书记：谢　波
兼职副会长：王　泓
　　　　　　石根平
　　　　　　李龙晖
　　　　　　辛文斌
　　　　　　宋善良
　　　　　　袁　国
　　　　　　黄俊文
　　　　　　曾令平
监事会兼职副会长：胥小林
监事会专职副监事长：汪彩云

法　　治

政法委

【概述】 2020年，万载县委政法委在县委、县政府的坚强领导和市委政法委的精心指导下，社会治理现代化工作水平不断提高，政法综治基层基础不断夯实，政法队伍建设不断加强，扫黑除恶工作不断深入，社会治安环境不断向好。持续多年实现“五个没有发生”，即没有发生有重大影响的政治案（事）件、暴恐事件、规模群体性事件、个人极端事件、公共安全事故。全县政法工作规范化、社会治理现代化带来的可喜变化逐渐显现，为实现社会治理体系和社会治理能力现代化打下了坚实基础。

县委政法委为正科级单位，内设办公室、综治督导股、维稳指导股、反邪教协调股、政法队伍建设指导股5个股室。

一、强化政治引领，以党建促业务

一是注重政治建设。始终把政治建设放在首位，促进政法干警树牢“四个意识”，坚定“四个自信”，做到“两个维护”。完成了市委政法委对万载县政法系统开展政治督察和纪律作风督查巡查反馈意见的整改工作，反馈的82个问题（政治建设方面19个，纪律作风方面27个，会议记录方面36个），均已全面整改到位。

二是狠抓纪律作风。开展对全县政法系统的政治督察和纪律作风督查巡查工作。政法委共组织了四个督察巡查组对公安局、检察院、法院、司法局进行督察巡查。通过召开大会、查阅资料、开展明察暗访、个别谈话、组织理论考试、开展问卷调查、受理投诉反映、意见反馈、督查巡查整改等九项举措，政法队伍政治素养明显提升，纪律作风明显向好。

三是深入开展大讨论活动。根据县委统一部署，在机关深入全面开展“优环境、促发展”大讨论活动，将学习讨论、问题查摆、整改提升等主题贯穿活动始终，并与政法机关教育整顿活动有机结合，确保活动顺利推进，机关的学习风气基本形成，干部作风明显转变，行政效能得到进一步优化，工作成效更加显著，政法机关的公众形象获得进一步提升。

二、以项目化为抓手，加快推进社会治理现代化进程

以《宜春市加快推进市域社会治理现代化试点实施方案》为指导，挂图作战，建设重点项目，推进重点任务，全力推进市域社会治理现代化进程。

一是制定方案，明确任务。结合万载实际，在充分征求各乡镇（街道）、各部门（单位）的意见基础上，制定并以县委县政府名义下发《万载县加快推进市域社会治理现代化实施方案》，将任务进行分解，细化到各乡镇（街道）、各部门（单位），制定任务清单，既有分工开展，又有统筹协作，对每项任务提出了明确的时间节点；成立了市域社会治理现代化工作专班，从乡镇和有关部门抽调6名业务骨干，入驻县综治中心办公。

二是创新思路，推进重点项目。开展“五员联动，共创平安”活动，推动社会治理现代化向农村基层延伸。创新工作举措，组织政法干部、乡镇干部、派出所民警、平安志愿者深入村（社区），与网格员组成平安建设团队，以一村一团队、一乡一队长、一人一日志、一次一主题、一村一台账、一月一通报、一年一考核的组织形式开展工作，当好基层社会治理的指导员、宣传员、调解员、督导员、信息员，探索社会治理现代化在农村基层落地。活动于4月份召开了动员部署大会正式启动，全年共布置公众安全感群众满意度双提升宣讲、反电信诈骗知识宣传、民法典宣讲、青少年防溺水安全宣讲、消防安全宣传宣讲、“迎国庆，保稳定”矛盾纠纷排查化解等18个工作主题，全县204个团队足迹深入全县乡镇（街道）2000多个自然村，排查矛盾纠纷216件，当场化解182件，其余34件较复杂的矛盾，已及时上报乡镇平安办进行协调化解；开展平安建设主题文艺会演10场；进行宣讲561场，受众3万余人；发放平安建设相关宣传单2万余份，到商铺张贴消防安全海报2000余张。一系列活动的开展，有效实现了“将先进理念带下去，将群众呼声收上来”。科技支撑，打造具有万载特色的社会治理大数据平台。与综治中心实体化建设的有关要求相结合，整合万载县重点行业、重点场所、沿街店铺等社会资源视频，与“雪亮工程”“智慧消防”“智慧安监”、综治信息平台等数据对接进行结构化分析和定制开发，实现社会治理基础信息“一图观全县，以人搜人”功能，对重点区域、重点行业等实施动态管控。已完成人、地、事、物、网等基础数据的录入，整合社会资源视频，将视频抓拍、手环预警、消防预警等各类事件的处置流程下沉到网格员一级，实现大数据平台与网格化管理相融合。“四个着力”，推进社会心理服务向基层、向一线延伸。（一）着力打造专业服务队伍。组织了万载县第一期心理咨询师培训班，学员来自各个单位、基层组织、学校、医院等。由南昌大学教授团队进行专业的心理知识培训并组织国家证书考试，建立心理专业人才库，培训基层心理健康指导人员和心理咨询师，把心理健康服务真正落实到基层。（二）着力打造线上服务平台。设立公益援助热线，接听群众来电200余次，服务时长近300小时。启用线上心理咨询服务和免费心理测评、心理训练等功能，向公众及基层一线工作者、医护人员及家属等不同人群提供多项便捷、专业的心理服务。（三）着力开展心理科学普及。通过开展家长课堂、定期组织读书会、微信公众号等自媒体宣传平台让不同的群体面临的困惑和心理问题做好科普工作。（四）着力组织社会心理服务志愿者人员开展公益计划。为中小学生进行团体辅导、为社区矫正人员进行心理疏导、走进企业服务、开展关爱留守儿童活动、车祸心理疏导、疫情期间开通心理服务热线、心理服务协会开展服务活动、深入乡村的家风宣讲活动等。

三是夯实基础，抓好治中心实体化建设。以建设为抓手，推动综治中心标准化。县综治中心按照打造实体化指挥平台的要求打造样板，开展组团式服务；乡镇（街道）利用新建司法所契机，按照实体化要求进行方案设计，与综治中心共同建设，目前已有3个乡镇完成建设并投入使用；村（社区）综治中心由各乡镇精心打造2~3个示范点，树立标杆，以点带面，全面推进。以科技为支撑，推动综治中心实战化。将“雪亮工程”纳入综治中心建设考核范畴，围绕“全域覆盖、全网共享、全时可用、全程可控”的总体目标，全部接入县乡村三级综治中心统一管理，并根据运用情况，查漏补缺，补齐点位，织密“雪亮工程”监控网。以制度为准绳，推动综治中心规范化。印发《万载县综治中心工作方案》，规范窗口办理机制、中心运行机制、分流转办机制、部门联动机制，加大综治中心保障力度，建立健全了岗位责任、考勤、档案管理及综治信息化、综治网格化管理等制度，实施考评奖惩，保障日常工作运行正常化、制度化、规范化。县级、鹅峰乡、布城村三级综治中心在全市综治中心实体化建设观摩现场会上，接受市委政法委和各兄弟县市政法委领导的参观，得到一致好评。

四是坚持结果导向，切实做好“双提升”工作。严格按照《万载县提升公众安全感和政法部门满意度工作方案》和《关于对万载县提升公众安全感和政法部门满意度工作的督导方案》要求,切实抓好提升公众安全感和满意度提升工作,取得了良好效果。各乡镇(街道)、各单位都组织召开工作动员部署大会,确保机关干部职工知晓全省公众安全感调查电话号码、调查流程;积极利用各类宣传手段大力营造浓厚宣传氛围,2020 年全年共开展进村入户宣传 127070 户,开展集中宣传 1390 次,引导群众接听电话,并收集问题、意见建议 1365 条;对收集的问题整改和化解 1326 个,并建立回访工作机制,切实解决群众不理解、不信任问题。县委政法委通过每季度组织一次电话测评,及时掌握公众安全感和政法部门满意度指数,根据指数动态调整工作方向和重心。

三、突出重点,打好扫黑除恶收官战

一是“六清”工作强推进。万载县扫黑除恶专项斗争紧紧围绕线索清仓、逃犯清零、案件清结、伞网清除、黑财清底、行业清源,开展了扎实有效的工作,取得了一定的成效。在线索清仓方面,共收集涉黑涉恶线索共计 588 条,其中 2020 年收集 14 条,已全部核查反馈到位,核查率达 100%。“逃犯清零”方面,专项斗争以来,全县共打掉黑社会性质组织 1 个、恶势力犯罪集团 1 个、恶势力犯罪团伙 11 个,成功侦办涉黑涉恶类案件 204 起,刑事拘留 463 人,涉黑涉恶目标人员全部抓获归案。“案件清结”方面,已认定的黑恶案件全部审结完毕,共审理涉黑涉恶“保护伞”案件 29 起 132 人,其中“保护伞”案件 2 件 2 人;认定黑社会性质组织案件 3 件 26 人、恶势力集团犯罪案件 2 件 8 人、恶势力团伙案件 17 件 62 人,其中判处三年以上有期徒刑 48 人。“伞网清除”方面,县纪委监委深挖黑恶势力背后“关系网”“保护伞”,共受理核查涉黑涉恶腐败问题线索 98 条,立案 35 起,给予党纪政务处分 34 人,组织处理 37 人,查处涉黑涉恶腐败和“保护伞”问题 35 起 34 人,其中查处党员干部涉黑涉恶腐败问题 15 起 15 人,充当黑恶势力“保护伞”问题 11 起 11 人,查处扫黑除恶,工作推动不力问题 9 起 8 人,对 26 名履职不力的责任人进行了约谈。办理的“一黑五恶”案件全部打出了“保护伞”,对未打出“伞”的涉恶案件全部进行了签字背书。“黑财清底”方面,县公安局查封、扣押、冻结的涉案资产分别为 420 万元、102 万元和 110 万元,共 632 万元。县法院加大财产刑适用力度,96 名黑恶势力犯罪被告人中,有 84 人被判处财产刑,其中 2 人被判处没收个人全部财产,共判处财产刑 6520.9 万元,已执行到位 5835.96 万元,执行到位率为 89.5%。“行业清源”方面,专项斗争期间,纪委监委和公检法部门严格落实“四书一函”机制,在办理涉黑涉恶案件和日常工作中着力发现行业监管漏洞,共发出“四书一函”98 份,其中,其中县纪委县监委的纪律检查建议书 15 份、监察建议书 18 份、提示函 7 份,县法院的司法建议书 9 份,县检察院的检察建议书 40 份,县公安局的风险提示函 9 份,全面落实“一案一整改”,助推行业主管部门、有关党委政府堵塞监管漏洞。各行业主管部门在开展整治的同时,针对审批流程、管理环节、日常监督等方面,共制定长效机制 36 项。

二是重点行业整治强发力。制定《关于进一步加强市域社会治理和重点行业领域扫黑除恶专项整治工作实施方案》,成立由县长任组长,各分管副县长任副组长,各相关部门主要领导任成员的专项整治工作领导小组,领导小组下设办公室及 10 个行业(领域)工作组,明确了工作任务和工作步骤,同时,向 26 个重点行业主管单位签订专项整治承诺书,进一步落实行业监管责任,切实加大对行业领域内黑恶势力线索排查、乱象整治等工作力度。全年,县政府主要领导 2 次召开常务会研究重点行业整治工作,各分管副县长也多次召集行业部门主要领导进行部署,强化对行业领域内黑恶势力线索排查、乱点乱象整治。如:农林水利等执法部门在疫情期间出动 559 人次,对全县野生动物集中分布活动区域、交易场所进行拉网式排查;检查农资市场 15

个，出动检查人员120人次。工业商贸等部门查处了江西昆胜二手车交易市场涉嫌欺骗消费者，侵犯消费者合法权益事件。依法捣毁了康乐街道东升村一处无证无照的非法成品油销售窝点，缴获非法成品油13.5吨，并对非法加油设备进行拆除。环保部门关闭取缔9家“散乱污”企业，移送公安非法倾倒危险物案1起，打掉一个非法炼铅团伙，对8名犯罪嫌疑人采取强制措施。卫健部门查处非法行医5起、使用非卫生技术人员1起、违反传染病防治案件7起、滥用药物案件4起。县教体局开展2020年暑期校外培训机构专项督察，查封三所无证办学机构。县市监督局开展流通领域“6+6”专项整治工作，分别在“打击传销、食品保健品专项整治、无照经营专项整治”等12个重点领域开展整治。县文广新旅局共销毁非法出版物900余册、光碟200余张，专项整治中小学校周边文化市场，共清查KTV场所14家、网吧42家、出版经营网点4家，收缴非法书刊50余册。对娱乐场所开展整治，已杜绝了KTV噪声扰民和网吧接纳未成年的不良现象。县农业农村局查处非法电鱼3件、无证经营农资1件、违规经营3件、运输经营未经检疫生猪2件，农产品及农资打假专项行动共排查企业262家，整顿市场17次。县工信局集中对4个搅拌站进行安全大排查，对于工作人员未戴安全帽、生产区域没有安全警示牌、防护栏等问题进行警告并要求责令企业进行整改。截至2020年年底，全县发现乱点乱象问题180例，已全部整治到位。

三是集中开展“农村宗族势力称霸一方、欺压百姓”专项整治。在专项整治行动中，万载做到部署周密，目标明确，认识统一。行动期间，共立案查处了涉宗族势力寻衅滋事、敲诈勒索、故意损毁财物等5起违法犯罪案件。5起案件的迅速查处，形成了强烈的震慑效果，有效地净化了农村的不良风气。同时，县纪委监委对查处的涉宗族势力违法犯罪案件，进行深挖案件背后是否存在“保护伞”问题，同时，对涉案人员是否党员身份进行核查，并对存在党员身份或村组干部的涉案人员进行立案查处。

四是有效衔接，助推重点行业整治长效化。各行业主管部门在开展整治的同时，针对审批流程、管理环节、日常监督等方面，共制定长效机制36项，如县市监局建立的《价监竞争领域长效工作机制》《知识产权安全领域长效工作机制》《信用监管领域长效工作机制》、县委组织部建立的《涉黑涉恶重点村“一案一整改”工作机制》、县委制定的《新形势下进一步加强全县政法队伍建设的实施意见》、县公安局制定的《涉黑涉恶防范打击专项整治工作长效常治机制》、县发改委制定的《工程建设领域行业涉黑涉恶问题动态监管长效机制》、县商务局制定的《二手车市场长效监管机制》等。

五是创新宣传亮点，助力扫黑除恶常态化。为进一步提高人民群众对扫黑除恶工作的知晓率、满意度和认同感，激发人民群众参与扫黑除恶工作的热情，在县城区高标准建设了一处扫黑除恶专项斗争成果展厅。展厅面积180平方米，市值150多万元，展厅内容涵盖“全面部署、号角劲吹、挥戈鏖战、遏乱归正、决战决胜”5个模块。建设费用40多万元，以丰富的图文展板、声光电设备、播放专题片等方式，形成立体式现代化的展示平台，全面展示万载县的扫黑除恶专项斗争成果。展厅建成后，免费对社会开放，有计划地组织全县各单位公职人员和各地群众前来参观。同时，县扫黑办列支专项经费12万元，用于制作10万份有扫黑除恶工作成效内容的年挂历，按照各乡镇(街道)人户比例进行发放，确保每户群众都能知晓全县扫黑除恶工作带来的可喜变化，也为扫黑除恶常态化打下坚实的群众基础。

四、多措并举，全力维护社会安全稳定

一是加大对各类邪教的打击力度。共抓获各类邪教人员23人，其中行政拘留、治安拘留20人，判刑3人，有效维护了全县政治安全。

二是加强排查稳控。全国“两会”期间，县、乡、村及街道办事处、社区三级对当前信访矛盾纠纷进行了一次全面过细的排查。对排查出来的问题和省、市、县已交办的对象及时采取措施，逐一落实包案领导、责任单位和责任人。

*三是想方设法化解矛盾纠纷。*依托县、乡镇(街道)综治中心，整合综治、纪检、信访、司法等力量，构建人民调解、行政调解、司法调解“三调联动”、相互衔接的大调解工作体系，实现社会矛盾最终用社会力量来化解，增强矛盾纠纷化解工作的实效性、灵活性和联动性，确保矛盾纠纷化解在萌芽状态。全力推进“清存量、控增量、防风险”信访突出问题专项整治。根据全市的统一部署，制定《万载县“清存量、控增量、防风险”信访突出问题专项治理活动方案》，对上级排查的、万载县自行排查的142件重点信访事项，全部都落实了信访责任单位、包案县领导，各责任单位落实科级干部包案，每个案件成立专门化解工作组，包案责任做到了全覆盖。截至12月31日，全县共化解信访件116件(其中市级76件，化解率81.7%，县级40件，化解率85.1%)。着力解决房地产领域历史遗留问题。针对全县房地产领域遗留问题突比较突出的实际，组织政法委、住建、自然资源等有关部门分管领导，到宜春市级、奉新县等地学习处理问题楼盘的经验做法，讨论制定了《万载县城区房地产开发项目历史遗留问题处理工作方案》，对国贸广场、新源城市花园、宝源万象、吉通梧桐苑、凤凰华府等五个问题楼盘，按照“边办证边整改”的原则，明确了相关部门的责任，对各类问题进行分项归类处理，逐步解决竣工验收、不动产登记等突出问题，力争在近期内解决到位，各项工作正有条不紊地进行。

*四是加强社会治安打防力度。*全县各级各有关部门把影响群众安全感的突出问题作为工作的重中之重，坚持打防控管相结合，确保人民群众生命财产安全和社会公共安全。最大限度地把警力摆到街面、放到基层社区，提高街面见警率，提高对社会的有效防控。

*五是做好矛盾纠纷源头预防工作。*明确各级各部门在做决策、上项目时，必须坚持社会稳定风险评估，对可能激发矛盾的决策和措施要缓行、慎行，特别是征地拆迁、企业改制、教育医疗、环境保护、安全生产、食品药品安全等容易引发社会矛盾纠纷领域，全部导入社会风险评估机制，充分听取群众意见，严格依法按章办事，防止在决策、审批环节因工作不当产生新的社会矛盾。

公　安

【概况】 万载县公安局有派出机构17个(康乐派出所、株潭派出所、黄茅派出所、潭埠派出所、双桥派出所、白水派出所、赤兴派出所、仙源派出所、岭东派出所、高城派出所、马步派出所、鹅峰派出所、三兴派出所、茭湖派出所、白良派出所、高村派出所、罗城派出所)、内设机构22个(办公室、行政服务科、指挥中心、政工科、警务督察大队、信访室、警务保障室、情报信息大队、国内安全保卫大队、治安警察大队、刑事警察大队、经济犯罪侦查大队、交通警察大队、网络安全保卫大队、出入境管理大队、法制大队、禁毒大队、特巡警大队、烟花鞭炮安全监管大队、户政科、信息通信科、森林分局)、下属单位4个(县看守所、县拘留所、巡逻协警大队、公路巡逻民警大队，其中巡逻协警大队为副科级事业单位，与巡逻警察大队合署办公。公路巡逻民警大队为正科级全额拨款事业单位，与交通警察大队合署办公)，监管部门1个(保安押运公司)。

2020年，万载县公安局紧扣县委工作部署，坚决打赢疫情防控攻坚战，扎实推进队伍教育整顿和“警风建设年”两项活动，以“百万警进千万家”和“五员联动，共创平安”为依托，探索和构建基层社会治理模式现代化，着力推进公安派出所“枫桥经验”落地生根，确保了全县社会大局的持续稳定和社会治安平稳。全年接处有效警情18378起，其中刑事类警情1724起，治安类警情2707起，公民求救类警情1946起，纠纷警情1651起，群众举报类警情1897起，交通事故类警情7019起。刑事立案1181起，其中八大类案件22起；破获刑事案件456起，破获八大类案件22起，刑事拘留504人，抓获网上逃犯336人；现发命案3起，全部破获；破获命案积案1起。在市委政法委一对一对标竞赛中实现前十个月大比分获胜。2020年，万载县公安局获优秀基层政法单位、2019年度全市信访工作先进县市区直单位等称号；万载县看守所被评为全省成绩突出监管场所；万载县看守所和交警大队获得集体嘉奖；万载县公安局禁毒大队被评为全市禁毒工作先进单位；白良派出所和鹅峰派出所被评为2019年度消防工作先进公安派出所；先后获市级以上个人表彰46人次，个人三等功1人次；获县级以上个人表彰59人次，个人三等功14人次；刘铿被评为江西省抗击新冠肺炎疫情先进个人。

【扫黑除恶再攻坚】 2020年是实现扫黑除恶专项斗争的决胜之年，县公安局把推进扫黑除恶专项斗争当作社会乱点乱象的牵引，按照“清到底、清干净”的要求，扎实推进“线索清仓”“逃犯清零”“案件清结”“伞网清除”“黑财清底”“行业清源”等“六清”行动，结合县域实际把主要着力点放在重点行业和农村宗族势力整治两个方面，共查办涉黑涉恶线索42条，摸排涉农村、民生领域线索7条，均已提请县扫黑办。

【严打违法侵财分子】 深入打击治理电信诈骗犯罪，遏制发案势头，强化预防宣传工作，共印发反电信诈骗宣传手册20万份，实现了一户一册全覆盖；强化涉诈重点人员排查，对全县涉诈前科人员及177名出境作案高危人员进行排查管控，排查工作已完成60.6%；强化现发电诈案件侦办和电信窝点排查，冻结涉电诈账户297个，冻结资金2570万元，为群众挽损数百万元，摧毁县域内电诈窝点4处。深入开展传统侵财性案件专项整治行动，聚焦盗窃、诈骗、抢劫等侵财性案件专题研究部署，分析发案形势和特点，依托智慧警务合成作战，加强对现发案件的侦办。全年共破获传统侵财性案件159起，破案率为36.8%，刑事拘留98人。

【攻破命案积案】 2020年是命案积案攻坚之年，虽然万载县公安局已连续10年实现现发命案全破，但此前受限于侦查手段和破案条件，仍有命案积案15起。为推进命案积案攻坚，该局实行一案一专班包案挂账销号，对已有案件档案再清理，运用现代刑侦手段再研判，破获命案积案1起，将潜逃14年的命案逃犯邹某某抓获。

【抓好缉毒执法】 以侦办省级目标案件和推进“赣鄱百日缉毒”专项行动为抓手，切实转变缉毒侦查思路，广辟线索经营，突出专案侦查，严密“双向查缉”，强化信息研判和多警种协同作战，全年共破获涉毒刑事案件11起，抓获犯罪嫌疑人37人，查获吸毒人员66人，强戒2人；扎实开展“净边2020”专项行动，加强对全县寄递物流企业的管控，严格落实入滇制毒化学品和制毒设备核查机制，切断制毒资料的流通渠道。

【开展“黄赌”整治行动】 深入开展“黄赌”专项整治行动，持续加强对宾招场所、洗浴中心、出租房屋、麻将场馆的清查力度，加大对农村赌博不正之风的整治，全年依法刑拘涉赌犯罪嫌疑人21人，涉黄犯罪嫌疑人11人；行政处罚涉黄人员28人，参赌人员372人。深入开展打击食药环犯罪“昆仑”行动，强化与市监、环保、国土、卫健委等单位的沟通和联系，对涉及食品、药品、环境污染领域犯罪线索摸排，集中优势警力专案攻坚，侦办案件3起，依法刑事拘留8人。

【净化网络空间】 扎实开展信息搜集和涉稳情报落地查控，常态化开展网络巡查，加强网络志愿者建设，及时有效开展舆情引导；加强对全县重点行业和单位网络安全执法检查，筛查排查全县为微信公众号61个、电商平台和互联网信息公司100余家；扎实开展“净网2020”专项行动，盯紧网络传销、网上赌博、网络诈骗等互联网违法犯罪聚力攻坚，侦办了“3.23网络赌博案”。

【打赢新冠疫情防控阻击战】 进入2020年，新冠肺炎疫情来势凶猛，全县公安机关把打赢防控阻击战作为头等大事，全警动员，全体终止休假，广大民警职工、警务辅助人员连续奋战、无私奉献，为防止疫情扩散蔓延、维护安全稳定、促进经济发展作出突出贡献。第一时间启动战时机制，对做好疫情防控、维护社会稳定、民警个人防护等工作进行全面谋划部署，相继筹集了医用一次性口罩4.8万个、一次性手套1.6万双，基层防控一线所需护目镜、体温仪、医用酒精等物资一应保障到位。第一时间落实联防联控，奋战在检疫监测一线，特别是高村、赤兴等派出所积极配合乡镇率先发动村组干部、治安积极分子等守路护村，不搞挖路、阻路等硬性物理隔离，既收到了隔断疫情的效果，也确保了紧急通道的通畅。第一时间展开落地查控，抽调精干警力，充分发挥“智慧警务”大数据优势，全天候满负荷运转，先后接收上级下发的各类数据11000余条，核查各类人员5000余人，为全县精准防控提供了强大的信息支撑。第一时间严打涉疫案件，侦破了“李某某涉嫌诈骗案”“李某某涉嫌妨害公务案”等刑事案件8起，办理了行政案件51起，开展了涉疫物资诈骗赃款专项追讨行动，为受害人挽损30余万元。第一时间强化出入境管理，加强对历年来常住外国人信息管理，做到实地走访见面核查，建立健全外国人临住信息基础台账；加强入境管理，做到无核酸检测报告或无隔离证明不准入，切断境外输入渠道；加强出境审核，鉴于全球疫情严峻形势，严把出境审批环节，提醒出境风险，掌握出境去向。第一时间助力复工复产，“后疫情阶段”以来，及时撤除站点卡口，全面助力恢复交通畅通，同时结合“放管服”改革进一步优化治安、出入境等服务保障措施，提供“预约办”“网上办”“自助办”等便捷高效安全服务，全力护航社会秩序逐步恢复和经济建设持续稳定运行。

【推进立体防控体系】 一是以推进“百万警进千万家”和“五员联动、共创平安”两项活动为抓手，探索社会治理新模式。万载县公安局创造性把两项活动与平安创建相结合，充分发挥主力军作用，发动全局民警、辅警500余人，与乡镇干部、村（社区）干部、平安志愿者、网格员一道驻村挂点，结合扫黑除恶、反电诈、禁毒等工作开展法治讲座，围绕群众反映强烈的社会治安热点难点问题开辟线索提供渠道，聚焦邻里纠纷、家庭纠纷、信访问题多部门集中化解，截至2020年11月，在全县范围内实现专题宣讲全覆盖，一村一警（辅警）配齐配足。二是以做强特巡警大队和乡镇巡防队伍为重点，推进巡逻防控全覆盖。在城区特巡警大队屯警街面，强化对重点单位、重点部门、重点场所的巡逻防控力度，开展超常规巡逻1.8万余人次；在城乡接合部、案件高发区域设置治安卡点，结合人、车、物等要素广泛开展巡逻盘查。在农村乡镇派出所组建了200多人的专职巡逻队伍，紧扣辖区治安实际，围绕学校、单位、企业和村落，因时因地制宜制定巡逻路线和巡更点，实现了“白天见警察，晚上见警灯”，有效震慑了违法犯罪的发生，提升了群众满意度。三是以理顺信息化警务机制改革和智慧警务为重点，激发警务勤务高效能。根据信息化警务机制改革的要求，扎实推进信息化警务核心岗值班制度改革，设置指挥调度、情报分析研判、涉稳舆情、信息研判、协调处置、视频图像侦查等六个岗位，实行全天候值班备勤，结合智慧警务中心运行机制，指挥调度更加高效、合成作战更加精准、治安防控更加立体，形成了纵向贯通一体化、横向融通合成化的现代警务（勤务）工作格局。协调推进了农村雪亮工程建设，对二、三类视频资源整合联网，推进智慧小区试点建设，做大做强了智慧警务后台数据库。四是以做好安保维稳为关键，全力维护政治社会稳定。严格落实政府主导，政法委、公安、民政、信访、乡镇的联络机制。

【抓细抓实护航安全生产】 一是交通安全生产方面：加强道路安全隐患排查，对公交客运、公路客运、旅游客运、校车、危化品运输、重型货车等重点车辆逾期未年检、未报废等安全隐患全“清零”。常态化开展酒驾醉驾专项整治行动，2020年查处酒驾727起，醉驾41起。扎实开展摩托车、电动车遮阳伞拆整治行动，拆除收缴太阳伞15万把。二是监所安全生产方面：强化监所管理，落实各项疫情防控措施常态化，持续推进监所“五化建设”，严格落实值班带班、巡视监控、收押提讯、管教和医务等各项机制，落实在押人员风险等级评估和分级管控规定，确保重大风险级别人员一律纳入24小时管控视线。扎实开展在押人员军事化管理，强化在押人员的服从意识和纪律观念。疫情期间，严格落实全封闭式管理，坚持每日消毒制度，监所秩序持续平稳。三是安全生产方面：加强烟花爆竹道路运输安全监管，全县200多家生产企业全部纳入全国烟花爆竹流向管理系统和易制爆危险化学品流向管理系统，严把运输资料申请审查关，实行平台流程化运转；严格执行签注备案制度，坚决查处无证、借证或一证多用等现象的发生。规范黑火药、引火线的道路运输管理，一律纳入平台流转，狠抓源头管理，实现对生产厂家24小时全流程监管。四是林业安全生产方面：加强对林业资源的保护力度，严厉打击盗砍盗伐、破坏植被、违规采矿等违法犯罪行为，截至2020年年底共查处各类案件47起，其中刑事案件18起，办理林政案件29起，林业处罚30人，挽回经济损失80余万元；开展打击破坏野生动物资源犯罪专项行动，严厉打击非法狩猎、捕杀野生动物违法犯罪行为；加强对野生动物繁殖驯养场所的检查，清理野生动物经营场所18家，做好野生动物养殖户的稳控工作，严格执行各项退出机制；加强对农贸市场、集市、商超、餐饮等单位巡查力度，广泛开展禁猎、禁食宣传。

【优化公安政务服务】 一是深化“放管服”改革。深入推进“互联网+公安政务服务”，推广赣服通和江西公安“为民服务网上办事系统”的使用，开通了全流程办理业务7项和网上预约办理业务65项，实现了业务窗口不排队、网上不见面办理，掌上公安服务随行。持续推进电子签章业务，资料审批线上流转，实现了群众办事一站式办理。全县办理身份证26553张、普通护照875张、港澳通行证649张、受理外国人申请签证30人次。二是强化人口管理。加强出租房屋清查和登记，采集出租房屋信息4026套，租户信息3878户；加强流动人口管理，办理居住证84张、港澳居住证1张；推进人口信息建设，做实新生儿上户信息采集和18周岁以下父母信息采集，人口分析研判处置率达到100%，扎实开展了第七次人口普查工作，清理入伍人员、殡葬人员、未报户人员、“替头身份证”10239人；推动非户籍人口在城镇落户9176户，完善城乡人口迁移政策，全面放开对高校毕业生、技术工人、职业院校毕业生、留学归国人员的落户限制，推进城市化进程。三是强化“三非”治理。深入推进“三非”外国人治理，开展打击整治“三非”外国人治理工作，按照“打组织、打网络、打团伙、打链条”工作方针，聚焦劳动密集型企业、娱乐场所等开展大清查，已摸排用工单位21家、酒店18家。

【强化警员教育整顿】 一是深入推进基层党建“三化”建设。根据基层党建标准化规范化信息化工作的要求，局党委高度重视，成立专项工作专班，严格按照“四个方面定标准、六个方面立规范、一张网络联整体”的要求，局机关大楼、17个派出所、特警大队、交警大队、森林公安分局均已按要求做好了文化走廊、党员活动中心等标准化建设。同时，聚焦打通服务群众“最后一公里”，罗城派出所推出了“办证送证上门服务”，茭湖派出所推出了“警车喊话”等特色工作。二是深入开展队伍教育整顿和“警风建设年”两项活动。根据公安部、省公安厅、市公安局关于开展队伍教育整顿和“警风建设年”两项活动的要求,县公安局把开展“两项活动”当作当前最为紧要的政治任务来抓。为确保工作取得实效,县公安局成立了以退居二线领导为主体的督导专班,指导各基层单位开展各项工作,常态化巡回督导;举办了第一期政治轮训培训班和政法干部联席座谈会,邀请“众志成城　齐心战疫”先进事迹巡回报告团到县公安局宣讲;举办了三期辅警、协警轮训班,全方位提升了辅警的政治意识、纪律意识和业务知识。

【县公安局领导成员】

副县长、公安局党委书记、局长:
　　黄志荣
公安局党委副书记、政委:
　　胡金圣
公安局党委副书记、常务副局长:龙建平
公安局党委副书记、副局长:
　　龙良清
公安局党委委员、副局长:
　　袁小会
　　刘　荣
公安局党委委员、副政委:
　　陈宏伟
公安局党委委员、纪委书记:
　　肖仕林
公安局党委委员、副政委:
　　刘剑辉
公安局党委委员、政工科长:
　　陈力瑜
公安局党委委员、交警大队长:
　　辛集全
公安局党委委员、消防救援大队长:黄安根

县交警大队

【概况】 2020年,万载县公安局交警大队以习近平新时代中国特色社会主义思想为指导,认真贯彻落实中共十九大和十九届二中、三中、四中、五中全会精神,在县委、县政府的正确领导和关怀下,在公安局党委的直接领导下,大队深入开展“不忘初心、牢记使命”主题教育,以党建为统领,从班子建设入手,紧紧围绕县委“1423”工作思路、县政府工作报告工作要求,狠抓队伍管理,从严治警,转变作风,不断加大道路交通安全管理改革创新力度,道路交通安全管理得到有力保障,为全县经济社会平稳较快发展营造了优良的道路交通环境,提升了人民的满意度。

【强化党性意识】 县公安局交警大队以“不忘初心、牢记使命”主题教育为契机,按照“守初心、担使命,找差距、抓落实”总要求,以“不忘初心、牢记使命”主题教育查找的问题清单为目标,要求全体党员干部认真地筑牢“四个意识”,坚定“四个自信”,坚决做到“两个维护”,增强政治定力,严守政治纪律和政治规矩。使全体党员干部党性修养得到锤炼,理论水平进一步提高,理想信念更加坚定,贯彻落实党的路线、方针、政策和县委“1423”工作思路的自觉性、主动性进一步增强。

【加强纪律教育】 县公安局交警大队党支部严肃交警队伍的纪律,开展了一系列的教育整治活动。自4月起,在全大队组织开展“警风建设年”,7月开始“坚持政治建警全面从严治警”教育整顿活动以及9月起“公安交警系统顽瘴痼疾专项整治工作”,以刀刃向内的勇气、自我革命的决心,严查党员干部在对党忠诚、服务人民、执法公正、纪律严明等方面存在的问题。同时,开展党员入党纪念日活动和警示教育,要求每名党员戴党徽,按时缴纳党费,以及组织开展党员志愿服务、结对帮扶等方式,开展好主题党日活动,达到了筑牢忠诚警魂,强化党的领导,优化政治生态,严明纪律作风的目的。

【提升理论素质】 县公安局交警大队党支部把强化理论武装作为加强意识形态工作的主抓手,按照“不忘初心、牢记使命”主题教育要求,做到理论学习全覆盖,充分依托“学习强国”平台网上学习、干部网络学院学习、红色教育基地现场学、自学等形式，强化理论武装，加强经常性的政治纪律和政治规矩教育，打牢高举旗帜、听党指挥、忠诚使命的思想根基。

【打赢交通事故防控战】 一是开展好春运、两会部署工作。全力做好2020年元旦、春运和两会期间的道路交通安全管理工作，召开了春运和两会安保工作部署会议，加强城区道路、乡镇集镇道路和县乡道路的管控。全面开展“清零”行动，对公路客运、公交客运、旅游客运、危化品运输车、校车、重型货车、重型挂车等重点车辆逾期未检验、未报废和驾驶人驾驶证被注销或降级、交通违法未处理、记满12分、逾期未审验、未换证的，禁止参加春运等工作。二是开展摩托车、电动车遮阳伞整治。2020年在全县开展了摩托车、电动车遮阳伞整治工作，大队民警采取整治行动常态化，到2020年11月10日，大队已拆除收缴遮阳伞56735把，从2018年以来累计拆除收缴遮阳伞15万多把。三是预防和处理好交通事故。通过全体干警的努力，压制了交通事故发生多发、频发的势头，全县道路交通安全形势总体平稳。据统计，到2020年11月10日，事故接处警5095起，死亡65人，受伤1311人，直接经济损失387.8万元。刑事案件28起。民警对每起事故进行了认真的处理，化解了社会矛盾，维护了社会的稳定。

【打好乱停乱放常态战】 一是抓了酒驾醉驾专项整治。据统计，到2020年11月10日，查处酒驾交通违法行为727起，再次酒驾54起，醉驾41起。通过不间断的酒驾专项整治，酒驾醉驾违法行为得到有效的遏制。二是抓好违法、涉牌涉证整治。2020年大队共查处各类交通违法行为190959起。查处无证驾驶273起，超载386起，超员174起，摩托车不戴头盔6561起，闯红灯27604起，隐患排查111起，清理未年检6296起。三是抓好车辆乱停、乱放，减少道路堵塞。县城中队组织民警坚持每天在城区主要道路进行巡查，对机动车乱停乱放、占道经营、不按车道行驶、随意拐弯掉头等违法行为进行了集中整治；坚持每天上下学时段派警力到城区各学校路段维护交通秩序，保障师生出入畅通平安；科学安排国省道联勤，加强巡逻管控，预防交通事故发生。四是抓好全县道路交通安全百日整治专项行动。按照省委、省政府和市公安局的统一部署及省市领导关于“10·29”的批示精神，自2020年11月3日起至2021年春运前，在全县公安机关集中开展道路交通安全百日整治专项行动。开展清理源头安全风险隐患“歼灭战”、破解农村交通安全难题“攻坚战”、公路交通安全“防控战”、恶劣天气重大风险“阻击战”、交通安全宣传教育“阵地战”。

【打好交通安全舆论战】 一是运用多种媒介扩大宣传覆盖面。注重与主流媒体的合作，疫情防控期间，录制中小学生网上交通安全教育课，随文化课播出。2020年已在《人民公安报》等全国性报纸发稿6篇，在《新法制报》《信息日报》等省级报纸发稿21篇，在《宜春日报》等市级报纸发稿5篇，在人民网、中国江西网等省级以上网站发稿31篇。二是开展丰富多彩“五进”宣传活动。按照上级的要求和部署，深入持久地开展形式不一的“五进”宣传活动，已进企业21次、农村11次、社区13次、学校13次，发送各种宣传资料30000份。三是巩固传统宣传阵地。在城区、城乡接合部、乡镇国省道出入口悬挂横幅标语83条，建立和更新固定宣传专栏5个，城区交警岗亭的大型户外显示屏也时常更新交通安全公益宣传视频和宣传提示语。

【做好亲商、优商、稳商工作】 县公安局交警大队按照“你来万载、我来引路”“你来投资、我来服务”的服务理念，主动服务企业，对重点企业都提供道路交通安全保障，主动为企业客商当好引路员、服务员、宣传员。坚持“增加教育量、减少处罚量”的执法理念，对于外地车辆因路况不熟等原因造成轻微交通违法，以教育劝导为主、处罚为辅。对于到万载投资、洽谈贸易及运送生产资料的车辆发生轻微交通事故,一律不扣车、不扣证,提供优质高效快捷服务,尤其是对到万载古城的外地游客,如有违停的车辆,做到只纠章不罚款。全年,大队班子成员每人联系10家企业,开展上户走访、结对服务企业活动,化解企业一时难以解决的问题26个。做好“放管服”工作。把服务经济、服务群众、方便群众作为“放管服”改革的重点工作,大队按照“信息多跑、群众少跑”的要求,“放管服”改革稳步推进。窗口服务实现“一次办、马上办”,“网上办、掌上办”;事中事后监管实现“依法办、依规办”;深化“互联网+交管服务”特别是为重点企业、招商引资项目提供最优质最高效的车管服务。据统计,全年共为群众办理各类牌照11003起,办理各类证件6030件。

【做好节庆安保工作】 在元旦、春运和全国、全省及市县“两会”,高考、中考,特别是在万载临时性的安保期间,县公安局交警大队对安保工作非常重视,每次安保工作都仔细勘查现场,科学规划路线,合理安排警力,全体干警发扬“5+2”“白+黑”的工作作风,确保了交通安保工作任务圆满完成,得到县委、县政府和社会各界的肯定和好评。

【守好疫情防控第一道防线】 按照县疫情指挥部的要求,县公安局交警大队认真抓好了5个高速路口、6个国道、省道的县际路口、8个城区路口以及小区的疫情防控。为了打好疫情阻击战,守护好疫情防控的第一道防线,大队民警全员执勤防控,24小时轮岗值班,从1月25日(正月初一)到4月中旬,坚守岗位,住帐篷,吃盒饭,连续作战,无怨无悔。据统计,疫情期间,大队共派出警力438人次、警车183辆次,检查车辆28447辆次、人员52267人次。

【县公安局交警大队领导成员】
大队长:辛集全
教导员:宋　雄
副大队长:丁红兵
　　　　　张小亮
副教导员:鲍卫国
　　　　　李祖维
　　　　　张友平

检　察

【概况】 万载县人民检察院是国家法律监督机关,对万载县人民代表大会及其常务委员会负责并报告工作。截至2020年年底有政法专项编44个、工勤编4个,实有干警42人,内设6个部门和1个派出检察室:政治部、办公室、第一检察部、第二检察部、第三检察部、法警大队和西区检察室。2020年,在县委和上级检察机关的坚强领导下,在县人大及其常委会的有力监督和县政府的大力支持下,万载县人民检察院以习近平新时代中国特色社会主义思想为指导,紧紧围绕县委整体工作部署,忠实履行法律监督职责,立足司法为民,顺民心解民意,不断加强民生司法保障,持续优化检察队伍形象,聚焦主责主业,守公平行正义,全面履行四大检察职能,持续优化检察队伍形象,做好了打赢疫情防控阻击战、优化法治化营商环境、服务保障“三大攻坚战”、打赢扫黑除恶收官之战、扎实推进认罪认罚从宽等工作,维护了社会和谐稳定,强化人权司法保障,为万载县经济社会高质量发展做出了积极贡献。2020年,县人民检察院被评为“全市政法工作‘一对一’对标竞赛优胜单位”“全市优秀基层政法单位”。

【打好疫情防控阻击战】 面对突如其来的新冠肺炎疫情,县人民检察院第一时间作出检察响应,成立打击涉疫犯罪专班,制定涉疫案件快速办理机制,切实维护防疫秩序。对利用疫情实施诈骗、销售假冒防疫物资、暴力妨害防疫秩序等犯罪批准逮捕10件13人。办理涉疫案件一律提前介入、阵线前移。疫情期间,县工业园某企业生产的额温枪被人仿冒,假冒伪劣额温枪大量销售到国外,造成恶劣的国际影响。县检察院指派检察官会同县公安局研判案件线索、确定立案方向、全程引导侦查,迅速破获案件,逮捕犯罪嫌疑人7人。坚决贯彻执行全国人大常委会“一决定一法”，起诉破坏野生动物资源相关犯罪9件9人，办理野生动物资源保护领域公益诉讼案件1件。积极投身防疫一线，选派29名党员干部下沉社区参加联防联控。

【优化法治化营商环境】 县检察院扎实做好“六稳”，全面落实“六保”，重点突出稳就业、保企业。在“优环境、促发展”大讨论活动中，检察长领队开展护航民营企业健康发展专题调研，制定《办理涉企案件十条意见》，落实涉企案件征求工商联意见机制。畅通检企沟通渠道，依托派驻县工业园、县工商联检察联系点，促进班子成员与县工商联副主席、县总商会副会长“一对一”联系常态化；对民营企业来访一律由检察长或者副检察长接待，直接受理企业诉求7件，做到件件有回音。平等保护各类市场主体，落实少捕慎诉理念，对37名涉嫌犯罪的民企负责人作出不起诉决定。会同县公安局对涉民营企业刑事诉讼“挂案”进行清理，督促县公安局对立案超过两年的案件迅速结案或者撤案，监督撤案2件。助力构建“亲”“清”政商关系，保持反腐败的高压态势，起诉公职人员收受企业贿赂犯罪1件。针对扫黑除恶专项斗争中发现的强揽工程、敲诈企业等破坏营商环境乱象，向县公安局、县住建局等单位制发社会治理检察建议21件，整改问题33个。

【服务保障“三大攻坚战”】 县检察院在2020年守护人民群众赖以生存发展的绿水青山，起诉污染环境犯罪3件9人，对工业园一家非法炼铅厂污染环境案提起刑事附带民事公益诉讼，追索环境损害修复费用130余万元；办理生态环境领域公益诉讼案件15件，督促行政机关消除环境污染隐患9起。切实履行脱贫攻坚政治责任，筹措资金51万元，在帮扶挂点的仙源乡横岭村实施“连心茶园”“农户散养”计划，确保贫困户收入稳中有升，顺利实现现行标准下全部脱贫；发挥检察职能防止贫困户因案返贫，对办案中发现的贫困户和困难群众开展司法救助4件，发放救助金16万元。聚焦防范化解重大风险，起诉金融诈骗犯罪4件6人。

【打赢扫黑除恶收官之战】 县检察院对照中央要求，深入开展“六清”行动，展开扫黑除恶大决战。起诉恶势力团伙犯罪3件9人，19天审结罗城李氏宗族恶势力案，7名恶势力成员全部认罪认罚；对2名不构成犯罪的人员及时监督县公安局撤销案件，全面完成“案件清结”。抽调4名检察干警参与抚州南丰县重大涉黑案件、宜春袁州区范某某等人涉黑案件检察专案组，贡献万载检察力量。推动“行业清源”，逐案分析涉黑恶案件，向县公安、水利等部门及有关乡镇提出社会治理检察建议40件，清理问题和隐患53个，推动建立长效机制。全面监督梳理涉黑涉恶涉“伞”案件财产刑执行情况，全力推动财产刑执行到位5000余万元，协同推进“黑财见底”。

【推进认罪认罚从宽】 把认罪认罚从宽作为推进国家治理体系和治理能力现代化的重要抓手，切实履行主导责任，会同县政法各单位大力推进落实。2020年共适用认罪认罚从宽制度办理刑事案件319件458人，适用率达80%，有效促进了涉案矛盾化解，减少了社会对立；对涉嫌轻微犯罪并认罪认罚的作出不起诉决定68人，体现司法人文关怀。完善听取被害人意见制度，完善值班律师全覆盖制度，有效维护犯罪嫌疑人和被害人双方的合法权益。进一步加强与县法院沟通衔接，提出确定刑期量刑建议366人，法院对量刑建议采纳率达到97.4%，位居全市前列。积极争取各方支持，向县人大常委会专题汇报认罪认罚从宽工作，得到县人大常委会充分肯定。

【维护社会和谐稳定】 选派19名干警参与“五员联动、共创平安”行动，在19个牵头挂点村开展平安宣讲、隐患排查、纠纷化解工作。开展提升公众安全感和群众满意度专项行动，全面走访全县204个村（社区），发放宣传资料2万余册。坚持和发展新时代“枫桥经验”,耐心细致办理涉检信访,实名信件全部做到7日内书面回复;对信访积案落实检察长包案、公开听证等制度,成功化解一起持续上访11年的涉检信访。贯彻落实社区矫正法,扎实履行社区矫正监督职责,发出纠正违法通知书23份。开展民法典宣传“四进”活动,引导群众依法解决矛盾纠纷。

【守护“舌尖上的安全”】 开展食品药品安全“四个最严”专项监督行动,办理食品药品安全领域公益诉讼案件23件,督促行政机关对三家县城超市销售不合格食品问题、两家乡镇自来水厂未办理取水许可证问题、两起违法占用农田问题开展监督整改。对乡镇(街道)农民专业合作社开展专项检查,发现17个乡镇(街道)的农民专业合作社未建立农产品生产记录,存在农产品质量得不到保障的问题,向县农业农村局及各乡镇(街道)制发检察建议18份,督促366家农民专业合作社整改。

【呵护“祖国的花朵”】 牵头推动侵害未成年人案件强制报告制度,起诉侵害未成年人犯罪11件12人,从重惩处强奸、猥亵未成年人犯罪。审慎办理未成年人犯罪案件,引入社会力量参与帮教,对确有悔改表现的决定附条件不起诉6件12人。选派11名检察官担任乡村中小学法治副校长,开展“法治进校园”授课26次,促进平安校园建设。对县城儿童游乐设施开展安全隐患排查,办理公益诉讼案件2起,督促消除安全隐患13个。

【强化人权司法保障】 严格履行监督制约职责,对不构成犯罪的案件不批捕20人,督促公安机关及时撤销案件,确保无辜者不受刑事追究;对证据不足的案件不批捕14人、不起诉25人,防止案件“带病”进入诉讼,坚守证据裁判底线。切实保障在押人员的合法权益,监督纠正超期羁押7人,对一起超期羁押长达79天的案件向县公安局发出纠正违法通知书;严防刑讯逼供,开展重大案件侦查终结前讯问合法性核查11件;加强对县看守所日常监管活动的监督,提出纠正意见4次。注重保障被追诉人的辩护权,为律师提供阅卷服务82次,听取律师意见499次。充分保障当事人的知情权,在人民检察院案件信息公开网公开案件信息703条、法律文书457份。

【做优刑事检察】 2020年,县检察院共办理审查逮捕案件212件325人,批准逮捕184件261人;办理审查起诉案件404件629人,提起公诉317件466人。在县公安局设立派驻检察室,推动端口前移,提前介入、引导公安机关侦办重大案件15件,指派检察官提前介入县城某足浴店故意杀人案。着力提升刑事诉讼监督质效,监督立案1件、撤案3件,监督纠正漏捕3人、漏诉4人,监督纠正侦查违法18次。加强与县法院的配合制约,对一审刑事判决提出抗诉1件,检察长列席县法院审判委员会6次。对县司法局执行社区矫正、县公安局执行剥夺政治权利、县法院执行罚金刑工作进行监督,发出纠正违法通知书29份;建议县人社局对3名服刑人员违规领取养老金的情形及时纠正、追缴。

【做实民事行政检察】 注重维护法院裁判权威和公正,加强与县法院的沟通交流,提出民事再审检察建议1件、民事审判和民事执行检察建议4件,全部得到采纳;支持法院破解执行难,协同县法院开展强制执行2次;注重矛盾化解,对县法院正确的判决依法作出不支持监督决定,耐心做好释法说理工作。探索行政诉讼监督新渠道,与县法院就行政非诉执行工作达成共识,办理行政非诉执行监督案件1件,行政争议实质性化解案件1件。

【做好公益诉讼检察】 以行政公益诉讼为主要抓手,践行双赢多赢共赢的监督理念,督促行政机关依法全面履职。行政公益诉讼立案41件,发出诉前检察建议41件,期限内回复率和采纳率均为100%。拓宽监督范围,将安全生产、国有财产保护等纳入公益诉讼监督,督促税务机关追缴税款 20 余万元。改进监督方式,诉前检察建议公开宣告送达 18 件。注重监督实效,对行政机关整改落实情况逐案评估,对有效落实的予以结案,把问题解决在诉前;不能有效落实的,严格向法院提起公益诉讼。依法履行公益诉讼出庭职责,出庭起诉某行政机关不全面履行职责案件 2 件,胜诉 2 件。

【抓实政治建设】 县检察院始终把思想政治建设放在首位,常态化开展“不忘初心、牢记使命”主题教育,深入开展“优环境、促发展”大讨论。把党对检察工作的绝对领导落到实处,向县委政法委报告重大事项 14 次;对市院党组政治巡察和县委政法委政治督察提出的问题照单全收、立行整改。扎实做好党建“三化”建设,成立“党员社会心理服务小分队”。落实意识形态工作责任制。持之以恒正风肃纪,严格执行过问或干预、插手检察办案等重大事项登记报告制度,共登记相关事项 16 件。

【专业建设发力加压】 县人民检察院持续深化司法体制改革,落实“谁办案、谁决定、谁负责”的司法责任制,责任二字深入人心。严格落实领导带头办案,入额院领导直接办理案件 199 件,其中检察长办理 17 件。改进检察官业绩考评方式,将服务大局、司法为民的工作实绩融入业绩评分,倒逼检察官提升办案能力,担当司法责任。常态化开展业务培训和练兵,突出学好用好民法典。

【接受监督渐成常态】 2020 年,县检察院坚持监督者更要接受监督,向县人大常委会作专题工作报告 1 次,根据审议意见拟定 12 项改进措施;坚持向人大常委会报告重大事项制度,报告重大事项 4 类 32 项。开展常态化走访人大代表和政协委员活动,主动向代表委员通报工作,邀请代表委员参加公开宣告、公开听证 8 次。主动向社会公开检察工作,召开新闻发布会 1 次,开展检察开放日活动 2 次。

【县人民检察院领导成员】

党组书记、检察长:邓新国
党组副书记、副检察长:唐　平
党组成员、副检察长:卜　文
党组成员、政治部主任:林卫荣
党组成员、副检察长:曾　洋
检委会专职委员:罗耀华

施　斌

法　院

【概况】 万载县人民法院(以下简称万载法院)2020 年度实有干警 78 人,由于内设机构改革,由改革前的 20 个庭室减至 9 个,分别是刑事庭、民事庭、行政庭、立案庭、执行局、法警大队、政治部、综合办公室、审判管理办公室,下辖工业园区、康乐、三兴、株潭、双桥、潭埠 6 个基层人民法庭。

2020 年,县法院在县委的坚强领导、上级法院的精心指导、县人大的有力监督和县政府、县政协以及社会各界的大力支持下,坚持以习近平新时代中国特色社会主义思想为指导,全面贯彻落实中共十九大和十九届五中全会精神,统筹做好疫情防控和维护稳定、服务保障“六稳”“六保”等工作,为万载经济社会发展注入强大司法力量。

一年来,共受理各类案件 8140 件,审结 8060 件,结案率 99.02%,主动融入多元解纷体系,化解纠纷 1937 件。

【做好刑事审判工作】 严惩刑事犯罪,助力平安万载建设。审理刑事案件 335 件,审结 331 件,结案率 98.81%。以维护社会安全稳定为重点,严厉打击杀人、抢劫、强奸等重大刑事案件 47 件,判处 53 人,对辛某武龙湖公园杀妻未遂案、黄某根县城东门杀妻未遂案,均判处五年以上有期徒刑。以维护社会管理秩序为抓手,严惩“黄赌毒”犯罪,审结组织卖淫、开设赌场、贩卖毒品等案件 37 件,判处罪犯 42 人。以营造风清气正政治生态为目标,严惩职务犯罪,依法审理宜春市科协原调研员罗某、万载县城建局原副局长梁某受贿案。以维护市场经济秩序为中心,加大对扰乱市场经济秩序犯罪惩治力度，严厉打击涉金融、合同诈骗、非法吸收公众存款、电信网络诈骗等犯罪行为，依法审结相关犯罪案件9件25人，对其中13人判处三年以上有期徒刑。

【抓实民商事审判】 调处民商关系，促进和谐万载建设。审理各类民商事案件4170件，审结4118件，结案率98.75%，涉案标的6.99亿元。维护公平有序的市场秩序，审结买卖、承揽、建筑工程等各类合同纠纷578件。加强对资本市场、房地产市场等领域的司法应对，助力打造安居环境，审结涉房屋买卖、物业服务等纠纷1343件，同时加大诉前多元化解力度，化解房地产领域群体性纠纷379件。推动设立万载县道路交通事故损害赔偿一体化处理中心，会同公安机关交通管理部门、司法行政机关、保险监管机构、保险行业协会等职能部门，相互衔接、协调联动，为当事人提供一站式服务，调处纠纷323件。

【推进行政审判工作】 以促进法治政府建设为导向，对行政行为坚持合法性审查，共审查各类非诉行政执行案件6件，通过专题讲座、答复咨询、司法建议等方式，帮助行政机关提高依法行政水平。积极发挥司法建议延伸行政审判职能的作用，建立向行政机关提出司法建议的常态化工作机制。

【加大执行力度】 受理执行案件3520件，执结3496件，执结率99.32%，执行标的2.21亿元。全力巩固“基本解决执行难”胜利成果，共拘传25人次，采取边控措施1161人次，查询党政机关公职人员失信情况315人次，清理涉党政机关执行案件2件，纳入失信被执行人名单1066人，限制高消费1748人，查封、冻结、扣押2355件次，采取司法拘留措施11人次，移送追究拒不执行法院判决裁定罪1人。审查非诉执行案件6件，加强市场监督管理，支持县市监督管理局依法打击网络传销行为。强化财产处置变现，成功拍卖财产294宗，成交额3543万元。积极参与江西二套“都市放心拍”活动，由执行局长线上直播拍卖，132万名网友围观竞拍。深入推进失信被执行人信用承诺和信用修复机制，对已经履行生效法律文书义务的15人进行信用修复。

【推进司法公开】 持续推进司法公开，不断加强司法公开四大平台建设，裁判文书上网4808件，庭审直播1512件，向当事人发送审判流程和执行节点信息7.21万条。不断强化巡回服务功能，开展巡回审判134场次。参与“法律明白人”培养工程，深入开展“法律六进”等法治宣传活动，开展“法治课堂”6场次。进一步加强“两微一端”政务平台建设，及时报道法治信息、重点案件进程，编发各类稿件293条。

【强化队伍建设】 旗帜鲜明强化政治建设，坚持党的绝对领导，贯彻《中国共产党政法工作条例》，确保法院正确政治方向。深入学习贯彻习近平新时代中国特色社会主义思想，结合党组中心组学习、“三会一课”、学习强国等平台载体，坚持自主学与集体学，确保日常学习有方向、有抓手。围绕“优环境、促发展”大讨论活动，形成问题清单76份，检视问题242个，切实把整改效果体现在提高司法为民、公正司法的能力和水平上。进一步加强党的阵地建设，提高党建工作水平，严格按照党建“三化”建设要求，投入12万元建设党员活动室与党建文化长廊。

【加强基础设施建设】 加强基层基础建设。深化智慧法院建设，推广应用法官e助理等信息化系统，探索建立“一网通办”的“智慧诉讼服务”新模式。落实“六专四室”达标改造和建设工程，补齐基础设施设备缺失落后短板，消除审判工作安全隐患，筑牢警务保障安全防线。充分发挥人民法庭扎根基层、贴近群众的优势，加快人民法庭建设，新株潭法庭即将交付使用，马步法庭已开工建设，双桥法庭拟列入“十四五”规划项目。

【县人民法院领导成员】
党组书记、院长：李纯清（女）
副院长：高　飞
党组成员、副院长：曾昭志
　　　　　　　　　孙启荣
党组成员、审判委员会专职委员：郭基文
党组成员、纪检组长：易荣勇
党组成员、政治部主任：鲍　华
党组成员、执行局长：陈　炜
审判委员会专职委员：翟云南

司法行政

【概况】 万载县司法局内设7个股室：人秘股、法治宣传股、法律援助股、基层工作股、安置帮教股(远程会见中心)、律师管理股、社区矫正股(社区矫正监管中心)，县委全面依法治县委员会办公室、万载县普法教育工作领导小组办公室设在司法局，所属事业单位2个：法律援助中心、公证处，派出机构有17个司法所(副科级)，管理4个律师事务所、5个法律服务所、1个司法鉴定中心。2020年共有在职在编人员42人。

2020年，万载县司法局在县委、县政府的正确领导和市司法局指导下，深入学习贯彻习近平新时代中国特色社会主义思想和中共十九大、十九届二中、三中、四中、五中全会精神，紧扣县委、县政府中心工作和市司法局工作部署，认真履职，服务大局，各项工作取得明显成效。

【依法治县】 6月2日，召开县委全面依法治县委员会第二次会议暨法治政府建设工作领导小组会议。会议深入学习贯彻中央、省委、市委法治工作会议精神，听取了2019年度全面依法治县与法治政府建设工作情况汇报，审议通过了《县委全面依法治县委员会2020年工作要点》《县委全面依法治县委员会关于加强法治乡村建设的实施意见》等6个文件，对全年依法治县工作进行了部署。

【推进法治政府建设】 制定《万载县2020年法治政府建设工作要点》，对法治政府建设作出了具体部署和任务分解。及时调整了法治政府建设工作领导小组成员，制定法治政府建设工作三项制度（清单管理制度、情况通报制度、督查落实制度）；实行权力清单动态管理，梳理权力清单目录，其中取消行政权力事项22项，保留、调整权力事项2284项，多部门共同实施行政权力事项83项。推进依法行政，县委设立党内法规审查机构，制定《关于党内规范性文件前置审核工作的实施方案》，县委、县政府分别聘请了法律顾问，县委组织部将履行法治建设责任纳入县直部门和乡镇领导班子、领导干部综合考核评价内容。推行行政执法“三项制度”，按照行政执法“三项制度”工作要求，实现行政执法信息及时准确公示、行政执法全过程留痕和可回溯、重大执法决定法制审核全覆盖。8月份，开展了行政执法专项整治行动，对全县28个行政执法单位进行了专项检查，共查出问题90个，针对检查发现的问题，列出了整改清单，提出了整改建议，明确了整改期限，为优化营商环境、助推万载经济社会发展提供了良好的法治保障。加强合法性审查与备案，制定了《万载县人民政府2020年行政规范性文件制定工作计划的通知》（万府发〔2020〕6号），计划制定9个规范性文件，经过合法性审查，保证规范性文件合法性审查率达到100%，规范性文件审查备案6件。完善行政复议制度，及时将行政复议案件录入工作平台，并完善了人员信息，积极答辩并依法出庭应诉，行政机关负责人出庭应诉率达到了60%，办理行政复议案件26件、行政调解案件722件。深化“放管服”改革，扎实推进“双随机、一公开”监管工作，及时调整了“一单、两库、一细则”，对各单位的随机抽查事项清单、执法人员名录库、检查对象名录库，以及《随机抽查工作细则》进行了更新和调整，梳理出253类抽查监督事项，行政执法平台录入行政执法人员952名、检查对象26791个。落实行政执法和刑事司法衔接工作制度，制定了“两法衔接”（行政执法与刑事司法衔接）工作联席会议制度，召开了“两法衔接”联席会，移送案件14件。推进基层综合行政执法改革，2020年6月5日完成市场监督管理、农业农村、交通运输、文化市场等领域综合执法改革，组建万载县市场监督管理执法稽查大队、万载县农业综合行政执法大队、万载县交通运输综合行政执法大队、万载县文化市场综合行政执法大队。

【法治宣传】 结合县委、县政府的中心工作、重点工作，将习近平新时代中国特色社会主义法治思想、扫黑除恶专项斗争、干部法律知识列入年度普法重点，突出了《中华人民共和国民法典》《中华人民共和国社区矫正法》及党内法规的学习宣传，突出了领导干部和青少年普法教育，落实国家工作人员宪法宣誓制度，开展了中小学生法治教育主题活动。发挥普法主管部门职责，督促各单位严格落实“谁执法谁普法”责任制，各成员单位利用各类宣传月、宣传日开展法治宣传活动。疫情期间，开展了“防控疫情法治同行”专项法治宣传活动，大力宣传疫情防控知识和相关法律法规。2020年，组织各类法律知识竞赛9场，开展法治宣传43场、开展中小学生法治教育54场，播放普法视频220多小时，张贴宣传标语、横幅200多条，发放法治宣传资料6万余份。推进农村“法律明白人”培养工程，2020年，全县共培养普通农村“法律明白人”24488人、农村“法律明白人”骨干8504人。

【社区矫正】 实行了社区矫正对象分级管理制度、手机强制定位制度、越界报警制度、离线核查等制度，落实谈话、汇报、请销假、集中教育学习等管理措施，做到了执法规范、监管到位，实现了无脱管、漏管，无重新犯罪。开展《中华人民共和国社区矫正法》宣传活动，举办一期社区矫正法宣传工作培训班，17个司法所分别组织各自辖区矫正对象开展了一次《中华人民共和国社区矫正法》学习宣传，召开学习座谈会，组织了《中华人民共和国社区矫正法》知识考试和竞赛。

【安置帮教】 落实无缝对接机制，对接率达到100%，采取了“四帮一”方式开展帮教，实行了刑满释放人员分类排查机制，对相关人员定期走访。疫情期间，对全县范围内刑释解戒人员进行走访、摸排建立台账，了解安置、跟踪帮教情况，做到一个不漏，远程会见中心安排在省内监狱服刑人员与家属会见396场。

【公共法律服务】 2020年10月，新建县级公共法律服务中心。提升法律援助质量，法律援助中心将因疫情防控、复工复产引发的纠纷，特别是劳动报酬支付、劳动关系解除、工伤赔偿、房屋租赁等纠纷纳入法律援助范围。对行动不便的残疾人、老年人等受援群众，主动提供上门服务，实现了应援尽援，全年共办理各类法律援助案件459件，接待来电来访群众并解答各类法律咨询2000多人次，开展法律援助集中宣传活动17场次，发放法律援助知识宣传册2万余份。强化律师、法律工作者人员教育管理，制定《关于进一步加强公共法律服务行业监督管理工作的意见》，对全县律师事务所、法律服务所进行了规范整顿，开展案件评查和“双随机、一公开”检查，对查出的问题提出了整改意见。组织全县律师、法律工作者开展“帮扶解困暖民心”公益活动，自筹资金1.5万元开展“一对一”帮扶活动。全年共代理各类案件1287件，解答群众法律咨询2000多人次。推进公证机构体制机制创新，完善了公证管理体制和收入分配机制，将公证处编制由单一审批制管理，转变为审批管理和备案管理相结合的管理体制。公证处实行了节假日预约服务和为行动不便的当事人提供上门服务制度，持续开展减证便民行动，进行证明事项清理，推出了“零接触”公证服务，全年办理各类公证869件，为1385户拆迁户办理选房公证，接受咨询300多人次。提升司法鉴定公信力，严格贯彻落实省司法厅《关于健全完善全省统一司法鉴定管理体制的若干意见》和司法鉴定管理“双严十二条”，进一步加强司法鉴定执业监督和保障，全年办理司法鉴定案件 431 件。

【推进基层司法工作】 推进司法所规范化建设，2020 年 9 月，新建康乐、鹅峰、马步、三兴、罗城、茭湖、高村、双桥、黄茅、仙源、赤兴、白水 12 个司法所，重新配置了办公设备，基层设施更加完善。人民调解工作有效开展，2020 年，选聘 14 名优秀调解员加入第二批人民调解专家库，选任人民陪审员 39 名，在康乐街道创建了品牌调解室“开心调解室”，鹅峰乡创建了“缘”桌调解。坚持和发展“枫桥经验”，全县各级调委会积极开展矛盾纠纷大排查活动，对排查出来的矛盾纠纷及时建立工作台账，逐一明确化解责任、化解时限，最大程度地化解社会矛盾纠纷，全年共调解矛盾纠纷案件 1012 件。双桥司法所所长龙旸获得全国模范人民调解员称号。

【强化司法队伍建设】 先后开展政法队伍教育顿整、“优环境、促发展”大讨论活动，开展警示教育和公职人员违规从事营利性活动、营商环境不正之风和腐败问题专项整治自查自纠，教育整顿和“优环境、促发展”大讨论活动共完成 24 个问题整改。强化业务培训，积极组织班子成员、各司法所所长、股室人员参加司法部、省司法厅、市司法局组织的各类业务培训，实行了司法所工作例会制度，每季召开一次基层司法行政工作会，干部队伍的政治素质、纪律作风、业务水平有了明显提升。2020 年 10 月调入公务员 1 人，招录事业编 2 人。

（熊剑虹）

【县司法局领导成员】

党组书记、局长：周　毅
党组成员、副局长：周丽荣（女）
副局长：邬立深
四级调研员：黄　松（2020 年 3 月）
主任科员：彭宝元
　　　　　郭水平
副科级干部：王年兴
　　　　　　王贵庚
　　　　　　喻炳洪

军　　事

人民武装

【概况】 2020 年,万载县人武部坚持以习近平新时代中国特色社会主义思想和习近平强军思想为指导,深入贯彻中共十九大和十九届二中、三中、四中、五中精神,聚焦新时代国防动员使命任务,坚持突出首位打基础,依法从严抓规范,开拓创新求突破,坚守底线保安全。人武部全面建设呈现出稳中有升发展势头,较好地完成了年度工作任务。

【着眼铸魂育人狠抓政治建设】 坚持从政治上建设部队,深入学习习近平新时代中国特色社会主义思想和习近平强军思想,不断筑牢干部职工维护核心、听党指挥的思想政治根基。一是深化主题教育。严格落实每季度党委机关理论学习,抓实党委议教、参加授课、教育讨论、撰写体会等环节落实,跟进学习习近平主席最新重要讲话精神,突出抓好全国两会精神和中共十九届五中全会精神的学习贯彻。二是大抓理论武装。坚持读原著学原文悟原理,读好《习近平论强军兴军》、《习近平谈治国理政》(第三卷)等必读书目,干部、文职人员和职工人人制订理论自学计划,县人武部领导围绕当前大项任务、重点工作,开展课题调研。全年开展集中理论学习 30 余次。三是常抓思想政治教育。持续抓好疫情防控,时事政策、战备形势、安全管理、纪律法规等经常性教育,积极推开微课堂教育,不断夯实干部、文职人员和职工思想政治基础。紧贴实际制订民兵思想政治计划,认真组织开展基干民兵思想政治教育。

【聚焦能打胜仗抓紧练兵备战】 认真贯彻落实开训动员令和军委军事训练会议精神,坚持紧盯形势抓建设,紧贴任务练兵,不断提高遂行多样化军事任务能力。一是深入推进战备基础设施建设。高标准推进战备基础设施建设,补充配齐县民兵应急连物资器材,大力加强民兵训练基地建设,协调县委、县政府投入资金用于民兵训练基地改造,基地承训能力实现质的提升。二是持续掀起练兵热潮。全面推开军事职业教育,组织干部、文职人员高标准完成必学课程学习任务。着眼提高后备力量应急应战能力,严密组织专武干部和基干民兵集训,牵头开展全县抗洪抢险民兵骨干集训及军地联合抗洪演练。三是突出抓好战备演练。主动对接地方相关部门,修订完善各类非战争军事行动预案结合节日战备、整组点验、执行任务等,组织前指带值班应急分队紧急出动演练。

【瞄准动员准备大抓能力提升】 坚持主责主业主抓,注重把底数摸实、把队伍建实、把征兵抓实,全面提升国防动员建设准备质量。一是精准核实动员潜力。县人武部与国动委相关单位建立了国防潜力调查协调机制,通过统一数据格式,规范采集标准,扎实开展国防动员潜力采集。二是科学组织民兵整组。紧贴后备力量建设任务,按要求完成基干民兵编组任务。5 月下旬,组成工作组下基层开展民兵整组检查,检查情况以“万载督查”名义下发通报,起到良好督导作用。三是周密开展兵员征集。坚持早筹划、早部署、早发动,多措并举、主动作为,严格征集审查把关，狠抓廉洁征兵落实，圆满地完成了年度义务兵征集任务。

【**落实党管武装巩固军民团结**】坚持以落实基本制度为抓手，大力加强新时代双拥共建，不断巩固和发展万载军政军民团结大好局面。一是扎实推进双拥共建。积极助力地方精准脱贫，县人武部挂钩帮扶岭东乡兰田村，派出第一书记驻村扶贫，人武部定点帮扶贫困户全部实现脱贫。投身参与万载县文明城市创建和地方人居环境整治，出动人员参与文明劝导和环境整治。八一建军节期间，走访慰问未脱贫退役军人贫困户。二是全面加强国防教育。结合征兵宣传、民兵整组、学生军训、国防教育日，组织干部、文职人员深入机关、学校开展国防教育宣传。用好湘鄂赣革命纪念馆、万载县烈士纪念馆等红色场馆资源，提高国防教育的覆盖面和感召力。认真抓好省国防教育基地考评工作，四季度，县烈士纪念馆顺利通过省考评。三是大力提升党管武装质效。认真落实党委议军、基层民兵营教导员述职、党管武装考评、第一书记现场办公等工作制度，联合县委、县政府每年表彰一批"党管武装好书记""优秀专武干部""优秀民兵连长"，强化地方各级党政领导管武兴武的责任意识。

【**突出打牢基础，加强部队管理**】坚持依法从严治军，营造风清气正环境，确保部队高度集中统一和安全稳定。一是大力加强风气建设。组织全县基层风气监督员培训，颁发聘书和上岗证，规范监督流程，确保常态运行。加强对练兵备战、兵役征集、民兵整组等大项工作的全过程纪律检查监督，狠抓廉洁征兵、阳光征兵，充分发挥廉洁征兵监督员作用，实现全年征兵无违规违纪问题。二是突出抓好安全管理。扎实开展违规饮酒、防间保密、网络安全等专题教育，紧盯重点部位和薄弱环境抓治理，积极排查安全隐患。坚持人防加技防相结合，投入专项资金对营区监控系统进行改造。三是严格落实疫情防控。部党委定期分析防控形势、结合驻地疫情防控实际制定各项处置预案，购置防疫物资，抓实营门管控，认真落实外来人员体温监测、扫健康码、登记和营区消毒等制度，确保人武部疫情防控安全。

武警中队

【**概况**】 万载县武警中队成立于1949年，历经10次改编，2018年1月整编为中国人民武装警察部队江西省总队宜春支队执勤一大队万载中队，在总队、支队党委正确领导下和万载县委、县政府、县公安局的帮助下，严格按照"听党指挥，能打胜仗，作风优良"的目标要求，大力培育新一代革命军人核心价值观，努力把官兵培养成党和人民的忠诚卫士，加紧赶超，加快发展，不断打牢全面发展基础，稳固安全发展形势，拓展创新发展空间，中队建设稳中有进，发展态势持续向好，圆满完成了以执勤和处突为中心的各项任务。近年来，中队官兵继承和发扬优良传统，积极传承红色基因，担当强军重任，实现了中队建设年年都有新进步，年年都有新发展，连续38年执勤无事故，连续21年进入总队先进行列，7次被总队评为"基层建设标兵中队"，2020年被支队评为"四铁"先进单位，涌现出武警部队"优秀教练员"刘伟鹏、蒋兵，总队"优秀教练员"李亚楠，总队十佳"四会"政治教员刘旭等一批优秀官兵。

【**思想政治建设扎实有效**】 中队注重从思想上、政治上引领队伍，紧紧围绕强军目标，紧贴形势任务，紧贴官兵实际，生动有效地抢占思想政治阵地。一是紧贴传承基因抓教育。为把新时代官兵思想脉搏，持续推进"传承红色基因、担当强军重任"教育"不忘初心、牢记使命"主题教育，在刚性落实每周二、四教育日的基础上，不断创新教育方法，灵活运用"学习强国""军职在线"等APP，江西武警微信公众号和"红色密码我最爱"微信小程序等官兵喜闻乐见的学习载体拓展教育渠道。积极开展红色教育基地参观见学和观看国庆大阅兵实况等活动，做到主阵地灌注、多渠道渗透、全方位育人，深化了主题教育成果，增强官兵强军兴军的责任感使命感。二是强化思想引导。紧盯官兵活思想，始终坚持“带兵就是带心，带兵一阵子，为兵一辈子”的理念，开展“三五分钟谈谈心，七八句话拉家常”等活动，采取大谈心、解疙瘩、不过夜的方式抓实一人一事思想工作，确保了官兵思想稳定，内部关系融洽。并充分利用“三互”“双四一”等有效载体，广泛开展谈心交心活动，有效掌握官兵思想底数，引导官兵调整心态，中队官兵均思想稳定。三是注重效果转化。通过开办“士兵讲堂”，鼓励战士走上讲台，初步改变了干部讲、战士听的被动教育模式，思想理论由高大深远逐渐深入人心。

【执行多样任务能力明显提高】 在九江永修抗洪抢险任务中，中队官兵参与其中，顶着压力快速展开救援，顶着大太阳多次挖掘实施救援，不怕疲劳，不怕流血，不怕牺牲。一是突出执勤工作。年初以来，党支部成员始终坚持中心工作不放松，做到常抓常议，每月定期召开执勤形势分析会，及时发现和查找勤务中存在的安全隐患和倾向性问题，研究制定相应的措施，明确下步执勤工作中应把握的重点。结合百日安全竞赛活动，通过学习“执勤典型事例通报” 等事故案例，以每日执勤通报等“身边事”警示官兵，及时召开军人大会对执勤中出现的违规违纪问题进行处理，对官兵触动很大。二是严密组织训练。树立“训练抓主官、主官抓训练”的鲜明导向，刚性落实干部组训、带训、跟训等制度。坚持每周军事训练评比竞赛活动，张榜公示，颁发流动红旗，评选训练标兵，官兵训练热情和水平有较大提升。三是强化能力素质。中队按照“实战化”训练要求大力加强军事训练，严格落实训练计划、会操、考核等制度，干部骨干认真研究训练方法，抓实训练标准，建立官兵训练档案。中队 2019 年年底和 2020 年半年军事考核成绩优秀。

【支部核心领导工作建设逐渐加强】 中队党支部班子自 8 月份调整后，认真贯彻上级决策指示，不断增强战斗堡垒作用。一是以实学促共识。支部班子始终把理论武装摆在班子建设首位，从严落实集中学习和个人自学制度。结合总队党支部书记培训精神，围绕工作难点、部队建设重点、官兵关注热点等问题，通过组织党员原原本本学党章，扎扎实实谈体会，较好地解决了政治不够敏锐、纪律观念淡薄等问题，党支部的凝聚力、战斗力明显提高。二是抓团结蓄内力。始终把班子团结作为练强内力的重点来抓，坚持每天早上碰头、晚上分析、周末小结的办法，合作非常愉快。平时，主动与其他支委沟通，特别是与士官支委沟通，对中队安排工作、活动组织等事项，主动征求其意见，有效确保工作统筹合理，末端落实有效。三是抓风气促发展。在涉及官兵切身利益的敏感问题上，支部始终坚持“一碗水”端平，做到讲原则不徇私情，支部班子对此严格落实“名额、条件、程序、要求”四公开原则。2020 年选送技术学兵 2 人，院校深造 1 人，骨干集训 1 人，发展党员 3 人。

【基层全面建设稳步推进】 中队持续狠抓日常训练，中队管理水平有较大提升。一是依法从严管理。强化纪律法规学习教育，深入开展“条令年”活动，大力纠治倾向性问题。结合“严实作风、严明纪律、严格秩序”专项教育整顿活动，深刻汲取 2020 年以来的事故案件教训，积极开展条令法规学习、队列训练、知识竞赛、热点讨论、学习交流等方式，充分发挥小演讲、小提问、小广播和板报橱窗等载体作用，认清开展“三严”教育整顿的必要性和紧迫性，增强全体官兵参与活动的积极性和主动性。二是狠抓正规化建设。严格依据新条令要求，开展比执勤、比训练、比工作和进门看内务、出门看队伍、外出看形象、营区看秩序为主要内容的“三比四看”活动，抓作风促养成；从落实干部“五同”好不好、“三分四定”达不达标、登记统计正不正规，抓规范正秩序。通过两手抓，中队“四个秩序”日渐正规。三是坚持重点抓防范。以安全工作“八个规范”为抓手，以大庆之年“六个坚决不出”为底线，紧盯重点环节。在手机管理上，严格落实“手机管理措施”，严防网上赌博、网络借贷等新型违纪问题发生。

【武警中队领导成员】

中队长：李城林

指导员：刘员旭

人民防空

【概况】　一是超额完成市人防办下达的防空地下室建设任务。二是推进人防应急救援指挥中心建设使用。附属工程已建设完成；内部装修工程处于收尾阶段；人防指挥通信设备工程进入招标程序。三是实现人防工程建设安全零事故。加强对在建人防结建工程质量监督巡查及安全检查，排除安全隐患，发现问题，确保整改到位，实现全县人防工程建设零事故。四是人防知识教育宣传常态化。利用重要时间节点，开展人防知识教育宣传。“5·12”防灾减灾日，共接受群众咨询100余人次，发放各类宣传资料300余册。圆满完成“9·18”防空警报试鸣活动。组织开展纪念新中国人民防空创立70周年宣传活动，广泛动员党员干部和群众参与“百万网民学法律”人防法规专场知识竞赛。五是人防系统腐败问题专项治理整改追缴任务全面完成。万载县全面贯彻落实全省加强人防工作管理电视电话会议精神，追缴人防易地建设费，其中违规减免缓项目和政府投资的公建项目，应追缴的人防易地建设费，由县财政局筹资并已补缴到位。

应急管理

气象工作

【概况】 万载县气象局于1959年1月1日建站,原址位于万载县康乐街道环城北路347号,2016年12月31日实现台站整体搬迁,现址位于万载县康乐街道西环路联合村境内,为正科级单位,有工作人员12人。连续三届被评为省级文明单位,连续八届评为市级文明单位。2020年,县气象局内设机构:综合管理科、防灾减灾科、气象台。直属机构:气象灾害防御技术中心;地方管理机构:万载县人工影响天气办公室。

【做好气象服务工作】 牢固树立"以人为本,无微不至,无所不在"的服务理念,积极做好气象服务工作。以"重要过程、重大节日、重点工程"为服务重点,及时制作发布旬报、月报,以及元旦、春运春节、五一、端午、中高考天气、中秋、国庆等时间节点专题气象预报。确保全方位、高效率地做好各项预报服务保障工作。与国土资源、防汛办、民政、应急管理、广电等部门成立了气象信息联合发布机制,重要气象预报预警信息能够通过移动、联通、电信、广播电台、电视台、智慧办公平台等"绿色通道"及时准确对外发布。2020年以来共制作发布呈阅件18期,气象情况反映10期,春播、秋收专题服务12期,获县领导批示3次,现场督导指示防汛工作1次,暴雨过程共7次,启动气象应急响应5次。通过短信平台、一键式发布平台、电视台、气象信息员工作群等途径共发布面向公众各类预警信息136次,全县范围内接收预警短信人数达181335人次,及时提醒民众做好防范措施,服务效果良好。

【推进气象法治建设】 万载县气象局以"3·23"世界气象日、"5·12"全国防灾减灾日、6月份安全生产月、12月4日国家宪法日等契机,广泛开展气象知识"进机关、进企业、进社区、进学校、进村组"宣传咨询服务活动。"3·23"世界气象日,县气象局紧密结合新冠肺炎疫情防控形势,采取线上为主、线下为辅的方式开展系列宣传教育活动,围绕"气候与水"这一主题,利用微信公众号、微博等方式大力宣传"3·23"世界气象日主题及气象防灾减灾科普知识,必要时组织科技人员进村入户和深入田间地头开展气象科普与疫情防控知识宣传,把气象灾害防御手册、为农服务气象手册、春播汛期服务和疫情防控手册等资料送至农户手中;5月12日,万载县气象局围绕"提升基层应急能力,筑牢防灾减灾救灾的人民防线"主题在县城的田下古城游客中心开展全国第12个"防灾减灾日"宣传活动;6月16日,根据万载县安委会统一安排部署,县气象局紧紧围绕"消除事故隐患,筑牢安全防线"主题,在县政府广场举办了第19个全国"安全生产月"集中咨询日活动。以上开展的系列活动都及时报道上传,普及了市民的气象灾害防御知识,提高了大家对气象灾害的应急能力,进一步宣传弘扬了安全生产发展理念,有效推动了全县安全生产工作。9月28日,万载县气象局走进县三小开展"首席预报员进校园"科普宣传活动,并邀请市气象台预报专家授课。预报专家围绕天气预报的制作、气象灾害天气、面对灾害性天气如何避险等三个方面内容，用丰富的案例、直观的图表、生动的语言给学生们作了一场通俗易懂、精彩纷呈的气象科普讲座。活动期间，授课老师利用气象观测场360° VR全景视频，全方位无死角地展现出观测场上的风塔、能见度仪、百叶箱、地温场、雨量筒等气象探测仪器，通过这种互动性强、浸入式全景视觉体验，引领同学们认识气象要素是怎么被测量的，近距离感受气象的奥妙，开启学生认知气象科学的神秘大门，增强青少年气象防灾减灾意识。12月4日，万载县气象局组织干部职工在县城的田下古城游客中心开展了宪法宣传活动。此次宪法宣传活动形式多样，内容丰富。一是通过抖音、微信公众号、微博等新媒体平台，向社会公众宣传宪法知识，营造浓厚法治氛围；二是通过宣传栏展板，重点宣传讲解《中华人民共和国气象法》《气象灾害防御条例》等气象法律法规；三是发放宪法、气象法等资料，鼓励群众积极参加宪法知识答题活动，让大家对法律法规有更直接、更深刻的了解。

【履行气象行政管理职能】 按县司法局要求，制定了2020年“双随机、一公开”检查计划并开展行政执法检查，已完成对全县35家重点企业的防雷安全专项检查，开展检查人次105次，排除了32项安全隐患；完成县司法局“三项制度”汇报材料；配合县行政服务中心、县住建局制定工程建设项目审批事项清单，及时反馈意见并完成自己单位所涉及的项目相关审批流程；完成安委会安全生产大排查大整治行动工作，开展2020年全县“安全生产月”和“安全生产万里行”活动，每周及时报送材料，一丝不苟，认真对待，保质保量地完成工作；为做好迎接国办“互联网+监管”能力第三方评估工作，积极完成相关工作，及时发布监管动态信息；配合省、市气象局，开展全省防雷安全检查、防雷检测业务质量督查。

【狠抓疫情防控】 受疫情影响，县气象局按照万载县新型冠状病毒感染的肺炎疫情防控应急指挥部下发的《关于进一步发挥全县基层党组织和党员干部在村(社区)疫情排查防控中积极作用的通知》要求，积极作为，由局领导带头，积极发挥党员干部先锋模范作用，全局干部职工踊跃参与，组成了万载县气象局疫情防控志愿服务队对春风庭院北区6栋楼房共152户住户进行疫情排查。工作人员一边排查一边开展疫情防控知识宣传，营造全面参与、自我防控、联防联控、科学防控的浓厚氛围，坚决打赢疫情防控阻击战。

【气候概况】 2020年，万载县平均气温18.4℃，较常年平均偏高0.9℃，年极端最高气温37.8℃，极端最低气温-4.2℃，年降水量2152.5毫米，较常年偏多429.8毫米，年日照时数1503.5小时，较历年平均偏少64.3小时。全年气候主要特点：气温偏高，降水量偏多，日照偏少。

【县气象局领导成员】

党组书记、局　长：黄克勤

党组成员、副局长：邓鸿玲

党组成员、气象台台长：李　茜(女)

应急管理

【概况】 万载县应急管理局（简称县应急局）为政府职能部门，综合管理全县安全生产工作，现有干部职工共108人（其中：专业森林消防大队官兵36人），下辖森林消防大队副科级事业单位，对外加挂安全生产委员会办公室、森林防火指挥部办公室两块牌子。2020年，县应急局始终坚持以习近平新时代中国特色社会主义思想为指导，牢固树立“安全第一，生命至上”的发展理念，推动安全生产、应急管理和防灾减灾救灾等责任落实，深化重点专项整治、加强风险管控措施，推进自然灾害防治救援能力的提升，全县安全生产和森林防灭火形势保持了平稳态势。

安全监管

【出台安全监管重要文件】 2020年出台了《进一步规范生产安全事故信息报送应急处置调查处理和统计核销工作的通知》《万载县烟花爆竹企业安全员管理制度》《万载县乡镇(街道)应急管理人员实行垂直管理实施方案(试行)》《万载县乡镇(街道)应急办管理办法》《万载县落后烟花爆竹生产企业整顿退出工作实施方案》《调整县安全生产委员会和十三个安全专业委员会组成人员的通知》《万载县安全生产专项整治三年行动实施方案》等重要文件,成立安全生产工作专班,开展常态化安全生产督查检查,进一步完善安全生产监管制度,明确了安全生产责任,强化了安全监管措施,促进了万载县安全生产形势的进一步好转。

【烟花爆竹安全监管】 1. 深入推进专项整治三年行动,强化干部监管责任。严格"刚性处罚"标准,实行"一厂一册",突出重点领域的转包分包、四超两改、引火线和涉药机械使用等专项治理,严打违法违规生产行为。实行交叉执法监管制度和"黑名单"制度,进一步杜绝了人情执法、弹性执法,筑牢风险管控和隐患排查治理安全防线。全年烟花爆竹领域县、乡两级共排查隐患2319处,责令停产整顿企业118家,处罚金额345万元。2.推进烟花爆竹企业整顿和产业转型升级。严格烟花爆竹建设项目安全设计审查和企业安全生产许可,提升企业安全生产基础条件,积极推动落后烟花爆竹生产企业整顿退出,大幅度压缩企业数量,到2021年年底全县烟花爆竹生产企业控制在170家左右。按三年退出60%的企业计算,万载县需退出有证企业254家。3月4日,县政府正式出台了《万载县落后烟花爆竹生产企业整顿退出工作实施方案》《万载县烟花爆竹产业发展规划(2020—2025年)》等文件,明确企业退出奖补政策,明晰产业发展方向,成立以县长为组长的专项工作领导小组并集中办公。全年共有申请退出企业234家,已上报省应急管理厅注销安全生产许可证224家,超前两年任务数53家;拟申请保留企业任务数170家,有申请保留企业165家,已通过设计审查98家,动工整改125家,新一轮许可发证75家。

【危险化学品和工贸安全监管】 全县共有68家企业纳入危化监管,其中生产企业16家,经营企业52家。生产企业已发安全生产许可证的有7家,试生产企业2家,正在走安评程序1家,一般化工企业6家(不需要发安全生产许可证),构成重大危险源企业2家,均为四级,涉及重点监管危险工艺企业2家。共有112家企业纳入工贸监管,其中规模以上工贸企业65家,金属冶炼企业6家,建材企业12家,机械制造企业5家,轻工企业84家。

按照上级统一部署,全力开展"安全生产专项整治三年行动"、"打非治违"、"三项工作"和安全生产集中整治等行动。突出危险化学品生产和经营的打非治违和重点工贸企业的隐患排查等专项治理,严厉打击违法违规生产行为。全年共出动检查720人次,共检查企业210家,发现问题隐患354条,责令企业停产整顿8家,共处罚金额83.9万元。截至2020年年底,江西省安全生产信息监管系统中的16家危化生产企业和52家危化经营企业系统登录率100%、排查隐患录入率100%,履职报告上传率100%,开展了"五个一"活动100%。6家危化发证企业均做了应急预案且在市应急管理局备案,备案率100%,其中5家已取得安标化证书,安标化达标率85.7%,剩余1家天银科技正在创建中,已完成专家评审。33家加油站均做了应急预案和安标化建设,达标率100%。

【非煤矿山安全监管】 全县有列入许可范围非煤矿山企业25座,其中地下矿山3座,露天矿山21座,尾矿库1座;另暂未列入安全许可范围的砖瓦用页岩矿12座。持有效安全生产许可证5座，基建矿山13座，6家长期停产。当前正常生产露天矿山5座，建设中矿山5座，停建8家，万载县桃源金矿尾矿库已通过闭库验收，正在按照程序销库。

在非煤矿山专项整治行动中，集中整治了盗采矿产资源、超层越界开采、以勘探名义实施开采等行为；综合治理了冒顶片帮等7类措施不到位，地下矿山水害、大型采空区、尾矿库“头顶库”、下游情况复杂的排土场和露天矿山高陡边坡等重大隐患治理不到位，长期停产停建的矿山复工复产前验收程序不到位等问题。共检查企业102家次，下达执法文书85份，发现安全隐患119处，已整改到位119处，处罚金额23万元。会同市应急管理局验收基建期建设工程矿山5座，颁发安全生产许可证5本，审查安全设施设计7家，持有效安全生产许可证企业安全生产标准化创建率已完成100%；累计聘请第三方专家对非煤矿山企业进行体检会诊20人次，共检查安全隐患36处、提出整改意见36条。

【深化安全生产专项整治】 一是扎实开展安全生产大排查大整治活动。全县从3月中旬起开展安全生产大排查大整治行动，对全县16个重点行业领域开展为期三个月的专项整治。共派出督查检查2758人次，企业1468家次，发现问题隐患2557处，其中包含企业自查1098处，已整改到位2536处，其中重大隐患9处，已整改到位9处，停产48家，关闭2家，暂扣吊销证照5家，罚款136.65万元。二是稳步推进安全专项整治三年行动。按照全国、省市关于安全专项整治三年行动工作要求，结合万载县实际，减少了煤矿专项整治，形成“2+16”的任务框架，即“学习贯彻习近平总书记关于安全生产重要论述”和“落实企业安全生产主体责任”两个专题，聚焦16个重点行业领域，组织开展安全整治。共排查发现隐患2129处、已整改完成2049处、责令停产整顿企业28家，处以罚金79.6万元。三是深入开展岁末年初安全生产百日行动。紧抓16个重点行业领域，开展为期三个月的安全风险的隐患治理，共检查企业（单位）910家次，检查发现隐患1025处，已整改到位1020处；责令停产整顿5家企业，处罚金额17.02万元。

【安全教育培训】 万载县满天星职业技术学校于2016年建立了全省第一家烟花爆竹安全生产实际操作培训基地，多年来实现教考分离，得到上级有关部门认可。2020年，该基地举办各类安全教育培训学习班20余期，2500余人次；组织开展企业主要负责人、安全生产管理人员、特种操作人员集中培训的基础上，在传统教育培训模式上创新教学方式，送教入企20多场次，侧重实践实例；此外，县应急管理局组织县、乡两级安监干部160多人分两期集中开展监管业务培训班，55人参加市安监局举办的安全监管执法人员培训班，28人开展业务技能再培训，提高了安全生产监管人员的专业素质和执法能力。组织非煤矿山主要负责人、安全管理人员36人次参加省、市应急管理部门开展的安全生产知识和管理能力考核培训班并取得合格证。

【强化体制创新，推行垂直管理】 2020年，万载县在全市率先开展应急垂直管理试点工作，以基层应急办建设为抓手，大力推行标准化、规范化、信息化“三化”建设，打造基层垂直管理的“万载样板”。一是突出政策引领。出台了《万载县乡镇（街道）应急管理人员实行垂直管理实施方案（试行）》《万载县乡镇（街道）应急办管理办法》《万载县乡镇（街道）应急管理所“三化”建设实施方案》等文件，县应急局完成了各乡镇（街道）应急办主任的任命，配强配齐基层一线应急干部109名。二是突出职能整合。按照“一专多能”的理念，进一步整合安全生产、应急管理、森林防灭火和防灾减灾救灾等工作职能，健全“横向到边、纵向到底”的应急管理职责。三是突出示范带动。以标准化应急办建设为抓手，全力推进垂直管理工作。通过开展标准化创建工作，进一步完善和落实了各乡镇（街道）应急办活动场所、标识制度、基本设施以及日常业务考核、经费使用办法、绩效考核等标准,充分调动基层应急干部的工作积极性,有力地促进了垂直管理试点工作。

森林消防

【森林消防工作】 万载县专业森林消防大队是2019年下半年由林业部门转隶至应急部门的副科级公益一类事业单位,共有队员36人。2020年被评为“全国第五届119消防先进集体”,是全国三个获此殊荣的地方专业森林消防队伍之一。2020年获得全省、全市大练兵大比武团体第一名,并包揽了所有个人全能奖,被市应急管理局授予“集体三等功”。2月25日,万载县黄茅镇中罗村突发森林火灾,火势迅速蔓延至距存放约3吨成品的花炮厂仓库仅20米附近,情况十分紧急。万载专业森林消防大队闻讯后迅速出动,兵分3路对着火点进行“围剿”,经过两个多小时的努力,大火被完全扑灭,成功避免了一场因森林火灾导致花炮仓库爆炸的灾难,保护了花炮企业及周边100多户群众的生命财产安全。8月13—14日,江西省、宜春市森林消防队伍管理建设现场会相继在万载县召开,万载森林消防队伍的发展模式在全省、全市推广。专业森林消防大队长刘荣启被省委、省政府表彰为“劳动模范”,黄勇等队员共获得省应急管理厅和市应急管理局23项个人荣誉。11月,由省应急管理厅举办的全省专业森林消防队大比武暨首届社会救援力量技能竞赛在南昌举行,万载森林消防队取得了比武竞赛团体第一名并包揽了所有的个人全能奖项,获得个人单项奖项22个,被宜春市应急管理局授予“集体三等功”。

【开展“平安春季行动”】 县、乡两级根据天气情况及时出动防火宣传车,下到村庄和山头地块进行巡回广播宣传,向群众散发宣传单10万余份;181个行政村均成立了以专职护林员为主要力量的防火宣传组,通过鸣锣、喊话器等形式,做到了“乡不漏村,村不漏组,组不漏户”。通过“万载发布”“万载林业”“万载在线”等新媒体推送森林防灭火相关知识和提醒语,积极参与“5·12”防灾减灾日宣传活动,宣传防扑火及安全知识,提醒大家注意森林防灭火,发放宣传资料500多份,现场进行问题解答。

【森林防灭火专项督查】 2020年春防期间,组织三次森林防灭火专项督查工作。一是县应急管理局、县林业局结合森林防灭火、企业安全生产等重点工作,对各乡镇进行综合督查。二是组织县森林防灭火指挥部成员单位下到各自挂点责任乡镇开展森林防灭火督查,督促各乡镇切实抓好防火工作,排查森林火险隐患,抓好整改落实。三是县森林消防大队在高火险天气期间每天轮流派出两个中队携带扑火工具深入林区,按照“冒烟就查,见火就罚”的要求开展野外用火巡查督查,一旦发现火情及时扑灭,防止成灾。据统计,万载县2020年春季共出动隐患排查人员1130余人次,查处违章用火5起,罚款4000元。

【推进森林防灾队伍标准化建设】 全县18支乡镇半专业队,总人数470人,均按标准化建设要求配齐配足了防扑火工具。全县181支村级应急扑火队按要求配备了宣传设备和扑救工具。县财政每年配套了90.5万元用于政府购买护林联防服务,各行政村和国有林场共聘用了309名专职护林员(其中贫困户护林员149名),续签了森林管护协议,积极开展野外火源巡查等相关工作,对火情做到早发现、早处置。

【县应急管理局领导成员】

党委书记、局长:钟　明

党委委员、副局长:刘国文

党委委员、副局长:叶小荣

党委委员:何年华

党委委员、二级主任科员:李传弟(2020年12月部队转业)

副局长:欧阳坤

副科级干部:曾令平　邓小明　易德兴　刘文安　喻　凡

安监大队大队长:欧阳明

森林消防专业队大队长:刘荣启

主任科员:杨　明

四级主任科员:梁福寿(2020年3月调入)

正科级干部:易礼根　曾春云

基础建设

住房和城乡建设

【概况】 万载县住房和城乡建设局围绕县委、县政府各项重大决策部署,以推动高质量发展为主题,以满足人民群众美好生活需要为目的,统筹疫情防控和住建发展,主动谋划,积极作为,扎实抓好全县住房和城乡建设各项工作,取得明显成效。到2020年年底,县城区域面积为18.18平方千米。

2020年,县住房和城乡建设局被宜春市住房和城乡建设局评为"全市农村危旧房改造工作先进单位",获"全市扫黑除恶工作先进单位"称号,被县政府评为"人大代表建议政协提案办理工作先进单位",被县委组织部、县委宣传部、县直属机关工作委员会评为"万载县学习强国我最强群众性知识竞赛团体赛优秀组织奖"。卢义明被获"全省住房和城乡建设系统抗击新冠肺炎疫情表现突出的个人"称号。

【房地产企业情况】 2020年,新增房地产企业7家,从事房地产开发年审备案企业共有50家。其中三级资质的4家,四级资质的21家,暂定资质25家;万载当地注册的房地产开发企业40家,外地房地产开发企业10家。

万载县房地产开发企业已有18家企业22个开发项目入库。新增入库企业6家:万载县兆丰烟花鞭炮销售大市场有限公司、万载县江碧房地产开发有限公司、宜春市红杭房地产开发有限公司、万载县惠泰房地产开发有限公司、万载润达湘赣置业有限公司、万载县鑫佳实业有限公司;新增入库项目4个:宏达嘉园三期、潭埠恒利金街、锦绣苑、江湾壹号。

【房地产运行情况】 ①商品房预售许可办理情况。2020年1—12月份,办理商品房预售许可证49宗,批准预售的建筑总面积127.57万平方米,其中住宅面积107.49万平方米,8778套,同比上年40万平方米2983套分别增长168.75%、194.27%;商业面积20.08万平方米2831间,同比上年7.81万平方米999间分别增长157.06%、183.38%。②商品房买卖合同网签备案情况。2020年1—12月份,累计备案建筑面积46.34平方米,备案3695套,同比上年27.66万平方米、备案2136套(间)分别增长67.54%、72.99%。其中住宅3320套,面积43.75万平方米,同比上年25.47万平方米增长71.75%,商业375间,面积2.59万平方米,同比2019年2.19万平方米增长18.50%。③房地产开发投资情况。2020年,全县房地产开发完成投资19.47亿元,比2019年15.62亿元增长3.85亿元,增长24.60%。④商品房销售均价情况。全县商品房住宅销售均价5281元/平方米,比上年4056元/平方米上涨1225元/平方米,同比增长30.20%。⑤商品房销售面积情况。全县全年销售商品房面积为46.34万平方米,比上年27.66万平方米增长18.68万平方米,同比上涨67.54%。⑥商品房库存情况。截至12月23日,全县商品房库存面积为130.42万平方米,比上年同期的49.2万平方米增加81.22万平方米,同比上升165.08%,去化时间33.77个月。

其中商品住宅库存面积 81.14 万平方米，比上年同期的 17.4 万平方米增加 63.74 万平方米，同比上升 366.33%。商铺库存面积为 49.28 万平方米，比上年同期的 31.8 万平方米增加 17.48 万平方米，同比上升 54.95%。⑦商品房预售资金监管情况。自 2012 年以来，已纳入监管的企业有 25 家，监管银行有 7 家，监管有效账户 75 个，监管率达到 100%。累计纳入监管的备案资金 104.21 亿元，工程累计拨付资金 101.71 亿元。监管账户预售资金余额为 2.5 亿元。⑧商品房开工面积情况。全县全年房地产开发新开工面积为 38.79 万平方米，比上年 95.82 万平方米减少 57.03 万平方米，同比下降 59.52%。

【物业管理】 县城已建的物业小区有 57 个，其中有物业公司管理的小区有 40 个，建筑面积 220 万平方米，从事物业管理服务并完成项目报备的企业共 28 家，从业人员 580 人。2020 年引进物业项目 4 家（其中招标 1 家），全部为外县企业，其中 3 家为上市公司企业。通过业务指导和行业监管，强力促进万载物业服务行业健康发展。一是加强物业指导，规范小区物业管理。全年共指导 8 个小区选举产了首届业主委员会，5 个业委会进行了改选及换届，单独或联合物业管理服务行业协会进行物业管理服务从业人员相关业务知识培训 7 次，参加人次达 1000 多人次。二是加强市场监管，进一步完善制度。全年共受理物业管理服务企业网上备案 25 个，备案率 100%。做好物业管理服务合同备案台账登记管理工作 10 起，加强物业管理用房的备案管理工作 1 件，做好物业承接查验工作备案 1 件。三是加强安全稳定，促进小区有序发展。全年共受理物业小区的投诉 146 起，妥善处理 146 起。受理 12345 热线的投诉 102 起，省市县信访 10 起，业主直接投诉及电话投诉 34 批 70 多人次。开展物业管理服务综合或专项检查或抽查 16 次，发现问题 7 起，下达限期整改通知书 7 份，其中消防下达 4 起消防限期整改通知书，均得到有效整改。四是加强物业维修基金监管，落实业主利益保障。

【保障性住房建设】 保障性住房是万载县住房结构体系中不可缺少的重要组成部分，县住建局认真履职，认真贯彻落实上级工作部署，扎实推进保障性住房建设和老旧小区改造工程，切实把保障性住房安居工程打造成“民心工程”。一是全县棚户改造开工任务 3166 套，开工率 100%。二是保障性安居工程建设情况。江工小区建设 27 栋 2229 套安置住房，计划投资约 15 亿元，总建筑面积 43.91 万平方米。建设龙湖佳园四期 6 栋 700 套安置住房，投资约 2.8 亿元，总建筑面积 9.23 万平方米；建设锦绣苑 8 栋 611 套，计划投资约 6 亿元，总建筑面积 12.02 万平方米。三是城镇老旧小区改造任务 3883 户，涉及 17 个小区。12 月底税务小区、烟草小区、计生小区、宝塔南小区、电信小区、环城北路小区等小区基本完工，其他小区完成全部工程量的 65%。

【房屋征收管理】 征收局按照县委、县政府和县棚改指挥部工作部署，全体干部职工发扬“五加二、白加黑”的精神，在做好棚改工作的同时，任劳任怨、主动服务，全力做好征迁工作，为全县各重点项目的房屋征迁及地面附着物征收作出了不懈的努力。一是认真履职，积极推进棚改征迁。全力做好二期棚改选房工作。按照公平、公正、公开的原则，结合田下古城等项目选房经验，科学制定了二期棚改选房相关工作方案，有序完成 1582 户征迁户选房顺序号抽签，并于 5 月 20 日正式开始启动二期棚改选房，截至 6 月 29 日，二期棚改 1652 户征迁户顺利完成选房。主动谋划三期棚改前期准备工作。做好三期棚改范围初步框定、房屋情况调查摸底、棚改资金测算等工作。积极做好棚改房屋征迁。做好县中医院棚改项目、田下古城 A、C 地块棚改项目共 132 户约 3.5 万平方米房屋的征迁、拆除工作；积极配合做好南部新城路网上房屋征迁工作，确保路网建设的顺利推进。二是主动服务，助推重点项目征迁。主动作为、靠前服务，积极做好县重点项目对接和征收技术政策指导、服务工作。抓好重点项目房屋征迁。完成鹅峰乡瀚蓝发电项目62户2万余平方米、马步乡智慧物流项目1户249.78平方米、将军大道园艺场段改造项目10户1700平方米等3个项目房屋征迁，共征收房屋73户2.2万平方米。抓好地面附着物征收。配合县城投公司等单位完成县城田下路、衙背山路、江工安置点及新建江工幼儿园等4个项目地面附着物评估补偿工作，保障了县重点项目的顺利推进。抓好征迁涉诉涉访处理工作。根据县政府、县棚改指挥部安排，及时做好了猛辉13、14组拆迁项目、二期棚改项目等35户征迁户的征迁诉讼工作，通过精心组织材料，主动查找法律依据，所参与诉讼均获得胜诉。抓好征迁遗留问题处理。主动协调相关部门、单位，全力推进锦龙湾、田下古城等项目房屋征迁遗留问题处理工作，圆满完成锦龙湾剩余1户征迁户的征迁工作，稳妥完成田下古城12户商铺回迁户的商铺安置问题，逐步推进田下古城外围115户回迁商铺交房工作，截至12月31日完成交房71户。五是进一步理顺征迁工作职能。积极向县政府报告，争取政府支持，完成土地征收过程中地面附着物的征收补偿工作向国土资源部门的移交、转接工作，并以县政府名义下发了地面附着物补偿规定文件，明确了地面附着物补偿由国土资源部门负责落实。

【招投标监管】 全面实施建设工程项目招标投标电子化全过程监督，进一步加大建设工程项目招标投标监管力度。县政府办出台《关于规范万载县本级政府投资建设工程招标投标管理的若干规定》（万府办发〔2020〕30号），进一步规范万载县建设工程招标投标市场管理秩序。全年局监督工程项目招标59个，其中公开招标10个，邀请招标49个，招标工程总中标金额共17.83亿元；直接发包项目38个，发包建筑面积49.24万平方米，合同金额9.08亿元。

【建筑业】 企业情况：截至2020年年底，全县建筑业企业共18家，其中施工总承包二级资质企业2家（万载县建筑工程有限责任公司、万载万投建设工程有限公司）；施工总承包三级资质企业16家（万载县第一建筑工程有限公司、万载县第三建筑公司、万载县鸿通建筑公司、万载县金鸿建筑工程有限公司、万载县住宅建筑工程有限公司、江西省新恒建设工程有限公司、万载县水利水电建筑工程有限公司、万载县基础工程有限公司、宜春市盛世兰祥建设工程有限公司、江西亿奇建设工程有限公司、万载县城市建筑工程公司、万载县康达供排水工程有限公司、江西凯茂建设有限公司、江西旷晟建筑工程有限公司、江西铜丰水利建设工程有限公司、宜春宇泰建设工程有限公司）。

全县建筑业企业总产值完成13.11亿元，与2019年同比增长12.07%；新入库规上建筑企业3家，分别是万载万投建设工程有限公司（二级）、江西铜丰水利建设工程有限公司（三级）、宜春宇泰建设工程有限公司（三级）。建筑业产业成为万载县转移农村富余劳动力的主要产业，为推动经济增长和社会全面发展发挥了重要作用。

【规范建筑业管理】 一是全面推进建筑工人实名制管理工作。对全县在建工程实行实名制管理、农民工工资专用账户、银行代发工资等制度，确保农民工工资按月足额发放。并组织人员对全县31个在建工程开展建筑工人实名制管理工作专项检查，下发整改督查单27份。全县31个在建工程均已完成设备安装并与住建部网站对接成功，项目覆盖率和更新率均完成100%，排名全市前列。二是进一步规范施工许可证办理和竣工备案管理。全年所有审批事项已全面实现线上审批，并实行"只跑一次"办理程序。全年共办理40个建设项目施工许可证，许可建筑面积达到173.27万平方米，合同金额33.52亿元；竣工验收备案面积37.01万平方米，工程造价5.11亿元。同时，针对未批先建的项目,及时下发施工许可督办整改通知10份,依法对22个项目未取得施工许可证强行开工建设的违法行为进行了处罚。

【强化建筑质量安全监管】 积极开展“安全生产月”“文明标准化工地”“大排查大整治”等一系列活动。扎实开展建筑起重机械安全专项整治及春节复工、两会和五一以及中秋、国庆期间安全等安全生产大检查工作,切实履行监管责任,对在安全检查中发现问题整改不到位的建筑工地进行行政处罚,责令停产整顿项目15个,约谈隐患问题较多较严重工地的建设、施工、监理单位项目负责人,对10家企业实施经济处罚共26.1万元。2020年新受监工程(标段)28项,受监面积约70万平方米,承接历年未竣工项目工程48项,建设规模约286万平方米,总监督规模约356万平方米,监督覆盖率100%;6项工程通过竣工验收达到工程备案要求,工程合格率100%;出台下发质量安全、扬尘治理、疫情防控等相关文件21份,转发上级下文5份;召开全县建筑施工质量安全大会10次;未出现重大工程质量安全事故。

【推进扬尘治理工作】 在上年建筑工地扬尘治理完成“六个百分之百”的基础上,提高建筑工地扬尘防治措施的标准,要求城区建筑规模大的工程必须安装扬尘监测设备,出入口自动冲洗平台处安装摄像头,塔吊和外架安装喷淋系统等。“红黄绿”牌管理制度从推行、试行提升为严格执行。强化施工工地扬尘污染管控,对照量化标准,分别给工地挂上绿牌、黄牌和红牌,并予以相应的表彰与处罚。全县在建工程项目中有29个项目开展了建筑工地扬尘污染防治工作。

【实施惠民利民工程】 实施农村危房改造项目。全县共完成四类对象危房改造115户,县级实施的一般户240户,共355户。四类对象补助资金共218.64万元。县级实施的一般户补助由县农业农村局和各乡镇负责。推进“厕所革命”工作。完成新建公厕83座,改建公厕10座,农户改厕9657座,圆满完成市级下达给万载县的“厕所革命”2020年工作目标任务,有效解决万载县农村厕所脏臭差和城市如厕难等问题,改善城乡人居环境。

【乡镇集镇生活污水处理设施建设】 第一批9个乡镇污水处理项目已有潭埠、双桥、高城、罗城、三兴和仙源建设完成并投入运行,完善运营方案移交万投集团落实招投标事宜;株潭镇污水主管网基本完成,接户管网完成75%,污水厂10月底进场施工;黄茅镇污水主管网全部完成,接户管网完成80%,污水厂提标改造10月进场施工;白良污水管网全部完成,污水厂提标改造10月进场施工。启动第二批岭东、赤兴、白水、茭湖和高村等5个乡镇污水处理设施建设项目。

【城区生活污水处理设施建设】 一是完成四个在建工程:万载县城东南排污干管工程(全长3.75千米,概算投资1451万元);万载县龙湖周边污水收集管网工程(全长3.73千米,概算投资1815万元)。万载县生活垃圾焚烧发电厂污水管网工程(全长459米,投资117.86万元)。万载县城市污水处理厂水质提标改造工程(项目总投资4148万元,竣工后出厂水质由一级B提高到一级A标准,先进工艺全市第一)。全长7.939千米,概算投资7531.86万元。二是做好了四个建设项目的前期工作:万载县河西路污水收集管网工程,全长1.56千米,概算投资1135万元;万载县阳光花苑小区、名优特批发市场、凤凰御景小区、汽车城污水收集支管工程,概算投资784万元,铺设各类管道5.677千米,四个小区全部实行雨污分流,生活污水管与市政污水干管连接。万载县城东排水管道工程。完成项目论证,发改委批复同意。万载县污水处理厂扩容工程项目已进行选址程序。

【绿色建筑发展】 进一步推进绿色建筑发展。2020年新开工项目40个,其中31个项目完成绿色建筑设计。新开工建筑工程执行绿色建筑标准占比达到

77.5%，与 2019 年同期同比增长 43.09%。自 2020 年 4 月 1 日起，全县城镇规划区内新建民用建筑全面实施《绿色建筑评价标准》基本级建设标准，并鼓励有条件的项目根据实际需求提高星级标准，提升绿色建筑整体发展水平。

【消防设计审查、验收备案】 一是加强消防审验全方位审查。对依法纳入消防审验的建设工程，确保做到审查验收应收尽收，新编制消防设计及文件应审尽审，新竣工项目应验尽验，不断提高服务效能。二是严格依法依规实施消防审验工作。通过优化审批流程，简化审批手续，缩短审批时限，持续打造“四最”营商环境。三是加强建设项目的检查和第三方技术服务机构的管理，不断提高消防审查验收质量，守好建设工程消防安全底线。

【重点项目建设】 有序推进城市功能与品质提升三年行动。2020 年启动 98 个项目，其中 27 个为 2019 年未完成的续建项目，新增加 71 个项目，总计投资 138.9 亿元。开工 78 个项目，开工率为 79.5%，竣工 34 个项目，累计完成 56.4 亿元投资；未开工 20 个项目（其中 7 个项目经项目优化论证，决定暂缓实施）。

【机构改革】 根据县机构编制委员会《关于万载县建筑设计院改企等事项的通知》（万编发〔2020〕23 号）文件要求，万载县建筑设计院事业单位改为企业，改企后，纳入万投集团管理。

【领导成员】

党委书记、局长：闻　崇
党委副书记：龙迎大
党委委员：钟务林
　　唐仁锋
　　温洪钢
　　黄焕德
　　王德春
　　刘怀斌
　　彭群力
副局长：龙迎大
　　钟务林
　　温洪钢
　　黄焕德
　　王德春
　　刘怀斌
　　彭群力
主任科员：邱初平
　　鲍贵州
　　谢明启
工会主席：王德春（兼）

城市管理

【概况】 万载县城市管理局为县人民政府正科级行政单位，下辖城管综合执法大队（正科级单位）、环境卫生管理所（副科级单位）、园林管理所（副科级单位）、市政管理所、路灯管理所等 5 个职能单位和 10 个内设机构，其中城管综合执法大队为正科级事业单位；环卫所、园林所分别为副科级事业单位。全局共有干部职工近 800 名，在局党政班子的坚强领导下，全面落实县委、县政府重大决策部署，认真履行城管职责，围绕城市功能与品质提升三年行动要求抓好工作落实。实施城市市容秩序、市容环境卫生、城市园林绿化、市政设施、城市照明等管理职能。2020 年园林、市政、路灯三项职能工作分别获全省行业管理先进单位，城管局获全市城市运行安全生产工作第一名；园林所获全市园林技能比武优秀奖。万载垃圾分类及厨余垃圾处理处置模式项目，参加中国城市环境卫生协会组织的环卫行业典型案例评选活动，获“示范案例”荣誉。县城市管理局获评 2020 年度宜春市精神文明建设先进单位。

【市容秩序维护】 市容秩序维护按疏堵结合原则，设立流动摊疏导点 6 个，有效缓解了占道经营交通堵塞状况。查处“门前三包”责任落实不到位行为 12000 起。拆除违建乱搭建 461 起计 25160 平方米；清理拆除不规范户外广告 737 起。查处餐饮油烟污染 190 起。新建公共停车场 8 个，新增停车位 1476 个，市容秩序维护良好。

【环卫设施建设】 投资 95 万元新建连体式公厕压缩站 2 座。投资 89 万元新建公厕 3 座，投资 92 万元新购垃圾压缩设备 3

套，投资22万元新增地下垃圾斗6个、垃圾桶600个。投资4.09亿元,在鹅峰乡东田村建设设计规模为日焚烧处理生活垃圾800吨的发电项目，于2019年3月开工建设至2020年10月竣工点火运行,2020年年底并网发电，年发电量可达到8300万千瓦时，该项目的建成缓解了全县生活垃圾填埋压力，提高了资源利用率,有效改善了万载生态环境。

【实施垃圾分类】 投资850万元建设了81个生活垃圾分类收集亭并配套567个分类桶,覆盖15个住宅小区6661户。增加12套可回收智能设施,新增分类垃圾桶12000个。新购2辆厨余垃圾运输车和2辆其他垃圾运转车，全年总收集餐厨垃圾2520吨,做到了分类投放、分类收集、分类运输。

【实现城市环卫一体化】 县财政预算在环境发展资金节能环保支出安排农村生活垃圾治理工作经费697万元,其中预算农村保洁员工资537万元。县乡两级财政共投入896万元建设14个乡镇压缩中转站,已全部建成投入使用。全县181个村生活垃圾全部运往县焚烧发电厂无害化处理,农村生活垃圾无害化治理率达到100%。

【环境综合治理】 全县共治理扬尘污染629起,拆除交通沿线违法建房816处共41029平方米，拆除违法钢架棚1088处共64149平方米,拆除违规户外广告牌1050处共19720平方米，清理“牛皮癣”小广告102442处,整治机动车乱停乱放26781辆次，清理卫生死角9098处清运垃圾7579.52吨，拆除废旧“城市家具”98处，清理僵尸车41辆,整治车辆乱停乱放42218起,增设临时停车场3个。

【城市美化绿化亮化】 在管养已有园林绿化的同时,全年为城市增绿39.8万平方米。新建5000平方米的小游园1个,全年新安装路灯804盏,其中创业大道350盏，百合路144盏,工业大道72盏,阳光大道238盏。

【市政设施维护改造】 全力开展城市功能与品质提升三年行动,投资130万元,完成小北关水圳和宋家坊水圳黑臭水体治理。投资7.5万元完成县城小北关路口、真君庙路口等处裸土空地路面硬化940平方米。投资39万元完成南门桥往政府广场、水关桥、环城北路、城东路、和谐路沿线市政设施提升改造。投资19万元对城区5座主要桥梁安装人车分离护栏,保障了市民出行安全。

【县城市管理局领导成员】

党委书记、局长:王　刚

党委委员、副局长:韩平友

刘雄军

辛增和

党委委员:周瑜军

副科级干部:钟桥兰(园林所所长)

胥万伟(环卫所所长)

蓝玉瑛(城管综合执法大队副大队长)

唐　项

辛焕明

张海平

四级调研员:易小平

主任科员:王敦懿

黄　斌

供　电

【概况】 国网江西省电力有限公司万载县供电分公司位于县城阳乐大道1号,于2000年10月19日正式挂牌成立，是在原万载电力总公司基础上由江西省电力公司和万载县国资局共同出资组建的国有股份制企业,2013年12月完成了股权100%无偿划转,2016年7月正式转入分公司运作。有8个职能部门、15个供电所、3个营业站、1个集体企业，公司担负着全县17个乡镇和城区的供电任务。

2020年，万载县辖区内共有220千伏变电站1座,容量为30万千伏安;110千伏变电站5座，总容量为43.30万千伏安;35千伏变电站9座，总容量为12.20万千伏安;35千伏线路15条,长度168.30千米;10千伏公用线路93条，长度2646.58千米；10千伏专线15条；0.4千伏及以下线路长度5202.48千米；公用配变2498台，用电户数22.43万户。公司完成售电量10.22亿千瓦时，同比增长5.40%，增速列宜春市10个县(区)第五，其中工业售电量4.15亿千瓦时，同比增长4.48%；上缴税收621.39万元；万载县供电区域2020年出现最高负荷达21.9万千瓦，同比增长11.45%，电网保持平稳。

【管控安全生产】 全面落实疫情防控各项措施，科学安排员工有序返岗，实现员工及家属“零感染、零疑似”。严格落实公司安全生产奖惩方案等多项制度，推行公司领导、职能部门挂点生产班组，实行“业绩同进退、考核同奖罚”，同频共振的安全管控体系逐步形成。深入开展安全生产专项整治三年行动及各类安全排查，狠抓现场安全管控和设备隐患治理。压实设备主人制管理，实施“无人机智能+人工巡视”模式，大力推广APP巡线，清除配电线路缺陷836起，10千伏线路跳闸率同比下降54.83%。千方百计保电力供应，面对2020年洪涝、暴雨等自然灾害，公司上下闻讯而动、听令而行，电网持续安全稳定运行。

【履行社会责任】 营商环境持续优化，围绕“优环境、促发展”要求，全力打造“四最”营商环境，严格落实惠企政策，累计降低社会用电成本4257.87万元。率先完成电网建设会谈，推动政府主要领导牵头成立电网建设协调机制，高位协调“十四五”电网项目纳规、抢点布局。电网建设提质加速，努力推进220千伏高城变、110千伏东门变、110千伏三兴变、35千伏官高线、35千伏双口线等重点项目落地实施。完成电网常规投资5400万元，自主实施项目338万元，完成第一批特殊举措项目1094万元，1项工程获评“省公司配电网百佳优质工程”，1个项目部获评“省公司2020年配电网工程优秀项目部”。积极助力脱贫攻坚，减免低保、五保户电量178.18万千瓦时，电费107.22万元。持续推进各项服务举措的落实，故障报修工单同比下降44.87%，投诉件同比下降72.22%，8个所站实现“零投诉”，公司办事窗口获评县文明“规范服务示范窗口”。

【提升经营管理】 完成关键业务治理成效529万个，开展线损分析及治理攻关，台区线损率3.52%，同比下降1.14个百分点，特高损台区已全面消除，经营质效有效提升。加强电费回收管理，电费风险较好防范。强化“度电必争”，实施“阳光业扩”，落实公司《进一步压缩业扩接电时长方案》要求，针对不同容量等级实施分级督办，高压业扩平均办电时长压缩至22天，同比下降30%。推动集体企业改革发展，优化落实集体企业业绩考核管理方案，着力打造“第二梯队”。落实国网物资审计、省公司巡视巡察等各项巡视问题整改，进一步规范经营管理行为。

【优化管理机制】 推进小机关、大供电所措施落地，推动人、财、物核心资源向基层倾斜，36名员工充实供电所岗位，18个所(站)调研全覆盖，解决答复基层问题84项。构建薪酬分配机制，优化部门和供电所评价考核体系，部门评价涉及6项、供电所涉及13项指标，员工绩效薪酬差异倍比最高达1.24。持续改善供电所基础设施，4个项目如期竣工。加强营配融合，成立供用电部，致力打造培训中心和检测中心，管理机制不断健全。实施大学生“6个1”培养计划，组织开展“一季一评”，并推出年度“赛马测评”，青年人才活力进一步激发。

【深化党的建设】 坚持旗帜领航，狠抓思想建设，发挥地方红色资源优势，突出融入中心和专业管理，坚定不移地贯彻落实上级各项决策部署。彰显基层战斗堡垒作用，在疫情防控、抗洪救灾、重点保电等考验中，党组织坚强有力地完成各项任务。从严从实推进党风廉政和反腐败建设，召开专题会议，开展廉政约谈。加强纪检监督检查和审计监督，开展各类明察暗访9次，脱贫攻坚督察5次。高频度、全方位、立体化开展新闻宣传,文体活动开展富有成效,传递正能量、增添暖色调。发挥先进典型模范作用,1 人获评省公司“先进工作者”,1 人获评省公司“五一巾帼标兵”,公司获省级以上荣誉 11 项。

(潘　红)

【县供电公司领导成员】

党委副书记、经理:朱　戈

党委书记、副经理:陈　婷

党委委员、纪委书记、工会主席:

幸　武

党委委员、副经理:谭万宜

邓树平

黄勇平

生态环境保护

【概况】 2020 年,万载县城区空气质量优良天数共 319 天,优良天数比例为 97.2%,同比上升 6.3 个百分点;PM10 平均浓度为 46 微克 / 立方米(实况值),与 2019 年同期持平;PM2.5 平均浓度为 24 微克 / 立方米(实况值),同比下降 4%。境内 4 个地表水监测断面水环境质量均达到优良,主要河流断面均车、卢洲、枣木及县城集中式饮用水水源地断面水质达标率达到 100%,其中卢洲断面和枣木断面优于国家《地表水环境质量标准》(GB3838—2002)Ⅱ类水质标准,均车断面达到Ⅲ类良好水质标准,县城集中式饮用水水源地断面优于Ⅱ类水质标准。完成受污染耕地安全利用和治理修复 26221 亩,治理率达 100%。排查出疑似污染地块 1 块,无再开发利用的疑似污染地块和污染地块,污染地块安全利用率 100%,全年未发生污染地块再开发利用环境事件。

【打好蓝天保卫攻坚战】 城市扬尘治理专项行动。全县开展扬尘治理在建工程 26 个,坚持执行每月两次的“红黄绿”牌管理制度,对 26 个在建项目扬尘治理工作督查评分,对照量化标准,对未完成“六个百分之百”,扬尘措施落实不到位,现场文明施工管理不规范的 4 个黄牌工地的建设、施工、监理单位进行约谈,责令其限期整改。市餐饮油烟治理专项行动。全县需安装油烟净化器的餐饮服务单位共 235 家,已全部安装完成,完成率 100%。工业废气治理专项行动。全面完成了燃煤小锅炉淘汰改造,共淘汰改造燃煤锅炉 38 台,合计淘汰改造 129.9 蒸吨,加大力度推进集中供热项目的投产运行,争取早日完成替代工业园区 293 蒸吨燃煤锅炉。对全县 11 家砖瓦窑企业定期开展督查,确保环保设备设施正常运行,对已整治到位的瓷土加工企业进行复查,确保企业实现稳定达标排放。开展了对万载县重点行业挥发性有机物企业专项执法检查,指导 4 家企业制定了原辅料替换方案,1 家有机化工企业(巴斯夫生物)挥发性有机物深度治理设施已建成使用。提前完成 2020 年 1 个工业炉窑(万载县水泵厂加热炉淘汰)治理项目。柴油货车污染治理专项行动。全力做好公路污染防治、全力淘汰老旧车辆、全方面治理柴油车超标排放,投入 72.89 万元在城区两个主路口安装了黑烟车电子抓拍系统,对柴油车开展全天候、全方位的排放监控,全县共完成 513 台非道路移动机械摸底调查及编码登记工作。农作物秸秆利用和禁烧专项行动。全县秸秆综合利用率达到 95.95%,依法打击露天禁烧秸秆行为 6 起,罚款金额 0.6 万元。城市烟花鞭炮禁放专项行动。全年共出动执法人次 600 余人次,发现非法销售网点 1 个,查处违法违规燃放案件共 21 起,其中警告 1 人,罚款 3 人,罚款金额 600 元。查处非法运输烟花爆竹案件共 4 起,其中查处违法人员 6 人,罚款金额 6 万元。

【打好碧水保卫攻坚战】 县级以下地表水和地下水型饮用水水源地专项行动。全面完成全县 13 个农村(乡镇级)饮用水水源地保护区的划定工作,大力开展农村集中式饮用水水源地专项整治,按规范设置地理界标、警示标志和隔离防护栏,采取定期和不定期相巡查方式,保障饮用水源地环境安全。持续加强湖库水华防控工作,加强水质监测频次，重点关注的4个水库型水源地由每季度监测一次提高为每月监测一次，实时掌握水质变化情况，为预防水华现象提供有力数据支撑全年1个县级及13个农村集中式饮用水水源地水质达标率为100%。消灭V类及劣V类水专项行动。加强河库巡查，发挥乡镇（街道）主体责任，对可能影响水质的各类因素进行了全面细致的摸排，切实防止本县V类及劣V类水的出现。城市黑臭水体整治专项行动。加强对县城建成区污水管网的清理与维护。加大对入河排污口的监控力度及城区范围内黑臭水体的全面排查力度，确保不出现黑臭水体。城镇生活污水处理专项行动。城镇生活污水处理厂已完成一级A提标改造，处理规模为3万立方米/日，总规划污水管网建设总长度158千米，现已建成污水管网113.41千米。全年新建和改造河西路、阳光花苑小区、名优特市场、凤凰御景小区、汽车城等污水管网工程项目。入河排污口整治专项行动。在2019年年底入河排污口排查整治专项行动的基础上，按照“有口皆查，应查尽查”、边排查、边监测的工作要求，再次对万载县锦江干流及沿岸纵深2千米范围内的入河排污口开展现场实地排查。截至2020年年底，全县共排查出42个入河排污口，对其中4个问题排口进行了集中整治，已全部整治完成。

【打好净土保卫攻坚战】 城镇生活垃圾处理专项行动。总投资4.01亿元的生活垃圾焚烧发电项目已建成投入使用。积极推进垃圾分类工作，新增百合花城、锦龙湾等15个垃圾分类试点小区，56个行政企事业单位开展了生活垃圾分类，县城覆盖率达到40%，市民生活垃圾分类知晓率达到了97%，参与率达到了90%，生活垃圾回收利用率达到37%。农用地污染防治专项行动。在2019年完成2896亩的基础上，累计完成26221亩受污染耕地安全利用与严格管控目标任务，完成率100%，全面完成耕地土壤环境质量类别划分。建设用地污染防治专项行动。开展重点行业企业调查，完成了26家基础信息采集和确认工作。完成睿锋环保等3家重点企业土壤污染状况初步采样调查检测方案评审工作，列入并上传疑似污染地块名单的建设用地3块，并已通过专家评审。开展涉镉等重金属重点行业企业“回头看”排查整治工作，完成了高城镇里山村同心组废弃金矿污染地块项目风险管控。危险废物处置专项行动。全面掌握辖区所有工业产废单位危险废物产生、暂存、处置、综合利用等各类数据，深入开展危险废物清单调查工作。建立省、市、县三级危险废物重点监管企业名单26家。积极开展危险废物处置专项行动，填写现场检查记录54份，建立问题清单4个。

【打好自然生态保护攻坚战】 自然保护区整治专项行动。组织各职能部门及相关乡镇对三十把省级自然保护区非法行为进行专项清理。湿地保护专项行动。在全县范围内开展湿地保护专项行动，共排查17个乡镇(街道)及1个湿地公园，没有发现新的破坏湿地情况。野生动物保护专项行动。通过清理排查，共侦破5起非法狩猎刑事案件。5个刑案件中3个判处拘役三个月，缓刑三个月；1个判处有期徒刑一年零六个月，缓期两年，并处罚金额2万元；还有1个正在检察院起诉阶段。矿山开发整治专项行动。加大矿山执法力度，坚决打击非法采矿行为，积极推动万载县鑫钰矿业有限公司长石矿、赤兴乡万兴矿业长石矿2个绿色矿山创建试点工作。2020年全县新增矿山恢复治理面积约100亩。

【打好工业污染防治攻坚战】 工业园区环保基础设施建设专项行动。工业园区污水处理厂一级A提标改造工程于1月11日通过环保竣工验收，出水水质稳定达到一级A标准，污水处理厂污泥经鉴定不属于危险废物。建成园区污水管网56.5千米，并配套建设2套污水提升泵站，园区已开发范围实现雨污管网全覆盖，杜绝了污水外流、雨污混流等现象。园区污染源在线监控一体化平台，结合空气质量监测系统、雨水总排口监测和厂界恶臭电子鼻等高科技设备,对18家重点涉水企业、5家涉气企业进行24小时实时监控。化工园区整治专项行动。深入开展化工小区整治,已编制万载工业园区突发环境事件应急预案,并于9月3日在江西省应急与事故调查中心备案;园区管网已完成雨污分流,企业生产废水经园区污水管道统一收集到园区污水处理厂进行处理。工业企业达标排放专项行动。对全县工业企业超标排放进行了强化排查和规范化整治,查处1家企业有超标排放污染物的问题,已进行立案查处并整改到位。散乱污企业整治专项行动。按照“关停一批、整合搬迁一批、升级改造一批”的工作要求,对全县辖区内“散乱污”企业进行再次排查,在2019年排查56家的基础上,2020年新增2家散乱污企业,共排查企业58家,均已完成分类整治,整改完成率100%。淘汰落后产能专项行动。在全县范围内开展淘汰落后产能专项整治行动,全县煤矿产能完全淘汰退出,水泥、钢铁、平板玻璃行业经排查没有国家明令淘汰的设备及产能。持续增强淘汰落后产能思想意识,加强严防“地条钢”打击巡查工作力度,建立县严防“地条钢”巡查工作小组,制定巡查机制,按要求对4家有中频炉和工频炉的涉钢企业进行每月巡查,并建立巡查台账,确保不出现“地条钢”死灰复燃现象。

【防治农业农村污染】 畜禽养殖污染防治专项行动。全年全县畜禽养殖粪污综合利用率达96.33%,畜禽规模养殖场粪污处理设施装备配套率达100%,完成了省、市下达的目标任务。水产养殖污染治理专项行动。全县5家规模以上水产养殖企业均制定“一场一策”水产养殖尾水治理设施建设方案,万载县成明生态甲鱼农民专业合作社和江西省恒晖大农业科技有限公司的养殖尾水治理设施建设已完工。农药化肥污染治理专项行动。加强病虫草害监测,坚持田查灯测,引进并推广应用了具有自动监测、高空测报灯、性诱自动数据传输等功能的现代测报工具13套。抓好农作物病虫害绿色防控和统防统治,全县绿色防控技术推广应用面积30.3万亩,覆盖率58.3%,专业化统防统治技术应用面积28.6万亩,覆盖率49.73%。推广测土配方施肥,全县测土配方施肥水稻应用面积达46.8万亩,技术覆盖率在95%以上。农村生活垃圾和污水处理专项行动。大力推行城乡环卫一体化第三方治理,基本完成12座垃圾中转站建设,对全县已建成投运的20个农村污水处理设施项目开展工程性验收及技术性验收。有效开展“厕所革命”,全县已完成无害化卫生厕所改造9657户(任务数9288户),超额完成省、市下发的任务。

【整改突出问题】 紧紧围绕长江经济带“共抓大保护、不搞大开发”主线,加强督促、调度,落实问题整改主体责任,制定《2020年万载县推动长江经济带发展工作要点》,涉及万载县的8个突出问题已全部完成整改。鄱阳湖生态环境专项整治行动中排查的12个问题已经全面完成。各级河长履职尽责,充分发挥乡村两级基层河长作用,持续开展“清河行动”,抓整治,强监管、严执法。

【县生态环境局领导成员】

局　长:罗立新

副局长:潘晓芳

　　　　熊　煜

自来水管理

【概况】 万载润泉供水有限公司于2015年6月5日成立。公司经营范围有集中式供水,水管道安装及维修、水表校验、水暖器材、建材、五金交电销售等。2020年,公司在县委、县政府和省水务集团的正确领导下,紧紧围绕工作部署和工作要求,以发展为主线,服务为龙头,解放思想,创新理念,努力克服新冠肺炎疫情影响,强力推进各项工作,县域供水事业取得较大发展。到2020年年底,公司拥有总资产2.90亿元,员工121人;县城及乡镇日供水能力10.5万立方米,用水人口近20万人。2020

年，公司被江西省水务集团表彰为“先进单位”。

【县城供水项目建设】 万载县城西水厂建设工程。为保证万载县城人民用水安全，提升企业供水保障能力，公司积极推动城西水厂工程建设，工程规模为6万立方米/天，土建工程已全部完工，正在进行环境整理等一些扫尾工作；综合楼办公室、会议室、化验室、职工食堂正在进行装修；厂区设备已完成联合调试运行，已实现正常供水。城区管网改扩建工程。为适应城市化快速发展要求，公司铺设新城区DN200~DN800供水干管14.35千米，工程已于年内全部竣工并投入运营。中心城区水源建设工程。把推动三十把水源工程建设作为解决县城供水水源单一问题，致力提高县城供水应急能力及供水水质安全。工程设计取水规模14万吨/日，已成立万载中心城区水源建设项目推进工作组，工程进入全面施工阶段。乡镇污水处理厂建设工程。在14个乡镇污水处理厂网建设工程中，1期9个乡镇污水厂网建设总投资1.47亿元；2期5个乡镇污水厂网建设总投资0.38亿元。1期6个乡镇污水处理厂实现运行，其他3个污水处理厂争取春节前实现调试运行；二期5个乡镇厂区正在建设，争取春节前完成主要工艺设施建设。大力推进城乡供水一体化。遵照县政府与江西省水务集团合作协议，加快推进城乡供水一体化建设，万载润泉以高度的责任担当、高效的工作作风完成了万载县高城镇与潭埠镇的农村饮水安全巩固提升工程建设，为下一步城乡供水一体化工作的全面开展打下了坚实的基础。320国道提升改造工程。在万载润泉不懈地努力下，争取了320国道管网建设工程，工程总投资1.20亿元，项目由水务集团城乡公司承揽，已基本完成。城区污水干管安装工程。万载润泉千方百计寻求突破，顺利承接了万载县城区污水管网建设工程，创造了新的产值增长点，也为公司创新经营模式开辟了新领域。

【提升城市供水品质】 老旧管网改造项目。完成老丁田桥、建材市场、和谐一期到真君庙DN200供水管网改造；垃圾处理厂、青石甲纵二路PE160供水主管改造、图书馆、老江工厂门口、新华书店旁、联和至高车路段、龙河星城（1、2、3期）、益连7组、里泉四中、里泉村部至杉树亭路段PE110供水主管改造。老旧小区改造项目。按照县委、县政府老旧小区改造工作部署，公司以此为契机，全力抓紧老旧小区管网改造工作，加大投入，加强施工力度。截至2020年年底已完成了塔下南路旧小区、将军大道小区等14个老旧小区的供水管网改造，极大地改善了小区用户的用水状况。

【抓实安全生产】 依托水务集团安全生产专项整治三年行动方案，层层发动、人人参与，营造良好的企业安全生产氛围，切实加大安全管理规章制度的宣传和教育力度，各单位严格落实安全生产责任制，层层签订责任书。以“安全生产月”活动开展为契机，通过组织全员参与的消防培训、重特大安全事故警示片收看、应急事故演练等相关工作开展，真正提高全员安全生产意识，形成全员齐抓共管保安全的良好局面，确保了全年生产零事故。

【落实意识形态领域工作】 正确掌握意识形态工作内涵，将意识形态工作与公司党建、生产经营紧密结合，进一步统一思想，全面加强思想政治、基层组织、干部队伍、党风廉政、群团工作和企业文化建设；通过“三会一课”、“讲党课”、“学习强国”平台等形式，教育全体干部职工深入贯彻学习习近平总书记关于做好意识形态工作的重要论述精神；积极推进党员活动室、宣传栏等意识形态文化阵地建设，充分发挥党员先锋模范作用，牢牢把握政治方向，严守政治纪律和政治规矩。

【抓牢从严治党】 按照以党建带队建、以党建促业务、以党建助发展的工作思路，坚持落实全面从严治党，扎实推动党总支标准化规范化信息化建设，不断夯实党建工作基础,全面提升党建工作水平,持续巩固和深化党建工作成效,将党组织的政治优势和组织优势转化为抗击疫情、脱贫攻坚、推动生产的工作合力;深度融合"党建+"工作,强化党员队伍建设,充分发挥党建工作的示范引领作用,提升党建工作质量和水平,真正发挥国有企业党组织战斗堡垒作用和党员先锋模范作用。

【规范企业管理】 全面贯彻水务集团精细化、标准化管理体系精神,按照建立现代企业管理体系要求,加大公司精细化、标准化管理体系的应用力度;加强推进全员信息化、电子化办公平台建设,做好"江西水务"APP、OA办公、客户报装、仓储等管理域系统的优化使用工作,建设收费大厅一站式服务平台,进一步提升了办公效率和水平。全力做好供水保障服务工作,严格规范工作标准、流程、时限;加强水表清查和抄表考核;提高管网故障应急处理能力,缩短停水时限,提高维修质量和效率,提升用户满意度;加强管网巡查和测漏工作,制定切实可行的测漏方案,全面提高测漏成功率,以降低漏损。以"优环境、促发展"大讨论活动为契机,从服务效能切入,进一步抓好作风建设,查摆"怕、慢、假、庸、散"突出问题,开展"不担当、不作为"问题专项整治,推动工作效能不断提升。同时,配合扫黑除恶专项斗争,营造和谐平安的供水企业经营环境。

自然资源管理

【概况】 万载县自然资源局成立于2019年2月,将县国土资源局职责,以及县城乡规划建设局的规划职责,县水务局的水资源调查和确权登记管理职责,县林业局的森林、湿地等资源调查和确权登记管理等职责整合,组建县自然资源局,不再保留县国土资源局,作为县政府工作部门,为正科级。2020年,在县委、县政府、市局党组的正确领导下,全局努力克服新冠肺炎疫情影响,抢抓机遇,攻坚克难,着力服务乡村振兴战略,提升用地效益,强化资源保护,为服务全县高质量发展工作提供强有力支撑。

县自然资源局内设办公室(人事教育股、财审股、后勤服务股)、法规股(信访股)、耕地保护监督股(征地管理股)、国土空间规划股(国土空间用途管制股、国土空间生态修复股)、矿产资源管理股、信息化建设办公室等12个股室,下辖土地储备中心、国土资源执法监察大队、土地开发整理中心、不动产登记中心、地质灾害应急中心、城市规划办公室等6个副科级事业单位,黄茅、株潭、潭埠、双桥、三兴、康乐等6个基层中心所为县局派出机构。有在编在岗人员123名。县自然资源局于2020年2月,被中共万载县委政法委员会表彰为2019年度全县社会治安综合治理目标管理先进单位;4月被中共万载县委、县人民政府表彰为2019年度文明单位和2019年度文明规范服务示范窗口;4月被县人民政府表彰为2019年度全县公共机构节能工作先进单位;5月被县人民政府表彰为2019年度安全生产先进单位。

【发挥优势功能,助力县域经济】 一是土地供应"增"收益。截至2020年年底,全县共出让国有建设用地114宗(含融资用地),成交宗数比2019年增长46.16%,面积2929.67亩,出让价款50.71亿元;其中,县城商住、商服用地出让8宗(不含融资用地),面积367.57亩,出让价款10.21亿元,比2019年增长127.2%。二是土地开发"创"收益。截至2020年年底,异地交易土地开发指标已为县财政创收1.3725亿元。其中:异地调剂水田指标500亩至明月山管委会,单价为13万元/亩,收益6500万元;通过省自然资源厅确定异地交易旱地345.6亩,水田285.4亩,旱改水266.6亩,已完成交易,收益7225万元。三是房地产清理"争"收益。为进一步整顿和规范全县房地产市场秩序,有效整治房地产企业违法违规行为。按照县委、县政府要求,针对2014年10月1日以后审批并动工建设的房地产开发项目共32个开发项目进行了登记并进行现场清查。共发现水悦龙湖等16个项目存在不同程度的违规建设,按照相关法律法规形成了处理意见,总计处以罚款4627.2419万元,其中违建(规)罚款1837.5015万元,补缴土地出让金589.8280万元,没收非法收入2199.9124万元。四是违建别墅处置"补"收益。按照专项行动工作方案,结合省委巡视组反馈的135栋违规建房问题,全县共摸排出165栋180户疑似违规建房问题,通过调查和核实,已全部处置到位。截至2020年年底,已拍卖97户(其中马步3户,康乐36户,鹅峰58户),拍卖资金5588.18万元,另收取违规房产租金61.6986万元,共5649.8786万元,已全部收缴入县财政账户。

【紧盯用地保障,服务县域发展】 一是用地报批"破"难关。根据县建设用地需求,在因批而未用导致用地停批的情况下,及早做好用地报批工作,积极向上争取用地指标,努力保障基础设施、民生工程和重大项目的用地需求。截至年底,已向省自然资源厅报批用地7个批次,面积2899.9005亩。其中三个批次用地,主要为县重大项目、城区和乡镇急需动工的公用设施用地等,面积2069.7675亩已获得省自然资源厅批复,比2019年省自然资源厅下达万载县指标(700亩)超出195.68%。二是批而未用土地消化"解"难题。万载县2020年度批而未用总面积9548.17亩,消化周期4.7年,属于用地停批县。全年批而未用土地已消化850.63亩,剩余8697.54亩待消化。

【狠抓规划引领,筑牢县域基础】 一是稳步推进国土空间总体规划编制。万载县已成立编制工作领导小组,国土空间规划(2019—2035年)方案已经县政府常务会研究通过并印发实施;全县国土空间总体规划已于9月24日挂网招标,10月10日完成招投标程序,中标单位为上海同济城市规划设计研究院有限公司和江西省煤田地质局普查综合大队联合体协议中标,中标金额为920万元。已完成近40个单位的第一轮资料收集工作,形成了《三条控制线划定成果技术报告》文本及数据库,并于11月25日提交市自然资源局。二是推进"两规融合"工作。"两规"相关成果于2019年12月11日通过了省自然资源厅组织的专家评审。2020年2月20日市自然资源局对"两规"中城规部分调整进行了批复,"两规"中土规部分也于近期通过省里批复。最终,涉及城规调整项目约123.67公顷;涉及土规调整项目约133.29公顷。按照省厅要求,已完成了成果的备案工作。三是对接"生态保护红线"评估优化。全县生态红线成果进行了省自然资源厅组织的第一轮审核,上报调出面积为8466.55公顷,调入面积为8466.55公顷。县第二轮评审上报生态红线优化调出5094.97公顷,占原生态红线面积(45233.4公顷)的11.26%。

【推进占补平衡,保障县域发展】 一是土地开发有成效。土地开发项目稳步实施,县政府开发项目27个,其中开发项目13个,旱改水项目14个。新增旱地781.68亩,开发水田416.241亩,旱改水641.5605亩。已入库项目20个,其中旱改水项目9个,入库旱地指标352.389亩,入库开发水田指标256.0695亩,入库旱改水指标166.2915亩;县政府与省地产集团合作集中攻坚项目27个,均为开发项目。新增旱地3158.8545亩,新增水田1373.9955亩。已入库项目15个,入库旱地指标1750.0455亩,入库开发水田指标354.5925亩。二是增减挂钩有提升。2019年立项的3个增减挂钩项目已经复垦竣工,已验收1个项目,面积约203.65亩,另2个项目正在等待市级来验收,面积约442.44亩。

【打造绿色矿山,优化县域环境】 一是矿山企业坚守"只减不增"原则。县政府下达关停或到期不延续矿山企业1家,全县有证矿山个数从年初的36个减少到

35家。二是矿山生态环境坚持安全综合评估。2020年1月中旬,县自然资源局到全县有证矿山企业进行了2019年度矿山生态环境安全综合评估,1月底形成评估结果提交县矿山整治工作领导小组审议并通过,为全县矿山企业规范开采、生态环境保护、安全生产打好基础。三是机制砂产业发展有序推进。4月20日下发了《关于有序推进万载县机制砂产业发展的实施意见》以及该意见的补充通知,已有5家矿山企业申请新上机制砂生产线,茭湖鑫钰矿业有限公司、黄茅水源高岭土矿与万投集团万铭矿业有限公司签订了机制砂特许经营合作协议并缴纳了保险金。四是绿色矿山建设稳步推进。为推动全县绿色矿山建设由点到面全面发展,逐步建成绿色矿业发展新格局,全县共有23家在建在采矿山企业编制了绿色矿山建设方案,相关建设工作正在逐步推进。其中,鑫钰矿业有限公司长石矿和万兴矿业有限公司长石矿2个绿色矿山建设试点工作,已顺利通过第三方评估,全面完成市政府下达万载县的两家绿色矿山建设任务。

【转变窗口作风,提升服务水平】 一是创新服务方式。行政审批和服务事项全部进驻县行政服务中心窗口集中办理,实行一窗受理一次办好;严格实行首问负责制、一次性告知等工作制度;开通"企业绿色通道",设立专门窗口由专人负责,积极优化投资环境。实行节假日不打烊、休息时间轮值守的延时错时服务,对特殊申请对象实行延时服务、预约服务、上门服务。二是尽力压缩登记时限。优化不动产登记流程,推进不动产登记便民利民服务。上级要求一般转移登记5个工作日,抵押登记2个工作日,已做到一般转移登记4个工作日,抵押登记1个工作日内办结。三是大力实行政务公开。将收费标准、依据等事项向社会公开,坚决杜绝乱收费、搭车收费等行为。应向社会公开的政务事项,主动在县政务服务网、县行政服务中心公告栏、市局门户网站或电视、报纸等媒介向社会公布,接受社会各界监督。截至2020年年底,共颁发不动产权证108386本,其中不动产证书100957本,不动产登记证明(含按揭转抵押)7429件。开启绿色通道,为群众加班加急办理业务1000余起。

(王　明　黄梦悦)

【县自然资源局领导成员】
党组书记、局长:鲍均良
党组副书记、副局长:朱晓玲(女)
党组成员、副局长:钟守智
党组成员、不动产登记中心主任、二级主任科员:龙武兵
党组成员、纪检组长:周芳(女)
副科级干部:欧阳久明
二级主任科员:王泽林
执法监察大队大队长:张树辉
县土地开发整理中心主任:杨学奕
县地质灾害应急中心主任:郑　钢
县规划办主任:鲍礼斌

工　业

工业园区综述

【概况】万载工业园区成立于2002年8月,2006年经省政府核准为省级工业园区。2019年,县工业园区扩区调区获得了省政府正式批复,由原来的1.07平方千米扩大为6.96平方千米,总规划面积32.75平方千米,已建成12平方千米,形成了“一区四园”整体格局,即综合产业园、高新技术产业园、新能源新材料产业园和电子信息产业园。园区先后获得称号有全国大宗固废综合利用基地、省级有机食品加工基地、省级民营科技园、省级生态工业园试点园区、省级产业集群发展试点园区、中国·万载锂电新材料基地等。

园区属县政府正科级派出机构,党委、管委会两块牌子、一套人马,内设应急站、企业服务股、统计工作站、综治(劳保)办公室、建设股(含物业)、规划股、招商安商股、财政管理股、税收管理股、环境监督站等职能股室,副科级领导12人,职数配置为一正五副(另:挂职1人,主任科员2人,事业编制副科3人),机关共有干部职工61人,编制36个(其中参公编制19个,事业编17个),临聘人员25人,党委下设支部30个,党员222名(1个机关支部、18个单建非公支部、11个联建支部),财政体制为报账制。

【园区企业情况】园区共有规上企业83家(其中华栋家具与青萌家具实际为一家企业),高新技术企业34家。按项目建设情况分,其中投试产企业169家,在建企业40家,停产企业38家。停产企业38家占地面积为1801.7亩,建筑面积约为37.43万平方米;其中进入破产或腾笼换鸟的有15家、1289.39亩。

【园区主要经济指标情况】2020年,园区投产工业规模企业141家(含花炮企业),其中规上企业91家,规下企业50家。工业企业主营业收入累计239.86亿元,同比增长5.37%;利润总额累计24亿元,同比增长3.11%;出口交货值累计24.63亿元,同比下降13.19%。

【园区财政税收情况】园区在2020年完成财政税收结构为:实体生产企业1.19亿元;环经济行业1.64亿元;医药行业6409.15万元(退库1500万元);总部经济1445.09万元;耕占税、契税等地方税3227.13万元;其他零星税收932.91万元。

【园区水电气热生产要素保障情况】1.供水情况。园区企业用水主要来自县城自来水一厂、二厂,供园区的供给能力为3万吨/天,园区最高用水峰值为1.8万吨/天。用水价格为2.6元/吨,其中包含1.4元/吨基本水费和1.2元/吨的污水处理费。2019年园区用水量约为307万吨,2020年334.19万吨,同比增长9%。用水初装费用根据企业使用的水表大小确定。一般企业使用DN50水表8600~9000元,DN100水表需2.2万元。

2.供电情况。园区企业用电主要来自220千伏康乐变电站和110千伏鹅峰变电站,供电能力最高约为13.8万千瓦时(其中康变4.8万千瓦时、鹅变9万千瓦时),园区实际最高用电峰

表 2

2020 年万载县工业园区分行业产值情况表

行业类别	总数(家)	规上企业数量(家)	高新技术企业数量(家)	产值(万元)	
				2020 年预计	2020 年实际
橡胶塑胶类	16	12	2	362793.40	119155.00
循环经济及熔炼	6	3	0	184968.70	139035.88
医药化工类	14	9	7	76346.70	53632.00
医药流通类	14	0	0	0.00	0.00
电子信息类	28	8	5	254268.40	87410.00
食品加工类(有机)	20	11	4	318378.00	66620.00
建材类	24	5	3	58354.20	18995.90
灯饰类	14	1	0	21726.60	2620.00
服装箱包包装类	28	14	4	315429.80	48823.97
竹木加工类	11	4	0	22796.50	12249.00
机械制造类	28	7	3	75496.60	10069.00
新能源、新材料	25	8	6	619961.12	241481.67
危化企业类	3	0	0	0.00	0.00
其他类	19	0	0	0.00	0.00
合计	250	82	34	2310520.02	800092.41

表 3

2020 年万载县工业园区分行业税收情况表

行业类别	总数(家)	规上企业数量(家)	高新技术企业数量(家)	税收(万元)
橡胶塑胶类	16	12	2	6233.93
循环经济及熔炼	6	3	0	11345.02
医药化工类	14	9	7	2518.74
医药流通类	14	0	0	7405.09
电子信息类	28	8	5	3826.42
食品加工类(有机)	20	11	4	560.69
建材类	24	5	3	457.63
灯饰类	14	1	0	120.42
服装箱包包装类	28	14	4	876.37
竹木加工类	11	4	0	318.06
机械制造类	28	7	3	345.83
新能源、新材料	25	8	6	125.33
危化企业类	3	0	0	0
其他类	19	0	0	11.43
合计	250	82	34	34144.96

值约为 6.9 万千瓦时（其中康变 2.8 万千瓦时、鹅变 4.1 万千瓦时）。用电价格为：1~10 千伏大工业用电 0.6193 元 / 千瓦时，315 千伏安以上另加基本电价 26 元 / 千伏·月。2019 年园区用电量约为 3.13 亿千瓦时，2020 年 2.96 亿千瓦时，同比下降 5%。用电初装费用是根据企业的用电容量决定。

3.供气情况。园区企业主要由江西省景镇能源有限公司万载分公司供天然气，日供应量为 3.5 万立方米 / 天，园区主要用气量为 15000 立方米 / 天，供气价格是按照用户用量采取阶梯收费，按照 2.8~3.6 元 / 立方米结算，均价约为 3.4 元 / 立方米。园区有 5 家企业正在使用，分别为万佳通（400 立方米 / 天），万工铝业（6000 立方米 / 天），源晟苏瑞（2500 立方米 / 天），鹏威实业（1100 立方米 / 天）、先荣铝业（5000 立方米 / 天）。用气初装费用是根据企业的管线长度、调压设备、施工要求、安全检测等因素而定工程预算。

4.供热情况。园区企业主要由铂瑞能源（万载）有限公司供热蒸汽，园区内共有 35 家需热蒸汽使用企业，已签约 25 家，其中 24 家正在使用，用气总量约为 1000 蒸吨 / 天。当前最低安全运行负荷为 40 蒸吨 / 小时，最高负荷供热蒸汽能力为 140 蒸吨 / 小时。发改委批复的价格为 240 元 / 蒸吨，根据用气量实行相应阶梯价格再打 95 折，1.5 万吨以上协商确定。供热初装费用根据管径大小不同价格也不同，大约 4 万 ~8 万元，企业内部自建管道建设根据管径大小不同价格也不同，一般 10 万元以内。

【土地规划及使用情况】 万载县工业园区于 2019 年经省政府批复调扩区由原 1.07 平方千米扩至 6.96 平方千米，总规划面积约 30 平方千米，已开发建成 12 平方千米，整体格局为一区四园，即综合产业园、新能源新材料产业园、高新技术产业园、电子信息产业园（原三兴健康产业园）。

园区总征地面积约 34836.08 亩，符合土地利用总体规划面积约 21402.64 亩，不符合规划面积 13433.44 亩。征地范围内土地已报批面积 19287.96 亩，土地未报批面积 15548.12 亩。已使用面积 16819.35 亩，存量面积 2468.61 亩。其中：1.综合产业园征地面积约 15612.79 亩，符合土地利用总体规划面积约 14169.62 亩，不符合规划面积 1443.17 亩。征地范围内土地已报批面积 14090 亩，土地未报批面积 1522.79 亩。已使用面积 13779.85 亩，存量面积 310.15 亩。2.新能源新材料产业园征地面积约 11032.93 亩，符合土地利用总体规划面积约 988.85 亩，不符合规划面积 10044.08 亩。征地范围内土地已报批面积 933.31 亩，土地未报批面积 10099.62 亩。已使用面积 550 亩，存量面积 383.31 亩。3.电子信息产业园（原三兴健康产业园）征地面积约 3425.52 亩，符合土地利用总体规划面积约 3146.77 亩，不符合规划面积 278.75 亩。征地范围内土地已报批面积 1850.65 亩，土地未报批面积 1574.87 亩。已使用面积 350 亩，存量面积 1500.65 亩。4. 高新技术产业园征地面积约 3924.84 亩，符合土地利用总体规划面积约 2337.4 亩，不符合规划面积 1587.44 亩。征地范围内土地已报批面积 1904 亩，土地未报批面积 2020.84 亩。已使用面积 1780 亩，存量面积 124 亩。5.产城融合区（创业大道西延段周边）征地面积约 840 亩，符合土地利用总体规划面积约 760 亩，不符合规划面积 80 亩。征地范围内土地已报批面积 510 亩，土地未报批面积 330 亩。已使用面积 360 亩，存量面积 150 亩。

根据《万载县人民政府关于调整征地补偿标准的通知》（万府字〔2019〕200 号）规定：县城规划区内耕地 35393 元 / 亩，非耕地 23713 元 / 亩；县城规划范围之外耕地 28200 元 / 亩，非耕地 11500 元 / 亩；附属工程补偿费 1000 元 / 亩，工作经费 800 元 / 亩。征地范围内青苗及地上附着物补偿标准，按照《万载县人民政府关于调整土地征收中青苗及地上附着物补偿标准的通知》(万府字〔2019〕221号)执行。

【近年重点基础设施项目建设情况】 2017—2020年,县工业园重点基础设施项目20个,投资金额约178154万元,具体如下:

1.已完成项目8个,分别是创业大道西延伸段建设项目及原创业大道改造工程、万载县工业园区五期剩余用地土方(高速以北)工程、万载县工业园区五期剩余用地土方(高速以南)工程、万载县工业园南氏公司东侧道路工程、万载县工业园区象形水库北侧道路工程、万载县工业园区象形水库泄洪排水渠工程、万载工业园区标准厂房工程(楚天)和万载工业园区标准厂房一标段剩余工程(中一)。

2.在建项目7个,分别是江西建工负责的万载工业园区产业孵化园标准厂房及配套设施建设项目、万载工业园区创业大道等五条道路改造提升工程和新能源新材料产业园土方平整工程(PPP)、省三建实施的万载县产城融合区两桥三路工程项目、县公路局实施的线路板产业园土方平整工程和轮毂产业园土方平整工程、万投集团实施的昌圣对面552亩土方平整工程、工业北路和鹅峰路西段改造工程,估算造价约1900万元。

3.计划建设项目5个,分别是线路板产业园挡土墙4400米;线路板产业园水渠改道新建箱涵段917米,填土边坡护坡段401米,总投资约680万元;水性涂料周边道路建设工程,估算造价约1200万元;创业大道西延伸段接污水处理厂新建污水管1300米,估算造价约635万元;创业大道中段接污水处理厂污水管改造提升560米,估算造价约420万元。

【路网建设情况】 1.现状:工业园道路共34条,长度64858.18米,造价约84500万元。其中:综合产业园主路8条,长度24885.7米,支路17条,长度13929.48米,约27000万元。主路是创业大道、鹅峰路、工业北路、长江大道、百合大道、工业大道、阳光大道和锦江大道。高新技术产业园道路3条,长度8049米,约35000万元。新能源新材料产业园道路2条,长度13000米,约16000万元。电子信息产业园(原三兴健康产业园)道路4条,长度4994米,约6500万元。未来将对工业一路、工业二路、鹅峰路、益莲路和象湖路进行改造,长度约9314.4米,改造概算16638.9万元。

2.下步计划新建的道路共7条,长度5516米,造价约6355.54万元,其中:水性涂料周边道路3条(水性涂料北侧、东侧、南侧),长度1466米,概算1345.54万元。电子信息产业园内3条(经二路剩余路、经三路、纬五路),长度3530米,概算4600万元。天然气站进场道路1条,长度520米,概算410万元。

【市政配套建设情况】 1.工业园在2017—2020年建成污水管网16.16千米,投资金额约4248万元。

2.工业园已有雨水管约66000米,规划新建5500米,改造9300米,规划新建和改造投资估算1430万元。

3.已有路灯332盏,规划建设其中712盏,费用估算约466万元,其中:创业大道中段112盏,鹅峰路90盏,长江大道80盏,工业北路60盏,工业一路20盏,工业二路20盏,望江路80盏,锦江大道200盏,其他支路50盏。

【物业管理】 园区物业管理工作在2018年7月6日通过政府采购竞争性磋商方式,确定由江西省图腾建设有限公司承接园区物业管理工作,管理时间三年,即2018年7月13日至2021年7月12日,合同采取一年一签方式进行,物业管理合同已签订至2020年7月12日,另在2019年园区新增了11条道路,新增道路的物业管理工作在2019年12月11日通过单一来源采购,确定由江西省图腾建设有限公司承接新增物业范围管理工作,新增物业补充合同签订至2020年7月15日。根据2020年4月21日县长办公会议精神,园区环卫管理工作由县城管局全盘接管。因财政工作经费及环卫一体化工作未到位,根据2020年7月20日县长办公会议精神，于2020年7月21日签订物业管护补充合同，承包期限为：园区公共部分卫生责任区道路面积823870平方米。从2020年7月13日起，后续新增公共部分卫生道路面积243550.103平方米，从2020年7月16日起，至环卫一体化进驻之日止。如环卫一体化未进驻园区，则延期至2021年7月12日止，到期后按国家有关规定重新组织招标。

另园区绿化管护因管理的时节性于2020年5月1日起县园林所已接管，其中草地面积242045.86平方米，绿地面积196297.80平方米，行道树10930棵。县园林所未入驻园区，园区绿化管护成三不管地带。

【标准厂房情况】 标准厂房入驻企业27家，其中在建项目11个，投产项目10个，签约未开工项目6个。企业已使用和预定414461.24平方米，存量标准厂房31栋352341.78平方米。2020年1—10月实现税收313.907万元。入驻企业12家已获奖补资金2437.5414万元，预计还需奖补8498万元。

【园区污水处理】 园区污水处理厂是联熹（万载水务）有限公司采用BOT模式投资建设，目前处理能力为12500吨/天。2020年1月11日，污水处理厂一级A提标改造通过环保竣工验收，出水水质稳定达到《城镇污水处理厂污染物排放标准》（GB18918—2002）一级A标准。2020年8月，完成污染物为一般固废鉴定专家评审工作。2020年全年污水处理量2979万吨，日平均处理量8162吨，污水处理费执行2.52元/吨。

【推动企业在线监控设施建设】 近两年，园区切实强化重点涉水、涉气企业污染源在线监控设施的监控，在2017年原有18家企业已安装污染源在线监控设施的基础上，新增南氏锂电、万工铝业和联陆生物3家企业。这3家新增企业均按要求统一安装了雨水和污水在线监控设施，并纳入县在线平台进行监管。

【保障达标排放】 园区保障水系环境稳定，园区环保站针对污水处理厂进水偶有超标情况，2020年开展了“零点行动”40余次，溯源企业5家，参与联合执法检查70余次，下达责令整改通知书29份，责令停产整改2份。

【园区重点企业介绍】 1. 江西睿锋环保有限公司　该公司位于万载县工业园区，总投资6亿元，占地约300亩。主要从事含铜、镍、锌、锡等工业废弃物回收利用，通过溶解、萃取、烘干、电解等工序产出电极铜、硫酸锌、粗制硫酸镍、氢氧化锡等产品，副产品包括硫酸钠、氯化铵，全厂危险废物处理能力达9.4万吨/年。2013年（一期）和2015年（二期）分别取得江西省环境保护厅批复，于2014年（一期）和2019年（二期）顺利通过验收。建有污染防治设施包括：有机废气处理设施、车间污水预处理设施、综合污水处理站、3台废水蒸发设备（5吨/小时、10吨/小时、20吨/小时），提高了应急处理能力。该公司污水处理达标后经在线监控站房总排口进入工业园污水处理厂。

2. 江西南氏锂电新材料有限公司　该公司位于万载县工业园区，总投资约15.8亿元，占地600余亩。采用三种工艺，形成三个系列产品：一是以原有0.6万吨/年生产线改扩建，以锂云母为原料，以浓硫酸、碳酸钠等为辅料，经混酸、烘干/焙烧、浸出、除杂、蒸发浓缩和沉锂等工序生产电池级碳酸锂2万吨/年；二是以锂云母为原料，以硫酸钠、硫酸钾等为辅料，经备料、焙烧、球磨、浸出、除杂、蒸发浓缩和沉锂等工序生产电池级碳酸锂2万吨/年；三是以外购粗品碳酸锂为原料，以二氧化碳为辅料，通过调浆、炭化、过滤、热解、离心分离和干燥等工序生产电池级碳酸锂2万吨/年，全厂年产电池级碳酸锂60000吨。2018年取得江西省环境保护厅批复，于2020年5月验收。主要建设污染防治设施有废气处理设施、污水处理站（包括5台MVR）以及危废暂存库，企业污水经过处理达标后经在线监控进入污水处理厂深度处理。

3.江西盛典科技有限公司

该公司位于万载县工业园内,总投资1.6亿元,占地约70亩。主要以外购和自产的精碘、氢氧化钠、氢氧化钾、氯酸钠、硫酸、甲酸、次氯酸钠等为原料,经过配料、氧化、中和、浓缩、结晶、烘干等工序,年产碘化钠200吨、碘化钾100吨、碘酸钾100吨、高碘酸钠100吨,经过三级浸泡、分离、结晶、包装等工序,年产精碘100吨,总达年产600吨/年无机碘系列产品的生产规模。2012年取得环评批复,于2016年取得宜春市环境保护局验收批复。项目建有相关污染物处理设施,生产工艺废气主要经碱液吸收和喷淋后经过排气筒排放,生产废水经厂内综合污水处理站处理后经在线监控进入污水处理厂深度处理。

农业农村

综　述

【概况】 万载县农业农村局是参照公务员法管理的正科级行政事业单位，主要职责是负责贯彻执行农业农村法律、法规和农业农村工作的路线、方针、政策，并监督实施；负责规划、组织、指导全县农业种植业、畜牧水产业、农业综合开发、农业机械化、有机富硒农业的科研、生产、质检、检疫、防疫、销售、物流、运输、安全、救灾及农用地、草场的开发利用、农业生物物种保护实施等。局机关内设16个股室（办），分别是人秘股、计财股、脱贫攻坚办、科技教育股、新农村建设和人居环境整治股、种植业管理股、渔业渔政股、畜牧兽医股、农田建设与耕地质量保护股、农业机械化管理股、生态股、有机富硒股、政策法规与农产品质量监督管理股、农村社会事业促进股、农业行政综合执法股、驻行政服务中心大厅窗口。2020年局机关在职有编制的工作人员102人，实有在职人数127人（其中：借调17人、聘用临时工8人）。

县农业农村局持续深入推进"忠诚型、创新型、担当型、服务型、过硬型"机关建设，成立了万载县农业农村局"五型"机关建设领导小组。确保疫情防控与农业生产两不误，成立了17个服务指导组，分赴全县17个乡镇（街道）进行服务指导，推动农业生产稳步有序推进，取得了明显成效：一是在马步、三兴、罗城等10个乡镇创建了以花生、百合、藠头、中药材等十大特色果蔬为主导的产业示范基地2000亩，基地产业收入2.15亿元，助力脱贫摘帽。二是全面完成501个新农村点建设任务，创建1条美丽宜居示范风景线（万载至上栗线）、2个美丽宜居乡镇（白水乡、白良镇）、20个美丽宜居村庄和2000个美丽宜居庭院。三是圆满完成64座农村公厕、9688户农村户厕建设任务。20个农村污水处理设施建成并投入运营，城乡环卫一体化建设已完成50%。四是粮食生产稳住了"基本盘"。尽管受新冠肺炎影响，但万载县积极响应国家号召，动员广大农民发展双季稻、种植"爱国粮"，全县粮食播种总面积76.43万亩，粮食总产32.095万吨，水稻播种面积66.78万亩。五是蔬菜播种面积14.05万亩，新增大棚设施蔬菜种植面积3600亩，已收获产量15.5万吨，产值约3.1亿元，保障了"菜篮子"供应。六是有机认证耕地和野生采摘面积达46.2万亩，建设富硒农产品基地11.8万亩，落实千亩以上基地10个，其中万亩基地1个，评定2020年宜春市示范基地8个，已注册的富硒农产品有20多种。七是全县生猪饲养量83.63万头，家禽存笼174.50万羽，出笼303.91万羽；羊存栏10.44万只，出栏15.54万只；兔存笼80.41万只，出笼148.92万只；肉类总产5.91万吨，禽蛋产量0.50万吨；实现畜牧业总产值25.71亿元。八是水产总产量24495吨，其中特种水产品产量4吨；养殖面积19383亩，总产量17323吨，其中稻田养鱼72404亩，产量7168吨。淡水鱼苗6.5亿尾。九是招商引资喜迎凤凰来：上海东方希望集团在万载县建设绿色环保现代化生猪养殖循环产业链项目，签约投资20亿元，计划年出栏100万头。

该项目已开工落地。另外万载县恒昌农牧有限公司与双胞胎集团合作，新建一个年存栏母猪5200头,年出栏生猪10万头的养殖企业已开工建设，预计2021年6月可竣工投产。十是农村新型主体经济业态良性发展。全县共有农业龙头企业21家;农民专业合作社1207家,其中国家级4家,省级16家;家庭农场476个,其中省级11个。全国绿色食品原料基地面积12万亩；绿色认证生产企业2家,绿色产品18个;有机认证46个品种，有机认证生产企业9家,其中隐逸轩、锦江和金世本香被认定为“江西老字号”;“龙牙百合”获评国家地理标志产品;休闲农业发展规模经营企业总数达122家,农家乐73家,带动当地农民就业3200多人，休闲农业产值达6200多万元。

2020年，万载县农业农村局被江西省突发重大动物疫情应急指挥部评为“全省非洲猪瘟防控先进集体”;万载县被宜春市委、市政府评为“全域创建富硒绿色有机农产品大市工作先进县(市、区)”。

党建工作

【抓好党建“三化”建设】 县农业农村局将党建“三化”建设作为“书记工程”“一号工程”来抓。完善机制压实工作责任，制定《万载县农业农村局推进基层党建标准化规范化信息化建设工作方案》、考核标准和工作制度，“一岗双责”和党建工作清单制度,建立并规范述职评议考核制度。一是创新实行了党建“三化”“5S”运作管理工作法,即采取整顿、整理、整齐、清洁、修身,从思想上、工作作风上来一次大整顿,提高党建质量。二是建立了党建文化走廊,对提高全局党员素质起到了积极作用。三是共举办党建引领班、党建“三化”建设专干班、党支部书记专训班、党员骨干培训班、普通党员轮训班10班次,轮训党员82人,超过全局党员的三分之二;四是构建了党委和党支部及党员三位一体的党建工作信息网络平台,形成了资源共享、信息互通的学习交流格局,让党的方针、政策更便捷、更快速宣传到千家万户;让广大党员干部能及时了解掌握党务、政务的运行情况,党委和党支部在广大党员中的信誉度和美誉度明显提高。

【实施党员示范行动】 一是开展了十项示范创建活动。设立各股室党员示范岗共16个，设立局驻县行政服务中心党员示范窗口1个;建设局党委机关为示范机关1个,局机关党员严格按照“共产党员六好标准”履职担当、方便群众、优质服务、争先创优、推进工作、树立党员自身和机关的良好形象;打造“党建+科技”下基层宣讲示范团队1个;创建农业农村局党员干部实训班1个,实训基地分别建立在县电商工业园和县有机农业示范区内;创建万载县马步乡黄村村党建引领乡村振兴助力产业发展基地1个，面积200亩;创建党员干部“双进双服务”责任区一个,即务前社区,其中示范点3个;开展帮助贫困户销售农产品、清洁环境卫生、推荐就业等党员文明实践活动10余次;建设局党委引领、由万载县绿泉种植农民合作社实施的龙牙百合生产加工党员产业扶贫示范车间1个;建设由局党建办和局农村社会事业促进股党员共同指导的万载县绿泉种植农民合作社等示范合作社10个。二是开展党员防疫与爱心捐献行动。在2019年岁末与2020年新春节日里,全局党员毅然奔赴防疫一线:在寒风里坚守,在市井间穿行巡防，在帐篷里坚守，在冰冻的夜里温暖万户人民群众的心房。全局党员抗疫捐款共30400元。尤其是女党员辛会英得知湖北新冠疫情,2月6日，她主动给红十字会捐款600元;2月19日，她通过万载县红十字会捐赠自种的含硒马铃薯5500千克给武汉应急所需。党员龙启辉坚持奋战在抗击新冠肺炎疫情工作一线,发动乡、村、组干部及防疫检疫人员严格落实网格化监管,被宣传部门冠以“逆行畜牧卫士”称号。

【农业农村改革】 建立“三级书

记”负责制，农村改革接续稳步推进。全面完成全县农村集体产权制度改革工作，准备迎接省、市级集体产权制度改革工作小组验收。进一步推进农村土地确权登记颁证成果运用，全县土地流转面积达 23.12 万亩，流转率为 49.8%。2294 个自然村已完成农村宅基地改革任务，退出宅基地 16822 宗、1727294 平方米（其中 2020 年以来，退出宅基地 1019 宗、105473 平方米）。

秀美乡村建设

【抓实秀美乡村建设】 坚持“抓点、连线、扩面”相结合，以点串线，连线成面，县财政安排 3000 万元用于万上线沿线的人居环境整治和提升，一是全面开展对秀美乡村建设“四年扫一遍”行动和对农村垃圾进行全面清除行动，对“三房”做到应拆尽拆，充实保洁队伍，完善长效管护机制，着力提升农村人居环境质量。二是拓展新农村点建设，全面完成 501 个新农村点建设任务，其中省级村点 319 个，自建村点 182 个，创建 1 条美丽宜居示范风景线（万上线）、2 个美丽宜居乡镇（白水乡、白良镇）、20 个美丽宜居村庄和 2000 个美丽宜居庭院；共改厕 132 户；绿化面积 2400 平方米；植树 4000 棵；新建文体场所 11 个。万载乡野村寨，宛如一幅美丽的江南水乡人居仙境油画展现在人们面前。

【改善农村人居环境】 全面完成 64 座农村公厕、9688 户农村户厕建设任务。20 个农村污水处理设施建成并投入运营，完成全县农村黑臭水体初步排查工作。城乡环卫一体化建设已完成 50%，新建垃圾中转站 12 座。村庄环境长效管护经费按照省里要求，每个行政村按省、市、县、乡 1∶1∶2∶1 的比例，每个行政村筹集不少于 5 万元的管护资金。按照“五有”（有制度、有标准、有队伍、有经费、有督查）和“五定包干”（五定即定范围、标准、主体、模式、经费，包干即市牵头指导、县主推监督、乡宣传组织、村具体实施、农户房前屋后三包）要求，建立了村庄环境长效管护机制。

农业发展

【发展农村新型主体经济业态】 全县共有农业龙头企业 21 个，其中省级 10 家，市级 11 家；农民专业合作社 1207 家，其中国家级 4 家，省级 16 家，市级 71 家；家庭农场 476 个，其中省级 11 个、市级 8 个。

全国绿色食品原料基地面积 12 万亩；绿色认证生产企业 2 家，绿色产品 18 个；有机认证 46 个品种，有机认证生产企业 9 家，其中隐逸轩、锦江和金世本香被认定为“江西老字号”；“龙牙百合”获评国家地理标志产品；休闲农业发展规模经营企业总数达 122 家，农家乐 73 家，带动当地农民就业 3200 多人，休闲农业产值达 6200 多万元。

【抓好农业执法与农产品质量监管】 运用多维立体监管防控手段，对全县 400 多个种植业、畜牧业、龙头加工企业生产主体实行省（市、县）网格与光速双控与追溯管理，确保了农产品可追溯。完善了监管责任长效机制，签订农产品质量安全责任书，严格执行禁限用农兽药管理、农兽药休药期（安全间隔期）等规定，屠宰企业全部实行进场检查登记、肉品品质检验特别是“瘦肉精”检测等制度；加强了农产品质量安全监测与抽检，超额完成省、市布置的定量检测与定性检测任务，全县农产品取样检测合格率达 98%以上，全年办结各类行政执法案件 26 件，未发生一起重大农产品质量安全事故。

【推进农村耕地保护与建设】 2019 年度 3.8 万亩高标准农田建设项目按时竣工并交付使用，33 个施工标段全部顺利通过验收，2020 年 3.52 万亩高标工程于 10 月 20 日全面开工建设，已完成总工程量的 20%以上。

【抓好农业污染源治理】 扎实推进农业面源污染治理，化肥、农药使用量分别下降8.69%、5%；规模养殖场粪污处理设施装备配套率达到97.38%；畜禽粪污资源化利用率已达到94.33%,26221亩受污染耕地安全使用及严格管控任务全面完成。重点推进整县畜禽粪污资源化利用项目建设和有机肥替代化肥项目建设;推广测土配方施肥、统防统治、绿色防控等措施,实施农药化肥减量行动;抓好受污染耕地安全利用;高标准建设国家农业绿色发展先行区观测站;争取并实施秸秆资源化利用整县推进项目。

【粮食生产】 受新冠肺炎影响,万载县动员广大农民发展双季稻、种植“爱国粮”,完成上级下达的粮食生产任务。全县完成粮食生产播种总面积76.43万亩,粮食总产32.095万吨。水稻播种面积66.78万亩,其中早稻播种面积27.246万亩，单产379.88千克/亩，早稻产量10.35万吨; 中稻播种面积8.98万亩,单产535.797千克/亩,中稻产量4.81万吨;晚稻播种面积30.56万亩，单产516.64千克/亩,晚稻产量15.17万吨;杂粮播种面积9.14万亩，杂粮产量1.76万吨。在遇到6月29日至7月11日低温久雨天气，和9月份长时间的寒露风灾害性天气的情况下,全县粮食生产仍获得了丰收,全年粮食总产稳定在32.095万吨，粮食生产稳住了“基本盘”。

【经济作物生产】 技术协同稳丰产。接续通过农业技术协同抓好龙牙百合、紫山药、莲藕、芦笋、生姜、大蒜、藠头、石参等名优特蔬菜种植示范基地建设,道地药材“三子一壳”(黄栀子、吴茱萸、车前子、枳壳)、特色药材夏天无、射干、金银花、夏枯草等品种稳步发展,药食同源药材石参、五指毛桃、鸡骨草、天门冬、金钱草等品种提质升值较大。全县投入中药生产3800万元,完成中药材种植面积2.15万亩，完成率达107.5%。全年蔬菜播种面积14.05万亩,新增大棚设施蔬菜种植面积3600亩，已收获产量15.5万吨,产值约3.1亿元,保障“菜篮子”供应。百合、紫山药、生姜、毛豆、刀豆、小葱等46个品种获得欧盟有机产品认证。龙牙百合、紫山药、生姜、藠头、毛豆等销往省内外,其中盐渍藠头、结晶姜销往德国、日本、中国香港等地。

【加大植物保护力度】 实施全县绿色防控,技术推广应用面积68.73万亩,覆盖率61.37%。专业化统防统治技术应用面积57.2万亩,覆盖率49.73%。其中全程承包服务面积26.57万亩。有专业化统防统治组织45家，拥有大型自走式喷杆喷雾机1台，多旋翼无人机45台，担架式、推车式机动喷雾器355台，机防手1805人。科学安全用药技术覆盖率达到95%以上,加强安全科学使用农药技术的推广力度,推广高效低毒低残留农药面积89万亩次、生物农药78.6万亩次，全县农药使用量460.35吨，比上年同期减少30.52吨,减少6.2%,实现了农药减量。没有出现农药中毒事故。

【发展生态休闲农业】 全县休闲农业规模经营企业总数122家,农家乐73家,与上年持平;带动当地农民3000人就业,受疫情影响，休闲农业产值5600万元,比上年递减9.03%。依托鹅峰乡涂前塘生态农庄成功创建江西省四星级农家乐休闲农业品牌,“万载县仙源湘鄂赣革命根据地旧址（红色旅游)+江西恒晖艺术农业景区（国家AAAA旅游景区)+罗城九牧农业景区(体育健身)”为绿色休闲红色传承旅游线路。绿色生态万载美誉明显提升。全县有旅游景点98个，年经营收入500万元以上的景点15个；年接待游客210.1万人/次，旅游业总收入176000万元。从业人员近10000人。休闲农业与乡村旅游已经成为万载县乡村振兴的助力产业。

【农产品标准化与品牌化建设】 万载乡野奇特土果子美名远播,有机生姜、紫山药、南酸枣、龙牙百合、芦笋、草莓、小龙虾、野山兔、稻田鱼等土生土长的万载特产,已形成了“统一优良品种、统一技术规程、统一品牌包装、统一质量等级”的标准化发展模式,属于国标产品。龙牙百合粉、金世本香山茶油、锦江系列姜、小禾刀大米等一批农产品品牌，充分发挥了“三品一标”农产品品牌引领市场增值的作用与功效。

【农业产业扶贫】 制定出台《党建引领产业扶贫机制》，创建以万载县马步乡黄村200亩花生为主导的党建引领产业发展助力农民脱贫致富示范基地和各业务股室牵头负责的对标对表攻坚脱贫任务的百合、鬲头、中药材等十大特色果蔬产业示范基地2000亩、助力脱贫摘帽。2020年共批复贫困村产业扶贫项目66个，批复产业扶贫资金2877.484万元，脱贫摘帽保障有力。全力抓好国家各项惠农政策落实的基础上，县财政在国家支持粮食生产大县奖励资金和县财政资金中安排资金扶持早稻生产，给予早稻种植农户100元/亩奖励，光是支持早稻生产，县财政就拿出了1329.53万元。乡镇（街道）、村还配套了资金扶持早稻生产，县乡两级共落实2000多万元资金扶持早稻生产，县乡扶持资金是粮食大县奖励资金1346万元的1.48倍。

【有机富硒产业与绿色品牌】 有机认证耕地和野生采摘面积达46.2万亩，建设富硒农产品基地11.8万亩，落实千亩以上基地10个，其中万亩基地1个，评定2020年宜春市示范基地8个，已注册的富硒农产品有20多种。持续推动一、二、三产融合发展。全县共有全国绿色食品原料基地面积12万亩；绿色认证生产企业2家，绿色产品18个；有机认证46个品种，有机认证生产企业9家。

【畜禽防疫监控】 一是开展“大清洗、大消毒”专项行动，规模洗消设施建设完工6个，在建2个，集中洗消中心工程建设竣工投产。为非洲猪瘟防控消毒灭源及生猪复产增养工作奠定了良好的环境基础。二是开展“春秋两防”工作，以高致病性禽流感、口蹄疫、猪瘟等重大动物疫病为防控重点，坚持“预防为主”的防控方针，实施强制免疫，散养户由村级防疫员上户免疫，规模场则实行“先免后补”政策，切实做到了应免尽免。确保了免疫率达100%，免疫标识佩戴率达100%，经抽血清进行实验室抗体检测均达标。县辖区内连续多年来清净无疫。

【畜牧业生产】 全县生猪饲养量83.6272万头，其中存栏41.5049万头，出栏42.1223万头；牛存栏5.0208万头，出栏2.5241万头；家禽存笼174.4991万羽，出笼303.9122万羽；羊存栏10.44万只，出栏15.5389万只；兔存笼80.4127万只，出笼148.9215万只；肉类总产5.91084万吨，禽蛋产量0.49951万吨；实现畜牧业总产值25.71亿元，同比增长26.8%（主要原因是生猪价格高位运行，同时拉高牛羊价格）。

【养猪场现状】 2019年动工新（改、扩）建的生猪养殖场5个，分别是万载县福杭养殖有限公司养殖场、万载县白良镇牧兴生态养殖场、万载县双桥镇国梦生猪养殖场等。在2020年6月竣工投产。2020年新（改、扩）建了万载县双桥镇绍江村鼎云生猪养殖场、双桥镇乐通养殖场；赤兴陈建刚养猪场、万载县兴旺养殖场、万载赤兴盛财养殖场、万载县天蓬养猪场、万载县白良镇良福养殖场、万载县尚晖种养合作社、万载县明启种养农民合作社、茭湖六六牧业、万载县天宏养殖场等15个养殖场，10月建成并全部投产。以上猪场的建成新增产能7万头以上，已见效存栏2.16万头。

【政策落实与资金投入】 一是加大财政保险费补贴力度。按保费总额的80%给予养殖户保险费补贴，将能繁母猪保额从1000~1200元增加至1500元、育肥猪保额从500~600元增加至800元，鼓励万载当地养殖场（户）发展自繁自养，年出栏生猪1000头以上规模的自繁自养场在落实上级补助政策的前提下，每新增1头能繁母猪，县财政追加补助100元。二是争取上级项目资金。争取到中央资金150万元，实施生猪标准化养殖场建设项目。三是完善规模猪场贷款贴息补助政策。补助范围由原来年出栏5000头调整为年出栏500头。四是落实财政种猪补贴文件精神。按种猪场引进种猪每头由省财政及市、县财政配套给予1500元补助,年出栏5000头以上规模猪场每增加1头能繁母猪补助900元。全县养殖户共享受能繁母猪补贴2000多万元。

【畜禽粪肥还田工作】 5月,国家农业农村部把万载县列入全国粪肥还田试点。为此,制定了《万载县畜禽粪肥还田试点方案》并按照此方案认真组织实施,成立了省、市、县三级畜禽粪肥还田试点专家组及县试点领导小组,省、市、县三级明确各自分工和责任,县试点领导小组在省、市专家组的指导下负责试点项目具体全程工作。选择万载县罗城镇顺兴种养场和以种植有机水稻为主的万载县茭湖一家人有机农业专业合作社为试点的实施主体,粪肥还田试点工作取得了阶段性成绩,得到上级充分肯定。

【招商与引资】 万载县拿出用地面积5000多亩,与温氏集团、牧原集团、正邦集团、双胞胎集团、新希望六和、湖南青云、东方希望集团等代表对接洽谈投资项目。一是上海东方希望集团在万载县建设绿色环保现代化生猪养殖循环产业链项目,签约投资20亿元,计划年出栏100万头。该项目已开工落地。二是万载县恒昌农牧有限公司与双胞胎集团合作,新建一个年存栏母猪5200头,年出栏生猪10万头的养殖企业,已开工建设,2021年6月竣工投产。2020年,努力争取到上级资金投入,获得生猪调出大县奖励资金504万元;资源化整县推进利用项目资金2300万元;九大产业结构调整项目资金300万元,生猪养殖场标准化建设项目资金150万元。

【畜牧养殖发展】 全县生猪存栏36.2411万头(其中能繁母猪3.904万头),出栏36.4124万头,已完成引种5773头。排位全省中游,全市中上水平。上海新希望集团100万头生猪养殖项目落户万载并已动工建设。

【发展水产事业】 “水稻+鲤鱼”“水稻+小龙虾”“水稻+泥鳅”“水稻+甲鱼”等特色综合种养模式在全县蓬勃发展。水产总产量24495吨,其中:捕捞产量1215吨,特种水产品产量4吨;养殖面积19383亩,总产量17323吨,其中;稻田养鱼72404亩,产量7168吨。淡水鱼苗6.5亿尾。

【提升农业机械化水平】 坚持“政策引导、典型带动、服务促动和市场拉动”工作思路,积极引导全县农民选购经济适用的新型农机具,如水稻插秧机、育秧流水生产线、农用玻璃温室大棚等得到推广应用。重点发展谷物烘干机,改变传统农业模式。做好拖拉机、耕整机、植保无人机等机具的推广应用工作,掌握农机新技术。2020年以来,大中型拖拉机注册登记105台,联合收割机注册登记66台,补换证16人,共发放跨区作业证10张;全年共注销变型拖拉机190台,普及农机安全生产知识,全年实现零农机事故。全县共办理补贴各类农机具550台(套),农用玻璃温室大棚2万多平方米,完成使用农机购置补贴资金987.024555万元,带动万载县农机装备投资达3200多万元。

【实施农业综合开发】 在国家农业绿色发展先行区重点推进整县畜禽粪污资源化利用项目建设和有机肥替代化肥项目建设;推广测土配方施肥、统防统治、绿色防控等措施,实施农药化肥减量行动;抓好受污染耕地安全利用;高标准建设国家农业绿色发展先行区观测站;争取并实施秸秆资源化利用整县推进项目。万载县国家绿色农业功能空间布局序幕开启:机耕道、沟渠排灌等基础设施纵横交织,标准化猪场、标准化示范种植基地在规划中有序推进;龙牙百合、中药材、草莓、胡柚、商品肉猪、稻田鱼、小龙虾等特色种养产业分片布局精致种养,苗木、花卉串联环绕,产品多元、结构优化、技术协同融合,绘就了一幅集绿色、有机、环保、低碳、生态、名优、康养、阳光于一体的万载现代农业文明美丽画卷,奏响了万载天地人和业兴的幸福乐章。

【高标准农田项目建设】 全年3.52万亩高标工程于10月20日全面开工建设,已完成总工程量的20%以上。严格实行抛荒地与耕地地力保护补贴资金发放挂钩,对弃耕抛荒超过两年(含两年)的耕地,暂停该承包户抛荒耕地地力保护补贴发放,待复耕后重新纳入补贴范围。全力推进耕地地力保护补贴、稻谷补贴等政策与农民保护耕地责任挂钩,充分调动农民种粮积极性。稻谷补贴计划向扶持早稻种植农户、种粮大户(合作社、家庭农场)倾斜。全县已向农民发放耕地地力保护补贴52100660.3元。下发给农户稻谷补贴资金1823.57万元。

【"菜篮子"项目工程建设】 全年争取171万元大棚设施项目资金,支持菜农建设大棚,种植反季节蔬菜,保障市场供应。

农业科技

【推广农业技术】 富硒有机种植技术应用试验、畜禽养殖关键技术应用试验、秸秆综合利用技术应用试验、土壤治理修复技术应用试验等绿色生产技术试验全面铺开,整体推进了稻鱼(虾)共作绿色生态技术,巩固并提升了万载县国家级"稻田综合种养示范县"的优势品牌。"异位发酵床技术"在万载县规模以上畜禽养殖业生产过程中得到较好应用,为全县绿色生态发展提供了很好的有机肥料,减少了农业污染。"有机毛豆+有机稻"轮作与"毛豆+晚粳"轮作栽培技术模式基本实现常态化。

【测土配方施肥】 全县测土配方全覆盖。化肥使用量比上年减少5.5%。加强安全科学使用农药技术的推广力度,推广高效低毒低残留农药面积90万亩次、生物农药78.9万亩次,全县农药使用量460.35吨,比上年同期减少3.52吨,减少6.2%,农药使用逐年减量。安全风险指数明显降低。

【推广绿肥使用】 全县种植绿肥10.3万亩,建立千亩以上核心示范区3个,核心示范面积1万亩。每亩平均鲜草产量达2700千克,比目标亩鲜草产量1500千克亩增1200千克,检测750余项次,开展各类试验示范16个,创建了"测土配方施肥"微信小程序,方便了农户查询施肥指导。以亩增施商品有机肥10千克,化肥用量减10%的增施商品有机肥化肥减量技术推广应用面积达到25万余亩,成效显著。

【农业科技下乡】 在全县16个乡镇开展农业科技大讲堂下乡进村宣讲活动,宣讲18场次,听宣讲人数1000人次,现场示范活动100次,帮助解决实际问题105个。印发《早稻生产技术汇编》《早稻生产扶持政策》《再生稻生产技术》《大棚蔬菜生产》各5万份资料,分发到各乡镇(街道)、种植大户(合作社、家庭农场),同时将我县农业技术人员分成17个组分别到17个乡镇(街道)进行早稻栽培技术指导与培训,深入田间地头指导早稻生产。

【农业技术培训】 全局各专业站共举办各种实用技术培训班30期,4000多人次,其中培训高素质农民新型职业农民340人,培训贫困户2003人。

【中药材项目建设】 2020年,万载县被省、市列为农业结构调整产业项目中药材重点发展县,对种植100亩以上多年生中药材省奖补了400元/亩,一年生100亩以上奖补200元/亩,已奖补150万元,市、县分别再配套奖补了200元/亩,对种植100亩以上一年生中药材奖补200元/亩,市、县分别再配套奖补了100元/亩,县财政落实奖补了2018年50亩以上的中药材种植大户(合作社)33.88万元。

【畜禽粪污资源化利用】 计划建设项目76个(其中规模场74个,集中处理中心1个,还田还山利用项目1个),全部开工,开工率100%,开工项目中已完成76个,项目完工率100%。

(钟小成)

【县农业农村局领导成员】

党委书记、局长:喻阳青

党委副书记、副局长:尤松树

曾富根

周湖根

熊 健

党委委员、副局长:袁红亮

邹世民

欧阳水和

苏根牛

谢建平

汪志文

张国平

黄 斌

龙水平

宋余斌

党委委员:黄新红

党委委员、高村镇挂职党委副书记:邬立根

党委委员、县种子管理局局长:

谢高芳

党委委员、县果园场场长:唐秋庚

主任科员:况立新 张树鑫

王明生 武道秋

黄志明 欧阳春

周静峰 袁水平

李清平 廖小平

许明星 张 骏

汪云生(县园艺场场长)

副主任科员:张任平 朱和平

张任平 罗艺军

高荣光 潘集和

徐垂军

曾赵林(县水稻原种场场长)

叶永忠(县畜牧良种场场长)

周永隆(县畜牧良种场副科级干部)

林 业

【概况】 万载县林业局以巩固万载林业生态优势为抓手,着力提升森林质量和扩大森林资源总量,2020年各项工作取得长足的发展,获评"宜春市第九届文明单位",核增县林业局行政编制1名,用于加强森林防火以及森林灭火指挥力量。核增后,县林业局有行政编制17名;为缓解林业事业单位工作人员年龄结构不合理、青黄不接现象,2020年面向社会公开招聘了三名大学生,且从当年高考生中招录三名到江西环境工程职业学院进行三年定向培养学习。

2020年,全县林业用地176.37万亩,占土地总面积的68.47%,活立木总蓄积716.08万立方米,活立竹9355万株,森林覆盖率67.58%,实施生态公益林49.94万亩,天然林保护23.98万亩。完成全县17家在养禁食人工繁育野生动物处置工作,已拨付养殖户退养扶持资金254.4329万元;建立了林长制"赣林通"巡护监管网格化管理平台;万载县完成"十四五"期间年森林采伐限额编制工作,"十四五"期间年森林采伐限额活立木蓄积219863立方米;编制了各国有林场"十四五"森林经营方案。

【造林绿化工作】 县林业局坚持数量和质量并重、质量优先,走科学、生态、节俭的绿色发展之路,建立健全城乡绿化美化一体化制度,通过多种形式推进增绿工程,全年完成人工造林2.16万亩(其中:长防林人工造林0.8万亩、封山育林0.24万亩,油茶7768.7亩);完成封山育林1.2万亩(其中:长防林封山育林0.24万亩);退化林修复3.65万亩;完成战略储备林现有林改造0.1万亩;完成毛竹林改造1.1万亩,毛竹林丰产技术标准化示范区建设0.15万亩;2020年获评国家森林乡村11个、省级森林乡村15个,建设省级乡村森林公园1个。

【进行林业产业扶贫】 全县贫困村、深度贫困村制定了产业发展方案,大力营造油茶、茶叶、果木林、饲料林,涉林项目31个,总投资1929.55万元、产业扶贫专项资金1349.65万元,参与贫困户1545户,受益贫困人口4342人(次),包括木竹加工项目1个,养蜂项目2个950箱,油茶、药材、果木林、饲料林、茶叶等种植基地18个,面积达4490亩,抚育管护项目10个,面积达4001.5亩,组织技术人员先后开展了27场油茶栽培、毛竹低改、林下经济等林业产业技能培训，共培训贫困户800多人次，指导贫困户发展油茶2334.8亩，完成毛竹低改2000亩。

【松材线虫病等重大林业有害生物防控】 2020年，全县松材线虫病防控责任目标全面实现，完成被松材线虫病污染的疫木清理4.98万株，除治面积8403.35亩，设置引诱松材线虫的诱木85株，打孔注药防治1742株，对双桥、高城、白良、马步、鹅峰、康乐等6个乡镇(街道)疫木清理采取政府购买社会服务方式开展。全年林业有害生物发生面积2.39万亩，成灾面积1743亩，防治面积2.29万亩，其中无公害防治面积2.29万亩，无公害防治率100%，实施种苗产地检疫面积239亩，种苗产地检疫率100%。

【林业生态建设投入】 全县林业生态建设累计投入3882.27万元，其中生态公益林、天然林保护投入2029.45万元，松材线虫病防治、森林防火等生态保护267.27万元；长防林、油茶林及封山育林、毛竹改造等生态修复投入1585.55万元。

【林业产值】 全年实现林业总产值259555万元，其中一产77230万元、二产121959万元、三产60366万元。

【森林防火】 全县共聘请生态公益性岗位贫困户护林员334人，贫困户户均增收0.48万元；国家林业局2015年批复的投资1282万元的万载县森林火险重点区第三期工程项目历经5年建设全面完工，于2020年9月28日正式向省林业局行文申请竣工验收。

【林地征占用管理】 全县花炮企业进入第五轮提升整改，按规定申报办理林地征占用审核手续159起，花炮企业进入第五轮提升整改企业79家，面积达2428亩；对部分非法占用公益林的企业按照森林督查整改要求实行强拆复绿，进入第五轮提升整改非法占用公益林花炮企业经与国家、省林业局沟通协调，争取公益林的调整；出台了促进万载县花炮企业发展十条林业优惠政策，有力地促进县域经济发展。

【自然保护地管理】 开展全县自然保护地整合优化工作，通过保护地的整合优化编制工作，将原有7个保护地整合优化为5个，将原有规划不合理的竹山洞县级自然保护区、万载县西屏山市级城市森林公园撤销，鸡冠石、九龙县级自然保护区提升并入九龙庙省级森林公园，保留三十把省级自然保护区，保留龙河省级湿地公园，新成立官元山省级森林公园，自然保护地面积增加70996.5亩，全县自然保护地总面积达19.5万亩。

【林地流转管理】 利用县、乡、村林地流转服务中心、服务站、服务点等服务体系为平台开展林地流转服务，办理林地流转审核同意31起，面积6647亩，促进县集体林权适度规模经营制度改革。

【县林业局领导成员】

党委书记、局长：吴卫东

党委副书记、副局长、四级调研员：王国勇

党委委员、副局长、二级主任科员：曹乐群

党委委员、副局长、森工林场有限责任公司总经理：彭国芳

党委副书记、二级主任科员、九龙垦殖场有限责任公司总支书记：曾荣兴

党委委员、四级主任科员：刘志勇

林业局油茶管理局局长：龙成根

正科级干部：宋发根

二级主任科员：徐小江
易宗炳
叶柏辉
彭绍辉

副科级干部：张勤昌

高级工程师：江建平

四级调研员：易　敏

水　利

【概况】 万载县水利局按照“水利工程补短板、水利行业强监

管”总基调,紧紧围绕“1423”工作目标和“四大战役”工作思路,立足本职,积极进取,较好地完成了各项工作任务,为全县高质量发展提供坚实的水利支撑,多次获得市级以上表彰:全省2020年度水利改革发展工作考核为优秀;获“2020年度河湖卫士监督执法优秀单位”称号;获“宜春市2020年度文明单位”称号。

2020年,县水利局有工作人员64人,设置10个股室,分别为党建办、人秘股、计划财务股、防汛抗旱办公室、河长办、水生态建设办公室、建设管理股、农村水利股、农村自来水股、水政水资源水土保持办公室。下设3个基层站所(三兴水库管理所和锦泰灌区管理所合署办公、罗陂水利工程管理所和罗城圩堤管理所合署办公、中型水库防汛安全管理中心站和万载县抗旱服务队合署办公)。

【推进防汛减灾工作】 认真贯彻执行上级防汛抗旱工作方针,及时调整各级防汛指挥机构组成人员,落实水库(电站)、山塘及堤防责任人。召开全县防汛工作会议,下发防汛工作任务书,修订完善各类防汛预案和度汛方案,发放山洪灾害避险明白卡。备足防汛物资,共存储砂卵石(块石)3700立方米,编织袋5万条,彩条布2万平方米,救生衣314件,抽水泵200余台,冲锋舟、橡皮艇等14艘,挖机、叉车、运水车等8台。组织四次防汛检查和督查,实行台账管理制度,落实好“一乡镇一清单”。坚持24小时防汛值班和领导带班制度,发布预警35次,发布预警信息3600多条,战胜了“5·6、5·14、6·2、6·24、7·7、8·9”六场局部集中强降雨,全县无一水库垮塌,无一人员伤亡,将灾害损失降到了最低程度。

【水利项目建设有成效】 完成深度贫困村水利基础设施建设、龙河桥下水闸升级改造、株潭镇农饮工程、潭埠镇农饮工程、农村饮水工程维修养护等工程建设,抓紧推进茭湖乡防洪工程、县城防洪工程(二期)、城区双水源工程、山塘专项整治、49个小(二)型水库标准化创建、农业水价综合改革等项目。五河治理高城、株潭镇防洪工程、布城水系连通及水环境综合治理工程、锦泰灌区(中型)改造提升工程完成前期工作。

【河长制工作落到实处】 修订《万载县2020年河长制工作要点》《万载县2020年河长制工作考核方案》《2020年县级河长巡河湖督导方案》,进一步健全县、乡、村三级河长制组织体系,全面落实三级河长,按照“因村设岗、因需设岗、以岗定员、总量控制、属地管理”的原则,增设公益性岗位,重新选聘180名贫困户担任护河员,落实防溺水巡查员360名。开展“清河行动”、河湖“清四乱”、农村小水电站生态修复专项整治、水利工程管理范围违建清查、龙湖生态环境专项整治、消灭Ⅴ类及劣Ⅴ类水专项行动,制定问题清单和整改措施,对问题整改情况进行每月一调度,对整改到位的问题及时销号。协调各级河长开展巡河工作,组织各级河长和河长办工作人员对全县17个乡镇(街道)的10条县管河流开展了河道巡查,全县共开展巡查480余人次。

【规范水资源管理】 对全县河道及109座小(二)型以上的水库开展不定期巡查,严厉打击非法偷采河砂行为和污染水库水质等行为,同时定期开展水质检测,对水质不达标情况进行通报。加大水土流失治理力度,对矿山、房地产开发等在建项目,督查相关企业落实“三同时”制度。2020年以来,共开展专项水政执法巡查40次,下达责令停止违法行为通知书9份,下达缴纳水资源费通知书8份,下达办理水土保持通知书24份,共收取相关规费110.3万元。

【实施水利扶贫工作】 建立了县、乡两级农村供水应急预案,完成全县9756户建档贫困户饮水安全现场评价工作,完善全县建档立卡贫困人口饮水安全台账。开展4次农村饮水安全督查,坚持一户不落、逐户排查原则,实行“一问二看三查找”,明确时间节点,层层传导压力,边查边改，确保问题见底清零。与县扶贫办、县卫健委联合印发了《农村饮水安全须知》15000份，并全部下发到乡镇、村级干部和所有贫困户手中，引导群众知晓安全饮水政策，教育群众不喝生水。聘请第三方检测机构进行水质检测，取水样1618份，检测结果全部合格，并将检测报告全部分发到各乡镇、村、户手中。

【县城防洪工程项目完成建设】 县城防洪工程是全县重点水利工程，为江西省五河治理项目，工程批复总投资9010.62万元。工程分两期建设，一期于2014年3月开工建设，二期于2017年11月开工建设，工程于2020年11月完成建设。建设范围为锦江河县城自来水厂拦河坝至污水处理厂段右岸，总长为8.322千米。主要建设内容为新建堤身填筑及防护总长4.697千米，新建防洪墙总长0.9千米，新建堤顶砼防汛公路6.164千米、锦江自排闸1座，加固整治涵闸11座、电灌站3座。

（陈平和）

【贫困村农村饮水项目建设】 全年共安排农村饮水工程维修养护项目64处，完成投资196万元，受益人口27.85万人。至年底，全县共建成农村饮水工程324处，供水规模6.19万吨/天，覆盖人口43.99万人，完成投资17996.34万元。

（欧阳明）

【农业水价综合改革】 全年完成了改革区域农业用水水权分配工作，明确全县2020年农业水价综合改革农业灌溉用水总量指标，水权分配到村，确定万载农田灌溉用水定额为474.9立方米/亩，并印发了水权证。完善了水价形成机制，对中型灌区的农业供水水价成本核算，确定审定价格为32元/亩。争取财政资金对2020年改革区域灌区落实了精准补贴18万元。完成农业水价综合改革2.21万亩。

（邓卫洪）

【县水利局领导成员】

党委书记、局　长：郑颖凡
党委委员、副局长：周检南
　　　　　　　　　王年根
　　　　　　　　　张国平
主任科员：张兴国
　　　　　彭　钢
　　　　　刘卫平
副科级干部：闻会平
　　　　　　黄晓云
　　　　　　罗秋贤
罗陂水利工程管理所支部书记：
　　　　　　唐启程

交　通

交通运输

【概况】 2020年，面对疫情以及不断出现新的不确定因素，万载县交通运输局认真贯彻中央和习近平总书记的指示精神，攻坚克难，坚决打好扶贫攻坚战，大力推进“四好农村路”建设，为乡村振兴逆风前行。全县形成了以国省干线为主导，县级公路为骨架、乡村公路硬化为脉络的交通网格局，为万载全面建成小康社会提供了强有力的交通基础设施保障。交通事业的可喜变化，提升了人民群众的幸福指数和获得感。“十三五”期间，万载通过对国道G220绕城公路和国道G320(宜万同城快速通道)改建，基本解决因过境车辆穿过城区引起的城市拥堵问题，国省道升级改造完成；县道三级公路比例为60%、乡道双车道比例14%；完成50千米旅游路、资源路、产业路、公益事业路、路网联通路工程建设。

【全县公路里程】 全县境内公路总里程3663.116千米，比上年年末增加86.508千米。其中高速公路105.721千米(含连接线16.05千米)，普通国道51.137千米，省道261.043千米，农村公路3245.215千米。公路密度212.93千米/百平方千米，同比提高5.03千米/百平方千米。

全县农村公路里程3245.215千米，比上年年末增加77.182千米。其中县道13条，230.545千米；乡道73条，458.259千米；村道2510条，2161.565千米；专用公路7条，14.846千米；自然村组级公路264条，380千米。全县等级公路里程3133.789千米，比上年年末增加190.459千米，占公路总里程85.55%，降低7.45个百分点。其中二级及以上公路里程234.759千米，三级公路251.451千米，四级公路2647.579千米，等外公路43.606千米。按路面类型分：水泥混凝土及沥青路面3166.596千米，未铺装路面78.619千米。

【运输装备】 全县拥有公路营运汽车8513辆，比上年年末减少2.9%。年末全县拥有载客汽车103辆、3605客位，比上年年末分别减少7.3%和7.3%。其中大型客车53辆、2525客位，与上年持平。2020年年末全县拥有公共汽电车112辆、112标台。出租汽车运营车辆50辆，与上年减少7.4%。年末全县拥有载货汽车8248辆、83175吨位，比上年年末分别减少3%和减少27%。

【旅客运输】 全年全县营业性客运车辆完成公路客运量276.3万人，旅客周转量13538.7万人千米，比上年分别减少26%和增加26%，平均运距49千米。至年末100%的建制村通客运线路，通车率与上年持平。

全县拥有公共汽电车运营线路15条，运营线路总长303千米，与上年持平。

全年城市客运系统运送旅客486万人，比上年增加8.3%。其中：公共汽电车完成454.1万人，运营里程168千米。出租汽车完成31.9万人，运营里程317.5，分别减少29%和31%，平均每车次载客人数2人/车次，空驶率40%。

【货物运输】 全年全县营业性

货运车辆完成货运量3298万吨，货物周转量313310万吨千米，均比上年减少15%，平均运距95千米。

【推进交通基础设施建设】 全长14.758千米国道G220绕城一级公路建设2019年3月开工，路基土方完成85%、管涵完成100%、桥梁下部完成90%，累计完成投资2.7亿元。宜万同城快速通道，万载境内含主线约3.046千米和连接线10.023千米，总投资约9.06亿元，计划2021年6月建成通车。至2020年年底，主线和连接线分别完成土石方5%和85%，管涵分别完成85%和100%，桥梁下部完成70%和90%。累计完成投资约3亿元。省道S222高村至三兴公路改建工程全长约19.9千米，总投资约3.39亿元。2020年9月，可行性研究报告获批，施工图设计、水土保持方案、环评等前期工作正在推进。由省交通运输厅下达的淖源直界岭县道升级改造省级重点推进项目，全长24.2千米，总投资7000万元，计划2021年10月建成通车。2020年9月开工，已完成80%的路基土方工程。香山至芳万线6.5千米、杭桥至罗城7.5千米和狗冷坑至修万线13.5千米三个专项公路进入招投标阶段，正有序推进。完成生命防护工程196千米，超过计划86千米。年度上级下达的建制村优先通达路线窄路面拓宽改造项目3个，7.6千米，至9月全部完工。危桥改造计划17座，完工13座，其余4座，年底均完工。县乡道路面改造获批7个30千米，已完成4个，约22千米，其余在建。全年完成农村公路养护工程23个，共投资675.5万元。村民小组的通达率100%，农村公路硬化实现全覆盖。

【提高行业服务水平】 一年来进一步推进路长制，全县公路路政管养水平和路越环境明显改善，路网结构进一步优化，推动了运输行业的发展。万载全县181个建制村通客车率100%。走在全市的前列，城市公交纯电动化，发放老年及优抚对象免费乘坐公交IC卡1万余张。全县运营农村公交线路180余千米，新建农村客运站7个，农村候车亭175个，除5个山区乡镇外，13个平原乡镇均实现了农村客运公交化。年末全县拥有载客汽车103辆，3605客位，同比减少7.3%。全年完成客运量276.3万人次，客运周转量13538.7万人/千米，同比减少2.6%。全县拥有大小货运车辆8248辆，83175吨位，同比减少3%和27%。全年完成货运量3298万吨，货物周转量313310万吨/千米，同比减少15%。

【安全生产常抓不懈】 县交通运输局秉承“人民至上、安全至上、生命至上”的理念，坚持“一岗双责”，强化运输企业安全生产制度化、标准化、常态化建设。实施常规巡查和重点整治相结合、重点抓好在建公路建设项目的质量监管，管好风险源、开展汛期山区公路、“两客一危”运输企业安全隐患大排查。从春运开始至9月底全县先后开展了13次巡查、排查，召开110余人参加的全县“交通运输安全工作会”。对“10·29”较大道路交通事故，举一反三，进行重点整治。全年共查处无牌无证电动车84辆，非法营运的摩托车186辆，私家车37辆，非法改装车60辆。

【加强政治建设】 年初，县交通运输局党委书记上党课、召开“不忘初心、牢记使命”主题教育总结和再教育会议。“七一”全体党员开展重温入党誓词活动，加强基层党的“三化”建设，丰富了“双进双服务”活动。扎实开展“优环境，促发展”活动，以班子成员查摆出的几十个问题为导向，进行调研，亦提出了几十个整改措施，逐一加以整治。自动捐款9100元援助疫情灾区。举行了“三旗飘飘”公益行动暨传承红色基因活动，自动捐款300余元救助贫困学生。发展1名预备党员和2名入党积极分子。密切了干群关系，取得较好效果。

【召开在建省级公路工程项目推进会】 4月29日，万载县政府副县长袁常青主持召开关于省道S222万载高村至三兴公路建设、省道S223万载株潭至后槎段公路项目建设推进会。县交通运输局局长叶青松、县发改委主任卢秋霞、株潭镇党委书记高兴贤、高村镇党委书记刘世锟、自然资源局局长鲍均良、公路局局长刘新权等人参加会议。会上，交通局负责人辛外平汇报了推进两个项目建设中存在的问题：省道S222万载高村至三兴公路建设项目存在基本农田调规、工可批复等问题；省道S223万载株潭至后槎段公路建设项目存在建设方案确定、征拆及项目资金落实、用地报批等问题。针对以上情况，县政府副县长袁常青逐一落实解决方案，明确责任单位、完成时间节点，并要求各单位加强沟通、对接，尽快解决问题，推动项目建设工作。

（高何根）

【全市农村公路养护管理工作业务培训会在万载举办】 6月12日下午，宜春市农村公路养护管理工作业务培训会在万载县交通运输局六楼会议室举办。市局有关领导、各县（市、区）明月山分管农村公路建设、养护领导，公路所长、养护所（站）长参加培训会。市局公路处副处长晏勇就《国务院办公厅关于深化农村公路管理养护体制改革的意见》（国办发〔2019〕45号）有关政策，如何规范做好养护资料整理工作，农村公路养护管理工作成效考核评估办法进行解读。接着奉新就如何利用农村公路综合服务站，发挥乡镇养护机构作用，高安就做好农村公路养护管理和日常养护检查，万载就如何做好农村公路市场化养护、乡镇养护机构标准化建设等做法进行经验交流。此外，培训会还就落实交通扶贫、“路长制”等工作进行布置。

（李德全）

【县政协到县交通局督办相关公交运行方面的重点提案】 10月16日，万载县政协组织部分委员就《公交，让城市生活更美好》这一重点提案，到县交通运输局以座谈会的形式进行督办。县交通运输局局长、县运管所党支部书记陈世铭就万载公交发展、运管情况等做了较为详细的汇报。局党委书记、县公交公司等单位负责人就全县公交运营状态作了介绍，加深了委员们对交通工作运作的了解、理解。县政协副主席谢菊香阐述了开展此次重点提案督办活动的目的；对提案办理和万载交通秩序管理工作表示肯定；对如何做好成果转化，增强提案办理实效提出了建议。县政府副县长袁常青就公交工作提出三点要求：一是各有关部门要充分发挥职能作用，对从业人员、车辆加强管理；二是公交公司要不断学习外地好的经验，提升运营水平，同时还要加大公司的改制力度，使公共交通资源得到最优配置；三是对县政协的督办要认真办理好，公交事业要让群众满意，自觉服务于“优环境、促发展”的大局。

（李德全　丁发扬）

【开展“为疫情灾区武汉捐款”献爱心活动】 2月28日上午，县交通运输局开展“为疫情灾区武汉捐款”献爱心活动，号召局所全体党员干部为抗击新冠肺炎疫情奉献爱心。在局党委领导班子成员带动下，大家踊跃捐款，共捐赠善款9100元。局所党员干部纷纷表示，向抗击新冠肺炎疫情献爱心捐款，是践行扶危济困中华民族传统美德的具体体现，是落实“党的忠诚卫士，人民群众的贴心人，”的具体行动。

（高舒宇）

【全力做好疫情交通防控工作】 按照县防疫应急指挥部的安排，万载县交通运输局迅速响应，抽调运管人员到各个路口、卡点、驻站值勤，防控好车辆和站场，协助做好乘客体温检测，督促企业做好站场和车辆的防控消杀，不让一个带病毒旅客通过公共交通工具传播入境。针对愈发严峻的防控形势，1月27日起，停运全县所有客运车辆，关闭站场，以县防控应急指挥部的名义向全县发出公告，严禁非法营运。同时告诫市民减少出行，更不能乘坐非法营运车。加强巡查，一改往日由稽查大队单独作战的模式，除安排必要的内勤人员留守办公外，其他人员全部上阵，分成三个组，由班子成员带队，分别到县城金三角、长途汽车站、城北车站周边三个重点区域开展蹲点检查，结合其他地段的流动巡查，劝返摩托电动车60余辆，查扣12辆，以高压的态势、铁的手腕让非法营运无可乘之机。

（钟春梅 陈 瑶）

【省交通厅组织安全生产专家调查组到万载调查】 8月10日，由省交通运输厅委托的第三方安全生产专家调查组及市交通运输局安全科科长姚悠平一行，在县运管所支部书记陈世铭等人陪同下，对万载大型危货企业万载大地物流有限公司进行安全生产调查，专家调查组在对企业的安全生产标准化建设、企业日常安全生产管理、风险源辨识、管控、应急预案制度及安全经费提取使用情况等进行了全面的详细调查。调查结束后并通过反馈会将存在的问题向企业进行了反馈，要求企业对所存问题进行改进。最后，陈世铭进一步对企业强调：企业在落实好企业主体责任的同时对专家调查组反馈的问题及时拿出整改措施和方案；按照专家调查组提出的要求和建议，举一反三，进一步提升企业安全生产管理水平。

（王小刚）

【省公路局长曾晓文到万载检查农村公路建设】 9月9日上午，省公路局局长曾晓文到万载，检查农村公路建设情况。先后到县道X501双桥至研陂、县道X508万载至白良及乡道Y201石笋至石姑下等实地查看。检查中，曾局长对万载农村公路建设工作结合现场情况进行了点评和指导：1.对万载县农村公路建设的标准、质量、进度给予充分肯定；2. 县道X508万载至白良路树（良福段、范塘段）种植灌木给予高度评价，要求农村公路路树不要栽种乔木，多栽种灌木，既美化了道路，行车视线又好；3.新（改）建农村公路在设计和施工中边陂率要增加至1∶1~1∶1.5，以增大边坡稳定性，防止塌方、落石等安全隐患；4.农村公路建、管、养、运要围绕确保人民群众出行安全为重点。

（李德全）

【省运管局到万载督察建制村通客车工作】 6月9日，省运管局老干处处长孙邦忠带队到万载，对建制村通客车情况进行督察。抽查了黄茅镇军屯村、株潭镇同胜村、白水乡罗桥村、槽岭村、双桥镇垞上村、鹅峰乡东田村及袁州区塘下村，采取实地查看建制车辆停靠点、走访村委会，重点询问了建制村通车、沿途停靠点设施、通车方式、发车频率、票价、政策宣传等情况。此次督查，对万载建制村通客车的工作给予了肯定，并提出了停靠点需进一步完善的要求。

（丁发扬）

【全市道路水路春运暨安全生产工作部署会在万载县召开】 1月8日上午，2020年全市道路水路春运暨安全生产工作部署片会在万载召开。会议由市运管局主持，袁州区、上高、宜丰、铜鼓、万载运管所相关人员及有关客运、公交、出租、危货、普货企业负责人参加会议共100余人。会议通报了此前安全生产暗访情况，传达了2020年省、市春运工作会议精神，宣读了全市2020年道路水路春运工作方案，并就春运期间安全生产工作进行了部署。其间，万载运管所代表县（市）运管部门，万载大地物流公司代表危货运输企业，万载县志辉汽运公司代表普货运输企业作了春运表态性发言。最后是宜春市道路运输管理局主要负责人游犁讲话，主要讲了四点意见：一是切实提高站位讲担当，着力展现运输保障良好能力；二是全力严防死守保平安，着力展现安全工作良好水平；三是倾情为民服务暖人心，着力展现运输服务良好品质；四是严明纪律规矩强落实，着力展现行业队伍良好风貌。

（钟春梅）

【交通扶贫工作成果丰硕】 2020年，万载县交通运输局在疫情期间严格按照上级的部署，抓好交通扶贫工作。3月，即在严防疫情反弹的同时抓紧复工复产，对2019年的深度贫困村公路建设项目均先后复工。其中47座危桥改造项目，在5月20日就完成44座。其余3座至年底均完工。29 千米通村公路水泥路面已全部完工并通车,其排水沟、生命防护等工程建设至年底已完成。总计 11.6 千米贫困村组级公路建设亦全部完工。2 个贫困村通村主干道建设涉及总里程 10.83 千米，总投资约 1200 万元。其中:仙源乡双溪村山枣至双桥镇西江村 5.03 千米;高村镇大坳(喇叭口)至同心村 5.8 千米,至年底均已完工。

(胡爱仙　王松州)

【三兴镇至 320 国道专项公路改建项目建成通车】 三兴镇至 320 国道改建工程是上级下达万载 2016 年度国家专项公路建设项目。该项目于 2016 年开始启动，经测设，项目路线总长 14.709 千米，其中主线长 7.386 千米,按二级公路设计(路基宽度 20 米);支线 1 长 5.011 千米,按二级公路设计；支线 2 长 2.312 千米,按三级公路设计。2017 年 6 月 20 日,项目经公开招投标,宜春市交通公路工程建设有限公司以超 6231 万元的报价取得中标排序第一。7 月 25 日动工。但在项目实施过程中,由于工业园区规划的需要，县交通运输局对该项目进行了多次变更设计,由于涉及工程量较大,经报县委、县政府决定，原工程在完成路基土石方及桥涵工程后,合同中止。路面及防护工程重新于 2019 年 11 月 5 日,公开招标,宜春通达路桥建设有限公司以超 5622 万元中标负责承建，至 2020 年 8 月,建成通车。

(辛鹏远)

【全市农村公路养护管理工作业务培训会在万载举办】 6 月 12 日下午,宜春市农村公路养护管理工作业务培训会在万载县交通运输局六楼会议室举办。市局有关领导、各县(市、区)明月山分管农村公路建设、养护领导,公路所长、养护所(站)长参加培训会由宜春市交通运输局副局长晏国繁主持。首先,市局公路处副处长晏勇就《国务院办公厅关于深化农村公路管理养护体制改革的意见》(国办发〔2019〕45 号)有关政策,如何规范做好养护资料整理工作,农村公路养护管理工作成效考核评估办法进行解读。接着奉新就如何利用农村公路综合服务站,发挥乡镇养护机构作用,高安就做好农村公路养护管理和日常养护检查,万载就如何做好农村公路市场化养护、乡镇养护机构标准化建设等做法进行经验交流。此外,培训会还就落实交通扶贫、“路长制”等工作进行了布置。

(李德全)

【召开全县“交通运输安全生产工作会”】 11 月 23 日上午,“万载县交通运输安全生产工作会”在县交通运输局召开,局全体干部职工,道路运输企业负责人，交通在建工程施工负责人,共 110 人出席会议。首先,县交通运输综合行政执法大队负责人陈世铭就“10·29”较大道路交通事故进行了反思,并对今后一段时期至 2021 年春运前道路运输安全生产工作作了布置,要求加强“两客一危”企业、道路运输路面执法及进一步做好疫情防控工作。接着,分管领导主任科员胡会平对 2020 年交通运输安全生产工作进行了小结。并对督查中发现的、尚未整改到位的问题进行了严厉通报批评,限期整改到位。

(李德全　薛　钦)

【开展扫黑除恶专项斗争宣传活动】 为进一步提升扫黑除恶专项斗争群众的知晓度和参与性,8 月下旬,万载县交通运输局组织局、所部分干部职工为 45 辆公交车、35 辆出租车张贴扫黑除恶宣传标语,运用车辆流动性强的特点让扫黑除恶工作更为群众所熟悉，在 34 处主要路段的公交站台安放宣传图片 34 幅,并通过公交公司、宜汽万载分公司 LED 屏滚动播放扫黑除恶宣传标语 20 余条。

(胡爱仙　丁发扬)

【县重点公路建设取得新进展】 万载国道 G220 绕城一级公路建设项目起于鹅峰乡石狮里终于马步乡银田村万宜高速万载连接线,路线全长 14.7584 千米。总投资约为 7.5 亿元。项目 2018 年 5 月开始启动,2019 年 3 月开工,原计划 2020 年 12 月建成通车，由于项目土地未批复,

2020 年 3 月停工。路基土石方完成 85%、管涵工程完成 100%、桥梁下部完成 90%、桥梁上部结构完成 30%、排水工程完成 50%、绿化完成 10%。累计完成投资约 2.7 亿元。宜万同城快速通道万载境内含主线（国道 G220 万载至袁州段改建工程）和连接线（国道 G320 上高墨山至万载段改建工程）两部分。连接线起点于万载县工业园（万载与上高交界处），全长 10.023 千米，万载县境内主线长约 3.046 千米，项目总投资约 9.06 亿元。项目于 2019 年 3 月开工建设，计划 2021 年 6 月建成通车。2020 年连接线路基土石方完成 85%、管涵工程完成 100%、桥梁下部完成 90%、桥梁上部结构完成 20%、排水工程完成 10%。万载境内主线段土石方工程完成 50%、管涵工程完成 85%、桥梁下部结构完成 70%。至年底项目累计完成投资约 3 亿元。

（胡爱仙）

【S222 高村至三兴公路改建工程前期工作有序推进】 省道 S222 万载高村至三兴公路改建项目，在省政府办公厅、省委组织部积极协调和推动下，先后组织省、市相关部门多次到万载县高村镇实地勘察，调研，认定这是一个苏区人民脱贫攻坚的惠民工程给予大力支持，已列入 2020 年江西省重大项目清单。项目起点高村集镇东部，终点至三兴镇与国道 G220 相交。全长约 19.901 千米，总投资约 3.39 亿元。项目工程可行性研究报告已于 2020 年 9 月 28 日批复，施工图设计、水土保持方案、地灾和压矿报告、环评等前期工作也正在全力推进。

（胡爱仙）

【淖源至界岭县道升级工程进展顺利】 万载淖源至界岭县道升级工程是省交通运输厅下达该县 2020 年度普通公路省级重点推进改造项目，按三级公路标准设计，计划里程 24.2 千米。总投资约 6988 万元。这是一条横贯万载西北苏区重要出省通道。其新市至界岭段，起点仙源乡新市村，途经仙源乡敬老院、店背、果子园、株木村、五百段，终于界岭村与浏阳市富溪村交界，全长 7.567 千米，永久占地 12.84 公顷（192.6 亩），排水防护工程 457 立方米，混凝土路面 50.74 平方千米，涵洞 32 道，平面交叉 25 处。6 月已完成设计预算评审工作和招投标。茭湖至新市段 15.389 千米，起点茭湖村，途经包家冲、槽头、马下、双溪、山枣，终点仙源新市村。于 7 月进行招投标。计划 2021 年 10 月建成通车。项目于 2020 年 9 月开工建设，至年底完成路基土方工程量的 80%。

（胡爱仙　王松州）

【万载县荣获全省第五批“四好农村路”示范县】 11 月下旬，全省“四好农村路”高质量发展现场会在婺源县召开。万载县分管交通运输工作的副县长袁常青和县交通运输局党委书记、局长叶青松同时出席会议。袁常青副县长在会上作了交流发言。万载县“四好农村路”省级示范县创建工作得到了省交通运输厅和省扶贫办公室联合评为江西省第五批“四好农村路”示范县。

（叶青松　李德全）

【全县县乡道路面改造项目进展顺利】 2020 年，万载向上级申报争取并批复的县乡道路面改造项目有 7 个，34.5 千米。其中罗城横坑至甘家坳乡道线路长 5 千米，于 2019 年建成通车，完成投资 320 万元。其余 6 个项目：马步耕山埠至泉塘乡道，线路 1 千米，2020 年 9 月完工，完成投资 60 万元；三兴镇研陂至双桥镇县道，线长 14.9 千米，上半年完成 10 千米，余 4.9 千米 12 月底完工；高城镇至深塘乡道，线路长 2.8 千米，完成招投标，11 月底开工建设；茭湖至西源乡道，线路长 3.5 千米，12 月底全部完工；三兴至沙潭 5.3 千米和万岁至东楼里 2 千米 2 条乡道，完成财政评审，12 月开工建设。

（胡爱仙　王松州）

【全县实现 10 户以上村民小组通水泥路全覆盖】 按省相关文件要求，到 2019 年年底完成全省所有村民小组通硬化路建设工作，基本实现 100% 的村民小组所在的自然村通一条水泥路。万载全县还有 117 个村民小组

(10户以上)没有通水泥路。包括白良2个、赤兴6个、鹅峰7个、高城13个、高村3个、黄茅6个、茭湖6个、罗城5个、马步5个、三兴2个、双桥18个、潭埠21个、株潭17个、仙源6个。其中山区非贫困村有28个村民小组,平原非贫困村有89个。

(王松州)

【万载交通局窗口再次获“红旗窗口”称号】 万载交通运输局窗口主要承担交通行政许可和公共服务事项的审批和普货车辆上户、年审工作等。近年来在“优环境、促发展”活动中更严格按照“放管服”和“一网一门一次”改革的要求,在局领导、各部门和科室的关心支持下,做到政务事项“应进必进、能进全进”,在规范工作流程、提升服务质量、缩短办事时限,精简申请材料、提高服务效率上下功夫。通过设立“绿色通道”“延时服务”“容缺受理”等制度,努力实现企业、群众“最多跑一次”的工作目标。做好服务对象台账登记工作,自觉接受群众和社会监督,优化窗口服务。2020年1—8月,交通运输局窗口共办理各项业务8114件,其中新办货运企业许可18件,许可证到期换发、变更1165件;办理车辆道路运输证新增、年审等即办件4239件;网上办件2692件,办结率100%,窗口再次获得“红旗窗口”称号,窗口工作人员谢水庚被评为“党员先锋岗”,成为县行政服务中心的标杆窗口。得到办事群众和企业的一致好评。

(巢　娟)

【制定推进基层党建标准化规范化信息化建设工作方案】 万载县交通运输局党委为全面贯彻中共十九大关于新时代党的建设总要求,落实省、市、县委的有关部署,2020年4月中旬,先后成立以党委书记、局长叶青松任组长的基层党建“三化”建设工作领导小组,制定印发《万载县交通运输局推进基层党建标准化规范化信息化建设工作方案》。“三化”建设方案、分总体要求和目标任务、工作要求和主要措施、实施步骤和组织领导三大部分。提出了实施基层党建组织设置、领导班子建设、经费保障和活动场所4个标准化和党员队伍建设、组织活动、运行机制、服务群众、党建责任、工作任务6个规范化。在这个基础上全面对接全县基层党建工作信息化网络平台,推进基层党建信息化软硬件建设。把“三化”建设列为2020年党建“一号工程”和“书记工程”。4月,在全局范围全面推开。8月中旬前,全面完成标准化、规范化建设,并按县委组织部统一部署,推进信息化建设。方案还对局机关和非公有制企业党建标准化规范化建设分别提出了更为具体的主要指标,并作出局“三化”建设班子成员联系下属4个党支部负责人名单,以便更好落实到位。

(王松州)

【发生一起较大生产经营性道路交通非责任事故】 10月29日,万载高城镇境内(S308省道10千米+840米)处发生一起大型客车与小型面包车正面相撞的交通事故,造成8人死亡。11月3日,宜春市政府依法成立了由该市公安交警大队牵头、万载县人民政府、市公安局、市应急管理局等单位组成的“10·29”较大道路交通事故调查组,开展调查。12月31日,宜春市应急管理局在其官网发布《宜春万载“10·29”较大道路交通事故调查报告》称,2020年10月29日11时24分,万载县交警大队“122”指挥中心接到群众报警,随后值班民警立即赶到事故现场,确认死了多人后,立即电告大队长,并逐级向县公安局局长及县委书记报告。随后,万载县消防大队及“120”急救中心救护车先后到达现场。开展施救工作,7人当场死亡,面包车上1名伤者送医治疗。31日,该伤者抢救无效死亡。8名死者均为50岁以上老人,其中最大的78岁。11月9日,认定万载宜运城乡公交有限公司大客车驾驶员不构成交通肇事罪。11月10日,经万载县公安局批准,撤销此刑事案件。此次事故调查报告中称“驾驶员在事故发生前数秒时间内突发疾病失去意识,导致车辆越过道路中心线,驶到对向车道与对面驶来的小型面包车发生碰撞而导致的较大道路交通非责任事故”。

【县交通运输局领导成员】
党委书记、局长：叶青松
党委委员、副局长：汪华萍
　　　　　　　　　汪军明
党委委员：邝引平
正科级干部：宋小云
副科级干部：辛外平
　　　　　　聂启平（运管所）
主任科员：刘志高　　潘洪清
　　　　　游　斌　　胡会平
运管所支部书记：陈世铭

公路管理

【概况】 万载公路分局隶属宜春市公路管理局，原名万载公路段，为正科级事业单位，主要从事公路养护、公路建设、路政管理、超限超载治理等工作。负责管养万载县境内国、省干道共计210.395千米，包含国道G320（上海—瑞丽）线、G220（东营—深圳）线两条，省道S222（棋坪—河东）线、省道S223（黄茅—禾埠）线、省道S308（万载—东桥）线、省道S530（高城—楠木）线、省道S430（白水—潭埠）线五条，大、中、小桥梁共63座；其中一级公路6.812千米，二级公路111.205千米，三级公路63.025千米，四级公路29.353千米。现有在职职工137人，退休职工181人。下辖万载超限超载车辆检查站、万载市政交通养护有限公司、行政办公室、财务科、工会、政工科（纪检监察室）、养护科、路政执法大队、安全科9个科室。万载市政交通养护有限公司下设鹅峰、三兴、红旗、高村、双桥、白水、株潭、高城8个道班和1个公路小修队。2020年度，万载公路分局认真学习贯彻习近平新时代中国特色社会主义思想，紧紧围绕年初工作部署，以深入开展“不忘初心、牢记使命”主题教育为契机，不断提高党建工作水平，推进精神文明创建，提升干部队伍素质，强化公路建管养和安全维稳工作，服务区域经济发展，取得了较好的成绩，获“第十五届江西省文明单位”称号。

【高城道班工作】 高城道班位于省道S530高楠线K11+300处，规划用地约21.4亩，肩负着高楠线21.388千米公路日常养护管理工作。该道班总建筑面积约815平方米，占地约353平方米，建筑层数为地上三层，框架结构，建筑总高度13.6米（檐口高度），道班院内建有鱼塘、菜地、果园等，在美化环境的同时，突出“一种三养”果园式道班的特色。

【改建国道G220万载绕城段公路】 国道G220万载绕城段公路改建工程全长14.785千米，由宜春市政交通建设有限公司中标成立项目经理部，经理部下设两个工区，一工区负责管理K360+445～K367+207段施工，二工区负责管理K367+207～K375+203.4段施工。该项目的建成将极大优化公路路网结构、缓解万载西线交通通行压力。已完成该项目的全线清表，挖方约64.58万立方米，填方60.04立方米，清淤换填21.05万立方米。构造物开工73道（共79道），桥涵工程中，英山桥完成桩基浇筑6根；南田大桥完成桩基浇筑32根，墩柱2根，系梁1座，承台1座，盖梁1座；柴冲桥下部构造全部完成；粉塘立交完成桩基浇筑15根，水口桥完成桩基浇筑15根。

【建设国道G220东深线示范路】 国道G220东深线（万载段），原为省道S227修万线，2017年6月升级为国道，公路技术等级为二级，双车道沥青混凝土路面，全长39.219千米。着力美化国道G220东深线公路环境，加大日常养护管理力度，路面干净整洁、平整度较好、无坑槽，沿线大面积种植绿化，筑起文化墙，打造景观文化，为东深线添加了多道亮丽风景线。

【工程项目建设工作】 宜万同城快速通道万载连接线工程：全线清表工程量复测、红线边沟开挖、边沟横纵沟已完成；桥涵工程中40根桩基已完成23根，盖板涵共13道已完成主体100%，圆管涵共36道已完成

20道占比56%。“两桥三路”项目：该项目已经完成了工区组建,并做好驻地建设等各项前期准备工作。奇枫驿站:奇枫驿站的施工方案已确定,且已与当地政府达成协议。万载县工业园四条道路工程、万载县国家现代(有机)农业示范区核心区迎宾大道及相关支路工程和万载县城东路(原芳万线)等十五条道路路面改造工程:万载县工业园四条道路工程项目涉及万工路、锦江大道接源昇苏瑞道路、长江大道接工业二路、望江路接锦江大道四条道路，总长约993米，2019年已全部完工。万载县国家现代(有机)农业示范区核心区迎宾大道及相关支路工程项目建管总长1.2千米,路面工程及沥青混凝土路面铺筑完成,排水工程完成60%，已完成造价的90%。万载县城东路(原芳万线)等十五条道路路面改造工程包括路面黑化、绿化、排水等项目,已全部完工。县城龙河星城、迎宾大道路面黑化工程:为迎接全省旅发大会的召开,给群众营造良好的出行环境,工程施工人员按照预定的目标,发挥“5+2”“白+黑”精神加班加点,在大会召开前顺利完成了各项施工任务。

【养护工程建设】 为加强国省干线公路日常养护,确保道路安全畅通,县公路分局积极做好路面保洁、日常巡查,疏通桥梁涵洞,加强桥梁维修,消除公路安全隐患等工作。共修、填补路面坑洞2.2万平方米、沥青浅贯修复路面病害面积4.1万平方米;组织应急抢险3次,清理路面大小塌方15处2000立方米,疏通排水沟6.5万多米。投入170万余元购买了钢护栏清洗车1辆，路面清扫车1辆，洒水车1辆，割草机7台,油锯8台,灌缝机1台，切缝机1台等机械设备，使得养护机械化水平进入了一个崭新阶段。

【整治路域环境】 一年来,继续按照市、县两级“路长制”工作体系开展路域环境联合整治工作,强化队伍建设,加大公路法律法规宣传,建立了路域环境整治常态化机制,共开展路域环境集中整治行动9次，出动执法人员1180人次，出动执法车辆及各类清障机械设备446台班;清理占路为市176处,其中加水站点26处；拆除各类非公路标志牌1010余平方米；拆除违法搭建14处;铲除菜地948平方米;清理乱堆乱放508立方米、151处,清理僵尸车10辆;责令整改运载石灰、煤渣等容易脱落、扬撒粉尘物品车辆78辆；查处污染抛洒案件7件。

【治理超限超载】 继续按照“立足源头、依法严管、标本兼治、长效治理”的治理原则,全面展开全县货运车辆超限超载专项治理。全年治超站共出动治超执法人员4508人次，出勤治超执法车辆730车次，共检测车辆35500辆,对331辆超限超载车辆实施卸载转运货物计8813.72吨;交警部门对超限超载车辆驾驶员扣分897分;运政管理部门恢复非法改装车辆65辆。

【安全生产和综治维稳工作】 始终坚持“安全第一、预防为主、综合治理”的方针,认真抓好安全隐患排查和矛盾纠纷的调处工作,全面推进安全标准化建设和综治工作建设,积极稳妥处置好各类突发性事件,妥善化解各类矛盾纠纷,确保了全年无安全生产责任事故和治安案件发生。

【县公路分局领导成员】

局　　长:戴耀华

党总支书记:陈玉麟

副局长、治超站站长:

张建良(正科级)

副局长:龙齐文　王卫平

谢金韶　魏晨宇

李广建

治超站副站长:汪文超(副科级)

金　融

工商银行万载支行

【概况】 中国工商银行股份有限公司万载支行内设机构3个，营业网点2个，设有行长室、综合管理部、业务营销管理部、营业部、锦江支行。自助银行网点9个，分布在县城沿河东路、宝塔路、阳乐大道、康乐大道、将军大道、迎宾大道等主要街区。万载支行现有从业人员35人，其中男员工21人，女员工14人；中共党员16人，具有大学本科以上学历27人，中级职称6人，初级职称16人。

2020年，在宜春分行党委的正确决策和领导下，在县委、县政府的大力支持下，坚决贯彻省、市行党委“站在发展高点再创发展新高”决策部署，工商银行万载支行以党建为抓手，围绕“三增三控”目标，坚持总行48字工作思路，按照“三比三看三提高”要求，严格落实监管要求，强化队伍建设，狠抓工作落实，全力做大业务规模，持续加大内控案防和资产质量管控力度，全年实现了各项业务全面稳健持续发展。万载支行获评2020年江西分行“先进集体”；支行营业部、锦江支行获评宜春分行“先进集体”。

【经营效益持续提升】 全年实现净利润6451元，同比增加907万元，增幅16.36%，人均净利润190万元；实现中间业务收入2122万元，同比增加405万元，增幅23.59%，人均收入62.4万元，同业第一。

【存款规模持续扩大】 2020年12月末，各项存款余额突破35亿元。

【各项贷款稳健发展】 各项贷款余额17.31亿元，比年初新增1.79亿元　；其中公司贷款比年初下降3757万元（政府项目贷款归还4800万元），个人贷款比年初1.91亿元；个人贷款同业余额和增量占比均列同业第一。其中个人住房按揭贷款余额88109万元，较年初新增16300万元，余额及增量均为同业第一。

【普惠金融增势强劲】 普惠贷款较年初新增4761万元，普惠贷款抓早、抓快，在系统内一直处于领先位置。全市首家突破税E贷支行。

【资产质量实现双降】 不良贷款余额88.83万元，不良率0.09%，不良额减少511万元，不良额和不良率实现双降。

全年诉讼信用卡不良82起，信用卡清收N4以下、N4以上、账销案存、呆账核销、证券化等各类不良金额328万元。

【工商银行万载支行领导成员】
行　长：游细莲
副行长：王　萍
　　　　张小平

建设银行万载支行

【概况】 2020年，建行万载支行在市分行党委的正确领导下，紧跟国家发展战略，牢牢抓住数字经济、绿色金融、普惠金融、精准扶贫、乡村振兴、消费升级等发展机遇和增长点，认真贯彻落实省行“48522”和“三大战略”的发展思路，抓党建强内控促转型，各项业务快速发展。

【经营效益持续提升】 截至12月31日，支行实现账面经营利润4575.57万元,其中实现中间业务收入844.25万元。

【负债业务快速发展】 2020年,建行银行万载支行一般性存款余额16.24亿元,较年初新增3.33亿元，新增四行排名第二，其中对公存款余额7.32亿元，较年初新增2.44亿元；新增四行排名第一。个人存款余额为8.92亿元，较年初新增0.89亿元。其新增额度在县同类行业中排名第三。

【资产业务稳步发展】 截至12月31日，建行万载支行贷款余额13.44亿元,较年初新增2.92亿元,新增四行排名第三,其中公司类贷款余额5.65亿元,较年新增0.91亿元。个人类贷款余额7.79亿元，较年初新增1.99亿元,新增额度在县同类行业中排名第二。

【主要个人类产品销售形势良好】 信用卡业务:截至2020年12月31日,完成信用卡分期业务12787.18万元，全年计划完成率115.7%，信用卡当年新增客户3404户，点日均新增13.8%,达标率137.84%,交通龙卡新增客户3806户，全年计划任务完成率102.86%。个人金融业务:截至12月31日,代理销售保险万元,全市分行网点销量第;借记卡发卡11385张,全年计划任务完成率152.38%;CTS新增1780户。电子银行业务:截至12月31日,个人手机银行活跃客户新增9633户，同步率122.99%，市分行排名第一,龙支付客户新增11848户,计划任务完成率246.83%,龙支付活跃客户新18045户,计划任务完成率180.45%,云闪付有效新用户新增3287户，计划任务完成率193.33%。

【对公账户营销保持快速发展】 截至2020年12月31日支行新增对公账户262户。

【强力推进“48522”客户战略】 支行按照发展转型要求,强力推进“48522”工程和“三大战略”,坚持“移动优先、零售优先”发展战略，对照指标明确分管领导,细化推进措施，定期召开“48522”客户战略推进例会进行督导,及时分析总结和拟定下一步措施,各大战役均取得积极进展。普惠金融战役取得突破:截至12月31日普惠金融余额1.7亿元,新增3588万元,云义贷新增137户,金额3808万元,房押贷新增93户，金额5200多万元。医院战役取得成效:万载中医院银医通项目顺利实施,万载中医院在支行开立了对公基本结算账户。住房金融战役取得突破:2020年营销楼盘9个,个贷新增1.26亿元。住房租赁战役取得进展：实现合同备案3531户,完成率101%,交易笔数960笔,交易金额73.6万元,完成率93%。CTS战役情况良好,均大幅度完成上级行计划任务。

【大力促进普惠金融业务发展】 支行结合当地实际,积极对接万载县工业园大项目,同时大力发展非经济周期产业和民生工程,以普惠金融为抓手，新增云义贷、房押贷客户230户,贷款新增9000多万元，信贷结构得到了改善。

【建设银行万载支行领导成员】 支行行长:高如斌

农发行万载县支行

【概况】 2020年,中国农业发展银行万载县支行坚持以习近平新时代中国特色社会主义思想为指导,全面贯彻落实中共十九大会议精神和县委、县政府各项决策部署,立足农业政策性银行职责和使命,持续巩固“不忘初心、牢记使命”主题教育成果,努力加大信贷投放力度,在服务实现全县经济社会发展目标的过程中发挥了积极作用。中国农业发展银行万载县支行内部机构设有一室二部,即办公室、信贷业务部和会计结算部。全行在编在岗员工17人，其中支行行长1人、副行长1人。2020年度获得总行“五一劳动奖状”、省分行“先进县级支行”、省分行“内控合规与风险管理先进县级支行”、省分行“示范基层党支部”等称号。同时，支部书记陈莹在2020年度分别获得省分行“先进县级支行行长”和“江西省金融精准扶贫贡献奖”个人奖，充分展现了农发行履职担当和品牌形象。

【基本情况】 年末，各项贷款余额65.34亿元，比年初增加11.96亿元，增幅22.4%，同比多增1.1亿元，年末贷款余额位居全县金融机构第二位，对公贷款余额位居全县金融机构第一位。全年各项贷款累计投放15.58亿元，同比多放3.12亿元，累计收回3.62亿元，全年净增11.96亿元，占全县金融机构贷款净增额的36.8%，贷款发放额、净增额位居全县金融机构第一位。截至2020年年底，支持地方投融资公司贷款余额64.37亿元，位居全市系统内第二位。不良贷款持续保持为零，远超万载金融同业水平。

【助力打赢疫情防控战和支持企业复工复产】 年初，农发行万载县支行克服疫情影响，主动与万载县指定提前复工复产的企业江西源禾农业发展有限公司对接，在风险可控的前提下，最快速度投放了200万元粮食购销贷款，支持企业解决增产带来的收购资金缺口问题，保障抗击疫情期间粮食市场供应。落实省发改委、省行联合印发了《江西省发展改革委　中国农业发展银行江西省分行关于实施2020年江西省“抗疫情补短板”政策性金融支持复工复产融资专项工作的通知》，和省发改委会同省金融监管局与7家银行机构联合印发的《关于建立补短板促升级稳投资专项贷款的通知》有关要求，加大了项目营销推进力度，保障重点企业在第一时间获得资金支持，同时又享受更优惠的利率政策，全年投放复工复产绿色通道贷款10.78亿元，帮助实体企业增强发展活力。

【全力服务国家粮食安全】 做好粮食收购调研工作。组织人员先后到万载县农业局、万载县粮食局、万载县粮食购销公司等单位和农户家对万载县2020年度的早稻、中晚稻的种植面积，产量，预计收购量和仓容等情况进行摸底调查，并及时将调研材料汇总报送至市分行，供上级行制定决策使用。做好县级储备粮轮换资金供应工作。根据宜春市粮食局、宜春市发展和改革委员会、宜春市财政局、中国农业发展银行宜春市分行《关于下达地方粮食储备规模的通知》(宜粮发〔2008〕19号)，万载县县级储备粮计划为685万公斤。2020年万载县政府计划轮换县级储备粮185万公斤，其余部分采用动态储备。农发行万载县支行按照核定价2.54元/公斤，投放地方储备粮贷款469.9万元，确保县级储备轮换计划的完成。做好了客户续贷工作及收购贷款“双结零”工作。落实“六稳”“六保”决策部署，客户江西锦江酒业有限责任公司3100万元贷款到期前，做好了续贷准备工作，切实保障了企业资金流稳定。9月28日，收回江西源禾农业发展有限公司100万元收购贷款，按期实现“双结零”，确保了农发行万载县支行信贷资金安全。

【全力服务脱贫攻坚】 农发行万载县支行积极履行农业政策性金融扶贫职责和使命，围绕突出重点区域、重点群体和薄弱环节，准确把握贷款投向，加大基础设施项目信贷支持力度，通过支持当地粮食收购、农产品加工等产业带动贫困人口脱贫就业。截至12月末，全年投放扶贫贷款1.98亿元，扶贫贷款余额9.58亿元，已批未放扶贫贷款3.5亿元。一是积极探索扶贫专项贷款支持模式，发挥首创精神，大力营销对接万载县绿色扶贫产业园建设项目，是全市第一批营销新兴产业扶贫固定资产贷款的两个支行之一，并在2020年实现首笔4700万元投放。该项目贷款被认定为全市首笔易地扶贫搬迁后续扶持贷款。二是充分发挥系统优势，积极支持“千企帮千村”精准扶贫，通过支持粮棉油加工产业3300万元，带动13个贫困人口增收；支持农副产品加工产业1300万元，带动8名贫困人口脱贫就业。

【全力服务乡村振兴战略】 服务长江大保护国家战略。利用万载县改善供水设施条件、治理水环境污染等政策机遇,加快推进长江大保护项目融资。年初成功投放万载县城区第二水源工程项目贷款3亿元,支持万载县供水设施建设，提高供水能力,优化发展环境。12月,投放万载县水环境治理项目贷款1亿元,支持万载县域及乡镇水污染防治。年末全行长江大保护贷款余额6.6亿元。服务城乡一体化。根据《江西省2020年新型城镇化建设和城乡融合发展重点任务》的工作部署,积极支持城乡一体化水、电、路、气等基础生活设施和卫生、科教、养老、文化、体育等公共服务设施建设,因地制宜支持园区建设提升产业支撑水平,实现促就业、助增收、惠民生有机融合发展。全年投放城乡一体化贷款6.6亿元。

【推进党建工作】 农发行万载县支行突出万载特色党建文化,将“万载红色文化”充分融入党建工作中,辖内机构党建氛围进一步提升，获得2020年度省分行“示范党支部”。

【农发行万载县支行领导成员】

党支部书记、行长:陈　莹

纪检委员、副行长:吴　翰

正科级干部:杨智勇

万载农商银行

【概况】 2020年，万载农商银行在县委、县政府的殷切关心和大力支持下,坚持把“信用”奉为立行之本,将“合作”作为强行之基,致力于打造融客户、股东、员工、社会于一体的命运共同体,在创新、协调、绿色、开放、共享的金融生态圈中共享发展、共同成长。该行紧紧围绕“立足县域、服务社区、支农支小”的市场定位,积极探索完善现代商业银行运营管理模式,不断完善公司治理、健全体制机制,坚持以改革创新为手段,扎实推进各项经营管理工作，为促进区域经济发展,增进社会和谐,传递正能量,奉献光和热。

2020年年末，全行共有员工282人，总行内设办公室、人力资源部、风险合规部、信贷管理部、财务管理部、综合业务部、金融市场部、运营管理部、审计部、党群工作部、安全保卫部、清收事业部、普惠金融事业部共13个部门,辖内有营业部1个,支行21个,分理处2个,共24个营业网点。

【各项业务保持稳步增长】 2020年，万载农商银行牢牢把握“固本强基、提质增效”的工作总要求，积极统筹推进稳增长、促改革、调结构、防风险、严管理、优服务、强党建；在面临2020年市场低迷、疫情严峻的形势下,组织部分业务骨干前往信丰、丰城等先进成员行学习,以他人所长补自身所短,经过一年来的不断努力和创新,全行各项经营业务保持稳健发展。一是各项存款任务圆满完成。全行各项存款余额92.5亿元，较年初净增7.5亿元，增幅8.82%,完成省联社下达全年净增计划的109.9%。二是贷款投放增速保持稳定。各项贷款余额70.77亿元,较年初增长7.24亿元,增幅11.39%。贷款户数18073户,较年初新增6044户。三是各项收入实现稳中有增。实现营业收入4.86亿元,同比增加4452万元,增幅10.1%。其中贷款利息收入3.09亿元,同比增加5904万元,增幅23.67%；实现金融机构往来收入1.1亿元,同比减少1902万元，降幅14.79%；投资收益6020万元，同比增加307.82万元,增幅5.39%;实现中间业务收入542万元,同比增加7.38万元,增幅1.38%。四是中间业务保持快速发展。实现中间业务收入527万元。其中:银行卡业务手续费收入418万元,同比增加36万元；代理保险业务收入32.96万元；代销贵金属手续费收入5.69万元。五是主要监管指标全部达标。全行资本充足率12.62%，优于监管指标2.12个百分点;杠杆率6.37%,优于监管指标2.37个百分点，具备保证正常运营和发展的资本能力。拨备覆盖率150.04%,优于监管指标50.04个百分点；流动性比例43.08%，优于监管指标18.08个百分点；人民币超额备付金率为21.14%，全行风险抵补能力和流动性状况良好。六是不良贷款压降取得成效。全行不良贷款余额3.07亿元，较上年末增加0.3亿元，不良贷款率4.34%，较上年末下降0.02个百分点。七是电子银行营销成效明显。全行新增网银客户630户、手机银行18627户、自助转账终端187户，分别累计达到4.22万户、8.22万户和1852户，电子业务替代率为86.98%，较年初提高2.82个百分点；“百福通”聚合支付新增商户424户，累计达到4855户，百福赣通卡ETC客户新增585户，累计达到4309户。

【抓实信贷投放】 万载农商银行始终坚持回归本源、专注主业，持续加大有效信贷投放，有力地支持实体经济发展。一是持续开展了“整村授信”活动。全年总共评议111249户，产生白名单54627户，总用信户数4074户，总用信金额45361.9万元，用信率7.46%。二是全面开展了“百行进万企”和“1+1”网格化营销活动。通过收集客户融资需求，建立复工复产融资需求对接表，对接表中涵盖民生民计小微客户205户、涉农龙头企业以及合作社55户。全年百行进万企对接企业户数136个，开立基本账户20个，一般户47个，工资户17个，存量贷款66户、54872万元，发放新增用信10户、4850万元；“1+1”网格化营销总对接客户5302户，产生白名单4959户，用信户数34户、金额420.5万元。三是线上业务全面提速。全行全年累计用信3.79万笔，通过e百福、手机银行、网上银行线上渠道用信3.06万笔，线上化用信率达80.57%，较上年度提高24.47个百分点。“百福快贷”已用信2993户、贷款余额1.79亿元，较年初增幅265.31%。通过移动营销平台办理线上化贷款1688笔，发放贷款7512万元。线上化信贷业务的发展，有效提高了客户经理的工作效率，降低了客户的交易成本，提高了客户的办贷体验。四是积极开展外拓营销。积极贯彻省联社工作精神，转变营销观念，分两次带领业务骨干奔赴广东省、海南省开展省外业务拓展，累计为万载老乡授信73户、金额1754万元，用信33户、金额628万元。

【抓好转型升级】 万载农商银行积极创新信贷产品，大力推广了“百福快贷”产品，对辖内71212户白名单客户逐户进行对接，对接率达百分之百；创新推出“百福”系列信贷产品，如“百福快易贷”“百福抗汛贷”“百福地摊贷”“百福·疫情支小贷”等，有效地满足了客户的金融需求。在各个乡镇社区设立了普惠金融联络员，聘请村妇女主任、小区楼长、妇女小组长等人员担任，专门对所在地域的客户开展宣传营销。全年贷款营销户数为549户，金额7682.5万元，两银业务155个，社保卡激活1923个。为着力建设一支数量充足、结构合理、素质优良、敢于担当的优秀年轻干部队伍和专业人才队伍，组织中层干部公开竞聘2次，运营主管公开竞聘1次，竞聘成功人数8人，进一步增强我行干部队伍实力。积极开展各类宣传活动，并赞助了万载县“乐享农商杯”全民综艺大赛、南门社区“优环境　促发展”颁奖晚会、万载县农商行杯宣讲比赛、万载县首届电商直播节；全面开展“金融夜校”活动，成立了百福青年宣讲团，负责金融政策、产品、服务的宣传，2020年已开展117次金融夜校活动。

【抓实疫情防控】 万载农商银行成立应对疫情工作领导小组，加强对辖内疫情防控工作的统一领导，压实工作责任，制定应急预案，确保疫情应对科学有力、有序高效。一是党员先行，无私无畏显担当。自2月7日以来，行党委积极响应全民战“疫”号召，抽调12名党员干部支援县街道社区开展疫情排查工作，以行动践行共产党员使命担当。二是后勤保障，同心同向聚合力。及时采购了约10万元的口罩、消毒液、酒精、体温枪等防护和消毒物资，并全部分配到网点一线员工。通过下发管理提示、督办函等方式，要求营业网点每天至少2次对营业场所、自助设备、现金等进行全面消毒,最大程度保障员工和客户健康安全。三是服务支撑,多措并举暖民心。通过打通线上服务、保障客户利益、确保资金安全、开辟绿色通道、提高服务水平的措施,在疫情防控期间,为做好金融服务,万载农商银行多措并举,确保金融服务畅通。四是爱心捐款,齐心协力同抗疫。万载农商银行组织辖内干部员工共向省红十字会捐款80150元,向县红十字会捐款5万元,用金融力量助力打赢疫情防控攻坚战。

【抓好普惠金融】 万载农商银行持续打通普惠金融服务"最后一公里",在全辖组织开展"普及金融知识万里行""金融知识进万家""反洗钱、反假币知识宣传"等一系列金融知识宣传活动,为社会公众营造学金融、懂金融、用金融的良好环境。一年来共发放宣传资料16000余份,制作宣传条幅110余条,接受公众咨询2300余人次,受到广大群众的一致好评。积极推进"百福·生活圈"建设,充分依托百福合作商户及普惠金融服务站,打造布局合理、功能完善、服务优质的物理网点服务体系,将客户衣、食、住、行等业务连接重组,做到了迅速组织、点面结合、上下联动,增强场景互联。2020年累计发展聚合支付商户4855户,布放POS机具1852台;累计签约百福合作客户64户,建立"村村通"服务站137个,全方位满足客户服务需求。

【召开2019年度股东大会】 5月18日,江西万载农村商业银行股份有限公司2019年度股东大会在总行综合楼五楼会议室召开,股东代表共50余人参加了会议。宜春银监分局万载监管组领导应邀参加了会议,各网点负责人、机关各部室负责人列席会议。会议由董事长左清华主持,听取并审议通过了《万载农商银行2019年度董事会工作报告》《万载农商银行2019年度监事会工作报告》《关于调整万载农商银行第二届董事会下设专门委员会成员的议案》《万载农商银行2019年度信息披露报告》《万载农商银行2019年度利润分配方案》《万载农商银行2019年度股金红利分配方案》等18项议案,并形成了决议。

【万载农商银行领导成员】

党委书记、董事长:左清华(2020年1月任)

党委委员、行长:罗　珺

党委委员、副行长:廖春晖

党委委员、纪委书记、监事长:张外财

党委委员、副行长:韩　健

中国银行万载支行

【概况】 中国银行万载支行成立于1988年12月,随着中国银行股份制改革A股上市,2006年7月5日正式更名为中国银行股份有限公司万载支行(简称中国银行万载支行)。支行设有行长室、综合管理部、业务发展部、会计营业部。从业人员21人,其中男员工6人、女员工15人,中共党员10人,具有大学本科学历15人。设立1个对外营业网点,2个自助网点,分布在宝塔东路、万根竹路,有智能服务柜台4台,布放在网点厅堂,另设有电子渠道,即网上银行、电话银行、手机银行。电子渠道功能强大,安全可靠,方便快捷,能够全方位满足客户转账、汇款、交易、缴费、消费等多种金融服务需求。

2020年,中国银行万载支行在市分行党委的正确领导下,紧紧围绕"建设新时代全球一流银行"这一战略目标,坚持"激发活力、敏捷反应、重点突破",全面深化"争一流地位"战略执行,坚持"稳中求进"总基调,紧盯三甲目标,全行上下形成合力,各项业务有了新的突破。2020年,支行对公贷款及个人贷款完成率全辖排名分别列第二和第三名,存款市场占有率增减在四大行中排名第二,新增贷款市场占有率四大行中排名第一,荣获总行级"网点转型先锋奖(智能服务)"。支行全年各项存款余额104464万元,其中储蓄存款65703万元,公司存款38761万元,各项贷款余额57602万元。

【加强党的建设】 2020年，中国银行万载支行以全面从严治党带动全面从严治行，严格落实省、市分行党风廉政建设工作会议精神，狠抓党的政治建设。一是压实两个责任，切实做好“五好班子”建设；二是按照党风廉政建设“折子工程”两个责任清单及检查标准，做好基层支部的党风廉政建设；三是认真开展好市委组织的“优环境、促发展”主题教育活动，教导全体党员干部要加强党性修养，要严格落实中共十八大、十九大及十九届中央纪委四次全会精神，建立防腐机制；四是加强党员学习，不断提升党性修养，提升专业技能，充分发挥党员的模范带头作用，为支行经营管理奠定了坚定的理论基础和政治保障。

【贷款业务实现较大提升】 支行贷款业务在逆境中求发展，继2019年大公司不良资产处置后，突破业务发展瓶颈，贷款业务在严格内控管理下，发展迅速，贷款业务实现五年翻番，市场份额取得大提升。2020年年末各项贷款余额57602万元，公司与个人两项贷款均完成本年资产扩规任务，各项贷款四大行市占提升4.6个百分点，各项贷款时点数新增及市占提升度均列四大行第一。其中大公司贷款新增1户，为万载县城鑫农业投资有限公司2.225亿元；普惠金额贷款新增6户，普惠贷款累计发放3443万元。

【资产质量进一步优化】 2020年，支行加大不良贷款的管控力度，实现对公表内清收220万元，表外清收157万元，四个小型企业不良对公贷款实现压降，其中金塔花炮、智动力实业两户基本完成清收；不良贷款率、关注贷款率较上年分别下降0.83、0.55个百分点，不良资产清收成果显著，资产质量不断优化。

【网点效能实现大提升】 支行加快了机构网点建设，做足内功，打牢基础，定好策略，狠抓服务，网点效能实现了大提升，在省行下发的第三季度《全辖2020年前三季度网点业绩数据及效能评分》中，万载支行得分在全省排名第37位，较年初上升15名，位于县支行排名30强。

【狠抓内控案防不放松】 一是狠抓“12345”内控案防体系建设。尤其加强案件防控，重点加强对重点岗位、重点人员的动态行为管理和异常行为分析，持续强化基层风险管控。二是持续开展案防治理。对于案件易发的薄弱环节和重点领域进行重点整治，研究制定有效的控制举措。三是严守廉洁纪律。持续保持惩治腐败高压态势，严肃查处违规违纪行为，夯实了内控合规基础。

（彭小艳）

【中国银行万载支行领导成员】

支行行长：徐胜员

副行长：兰　谦

　　　　熊美红

贸　　易

商务工作

【概况】 万载县商务局是根据《万载县人民政府机构改革实施方案》的通知要求组建而成的，为县政府正科级工作部门，办公地点在建成大道1299号广信集团四楼。内设办公室(财务统计股)、对外贸易服务股、招商安商股、市场管理股(商贸服务股)、口岸管理股5个股室。2020年，县商务局有公务员8人，工勤人员8人，参公事业人员6人，事业编干部16人；离休人员2人，退休人员38人。8月，万载县获评“2017—2019年度全省外贸出口先进单位”。

【利用省外资金】 全县利用省外资金57.09亿元，同比增长8.68%，完成年度目标任务56.73亿元；入统项目26个，合同金额33.02亿元，其中亿元以上项目入统10个。

【利用境外资金】 全县利用外资完成6800万美元，同比增长7.2%。

【外贸出口】 全县外贸出口完成2.48亿美元，同比增长13.43%，总额排名第六，增幅排名第八。其中自营出口1.85亿美元，同比增长35.78%。

【社会消费品零售额】 全年实现社会消费品零售总额64亿元左右，同比增长1%，增幅全市排名第五。

【电商工作】 江西易久网络有限公司、万载君晟贸易有限公司、江西银达利国际贸易有限公司、万载县天正有机种养农民专业合作社、万载县清露食品有限公司、江西卓宏人力资源有限公司、上海万甾贸易有限公司、万载县聚财科技有限公司、波步旗舰店藏泡泡婴童生活馆、刘长洪(明佑置业)、江西火工生态农业科技有限公司、左城右乡(宜春一公里商贸有限公司)、宜春金伯利新材料有限公司、万载县烈火雷霆商贸有限公司、水到有限公司、宜春安拓科技有限公司、江西坤钰实业有限公司、江西修远求索网络科技有限公司、同兴隆五金公司、江西芳华盛颜美业公司、义乌创动因子贸易有限公司、万载县永成电子商务有限公司、敏龙电子商务有限公司、云牛电子商务有限公司、省级花炮联盟、彭忭武工程设计公司、万汇建材有限公司等27家电商企业入驻县电子商务产业园。2020年，万载县获评全国电子商务进农村综合示范县，全年全县电商交易额约50亿元，同比增长11%。

【电子商务助力消费扶贫】 万载县因地制宜创新消费扶贫模式，充分利用电子商务平台方便快捷的优势，引导产销对接，以“互联网＋消费扶贫”模式线上线下同步展示销售优质特色扶贫产品，电子商务成为全县消费扶贫的重要平台。有视力障碍的钟警是仙源乡高岭村村民，他一家3口人，全家收入只靠几亩地和打零工，收入不稳定，加上早些年为给体弱多病的母亲治病欠下了大量外债，家庭生活非常困难，被确定为建档立卡精准扶贫对象。面对困境，钟警不等不靠，建起了以红豆杉为主要品种的苗圃，养殖了蜜蜂、鸡、鸭、鹅、牛等，同时利用村里帮他争取的扶贫小额信贷建起了黑山羊养殖基地，存栏商品羊上百只,但由于山高路远，销售成了大难题,万载县金色田园电商扶贫有限公司得知这一消息后,主动上门服务,利用电商平台帮助钟警把羊直接销售到城市餐桌。成立于2019年8月的万载县金色田园电商扶贫有限公司,已通过上线消费扶贫电商直营平台“县仓网”和物流平台“村村通”,组建扶贫农产品运营中心,线上线下集中展示销售全县181个行政村的1000多种原生态优质特色产品,成为多方互利共赢的创新创业发展平台。

【活动促销】 组织6家企业参加了11月1—5日在宜春温汤镇举行的“第三届中国赣菜美食文化节暨第二届江西米粉节”,现场实现销售9万余元,很好地宣传了万载美食、万载绿色产品。成功举办万载县首届电商直播节，整个活动实现线上销售3662.23万元，累计订单18322单。组织企业参加由宜春市人民政府主办的宜春市“520我爱农”宜春首届电商扶贫直播网购节活动。

【招商引资】 全县签约引进项目53个,签约金额313亿元,其中，亿元以上项目32个,20亿元以上项目7个（50亿元以上项目2个）。

【招商工作】 一是成立以由县委、县政府主要领导为队长,相关职能部门和乡镇负责人为成员的外出招商小分队,分别赴北京、上海、广东、浙江、江苏、重庆、贵州等地考察和对接项目,开展招商引资活动。二是在全县各乡镇(街道)和县直单位中借调了一批有招商经验、懂招商政策、懂经济、善协调的精干力量,组建了一批专业招商小分队,驻点长珠闽、京津冀、港澳台等经济发达地区，积极联络客商,对接企业,推介项目,提供重大招商信息，组织客商到万载县考察。三是密切对接中金润等专业中介招商机构，借助平台的力量，积极拓展招商资源和途径。通过引进中金润实业投资有限公司，投资31.8亿元打造万载锦润电子信息产业有限公司高端制造产业园,采取“招商+建设+产业基金”的模式,已成功吸引6家企业入驻。四是设立深圳、上海、北京3个招才引智及招商引资工作站,让更多高层次人才与万载相识相约,让更多企业家到万载投资兴业，实现“人才、资金、项目”打包引进,为万载县投资兴业搭建创新发展平台。

【县商务局领导成员】

党组书记:张　平
局　长:张　芜
副局长:龙立平
王洪勇
黄长庚
朱欣长

粮食工作

【概况】 万载县粮食局内设办公室、调控股、监督检查股(粮食行政执法大队)、财务审计股(核算中心)、行业指导股等5个股室,下设万载县粮食购销有限公司,万载县粮食购销有限公司有下属分公司6个。

2020年11月,县发展和改革委员会合并县粮食局,承担粮食行政管理职能。

【粮食购销收储工作】 全县早稻种植面积65.0万亩，产量26.0万吨。投资200万元,维修改造仓库18栋,容量18200吨,添置重金属检测仪3台、通风笼2000米扦样机3台、粮食收购输送设备24台套，增加粮食收购库点3个。全年收购粮食5164吨。

【粮食销售和监测统计工作】 全年粮食挂牌拍卖28532吨库存稻谷,其中:早谷23167吨、晚谷5365吨。强化服务创新,进一步完善和落实军粮质量监管制度,按时、按量、按品种供应军粮,保障军粮供应质量。加强粮食流通统计和粮食市场监测,确保粮食供应市场的稳定和繁荣。做好全县社会粮食流通统计工作，明确了21家非国有粮食经营者纳入全县粮食流通统计及报表上报单位,并加强业务督促指导和学习培训,及时完成统计汇总和上报工作。

【落实粮食安全责任制】 一是完善地方粮食储备体系,增强粮食应急调控能力。二是确保县级储备粮达到6850吨(其中动态5000吨,静态1850吨稻谷),储备油达80吨(动态储备)。三是建立健全粮食应急网络,落实县级粮食应急加工企业1家,万载县粮油应急保障配送中心1个,粮食应急供应网点7个,并与粮食应急加工与应急供应企业签订协议,落实应急责任,保障应急供应需要。

【打赢疫情防控阻击战】 疫情就是命令,防控就是责任。面对突如其来的新冠疫情,县粮食局在县委、县政府的统一领导下精心组织、措施得力,第一时间做到了领导到位、宣传到位、防疫物资保障到位、责任落实到位,勤通风、勤消毒。先后投入2万元购置了口罩、体温计、消毒药品等,发放宣传单和信息1000份,做到群策群力,群防群控,打赢了这场疫情防控阻击战。

【加强安全生产管理】 落实安全生产责任制,层层签订安全生产责任状,在全县开展以“查粮情、除隐患、保安全”为主要内容的春秋两季粮油安全大普查,确保全县储粮安全。开展全县粮食行业大排查、大整治专项行动,共排查隐患26条,整改到位26条,全部清零。举办全县粮食行业业务培训班,组织5家国有收储企业及21家民营粮食加工企业的负责人或相关业务人员60人就粮食法律条规、粮油仓储单位备案管理、统计网报等综合业务培训。

【加强粮食流通监管】 县粮食局加强行政执法“三项制度”建设,推进“放管服”改革,严格“双随机、一公开”监管,健全监督检查长效机制,确保全县粮食市场持续繁荣稳定和国家粮食安全。

【抓好工程项目建设】 抓好江西千年食品有限公司粮食产后服务中心项目和智慧粮库项目建设。抓好智能控温系统、智能安防系统、出入库一卡通系统和粮库一体化机柜建设,打造高标准、高质量、高性能一体化粮库。

【县粮食局领导成员】

党委书记、局长:鲍睿祺

党委副书记、副局长:卢　平

副局长:丁思明

　　　　宋平根

科级干部:刘亚东

副科级干部:李少平

主任科员:梁新珂

　　　　钟义祥

维稳信息员:陈维新

石油销售

【概况】 2020年,中国石化销售股份有限公司江西宜春万载石油分公司,根据省、市公司“攻坚创效我先行”活动实施方案,为贯彻落实集团公司、销售公司“百日攻坚创效”行动和“坚决打赢疫情防控和生产经营两场硬仗、夺取双胜利”的指示精神,引领广大党员在攻坚创效中发挥表率带头作用,坚持“顾客至上、信誉第一”的原则,聚力谋双精、促双升、创双标的工作目标,积极组织精心调整,千方百计地策划优质油品资源供应,致力于绿色低碳发展,不断奉献清洁能源,积极推广97号汽油和IV柴油以及柴油尾气处理液和燃油宝,为万载经济发展助力加油。2020年,万载公司拥有加油站16座,销售成品油3.66万吨,营业额3.07亿元,非油品销售1200.82元。

【三兴加油站投入运营】 5月,在县委、县政府的大力支持下,中国石化销售股份有限公司江西宜春万载三兴加油站正式投入运营。

【建设“家文化”】 万载石油以人人拥有归属感、幸福感、快乐感为主线,将快乐和幸福传递出去,努力建设加油站“家文化”,通过体验式管理,活动深入开展，万载石油以强管理抓服务树品牌，努力实现客户和员工双满意。通过“家文化”建设，使“企业是我家、发展靠大家”的思想根植于心，逐步形成“温馨、平安、奋进、和谐”的加油站文化底蕴，提高员工满意度，增强员工的主人翁责任感，提高企业的核心竞争力。

（杨小平）

【万载石油分公司领导成员】

经　　理：胡志耀

经理助理：钟礼清

　　　　　周　辉

财政　税务

财　政

【概况】 2020 年，万载县财政局机关内设人秘股、预算股、法制办（税证条法股）、绩效评价股、行政政法股、教科文股、社会保障股、国库股、综合规划（票证）股、会计股、农业（外经）股、经济建设股、企业股、行政服务审批股、监督股、政府采购办公室、信息中心、国资股等 18 个股室；设局属下属单位 6 个，其中 5 个副科级事业单位：非税收入管理局、乡镇财政管理局、国库集中支付中心、会计集中核算中心、住房资金管理所；1 个股级事业单位：财政投资评审中心。全系统共有在职人员 155 人，离退休老干部 66 人，其中局机关有在职人员 90 人，党组成员 6 人，正科级在职干部 4 人，副科级在职干部 11 人，正科级干部 1 人，副科级干部 1 人。

2020 年，县财政局在县委、县政府的正确领导下，坚持稳中求进工作总基调，牢固树立和贯彻落实新发展理念，主动适应经济发展新常态，深化财政改革，健全体制机制，发挥职能作用，不断提高财政管理科学化、精细化水平，圆满完成了各项工作任务，为全县经济社会发展提供了强有力的财政保障。

2020 年，县财政局和个人先后获得省市县表彰奖励 16 项，获评 2019 年度省文明单位；获评 2019 年度省财政系统信息宣传工作优秀单位；获评 2019 年度财政专项扶贫资金绩效评价优秀县；获评 2019 年度市财政系统信息宣传工作先进单位；获评 2019 年度国资监管工作综合先进单位；获评 2019 年度县级财政工作综合考核三等奖；获评 2019 年度县文明单位；获评 2019 年度县绩效考核（高质量发展）优秀单位；获评 2019 年度安全生产先进集体；获评 2019 年度公共机构节能工作先进单位、平安建设（综治工作）目标管理先进单位、信访工作先进单位等。

2020 年，全县财政总收入完成 28.63 亿元，同比增加 5114.8 万元，增长 1.8%；税收收入占财政总收入比重为 83.6%，比 2019 年下降 2.4 个百分点，税收占比排全市第六。一般公共预算支出总额 48.77 亿元　，同比增长 2.1%。

【多举措支持经济发展】 一是多渠道筹措资金，上级转移支付补助突破 30.55 亿元；盘活存量资金，全年共收回存量资金 8471 万元，其中统筹使用 2441 万元，按原用途继续使用　6030 万元；共争取新增债券资金 144906 万元，争得置换债券 23132 万元，全力服务全县城市提升建设发展。二是多途径支持企业，切实减轻企业负担，做好“降成本优环境”工作，开展清理拖欠民营企业账款工作，积极稳妥推进“财园信贷通”工作，通过续贷帮扶、信用担保以及助保贷等方式，着力解决企业融资问题。认真落实增值税降低税率、提高小规模纳税人年销售额标准的税收政策，进一步减轻企业税负。2020 年 11 月，根据《江西省财政厅关于明确政府采购保证金管理工作的通知》（赣财购〔2020〕22 号）：政府采购投标保证金应当以保险、支票、汇票、本票或者金融机构、担保机构出具的保函等非现金形式提交。鼓励采购人根据项目特点、供应商诚信等情况免收保证金或降低缴纳比例。切实减轻企业负担,降低制度性交易成本。三是加强为企业服务的力度,全力保障园区发展,共拨付工业园区基础设施建设和零星工程建设资金7150.6万元,物业管理和园区环境整治费用123.55万元,污水处理相关费用1016.8万元,环保设施采购及运营费用151.5万元。

【有效保障改善民生】 提高社会救助力度。2020年,全县城乡低保平均保障标准增加达到每人每月720元和480元;农村特困人员集中和分散供养标准提高到每人每月625元,城镇特困人员集中和分散供养标准提高到每人每月936元。加大教育投入。2020年教育支出107439万元,比上年增长4.4%,确保了义务教育、教育扶贫等各项教育资金需求。县重点工程项目龙湖实验学校竣工并于9月投入使用,有效缓解城区学校“大班额”问题。发放学生资助金1852.82万元,完善贫困学生资助政策体系,确保教育扶贫工作进程。落实资金10000万元用于城镇小区配套公办幼儿园建设,有效解决“入园难、入园贵”问题。

【全力以赴支持打赢疫情防控阻击战】 疫情期间,县财政均在收到上级指标和本级抄告单的第一时间将资金拨付到位。截至2020年12月31日,县乡财政累计拨付防疫资金3063.07万元(上级1861.33万元、本级1201.74万元)。其中拨付县指挥部疫情防控资金1559.23万元(县直疫情防控经费1312.78万元、基层医疗机构防疫经费246.45万元),县直医疗机构防疫经费664.6万元,拨付各乡镇疫情防控资金425.36万元,乡镇自付413.88万元。

【落实惠企政策,助力企业复工复产】 一是主动联系我县疫情防控重点保障企业,了解企业生产经营融资需求,帮助企业用好用足专项再贷款政策,落实疫情防控重点保障企业贷款贴息工作。对享受人民银行专项再贷款支持的疫情防控重点保障企业,开展贷款贴息审核、申报工作。共审核并提交万载县两家疫情防控重点保障企业贷款贴息资金申请资料,申请贴息资金共计16.09万元,其中中央财政贴息10.73万元、省级财政贴息5.36万元。实际申请到省市疫情防控重点保障企业优惠贷款财政贴息资金共16.1万元,已全部拨付该相关企业。为疫情期间企业迅速恢复生产提供了资金支持,减轻了企业负担。二是加快扶企资金的审核拨付,提高扶企效率,缓解企业复工复产中的资金压力。2020年共拨付119家企业扶助资金12475.16万元,其中:拨付工业园区48家企业扶企资金7689.2万元;拨付29家总部经济企业扶企资金1962.22万元;拨付1家企业厂房租赁费89.46万元;拨付6家企业技术创新和基础设施建设款2169.52万元;拨付1家企业搬迁补偿款450万元;拨付33家企业新增规上企业奖励县级配套资金33万元;拨付1家企业新能源汽车推广县级财政补贴资金81.76万元。

【加强财政资金监管】 针对违规扩大支出范围、会计核算不符合《中华人民共和国会计法》规定、未取得规范原始凭证入账、未执行政府采购制度的金额,财政局根据《中华人民共和国会计法》《行政单位财务规则》《事业单位财务规则》《会计基础工作规范》和《财政违法行为处罚处分条例》有关规定下发整改通知书,整改处理9户,纠正违规金额58.33万元,其中追缴财政资金3.25万元;账务调整25.65万元,规范原始凭证29.43万元,提升了会计基础和财务管理水平。

【做好国有资产管理】 国有资产授权监管方面。一是积极开展国有企业绩效评估考核。对万投集团及所属金控、创投、城投等企业经营情况进行绩效考核评估,通过考核的形式督促指导企业健康运营与发展。二是加强国企监管制度建设。制定了《万载县国有企业实行重大事项报告制度》《关于进一步深化县本级国资国企改革实施方案》,为规范国资监管和国企业运营打下了良好的基础。三是扎实推进国有资产资源核查。清理出教体系统资产21.8亿元、卫生系统资产3.6亿元,其他资产农业耕地1051亩,林地24.18万亩,水库面积1000亩。为下一步利用国有资产服务万载县经济建设打下了良好基础。国有资产处置方面。一是继续做好行政事业单位资产处置监管。二是继续做好退役公务用车拍卖。2020年将陆续接收的65辆退役公务用车进行了拍卖,成交42辆,流拍23辆,成交价60.86万元,拍卖溢价率113.54%。落实上级交办的其他事项方面。一是认真做好了白良污水处理厂审计报告的复核复审。通过对该项目的自筹资金部分进行认真复核,最终核减相关费用42.4万元,占原审计报告资金的15%。二是积极落实驻赣央企退休人员社会化管理。按上级要求,在10月底前全面完成万载县驻赣央企和省企退休职工社会化管理的移交工作。

【强化精准扶贫,加大基础设施投入】 2020年,中央、省、市、县下达了全县财政专项扶贫资金指标9100.9万元, 贫困村交通基础设施建设债券6000万元,共15100.9万元。全部资金已分配下达到各类项目,其中产业扶贫项目资金4658.28万元,村庄整治资金1395.5万元,交通基础设施资金6980.8万元,新农村建设资金375.9万元,易地搬迁后续产业扶持资金436万元,教育扶贫资金368.4万元,就业扶贫资金617.83万元,消费扶贫奖补资金219.71万元,其他扶贫资金48.48万元。

【财政局领导成员】

党组书记、局长:刘怀亮
党组成员、副局长:汪　强
张庆平
陈　红
辛　云
党组成员:王　泓
非税收入管理局局长:陈　勇
会计集中核算中心主任:曾东升
乡镇财政管理局局长:余焕文
国库集中收付中心主任:曾科根
住房资金管理所所长:肖艳芳
财政局在职正科级干部:刘婷婷
财政局在职副科级干部:郑国芳
朱云峰
彭小勇
钟景祥
财政局在职主任科员:高明南

税　务

【概况】 国家税务总局万载县税务局设机关股室13个、分局6个、事业单位2个,负责贯彻执行税收、社会保险费和有关非税收入法律、法规、规章和规范性文件,以及全县17个乡镇(街道)、县工业园区管委会的各项税收、社会保险费和有关非税收入征收管理工作。2020年,万载县税务局统筹做好抗疫情促发展和各项税收工作,全力服务"六稳""六保"大局,各项工作取得了一定的成绩,收获了全省"文明单位"、全省"职工模范之家"、全市"六有基层工会"、全县"绩效考核优秀等次"等一系列荣誉,干部个人摘得了"新时代赣鄱先锋"、全市"五四青年奖章"、全市"青年岗位能手"等荣誉。

【旗帜鲜明抓党建】 万载县税务局党委抓牢扛实党建工作责任,推动党建工作取得了显著成效。理论学习有深度。把习近平总书记重要讲话、指示批示精神学习作为党委会、支部会的"第一议题",不断增强"四个意识",坚定"四个自信",做到"两个维护"。建立了党委中心组理论学习专家授课制度,完善了班子成员讲党课工作制度。党建举措有力度。制定印发了《全面从严治党工作要点》,全面落实党建主体责任和"一岗双责",推进支部"三化"建设,各支部完善了"四个名册""四类档案""四套资料""四项记录"等党建工作台账,支部党建步入了标准化、规范化、信息化的正轨。营造党建工作氛围,在机关和各分局打造了"一楼一廊一栏两室"的党建宣传和党建文化阵地,在潜移默化中增强干部党建意识。示范引领有强度。为期5年的精准扶贫工作中,以党员干部为主力的扶贫工作队伍,认真落实扶贫政策,改善了4个贫困村的贫困面貌.扶贫点乐坪村接受国家第三方评估,并顺利通过了脱贫“大考”;年初的疫情防控工作中,50名党员干部自告奋勇,分布到5个居民小区,开展了为期2个多月的防疫工作;在减税降费、审计迎检等工作中,党员干部冲锋在前,不辞辛劳,加班加点确保了工作任务的完成。在一系列的急难险重任务中,广大党员干部用实际行动诠释了“先锋队”的光荣称号。从严治党有硬度。认真开展了“守纪律、转作风、提质效”党纪政纪学习教育月活动,队伍遵规守纪观念大大增强。每月局务会、支部会坚持以案说法,培养干部职工敬畏之心,廉洁从税警钟长鸣。针对“怕慢假庸散”“吃拿卡要”“四风”等作风顽疾,采取畅通举报渠道、主动联系群众等方式,开展了持续深入的督查整改,构建“亲”“清”的政商关系。加强对落实中央八项规定精神和党的各项纪律规矩的监督执纪力度,对违规违纪行为坚持有责必究、问责必严。

【倾力担当作贡献】 立足税收职能,彰显税务担当。稳收入服务大局。全年实现全口径税收收入24.51亿元,实现财政口径收入24.48亿元,占全县财政收入的85.5%,入库非税收入7.13亿元,同比增长64.09%。面对新冠疫情、政策减收等压力,县局确保了税收总量维持在合理区间,为全县“六稳”“六保”大局和“十三五”圆满收官提供坚强的财力保障。减税费惠企利民。2020年,累计减免税费4.5亿元,其中累计新增减税降费9900余万元。广泛开展了税费优惠政策宣传辅导,逐户筛查符合减免条件的纳税人和缴费人,以多个“硬举措”确保了政策不折不扣落实到位,为企业复工复产、转型升级提供了强劲动力。防风险未雨绸缪。严格落实增值税一般纳税人实名办税信息采集工作,认真执行一般纳税人登记实地核查工作要求,稳妥推进征管5C质量评价试运行工作,从源头上预防税收风险。依托税收大数据,监测重点行业、重点企业的税收运行情况,准确识别风险事项,有效防止风险蔓延。勤担当以税资政。针对全县实体经济和工业经济发展状况、新经济新业态发展状况、重点产业行业发展状况、企业复工复产情况等,开展了深入的税源调研,形成了多篇高质量的税收分析报告,并主动向地方党政领导进行了汇报,为县委、县政府领导决策提供了参考。

【真抓实干促改革】 上下一心,统筹推进多项重点改革任务。个税改革圆满完成。顺利开展了首个综合所得个人所得税汇算清缴工作,至此个税三步改革工作在圆满落地,全年累计实现综合所得个人所得税195万元。社保征收职责划转顺利推进。做好政策宣传和操作培训,协调社保、银行等多方关系,制定划转工作应急预案,组建划转工作青年突击小队。确保了社保征收职责划转的“软着陆”,入库企业社会保险费及灵活人员社会保险费2.8亿余元。

【倾情服务优环境】 2020年,县税务局深入推进办税便利化改革,巩固了“便民办税春风行动”成果。提升服务质量。大力推广“非接触式”办税缴费服务,已有296项涉税缴费事项可在网上办理,网上申报率超过95%,“非接触式”领票比例超过90%,切实减轻了纳税人缴费人的办理税费事项负担。不断优化现场办税缴费服务,严格落实首问责任制、“最多跑一次”“一次不跑”清单,加强导税服务,推进预约办、错峰办、容缺办,切实减轻办税负担。积极参与满意度调查工作。组织开展了纳税人需求调查工作,通过多种方式向纳税人发放调查问卷二维码,超额完成了4300户调查任务;突出工作重点,走访了纳税信用等级低和曾受税务行政处罚的纳税人,帮助纳税人整改提升;开展了基础数据维护工作,对金三系统中的纳税人信息进行了全面核查,及时修正错误数据。通过一系列的举措,切实提升了纳税人满意度。

【上下同心强基层】 根据市税务局关于基层建设工作的统一部署,大力推进县局基层建设。

加强硬件基础建设。2020年,潭埠分局获评“六好”分局。以潭埠分局为样板,对其他几个农村分局进行了维修改造,进一步保障了基层干部的工作、生活、学习条件,提高了干部职工的获得感和幸福感。加强税务文化建设。提炼了“修身、明志、崇法、笃行”的核心价值理念,辅之以“百合税韵”的文化内核,打造万载税务文化品牌。四个农村分局分别以“忠心红韵”“同心和韵”“清心廉韵”“诚心情韵”为切入点创建主题文化,建设了“一局一品”的万载税务特色文化。加强干部队伍建设。做好了思想政治工作,坚持问题导向,坚持正面引导、传递正能量,保持了干部队伍长期以来的和谐稳定。注重业务素质建设,积极开展“传帮带”,鼓励干部参加各类资格考试和业务竞赛,营造“比学赶超”的学习氛围,干部队伍的业务水平和服务能力得以大幅提升。2020年,有8人入选省局素质提升“115”工程岗位能手,有3人在全市业务大比武中取得了较好成绩。

【助力复工复产】 2020年,万载县税务局立足税收职能,全力帮助企业复工复产。全年落实支持疫情防控和经济社会发展税费优惠政策5360万元,其中落实小规模纳税人增值税征收率由3%降低为1%税收优惠政策3752万余元,落实房产税和城镇土地使用税疫情困难减免税收优惠政策1033万余元,落实疫情防控重点保障物资生产和运输企业税收优惠、阶段性减免或缓缴企业社会保险费等其他税费优惠政策575万元。为确保税费优惠政策落实落细,万载县税务局广泛开展了宣传辅导,确保应知尽知;逐户筛查符合减免条件的纳税人和缴费人并及时告知,确保应享尽享;对政策落实情况开展了专项监督检查,对减税降费疑点数据进行了全面核实整改,杜绝应享未享。此外,还积极利用税收大数据,为上下游衔接不畅的企业“牵线搭桥”,实现供需对接。通过这些举措,最大限度降低了疫情对企业发展的影响,为企业复工复产提供了强劲动力。

【企业社会保险费征收职责划转】 11月1日起,企业社会保险费(含灵活就业人员)征收职责划转至税务部门。万载县税务局全力以赴备战征收职责划转工作,做好政策宣传和操作培训,协调社保、银行等多方关系,制定划转工作应急预案,组建划转工作青年突击队。由于组织得力、措施扎实,县税务局办税服务厅和各农村分局办税服务场所有序为缴费人办理了缴费业务,确保了社保征收职责划转的“软着陆”,2020年入库企业社会保险费及灵活人员社会保险费2.8亿余元。

【首个综合所得个人所得税汇算】 3月1日至6月30日,万载县税务局开展了首个综合所得个人所得税汇算工作,汇算期间,面向税务干部和纳税人开展了广泛的宣传辅导,重点引导了纳税人通过个税APP进行自主申报,同时积极推动综合所得年收入不超过12万元的纳税人及补税金额不超过400元的纳税人免除汇算办理义务的政策落地。整个汇算工作,累计人工审核申报数据683人,共6471户纳税人进行了汇算申报,全年累计实现综合所得个人所得税195万元,万载县系统测试、政策培训、汇算实施等各方面工作均排在全市前列。至此,个人所得税三步改革工作在全县圆满落地,有力促进了消费增长和调节收入分配。

【国家税务总局万载县税务局领导成员】

党委书记、局长:曾　春(2020年10月任)

党委副书记、副局长:张士明

谢启珊

党委委员、副局长:刘　斌

罗智锋

杨贤清

叶敏初

汪均华

钱志敏(2020年11月任)

党委委员、纪检组长:肖　伟(2020年11月任)

经济管理与监督

市场监督管理

【概况】 2020年，万载县市场监管局在县委、县政府的领导下，抓住深化改革、助力发展、维护安全、保障民生等重心，凝心聚力，砥砺奋进，全力推进各项工作落实，取得积极成效。

【放管服改革】 坚持深化“放管服”改革，让“无纸化”“零见面”“零收费”实效落地，真正实现让“信息多跑路，企业少跑腿”，激发市场活力。截至2020年，全县新登记企业1877家，达到7892家，比2019年同期新增数相比增长20.678%；新登记农民专业合作社97家，达到1082家，与2019年同期新增数相比增长6.59%；新登记个体3396家，达到23314家，与2019年同期新增数相比增长0.44%。

【信用监管】 全面推进“互联网+市场监管”新模式化智慧监管机制，开展信用体系建设，抓实“双随机、一公开”工作，做到“互联网+监管系统”数据共享100%。将市场主体年报公示作为重点工作，在2020年通过国家企业信用信息公示系统(江西)协同监管平台共归集数据1698条，加强和完善信用约束。

【创评工作】 把“星级文明诚信个体户”创评暨“诚商信贷通”工作作为优化营商环境的一项重要举措，重点扶持星级文明诚信个体户，缩短诚信个体户办贷时限，简化信贷手续，降低融资成本，提高办结效率，通过创新创业带动就业，实现政银企三方共赢，三方联动。

【食品安全监管】 加强组织领导，严格落实“党政同责”“四个最严”要求，按“属地管理、分级负责”和“谁主管、谁负责”原则进一步落实，落实食品生产经营者主体责任，对全县食品生产加工企业、小作坊进行现场监督检查，按“谁监管、谁建档”“一企一档”“一户一档”的要求建立安全信用档案，实行风险分级管理，进一步推进“明厨亮灶”建设，并开展了聘请校园食品安全家长义务监督员工作。有序开展“3·15国际消费者权益保护日”“食品安全宣传周”等活动，发挥“12315、12345”投诉举报平台作用，24小时受理举报和投诉，答复群众的咨询，回复率100%，牵头组织相关单位进行了食品安全大检查，并开展了食品安全联合巡查工作，坚持严格执法监管和推进标准化生产两手抓，“产出来”和“管出来”两手硬，通过引领示范和以点带面作用，逐步向全县范围内推广。

【药械安全监管】 有针对性、有侧重地开展了药械经营企业及医疗机构的日常监督检查，并开展了药械专项整治活动，通过专项整治，有效惩处了药械领域的违法违规行为，切实保障公众用械安全。进一步规范药械经营企业的准入门槛，并加强对申办企业的服务。全面推进药械经营质量管理规范的实施。在详细解读了GSP现场检查指导原则等内容的同时，组织开展了集中培。积极开展药械不良事件监测，截至2020年年底已上报药药品不良反应286例，医疗器械不良事件报告数159例。以“3·15”“药品安全宣传月”等活动为契机，向全县广大群众大力宣传安全用械知识,营造了社会各界齐抓共管的良好氛围。

【质量安全监管】 疫情期间开展防疫产品的监督检查,助力企业复工复产和保证企业产品价格、质量、供应的基本稳定。加大花炮产品等重点产品的质量监督抽查工作。加强质量管理和品牌培育工作,以“质量月”“标准化日”等活动为契机,扎实组织开展质量提升活动,2020 年全县新增江西名牌产品企业一家。全县共有 6 个江西名牌产品,名牌产品企业数量增至 4 家。深入开展标准化工作,召开了万载县“百城千业万企对标达标提升专项行动”座谈会,并组织全县花炮企业共 220 多家企业负责人开展对标达标培训活动。加大计量执法力度,强化执法推动作用,做好重点计量器具的监督抽查和检定工作。加大证后监管的执法力度,督促工业产品生产许可证获证企业加强质量管理,并对我县资质认定实验室的认证监管开展专项检查及监管。开展电动自行车及遮阳伞的专项检查,起草万载县电动自行车规范经营承诺书,要求销售商签订承诺书,并依法收缴扣押。开展危险化学品、危险化学品包装物及危险化学品车载罐体等 3 类工业产品质量安全隐患排查工作,切实提高监管的有效性和建立监管的长效性机制。

【特种设备监管】 对企业使用的特种设备实行常态化日常巡查检查,重点围绕投入使用的各类特种设备是否按照规定进行定期检验、特种设备各类安全附件(压力表、安全阀)是否按要求进行定期校验、企业相关特种设备技术档案资料是否符合管理规范要求、是否建立健全特种设备操作规程及制定应急预案等方面指导企业。促使特种设备使用企业安全生产主体责任意识进一步提高,安全生产与促进经济发展协调统一。

【执法稽查】 组织了防疫物资产品质量和市场秩序专项整治行动、打击防范非法集资专项行动、价格监督检查专项行动等活动。开展了公平审查工作,坚决防止和纠正滥用行政权力排除、限制竞争行为。开展打击传销专项整治活动,积极做好宣传、教育、疏导工作,对辖区内相关机构企业 20 余家进行逐一摸排,共查到涉传场所点 2 个,并查获涉传线索 2 条。

【消费维权】 严格按照 12315 指挥中心的要求畅通了中心与市市场监督管理局、分局的 12315 消费举报系统,受理及时、流转接受及时、分流转办及时、处置及时、反馈及时。并通过提供 12315 消费指南、警示、提示信息供给,指导消费者科学消费,增强自我保护意识、提高自我防范能力。由专人专职负责 12345 平台操作,按辖区属地原则做好业务受理、分流及平台回复工作,确保每日平台业务无积压无过期,定期召开投诉举报工作推进会,完善沟通通报渠道,探索业务平台工作新机制。截至 2020 年年底,中心处理全国 12315 平台投诉 573 件、宜春市 12345 热线平台 601 件,为消费者挽回损失 26.4 万元。

【知识产权】 开展了知识产权服务万里行活动,召开相关会议特邀请了市市场监督管理局知识产权科相关领导及江西子轩科技有限公司相关老师进行相关业务培训,并在会议结束后安排了两周的后续持续跟踪走访,实地了解企业知识产权的情况,帮助企业更加深刻了解并运用知识产权。同时,加强知识产权融资质压工作推进,继续与企业、银行、市局对接,及时疏解各种困难,力争年底前走通流程,完成知识产权融资质压的突破。

【广告监管】 以“深化监管模式改革,提高办案质量,服务地方经济”为广告监管工作核心内容,全面加强广告监管规范化、制度化建设,建立有效的监督网络,加强同交通、城管、公路等部门的联合协作,共同做好广告市场整治工作。发挥预警机制,遏制广告发布违规率,有针对性地定时对县电视台各个频道进行抽查监测,对发现问题的,要求其限期进行整改。加强对重点广告的整治,严厉打击虚假违法广告，并将广告监管的关口前移，积极帮助新闻媒体规范广告行为。同时加强房地产广告的监督管理，从广告市场清理入手对全县房地产经营主体及其销售活动的合法性进行较全面的治理和整治。

【送法进企业】 充分发挥党员领导干部的先锋带头作用，组织带动全局所有干部职工参与“百名干部送法进企业”活动。对辖区内所有企业（包括个体工商户）进行全覆盖式普法宣传教育，深入企业进行普法宣讲，开座谈会、赠送法律宣传资料等，指导企业依法经营。积极听取企业对市监局工作的意见和建议，了解企业的遇到困难和问题，并帮助企业解决问题等。

【县市监局领导成员】

党委书记、局长：曾卫东
党委副书记、副局长：刘名珍
党委委员、副局长：杨卫平
辛建庆
辛福云
辛焕胜
张勇平

统计调查工作

【概况】 2020 年，国家统计局万载调查队在江西调查总队、宜春调查队的正确领导下，在县委、县政府的关心支持下，“不忘初心、牢记使命”，以党的建设为统领，以提高统计数据真实性为中心，奋力推进统计调查改革发展，勠力夯实调查工作基础，全力提高统计调查服务质量，全面提升统计调查能力水平，继续保持“江西省第十五届文明单位”称号，获“江西省统计调查工作先进集体”、万载县“服务高质量发展先进单位”、万载县“平安建设（综治工作）目标管理先进单位”、万载县“公共机构节能工作达标单位”等多项称号。

【统计调查专业工作】 万载统计调查工作样本网点和调查对象覆盖面广泛，通过严格执行调查制度和数据质量管理制度，加大对基层调查单位和人员的培训力度，圆满完成了城乡居民收支调查、农作物遥感测量实地调查（粮食产量）、主要畜禽监测调查、粮食畜牧业全面统计、农产品生产者价格、中间消耗、月度劳动力调查、新设立小微企业跟踪、工业生产者价格统计、采购经理调查等常规统计调查工作。其中，城乡居民收支调查是准确了解居民家庭收入、消费及其生活状况，客观监测居民收入分配格局和不同收入层次居民生活质量的重要民生调查指标，城乡居民收支调查于 2020 年年底开展了样本轮换。不断加强源头数据收集、整理和审核力度，扎实做好城乡居民收支调查工作，依法提供居民收支数据，为政府决策提供数字支撑。月度劳动力调查是及时、准确反映城乡劳动力资源、就业和失业人口的数量、结构和分布情况，为政府准确判断就业形势，加强就业服务提供依据的重要调查工作。农作物面积遥感测量工作通过对耕地面积种植情况、粮食单产进行测算并推算出全县粮食总产量，总产量是粮食产粮大县奖励政策执行的唯一数据依据。在调查工作中，严格按照方案要求，通过深入样方实地，进行精准定位、核准地块、地物信息采集和录入、拍摄地物照片、数据审核等操作，在每个调查村地图上勾画主要作物分布，并结合全县种植作物种类分布特点，绘制全县主要农作物分布图，为农作物遥感测量实地调查提供准确的实地信息，样方面积核定后，在样方内随机抽取部分田块进行实割实测完成单产计算工作。

【调查样本网点分布情况】 全县所有调查样本网点由国家统计局按照科学抽样方法产生，调查网点涉及 17 个乡镇（街道）68 个行政村（社区）40 家企业 3000 余户调查对象。株潭镇模山村等 10 个行政村（社区）为城乡居民收支调查点；康乐街道务前社区等 4 个行政村（社区）为月度劳动力调查点；罗城镇南垣村等 15 个行政村，45 个样方为农作物遥感测量实地调查点；黄茅镇南江村等 52 个行政村，其中生猪调查网点涉及 37 个行政村，包括万载县和盛园农业发展有限公司等22家规模养殖企业为主要畜禽监测调查点;鹅峰乡涂泉村等4个行政村以及小明薯业农民合作社等9家合作社和规模户为农产品生产者价格调查点;罗城南垣村、三兴镇湖源村为主要农产品中间消耗调查点;江西万载千年食品有限公司等13家企业为工业生产者价格调查点;万载昌圣科技有限公司等5家企业为采购经理调查点;万载县双宇烟花贸易有限公司等3家新设立小微企业跟踪调查点。

【统计调查服务工作】 万载国调队始终秉持"为民调查、崇法唯实"的统计调查精神,紧紧围绕县委政府中心工作,在掌握民情、了解民生、反映民意上下功夫,努力提高统计服务水平,充分利用和挖掘常规调查报表数据资源,编写专业类信息分析,提高统计数据的利用率和内在价值。与此同时,紧紧围绕国家局信息要点及社会经济发展热点、难点问题,深入开展调研活动,掌握更全面、更真实的一手资料,努力提供更多优质调查分析信息,充分发挥好统计调查的参谋作用。2020年,共参与总队专题调研、自主开展调查分析35篇、调查信息15篇、工作动态18篇,其中7篇被国家局内网采用。

【统计调查法制工作】 2020年,举办"第十一届统计开放日""12·4法制宣传日"等系列法治宣传活动,积极邀请市民感受统计调查工作流程、宣讲丰富多彩的统计调查知识,共享统计调查成果,活动现场发放统计知识宣传手册和赠送小礼品200余份。对万载县2家企业开展了"双随机"执法检查,通过严格检查和执法不断提升统计法治的权威。建立企业和统计从业人员统计信用档案管理信息库,及时维护和更新档案信息。

【服务地方工作】 2020年,万载国调队和县扶贫办双牵头圆满完成了脱贫成效专项调查工作,为万载乃至全省全面建成小康社会提供了坚实的数据支撑。继续做好全国生猪调出大县、粮食产量大县等重点工作,积极参与脱贫攻坚驻村帮扶、文明城市测评等工作,取得可喜成效。

【万载调查队领导成员】

队　长:辛　辉

纪检员:周　恒

审计监督

【概况】 万载县审计局主管全县审计工作,负责起草地方性审计法规草案,制定审计规章制度并监督执行,向县委审计委员会提交研究年度审计计划,汇报当年县级预算执行和其他财政支出情况、领导干部离任(任中)经济责任审计情况及重大审计项目情况的审计报告。2020年,机关内设人秘股(县委审计委员会办公室秘书股)、法规和审理股、财政金融审计股、行政教科文审计股、农业农村审计股、固定资产投资审计股、企业经贸审计股、经济责任审计股、监督股和机关总支。完成审计项目148个,审计查出主要违规问题金额3985万元,管理不规范问题金额2730万元,应缴纳其他资金6万元,2020年共提交审计建议62条,被采纳审计建议62条,共出具审计报告和信息146篇。完成全县政府投融资审计项目130个,送审金额63394.07万元,审定金额54749.98万元,核减8644.09万元,核减率为13.6%。

【开展疫情防控资金和捐赠款物专项审计】 根据县委、县政府疫情防控工作要求和上级审计机关的工作安排,万载县审计局对应对新冠肺炎疫情防控资金和捐赠款物专项审计工作做出了安排。重点关注各级财政安排的疫情防控专项资金分配拨付情况、使用情况、社会各界捐款捐物的接受、管理、分配、使用、公开情况,重点保障企业贴息贷款的分配管理使用情况,确保有关物资全部及时用于疫情防控。截至2020年年底,万载县各级财政共安排疫情防控经费合计1534.1万元,其中患者救治费用补助支出52.17万元,疫情防控人员补助支出 133.49 万元,设备和防控物资支出 798.9 万元,其他支出 549.54 万元。万载县各级红十字会、慈善会和其他公开募集的慈善组织以及指定接受社会捐赠的政府部门和单位共收到社会捐赠资金 877.9 万元,支出 799.82 万元,结余 78.08 万元。接受捐赠的医用防护服、口罩等各类物资 33.89 万件,安排使用上述物资 33.81 万件,结余 0.08 万件。

【开展财政同级审计】 对财政预算执行审计做出了统筹规划和全面安排,和经济责任审计相结合,同部署、同落实,同推进,集中力量,积极拓展全部政府性资金审计,对县本级财政部门单位预算执行进行审计,重点关注总预算执行情况、县级预算执行情况、政府性基金预算执行情况、国有资本经营预算执行情况、社会保险基金预算执行情况等。已完成对康乐街道、档案馆、物业中心、自然资源局等 11 个单位和领导干部经济责任履行情况的审计,进一步摸清了政府性资金来源,通过分析收支结构、负债等情况,发现在县本级财政预算执行审计中,反映了预算管理机制不完善,存量资金清理盘活力度不足,财政收入不据实、税收质量不高,部分政府性基金项目支出预算编制未细化,虚列支出挂暂其他应付款,部分预算执行不到位,收支行为不规范等问题。

【开展县本级财政存量资金审计】 为促进财政资金提质增效,组织 3 个组共 8 人开展县本级财政存量资金审计工作。通过审计预算净结余资金、预算结转类资金、各类财政专户结存资金、政府债券结存资金、其他财政存量资金等,准确反映财政存量资金总体规模、结存形态、变动趋势及其统筹使用情况,分析存量资金的结构及产生原因,提出盘活财政存量资金、促进提高财政资金使用效益、加强财政预算管理的意见和建议,促进财政资金提质增效。审计结果表明万载县财政专户存量资金余额为 19633.62 万元是国库存款余额 22735 万元的 86.36%,比上年减少 137.87 万元,减少 0.7%。存量资金中,1 年以内的 12368.84 万元,占 63%;1~2 年的 7264.78 万元,占 37%。

【开展乡镇自然资源资产离任审计】 2020 年,万载县开展领导干部自然资源资产经济责任离任审计项目 1 个,即中共万载县马步乡原党委书记游承飚任职期间经济责任审计。主要对马步乡美丽乡村建设、旱厕改造、农村饮用水、农村污水处理、农村人居环境建设、矿山开发等专项资金及其财政财务收支情况进行了重点审计。审计对发现的问题进行了责任界定,并提出合理建议。

【进行民生资金专项审计】 5—6 月,县审计局安排 8 名审计人员对全县 36 个贫困村的扶贫资金及国有贫困林场生态流域补偿资金(结合其他扶贫资金)进行了审计。审计发现问题 9 大类,32 个问题,移送县纪委监委 9 起,查出违规金额 34.53 万元,截至 10 月所有问题已整改到位。

【推进政府投资审计】 2020 年,围绕政府投资项目建设,通过重点关注项目前期建设手续执行、合同签订、项目管理、资金使用情况,重点关注领导在项目决策、管理方面的合法合规性等方面,尤其是在重大项目审计过程中,始终坚持以审计机关为主导,项目主管部门自审为基础,社会中介力量为补充的原则开展工程项目审计工作,有效提升政府投资审计成效。2020 年共完成了对万载县中医院门诊综合大楼工程;万载县妇幼保健院综合大楼工程;万载县粮食购销公司三兴粮食标准库建设项目;2017 年、2018 年高标准农田建设项目等 130 个政府投资项目结算审计,2020 年累计送审金额 63394.07 万元,审定金额 54749.98 万元,核减 8644.09 万元,核减率为 13.6%。

【做好全省经济发展环境审计调查暨"1+N"审计项目工作】 根据省审计厅统一部署和市审计局安排,8 月 31 日,县审计局派出 6 人赴吉安市永丰县开展经济发展环境审计调查，采取“1+N”方式,同步开展工业转型发展专项资金审计、人防工程建设管理情况审计调查、医疗保险基金审计、财政存量资金专项审计、医疗保险基金审计工作等，目前专项审计工资进展顺利,预计12月中旬撤出现场审计,审计结果将由宜春市审计局统一汇总报省审计厅。

【组织好村(社区)“两委”任期届满审计工作】 根据中共万载县委组织部、万载县审计局、万载县财政局《关于做好2020年村(社区)“两委”任期届满审计工作的通知》文件要求,县审计局派出4名业务骨干任组长,开展对全县181个行政村（社区）2018年1月至2020年9月的财务收支情况进行审计。

【开展国家重大政策措施落实情况跟踪审计】 根据《中华人民共和国审计法》和《国务院关于加强审计工作的意见》，县审计局对全县截至2020年第4季度贯彻落实国家重大政策措施和宏观调控部署情况进行跟踪审计。此次重点审计万载县人民医院西院综合大楼工程建设情况，审计调查了万载县发展和改革委员会、万载县卫生健康委员会、万载县人民医院西院等4个单位和部门，共审计资金3585.12万元。

【做好县委、县政府各项中心工作】 一是紧紧围绕脱贫攻坚总目标,扎实开展扶贫工作,全年累计投入12万余元用于挂点帮扶村水产养殖产业扶贫项目和经济作物种植项目、便民服务中心改造、“三化”建设等,为贫困户增收打好基础,为群众办事改善环境。二是积极选派审计人员参加各项中心工作。选派2人参加十四届万载县委第八轮巡察工作,选派1人连续参加十四届省委第八轮、第九轮巡视工作,选派1人参加江西省审计厅保障性安居工程审计工作,选派6人参加全省经济发展环境“1+N”审计工资,选派4人参加全县村(社区)“两委”换届审计工作。选派的人员在抽调期间工作认真、作风扎实,廉洁自律、成绩显著,得到了上级组织的充分肯定。

【县审计局领导成员】

党组书记、局长：

张　华(四级调研员)

党组副书记、总审计师:吴德兴

党组成员、副局长：

龙瑞海(四级调研员)

黄国文

四级调研员:施荣贵

二级主任科员:谢智平

李苏平

信息业

邮政

【概况】 中国邮政集团公司是一家肩负国家普遍服务义务的公用服务型全民所有制企业，同时提供了信件、包裹寄递、金融、函件、速递、物流、报刊发行、集邮等多项业务服务。

2020年，万载邮政分公司现有综合营业网点9个：沿河路、沿河东路、黄茅、潭埠、双桥、高城、白良、三兴、罗城；轻型银行网点2个：白水、赤兴；自办邮政营业网点5个：双虹桥、新街大楼、株潭、仙源、高村，其中新街大楼营业网点搬迁到沿河东路网点；代办农村邮政营业网点4个：马步带塘、鹅峰、茭湖、岭东。内设管理生产一室五部(综合办公室、市场营销部、金融业务部、集邮与文化传媒部、寄递事业部、渠道平台部)，配套设施齐全。分公司有员工154人，其中A类用工47人，B类用工48人，承揽制员工31人，派遣用工28人。2020年，分公司获宜春市文明单位称号和全省邮政先进基层党支部、宜春邮政“高质量杯”劳动竞赛优胜单位第二名、寄递网包裹快递运行质量先进单位、工会目标管理先进单位第一名、平安邮政、综治安全竞赛三等奖、“营销争先”劳动竞赛协同发展三等奖、机要通信质量管理三等奖、服务质量竞赛奖优胜单位三等奖等荣誉。公司继续保持全省邮政20强。

【疫情防控】 面对新冠疫情的严重冲击和多重压力叠加，万载邮政分公司干部职工充分发挥共产党员先锋模范作用，党支部堡垒作用，带头开展小区值守，入户排查，包裹装车帮扶；落实“四个不中断、四个免费办”，开展“三免一减半”、生鲜同城配送、防疫物资和学生课本配送服务。全力保障人民群众生产生活，助力企业复工复产，复市复学，获得了县委、县政府和人民群众的高度评价，疫情防控彰显国家队责任与当担。疫情期间累计减免房租28546元，免费向湖北方向运送防疫物资共2375件。为居民配送口罩6万个，教辅3000余单，生鲜果蔬4550余单。

【打赢三大攻坚战】 在精准扶贫方面，公司定点帮扶村藏溪村67户184人全部脱贫，挂点帮扶村黄村全部脱贫，为了巩固脱贫成效，公司领导多次前往扶贫村慰问贫困户，看望扶贫干部，帮忙解决扶贫中遇到的困难。电商扶贫中先后将百合系统产品、有机蜂蜜、生态鸡、有机茶油等放上邮乐宜春馆、淘宝、微信老俵情等各网络平台销售，累计网上销售农产品0.23万余单，金额4.8万多元。在防范化解金融风险方面，严格落实营业主管派驻制，开展金融风险警示学习，定期对网点进行风控检查，强化合规意识，全年未发生金融案件。在污染防治方面，落实国家邮政局“9792”工程各项指标均达标，推进绿色邮政建设，营造“绿色用邮，人人有为”的良好氛围，传播绿色生活理念。调整了绿色邮政行动领导小组，将绿色邮政纳入两岗履职检查范围和本单位的考核机制。

【加强基础投入】 对三兴网点进行了重新选址装修，对双桥和三兴的职工小家进行了更新改造，县城建设城区揽投部和工业园揽投部,乡镇建成揽投部站3个,全县建成家邮栈点10个,行政村代投点154个,网络布局进一步完善,客户响应速度进一步提升。投入数万元更新了部分老旧的办公电脑和设备,使办公条件有了较大提升。

【推动电商渠道建设】 强化邮乐站点运营工作。通过积极开展宣传、培训、指导,先后将荸荠、百合、有机姜制品、玉米、大米等产品放上邮乐宜春馆、淘宝、微信老俵情等各网络平台销售。探索普服网点转型升级。实现“普遍服务+体验零售+普惠金融+邮快合作”模式。主打普遍服务业务,叠加了商品零售、警邮业务、税邮业务、代购代销等多种业务,大大地方便了社区群众。

【做好各类邮政业务】 在各乡镇继续做好各类邮政业务的办理。依托邮政金融业务,在各网点开办“代”字号业务,将代发、代收、代缴等纳入业务范围,方便广大群众。强化监督管理队伍、落实各项管理制度 ,检查做到一所一报告,有整改有回复。细管营业、树立优质窗口服务形象。重抓投递、打造一流投递服务队伍。党报党刊做到了每天当日见报,偏远乡镇均做到了次日投递见报。落实了机要件收寄、投递的质量和时限要求,严格机要件的管理、保存和检查,确保了机要件的“万无一失”,获2020年度机要通信质量管理三等奖。

【关爱员工】 一是关爱员工有温度。工会继续坚持冬送温暖、夏送清凉、春节慰问和住院探望慰问。坚持对参加职工医疗互助的工会会员实施大病救助,全年累计发放慰问金2.5万余元。2020年组织开展了采摘杨梅、金秋采摘、羽毛球比赛、K歌大赛等各项活动。二是打造家园新氛围。城区员工的中晚餐实现了全免。为每个分支机构网点发放了每人每月230元的伙食费和900~1200元的炊事员费用补贴,并在春节当月每人增发100元、在3—5月菜荒季每人每月增发50元的伙食费用补贴。三是关爱健康抓落实。分公司积极落实员工的劳动保护工作。认真落实休假制度,安排好一线员工的日常休息和年休假,关爱女工,落实女工的权利,在孕期、产期、哺乳期均有休假并按原工资发放和享受生产奖金。对不适应岗位或离家较远的员工做好安排和调整。在三八妇女节向职工发放红糖和健康书籍。分公司还组织全体员工进行了健康体检。四是加强管控,注重防护堵疫情。分公司不计成本采购了防疫用的口罩、消毒液、洗手液、测温枪、丁晴手套等发到各部、网点和班组。并做好每天的测温、消毒和检查工作。分公司还将后台人员编入网点,做到每天网点有后台人员在现场进行防疫工作。

【促进经营发展】 一是金融业务发展提质增效。建立有效激励机制,增强员工发展动力。通过激励机制改革释放业务发展原动力,形成你追我赶、奋勇争先的良好发展氛围。倾力打造“智慧”模式,创新发展方式。线上线下同步开展业务宣传,打造乡镇“一超一场”宣传获客新场景。二是寄递改革发展激发活动。项目制运营激发发展活力,成立了标快项目组、快包项目组、农村标快项目组、身份证项目组、兰森物流项目组、身份证寄递项目组、同城配送项目组等七个项目组,充分激发了业务发展活力。三是协同业务进展有序推进。协同是中国邮政最大竞争优势。分公司定期召开邮银双方协调会议,积极推进惠农合作、邮政年发卡、警邮、能源行业重点项目,在全市考评中列全市第一,公安交管收入列全市前三。

【万载邮政分公司领导成员】
总经理:王相前
副总经理:郭成钢
　　　　　李海泉
　　　　　王俊忠

移动分公司

【概况】 中国移动通信集团江西有限公司万载县分公司(以下简称万载县移动公司)是万载当地基础通信运营商,主要经营移动语音、多媒体业务、数据业务、宽带等多种业务，包括在万载开展5G网络建设、光纤宽带互联网建设、传输网络建设通信基础设施建设，在当地提供信息通信服务和行业信息化解决方案，致力于成为网络强国、数字中国、智慧社会主力军，持续优化通信网络，积极落实以“人民为中心”的发展理念，为客户提供优质的通信服务保障，不断深化改革创新，推动企业高质量发展，助力地方经济社会发展。

万载县移动公司是宜春市移动公司下属县级分公司，实行集中化管理，财务、业务、人力资源在上级公司的集中化管理下开展当地运营工作。公司下设四个职能部门，综合部：主要负责公司后勤保障、综合管理、安全生产、综治管理、工会、党建工作；市场部：主要负责市场营销、市场拓展、客户服务；网络部：主要负责网络基础设施建设、网络通信保障；集客部：主要负责政企客户服务，为政企客户提供信息化解决方案。2020年，运营收入完成超过19990万元，移动客户数30.2万户，率先开通5G网络，全年完成72个5G基站的建设任务，5G网络处于领先优势，5G用户数达6.4万户。公司每年投资500万元以上用于宽带站点的新增工作，城区宽带覆盖能力已经达到98%，农村覆盖能力76%，其中行政村所在地已100%覆盖，宽带用户数8.15万户，带宽达到300兆以上，专线用户1099条，在万载区域市场占据绝对主导地位。公司多次获“万载县消费者信得过单位”“万载县消费维权诚信承诺先进单位”“宜春市纳税先进企业”“万载县先进基层党组织”“宜春市2020年度文明单位”“万载县社会治安综合治理目标管理先进单位”“宜春市总工会五一劳动奖状”。多名员工获“最美万载人”“最美职工”“最美爱岗敬业者”荣誉。

【社会贡献】 税收方面，贡献2013.25万元。就业方面，充分运用内部招聘、代维管理、渠道运营及企业合作等多种方式，直接创造各类就业机会约2000个，带动当地一大批人员再上岗、再就业，切实履行国企社会责任。积极落实“提速降费”要求，持续下调通信资费，近两年来，手机上网平均单价累计降幅66%，家庭宽带实现免费，各项降费举措惠及客户30多万人，累计向客户让利超过8400万元。网络建设中，新建5G基站72个，4G基站24个；新建农村有线宽带箱体658个，覆盖用户8990户；新建城域网管道12.08千米。承建万载县校园安防系统设备采购项目、国考标准化考点建设项目；积极参与万载县智慧安监监控平台、万载县智慧消防平台、万载智慧矿山平台、智慧乡镇等项目建设。

【服务民生】 打造卓越服务窗口。落实“客户为根、服务为本”的理念，常态化通过现场调研、总经理接待日、调查问卷等各种方式近距离接触广大客户，了解客户对万载移动的意见建议及相关需求。10086免费热线24小时保持畅通，随时随地为客户提供高质量服务。履行疫情防控责任。扎实做好疫情防控宣传，周密安排做好营业场所等人员密集区域的安全防控，配合做好社区防疫工作，组织公司党员、团员、青年志愿者挨家挨户开展疫情防控摸排，组建党员防疫巡查志愿队在小区卡口做好人员出入登记、测量体温等工作，协调各乡村、社区的通信抢修车辆及人员的通行问题，确保疫情期间网络通信顺畅。推进脱贫攻坚工作。派“第一书记”按要求脱产开展驻村工作，帮扶干部每月常态化深入贫困户家中开展现场帮扶，确保帮扶对象“两不愁三保障”。充分发挥企业优势，提升扶贫成效，投资约1500万元完善25个省级深度贫困村4G网络建设，资费扶贫用户数0.6万户。积极开展项目扶贫，向上级公司申请了3万元用于挂点村稻田鱼养殖项目。履行社会责任。落实以人民为中心的发展理念，主动接受政协民主评议监督，对反馈的问题及时整改，获得社会各界好评，测评满意度提升3个百分点；在整治营商环境评比中，12月获得安商红黄榜第一名。

【取得成绩】 在企业的发展过程中,公司始终秉承“正德厚生,臻于至善”的核心价值观,以“追求客户满意服务”为经营宗旨,以卓越网络为支撑,以提高综合服务水平为手段,多次荣获了“万载县消费者信得过单位”“万载县消费维权诚信承诺先进单位”“宜春市纳税先进企业”“万载县先进基层党组织”“宜春市2020年度文明单位”“万载县社会治安综合治理目标管理先进单位”“宜春市总工会五一劳动奖状”。公司员工也积极参与社会活动,不乏“最美万载人”“最美职工”“最美爱岗敬业者”获得者。

科技教育体育

教育体育工作

【概况】 2020年，万载县有中小学校227所，其中普通完全中学3所，十二年一贯制学校1所(民办)，初中17所，九年一贯制学校3所（含2所民办），小学200所(含教学点59个)，职高2所（含1所民办），特殊学校1所。在校中小学生（含职高生）108419人(小学57234人，初中32396人，高中16475人，职高2314人)。

【职业教育】 万载中等专业学校为公办中等职业学校。学校占地面积65亩，建筑面积2.6万平方米，2020年全校在籍学生1471人。其中，2018级全日制学生699人，2019级全日制学生336人，2020级全日制学生436人。设施设备逐步完善：建有300米标准塑胶跑道及足球场、篮球场、排球场等运动场所，多个校内专业实训功能室。师资队伍飞跃发展：2020年自主招聘教师2人；共有“双师型”教师32人。专业布局定位精准：重点建设计算机应用、学前教育、微电子技术与器件制造、电子商务、酒店服务与管理五个专业。人才质量明显提升：2020年参加宜春市第二届中等职业学校、技工学校技能比赛中，万载中等专业学校获得市级一等奖3个、二等奖3个。

【特殊教育】 万载县特殊教育学校小学部191人，初中部61人。近年来不断完善以普通学校随班就读为主体、以特殊教育学校为骨干、以送教上门和远程教育为补充，全面推进交叉融合的特殊教育体系。义务教育段(6~15周岁)的残障儿童少年人学率均已达到并超过了特殊教育第二期提升计划提出的目标。

【招生录取】 下发《万载县中小学有关招生工作规定》，进一步规范了全县中小学生招生行为。同时，为进一步规范城区学校招生行为，县人民政府出台下发了《2020年万载县城区公办义务教育学校招生学区范围公告》，对城区中小学的学区招生范围进行了统一的调整划定，并提出了具体的实施细则和操作办法。在招生工作中，严格把好入学年龄关、招生班额、学区招生范围、生源资格认定关四关，实现了起始年级小学每班不超过45人，初中不超过50人和招生工作“零举报”“零投诉”。2020年万载县一本录取人数492人，本科录取人数1939人，位列宜春市第5名。2016—2019年一本年平增长率26.13%，本科年平增长率14.53%。中考平均分405.5分，位列全市第六；优秀率6%，位列全市第八；及格率43%，位列全市第七。近五年中考成绩一直进步，平均分排名从第九名到第六名，优秀率从第十一名到第八名，及格率从第十一名到第七名。

【体育工作】 学校体育工作：督促全县各级各类学校认真开展阳光体育运动，“每天锻炼一小时，健康工作五十年，幸福生活一辈子”成为全县广大师生的响亮口号。贯彻落实《中共中央 国务院关于加强青少年体育增强青少年体质的意见》(中发〔2007〕7号)和《国务院办公厅转发教育部等部门关于进一步加强学校体育工作若干意见的通知》(国办发〔2012〕53 号)精神,深入开展学生体育活动。社会群众体育工作:切实加强群众体育组织、队伍和阵地建设。加强社会体育指导员管理,大力推广健身气功活动,强化县体育总会职能,加强单项体育协会管理,统一协调管理各协会举办的活动,加强宣传,不断增强体育协会带动力和影响力。完善全民健身组织网络化管理,开展丰富多彩的全民健身活动,遵循“因地制宜、业余自愿、小型多样、就近就便”的原则,积极动员社会各界力量参与到全民健身活动中来,积极做好龙山公园、南部新城、罗城镇、潭埠镇等地社会足球场建设工作。截至 2020 年年底,龙山公园足球场(七人制足球场 1 个、五人制足球场 2 个)、罗城镇横坑村十一人制足球场、南部新城足球场(十一人制足球场 1 个,五人制足球场 1 个)均已经完成平整工作并投入建设中。成功申报四所学校为全国青少年校园篮球排球特色学校。

【万载中学】 2020 年,万载中学紧紧围绕“不忘初心、牢记使命”主题教育,坚决落实县委、县政府决胜“四大战役”战略目标,以“正作风、强服务;稳安全、促和谐;提师能、优质量”为工作思路和重点,狠抓教育教学质量的提升。在上级关心、社会各界支持和全校师生共同努力下,取得了较为满意的成绩。

(一)加强意识形态工作,守住学校思想政治教育主阵地。形成制度监督,落实学习任务,将社会主义核心价值观内容上墙,浓厚意识形态教育氛围,积极开展思政课教师学时政、懂时政、悟时政教研活动,将习近平新时代中国特色社会主义思想通过思政课使师生入脑入心。

(二)高考本科总量实现“五连增”,超过上高二中和樟树中学。一年来,学校围绕办学总体思路和高考升学要求,狠抓教学质量,各学科通力合作,各部门全力配合;2020 届高三年级创新管理和备考模式,出台“一拖三”方案,以考带练。2020 年高考上线增长率在全市名列前茅;高考二本上线人数位居全市第五。

(三)抓实常规管理,积极改革创新,催生强大内生动力。1.落实各年级各部门每周例会制度,进一步将学校政策和管理下沉到人,落实到班;2.落实《万载中学教师坐班管理制度》,严格执行考勤检查,夯实日常管理。3.推进“开源节流”工程,落实总务每日值班巡查制度,大大减少了水电浪费;4. 改革尖刀班管理,极大催生科任教师的内生动力。

(四)教学比武成绩喜人,学校品牌全面打响,学校将教师成长成才工程作为学校重点建设工作,特别重视提升教师专业素养,完善教师梯队建设。2020 年,学校教师内强素质,外塑形象,教学比武成绩喜人。甘爱清、何彬、揭德希、郭炜、姚凯斌、郭君仆等老师在省市教学比武大赛中屡创佳绩,赢得了上级教育主管部门的高度评价。

【万载第二中学】 全面贯彻党的教育方针,深入开展“不忘初心、牢记使命”主题教育,认真落实上级工作部署和要求,扎实开展各项工作。

(一)重点工作:1.发挥党建战斗堡垒作用。完善健全党的基层组织机构,完善各项党支部工作制度;严格党的组织生活,扎实有效推进党风廉政建设,不断加强对党员干部和全体教职工的廉政教育;加强阵地舆论宣传,传递学校正能量。2.坚持“科研兴校”“立德树人”,探索课改新途径,浓厚教学科研氛围。切实推行万载二中模式教学,抓实教研活动和集体备课,行政人员随堂听课、年级小组听课、师徒听课有序进行,听课数量、质量均有较大提升;示范引领,积极开展“师徒帮带”活动;组织老师外出培训学习、观摩、参赛,给教师创造多种学习锻炼机会。3.加强师德师风建设,提高党员及教师队伍道德修养。通过师德师风建设主题动员会、师德师风演讲比赛、全体教师签订师德师风承诺书、校报专刊报道等师生喜闻乐见的形式,切实把师德师风建设工作摆在突出位置。4.积极开展帮扶关爱活动,每名党员挂点 1 个班级,每学期联系帮带 1 名青年教师，帮扶1名贫困学生；积极组织党员参加社区公益活动，为社区群众做实事。

（二）亮点工作：1.扎实开展青年教师培养，加强青年教师队伍建设。深入推进《万载二中青年教师培养计划实施方案》的落实落地，确立了“三年成长、六年成熟、十年成才”的培养目标，定期开展以“一话”（普通话）、“三字”（钢笔字、毛笔字、粉笔字）为主要内容的教师职业技能和基本功竞赛活动；对青年教师进行“追踪听课、教学示范、教研指导”，督促青年教师在相应时间内完成“五个一”：具备一种大局意识，上交一份满意试卷、上好一堂高质量汇报课、写好一手规范字、说好一口流利的普通话；示范引领，积极开展“传帮带”活动，每年举办拜师仪式，师徒同考核，共同提高。2.建立健全“双培养”机制，打造人才培养特色化。万载第二中学始终践行把骨干教师培养成党员，把党员教师培养成管理骨干的“双培养”机制，逐级推荐，全校公选。通过建立“双培养”机制，充分提高党员业务素质，改善党员队伍结构，充分发挥党组织的战斗堡垒作用、党员的先锋模范作用，有效解决教师队伍建设和人才培养问题。3.特色教育已初见成效。在全校师生的共同努力下，2020年各项工作平稳推进，学校正朝着更高的目标稳步前进。4.加大投入力度，改善学校办学条件。以“阳乐——阳光修身、快乐启智”为校园文化主题，创设良好的人文环境，校园书香文化氛围进一步提升。

【万载第三中学】 努力深化教育改革，推进教育创新，提升教学质量。紧紧围绕县委、县政府关于教育发展的目标要求，严格按照县教育局的整体部署，在全校师生的共同努力下，学校各项工作稳步推进，取得了可喜的成绩。

（一）做好德育工作：加强德育队伍建设，提高德育队伍素质。一是定期召开班主任例会，总结前期工作，帮助他们解决工作中出现的问题；二是加强对班主任工作的考核和评估，贯彻落实班级量化、班主任量化等管理制度；三是注重对班主任的培养，组织青年班主任参加县进修学校的培训。开展丰富德育活动，全面提高学生素养，引导学生树立正确的生命与健康观念，提高警惕意识。

（二）提高教学质量。认真执行“集体备课”制度，强化教学检查制度。建立教研组、备课组两级教学质量监控体系，各组通过互相听课、评课、观摩教学等方式形成组内的教学质量保证体系。此外，高度重视学生的素质教育，注重培养全面发展的学生，在此方面也取得了一定的成绩。

（三）增强服务意识。优化后勤保障，凝聚人心。学校严格执行财务管理制度，坚持落实校务公开和财务公示制度，定期召开行政会和全体教师大会，做到开支精打细算，花小钱办大事。

【万载第四中学】 在上级教育主管部门的正确领导下，深化教育改革，全面实施素质教育，一心一意抓教学，千方百计上质量，转变思想观念，切实加强学校管理，不断提高教育教学质量，取得了可喜的成绩。

（一）向管理要质量，增强教师的凝聚力、战斗力。1.加强政治思想工作，确保学校的健康持续发展。加强政治学习，是学校教育教学工作取得突破性成效的关键，也是强师兴校的指南。学校旗帜鲜明地讲政治、讲学习、讲正气，坚持把政治学习放在首位，提高教师素养，扎扎实实地强化为人师表、无私奉献、教书育人、爱岗敬业的师德、师风建设，全校教职工以崇高的职业道德、光辉的师表形象、一流的政治业务素质展现在学生、家长和社会各界人士的面前，并赢得了良好的赞誉。2.强化制度建设，规范学校管理制度。对德育、教学、后勤、财务，尤其是安全管理、课堂教学管理、学生评价机制上规范、完善、细化了一系列规章制度，并通过学习、督查、考核的落实，提高了教职工履行岗位职责的自觉性，切实促进了学校各项工作的规范、健康和高效发展。3.对学生进行封闭式管理。根据学校实际情况，对学生进行封闭式管理。有效地减少了学生在外逗留,与社会不良青少年接触的时间和机会,减少了学生之间的矛盾纠纷,深得学生、社会、家长的赞誉。

(二)坚持以教学为中心,进一步落实教学常规,保证教学质量。1. 重抓教师教育理念的转变。结合新课程改革的精神,学校要求教师在教学任务上从教书向教书育人转变;在教学观念上从以教师为中心向以教师为主导、学生为主体转变;在教学内容上从单纯的讲解向理论和实际相结合转变;在教学要求上从死记硬背传授型向智能与知识相结合型转变;在教学方法上从注重教法向教法与学法指导同步转变;在教学评价上从终结性评价向过程性评价与终结性评价并重转变。2.强化课堂常规管理,向40分钟要质量。学校想方设法使课堂教学真正做到严要求、轻负担、低消耗、高质量。切实落实了课堂教学双向反馈监督机制,在教学管理过程中进一步规范检查、落实、激励等制度。坚持校级领导深入班级听课制度,努力创设互相学习、互相观摩、互相促进、共同提高的教学氛围。校级领导、教务主任、深入课堂第一线听课,了解教师教学情况,把握教学方向,提高教学对策,不断提高教师教学能力。学校教育教学质量有较大幅度的提高。3。实施"青蓝"工程。为使青年教师迅速成长,学校挑选优秀教师当新教师的"师傅",避免了新教师走弯路,使之尽快成长。

(三)以提高教学质量作为工作的核心,提高教师的教育教学和教育科研水平。1.积极组织教师外出学习、观摩,了解并掌握最新的教科研动态,尤其是初三教学复习的最新做法和精神。只要有机会派教师外出学习,学校总会坚决支持,通过学习和交流,老师们对新课程的理念有了进一步的认识,对新课程的实施方法有了新的体会。这些活动对我校的新课程改革,提高教师驾驭课堂的能力,提高教育教学质量无疑具有积极的作用。2.扎实而有成效地开展评课活动。根据教研室的要求,指导并落实三类课:新授课,复习课、试卷评讲课的教学,努力提高初三年级复习课、试卷评讲课的课堂40分钟的效率, 着力于学生的学法指导、能力培养。此活动为教师展示个人风采提供了舞台,为教师间相互学习、相互交流、共同提高提供了机会,对全体教师,特别是青年教师的专业成长是一次有力的促进, 也必将对学校教学、教研工作起到重要的推动作用。

【株潭中学】 在各级党委政府和教育主管部门的正确领导下,以办"人民满意的教育"为宗旨,以常规管理为主线,以抓教学质量为核心,坚持科学、民主的办学理念, 坚持教风学风纯正、教学质量提高、教师队伍建设、育人环境改善一齐抓的方针,学校工作实现了全面发展、稳步前进、文化氛围浓厚、社会声誉提高的新局面。

(一)加强学校班子队伍建设,狠抓教师队伍管理。学校每周四定期召开行政办公会,各部门领导汇报每周工作开展情况,交流下周的工作计划,校长室总结每周分管工作情况及解答部门领导提出的在工作中遇到的新、难问题。领导班子成员积极参加学校党支部组织的学习中共十九大精神,教育系统十要十不准行为规范,建设廉政校园活动,教育党员干部以优秀共产党员的标准严格要求自己,严格要求干部起模范带头、率先垂范作用。学校十分重视教师的各类业务学习、培训、知识竞赛和教学技能比赛等活动,努力加强对教师的师德修养建设,努力使教师真正成为德才兼备、受学生欢迎的老师。

(二)以德育人,加强学生思想道德教育。在学生思想道德教育过程中, 学校以《中共中央国务院关于进一步加强和改进未成年人思想道德建设的若干意见》为指针,政教处、团委积极地以多种形式,多种渠道开展教育活动。突出特点,打造品牌,开展丰富多彩的德育活动,加强活动的开展,丰富德育内涵。以诵读《株中学子风范》,喊出励志口号,歌唱励志歌曲、开展主题演讲、活力操、激情跑操活动、校牌佩戴, 卫生保洁等工作为切入点,认真落实"习字三十分钟"活动，做到有计划、有落实、有检查。多层面地对学生进行“学风、纪律、养成”等教育；初一、高一将学生的养成教育作为重点，培养学生良好的行为习惯。初二、高二以信心教育为重点，并强化法治观念。初三、高三以理想教育为重点，教育学生树立正确的人生观价值观。

（三）抓住教育教学的核心工作不放松，努力提高教育水平和教学质量。1.强化教学教研工作，努力提高教学质量，统一要求同一年级同学科教师集体制定教学计划，确保统一进度、统一教学内容和作业，逐步实行集体电子备课。学校成立以教务处牵头的听课组，成员由分管教学的校长室、教务处、教研组长等人员组成，听课组成员可推门随堂听课，听后，要及时同授课教师进行探讨交流，帮助教师提高教学水平和教学能力，让课堂教学真正成为一门艺术，成为教师施展教艺的舞台。加强毕业班复习工作，由教务处具体负责落实过程管理工作，专人负责指定方案，督促落实，有效地监控了毕业班复习管理。加强体、艺、科教学管理工作。采用“文化课班主任和专业课老师双负责制”的管理模式，使学生做到专业、文化两不误，有效地提高学生的高考升学率。2.抓好音、体、美等学科的教学，注重特长生的培养。音乐、体育、美术是学校素质教育的重要组成部分，学校以新课程标准为指导，认真抓好课堂教学的研究，同时切实重视音乐、美术、运动队的训练，均获得了较好成绩。

（四）规范学校后勤管理，抓好学校安全保卫工作，为师生提供良好的工作学习环境。1.强化后勤常规管理，努力抓好校园管理的各项检查。为了确保学校安全、有序地运行，学校制定了各项规章制度，管理过程中特别重视安全、卫生、节约粮食、节水节电等各类的检查，将各项制度真正地落到实处。2.进一步加强开源节流工作，管好用好学校的财力、物力，抓好购物管理工作。进一步强化收支两条线的管理，严肃财经纪律，坚决杜绝账外账、小金库。严格控制公款招待、公款用车，严格实行派单制度，杜绝违背政策的公款消费。3.学生安全关系着家长，牵动到社会，影响着学校，因此搞好学校安全保卫工作是筑好了一道有力的屏障。生命高于一切，责任重于泰山。学校做到安全警钟长鸣，安全工作常抓不懈。

【万载县教师进修学校】 学校认真贯彻执行新的教育理念，狠抓教师队伍建设。

（一）精心规划，认真组织，严格管理，缜密实施，开展常规培训班次19期、研训实践活动14期，教师短期培训参训率高，培训效果好；举办全县中小学教育管理后备干部、小学教务主任业务能力培训班共5期。

（二）创新培训模式，增强培训针对性、实效性，成果明显。开启“全封闭＋军事化管理”培训模式，锻造后备干部；践行“示范课＋专题讲座”模式，提升学科培训实效；推行“汇报课竞赛＋点评研讨”模式，力促青年教师成长；深化“主题班会观摩课＋班级工作沙龙”模式，促班主任培训提质增效；采取“理论研讨＋跟岗学习”相结合模式，提升校长和骨干教师的综合素质；试行“进修学校点将＋城乡学校推荐”相结合模式、与县外名校手拉手两种形式开展名师送教送训进校活动；开展学科建设培训，尝试校本教材编写工作取得圆满成功；开设教育大讲堂，扩充师训受益面。

（三）做好学历培训、招生、管理工作，开放教育形式，开展成人高等学历教育。2020年在教育局领导的大力支持和学校教师的齐心协力下，完成了教育局和市电大下达的招生任务，实招238人，对招收的学员，建立了学员详细档案，使管理人员对每个学员的情况了如指掌。建立了学员通信网络，使有关文件精神和通知能及时传递给每一个学员，顺利组织了学员们的面试和考试。

【万载中等职业专科学校】 学校围绕“有活力、有温暖、有发展”和“好身体、好习惯、好形象、好志趣、好品质”全方位实行目标管理，在全校师生中树立“三有”“五好”办学理念和管理理念。通过细化管理目标,量化评估指标。经过努力师生面貌焕然一新,各项工作扎实开展,获上级充分肯定,家长纷纷好评。真正实现开放校园、资源共享。积极加强与兄弟学校的交流和与企业的合作,实现资源共享,从而拓宽了办学思路,提升了管理策略,引进企业投资设备,提供专业师资,教学资源实现了取长补短,学生就业渠道更加通畅。此外根据学生的兴趣爱好,成立了近10个社团,每周二、周四课外活动晨间定期组织活动。培养学生健康人格,强化德育和心育有机结合,探索完善以发展性为特征的心育工作模式。营造浓厚的德育氛围,真正形成人人育人、事事育人、时时育人的氛围。进一步开发了健康教育、体验教育、成长教育等课程资源,促进了学生健康和谐成长,丰富了学生课余生活,培养了学生的兴趣爱好。

【万载外国语学校】 学校以“党建+引领教研”为抓手,在师徒结对、教学示范、教研攻坚、比武秀课、培优补差等方面包干负责,发挥党员示范引领作用,推动教研工作,提升教学质量,建设情境式快乐高效课堂。推进“党员先锋模范岗工作责任制”——帮带一个青年教师,帮扶一个五困学生,帮攻一个艰难任务。党建引领教研,把支部建在教研的阵地上。

【万载康乐实验学校】 (一)高要求高质量开展党建工作。对学校的党建工作进行全面加强提升:一是形成了党员的学习机制。除了定期组织党员学习中共十九大精神和习近平重要讲话精神,还及时组织党员了解国际国内时事,认真领悟党的最新方针政策;二是加强了学校支部的组织建设。健全和完善组织架构,发挥支委委员的带头作用,落实“三会一课”,并把优秀的人才吸收到组织上来,发展了张伟林为新党员。三是建立了党员示范岗。在班主任岗位中做得非常优秀的党员,实行挂牌示范。例如五二班的班主任是党员汪玉玲,这个班的班风正、学风好,学生的养成习惯成效大,支部就在这个班设立了万康精品班级示范岗,要求汪玉玲老师写好总结经验,介绍其成功的方法和举措,倡导其他的班级看齐学习,并收到良好的效果。学校支部要求全体党员争先创优,并在教学一线发挥模范作用。

(二)服务意识入脑入心,服务水平上台阶。“把教育做成一种服务,把教育做成一种口碑,把教育做成一种品牌。”

【赣西外国语学校】 学校占地面积205亩,其中中学部分占地近140亩,2020年拥有在校生约3700人,75个教学班,专任教师200人,员工120多人。学校根据教育教学工作实际,制定《学生在校行为规范》《教学常规》《教师业绩考核办法》《学校财产保管暂行条例》《学校水电管理办法》《端正教风10条禁令》等学校管理制度30多个。绝大多数教师、员工、学生遵守学校规章制度,听从指挥,服从安排。学校平稳、平安,没有出现一起重大的安全责任事故。

【县教育体育领导成员】

局　长:张绪荣

副局长:周细辉

　　　　章文斌

　　　　杨浩荣

　　　　王啸浪

科技工作

【概况】 2020年,万载县科技局以习近平新时代中国特色社会主义思想为指导,务实担当,开拓进取,在提升企业创新主体地位、培育科技创新平台、服务产业发展等方面做了大量工作,取得了较好成绩,全年共争取市级以上科技经费230多万元。

【创新平台载体】 新批国家高新技术企业18家,科技型中小企业入库38家。花炮产业技术创新战略联盟获批省级产业技术创新战略联盟。获批宜春市富硒梨、桃种植农业科技创新联盟、宜春市龙牙百合种植农业科技创新联盟等3家市级农业科技创新联盟;获批宜春市锂电池回收综合利用工程技术研究中心和宜春市核苷类抗病毒药物工程技术研究中心等2家市级创新平台。

【纾困惠企有实招】 积极开展“科贷通”业务为企业解决融资难融资贵问题。全年有华尔升、千年、万申等9家公司共获得贷款2800万元，有效缓解了企业资金压力。

【人才工作有起色】 一是全县“科技人才信息库”建设工作正式启动，充分发挥科技人才在推动全县创新引领战略实施中的重要作用，同时激励广大科技工作者积极向上、奋发有为，努力营造尊重劳动、尊重知识、尊重人才、尊重创造的良好氛围。征集范围按行业主要包括工业、农业、教育和卫生等社发领域技术类和技能类、种植养殖行业实用人才及民间能工巧匠等几大类。二是江西省“双千计划”项目申报比上年有大提升。2019年获省“双千计划”项目2个，无偿经费60万元。2020年组织申报省“双千计划”项目10个，其中创新领军人才长期项目2个，创新领军人才短期项目6个，高层次创新团队项目2个。

【农业科技有亮点】 一是制定省级地方标准。为助推万载县有机富硒农业产业发展，连续两年与老年科技协会组织老农业科技人员建立了有机辣椒标准化栽培示范基地，制定的《有机辣椒生产技术规程》2020年7月被江西省市场监督管理局批准为省级地方标准。二是开展低镉水稻品种对比试验。从江西省农科院超级水稻研究中心引入最新科技成果——“低镉水稻新品种低镉五山丝苗”，进行品种对比试验。经试验，其产量与米质也不逊全县栽种的其他常规稻品种，具有较大的推广前景。

【科研合作有成效】 万载县辉明有机农业科技开发有限公司与宜春市农业科学研究所、江西农业大学等科研院所、大学合作的“赣紫山药1号选育及山药高产高效生产关键技术研究与应用”项目获得江西省科学技术进步二等奖。组织南氏锂电等企业申报江西省科学技术奖4项。其中江西睿锋环保有限公司和睿达新能源公司与桂林理工大学合作的“利用铜锌镍二次资源清洁生产高附加值产品关键技术及其产业化”成果经中国有色金属工业协会组织的科技成果评价，其整体技术达到国际领先水平。这是继2019年南氏锂电获得国际领先水平成果后的又一重大成果。

【县科技局领导成员】

党组书记、局长：宋小来
党组成员、副局长：龙万平
副局长：刘向众
党组成员、副局长：江　嵘（女）
党组成员、生产力促进中心主任：郭成兴
副科级干部：杨家远

宋庆剑

文化卫生

文化广电新闻出版旅游管理

【概况】 2020年，是全面建成小康社会和"十三五"规划收官之年，万载县文广新旅工作全面贯彻中央、省、市有关会议精神，按照县委、县政府"1423"工作思路，力求创特色、有亮点、出经验，安全、有序、和谐地完成了各项工作。共接待游客909万人次，同比增长1%，旅游产业收入98亿元，同比增长0.9%。万载古城景区被列为全省文旅融合示范区创建单位；《遇见万载》旅游宣传片获宜春市第一名；图书馆在2019—2020年度宜春市古籍保护工作中，被评为"古籍保护先进单位"；万载县湘鄂赣革命纪念馆在宜春市第一节政课成果展示活动中被评为"优秀思政研学实践基地"；万载县文化馆在江西省举办的"百姓大舞台，大家一起来"大型公益性文化活动中获"优秀组织奖"；万载文化馆选送的小品《搅屎棍》参加2020年宜春市扫黑除恶专项斗争原创小戏小品大赛，获得"一等奖"；万载天子坳风景区获国家AAA级旅游景区荣誉称号、万载县高村镇仙姑岽景区获江西省AAA级乡村旅游点称号。

【聚力促进文旅经济发展】 1.文旅产业复产不停歇。新冠肺炎疫情期间，县文广新旅局成立局党委新冠肺炎防控领导小组，按照 "九个一"举措加强疫情防控工作，即关住一道门，建好一个站，拉起一根线，制作一个牌，发布一标语，进行一消杀，扫好一个码，测好一体温，戴好一口罩。疫情发生时，共关闭361家文旅行业单位，取消各类公共文化活动 35 场，出动检查人员1800余人次，工作车辆300余台次，创作了近300篇抗疫作品，有数篇登上"学习强国"。加大抗疫宣传力度，播出疫情防控广播公益广告1930条次，时长5120分钟；播出电视公益广告1825条次，时长3780分钟；播出流动字幕1825条。"万载文旅"发布疫情防控相关微信186条。疫情稳定时，及时召开局党委会议研究并争取出台优惠政策助力文旅企业复工，将相关文旅企业引入贷款白名单，引进"财源通"万载古城、万载恒晖艺术农业景区各贷款500万元。万载古城景区举办了"焰火之吻"烟花嘉年华旅游文演，让万载花炮制作技艺走进万载古城，拉动了旅游"夜经济"，据万载古城游客数据自动检测统计，每天至少超过10000人在古城范围观光消费，最高峰时近20000人。

2.品牌创建工作不松劲。一是积极创建"江西省旅游强县""江西省文旅融合示范区"两个大品牌，万载古城2020年被评为江西省文旅融合示范区创建单位；二是万载天子坳风景区获国家AAA级旅游景区称号、万载县高村镇仙姑岽景区获江西省AAA级乡村旅游点称号。宜嘉酒店创建四星级旅游星级饭店，禾田下民宿、古色民宿创建四星级旅游民宿，待上级部门批。

3.宣传营销不打折。疫情以来，立即组织文旅产业参加宜春市"共助文旅、抗击疫情"培训；组织景区企业参加"抖音培训班"，鼓励景区学习新媒体营销方式，如开通抖音号、抖音直播等；加入"云游江西"活动，指导参加省旅游消费券活动的万载古城景区和万载恒晖艺术农业景区做好核销工作，试行2.5天弹性休假制度，鼓励干部职工出游促进旅游消费，与江西省内景区组成联盟，合力营销；接待央视《朝闻天下》栏目广告片拍摄万载古城景区和万载恒晖艺术农业景区；组织了概念烟花、瓦片画、竹雕等14个文创产品参加江西省文创产品大赛，《燃朝烟花文旅产品》瓦片画艺术品入选全省文创产品大赛；积极组织单位及文旅企业参加江西省文创旅游商品大赛、中国旅游商品大赛、2020年中国红色旅游博览会；组织“万载祠堂宴”参加全市旅游迎宾宴评比大赛；《遇见万载》参加宜春市文化和旅游产业发展工作领导小组组织的全市旅游宣传片展播评比活动中获得“金奖”。

4.招商引资不落后。局领导多次到北、上、广、深等地，为天马山(竹山洞)旅游度假区、大九龙国际生态康养旅游度假区等招商引资。与江苏省建集团签订了“万载县大九龙国际生态康养旅游度假区”“万载县天马山(竹山洞)旅游度假区”两个项目旅游投资框架协议，总投资30亿元。

5.全域旅游方面。进行《万载县文化和旅游产业发展总体规划(2021—2035)》《万载县文化和旅游发展“十四五”规划》，重点在全域旅游方面下功夫，结合景区旅游、红色旅游、乡村旅游、工业旅游、城市旅游等方面，全面推进万载旅游发展。

【持续推进公共文化服务】 1.公共文化服务。为建好文化阵地、配强文化队伍、丰富文化供给，印发了《关于进一步加强基层文化建设的实施意见》；完成2019年公共文化服务体系建设资金绩效自评和2020年公共文化服务体系建设资金绩效目标。

2.艺术创作。万载仙源乡的防疫客家山歌上了中国普法微信公众号，万载徐威的书法作品在江西省书法家协会举行的“同心协力，抗击疫情”主题书法作品征集活动中评为优秀作品。县融媒体中心推出的宣传片《抗击疫情　万载加油》、县教体局推送的小学生《因为有你》诗歌朗诵、县文广新旅局创作的三句半《众志成城抗疫情》、三兴镇制作的疫情防控顺口溜等抗疫作品先后登上“学习强国”。

3.文化活动继续开展。图书馆接待读者20万余人，图书馆在2019—2020年度宜春市古籍保护工作中，被评为“古籍保护先进单位”；到纪念馆参观近16万人次，万载县湘鄂赣革命纪念馆在宜春市第一节政课成果展示活动中被评为“优秀思政研学实践基地”；送戏下乡共完成演出200场，其中万载县“脱贫攻坚成果展”送戏下乡巡演活动在全县各乡镇(街道)上演的节目小品《伪装者》《搅屎棍》、大型古装花灯戏《清风亭上》、花灯小戏《采桑》、《过关》等，观众达16万余人次。万载县文化馆在江西省举办的“百姓大舞台，大家一起来”大型公益性文化活动中荣获“优秀组织奖”、万载文化馆选送的小品《搅屎棍》参加2020年宜春市扫黑除恶专项斗争原创小戏小品大赛，获得“一等奖”；送电影下乡完成2900场任务，成立万载古城景区新时代文明实践城市公益电影放映点，成为万载县新时代文明实践建设的示范点。

4.应急广播体系建设。万载县正式启动了县、乡镇(街道)、村(社区)、自然村(组)连通的应急广播平台建设，2020年年底完成与省、市应急广播系统对接，县、乡镇(街道)、村(社区)上下贯通、统一联动、分级负责、安全可靠、快速高效的全县应急广播体系。

5.文旅机构改革方面。电影公司顺利由事业单位转为国有企业，保证了平稳过渡。成立了花灯戏剧团，在传承保护非遗的同时，把演艺推向市场。

【抓好文物、非遗工作】 1.非遗保护工作。公布第五批县级非物质文化遗产项目，什段锦、舞龙舞狮、竹雕、白水手工陶瓷制作技艺共4个项目；举办了全县代表性传承人培训班、万载得胜鼓传承人培训班。全省非遗培训班来到万载古城现场教学，领导及学员对万载安排的非遗活动给予了一致好。积极推荐非遗扶贫工坊建设，万载县6个工坊被评为省级非遗扶贫工坊(宜春市仅16个)。

2.文物安全工作。国保旧址消防工程启动实施。湘鄂赣省红色中心医院旧址维修工程启动实施。开展三级文物认定,通过认真评估,共新增认定三级文物91件。

3. 红色标语认定与保护工作。通过对全县17个乡镇,180多个行政村深入开展红色标语普查,共登记上报标语32条。万载县共核定红色标语25条,其中一类标语5条,二类标语11条,三类标语7条,一般标语2条。

【推进文旅市场监管】 1. 依法依规管理,严格文化旅游市场经营秩序。开展执法行动26次,整顿网吧、KTV等娱乐场所18家,坚决打击网吧接纳未成年人上网和超时经营等违规行为,分别查封网吧和歌舞厅各一家,调解旅游投诉6起。开展"扫黄打非""护苗2020""净网2020"等专项整治行动,开展执法行动70余人次,取缔游商地摊2个,查缴各类盗版非法出版物3660余册(张),盗版音像制品100余张并进行销毁。全年出动广电执法13次,强制拆除没收非法卫星锅43套,村民自行拆除180多套。万载县文化市场综合执法大队被省文化和旅游厅评为旅游投诉工作先进单位,办理的《万载县开心国际旅行社超范围经营案》被评为全省重大案件(全省15个,唯一县级执法队伍所办)。

【决战脱贫攻坚】 "旅游+扶贫"效果显著。节假日乡村旅游点人流剧增,特别是5月中下旬白水的百合花盛开期间,乡村旅游点人流量有35000人次。通过百合基地解决村里一些贫困户就业问题,同时使贫困户增收。落实全县贫困村村庄整治扶贫工程,广电网络建设能收看电视户数12697户,覆盖率100%;补充安装贫困户电视信号有线电视户数201户、户户通627户,共828户,截至5月底全部安装完成。于10月底全部验收完成。

【积极做好党建工作】 万载县文化广电新闻出版旅游局党委坚持以习近平新时代中国特色社会主义思想为指导,认真落实县委的决策部署,全面推进党建"三化"建设,局党委高度重视,成立"三化"建设领导小组,下设"三化"建设办。通过"三化"建设,实现党建工作水平提升、服务群众水平提升、文旅产业发展提升。根据县委关于开展"优环境、促发展"大讨论活动的工作安排,在县委大讨论活动办公室第三督导小组的精心指导下,县文广新旅局党委切实提高政治站位,紧密结合工作实际,将学习研讨、问题查摆和整改提升贯穿活动始终。

【新增三处省保红色旧址】 1.湘鄂赣省红色中心医院旧址。湘鄂赣省红色中心医院旧址位于万载县仙源乡仙源村委会仙源街。旧址原为王家住屋,民居建筑,坐东朝西,土木结构,悬山瓦顶。原布局呈"凹"字形,南侧厅损毁仅存北侧横厅。湘鄂赣省红色中心医院是1931年11月在原红三医院的基础上改组成立的,次年4月,由修水上杉迁至此屋。主要负责为苏区军民提供医疗诊治、伤员救护等。1934年1月撤往铜鼓幽居一带。

2. 湘鄂赣省军区政治部旧址。湘鄂赣省军区政治部旧址,位于万载县仙源乡新市村委会泉丰岭下自然村王家屋。旧址坐西朝东,民居建筑,土木结构,前后两进,共3厅12房。为了加强对全省红军和地方武装的统一领导,根据中央军委的决定,1932年春,在万载小源成立湘鄂赣省军区。军区政治部驻扎此屋,在小源培养了一大批军政干部。

3. 中共湘鄂赣边境特委旧址。1929年4月中旬,鉴于湘赣特委管辖范围已扩大到鄂南通城和崇阳,中共湖南省委决定将湘赣边特委改称为湘鄂赣边境特委。机关初驻平江黄金洞,不久,迁入万载县仙源乡阳拓坑,后移至官元山城坑蓝家老屋。特委指挥平江、浏阳、湘阴、通城、岳阳、修水、武宁、崇阳、万载、铜鼓、宜丰、宜春等县的工作,下辖湖南平江、浏阳、湘阴;江西修水、铜鼓、武宁等县委、万载临时县委、宜春临时县委、宜丰第一区委(1929年11月改为宜丰特别区委)、湖北崇阳特支等党组织。边境特委成立以后,领导湘鄂赣边区军民粉碎了敌人的多次进攻,进一步发展了革命势力。1929年9月2日,特委在此召开扩大会议,选出了以王首道为书记的第二届执委。12月,王首道奉调湖南省委,边境特委遂召开执委扩大会议,选举袁国平为代理书记。为便于指导平江、修水的革命斗争,并决定会后特委机关由万载城坑迁平江长寿街。这时,边区工农武装割据区域已扩大到10余县,并已开始有组织的土地革命斗争,湘鄂赣苏区已基本形成。

【组建万载县花灯戏剧团有限公司】 8月10日,县委、县政府决定按照国有企业规范模式,组建万载县花灯戏剧团有限公司,作为万载文化产业发展的第一国企,集合万载多项非物质文化遗产,保护、传承、发展地方特色文化,为使未来文旅产业壮大成为万载国民经济支柱产业奠定坚实的基础。该公司为政府引导并扶持,市场运作,国有独资,自主经营,独立核算,自负盈亏。办公、排练、生活场地暂时将原万载花灯戏传习所场所(党校院内剧院)划给该公司使用。公司内设万载县花灯戏剧团、万载县花灯戏研究院、万载县花灯戏学院。该公司出资人为万载县文化广电新闻出版旅游局,行政、业务、党建等工作隶属于万载县文化广电新闻出版旅游局。县文化馆现有聘用人员、县文化馆部分在编在岗人员(根据其专业特长,及其自愿方式选择)、经县委、县政府批准同意公开招录的戏剧类相关专业人员为初期组建的专业队伍,专业队伍人员总量控制在30名左右。另聘请少量花灯戏老艺人到公司传帮带。任命黎星为县花灯戏剧团有限公司董事长。每年从县政府公共文化服务资金中列支60万元经费,用于扶持万载县花灯戏剧团有限公司发展,具体按专业队伍人员数计算,每人每年补助2万元,专业队伍人员以实际核定为准。扶持时限暂定5年,从2020年开始。

【组建万载县花灯戏学院】 8月10日,县委、县政府为发展和振兴万载花灯戏培养后续人才,形成人才梯队,决定实施花灯戏人才培养计划。明确以万载县花灯戏剧团有限公司为主体,组建万载县花灯戏学院,属职业文化艺术教育类,并以万载县花灯戏剧团有限公司为教学和实训基地,以与相关高等院校戏剧专业学院(中等专业学校)合作办学培养为依托,封闭学习、封闭管理,学制5年,大专(中专)学历,每五年招一届。学员的培训费由万载县花灯戏剧团有限公司统一支付;学杂费、寄宿费等根据与合作高校(中等专业学校)商定,并经有关部门批准文件收取。万载县花灯戏学院根据需求招收万载籍本地学员10~15名(年龄10~15周岁的小学、初中生,男女比例4∶6)。

【组建万载县花灯戏研究院】 8月10日,县委、县政府为重点研究花灯戏历史、保护、传承与发展,决定着力解决花灯戏戏曲剧本、传统剧目、戏曲音乐等精品创作问题,制定花灯戏戏曲剧本(含花灯戏传统剧目)孵化计划,培养戏曲表演、编剧、导演、作曲等创作人才,开展花灯戏文创工作,鼓励花灯戏传承人和其他戏曲名家传艺,引进优秀戏剧主创人才。

【文宇阁书院】 文宇阁书院系万载民间人士袁宇通过以书养书模式创办的民间公益图书馆,16年来,图书馆扎根万载乡村,特别关注广大农村村民和留守儿童,并自筹资金4000万元在万载建起了占地20亩的公益图书馆新馆,藏书总量达300万册,文渊阁四库全书是该馆的镇馆之宝,家谱、地方志等地方文献资料是该馆的一大特色,此馆年服务读者10万人次,考察团队近百场。书院在2020年被列为万载县家庭教育示范基地、万载县社会心理服务中心心理健康服务基地,万载县科普教育基地。书院创始人先后被央视新闻、新华网、人民网、《中国文化报》、江西卫视等多家权威媒体报道。

【县文广新旅局领导成员】

党委书记、局长：刘海勇

党委成员：杨异文

党委成员、副局长：饶国泰

龙瑞荣

龙成胜

赖松松

周力平

副科级干部：谢　成

卫生健康

【概况】 万载县卫生健康委员会是县政府工作部门，为正科级。委机关内设22个职能股室：秘书股、人事股、规划信息股、财务审计股、政策法规与综合监督股、体制改革股(医改办)、疾病预防控制股(职业健康股、卫生应急办公室)、医政医管股、基层卫生健康股、老龄健康股、妇幼健康股、人口监测与家庭发展股、党建宣传股、中医药管理股、健康教育所、县计划生育协会办公室、卫协办、社会办医管理股、县爱国卫生运动委员会办公室、行政服务股、招商办公室、县医疗系统财会核算中心。

全县设有县乡卫生健康单位23个，其中县直卫生健康单位6个[人民医院、中医院、疾病预防控中心、卫生监督所、妇幼保健计划生育服务中心（妇保院)、皮肤病防治所]，乡镇(街道)卫生院17所(中心卫生院5所、普通卫生院12所)；共有民营医疗机构15个（红十字会医院、医学会医院、肛肠医院、和谐医院、爱心精神病医院、中西医结合医院、华安口腔医院、红星医院、广仁骨科医院、杏林中医院、诚济医院、仁济体检中心、博视眼科医院、泰康老年护理院、百年颐康老年护理院)，乡镇(街道)卫生健康办17个；全县共有181个行政村，村卫生室181家，医务室4家，社会个体医疗机构51个（含联合诊所6家)。全县共有编制病床2698张。县直单位有在编人员642人，大集体人员37人，聘用卫技人员643人，合计1322人；17所卫生院现有在编人员443人，大集体84人，聘用卫技人员567人，合计1094人；县乡卫生健康单位取得高级职称113人(正高职称10人、副高职称103人)、中级职称631人，研究生学历14人；在岗注册乡村医生529人。

2020年因在疫情防控工作中表现突出，县卫健委被县委、县政府记集体三等功；2020年全市农卫工作现场会于6月份在万载县召开；11月17日省卫健委党组书记、主任王水平赴万载调研村级卫生室建设，并对全县的工作给予高度肯定；建档立卡贫困人口县外住院“六个一”服务，被国务院督查组当作典型经验宣传。

【党的建设】 一是强化政治建设。进一步强化“一盘棋”意识，将卫生健康系统的工作考量置于全县总的布局和安排中，贯彻党中央的决策部署不打折扣，把县委、县政府的各项措施执行到位，自觉服从大局，坚决维护大局。二是着力推进党建引领。按“一岗双责”要求大力推进“党建+”模式，与业务工作、中心工作紧密结合起来，做到标准不低、要求不松，一体推进。加强先进政治文化建设，在推进医院文化建设过程中，巩固和加强党的执政地位。通过医疗文化的传播来让人民群众切身感受到党的正确领导。三是深入开展“优环境、促发展”大讨论活动。动员全系统党员干部聚焦“政治生态、营商服务、自然生态、高质量发展”四个方面看形势、找问题、理思路，坚持刀刃向内、勇于自我革命，坚持以人民健康为中心，着力提升卫生健康服务内涵，着力优化医疗服务环境，高效推进“优环境、促发展”大讨论活动。县卫健委列入大讨论整改的问题共12个，其中巡视巡查反馈问题1个，前期已全部整改到位并销号，全力推动万载卫生健康事业高质量发展。

【坚决打赢新冠肺炎疫情防控阻击战】 新冠肺炎疫情以来，全县卫生健康系统迅速响应、密切配合、主动担当、精准施策、科学防治，高效地履行好疫情防控应急指挥部的参谋和助手职责。

持续抓实常态化疫情防控。累计排查出湖北返乡人员2651例，其中武汉返乡人员1082例，为287名近期湖北返乡人员进行核酸检测，均为阴性。从4月10日起，万载县摸排管理到中高风险地区和重点地区人员共1806人，发热门诊就诊人次数为4017人，为200名发热病人开展流行病学调查，其中重点个案调查40人，排查出密切接触者1073人，均已解除医学观察。为8930名发热门诊病例和住院病例开展血清学检测，为1732名发热门诊病例、5103名住院病例开展核酸检测，重点科室医护人员核酸检测831人次。

积极落实秋冬季、冬春季新冠肺炎疫情防控措施。制定《万载县应对2020年秋冬季新冠肺炎疫情应急预案》《万载县新冠肺炎等传染病疫情监测多点触发预警运行机制》《2020年万载县流感疫苗预防接种工作实施方案》；强化县人民医院和县中医院发热门诊建设、管理；加强隔离病区建设、准备后备医疗救治点，将工业园医院作为后备定点医院，着手将灯饰城二楼改造方舱医院（预计设置床位100张）；完善核酸检测能力，县人民医院核酸检测实验室通过省临检中心验收并已投入使用，县疾控中心核酸检测实验室10月29日通过市行政审批局验收并投入使用，全县两个核酸检测实验室单检最大日检测量为2000人次，混检最大日检测量为20000人次；完成人员储备，开展“卫生应急个人二级防护装备使用技能竞赛”、个人核酸检测咽拭采样技能竞赛、流行病学调查人员及现场消杀人员的培训，组建县级医疗救治专家组和流行病学调查队伍并开展全员培训；物资保障到位，全县已投入疫情防控经费2100.28万元（上级1234.59万元、县本级865.69万元），县财政再投入270余万元由中阳医药、五泰医药两个公司采购应急物资，按照满足医疗卫生机构30天满负荷运转需求的标准，确保全县储备医用防护服3130套、各类口罩共261500个、医用护目镜200个、核酸提取试剂盒和检测试剂盒各1200人份、核酸检测采样管混合管1800支、单管9000支、磷酸奥司他韦等有关药品，同时呼吸机、监护仪、负压救护车等重症抢救医疗资源基本能满足处置紧急状态下患者救治的要求。10月30日开展全流程疫情防控应急演练。积极落实冬春季疫情防控重点工作。

【健康扶贫】 作为健康扶贫的牵头单位，县卫健委与医保、财政、民政、残联、保险公司等部门单位密切协作，严格落实政策要求，全县健康扶贫工作一直位列全省、全市前列，并被央视报道。落实医疗保险保障，确保建档立卡贫困患者住院医疗费用报销比例在90%适度范围，采集到12月医保支付平台数据，建档立卡贫困患者享受医药费用报销人次数12413人，发生总费6088.28万元，总的报销金额为5486.37万元，通过基本医保、大病保险、重大疾病补充保险、民政医疗救助、财政兜底及医疗机构减免等途径，实际报销比达到90.1%。门诊特殊慢性病政策应办尽办，截至12月，共办理7169本慢性病证并建立台账。认真落实家庭医生签约服务，全县29438名建档立卡贫困人员，已完成签约服务27169人，签约率92.3，履约人数27169人，履约率100%；贫困慢病患者总数（仅限高血压、糖尿病、严重精神障碍、肺结核）5559人，签约5559人，签约率100%，贫困慢病患者履约人数5559人，履约率100%。建档立卡贫困人口县外住院“六个一”服务，被国务院督查组当作典型经验。

村卫生室标准化建设提前完成。万载县于2019年7月在全市率先启动村卫生室标准化建设工作，共完成152所村卫生室标准化建设，占比83.9%（总数含乡镇卫生院所在地村卫生室），建设完成率居全省第一。全市农卫工作现场会于6月在万载县召开。11月17日省卫健委党组书记、主任王水平赴万载调研村级卫生室建设，并对万载县的工作给予高度肯定。

【深化医改取得新突破】 2019年成功申报全国567家紧密型县域医共体建设试点县之一。以县级医共体牵头医院为核心、全面辐射全县各医疗卫生机构的县区域医疗健康综合管理服务平台服务项目已经启动。全县药品、耗材集中统一配送工作方案正在进一步完善论证。

【持续推进健康万载建设】 完善“将健康融入所有政策”工作机制,强化网格式管理,不断提升群众的健康素养水平。推进省级慢性病防控示范县创建。《关于健康万载行动的实施意见》已提交待县政府常务会研究通过。

【坚决打赢“农户改厕”三年攻坚战】 截至2020年12月,全县已完成农户无害化卫生厕所改造90030户,无害化卫生厕所普及率达90.4%,完成农村“厕所革命”整村推进行政村153个,其中2020年改厕任务9288户,已完成9657户,全县改厕工作顺利完成。

【项目建设】 重大卫生健康项目建设持续推进。中央预算内投资项目资金5000万元的县人民医院西院(株潭中心卫生院)完成整体搬迁,这是万载县争取到国家资金最高的单体工程项目。中央预算内投资4960万元、总投资约10000万元的县中医院综合楼建设项目有序推进,已完成招标、基建电变压器安装,并已动工建设。

【人才建设】 人才工作取得新突破。继续加大人才工作力度,2020年招聘44名专业技术人员充实到县直单位。三年多来,全县卫生健康系统共引进人才354名,其中9名硕士研究生,省市统一招聘卫技人员128名,向社会公开招聘了194名合同制专业技术人员充实到三所县级医疗单位,安排三支一扶政策招录15名支医专业技术人员,县外人才回归8名专业技术人员。

【医政医管】 一是开展“五比五提升”活动,切实促进各医疗卫生单位在服务水平、医疗质量、技术技能、医德行风、管理效益等方面得到全面改善。半年多来,“五比五提升”活动成效初显。二是开展6S精益化管理,提升医院综合管理能力,提高医疗服务效能和经济效益,促进医院可持续健康发展,县妇保院、黄茅中心卫生院、县人民医院西院、罗城卫生院面貌一新,下一步将全面推进6S管理,全面提升医院整体形象。三是推动二级医院五大中心、重症医学科、急诊医学科、儿科、感染科等科室建设,组织外科、麻醉、康复等专业参加省市骨干医师、紧缺人才培养及硬件设备设施引进,万载县人民医院已初步完成脑卒中中心、胸痛中心、危重孕产妇中心、危重新生儿中心建设。

【县卫健委领导成员】

党委书记、主任:宋善良

党委副书记、副主任:陈荷根

党委委员、副主任:彭水平

党委委员、副主任:龙国平

计生协会办主任:周敏琼

图书发行

【概况】 万载县新华书店成立于1952年10月,根据上级整体改制的工作要求,自2009年9月,“万载县新华书店”正式更名为“江西新华发行集团有限公司万载县分公司”。公司有正式职工25人,其中在职党员11人。公司主要经营全县中小学教材教辅、一般图书、电子音像制品和数码产品,经济效益排在全省新华发行系统前列。

近年来,万载县新华书店连续多年被评为江西省文明单位、万载县平安建设(综治)先进单位、万载县志愿服务先进单位、江西新华发行集团有限公司助学用书市场化运作奖、江西新华发行集团有限公司护苗最佳奖。

【推动党建工作新发展】 根据基层党建标准化规范化信息化建设相关要求,分公司认真落实省委、市委、县委关于基层工作部署要求,切实推进支部党建标准化规范化信息化建设,一是加强组织领导。成立党建“三化”建设工作领导小组,由支部书记任组长,其他分管领导任副组长,综合办公室负责日常工作,严格落实领导责任,明确分工职责,精心组织实施,有重点、有步骤、有秩序地推进工作,务求取得实效。二是完善党员活动室建设。按照“有标牌、有党旗、有书报、有制度、有党务公开栏”的要求，完善党员活动室建设，配备有电教设备，满足党课教学需求。三是加强信息化建设。配备全国党员管理信息系统终端，完善党员信息系统信息填报。全面推广工商银行线上党费缴交平台建设，确定支部操作员每月导入党费缴纳信息，全体党员按时在网上缴纳党费。

【开展“优环境、促发展”大讨论活动】 根据宜春市委、市政府“优环境、促发展”大讨论活动统一部署，万载县分公司认真贯彻落实党中央、省委、省政府、市委、市政府和县委、县政府各项决策部署，把开展大讨论活动作为一项重要政治任务，充分结合自身实际开展活动，压实各环节工作责任，确保大讨论活动各项部署要求落实落细，取得看得见、摸得着的实际成效。分公司全体党员、干部参与此次大讨论活动，活动自 7 月中旬启动，至 9 月中旬基本结束，分三个阶段实施，将学习研讨、问题查摆、整改提升贯穿活动始终。分公司领导班子坚持带头学习，身体力行、以上率下，带头学习研讨、带头听取意见、带头查找问题、带头整改落实，动员支部上下看形势、找问题、理思路，坚持刀刃向内、勇于自我革命，推动分公司高质量发展。

【完成脱贫攻坚任务】 一是坚持精准扶贫、精准脱贫。贯彻落实“六个精准”要求，大力实施精准扶贫脱贫工程，做到真扶贫、扶真贫、真脱贫。二是充分发挥公司主体优势，大力开展教育扶贫。分公司分别在赤兴中心小学、获富村小、枣木村小开展爱心捐赠活动，向贫困学生赠送了装有图书、文具和生活用品的助学礼包，向学校捐赠了图书、体育用品、音响和教学设备等，用行动践行社会责任，彰显担当精神。三是坚持激发群众内生动力。发挥贫困群众带头作用，提高带头人脱贫能力建设，强化贫困群众脱贫致富的内生动力和自我发展能力，其中贫困户梁友明还被评为全市“脱贫示范户”。四是全力做好脱贫攻坚收尾迎检工作，组织扶贫小分队上户摸排，完善建档立卡户档案资料，上户宣讲 2020 年产业扶贫、就业扶贫、“两不愁三保障”等方面新政策新任务，宣讲家乡发展变化、脱贫致富典型，引导贫困户回报社会、报答党恩。

【江西新华发行集团有限公司万载县分公司领导成员】

公司经理：吴　健

公司副经理：孔克勇

　　　　　　龙学军

　　　　　　辛　婧（女）

融媒体中心

【概况】 万载县融媒体中心为中共万载县委直属正科级全额拨款事业单位，设立于 2017 年 6 月。整合万载人民广播电台（调频 104.1 兆赫）、万载电视台、“智慧万载”手机客户端、“万载发布”微信公众号、“万载发布”新浪微博等多种平台，形成了“两微一端”互联网新闻服务矩阵。集文字、图片、音频、视频、网页等形式编采发布功能于一身，形成“一次采集、多种生成、多元发布”的新模式，着力构建内容丰富、载体多样、覆盖广泛、受众清晰的现代传播体系，合力推进集新闻宣传、民生服务、广告发布“三位一体”的综合体建设，形成新媒体矩阵。

“智慧万载”APP 是由中共万载县委宣传部主管，万载县融媒体中心制作，依托“赣云”平台，专属于万载的手机新闻阅读发布平台。其栏目包括民生、扶贫、卫生、政法、专题、党建、综合视频等，是万载权威信息发布平台，是手机上的移动媒体，是宣传万载的窗口，服务百姓的平台。

“万载发布”微信公众号是万载县融媒体中心在腾讯平台开通的新闻发布途径，把各种时政新闻、热点新闻、民生新闻等传递到读者手机上，正确引导网络媒体宣传，把握网络媒体的话语权,弘扬主旋律,提升万载美誉度,传播思想正能量。

“万载发布”新浪微博利用新浪微博的即时性提高新闻发布的时效性,根据需要不定期推出最新新闻。在内容发布方面,以万载热点新闻为主,关注民生,报道事实,解疑释惑,回应关切,同时转载省内、国内和国际上的一些热点新闻话题。

“万载发布”抖音以短视频为主,是万载县政府官方抖音号,有料,有趣,有温度。

万载县融媒体中心以习近平新时代中国特色社会主义思想为指导,坚持正面宣传为主的方针,围绕中心,服务大局,发挥各媒体平台间深度融合和聚合共振效应,多项工作取得了喜人成绩。2020年,县融媒体中心有万载广播电视台、万载发布、智慧万载等媒体平台。全年电视台共编排《万载新闻》138期、《一周新闻荟萃》46期;“万载发布”微信公众号总阅读量1140万人次;“智慧万载”手机台5150条,累计播放量突破9亿人次,粉丝已有67.9万人。

【对内宣传有声有色】 1. 快速反应,强化公信力引导力。面对新冠肺炎疫情,县融媒体中心第一时间启动应急响应机制,全媒联动、融媒传播,充分报道疫情防控工作的进展和成效,广泛宣传抗击疫情一线的先进典型和感人事迹,积极传播科学防治知识,为打赢疫情防控阻击战提供了坚强有力的舆论支持。万载电视台《万载新闻》、“万载发布”微信微博等先后开设《众志成城防控疫情》《科学防控疫情有序复产复工》等专栏,宣传党中央政策和习近平总书记的重要讲话精神,报道县委、县政府高度重视疫情防控的相关工作,宣传全县各级各部门及广大人民群众齐心合力防控疫情的情况,宣传正能量。同时,充分发挥官方媒体优势,澄清谬误,明辨是非,稳定人心。加强舆情管理,及时辟谣,及时发声,消除社会恐慌情绪,“万载发布”微信公众号《最新,万载确诊1例新冠肺炎》等2条稿件转发量突破10万次。

2.各平台开设“学习贯彻中共十九届五中全会精神”专栏,推动中共十九届五中全会精神深入人心,激发干劲。栏目报道了全县各行业各领域的学习情况,既有领导宣讲及相关会议、学习交流研讨、教育培训等,又有广大群众喜爱的送戏下乡活动,将全会精神融入文艺表演中,增强了群众的吸引力。双桥镇的“中国好人”张包春,利用自己创办28年的义务广播站,每天走村串户宣传中共十九届五中全会精神,让乡亲们坐在家门口就能学习到党的政策理论知识。稿件《万载农村老党员:义务宣讲打通中共十九届五中全会精神直达农村最后一公里》在江西卫视《新闻联播》播出。

3.系列报道“宜春市旅游迎宾宴活动”接地气、食烟火、有角度。活动前期,精心组织拍摄了《舌尖上的美食系列:“万载六大碗”》菜肴制作专题视频,并在微信、抖音、电视三大平台推出,介绍制作程序方法到位、拍摄手法详细、视觉效果好,让人耳目一新。新闻特写《品味舌尖上的美食,尽在万载这桌菜》和《万载祠堂宴　尝遍天下鲜》分别在微信和《万载新闻》中播发,且开通智慧万载手机台进行全程直播。可以说很好地打赢了一场活动报道的硬仗,为输出万载饮食文化,提升万载旅游形象做出了重要贡献。

4.加强新闻监督,架起干群“连心桥”。针对“优环境、促发展”大讨论活动收集到的意见建议和问题线索,如黑火药监管缺失、夜宵摊违规等敏感问题,政府不回避,媒体有作为,“万载发布”微信公众号及时编发《万载整改问题情况通报》,及时回应群众的关切,广受好评。为推动“优环境、促发展”走深走实,畅通民生诉求,中心主动作为,积极谋划,推出《“舆”你同行》专栏,反映热点、难点问题,及时转给问题所涉及的部门或乡镇进行回复,对整改措施进行跟踪报道,架起了政府与群众间的“连心桥”。《曝光台》栏目对双桥镇、高城镇人居环境部分未整改到位的问题进行了曝光,作为反馈,《“舆”你同行》“回音”专栏再次派记者对曾经曝光的问题进行回访,报道了这些地方农村环境整治的效果，充分发挥了舆论监督功能，体现了媒体的服务性。

5.脱贫攻坚，媒体有担当。打赢脱贫攻坚战是全面建成小康社会的重中之重。在做好单位自身脱贫攻坚工作的同时，《万载新闻》、“智慧万载”“万载发布”微信、抖音全媒体开设栏目，全方位、立体化、多层次凝聚脱贫攻坚舆论力量，助力打赢脱贫攻坚战。用“脚力、眼力、脑力、笔力”，全面展示万载脱贫工作的亮点和成就。《脱贫路上》栏目聚焦脱贫攻坚工作，宣传报道全县扶贫工作中的先进典型和事例，已播放 42 期，仅在“智慧万载”APP 已有 4 万次的浏览量。《易地搬迁：李学明，搬出幸福生活》很好地展现了建档立卡贫困户的自立自强的精神风貌，该段视频时长仅仅 3 分 45 秒，一经推出播放量随即达 5103 次，提升了传播力。

6.融媒协作创新，汇聚媒体智慧，实现传播效力最大化。在疫情初期，万载县融媒体中心第一时间建立了融媒协作群，汇集各平台编辑互动交流，共同策划战疫报道。在对“万载农民捐赠蔬菜援助武汉”事件将近一个月的持续跟踪报道后，胥基础 5 次对武汉捐赠蔬菜的这一善举于 3 月 3 日最终在中央电视台《新闻联播》播出。5 月 9 日，万载融媒体中心助力胥基础捐赠武汉抗击疫情案例也入选由《人民日报》全国党媒信息公共平台联合《新闻战线》、中国人民大学新闻学院共同发起的“县级融媒齐心抗疫”创新案例，是宜春市唯一入选的单位。

7.精品力作，实现高质量传播。在“第八届全国市县电视台、融媒体中心推优展播暨百台论融媒活动”中，万载县广播电视台获 4 个“国字号”奖项：中国电视艺术家协会颁发的“全国市县最佳电视栏目单位”，作品《脱贫路上》获中国电视艺术家协会颁发的“电视专题一等奖”，作品《法治万载》获中国电视艺术家协会颁发的“电视栏目一等奖”，作品《扶贫小作坊致富大品牌》获中国电视艺术家协会颁发的“短视频一等奖”。

8.透过数据看融媒，稳中向好，多项指标排在全省前列。江西省融媒体中心对全省 104 家县级融媒体中心进行排名，“万载发布”抖音列全省第六名，全市第二名，“万载发布”微信公众号列全省县级融媒体第十四名，全市第三名。全年电视台共编排《万载新闻》138 期，编发稿件 1032 条，编排《一周新闻荟萃》46 期，编发《代表风采》18 期，《政协传真》栏目 8 期。“万载发布”微信公众号粉丝已有 9.9 万人，总阅读量 1140 万次，发稿 2025 条。“智慧万载”APP 发布 5150 条，“万载发布”抖音发布短视频作品 679 条，累计收获 1530 万个点赞，累计播放量突破 9 亿人次，粉丝已有 67.9 万人。中心成功取得省网信办首批颁发的互联网新闻信息服务许可证。

【主攻外宣，发出万载好声音】 县融媒体中心在外宣上按照县委宣传部“外宣在去年基础上争先进位，力争进入全市第一名”的总要求，强力做好外宣工作。中心一方面加强了领导，强化新闻例会和选题策划，坚持每周新闻例会制度，筛选特色亮点，选定骨干记者，确定责任领导，限时完成并上传；另一方面加强与上级媒体部门的联络和沟通。中心就想方设法派员到江西电视台跟班学习，及时掌握江西电视台、央视宣传重点和动态，熟悉做稿、传稿、用稿规律和流程，拓宽发稿渠道，主动向央视前方记者、后方编辑提供各方面素材与服务，把万载工作的重点与亮点推向央视，展示万载担当和力量。3 月 3 日在央视《新闻联播》中播出的《八方支援　汇聚合力》稿件，展示了万载人民牵挂疫情，大爱无私的情怀。三兴镇农民先后 5 次共捐赠 150 吨自产萝卜，从万载运到湖北分发给抗疫一线的工作人员，接受捐赠的湖北武汉市洪山区环卫局清扫四队队员吴贵安说：“感谢江西老表的无偿援助，我们吃着萝卜心里甜。”在当时疫情肆虐的严峻情况下，来自万载的这条新闻给无数荧幕前的人们注入了一股暖流。全年中央电视台用稿 60 条，其中，《新闻联播》中用稿 18 条，其他频道（考核频道）用稿 42 条。中央人民广播电台《新闻联播》《新闻和报纸摘要》用稿 3 条,江西卫视《江西新闻联播》用稿 49 条,《社会传真》用稿 6 条。

【县融媒体中心领导成员】

县委宣传部副部长,中心党组书记、主任,县广播电视台台长:
陈建才
中心党组副书记、总编辑:
郭基平
中心党组成员、副主任:刘仲高
中心党组成员、副主任(副总编辑):宋　维(女)
中心副科级干部:汤　勤

广电网络

【概况】 2020 年,万载广电网络分公司在省、市公司的坚强领导下,在县委、县政府的大力支持下,认真贯彻落实中共十九大和十九届四中、五中全会精神,紧紧围绕省公司下达的目标任务,以智慧广电建设和网格化管理为抓手,统筹推进疫情防控和业务发展,积极服务“线上教学”和地方经济社会发展,强力推进各项目标任务的完成。截至 12 月 31 日万载多项经济指标在全省 94 个分公司位居前列。

【推进网格化规范管理】 分公司全力推进网格化管理,坚持把优质服务贯穿于各项工作、各个环节。在公司内部全面实行首问负责、限时办结、用户回访、客服督查、满意度调查、全面赛马等制度,以抽查督查提高工作效率,提升用户满意度和服务质量。在疫情防控最严密期间,公司坚持营业厅和各乡镇站每天开门营业收费、受理报修,做到每天有人上门维修,断缆故障随时有人赶赴现场抢修,确保用户看好电视用好宽带,确保学生在家正常上网课,当时农村基本封路,很多维修员往往要步行几千米到达维修点。机房人员每天对修复情况进行抽查、督查、回访和满意度测评,并在工作群通报。现在公司安装维修员都能够做到小故障当天报修当天修复,当天开户当天安装或即时安装,拖单压单现象彻底解决,赢得用户一致好评。

【服务“线上教学”和当地经济社会发展】 1. 建设智慧广电,为政府服务,为百姓服务。加快推进教育城域网建设,项目施工基本完成,正组织自验。12 月份按期启动万载县应急广播体系建设项目。努力实现公司转型升级目标。2.积极配合政府做好棚户区改造、老旧小区改造、新农村建设、集镇改造、公路建设的杆路迁移地埋工作。3.面对突如其来的新冠肺炎疫情,公司克服重重困难为最边远山区高村镇新竹村尹家岭孩子在网开通线上教学。2 月 14 日在疫情防控最严密的时候,分公司了解到高村镇新竹村尹家岭 12 名学生没法上网课时,立即成立了由总经理、分管副总、工程技术人员、高村有线电视站、施工队人员组成的尹家岭开通广电信号突击小分队,小分队克服雨雪结冰天气、防疫卡口封路、山路崎岖陡峭、吃住等困难,在尹家岭的深山老林中奋战四天搭建近 8 千米的光缆,投资 23 万元,将广电网络电视信号和宽带信号送到 15 户村民家中,为 12 名中小学生及时送上了线上教学,受到各级领导的高度赞扬,新华社、江西卫视、江西电台、江西教育台、中国教育报、江西省教育厅公众号、赣网之窗、宜春电视台、万载电视台等多家媒体也相继报道。4. 做好马步乡新民村的包村挂点工作、罗城镇麻田村 6 户贫困户的结对帮扶工作、仙源乡高岭村的定点帮扶工作。同时针对贫困村及贫困户出台有线电视、宽带安装使用优惠政策。6 月按照县扶贫开发领导小组的要求,采取政府购买服务与广电网络优惠相结合的方式,为全县无法收看电视信号的 828 户建档立卡贫困户安装有线电视或户户通设备,解决看电视难的问题。

社会事业

民政工作

【概况】 万载县民政局2020年年底在编人员38人,内设10个职能股室:秘书股、社会救助办公室、社会组织管理办公室、基层政权社区治理和区划地名股、养老服务股、慈善事业和社会工作股、社会福利事务股、福利彩票发行站、县城镇贫困群众脱贫解困办公室、县殡葬改革办公室等。负责全县城乡低保、特困救助供养、社会福利、基层政权建设、社区建设、社会工作、行政区划、边界管理、民间组织管理、婚姻登记、殡葬管理、流浪乞讨人员救助、福利彩票等工作。2020年,全县民政工作在县委、县政府的正确领导,在省市民政部门的指导支持下,认真学习贯彻中共十九大和十九届二中、三中、四中、五中全会以及习近平新时代中国特色社会主义思想,以落实基本民生保障为重点,紧紧围绕县委、县政府中心任务和省市民政工作要点,推进社会创新和民政服务,努力开创全县民政改革发展新局面。

2020年获全市民政工作高质量发展综合考评优秀单位,获全市福利彩票发行工作优秀单位等称号。

【城乡低保】 加大城乡低保工作力度,城市低保标准提高到每人每月720元,月人均补差水平达到450元;农村低保标准提高到每人每月480元,月人均补差水平达到325元;全县城市低保对象2674户、4706人,发放低保金2559.6万元;农村低保对象11032户、18077人,共发放低保金6858.8万元。

【特困人员救助和临时救助】 全面落实特困人员救助供养政策,农村特困人员供养标准统一提高到每人每月625元,城镇特困人员供养标准提高到每人每月936元,共为3719名特困供养对象发放供养金2999.8万元。完善了临时救助制度,全年共救助困难对象929户,发放临时救助金191.4万元。其中,疫情期间,第一批核查受疫情影响无法返岗复工的困难户131户、575人,发放一次性临时救助37.7万元;第二批核查受疫情影响无法返岗复工的困难户98户、430人,发放一次性临时救助28.2万元。发放城乡低保户价格补贴912.85万元。

【城镇贫困群众稳定实现脱贫解困目标】 按照"做示范、勇争先"目标定位,从兜底基本生活保障、落实教育保障、做实医疗保障服务、保障基本住房安全、加大就业创业社保扶持、推进社会力量常态化帮扶、优化脱贫解困工作机制等方面,各工作职能部门制定出台了脱贫解困的政策措施,进一步压实了各成员单位的责任,强化了督查和成效考核工作,促进了各项政策措施落实到位。全县城镇贫困群众1371户、2589人,稳定实现了"两不愁三保障"。

【基层政权、社区治理和区划地名工作】 扎实推进农村社区建设试点工作,株潭镇石塘村、亭下村,岭东乡东山村、苏溪村,鹅峰乡布塘村,茭湖乡上峰村、谢溪村7个村被命名宜春市农村社区建设试点示范社区。三兴镇沙潭村被命名全省"绿色社区、美丽家园"创建活动示范社区。

开展了疫情防控一线城乡社区工作者关心关爱工作。扎实推进区划地名、勘界工作。完成万(载)浏(阳)、万(载)袁(州)线联检工作，制定了联检实施方案，完成了联检作业并上报联检情况报告。完成了7条乡镇边界线的联检任务,制定下发了《关于开展第二轮乡镇行政区域界线联合检查工作的通知》文件,11月完成乡镇边界联检、平安创建任务。

【养老服务工作】 进一步推进农村“党建+乐龄中心(幸福食堂)”建设,注重养老服务需求,助力乡村振兴战略,着力推进农村“党建+幸福食堂”建设,40个建设任务已完成建设37个。着力推进农村特困失能护理集中照护,委托民办医养结合养老机构万载县百年颐康护理院进行集中照料护理，照护人员有76人，全县农村特困失能人员92人,集中照料护理占比83%。开展分散特困人员护理购买服务，对全县2824名分散特困供养人员进行购买护理服务,委托民办机构进行护理,民办机构与每名分散供养特困人员签订了护理协议。加快补齐农村养老服务设施短板,完成了株潭敬老院新建厨房、高村敬老院新建老年康复活动中心、马步敬老院失能护理改扩建工程，并已投入使用。潭埠镇敬老院新建一期主体工程已通过验收,二期附属设施工程正在建设第二层,2021年年底整体投入使用。着力推进社区居家养老服务建设，北门、龙湖2个社区居家养老服务中心已投入使用；改造原县商业局办公楼建成万载县第一个社区嵌入式养老院,于2020年年底动工建设。进一步做好了高龄老人长寿津贴发放工作,全年发放资金769.651万元。

【慈善捐赠】 完善2019年慈善一日捐接收工作,共计收到善款140万元。开展“慈善助学”活动,共资助100名考取二本以上的家庭困难的优秀高考学子,共50万元；投入34.2万多元购置3000套课桌椅和10个书柜,捐赠给万载县14个乡镇13所学校,切实解决了学校课桌椅紧缺问题。开展走访慰问困难群体、创办衣恋阳光班资助贫困学生完成高中三年学业等善举。继续推进和实施“童伴妈妈”项目的开展。对全县10个童伴妈妈项目点进行了3轮督导,每月定期召开项目进展月调度会,定期了解童伴妈妈们的上户家访、信息台账、主题活动开展情况。童伴妈妈10个项目村共解决儿童福利信息需求322例,活动受益儿童 2049人次，受益家长141人次。此项工作得到了中国扶贫基金会和省慈善总会的高度认可以及相关媒体的推介。

【社会工作人才队伍建设】 宣传第十四个“国际社工日”,加大社会工作人才培训力度,全组织27人积极参加社会工作职业水平考试,对从业人员举办了社会工作知识培训班。

【社会组织管理】 力促社会组织发展。审核登记社会团体17个和民办非企业9个,审核年检社会组织185个。加强社会组织行政执法工作,组织申报行政执法考试6人,考试合格率100%,行政执法人员达到12人。

【社会福利事务】 健全儿童福利服务体系。规范实施了“福彩圆梦·孤儿助学工程”项目、“孤儿医疗康复明天计划”项目。建立完善了全县农村留守儿童、困境儿童、孤儿、艾滋病感染儿童、儿童福利机构等台账,精准率达到100%。完善孤儿、事实无人抚养儿童保障制度。全县孤儿58人,其中,社会散居46人,保障标准每人每月950元;机构供养12人,10月前保障标准每人每月1350元,11月提高到每人每月1600元；事实无人抚养儿童共111人,保障标准每人每月950元;全年孤儿基本生活救助资金79.515万元，事实无人抚养儿童基本生活救助资金87.1797万元。扎实做好残疾人“两项”补贴发放工作。全县发放残疾人两项补贴756.189万元。规范管理婚姻登记和收养工作。共办理结婚登记2696对，离婚登记1074对，补发婚姻证件538对，登记合格率100%。同时,组织每个收养家庭参加第三方对免费收养能力考评，全年共依法办理国内收养登记4件，涉外收养1件，收养登记合格率达到100%。强化流浪乞讨人员救助管理，共救助126人次。

【殡葬改革】 全面落实遗体火化五项基本殡葬服务惠民政策。全面实行遗体火化，全年火化遗体2932具，火化率保持100%；建成农村公益性墓地210个，实现全县全覆盖。着力推进新建县级殡仪馆及公墓项目建设，年底完成主体建筑建设。

【福利彩票工作】 积极促进福利彩票销售工作开展，福利彩票共销售2853.6万元。

【防控新冠疫情】 突出重点，做好养老机构、殡葬场所、流乞人员救助站等疫情响应和处置工作。新冠疫情发生以来，全县福利院、17所农村敬老院和3个民办养老机构实行封闭式管理，采取每日体温监测、24小时值班值守、定期不定期督查等措施防控疫情；关闭县殡管所的殡仪服务场所，禁止城乡居民聚集性丧事活动；严格按要求办理流乞人员救助。开展疫区援助活动，县慈善会开展防治新冠病情感染捐赠活动，筹集善款24.841647万元，定向捐赠罗城镇132733元，捐赠蔬菜189.95吨，其中捐往武汉178.55吨。同时，派出殡管所支部副书记成国辉参加了江西省民政厅组织的援鄂队，受到国家、省、市表彰。成国辉和其他5名队员组成的江西民政系统驰援湖北工作队获“全国抗击新冠肺炎疫情先进集体”称号，成国辉还先后获“全国民政系统抗击新冠肺炎疫情先进个人”、全省抗击新冠肺炎疫情先进个人等称号。

【万载县民政局领导成员】
党组书记、局长：黄绍儒
党组成员、副局长：黎带义
李新民
李龙晖（女）
县社会救助局局长：吴建珊（女）
主任科员：辛湖安
副科级干部：周玉山
龙昱薇（女）
四级主任科员：辛　文
正科级干部：
于东军（2020年5月退休）
卢春生
陈贵良
主任科员：龙思生
副科级干部：辛礼平
龙　波

老年教育

【概况】 自2015年10月正式开班办学以来，至2020年全校已发展到20个专业、45个班级、聘任教师23名、常年注册学员4000名左右的办学规模；17个乡镇（街道）均设立了老年学校。无论是办学规模，教学管理，社会效果一直处全省（市）县级同类学校前列。陈就学、刘四凤两名教师被县政府授予“优秀教师”称号。至此，获此殊荣的老师已达6名。

【学校成立党总支】 为进一步加强学校的党的组织领导，经县委组织部批准，2020年10月，学校成立了党总支，总支下设20个支部，管理党员202名。总支委员会由杨金媛、刘舒珏等7人组成。

【率先实现恢复性教学】 按照“防疫贯穿教学始终，教学服从防疫管控”的总体原则，2020下半年，万载县老年大学在全省（市）第一个率先实现恢复性教学，最大限度地满足了广大老年学员迫切要求集中活动，集中上课的愿望。为确保恢复性教学顺利进行，学校严格　防控措施。做到外出返县报告、登记管理，学校教舍消杀处理，人员接受体温检测，严禁串班混班等行为。这些措施不仅有效保证了恢复性教学的顺利开展，也为后疫情时代防控常态化管理条件下的教学组织、实施、管理积累了一定经验。

【老年大学领导成员】
校　长：杨富华
副校长：许碧霞
刘汉朝
徐　勇
杨金媛（兼党总支书记）

周　斌(兼)

退役军人事务

【概况】 县退役军人事务局是将县民政局的退役军人优抚安置职责、县人力资源和社会保障局的军队转业干部安置职责以及军队有关职责等整合组建的政府工作部门。机构职责是负责全县军队转业干部、复员干部、离休退休干部、退役士兵和无军籍退休退职职工的移交安置工作和自主择业、就业退役军人服务管理等有关工作;组织指导退役军人教育培训工作,协调扶持退役军人和随军随调家属就业创业;会同有关部门做好退役军人特殊保障政策调研并组织落实;组织协调落实军队移交县政府符合条件的离休退休干部住房补贴和无军籍退休退职职工住房维修、房租补贴发放等服务保障工作,以及退役军人医疗保障、社会保险等待遇保障工作;组织指导全县伤病残退役军人服务管理和抚恤工作,会同有关部门拟订有关退役军人医疗、疗养、养老等机构的规划并指导实施;承担不适宜继续服役的伤病残军人相关工作,组织指导军供服务保障工作;组织指导全县拥军优属工作,负责现役军人、退役军人、军队文职人员和军属优待、抚恤等工作,落实国民党抗战老兵等有关人员优待政策;负责烈士及退役军人荣誉奖励、军人公墓管理维护、纪念活动等工作,依法承担英雄烈士保护相关工作,审核拟列入市级烈士纪念设施名录,按规定总结表彰和宣扬退役军人、退役军人工作单位和个人先进典型事迹;指导并监督检查退役军人相关法律法规和政策措施的落实,组织开展退役军人权益维护和有关人员的帮扶援助工作,指导督促所属单位进行安全管理;在征求县委组织、机构编制等部门意见的基础上,牵头提出全县计划分配军队转业干部、符合条件的退役士兵的安置计划;完成县委、县政府交办的其他任务。

【推广落实“尊崇工作法”】 牢牢掌控“尊崇”工作理念,将“尊崇”理念融入就业安置、优待褒扬、服务管理等业务工作中,时刻把“让广大退役军人和其他优抚对象满意、让军人成为全社会尊崇职业”作为工作方向,扎实做好新时期退役军人各项工作。

【做好拥军优抚褒扬工作】 2020年10月连续九届被江西省委、省人民政府、省军区命名表彰为“双拥模范县”。为全县各类优抚对象发放抚恤补助资金。由县委、县政府主要领导为全县52名参加抗美援朝老战士发放慰问金和纪念章。

【加强退役军人就业创业帮扶指导】 按照中央提出“六保、六稳”工作要求,组织退役军人专场招聘会,达成就业意向多人。2020年,返乡退役军人参加各种职业技能培训率达到100%。10月22日依托万载县瑞森医药产业园挂牌成立了万载县首家退役军人创业孵化局基地,入驻退役军人企业多家。

【激扬强军兴军正能量】 县民政局成国辉被评为全省最美退役军人,退役军人企业家刘佳发被评为全市“最美退役军人”,刘漫丽被评为全市“最美军嫂”。按照“五个一”的要求组织开展为多名部队立功受奖人员将立功喜报送到家,“让军人成为全社会尊崇的职业”在基层和群众中得到真正的体会。

【积极发挥烈士纪念设施阵地作用】 完成了205处烈士纪念设施数据采集校核工作,其中国家级烈士纪念设施1处,县级烈士纪念设施3处,零散烈士墓201座。万载烈士纪念馆12月被江西省人民政府命名第三批江西省国防教育基地,进一步提高了纪念馆的社会影响力。与宣传部和史志办联合出品了县文联原主席易定国的烈士叙事诗集《丰碑颂》。

医疗保障

【概况】 2019年2月,根据县

委、县政府机构改革统一部署,组建万载县医疗保障局,正式成为县政府正科级工作部门。主要负责全县城镇职工和城乡居民基本医疗保险、大病保险、城镇职工生育保险的参保缴费、医保待遇保障与业务经办、基金管理等。局所属人员编制共30人,其中公务员编制5人,事业编制25人,2020年有在编在岗28人。单位下设医疗保障服务中心为正股级事业单位。近年来,县医保局认真贯彻落实上级决策部署,以机构改革为契机,大力提升医疗保障服务能力,各项工作平稳推进。

【助力新冠疫情防控】 在县委、县政府及疫情防控指挥部的统一部署下,充分利用自身优势,积极投身全县新冠肺炎疫情防控战役。一是资金保障,对收治、观测疑似病例的定点医疗机构万载县人民医院预付80万元治疗专项资金;二是减轻企业负担,3—5月减半征收职工医保基金,涉及企业148家,减免基金192万元;三是创新服务方式,做好疫情防控期间医疗保障经办工作,优化办事流程,减少工作环节,采取"网上办、电话办"等方式实现不见面办事。

【城镇职工、城乡居民基本医疗保险全面展开】 顺利完成生育保险与职工医保的合并实施,参保人数31465人,完成任务数的108%;基金收入13762.26万元,基金支出9889.72万元,年度结余3872.54万元,累计基金结余19919.18万元。受疫情影响,城乡居民参保延期到5月份完成,全年参保人数494632人,基金收入42435.14万元,完成年初预算的99.72%(参保人数比上年稍有下降);年度基金支出42014.06万元,年度结余421.08万元,实现医疗保障局组建以来基金支出略有结余,累计结余16141.25万元。

【保持医保基金监管高压态势】 通过开展集中宣传月活动、"两定机构"自查自纠、完善基金预警监控机制、推进"双随机、一公开"执法规范化建设、落实举报奖励政策等举措,让群众、医护人员、医院等对欺诈骗保行为有了深刻认识,保证了全县医保基金的合法、合理使用。2020年度,对19家定点医药机构下达整改意见书,责令限期整改,暂停13家定点医药机构医保结算业务,追回医保基金282.44万元,扣除违约金0.5万元,给予6家定点机构行政处罚,罚款78.92万元。

【全面落实医保健康扶贫】 严格落实建档立卡贫困人员应保尽保、免费参保和住院补偿待遇保障政策适度、及时。年度住院报销15490人次,医疗总费用7989.78万元,六项合计总报销7204.08万元,报销比例达90%。

【落实药品带量采购,让群众享受政策红利】 通过完善带量采购中选品种的配备,做好医务人员、参保人员带量采购工作政策解读和宣传,做好政策衔接,保障参保人员利益。政策实施以来,药价明显降低,中选药品最高降幅超过90%,平均降幅超过70%,切实减轻患者药费负担。截至2020年12月,共结算带量采购药款513.24万元,完成进度的100%。

【医疗救助】 实行以"基本医保为主体,医疗救助为托底"方式,实施"应救尽救,分类施救,量力施救"救助原则,对全县城乡困难群众(含建档立卡人员及支出性贫困人员)根据救助对象医疗费用、家庭困难程度和负担能力实行救助;年度医疗救助累计救助10749人,救助金额912.23万元。

【县医疗保障局领导成员】
党组书记、局　长:徐茭湖
党组成员、副局长:王永东

人力资源和社会保障

【概况】 万载县人力资源和社会保障局(简称县人社局),下属有社保局、农保局、就业局、劳动保障监察局、劳动争议纠纷调解仲裁院等5个副科级单位,全系统共有编制91人，实有105人(含临时工)。县人力资源和社会保障局设秘书股、人才人事股、工资福利退休股、职称股、劳动工作股、信息中心、劳动监察股7个内设机构，主要负责劳动、人事、人才、劳动保障、就业、社保、农保等方面工作。在做好与全县各政府部门、乡镇(街道)单位工作上良好衔接配合的同时，也负责保障广大人民群众的一些切身利益，是肩负公共管理职能的部门，是关联全县民生工程的主要窗口。

2020年，县人社局在县委、县政府的领导和上级主管部门的精心指导下，坚持以习近平新时代中国特色社会主义思想为指引，扎实做好“六稳”工作，全面落实“六保”任务，立足民生为本，突出工作重点，较好完成了目标任务，取得了较好成绩。其中：养老保险扩面征缴工作，新参保人数达到4600人，新增征缴职工养老保险费额3400万元；全面完成全年技能提升培训任务，培训人数10295人，完成全年任务的151%。2020年“中国创翼”创业创新大赛喜获优异成绩，获得宜春市选拔赛两个一等奖，省复赛第一名一等奖，参加全国总决赛获得三等奖。新冠疫情防控期间，帮助企业复工复产经验做法被省人社厅推广，我局敢于担当，是全省率先开展线下现场招聘的县，受到省政府、省人社厅充分肯定和全省推广，并得到市政府及时奖励，在保障和改善民生领域受到通报嘉奖的奖励。2020年，就业局被市扶贫办、市人社局推荐市政府及时奖励，得到通报嘉奖的奖励。

【稳就业推创业】 全县新增城镇就业人数4730人，占年度任务的110%，城镇就业率96.92%；发放创业担保贷款2.4626亿元，占年度任务的197%，带动就业9600多人。其中：个人创业贷款1.6896亿元，扶持895人；小微企业贷款7730万元，扶持20家。

【减轻企业负担】 为发挥好失业保险稳就业功能，切实减轻企业负担，支持企业稳定发展。全县共使用失业保险基金发放援企稳岗补贴39家企业81.05万元。发放困难企业补贴2家100.8万元。疫情期间发放园区生产防疫产品3家企业就业补助5.3万元。

【人才队伍建设】 认真参与、组织了事业单位工作人员、“三支一扶”人员、教师、卫生专业技术人员的计划申报、资格审查、面试、政审和录用等工作，不断优化人才队伍结构。2020年全县共招录事业单位工作人员52人、教师312人、特岗教师168人、卫生专业技术人员44人、三支一扶人员19人。三支一扶服务期满人员13人，其中2人放弃安置，实际安置11人。

【组织招工活动】 积极帮助园区企业招工，2020年已为园区企举办现场招聘会3期，共录用3500名务工人员；还积极帮助组织两次跨省劳务协作对接活动，帮助人才就业。

【劳动仲裁工作】 2020年，县人社局劳动仲裁共处置案件295件，不予受理案件11件，其中案庭外调解案件151件，立案处理案件150件，涉案金额897.02万元；立案受理案件中，结案案件115件，仲裁裁决案件23件，仲裁调解案件115件，处置案件结案率达96%。

【劳动监察工作】 积极开展迎接国家、省保障农民工工资支付实地考察工作专项检查行动，联合住建部门检查在建项目工程200余次，涉及劳动者2万余人，共受理举报投诉案件4件、结案4件、通过协调等非立案方式处置95件送达，为劳动者追索劳动报酬和经济补偿等共计470万余元。全年共受理工伤申请214件，工伤认定170件。

【提升业务水平】 以“党建领跑、人社惠民”为主题，组织人社系统党员业务骨干开展人社讲堂活动12场，极大地提高了工作人员的业务能力和水平。

【助保贷款实施工作】 全县加大助保贷款实施力度。降低贫困群众助保贷款条件，扩大助保贷款覆盖面，简化贷款和还款手续。累计办理39人次，累计放款金额183万元，累计贴息2.13万元。

【开展企业薪酬调查】 一是开展企业薪酬调查工作，完成国家样本52家，省级样本55家，涉及企业100多家；二是认真开展最低工资标准评估工作，按上级要求选定三个行业有代表性的三家企业开展此项工作。

【发展环境不断优化】 以"放管服"改革为抓手，认真落实"一次不跑"和"最多跑一次"服务和"减证便民"行动要求，进一步推进人社窗口服务便民化，窗口普遍实行预约、错时、延时；全面实行微信、赣服通等客户端为退休人员自助认证服务；社保卡办卡、补卡业务实现即时制卡，电子社保卡申领在全市排名第二，已达到64%以上的目标任务，使更多服务项目由线下办理迈入线上服务的行列，管理更加现代化。

【就业扶贫工作】 挂牌督战就业扶贫工作，对全县17个乡镇进行责任划分，每月按计划的重点任务进行下沉式挂牌督导，如对零就业家庭清零、未脱贫未就业、扶贫车间劳动力跟踪、公益性岗位管理、外出务工返乡贫困劳动力安置、就业培训精准性抽查等工作进行了7次挂牌督战，并每月做到月初有安排、月中有实施、月末有总结，并将挂牌督战结果通报各乡镇和就业扶贫工作领导小组成员单位及派驻人社纪检组。这一工作方式的实施，对落实各项就业扶贫工作发挥了很好的作用。

【落实企业职工养老保险任务】 全县贯彻落实延长人社部关于阶段性减免企业社会保险费政策，共减免企业养老保险3023.3万元、失业保险46.3万元、工伤保险1611万元。完成2017—2019年其他人员5045人社会保险补缴工作，补缴金额32493万元。其中，被征地农民3806人。

【完善机关事业养老保险体系】 全县发放养老金人数为4254人，全年发放养老金额21702.86万元。配合省中心6月实现职业年金发放工作，共发放职业年金待遇290.63万元。在职参保缴费10054人，征缴养老保险14937.78万元，征收职业年金9388.25万元。共完成2014年10月至2018年12月原单位欠职业年金征缴超6000万元。配合省中心6月实现职业年金发放工作。全县发放共发放职业年金待遇1350人，发放年金待遇369万元，补发年金待遇458万元。

【做好城乡居民养老保险工作】 全县参保人数23.5万人。缴费金额2911.66万元。养老金发放人数5.8905万人，累计发放金额7811.71万元。新参保人数达到4600人，新增征缴职工养老保险费额3400万元。

【推动电子社保卡宣传和申领】 县人社局十分重视做好电子社保卡申领工作，大力宣传电子社保卡申领知识，同时与乡镇政府相互配合，做好相关工作的具体落实，致力于让群众"少跑腿，好办事"。全年申领卡数完成比例为64.3%，完成申领比例位于全市前列。

【县人力资源和社会保障局领导成员】

县委组织部副部长，人社局党组书记、局长：喻驰彬

党组成员、副局长：高华群（女）
黄立峰
汪　琼（女）
李石云

主任科员：郭　宇

仲裁院长：刘光平

社保局局长：钟　钦

就业局局长：郭小平

农保局局长：王跃飞

劳动监察局长：刘　永

社保局支部书记：张林鸿

正科级干部：周怀远
甘晓琴（女）
曾学根
黄日文

公共就业与人才服务

【就业工作】 城镇新增就业人

数4730人，占年度任务的110%，城镇就业率96.92%。“4050”人员就业人数371人，占年度任务的109.12%。新增家庭服务业从业人员835人，占年度任务的101.83%。失业保险参保人数17385人，占年度任务的100%。

【农村劳动力转移】 新增转移农村劳动力6439人，占年度任务的110.07%。其中，省内新增转移农村劳动力4571人，占年度任务的110.14%。

【定向培训】 省内工业园区定向培训2149人，占年度任务的153.50%；创业培训1300人，占年度任务的100%；家庭服务业从业人员培训384人(未安排年度任务)。

【创业贷款】 新增创业担保贷款2.4626亿元，占年度任务的197.008%，带动就业9600多人。其中：个人创业贷款1.6896亿元，扶持895人；小微企业贷款7730万元，扶持20家。

【关爱贫困户】 发放贫困户外出务工一次性交通补贴10448人877.9万元；发放贫困户一次性创业补贴47人23.5万元；全县61个标准化扶贫车间吸纳贫困劳动力604人，人均实现年增收1.6万元。发放一次性建设补贴16家，共32万元。

【助力企业复工复产】 2月20日、2月25日、3月1日，万载县三场大型招聘会吸引参会人数达1.3万人，现场签约共计3486人，全县工业园区146家企业复工率达95%。同时组建工作专班，制定促投资工作重点任务表单，联审联批加快项目前期手续办理，有序推进企业复工复产。江西省人力资源和社会保障厅专门发文，在全省推广万载县在疫情防控期间首开现场招聘的经验做法。

【扶贫项目参加创业创新大赛】 11月12日，在第四届“中国创翼”创业创新大赛全国总决赛中，万载县扶贫项目“一碗水酒、别样情怀”在创业扶贫专项赛中获三等奖。

【县公共就业人才服务局领导成员】

局　长：郭小平

副局长兼株潭镇丰林村第一书记：田明广

副局长：李书文

　　　　韩小青(女)

农村社会养老保险

【概况】 万载县农村社会养老保险局是县人力资源和社会保障局下属单位，为二级局。该局在2020年紧紧把握“应保尽保”工作主旋律，在城乡居民养老保险、为建档立卡贫困户等特殊群体代缴保费、被征农民参加养老保险等工作中取得良好的社会效益。全县全年城乡居民养老保险参保人数26.4580万人，全年应参保人数26.4558万人，参保率100.01%。全县全年城乡居民领取养老金人数5.9922万人，累计发放养老金9194.5万元，领取养老金人数比2019年同期增长1.73%。全年收缴城乡居民保费3123.22万元，有10.7348万名城乡居民参保缴费。

【城乡居民社会养老保险缴费标准】 根据《关于调整全省城乡居民基本养老保险缴费档次和补贴标准的通知》(赣人社发〔2018〕4号)要求，缴费标准设为每年300元、400元、500元、600元、700元、800元、900元、1000元、1500元、2000元、3000元11个档次。参保人缴费300元补贴40元、缴费400元补贴50元、缴费500元补贴60元、缴费600元补贴65元、缴费700元补贴70元、缴费800元补贴75元、缴费900元补贴80元、缴费1000元补贴85元、缴费1500元补贴90元、缴费2000元补贴95元、缴费3000元补贴100元，个人缴费和政府补贴全部记入个人账户。参保人可自主选择档次缴费且不同的缴费年度可选择不同的缴费档次。

【城乡居民社会养老保险缴费方式】 根据国务院、省政府关于社保费征管职责划转税务的决策部署和联合公告,全县城乡居民基本养老保险费已于2019年1月1日起全部由税务部门进行征收。征收方式为银行预存代扣代缴、手机微信、支付宝、赣服通、税务营业大厅、银行柜台交现金。

【基础养老金标准】 根据江西省人力资源和社会保障厅、江西省财政厅《关于2020年提高城乡居民基本养老保险全省基础养老金最低标准的通知》(赣人社发〔2020〕35号),从2020年7月起,将全省城乡居民基本养老保险基础养老金最低标准从每人每月105元提高到110元,提高标准所需资金由中央财政全额补助。

【为建档立卡贫困户等特殊群体代缴城乡居民保费】 根据《关于做好我县为建档立卡贫困户代缴城乡居民养老保险费的通知》(万府办发〔2017〕102号)、《关于做好为低保对象和特困人员代缴城乡居民养老保险费的通知》(万府办字〔2018〕77号)和《关于加快实现贫困人员城乡居民基本养老保险应保尽保的通知》(赣人社发〔2019〕111号)文件。为建档立卡贫困户代缴城乡居民养老保险费,代缴期限从2017年起至2020年;为全县低保对象、特困人员代缴城乡居民养老保险费,代缴期限从2018年起至2020年;为全县城镇贫困群众代缴城乡居民养老保险费,代缴期限从2019年至2020年。

2020年,万载县为符合条件的建档立卡贫困人员13644人、城乡低保对象5515人、特困人员213人、城镇支出型20人、轻度贫困残疾人222人、重度残疾人2404人,共22018人代缴最低缴费档次100元保费,代缴金额220.18万元,政府代缴率100%。

【县农村社会养老保险局领导成员】

局　长:王跃飞

副局长:谢晓云

　　　　张　华(女)

社会保险事业管理

【概况】 万载县社会保险事业管理局于1987年挂牌成立,负责全县机关事业单位职工和企业职工、城镇个体工商户、灵活就业人员的社会保险(基本养老、职工工伤、失业)的参保、基本养老金发放、工伤保险支付、养老保险关系转移接续以及参保人员社会保险权益记录、档案记载、管理的经办机构,是县人力资源和社会保障局下属单位,为二级局。

2020年,社会保险事业管理局共有干部职工27人,其中领导班子成员6人、股室长7人、业务员11人、聘工3人,所有干部职工均参加了基本养老保险和医疗保险。内设办公室、财务股、机关事业养老保险股、社会化发放管理股、综合业务股、工伤股、稽核股7个职能股室,在全县已建立起包括基本养老保险、工伤保险在内的社会保险体系,基本实现了城乡居民“老有所养、伤有所治”。

【养老保险工作】 2020年,企业职工基本养老保险覆盖面进一步扩大,全县企业职工养老保险参保人数51897人,征缴企业职工基本养老保险费39599.64万元。机关事业养老保险的在职参保缴费有10054人,征缴养老保险14937.78万元,征收职业年金9388.25万元,领取养老金人数4254人,全年发放养老金21702.86万元。

【工伤保险与失业保险】 工伤保险参保人数44682人,征缴工伤保险费269.62万元,一次性待遇支付1293万元,定期待遇支付188.08万元,待遇支出共1481.08万元。在失业保险中,参保单位227家,参保人数9721人,征缴失业保险金额153.29万元。

【社会化发放待遇工作】 企业职工养老保险退休人数22076人,月发放养老金4445.80万元,全年企业退休人员养老金支出总额53713.32万元,比上年增长约9.5%,2020年调待人均月增加养老金 113.7 元,待遇领取资格认证 17514 次,办理退休死亡一次性待遇领取 260 人,发放丧抚费 1048 万元。

【被征地农民参保】 全年被征地农民参保人数 26621 人,累计已征收个人缴费 30666 万元。

【县社会保险事业管理局领导成员】

局　长:钟　钦(四级调研员)

党支部书记、副局长:张林鸿

脱贫攻坚

基本情况

万载县位于江西省西北边陲，与湖南省浏阳市接壤，地处“吴头楚尾”，素有“花炮之乡、有机大县、百合故里”的美誉。全县面积1719平方千米，辖9个镇7个乡1个街道，181个村，23个居委会，3358个村民小组，总人口58.6万人。万载县历史悠久，底蕴厚重，是革命老区、红色故土，先后走出了兵团级、省军级领导干部16名，共和国将军6名。

近年来，全县上下紧紧围绕“再创万载辉煌，全面建成小康”奋斗目标，全力推动“强攻工业、城市提升、乡村振兴、脱贫攻坚”四大战役不断升温，经济社会发展呈现良好态势。先后获得“首批国家农村产业融合发展示范园”“全国食品工业强县”“全国农村创业创新园区”“中国最美乡村旅游目的地”“全国大宗固体废弃物综合利用基地”和“国家农业绿色发展先行区”等多项国家和省级荣誉。2020年财政总收入286357万元，比上年增长1.8%。城镇居民人均可支配收入32446元，比上年增长5.6%。农村居民人均可支配收入14326元，比上年增长7.2%。社会消费品零售额654695万元，增长2.5%。

脱贫状况

万载县共有“十三五”省、市定贫困村36个（含深度贫困村30个），建档立卡贫困人口9637户29129人。自脱贫攻坚工作开展以来，县委、县政府始终将脱贫攻坚作为首要政治任务和第一民生工程，坚持深入学习习近平总书记关于扶贫工作的重要论述，全面贯彻落实中央和省、市脱贫攻坚重大决策部署，狠抓责任落实、政策落实、工作落实，以超常规的力度、超常规的决心和超常规的举措强势推进，所有建档立卡贫困人口全部实现脱贫，36个“十三五”贫困村全部退出；全县贫困人口人均可支配收入从2016年的3791元增长至2020年的10295元，脱贫发展能力不断增强，为高质量打赢脱贫攻坚战，全面建成小康社会打下了坚实基础。产业扶贫、易地扶贫搬迁、消费扶贫等多项重点工作成效显著，多次获中央、省级媒体报道，得到各级肯定：2020年5月在全省易地扶贫搬迁工作会上作典型发言；7月被商务部评为“电子商务进农村综合示范县”；11月茭湖乡永兴家园安置小区被国家发改委评为“美丽搬迁安置区”，搬迁户李学明获评“励志易地搬迁群众”；12月获评“江西省四好农村路示范县”。

坚持高位推进

【强化政治自觉】 把扛稳抓牢脱贫攻坚政治责任作为牢固树立“四个意识”，坚定“四个自信”，做到“两个维护”的具体体现。将习近平总书记关于扶贫工作的重要论述和中央、省、市脱贫攻坚的部署要求，作为县委常委会、县政府常务会、理论学习中心组专题会和县扶贫开发领导小组会议的重要议题，第一时间传达学习、研究部署，推动各项工作落到实处、取得实效。同时，通过“万载大讲堂”“百堂党课进基层”“党员议事日”等活动将习近平总书记扶贫开发战略思想和最新指示精神传达到每一名党员，确保全县脱贫攻坚沿着正确的方向纵深推进。

【强化责任落实】 严格落实脱贫攻坚一把手负责制，成立了由县委书记、县长任双组长的县扶贫开发领导小组，建立了由党政主官牵头抓总、分管领导抓具体业务和行业扶贫、县领导挂乡包村工作机制。结合县情实际，先后增加“干部帮扶”“资金绩效管理”“残疾人扶贫”和“精神扶贫”四大工程，将十大扶贫工程延伸为十四大扶贫工程，均由分管县领导任领导小组组长，抓好行业扶贫统筹调度；县级领导每人都联系乡镇、挂点贫困村和贫困户；要求乡镇党政正职、行业部门一把手将主要精力用于脱贫攻坚；扎实开展“三级书记”遍访贫困对象行动，县、乡、村三级分别签订脱贫攻坚责任书，立下军令状，形成了纵向到底、横向到边的责任落实体系。

【强化尽锐出战】 共有11个省直单位在万载县帮扶深度贫困村；市委、市政府选派22名市领导、30名副县级扶贫特派员挂点帮扶，31个市直单位选派第一书记和工作队驻村帮扶。2016年，万载县在宜春市率先设立脱贫攻坚指挥部，对全县脱贫攻坚工作进行统一调度；17个乡镇(街道)建立了扶贫工作站，由乡镇党委副书记担任工作站站长，为脱贫攻坚任务重的4个乡镇配备了扶贫挂职副书记；180个行政村全部建立扶贫工作室，配齐第一书记和驻村工作队员；4924名帮扶干部按“432”原则(县级干部4户、科级干部3户、一般干部2户）开展结对帮扶，打造了一支三级联动、架构完善的扶贫干部队伍。严格落实各年度干部轮训计划，实现分级分层业务培训全覆盖，累计举办扶贫干部培训班106期，培训总人数3.75万人次。

【强化考核奖惩】 县委、县政府将脱贫攻坚工作任务完成情况列入年度高质量发展综合考核主要指标之一，对年度考核排名前四的乡镇和前二十名的县直单位进行单项奖励；树立在扶贫一线培养锻炼干部、选拔干部的鲜明导向，明确县委每年提拔重用的干部当中，优秀扶贫干部所占比重达到百分之三十以上，累计提拔重用扶贫战线干部65人。对脱贫攻坚年度考核不合格的单位和部门，取消年度综合考评先进资格并追究主要领导及相关人员责任；对在脱贫攻坚工作中未履职尽责的干部，取消其个人年度评先评优资格。

推进问题整改

坚决把问题整改作为最严肃、最紧迫、最重要的政治任务，作为推动脱贫攻坚质效提升的重要抓手，从严从速抓好落实。于县脱贫攻坚指挥部下设整改办，实行“点对点靶向整改、举一反三全面排查、督导落实回头看、逐一销号抓巩固”的“四步走”督导督办机制，扎实抓好问题整改工作。2020年，整改“三落实、三精准、三保障”(大排查大整改)发现问题16个；中央脱贫攻坚专项巡视“回头看”反馈意见、“不忘初心、牢记使命”主题教育检视问题、成效考核指出问题(三项整改)58个；先后开展了本级纪委巡查、同级审计以及邀请第三方进行绩效评价，发现的问题均在时间节点内完成整改销号。同时，重点针对政策落实不到位、住房和饮水安全隐患等短板弱项，在全县范围内先后开展“春季集中行动”“再排查再整改行动”，通过2020年3—6月的集中排查整改，全县共发现各类问题19866个，已全部完成整改销号。

筑牢“四项保障”

【筑牢教育保障】 把教育扶贫作为治本之策，帮助贫困人口斩断穷根。严格落实学校校长与乡镇属地双负责制，确保各类贫困学生资助补助全面发放到位，对异地就学建档立卡贫困学生向就读地发送协商函，对在外省就读的建档立卡贫困学生未享受到教育扶贫相关政策的由县财政兜底补齐，做到“应补尽补，不漏一人”。五年来，共资助建档立卡贫困学生 5.54 万人次，发放各类教育补助资金 3640 万元，实现建档立卡贫困学生资助全覆盖。开展贫困乡村学校支教活动，选派 9 名城区学校教师到农村学校支教。积极发展职业教育，与南昌炉忆集团合作在县职业技术学校开办酒店服务与管理专业定向班，吸纳有意向的建档立卡贫困学生 40 人；推荐建档立卡贫困学生 91 人到江南造船集团职业技术学校就读。全力做好建档立卡贫困学生“控辍保学”，建立了义务教育控辍保学“双线责任制”，做好劝学劝返工作；针对身体残疾等适龄儿童受教育难题，通过送特殊学校就读、送教上门、干部帮教等方式，让其接受适当的教育，确保了全县建档立卡贫困学生无一人因贫辍学。

【筑牢医疗保障】 通过完善机制、创新举措、整合资源，精准高效推进健康扶贫工作，让贫困群众“看得起病、看得上病、更好防病”，有效解决了贫困群众因病致贫、因病返贫问题。一是全面筑牢“四道保障线”。由财政出资为所有贫困人口代缴基本医疗保险和重大疾病医疗补充保险，实现基本医保、大病保险、重大疾病医疗补充保险和医疗救助“四道保障线”全覆盖，确保建档立卡贫困人口住院报销比例在 90%的适度范围。2017 年以来，贫困人口享受住院报销 6.05 万人次，住院医疗总费用 2.78 亿元，报销金额 2.57 亿元，报销补偿比例 92.78%。二是全面加强基层医疗卫生服务体系建设。县域 31 所医疗机构全部设立健康扶贫“一站式”结算服务窗口，为建档立卡贫困患者住院实行“先诊疗后付费”服务。推出了健康扶贫县外就医报销“六个一”服务，让县外住院建档立卡贫困对象提交一次资料，就能在次月底收到各类报销补偿。扎实推进村卫生室标准化建设，181 个行政村新建、改建公有产权标准化村卫生室 152 所，占比 84%，切实解决贫困群众看病难问题。三是全面做实家庭医生签约服务。由县财政按照 50 元 / 人的标准，为建档立卡贫困人口购买家庭医生签约服务包，签约医院根据服务需求和团队能力，提供不同类型的差异化服务，确保做到签约一人，履约一人。几年来，1618 名家庭医生共为建档立卡贫困人口提供服务 8.41 万人次，其中 2020 年完成签约服务 27169 人，履约率 100%；2018 年 9 月，黄茅镇中心卫生院荣获全省优秀家庭医生团队称号；2020 年 9 月，院长龙斌获全国优秀卫生院院长称号。四是全面落实贫困慢性病患者救治政策。多次组织开展慢性病办证情况排查，为贫困患者办理慢性病证提供上门服务，确保不漏村、不漏户、不漏人、不漏证。针对办证手续复杂问题，采取降低门槛、下放权限的方式，由基层卫生院直接出具出住院小结和疾病证明书，并按属地管理模式进行办理。2020 年年底，7219 名建档立卡慢病患者已全部办理慢病证并落实随访服务。

【筑牢住房安全保障】 针对危旧土坯房多这一最大难题，全县把住房保障作为重中之重，精准落实住房保障政策，实现了全县农村人口住房安全隐患清零。一是全面排查，摸清底数。对全县所有农户的住房状况进行全面摸排和安全鉴定，建立“一户一档一策”，对所有住房安全隐患制定了有针对性的问题解决方案。二是全力推进，拆建并举。通过新建、维修加固等方式，累计实施住房提升工程 4745 户、贫困户危房改造 3861 户，做到该维修的全部维修，该拆除新建的全部拆除新建，确保每一户住房安全。工作中，万载县将危房改造与农村宅基地改革、秀美乡村建设工作有机结合，加大农村“危旧房、空心房、违章房”拆除力度，累计拆除房屋 2.6 万栋、350 余万平方米，农村人居环境得到极大改善。

【筑牢饮水安全保障】 一是全面摸排。制定《万载县贫困村（贫困户）饮水安全现场评价工作方案》及《农村贫困人口饮水安全评价指南》，组织县、乡、村三级干部1000多人，采取一户一表一照片形式，对贫困户饮水安全情况以“望、闻、问、尝”方式开展实地核查并建立工作台账。二是全面检测。根据全省饮水安全提升工作要求，对全县农村饮水安全进行了水质采样及检测工作，共检测水样2082份，水质检测结果合格。三是分类施策。2016—2020年，通过实施管网延伸工程、新建和维修改造小型集中供水工程、建设零星分散供水工程等措施，完成农村饮水安全巩固提升工程41处、工程维修养护128处，所有农村居民饮水安全得到全面保障。

增强“四项动能”

【产业扶贫提质增效】 大力推行“一领办三参与”产业扶贫模式，因地制宜推进产业项目精准到户，让更多贫困人口参与产业发展，增强造血功能。一是科学选择产业项目。180个有贫困人口的村全部成立了扶贫合作社，按照“宜种则种、宜养则养、宜加则加”的思路，累计投入资金1.03亿元，建成产业扶贫项目330个，构建了集种植、养殖、产品初加工、固定资产投资和贫困户自主发展于一体的立体式扶贫产业体系，其中白水乡百合产业获央视新闻频道报道，双桥镇黄源水酒扶贫项目被人社部评为全国优秀创业创新项目。积极推进光伏扶贫，建成贫困村村级光伏电站38个，装机总规模4696千瓦，全部规范了运维管理和收益分配机制。二是激发贫困人口积极性。通过落实产业奖补、技能培训、信贷支持等多种途径，激发贫困人口参与产业发展的热情。制定了贫困户自主发展产业奖补标准，累计为贫困人口发放奖补资金1491.2万元；加大小额信贷政策宣传力度，做到应贷尽贷，累计办理扶贫小额信贷3790户2.63亿元；五年来为贫困人口提供实用技能培训1.3万人次，贫困群众参与产业发展的能力不断增强。三是完善利益联结机制。将带贫益贫效果作为产业项目建设的核心指标，积极引导新型经营主体参与扶贫产业发展，通过土地流转、资金入股、投工投劳、参与经营等多种形式，让贫困群众多渠道参与产业发展。全县共培育新型经营主体484户，吸纳带动贫困户4198户；培育致富带头人278人，带动贫困户1263户，户均增收2550元。四是探索电商消费扶贫新路径。2019年8月在全市率先成立县“金色田园电商扶贫有限公司”，通过建立县、乡、村三级电商扶贫管理服务体系，打造了以贫困村为重点，覆盖全体贫困群众的消费扶贫体系。已认定扶贫农产品360种，供应商10个；深入推进“六帮六进六到位”行动，制定了行政事业（企业）单位定额采购扶贫农产品办法；连续两年在国家扶贫日举办消费扶贫主题活动，2020年已实现销售扶贫产品1.54亿元。

【就业扶贫精准对接】 对全县贫困劳动力就业意愿和就业状况进行摸排并建立台账，推动稳岗就业精准落实。通过开发公益性岗位、建设扶贫车间、开展专项技能培训、推送岗位信息、落实“雨露计划”等方式，帮扶有就业意愿和就业能力的贫困劳动力上岗务工。采取政府主导、企业参与、财政支持等方式，开发各类扶贫专岗和公益性岗位1978个；60个扶贫车间吸纳贫困劳动力528人；积极落实交通补贴政策，2017—2020年，累计为16396名贫困劳动力发放交通补贴1167.41万元。通过鼓励外出务工、县内就业、乡内安置等多项措施，2020年全县共有14247名贫困劳动力稳定务工就业，同比增长22.8%。

【易地搬迁妥善安置】 全县“十三五”期间完成易地扶贫搬迁建档立卡人口1271户4709人，其中集中安置1153户4233人，分散安置118户476人。出台了《万载县易地扶贫搬迁安置点固定资产管理办法》，易地扶贫搬迁资产管理更加有序。为巩固搬迁成果，持续落实“五个一”（完善社区服务，选建好一个活动中心；抓实产业扶持，搞好一个产业帮带；推进就地就业，推荐好一个就业岗位；落实民生所需，建好一个小菜园；保持政策延续，完善一套兜底保障体系）后续帮扶措施，确保每户至少落实1~2项后扶措施，实现了搬迁贫困户“搬得出、稳得住、能致富”。积极稳妥做好搬迁户旧房拆除工作，除106户兄弟连房外，已拆除1165户，拆除面积8万余平方米。

【志智双扶激发动力】 注重抓好脱贫成效宣传和精神扶贫工作，激发贫困群众内生动力。统筹整合县内各种媒体平台，先后开设了《脱贫路上》《扶贫在行动》《决战决胜脱贫攻坚》等栏目，集中式持续报道脱贫攻坚工作，讲述脱贫攻坚实践中的成功经验和感人故事，赢得观众的喜爱和好评，其中2020年11月《脱贫路上》栏目获得全国市县级电视台电视专题一等奖，高村镇白泉村第一书记夏凌的先进事迹被《人民日报》刊登；脱贫攻坚宣传工作考核位列全省前列，全市第一。积极引导社会力量参与脱贫攻坚，全县共有102家企业与116个村进行结对帮扶，累计投入帮扶资金2000余万元，帮扶贫困人口超4万人次，企业家黄丽、朱伏茂先后在2019年与2020年获全省脱贫攻坚奖表彰，在全社会形成了合力攻坚的浓厚氛围。同时，组建扶贫宣讲小分队和开展送戏下乡系列活动，用群众喜闻乐见的方式讲政策、讲党恩、讲变化，使扶贫政策深入民心。扎实开展“爱心超市”积分激励、“五扶五评”“三讲一评”“十百千万”大行动等精神扶贫活动，用身边的事、身边正面典型，引导身边的人。几年来，全县选树各类脱贫典型200余人，涌现出市脱贫示范户9户，高村镇岐源村贫困户潘秀妹荣获省最美家庭，这些典型事迹让贫困群众学有榜样、行有示范，脱贫致富的内生动力和感恩爱党情感持续增强，累计向各级党委政府和帮扶干部赠送锦旗167面，撰写感谢信289封，实现了精神与物质同步脱贫。

强化“四大支撑”

【基础设施全面提升】 全面加强农村基础设施建设，为贫困人口创造更加便利的生产生活条件。全县累计建设新农村点2061个，乡村环境发生巨大改变。2017—2020年，新修村组公路430.69千米，贫困村桥梁47座，25户以上自然村已全部通水泥路；新铺设贫困村光缆423.9千米，建设信号基站26个，为无法收看电视信号的贫困户免费安装电视信号户户通设备，所有行政村均实现通信、宽带、电视“三网”信号全覆盖；投入资金6357万元，为贫困村实施电网改造，实现“村村通动力电、户户通生活用电”；所有行政村实现综合服务平台全覆盖，农村基础设施和公共服务体系不断完善，为贫困群众追求幸福美好生活奠定了坚实基础。

【资金绩效强化管理】 一是保障资金投入。健全与脱贫攻坚相适应的投入保障机制，2016—2020年全县扶贫资金总体投入9.3亿元，其中各级专项扶贫资金投入3.8亿元，确保在脱贫攻坚上有钱办事。二是强化绩效管理。县本级制定了《万载县财政专项扶贫资金管理办法》《万载县扶贫资金项目公告公示管理办法》等监督检查制度，进一步明确了扶贫资金使用范围和支出方式，健全了资金拨付流程和项目公示公告制度，确保资金运行规范安全。三是扎实推进项目库建设。优化了2018—2020年滚动项目库，进一步增强了入库项目的真实性和可行性，确保资金投入精准有效。

【动态管理确保精准】 严格按照省市要求，做好动态管理和监测工作。一是抓好精准识别。扣好脱贫攻坚“第一粒纽扣”，严格按照“七清四严”和“两不愁、三保障”标准，对全县农户反复甄别，全面筛查，做到不漏一户、不落一人，进一步提高建档立卡精准度。二是提升业务水平。多次组织各乡镇（街道）业务骨干进行集中培训，提升业务水平，确保数据质量。及时与各行业部门交换数据信息进行比对，通过数据比对和上级反馈疑似问题，及时发现整改政策落实不精准、不到位问题。三是加强统筹督导。为确保数据系统准确无误，不定时组织乡镇(街道)信息员到县指挥部对数据系统错误和逻辑问题进行集中修改。

【脱贫成果持续巩固】 一是兜牢保障底线。对无劳动力贫困户和弱劳动力贫困户进行了全面摸排，按照每人落实一个低保或特困供养指标进行政策兜底并建立台账，实现“应保尽保”目标。目前全县共有建档立卡低保人口10740人，特困供养对象1819人。2016—至2020年，累计为建档立卡低保户发放低保金1.32亿元，为建档立卡特困对象发放资金4133万元。二是动态监测帮扶。对全县“两类人群”进行了全面摸排，共识别“两类人群”142户511人（其中脱贫不稳定户66户229人，边缘易致贫户76户282人)，通过明确监测帮扶责任人、采取有针对性的帮扶措施，已有92户326人消除致贫返贫风险。三是防贫保险保障。由县财政出资132万元，为所有贫困户和农村低收入人群购买精准防贫保险，针对因病、因学、因灾等关键因素，筑牢致贫返贫防线。四是抓残疾人扶贫。多次开展贫困残疾人办证情况及“两项补贴”发放排查行动，五年来共发放“两项补贴”2779万元。通过出台建档立卡残疾人自主创业奖补办法，激发贫困残疾人就业创业的激情，共培植省、市级阳光助残基地6个，县级助残基地15个，为599户贫困残疾人家庭实施了无障碍改造项目。组织拍摄了万载县残疾人脱贫攻坚专题片，由省残联选送至中残联播出，激励了更多贫困人口走上自主脱贫之路。

实现“双战双捷”

2020年是脱贫攻坚决战决胜之年，是全面建成小康社会的收官之年。面对突如其来的疫情灾情风险，万载县持续深入贯彻习近平总书记在决战决胜脱贫攻坚座谈会上的重要讲话精神，抓紧抓实各项工作，有效化解了疫情灾情影响。

1.早谋划、早部署，负面影响降至最低。坚决贯彻落实习近平总书记关于做好疫情防控工作和脱贫攻坚工作的重要指示精神，将疫情防控和脱贫攻坚一体推进。先后下发《关于做好新型冠状病毒感染肺炎疫情防控和脱贫攻坚相关工作的通知》《关于抓好疫情防控期间脱贫攻坚工作的通知》《关于决战决胜脱贫攻坚的实施方案》等文件，坚持脱贫攻坚与疫情防控“两手抓、两手硬”，有效化解了疫情影响。全县无贫困人口确诊感染新冠肺炎病例或疑似病例，13家龙头企业、60家扶贫车间和所有产业项目实现100%复工复产，帮助贫困户和合作社销售因疫滞销扶贫产品251.9万元，无一人返贫致贫。主动应对洪涝灾情影响，受洪涝灾害影响贫困户共59户197人，无人员伤亡及因灾返贫现象，已全面完成损毁房屋、道路、水利等设施的维修重建工作。

2.举措实、力度大，应对措施积极有效。将“两业”扶贫作为化解疫情灾情影响，巩固脱贫成效的重要抓手，及时制定了行之有效的系列政策。一方面，将产业扶贫作为全年扶贫资金投入重点。2020年财政专项扶贫资金合计9100.9万元,其中用于扶贫产业发展5314万元，占比58.4%，比上年提高30个百分点。提高产业扶贫奖补标准，将非贫困村产业发展奖补资金总额从1000万元提高至2000万元，贫困户自主发展产业奖补资金限额从3000元上浮至5000元，全年为6214户贫困群众发放自主发展产业奖补资金1146.43万元。提前谋划今冬明春产业发展，实施产业扶贫种养“万千计划”，确保贫困村每村建设1个50亩以上的扶贫冬种基地。另一方面，扎实抓好贫困劳动力稳岗就业。疫情期间点对点与沿海发达地区工业企业建立合作，为贫困劳动力推送外出务工岗位信息。疫情期间在县工业园举办招聘会4场，现场签约贫困劳动力1256人。对贫困人口交通补贴进行扩面增量:对建档立卡贫困劳动力在乡内实现稳定务工就业满1个月及以上,且实现收入在3000元及以上的,按500元/人标准发放交通及就业补贴;在乡外实现稳定务工就业满3个月及以上的,按1000元/人标准发放交通及就业补贴,有效调动了贫困人口务工积极性。为解决因疫未上岗劳动力工作难题,在全县增设“三员”(护林员、护河员、护路员)公益性岗位540个,利用村级光伏电站收益增设公益岗位210个。对年终返乡回流的贫困劳动力,及时启动就业培训和信息服务,做到“返乡一个,帮扶一个,上岗一个”。对实现再上岗稳定务工满1个月或实现务工收入2000元以上的,再给予500元/人的交通及就业补贴。

3.严管理、重关怀,帮扶实效稳步提升。一是持续压实帮扶责任。要求全县第一书记、驻村工作队和帮扶干部疫情期间通过电话、网络等形式,不断加强对建档立卡贫困人口的防疫知识宣传。在疫情得到稳控后,第一时间到岗到位,帮助贫困群众解决就医就学、复工复产等方面的实际困难。严格落实结对帮扶“月考勤”机制,每季度对考勤结果进行全县通报,并作为驻村第一书记、驻村工作队员和帮扶干部年度考核的重要依据。二是持续强化队伍建设。对未选派驻村工作队的96个行政村,增派驻村工作队员191人。对新选派的驻村干部和新上任的乡村干部开展轮训,选派36个贫困村第一书记参加宜春市扶贫干部培训班,进一步提升帮扶能力。三是持续强化关心关怀。由县财政安排经费57万元,为全县第一书记、驻村工作队员、扶贫特派员共570人办理人身意外伤害综合保险。

(梁友泉)

乡　镇

黄茅镇

【概况】　黄茅镇位于万载县西部边陲，东临潭埠、株潭两镇，南靠慈化，西抵文家市，北接白水、浏阳小河，素有“花炮之乡、将军故里”的美誉，全镇辖20个行政村、1个居委会、379个村（居）民小组。面积137.36平方千米，耕地面积为2067.8公顷。户籍人口60669人，其中城镇人口13375人。党支部33个，党员917人。镇政府机关内设党政办、农业农村办、社会事务办、财政经济办、社会治理办、便民服务中心、综合行政执法队，共有干部职工82人。

2020年，在县委、县政府的坚强领导下，在镇党委的带领下，镇人民政府围绕目标，迎难而上，用担当抢抓了先机、用实干赢得了成绩。大力开展招商引资，引入签约项目4个，总投资4.3亿元。立足传统产业，全力推进33家花炮企业第五轮整改提升工作。新农村建设快速推进，全力抓好32个省级村点建设。完成358户改厕，建成休闲场所15个，改塘5口，改沟渠680米，农村基础设施建设进一步得到改善。重拳排查整治安全隐患，全年排查隐患2350余条，责令12家次企业停产整改共计88天，行政罚款23万元。脱贫攻坚圆满收官，全镇所有贫困人口全部实现脱贫。坚持因地制宜，发展产业项目，全年新增产业项目11个，带贫益贫效果显著。信访形势平稳有序，全年化解矛盾纠纷179件，积极开展“清存量、控增量、防风险”信访突出问题专项整治活动，有效化解8件重点性信访事件。民生事业全面发展。审核上报临时救助130户，发放救助资金13.5万元，把有限的救助资金用在最困难的对象身上，帮助困难群众解了燃眉之急。

【疫情防控】　面对突如其来的新冠肺炎疫情，设立劝返点22个，设置村组卡口201个，成立筛锣队25支，组建了铁山界检查检测点临时党支部，动员党员、群众、志愿者528人，发放疫情防控宣传通告1.6万余份，悬挂横幅40余条，张贴标语1000余条，成为被县委、县政府予以嘉奖的集体。

【各项经济指标稳步增长】2020年完成生产总值25.89亿元，增长8.52%；财政总收入2.21亿元，增长7.8%；一般公共预算收入1.04亿元，增长25.3%；规模以上工业增加值增长0.85%；固定资产投资增长21.72%。

【打好脱贫攻坚战】　紧紧围绕“两不愁三保障”关键指标，依托“十四大扶贫工程”，狠抓重点，尽锐出战，全力以赴打赢脱贫攻坚战，全镇802户2712名建档立卡贫困户如期脱贫，决战脱贫攻坚取得决定性胜利。大力发展有机生态农业、生态旅游业等，着力创建“绿色＋休闲”发展品牌，路下村等8个村成功命名为2020年第二批宜春市市级生态村。新建烟花爆竹安全环保实验中心，有效解决了烟花爆竹企业燃放实验、余药处理带来的污染。紧紧咬住中药材种植与油茶产业建设目标，打造黄茅绿色发展的良好生态。

【完成各项民生工程】　硬化路

面 13.5 千米、入户路 18.2 千米，解决了群众出行难的问题；完成了四个村点的水塔及管道建设，为 102 户村民送去了安全干净的饮用水；新城区路网建设全面完成；湘赣购物广场已完成 70%的主体工程建设；安置区的立面外墙漆完成施工；集镇污水主管网工程施工基本完成，新株铁线南岭村至铁山界段公路沿线环境整治工程超额完成工程量，彰显了集镇建设的“黄茅速度”“人民情怀”。

【黄茅镇领导成员】

党委书记：黄　平

党委副书记、镇长：黄卫清（女）

党委副书记：刘福建（2020 年 1—11 月任纪委书记）

人大主席：吴美福

主任科员：曾令德

正科级干部：巫包贤（2020 年 7 月退休）

副主任科员：张奇财

党委委员、县委宣传员：王燕林

党委委员：王　洵

党委委员、县委组织员：陈星辉（任至 11 月）

党委委员、县委组织员：谢　磊（2020 年 12 月任）

党委委员：杨家辉

党委委员：丁小龙

人大副主席：孙成平（女）

副镇长：陈　龙

梁平华（女）

王文燕（女）

陈　丽（女，2020 年 11 月任）

综治专职副主任：周贵荣

司法所所长：龙怡遥

【各村（社区）概况】

大土村

大土村位于万载县黄茅镇西北边陲，距县城 65 千米，辖区面积 28.6 平方千米，山林面积 32000 多亩，其中耕地面积 2300 亩，水面面积 40 亩，森林覆盖率 95%以上。全村有 38 个村民小组，共 944 户 3836 人。村设有 1 个党支部，6 个党小组，50 名党员，1 名预备党员。农家书屋 1 个、村级卫生室 2 个。有村两委干部 6 名。在产业发展方面，经过第五轮整改，大土村保留了 1 家花炮企业、2 家引线企业，分别是庆丰花炮厂和鸿远引线厂、敦洪引线厂。引进星浩电子厂和一个制衣加工厂，促进村民就业和增加收入。2020 年，被万载县精神文明建设指导委员会授予第一届“万载县文明村镇”，被黄茅镇党委、镇政府授予“人居环境综合整治先进单位” 称号，被黄茅镇党委、镇政府授予“党的建设先进单位”称号，被万载县委组织部、县委党校授予“红色名村万载县党性教育现场示范教学点”称号。

光明村

光明村位于黄茅镇西北部，离集镇 2.5 千米，东南邻黄茅村，北邻兴源村，西邻大土村，全村 26 个村民小组，共 1510 户（其中农业户 1460 户，城镇户 50 户），总人口 6523 人（其中农业人口 6408 人，城镇人口 115 人），外出务工人员 1350 人，有 8 个党小组共 87 名党员，有村两委干部 7 名。有农家书屋 1 个、村级卫生室 1 个。在产业发展方面，光明村现保留了 5 家花炮企业，1 家已开工生产，另 4 家正在第五轮整改，在 2021 年下半年已全部开工，吸纳部分脱贫户就业，发展村集体经济。面积 9.8 平方千米，山林面积 2 万多亩，森林覆盖率 69.98%，耕地面积 2456 亩，其中水田 2083.2 亩。2020 年被中共万载县委授予“先进党支部”称号。

和平村

和平村东至三星村，南至黄茅村，西至光明村，北至兴源村，距黄茅集镇 2 千米。面积 2 平方千米，耕地面积 720 亩，其中水田面积 591.8 亩，森林面积 1430 亩。全村有 10 个村民小组，人口 1716 人，有共产党员 23 人，村两委班子成员 5 人。

和平村东起三星村，西至黄茅村，南至光明村，北接军屯村，距离黄茅镇 2 千米，交通便利，村庄环境优美。全村有 10 个村民小组，410 户家庭，人口 17600 多人。山林 1000 多亩，水域面积 680 亩。

和平未来借助县委、县政府制定政策，同时加大宣传，做好因户识别、因户施策，大力发展花炮企业解决就业。通过实施健康扶贫、教育扶贫、光伏扶贫、农业专业合作社、产业“信贷通”、新农村建设、危房改造扶贫、易地搬迁扶贫、政策保障等措施使全村贫困户共享改革开放的发展成果,如期脱贫,实现共同富裕。

洪炉村

洪炉村位于黄茅镇西部,与湖南浏阳市文家市交界,东临水源村,西临湖南省文家市玉泉村,北临前进村,南临水源村,距离集镇5千米,全村共计10个村民小组,总户数672户,总人口2817人。全村共有38名中共党员,分4个党小组。辖区面积2.5平方千米,林地面积4000多亩、耕地面积1043亩、水田面积1043亩,全村有3个花炮厂,村民收入以从事花炮制作和外出务工为主,部分村民依靠种植和养殖。有低保户64户93人、五保户18户20人、建档立卡贫困户34户123人,已脱贫34户123人。在万载县司场种养农民合作社带领下,发展种植葡萄20亩,带动了贫困户就业和创收。

黄茅村

黄茅村位于万载县边陲,距县城56千米,辖区面积5.2平方千米,山林面积1.7平方千米,其中耕地面积1830亩,水面面积46.5亩,森林覆盖率65.33%。全村共有31个村民小组,共1374户5839人。有1个党支部,5个党小组,56名党员,1名预备党员。有农家书屋1个、村级卫生室2个。有村两委干部7名。在产业发展方面,经过第五轮整改后,黄茅村保留了2家花炮企业,分别是信坤花炮厂和乾坤花炮厂。同时,计划在2021年下半年,启动固引剂加工企业扶贫项目,吸纳部分脱贫户就业,发展村集体经济。2020年,被中共黄茅镇委员会、黄茅镇人民政府评为“2020年度高质量发展综合考评先进单位”。

军屯村

万载县黄茅镇军屯村原为国家“十三五”省定深度贫困村(2018年退出),位于黄茅镇西北边陲,湘赣交界处。东临本镇南江村、南临本镇兴源村、西屏金钟湖、北接湖南省浏阳市小河乡。村庄地理位置偏僻,离集镇9千米,距离县城67千米。区域内海拔较高,最高地区(金钟湖)海拔为868米,大部分村民居住在海拔500米以上区域。有山林面积12260亩,耕地面积1271.6亩,其中水田面积664.5亩,人均不足0.5亩水田。

全村有20个村民小组,347户1348人,全部为农业人口,外出务工人口约有360人。军屯村有党小组3个,共有党员22名。有村两委班子干部6人,其中设村委书记、副书记、村委副主任、村委委员、党建信息专干等职务。

全村共有五保户25户31人、低保户51户72人、优抚对象3人;有建档立卡贫困户57户144人,有边缘户1户5人。

全村集体经济年收入近20万元,其中村集体经济收入主要有光伏发电约6万元。2019年有迷迭香种植基地150亩,国家对村级组织转移支付收入,全年10万余元。

柯树村

柯树村东起源头村,南至新泉村,西临三星村,北接南江村,距离昌栗高速14千米,全村10个村民小组,共460户1860人,外出务工人员893人,有4个党小组,共35名党员,有村两委干部4名。面积15公顷,森林覆盖率68%,耕地面积1032亩,山林面积6150多亩。2020年度,被中共黄茅镇委评为“高质量发展综合考评先进单位”称号。

林场村

林场村位于黄茅镇的东南边陲,东与中罗村相连、西与黄茅村接壤、北与水源村相邻、南与袁州区慈化镇石岭村交界。面积6平方千米,其中有水田719.9亩、林地6253亩。管辖12个村民小组。全村有231户1054人,其中建档立卡贫困户41户151人,2019年已实现全部脱贫。村党支部有支部委员3人,下设2个党小组,有23名正式党员、1名预备党员和1名发展对象。村委会有村委4人,下辖玖远光伏专业合作社和万载县协成种养专业合作社两个经济组织。有产业项目:光伏发电站,便民榨油坊,百合种植,高产油茶林,生猪养殖,藠头种植。2020年度,获评宜春市生活垃圾一体化处理工作先进行政村,获评黄茅镇高质量发展综合考评先进单位,获评黄茅镇人居环境综合整治先进单位。

路下村

路下村地处黄茅东大门，与潭埠镇芳林村、株潭镇丰林村接壤，总面积4.327平方千米（其中耕地面积1.7平方千米，山地面积2.57平方千米，水面面积0.057平方千米）。四周群山环绕，地貌椭圆盆形，正中央有锦江河上游和黄樟公路平行通过，青山秀水，良田千亩，滋养着14个村民小组386户村民，总人口1817人（其中农业户386户，产业专业户10户，建档立卡贫困户30户99人，全部脱贫）。有3个党小组，共39名党员。有村两委干部4名。

南江村

南江村位于黄茅镇东北角。由原南江村、棉土村两个村合并而成，四面分别与白水乡罗桥村、潭埠镇昌集村、浏阳市小河乡和本镇军屯村相邻。南江村部距离黄茅镇政府10多千米，距离县城65千米。南江村全程11平方千米，全部为山陵地带，有耕地2100多亩，山林9500多亩。南江的山林除1000亩油茶林和数百亩大竹林外，其他大部分是没有经济价值的浅表杂木、灌木和杂竹林。

全村下辖19个村民小组，人口440户1950余人，以郭、张、钟、江、孙5个姓氏占大多数，相对集中分布在4个村民小组。

南江村含第一书记在内共有正式党员31人，设一个党支部，三个党小组。2020年，被中共黄茅镇委评为“土地管理工作先进单位”。

南岭村

南岭村位于万载县黄茅镇东部，东与株潭镇石岭村交接、西与中罗村相接、南邻林场村、北联王布村、新泉村、路下村。面积2.5平方千米，耕地面积1600亩，林地面积3400亩。辖17个村民小组，全村773户3700多人，其中建档立卡贫困户21户87人。有1个党支部，党员34人，下设3个党小组，同时，建有共青团、妇联、民兵等群团组织。

村“三化”建设共投入资金6万余元，建有党群服务中心、矛盾纠纷调解室、“党建+”幸福食堂、农家书屋、村卫生室和信息化智能平台，大大提高了群众办事效率。

村主导产业为花炮产业，经过第五轮整改后，保留2家，分别是万载排上花炮制造有限公司和万载县南岭如意花炮制造有限公司。有农民种养合作社2个、生态农场1个。

前进村

前进村位于黄茅镇西部，与湖南浏阳市文家市交界，东临黄茅村，西临洪炉村，北临永安村，南临水源村，距离集镇2.5千米，全村共17个村民小组，总户数1121户，总人口5018人。全村共有43名中共党员，分4个党小组。辖区面积4.84平方千米，林地面积2600多亩、耕地面积1404.36亩，全村有4个花炮厂，村民收入以从事花炮制作和外出务工为主，部分村民依靠种植和养殖。前进村经多次精准识别和动态调整，有低保户141户178人、五保户15户19人、建档立卡贫困户43户165人全部脱贫。在万载县满仓种养农民合作社带领下，发展种植脐橙20亩、黄金梨种植25亩，带动了贫困户就业和创收。2020年度，获评黄茅镇“粮食安全保障工作先进单位”、黄茅镇“党风廉政建设先进单位”。

三星村

三星村位于万载县边陲，距县城56千米，距黄茅集镇1.6千米，东邻柯树村，西接和平村，南靠黄茅村、新泉村，北屏军屯村、南江村。全村下辖13个村民小组，共568户2580人，有4个党小组，党员30人。耕地面积1023亩，林地面积845亩，水面面积45亩。全村有建档立卡贫困户29户112人，全部脱贫。

有村小学1所，在校学生有263人，学前教育学生有45人，其中建档立卡贫困学生有7人。有村两委干部4名，农家书屋1个，建有村级卫生所1个，有长驻医生2名。截至2020年年底，已完成7个新农村点建设。有花炮企业1家，为“万禧花炮厂”。2020年1月，被万载县扶贫开发小组评为最强扶贫合作社；2月，被万载县人民政府评为“优秀种养大户”；11月，被万载县精神文明建设指导委员会评为“万载文明村镇”。

水源村

水源村地处湘赣交界,是黄茅镇西北边陲的山区村。东临林场村,南接慈化石岭村,西至湖南浏阳市,北靠洪炉村。距镇政府7.5千米,到县城65千米。全村29个村民小组,总户数593户,人口2508人,其中劳动力1532人。土地总面积12.6平方千米,耕地面积1260亩(其中水田1046亩),林地面积12388亩。该村有党员30人,分成3个党小组。

王布村

王布村位于黄茅镇东部,距黄茅4千米,辖区面积2平方千米,其中耕地面积1612.3亩,水田1513.31亩,山地面积2216亩,水面面积21亩。全村共有20个村民小组,其中30户以上的村小组10个,共613户3014人。村设有 1 个党支部,3个党小组,共42名党员。

新泉村

新泉村东起王布村、南毗南岭村、西达集镇、北接柯树村,距昌栗高速13千米,黄芳乡道纵贯全境。全村816户3622人,有19个村民小组。辖区约4平方千米,有耕地1782亩,其中水田面积1452亩,山林面积3600亩,森林覆盖率60%,水面面积22亩。传统产业为水稻种植,特色产业为花炮制造。村容村貌清洁美丽,水、电、路、网络、通信等基础设施相对齐备。村两委班子成员5人,有党小组3个,正式党员38名,预备党员2名。

兴源村

兴源村位于黄茅镇西北部,离集镇4千米,东邻和平村,北邻军屯村,南邻光明村,全村23个村民小组,共582户(其中农业户579户,产业专业户3户),总人口2569人(其中农业人口2522人,城镇人口47人),外出务工人员713人,有3个党小组,共37名党员,有农家书屋1个、村级卫生室1个,有村两委干部5名,其中聘用干部一名。面积6.2平方千米,森林覆盖率63%,山林面积6800多亩,耕地面积1100亩,其中水田942.4亩,花炮产业是全村支柱产业,有花炮企业1家,年创税收50多万元,解决剩余劳力500多人。2020年11月,万载县精神文明建设指导委员会授予“万载县文明村镇”称号。

永安村

永安村位于黄茅镇西部,距离集镇1.5千米,与黄茅镇光明村、前进村、大土村接壤。全村16个村民小组共602户,总人口2876人,其中外出务工人口456人,有五保户23户26人、低保户46户60人、优抚对象10人,全村建档立卡贫困户35户113人,已全部脱贫。有村两委成员4名,有3个党小组,32名党员。全村总面积2.92平方千米,耕地面积1029亩,森林覆盖率56%。2020年年底新建黄茅土面加工厂。

源头村

源头村东靠潭埠镇昌集村,西临柯树村,南接王布村,北与南江村相邻,离集镇5千米。全村12个村民小组,共计345户1778人。有3个党小组34名党员。山林面积3250亩,水田面积880.29亩,森林覆盖率75%。村容村貌清洁美丽,水、电、路、网络、通信等基础设施相对齐全。村两委班子成员4人。成立了1个合作社,实施了高产油茶项目。

中罗村

中罗村位于黄茅镇东南部,离集镇1.1千米。东临南岭村,南临林场村,西临黄茅村,北临新泉村,株铁公路穿村而过。全村共19个村民小组,共610户2960人(其中农业人口2940人,城镇人口20人),外出务工人员820人,有3个党小组,共25名党员(含预备党员1名),有农家书屋1个、村级卫生室1个。有村两委干部5名。面积2.2平方千米,森林覆盖率65%,耕地面积1620亩,山林面积6200亩。有花炮厂1家、小微加工厂3家、农民专业合作社3家、家庭农场1家。2020年度,获评全镇党的建设先进单位,高质量发展综合考评先进单位,人居环境综合整治先进单位,先进基层党组织。

黄茅社区

黄茅社区居委会位于黄茅镇黄茅街友谊北路,社区管辖范围东起黄茅医院,南至将军路口,西至光明路口,北至黄茅中学,是黄茅镇政治经济文化中心，街区内湘赣省道穿境而过，是一个人口密集，辖区面积 1.2 平方千米的乡镇社区，辖区内机关企事业单位有政府、公安、学校、医院、邮政、电信、银行、保险、土管、粮经、供水单位及规模性超市和酒店共 30 多所。社区内共有居民 700 多户，人口 4500 多人（含中心小学流动学生），下辖 4 个网格小组长，4 个党小组长，正式党员 56 人(其中预备党员 1 名)。该社区共有低保户 75 户 112 人（其中建档立卡贫困户 48 户，贫困人口 70 人已全部脱贫。辖区内以街道为基础共划分为 4 个管理片区，2020 年成立社区幸福食堂已添置各项用具，使用面积为 140 平方米，分别由组长协助社区干部负责日常巡查和监管工作。

多年来，黄茅镇党委镇政府遵照地方风俗，按照长远发展思路，就社区街道进行了合理的规划和命名，有友谊路、将军路、象山路、狮山路、广信路、市场路、城区路、兴华路、恒利京街、仿古街、农民街及十字安置点等十多条街道公路错落有致地贯穿于整个社区。

近年来，社区工作得到了上级党委政府的高度重视和肯定，社区内公安、学校、医疗卫生、银行保险等事业都得到了进一步的发展，在移动通信、邮政、电信、商业开发、生活娱乐等行业的基础设施和服务质量上也取得了很大的改进和提高。2020 年度，获评全镇民生工作“先进单位”、党的建设“先进单位”、高质量发展综合考评“先进单位”。

株潭镇

【概况】 株潭镇位于万载县西南边陲，居蜀江上游，地处萍乡、浏阳、万载、袁州四地的交界，是江西省首批百强中心镇、江西省文明村镇、全国重点镇。全镇总面积 88.62 平方千米，下辖 15 个行政村、1 个居委会和 1 个林场，户籍人口 6.96 万人，其中常住人口 10.3 万人。

2020 年，在县委、县政府的坚强领导下的株潭镇党群一心，攻坚克难，紧扣县委“1423”发展战略，创造性提出“1311”发展目标，压实作风，狠抓落实，基本完成全年主要目标任务，为确保全面建成小康社会打下决定性基础。全年财政总收入 18760 万元。规上企业营收 40222.2 万元，规上工业增加值 11865 万元，利润 4329.5 万元，同比增长 2.05%。500 万以上固定资产完成额达 5.5 亿，同比增速 894.57%，其中 5000 万元以上项目完成 5 个，超额完成指标要求。

【连通“民心桥”】 一是脱贫攻坚迎来决定性胜利。全年 52 户 118 人成功脱贫，至此，全镇 660 户 2129 人脱贫任务全面完成，二是便民服务得到了高质量提升。建成县级便民服务大厅，按照经济发达镇承接权限设置服务岗位，推行“一站式”便民服务。2020 年完成 6 万多人的新农合参保任务，收取参合金达 1600 万元，完成注册电子社保卡共计 33000 张，完成生育登记网上办理 194 张，完成住院补偿 352 人次 102 万余元。三是劳动保障和社会就业推进平稳。对全镇 985 名贫困劳动力进行就业意愿和培训意愿摸底，组织 71 名建档立卡贫困户前往参加就业局的技能培训。规范保障欠薪农民群体利益，对全镇 84 家退出花炮企业职工进行工资清偿，共清偿 605.47 万元。四是医疗教育水平再上新台阶。万载县人民医院西院完成搬迁，标志原株潭卫生院实现整体升级，万载西线综合医疗水平得到提升。持续保障教育高投入水平，逐步建立完善的教育体系，教育奖补资金连续 10 年保持增长，2020 年高考本科上线人数再创新高。五是农房一体发证工作持续进行。采用入户走访调查和翻阅村级数据方式针对株潭镇 24478 户房屋进行房屋现场调研核实工作，全年完成所有户的核实工作，完成率达 100%，并且完成第一批发证工作，共 846 本证件。

【夯实“基础桩”】 一是城镇规划合理有序。以打造成万载县城副中心、赣西经济中心、商贸中心、服务中心的目标，加快城镇规划修编，规划 8 平方千米总体面积，着力建成镇区“两横四纵”

的发展布局,以万载县人民医院西院完成整体搬迁为标志,配合天禧商贸城建设,“四纵”的框架雏形日渐凸显。二是集镇服务配套升级。全面推进污水改造覆盖街区,主体工程基本完工;投资800万元新建1座污水处理厂,投资1900万元建设农饮提升工程(第二水厂),已投入使用,投入370万元加宽万载进株潭集镇路段。三是城镇管理重拳出击。不断加大违规建房整治力度,2020年以来共拆除违规建房18起,管控建房31起,有效遏制了无序建房的乱象,确保了违法建筑“零增长”。

【挂满“特色墙”】 株潭镇党委政府在产业转型升级上提前布局,成立产业发展专班,制定《株潭镇招商引资办法(试行)》《株潭镇招商引资考核办法(试行)》,大力招商引资,着力打造新的经济增长极,为逐步摆脱对花炮产业的过分依赖打下了良好的基础。一是设立株潭镇新兴产业制造基地,基地计划占地980亩,已开发72亩,作为株潭镇招商引资新平台,将带来上万就业岗位。成功引进嘉瑜兴雨具、建罂新材料两家企业,将有效吸收当地就业人员3000余人。二是推动退出花炮企业转型,当前已有少武花炮厂、超凡烟花厂等20余家企业成功转型,引入少武木竹制品、易蒸科技、锦花轩陶瓷等企业入驻并投产。三是拥抱新产业新业态,积极跟进新发展趋势,引进谛创教育科技公司,协助举办万载县首届直播电商节,并设置唯一分会场,10月16日当天线上销售额达2506万元。

【拉紧“安全线”】 经常性开展安全隐患排查和整治,多次组织部门联动,对辖区内所负责的花炮、危化品、特作设备、商贸、能源、建筑施工、交通运输等七大领域检查次数达1320余次,排查隐患3260余条,其中重大隐患101条,打击未批新建房屋11起。进一步完善基层社会治理,做好国庆等特护期间信访维稳工作,做到平安不出事。加强社会主义精神文明建设,大力培育和践行社会主义核心价值观,开展意识形态领域讲座2次,牢牢把握意识形态主导权。

【算清“廉政账”】 全面推进基层党组织“三化”建设,扎实开展“优环境,促发展”大讨论活动,基层党组织便民服务能力显著加强。同时严格落实中央八项规定精神,持续纠治“四风”,全年收到问题线索35件,办结29件,其中立案12件,给予党纪政纪处分12人。

【株潭镇领导成员】

党委书记:高兴贤

党委副书记、镇长:袁帅清(任至2020年3月)

　　卢志强(2020年3月任)

党委副书记:曾华连(女,任至2020年3月)

　　刘钦映(女,2020年3月任)

主任科员:龙锦元

　　钟胜明

　　汤德兴

正科级干部:彭文忠

党委委员、纪委书记:余　鹏

党委委员:王珠根

党委委员、县委宣传员:刘家维

党委委员、人武部长:韩小芳

党委委员、县委组织员:

　　韩　梅(女)

党委委员、副镇长:李　威

人大副主席:朱春花(女)

人大副主席:张　翔

副镇长:易满庚

　　丁永峰(2020年11月任)

司法所长:郭明亮

综治专职副主任:龙雪明

副镇长:叶永红

副科级干部:鲍礼全

副科级干部:刘雪晴(女,2020年10月调入)

派出所所长:陈庆忠

【各村(社区)概况】

车陂村

车陂村位于万载县西部,距县城48千米,东临潭埠池溪村,南至本镇同胜村,西至本镇丰林村,北至潭埠芳林村。下辖35个村民小组。总户数1102户,人口4791人。其中建档立卡贫困户41户119人,村两委成员7人。下设7个党小组。有党员59名。土地总面积9.6平方千米。其中耕地面积3861亩,山林面积

550亩。辖区内有烟花爆竹企业5家。主要粮食作物以水稻为主,主要经济作物有玉米、西瓜、油菜等。

枣木村

枣木村位于株潭镇西南,东邻亭下村,南邻模山村,西部邻慈化镇冷水村,北邻长和村。万上公路穿村而过,海拔350米,地势西高东低,全村共有43个村民小组,总户数1756户,总人口7317人,建档立卡贫困户54户182人,耕地3545亩,旱地3286亩。

全村共有党员76人,党小组8个,有花炮企业1家,引火线企业1家,林地3618亩,以薪炭林和油茶林为主。村里经济主要以农业、种植业、养殖业及花炮业为主,年人均收入8660元,村组公路贯通,交通便利,新村部2015年投入使用。

枣木村民风淳朴、积极向上,为建设美丽和谐村庄,村委将进一步巩固和发展传统花炮产业、优化结构、发展农业生产、着力解决村民饮水困难、全面提升教学质量、稳定社会治安、增加村民收入。创造一个环境优美、生活温馨、人民安居乐业的新枣木。

长和村

长和村位于株潭镇西北边陲8千米处。东邻石塘村,以株铁公路为界,北与黄茅镇中罗村及黄茅镇石岭村接壤,西与慈化镇石岭村及冲下村相连,南与亭下村、枣木村为界。全村共有29个村民小组,总户数1093户,总人口5680人。有党员73人,共设有7个党小组。总耕地面积3031亩,水田2917亩,旱地208亩,山林面积6000亩。参加第五轮整改的烟花爆竹企业有石门花炮厂和启发烟花厂。

丰林村

丰林村位于万载西北部,距县城51千米,东临车陂村,南界红星村,西连石塘村,北隔潭埠镇芳林村。下辖21个村民小组,总户数603户,总人口2488人,其中建档立卡贫困户35户128人。村两委成员5人,下设党小组4个,有党员37人。土地总面积5.55平方千米,其中耕地2014.09亩,林地4517.25亩,辖区内有烟花爆竹企业1家,引火线企业1家,主要粮食作物以水稻为主,主要经济作物有玉米、大豆等,当地农民创收主要为花炮企业务工和外出务工及农业生产。

红星村

红星村位于万载西部,距县城45千米,东临同胜村,南界株潭集镇,西连亭下村,北与石塘村、丰林村、车陂村毗邻。下辖33个村民小组,总人口1198户5152人,其中建档立卡贫困户53户159人。村两委成员6人,下设党小组9个,现有党员76人。土地总面积4平方千米,其中耕地　2094亩,林地1861亩,辖区内有烟花爆竹企业1家,主要粮食作物以水稻为主,主要经济作物有玉米、西瓜、大豆等,当地农民创收主要为花炮企业务工和外出务工及农业生产。

后槎村

后槎村位于株潭镇南部,距株潭镇3千米,东邻杨源村、南界楠木乡楠木村、西连获富村、北隔株山村。土地面积5.5平方千米,其中耕地2395.37亩,林地4769.9亩,主要粮食作物以水稻为主,主要经济作物有油菜等。全村共有791户,总人口3368人,村两委成员5人,全村有党员49人(预备党员1人,发展积极分子2人),29个村民小组。建档立卡贫困户56户156人。已全面脱贫。有花炮企业1家,引线企业1家。当地农民创收主要为外出务工和花炮企业务工及农业生产。

获富村

获富村位于西南部,距离株潭街5千米,东与后槎村毗邻,西与模山村交界,南与宜春楠木乡接壤,北与亭下村相连,该村有“五岭,四冲,二山,二窝”之称。

全村有1027户4289人,分28个村民小组,土地总面积6.7平方千米,其中耕地2400亩,林地6900亩,辖区内有烟花爆竹企业3家,主要粮食作物以水稻为主,主要经济作物有玉米、西瓜、脐橙、蜜橘等,主要养殖以养牛、养猪、养羊为主。当地农民创收主要为花炮企业务工和外出务工及农业生产。旅游资源丰富,有2000多米花台山山洞,有爬山资源七星岭,有水库资源三座,有游泳池,有家庭养殖牛羊农场,有成片种植脐橙、玉米等。有党员77人,女性党员15人,困难党员3人,35岁以下14人,35—60岁14人,60以上53人,外出流动党员13人,党小组7个,村干部6人,退休干部4人,建档立卡贫困户42户,共126人。低保户86户,五保户31户39人,残疾人53人。有水库3个(大源冲水库、冷水冲水库、花台山水库)。医疗所2个,幼儿园2所,学生200余人。

小学1所,教师25人(公办18人、代编7人),学生520人(一年级77人,二年级81人,三年级81人,四年级88人,五年级107人,六年级86人);学前班1个40人。

模山村

模山村是晋东南军分区司令员巫德九的故乡,位于万载西部,距县城45千米,距株潭镇5千米。东临亭下村,南界获富村,西连慈化石下村,北隔枣木村。下辖17个村民小组,总人口564户2482人。其中贫困户33户90人,2020年脱贫3户4人。村"两委"成员6人,下设党小组4个,现有党员35人。

总面积3.1平方千米,其中耕地1565亩,林地2461.8亩,辖区内有烟花爆竹企业1个、1所小学(有学生202人)、2所卫生室。新农村建设示范点2个,组级公路硬化全覆盖11千米,村全面路灯安装100余盏。

通过文化墙、宣传栏、广播、宣传车等大力宣传村规民约,同时充分发挥道德评议会、红白理事会、村民议事会和禁毒禁赌会充分教育引导农民群众尊良俗、去低俗、除恶俗,移风易俗效果明显,有效遏制了陈规陋习。确保大事不出村,小事不出门,把矛盾处理在萌发状态。

上坊村

上坊村位于万载县株潭镇东南部,距县城45千米,东邻岭东乡,西接株山村,南靠楠木乡,北与同胜村隔蜀江相望,下辖39个村民小组,总人口1182户5288人,其中贫困户46户175人。村两委成员7人,下设党小组7个,有党员70人。土地总面积6.9平方千米,其中耕地3997亩,林地5668.5亩,辖区内有烟花爆竹企业1家,主要粮食作物以水稻为主,主要经济作物有蔬菜等,当地农民创收主要为花炮企业务工和外出务工及农业生产。

石岭村

石岭村坐落在株潭西北部,株铁线穿境而过,东与石塘村接壤,西与长和村及黄茅南岭村交界,南、北与石塘村交界,距镇政府所在地4千米。全村耕地面积2119.7亩,有665户2727人、21个村民组、4个党小组,村委会干部5人,其中村委会3人、党支部3人,5人中4个属于正式干部,2020年新招聘干部1人。

石塘村

石塘村位于株潭镇西部,东邻红星村,南邻亭下村、长和村,北邻丰林村,西邻石岭村、黄茅镇南岭村,株铁公路穿境而过,海拔200米,地势西高东低,全村共有26个村民小组,726户3378人,建档立卡贫困户44户146人,耕地2290亩、林地3900余亩,共有党员69人,党小组5个。有2家花炮企业正常生产,1家正在整改,花炮原材料仓储2个,村里经济主要有农业、种植业、养殖业及花炮产业,人均收入12000元,村组公路贯通,交通便利,石塘村小学教学质量直线上升,产业孵化大楼正在动工兴建,为石塘村脱贫攻坚提供坚强的保障。

亭下村

亭下村位于株潭镇中部,距县城45千米,距集镇1.0千米。万上公路穿境而过,交通便利。全村总面积5平方千米,耕地2959亩,林地2860亩。辖26个村民小组,1018户4391人,村党支部1个,党小组8个,党员82人,村两委干部7人。辖内初中、小学各1所,标准化卫生室1个,规模型企业4家,村级专业扶贫合作社1个。全村传统经济以花炮、商贸、蔬菜种植和劳务输出为主。

村两委以服务为宗旨、以发展为使命、以振兴为目标,通过开拓思维、转变思想和创新工作方法,使该村各项工作得到顺利推进,村容村貌焕然一新。一是加强组织建设党建工作常态化,提升支部战斗力。健全基层党组织制度，强化理论学习，落实“三化”工作，提升政治素养，改进工作作风，提高服务水平，将原本涣散的基层党组织扭转为有战斗力有执行力的坚强堡垒，2020年被镇党委评为一类村。二是优化人居环境，打造秀美乡村，提高村民生活水平。对全村道路进行修缮和亮化，筹资安装太阳能路灯273盏，主干道沥青硬化2.6千米，3座危桥拆旧改建，修缮和加固了小沅水库堤坝和长冲新挖水塘，井陂至长冲水渠进行“三面光”建设，完成4个新农村建设点工程，拆“三房”9000多平方米，全村农房维修改造23户，卫厕改造987户，实现全部居民集中供水，标准化公墓新建完工，同时配合政府城镇化建设开发，不仅极大改善了村民的生活生产环境，营商环境也得到进一步优化。三是集中力量决战决胜脱贫攻坚。扶贫工作开展以来，村两委以宣讲落实县十四大扶贫工程为抓手，以实现贫困户“两不愁三保障”为目标，因户施策、倾力帮扶。至2020年末，亭下村38户建档立卡贫困户人均可支配收入已超过当年国家贫困标准，全部实现了“两不愁三保障”和饮水安全，顺利通过脱贫攻坚成效省级专项调查组和国家第三方评估组验收，脱贫工作成效明显。

同胜村

同胜村位于株潭镇东大门，320省道和昌栗高速穿境而过，辖区有32个村民小组，农户1288户，人口5859人，其中党员有64名，有耕地3800余亩、林地2890余亩，花炮企业3家，上缴税收100多万元，全村有三分之一的人口从事花炮相关上下游行业，在外创业人员几十人，并有正县级领导3人。

组织万载县洁球农业专业合作社，发挥了重要作用，种植红薯30余亩，并且村两委不断推选新项目。老屋、限里2个村民小组建了新农村建设示范点。改水改厕，美化、亮化、绿化、硬化等焕然一新。全力推进人居环境改造和“厕所革命”，在同胜村（新屋园组、门楼组、塘庄组）建成3座公厕，改厕150户，为厕所革命打下坚实基础。设立了“公示栏、公示墙”，完成了新屋仔至青竹湾组公路硬化1.1千米，桥头组危桥拆旧建新1座。落实了2020年早稻种植2000余亩和高标准农田改造2800余亩。房屋一体化发证工作完成了80%。

杨源村

杨源村位于株潭街东南部，属丘陵地带，境内有小河1条，发源于宜春市楠木乡杨塘坳，流经杨源村中部，故称杨源。村落东与宜春荷溪桐树下和山田王水冲相邻，西与后槎村毗邻，南与宜春瓦子坪接壤，北与株山、上坊两村交界。土地总面积6.17平方千米，其中水田1908.4亩、旱地351亩、中（二）型水库1座，主要粮食作物以水稻为主，村两委6人，全村现有党员54人，6个党小组，25个村民小组；农户680余户，3600余人，建档立卡贫困户有49户，至2020年年底全部脱贫。目前有花炮企业1家，当地农民创收主要为外出务工和花炮企业务工及农业生产。

株山村

株山村位于集镇西南边，下辖20个村民小组，约3450人，46名党员分为4个党小组，全村共有31户建档立卡贫困户，目前已全部脱贫，实现“两不愁三保障”。有两家花炮企业正常营业，通过村委推荐，企业吸纳贫困户就业，成为扶贫车间。每月开展党员议事日活动，村支部2020年被评为县先进基层党组织。

2020年，村两委争资60余万元新建村便民服务中心大楼；生大组新农村点建设完成，硬化水口冲组，株山组组级公路；修复水渠，开垦撂荒田100余亩，确保双季稻种植；聘请8人保洁村庄卫生，提升村容村貌；完成2户10人脱贫攻坚工作任务，实现全村脱贫。

枣木村

枣山村位于株潭镇西南，东邻亭下村，南邻模山村，西邻慈化镇冷水村，北邻长和村。万上公路穿村而过，海拔350米，地势西高东低，全村共有43个村民小组，总人口1756户7317人，建档立卡贫困户54户182人，耕地3545亩，旱地3286亩。全村共有党员76人，党小组8

个,有花炮企业1家,引火线企业1家,林地3618亩,以薪炭林和油茶林为主。村里经济主要以农业、种植业、养殖业及花炮业为主,年人均收入8660元,村组公路贯通,交通便利,新村部2015年投入使用。

枣山村民风淳朴、积极向上,为建设美丽和谐村庄,村委将进一步巩固和发展传统花炮产业、优化结构、发展农业生产、着力解决村民饮水困难、全面提升教学质量、稳定社会治安、增加村民收入。创造一个环境优美、生活温馨、人民安居乐业的新枣木。

长和村

长和村位于株潭镇西北边陲8千米处。东邻石塘村,以株铁公路为界,北与中罗村及石岭村接壤,西与慈化镇石岭村及冲下村紧连,南与亭下村枣木村为界。全村共有29个村民小组,总户数1093户,总人口5680人。有党员73人,共设有7个党小组。总耕地面积3031亩,水田2917亩,旱地208亩,山林面积6000亩。参加第五轮整改的烟花爆竹企业有石门花炮厂和启发烟花厂。

株潭社区

株潭社区地处县境西南部株潭镇人民政府驻扎地,蜀江自西向东穿境而过,把街区自然地分为南北两部分,南为南市街,北为农民街、建设路、前进路、沿河街,又有新湘赣路、老湘赣路与新世纪一路、二路、三路等条条街道环绕相通,形成两纵三横的微妙格局。距离昌栗高速万载西互通口3千米。

社区总面积为4平方千米,有户籍人口2362户5973人,住户(含外来人口)共9200多户,人口23000多人,其中在册党员110人,建档立卡贫困户49户;低保户295户。组建志愿服务队36人。社区结合实际已设立6个网格,由社区干部兼职网格员,负责处理网格事宜。此外,社区居委会还设有社区居务监督委员会、街道办事处综治中心、民情理事会、亲民接待室、退役军人服务站、居委会警务室、调解工作室、调委会、综治工作室、扫黑除恶禁毒工作室、社区公共法律服务工作室、综合性文化服务中心、党员活动室、综合服务平台等。全社区党员110名。其中,35岁以下24名、占21.8%,60岁及以上53名、占48.1%;女党员27名;初中及以下学历36名、占33%,大专及以上学历15名、占14%。党龄30年以上党员12名,50年以上5名。

潭埠镇

【概况】 潭埠镇位于万载县西部中央,距县城34千米,湘赣公路穿境而过,全镇面积96.89平方千米,东邻双桥,西接株潭,南毗岭东,北与赤兴、白水接壤,区位优越,历史悠久,人文底蕴深厚,自古就以繁荣活跃的商埠而闻名, 是全县的文化名镇、傩舞之乡、花炮重镇。全镇有人口近5万人,其中城镇人口1.9万人,辖13个行政村、1个社区,305个村民小组,面积96平方千米,耕地面积约1881公顷,森林覆盖率达65%,被国务院评为全国绿化先进单位。镇机关内设党政党建办、财政经济所、农业农村办、社会事务办、社会治理办、应急管理办、纪委监察办。2020年年末有在职工作人员74人,其中行政人员32人,事业编制32人,聘用人员10人。

2020年,在县委、县政府的坚强领导下,潭埠镇以习近平新时代中国特色社会主义思想为指导,按照镇党委“1516”工作思路,团结广大潭埠人民“围绕一个中心、坚守两条底线、打赢三大战役、做到四个确保”,推动了潭埠经济社会稳步发展。一年来,潭埠镇始终以经济发展为中心,财政指标运行良好,全年实现财政总收入15947.1万元,比上年增长12.36%,其中税收收入14466.3万元,占比91%,在库规模以上工业企业12家,完成工业总产值69911.7万元,营业收入70655万元,利润总额9387.9万元。全年新增规模以上工业企业4家,有13家花炮产业企业通过第五轮整改顺利验收;新增规模以上服务业企业1家;完成固定资产投资74431万元,其中完成5000万元以上固投项目4个。

【财政指标运行良好】 始终以经济发展为中心，财政指标运行良好，全年实现了财政总收入15947.1万元，比上年增长12.36%，其中税收收入14466.3万元，占比90.7%，在库规模以上工业企业12家，规模以上工业增加值增长7.5%，营业收入增长5.27%，利润总额增长7.07%。全年新增规模以上工业企业4家，有13家花炮产业企业通过第五轮整改顺利验收；新增规模以上服务业企业1家；完成固定资产投资74431万元，其中完成5000万元以上固投项目4个。

【抓实安全工作】 一是紧盯日常监管。通过高频次、全方位开展执法检查，查现场、查视频、查资料，坚决整治厂内违规、打击厂外非法。严格隐患闭环管理，一般隐患立即改，重大隐患停产改并实行主要领导督办整改，确保隐患彻底消除。已打击非法生产3起，处罚企业21家，罚款近50万元。二是紧盯规范操作。通过对企业主、安全员、一线员工反复强化教育培训，确保从业人员懂安全、讲安全，2020年举办教育培训50余场次。盯住重点企业、重点人员、重点工序，狠抓现场管理，严格按章规范操作。通过常提醒、学先进、反复纠等举措，着力培养员工符合安全标准的工作习惯。三是紧盯责任落实。通过定岗、定责、定奖惩压实一线职工的安全责任，坚决执行花炮行业用工“黑名单”制度。通过签订安全生产责任书、建立安全规章制度，切实强化企业安全生产主体责任落实。全面压实监管干部责任，对滥竽充数、敷衍了事、以权谋私、亲清不分等不当行为严厉处理。

【抓实稳定工作】 一是开展民情家访活动，组织镇村组干部到每家每户发放、收集民情卡片，全镇共发放卡片9520张，收集意见、建议198条，及时答复解决了156条，42条已全部转办到相关部门，并已得到相应的处理。通过这项活动进一步密切了党群干群关系，全面排查化解矛盾纠纷，有效缓解了信访压力。二是开展“五员联动”活动，由县政法委牵头，整合公安局、法院、检察院力量和平安志愿者共同来开展活动，驻村领导、片区民警和村干部网格员参与共同推动社会治安全面改善，有力地维护了社会稳定，对不法分子形成强大震慑。三是开展易肇事肇祸精神病患者排查行动，在辖区范围内开展了一次全面大排查，共排查出135个严重精神病患者，全部落实了责任人、监控措施，签订有奖监护协议，同时联合卫生院、派出所全部上户走法，并每个季度给他们进行免费健康体检。

【打赢疫情防控阻击战】 坚持“疫情就是命令、防控就是责任”不动摇，做到严阵以待、严防死守、严明纪律，通过五抓（一抓响应、二抓责任、三抓协同、四抓调度、五抓督查），全力做好疫情防控工作，成立镇疫情防控指挥部统一指挥调度，投入防控资金55.32万元，在疫情期间向基层干部、一线防控人员、重点监测对象等人员发放口罩19800个，向全镇群众发放体温计3000支。对县外返乡人员和县外务工人员进行摸排，确保不漏一人；对未满14天观察期的人员进行体测，未发现体温异常人员。召开镇村干部会9次，召开党员组长会议82次，召开户主会120次，号召380余名党员日夜奋战在疫情防控一线，组织党员为疫情捐款13.7万元；悬挂横幅53条，张贴标语1769张，张贴通告778份，播放电子显示屏16处，张贴六个必须621张，张贴返赣一封信735张、宣传画和宣传单890张。切实做到全镇无一例确诊病例。

【打赢早稻生产保卫战】 为防范因疫情带来的粮食安全风险，2020年以来，强力推进早稻生产，压实粮食安全“压舱石”，出台200元/亩奖补政策，鼓励发动群众、合作社、种粮大户参与早稻生产，全镇落实早稻种植面积12287.39亩。

【打赢脱贫攻坚决胜战】 盯紧“一收入两不愁三保障”，重点围绕住房和饮水安全开展大排查，建立台账，逐个整改销号，对全镇282个取水点进行了样本检测,结果均合格,对需要资金解决的问题,由镇政府统一解决。大力发展产业,带动贫困户务工增加收入。13个村已做到村村有产业,实施的产业项目有优质水稻、稻田鱼、橙柚、油茶、构树、黑兔养殖等,各村合作社吸纳贫困户务工达136人,大力宣传小额信贷政策,鼓励贫困户自主发展产业,对接镇农商银行,对新增贷款和续贷贫困户贷款情况建立了台账,实现应贷尽贷。全镇有137户贫困户贷款,共626.8万元。同时认真落实好教育扶贫、健康扶贫等十四大扶贫政策,提高脱贫质量。全镇贫困户812户2583人,已全部脱贫。

【惠民政策落到实处】 2020年,全镇发放城乡低保金755.45万元;发放五保金193.25万元;发放临时救助金24.5万元;发放残疾人两项补贴54.39万元。全镇已有5614人领取养老金,每月发放养老金64.18万元。全镇城乡居民基本医疗保险参保人数为36746人,免缴人员3537人,参保率达到97%以上。

【民生实事稳步推进】 2020年投资1800万元建设集镇污水处理厂;投资3089万元建设城乡供水一体化项目;投资1300万元建设新农贸市场;投资1000万元新建敬老院;投入910万元回购潭埠中心幼儿园;完成万上线提升改造;完成2020年新农村建设点、厕所革命工作。

【人居环境整体改善】 2020年,先后出台《关于开展城乡环境清洁行动"春节战役"的通知》《潭埠镇环境卫生整治暨爱国卫生月活动方案》《潭埠镇城乡环境综合整治"夏季战役"实施方案》《潭埠镇2020年村庄环境常态化长效管护实施方案》等工作方案,大力推动城乡环境整治工作,通过狠抓"拆、清、整、改、治"五个方面,紧盯城乡"八乱"现象,聚力推进城乡环境净化、美化、靓化。

【作风建设持续向好】 持续开展干部作风整治活动,以"带头讲规矩、持续强作风、全力抓落实、确保见成效"为原则,持续开展"重点工作一对一对标比拼""干部作风专项整治"活动。推行"一线工作法",要求机关干部深入一线去发现问题、解决问题。每周一、周三晚上召开机关干部学习会,加强干部理论知识和业务能力学习。

【潭埠镇领导成员】

党委书记:江卫平
党委副书记、镇长:辛坤勇
党委副书记:龙建兵
二级主任科员:龙成云
党委委员、纪委书记、监察专员:
李小良
党委委员:黄新禧
李晓燕
党委委员、县委组织员:易 斌
党委委员、县委宣传员:江长庆
党委委员、武装部长:潘 翰
人大副主席:龙小红
副镇长:辛 琳
郑惠斌
陈力玮
司法所长:江杰成
综治专职副主任:汪河亮
四级主任科员:李祥南
副科级干部:兰新亮

【各村(社区)概况】

池溪村

池溪村位于万上线,与株潭镇同胜村交界,该村共有村干部7人,党员69人,村民小组33个,党小组5个,共有花炮企业4家、引线厂1个、瑛维箱包厂1个。农业种养合作社3个,其中祥鑫种植农民专业合作社种植秋葵300多亩、油菜250亩、黄菊100余亩。有村小学1所、幼儿园2所、村卫生所1所,共有建档立卡贫困户60户220人,已全面脱贫,池溪村有"傩舞之乡"之称。

新开村

新开村与双桥镇柏木村交界,紧靠集镇。万上线贯穿而过,户籍户数1036户,总人口4931人,外来人口1320人,共有村干部6人、党员87人、党小组5个、村民小组27个,共有烟花爆竹企业5个、引线厂1个、印刷厂1个,众力车辆检测、博鹰手袋厂均落户于此。镇中心小学有1所,在职教师61人,在校学生1294人,幼儿园1所、村卫生所3个、幸福食堂1个、图书阅览室1间。

濠田村

濠田村与池溪村毗邻,村地处县城西部,万上线贯穿而过,户籍户数1164户,总人口4950人,共有村干部6人,村民小组28个,党小组6个,党员54人,全村有1家花炮企业,濠田村地势平坦,土壤肥沃,重点种植水稻粮食主产业,其中万载青溪农业合作社种植水稻1000余亩。有濠田缎精品点1个,新农村建设点12个,村小学1所,幼儿园2所,有在校学生1000多人(包括幼儿园),村卫生所1个,设有妇女儿童之家、图书阅览室、3个健身舞广场,农村文化生活丰富多彩。

芳林村

芳林村位于潭埠镇西南,东临塅源村,西接黄茅路下村,北靠昌集村,南靠株潭枫林村,全村耕地2796亩,有36个村民小组。有村干部6人,党员58人,村民小组36个,党小组5个,共有花炮企业3家,引线厂1个。芳林渔业种养农民专业合作社,有沃柑基地51.5亩,养殖的稻田鱼,共有300余亩,在潭埠镇的稻田鱼市场小有名气。

陂田村

陂田村位于潭白线上,距离集镇不到2千米,交通便利。该村共有村干部6人,党员62人,村民小组24个,党小组5个。目前陂田共有花炮企业1家,农村合作社6个,仓前水库1个,养殖水鸭、鱼、虾等水产品。该村是全镇红色文化的重要基地,仍保留有湘鄂赣革命遗址、工农兵造币厂(工农兵银行)旧址。

潭埠村

潭埠村位于镇政治文化中心,开国少将谢胜坤的家乡。该村辖27个村民小组,有936户3960人,耕地面积2258亩,森林面积10445亩,共有村干部6人,党员67人,党小组4个,共有花炮企业3家。柴田河,锦江河,潭岭公路穿境而过,水资源丰富,交通便利。本着绿水青山就是金山银山的发展理念,开启绿色环保新的农业发展模式,结合乡村振兴战略,人居环境大大改善,村民生活品质大幅度提升。

塅源村

塅源村位于潭埠镇西部,潭芳公路穿境而过。北至茵果村、昌集村交界,南至天扬村,西至芳林村,东至陂田村。该村共有村干部6人,党员45人,村民小组26个,党小组4个,共有花炮企业2家。农民以养殖和外出务工为主,有新农村建设点13个、村小学1所、村卫生所1个,村设有妇女儿童之家、图书阅览室、老年居家养老、幸福食堂,农村文化生活丰富多彩。

天扬村

天扬村东与濠田村相连,南与株潭镇车陂村接壤,西与芳林村为界,北与塅源村毗邻。全村辖21个村民小组,共有人口707户2968人,中共党员46名,预备党员1人,党小组4个。全村总面积8.2平方千米,共有耕地面积2142.96亩,山林面积5784亩。全村共有烟花爆竹企业1家(万载县兴泰花炮有限公司)占地300亩,年产值2000万元。有农民合作社5个,小学1所,幼儿园1所,村卫生室个,幸福食堂1个,图书阅览室1间。天扬村杨梅基地是全县排名前列的大型果园,基地共有580亩,在此基地上形成的天扬农庄每年接待游客3000人左右。同时润缘农业种养合作社种植梨园100亩、桃园80余亩,每年10月上市的黄金梨以5元/公斤的价格走俏销售。稻田鱼养殖历史悠久,全村养殖稻田鱼150余亩。

茵果村

茵果村东邻新开村,西连昌集村。南接陂田村,北毗排江村。白水河经排江流入茵果汇入潭埠河,是全省农村社区建设试点村。全村辖区20个村民小组,现有耕地面积1604亩,小(二)型水库1座。留有11处保存完好的红军标语,傩文化活动场所1个,有历史悠久闻名的石脑背傩舞文化队。全村设党支部1个,村干部5人,党员48名,预备党员1名,党小组3个,1所小学,2020年在校学生293名。村卫生所1所,共有2家花炮企业,1个创意食品厂,1个鑫扬电子厂。其中赣潭种养农民专业合作社由村书记欧阳小胜为致富带头人,种植脐橙300多亩,成立茵果村扶贫专业合作社,58名贫困户为社员，种植百香果30余亩，茵果村扶贫专业合作社2020年实现首次摘果，预计该合作社可实现产值40万元。带动35户贫困户就业。

排江村

排江村位于潭白线上,共有村干部5人,党员41人,其中女党员6人,村民小组17个,党小组3个,困难党员4人,35岁以下党员3人,60岁以上党员17人,其中低保有58户93人,五保有22户22人，残疾户60户63人,边缘户2户11人,贫困户41户127人已全部脱贫。共有花炮企业1家，1个旺源食品加工厂,1个手袋加工厂,3个手工锅厂。排江村与白水交界,境内民风淳朴,沿线居民每年在百合节期间都会自发前往主干道疏导交通。新农村建设点3个,村小学1所,有在校学生300多人(包括幼儿园),村卫生所1个,设有妇女儿童之家,图书阅览室,农村文化生活丰富多彩。

昌集村

昌集村与黄茅镇源头村接壤，位置相对偏远，人口1996人,村小学1所,村卫生室1个,耕地面积1845.99亩,林地面积17692亩,共有村干部5人,党员34人,村民小组19个,党小组3个,生猪养殖家庭农场1个。专业种养合作社3个,其中由县市监局搭桥成立的昌集民勤扶贫专业合作社,聚集8户爱心企业助力筹措资金5万多元,将昌集村57户建档立卡贫困户全部吸纳为社员,让贫困户依靠产业发展脱贫,成为全镇“百家帮百户”工作的亮点。

山塘村

山塘村位于万上公路35千米处,距潭埠镇人民政府约1千米。辖区面积约1.5平方千米,耕地面积950亩，山林面积2250亩。全村有11个村民小组356户1460人，共有党员26人,三个党小组，村两委班子5人。2018年被确定为深度贫困村，当年脱贫摘帽，有贫困户38户122人,2019年全部脱贫。村内有久特金属、驾校、花炮厂、纸箱厂4家企业,解决部分村民就近就业问题。在上级政策大力帮扶下，高标准农田已改造700亩，维修山塘22口，组级公路已全部修通，村主路已进行黑化,11个组完成新村点建设,不断提升了全村群众的安全感和幸福感。村合作社发展的产业有光伏发电、油茶、黑兔养殖3个产业,每年可为村集体经济收入增加12万元左右。

新田村

新田村位于万载西南部,距镇政府所在地10千米，东北接赤兴乡,南邻排江村,西与白水乡相邻。辖区面积7.5平方千米，其中耕地面积1613.53亩，山地面积9860亩。下辖村民小组16个,共341户1347人。全村共有党员34名，其中预备党员1名,发展对象1名,党小组4个。已建农家书屋1个,有村级卫生室1个,扶贫车间1间带动就业160余人,全村主要产业以水稻、养鱼、橙柚酸枣果树种植等为主。新田村2018年被定为深度贫困村,全村共有建档立卡贫困户74户266人,2019年已经全部脱贫。

潭埠居委会

潭埠居委会是集镇内的唯一的社区,共有干部8人,党员72人,居民小组8个,党小组4个,共有服装加工厂3个,解决了100余名农村剩余人口就业,大型超市4个，营业产值近1000万元。境内基础设施相对完善,商贸繁荣,人口密度较高。

岭东乡

【概况】 万载县岭东乡地处县境南部（乡政府北纬28° 03′东经114° 14′ ,海拔175米),东与高城镇交界,南与袁州区楠木乡毗邻,西与株潭镇、潭埠镇接壤，北邻双桥镇；总面积为46.15平方千米，其中耕地1.1万多亩,林地为4.4万多亩。辖7个行政村,1个街道居委会,105个自然村,共有3700户,总人口13738人。全乡有1所初中、6所小学、2所幼儿园；有1所卫生院、9所卫生所、1所药店。

【经济实力持续增强】 岭东乡共完成财政总收入4474.9万元，完成一般公共预算收入2273万元，税务部门收入

4269.2 万元，财政部门收入 205.7 万元，超额完成全年目标任务。

【招商引资稳中有进】 杭州昌杭科技有限公司投资 6000 万元的智能电能表接插件及 5G 通信天线产品项目正在办理入园相关手续。2020 年引进的嘉和眼镜准备扩大生产规模，再出资 2800 万购买 2 层半 4305 平方米标准厂房。万载县鼎盛电力科技有限公司和万载县吉隆运输服务有限公司年内产值均可实现 2000 万元以上，已向有关部门申报规上企业。

【脱贫攻坚精准发力】 岭东乡党委、乡政府带领全乡人民上下一心、群策群力，扎实推动脱贫攻坚各项工作，有建档立卡贫困户 390 户 1192 人全部实现如期稳定脱贫。大力发展产业项目，实现了扶贫产业从无到有，村集体经济由弱变强的根本性变化。目前全乡已发展了光伏、鹌鹑、油茶、脐橙、水稻、柳条糯、药材、莲子、生猪等种养产业基地，解决了 100 多名贫困劳动力就业，人平增收 5000 元以上；对 627 名失能弱能贫困户进行了分红，每户增加收入 1000 元以上；全乡 7 个村 1 个居委会，集体经济收入均超过 5 万元，其中达到 30 万元的村 1 个，达到 10 万元以上的村 2 个。同时岭东乡始终坚持将基层党建工作与精准扶贫工作紧密融合，结合岭东乡实际情况，在强化分工、细化责任、严抓落实上下功夫，形成齐抓共管通力协作的局面并涌现一批先进典型，田心村第一书记彭佑兴先后获“中国联通劳动模范”（2020 年 5 月）、“中国联通优秀扶贫干部”（2020 年 10 月）称号。

【民生事业全面发展】 一是基础设施建设进一步完备。完成集镇道路黑化、兰田和田心危桥改造、柴田村至中南山下 4 千米乡道黑化工程；完成苏溪村 3.5 千米、荷岭村 3 千米村道维修；东山村 1000 米水渠维修、田心村两座水陂维修已全部完工；小关村、居委会新村部 2020 年已建成并全部投入使用；新建的小关村幼儿园 2020 年 9 月已开学招生正式开始使用；改造了一个电子阅览室并配置了 4 台电脑；占地 4.5 亩投入 220 万元新建的岭东乡供电所已经进入后期装修阶段；投入 400 万元新建污水处理厂；投入 1300 万元对潭岭公路岭东段进行拓宽改造。二是农业农村工作进一步提升。全乡共种植早稻 4000 余亩，5 个土地开发项目全部完工，全乡 7000 余亩有机地块通过认证。受疫情影响，造林面积比往年有所下降，全年共植树造林 600 余亩；抓好松材线虫病防治工作，春季共处理 30 余棵病死松树，秋季共排查松材线虫病死松树 130 余棵。共有新农村建设点 11 个，覆盖全乡 7 个村，涉及资金 330 万元，两个贫困村建设点已完工并组织验收；联合各村对全乡农村宅基地情况进行了一次全面摸排，实施增减挂 40 亩，实现新增耕地 30 亩；对全乡贫困户饮水水源进行全面检测并出具相关检测报告，确保饮水安全；完成岭东乡农村饮水安全工程维修养护项目，对小关村万兴坑山塘进行整治。全面落实危房改造政策，全年危房改造 28 户。

【文旅工作蓬勃发展】 一是在疫情期间由乡村两级妇女干部共同出演创作的《同风雨　共抗疫　众志成城　守卫岭东》视频在万载文旅、万载妇联、宜春宣传等多家微信公众号上发表，并被广大群众积极转发，形成岭东抗疫正能量；由乡文化站和居委会老党员联合创作的《老党员书写抗疫联》视频，在县委宣传部、县融媒体中心主办发起的关于开展“战疫生活抖起来”才艺视频大赛中获得了优胜奖。联合县文广新旅局为 24 户贫困户安装户户通，解决贫困户看电视问题。二是岭东乡上报东山千亩荷花基地、田心水果基地、荷岭富硒脐橙基地等 6 个景区景点，2 大类农副商品，为开发岭东旅游资源打下基础。依托封顶山月光寺禅文化、风力发电项目、生态有机农业、东山莲子基地等，努力开发乡村特色旅游，倾力打造“风电文化、健身文化、有机文化、禅宗文化”等旅游特色。

【社会环境更加和谐】 一是重视走访工作。结合“五员联动、共创平安”、民情家访、12340宣传等活动,通过上户走访、召开户主会等形式,积极开展平安宣传工作,落实了乡驻村领导及干部职工、村组干部每月至少走访一次辖区群众。活动开展以来,全乡共收集民情民意69条,排查矛盾纠纷28起,解决群众实际困难35个,有效地密切了党群关系,转变了干部作风,树立了“廉洁奉公、勤政为民”的政府形象。设置巡更点38个,要求巡防员按照上级要求扎实开展巡逻,不断提升全乡群众的获得感、安全感。二是通过乡村干部经常化大走访加大宣传力度。印发《致全乡人民的一封信》,并积极利用各工作业务、家庭生活等微信群开展宣传,扩大公众安全感提升工作的宣传力度和广度。大力开展扫黑除恶社会宣传活动,新增大型宣传栏4块,悬挂横幅、书写标语18条,发放500余本扫黑除恶应知应会、5000余把扫黑除恶宣传扇,整改内容偏差标语1条。三是开展积案化解工作。自7月底开始,成立了由乡综治办牵头的信访积案化解小组,重新全面梳理积案的起因,同时积极与当事人沟通,了解诉求,化解心结,成功化解2起。四是扎实开展安全生产工作。按照“三管三必须”的要求,严格落实安全生产责任,明确了一名班子成员及一名普通干部作为驻厂干部,从书记乡长做起,深入一线进行检查,3家企业正在停产整改,1家企业正通过市里验收,等待发证,1家正在有序组织复工生产;退出及准备退出的8家企业,都全部停产到位,全部拆除的5家,正在拆除的1家,已有3家通过市级验收。坚持重大节日、重要节点开展安全生产检查活动,重点检查辖区企业、加油站、项目工地、道路交通安全、消防安全等,共开展专项检查8次,下发整改通知书26份。

【交通四通八达】 岭东乡集镇柴田街距县城26千米,距高城集镇15千米,距潭埠集镇9千米,距株潭集镇12千米。与相邻5个乡镇先后修通了水泥公路并开通了客运班线。南昌至上栗高速公路穿境而过,在岭东乡境内里程约8千米,途经兰田、柴田、小关等3个行政村。岭东集镇距东互通鹅峰丁田桥约30千米,距西互通株潭杨源约12千米。

【岭东乡领导成员】

党委书记:戴苏敏
党委副书记、乡长:臧　倩
人大主席:黄祖汉
主任科员:李　珊
　　　　　孙　仁
纪委书记:廖　辉
宣传委员:孙　阳
武装部长:汤　芳
组织员:叶太海
人大副主席:韩智德
副乡长:陈　晗
司法所长:卢　飞
综治专职副主任:李　斌
副科级干部:郭　燕

【各村(社区)概况】

东山村

东山村地处丰顶山脚下,距昌栗高速、乡政府不到3千米。有12个村民小组,农户362户,人口1430人,其中男性782人,女性648人,劳动力601人。60岁及以上192人,占13%;青壮年劳动力801人,占56%;18岁及以下437人,占31%。党员人数为26人,共2个党小组。全村共有耕地面积1694亩,其中水田面积1033亩,人均0.78亩;山地面积3597亩,人均2.57亩森林覆盖率64%。2020年,被万载县扶贫办授予“最强扶贫合作社”称号,被岭东乡党委、乡政府授予“先进村”称号。

东山村建立4个产业扶贫基地:莲鱼共生基地,引进“湘福农业发展有限公司”成立“湘莲合作社”,规划千亩连片,总投资86.15万元. 其中湘莲公司投资46.15万元,财政扶贫资金40万元,45户贫困户受益,50%纯收入分红,已种莲子675亩,放养鱼苗30万尾,莲田养鱼500亩。高产油茶林基地,成立“东山再起合作社”,已流转100亩山地,由市林业局全额投资管理,2020年起,贫国户每年每户保底分红2000元。光伏发电产业,村集体有一个占地4.5亩光伏发电基站，已有5户签订安装协议,2户已安装。天冬药材基地,2019年9月流转闲置土地100亩种植天冬药材，共吸纳贫困人口10名，每名贫困户每年增收3000元左右,2022年预计每户贫困户可分红5000元左右。

柴田村

柴田村位于岭东乡中部,紧挨集镇，村部距乡政府0.5千米,距万载县城26千米,是乡政府和岭东街所在地。全村总户数520户,总人口2306人,20个村民小组,5个党小组，正式党员59人。有耕地1956亩，林地6347亩。村里主要的产业是农业。就业主要是通过外出务工或在本村务工。农业主要以种植水稻为主。全村通电率100%,全部实现饮水安全，通网络电视100%。

全村共有建档立卡贫困户37户,贫困人口109人,因病16户48人,因残9户29人,缺技术3户16人,缺劳力4户5人,自身发展动力不足3户5人,因灾1户5人，缺资金1户5人,主要致贫原因为因病因残。2016年脱贫6户26人， 2017年脱贫10户35人,2018年脱贫8户23人,2019年脱贫9户23人,2020年脱贫任务4户6人。2020年贫困户自然净减少1人,死亡2人、新出生增加1人。

通过精准扶贫,推进十四大扶贫工程实施，保障基本医疗、住房安全、饮用水安全、教育扶助,开展“感恩自立教育行动、感恩自强培育行动、感恩自力激励行动、感恩自尊治理行动”主题宣传活动,召开精神扶贫感恩行动座谈会,落实《岭东乡2019年“三评两推一选”精神扶贫实施方案》,评选出2020年柴田村勤劳自强脱贫户、身残志坚脱贫户、产业技能脱贫户、感恩爱党脱贫户和道德模范脱贫户,对评出的脱贫先进户进行了物质和精神表彰。

全村通过扫黑除恶、人居环境整治等专项行动,村容村貌整洁,社会风尚提升,建档立卡贫困户全部实现稳定脱贫,成效显著。一是道路宽了,出行便利。完成硬化村级公路5.2千米,安装路灯112盏,晚上走路也明亮祥和。二是环境美了,民众满意,农家庭院,遍地花红。健身广场,活动中心,欢笑声声。建设5、6、9、18组新农村点4个，公共健身器材齐全。三是收入稳定,生活安定。通过扶贫专业合作社发展养殖项目,村集体经济得到有力发展,集体经济突破5万元。勤劳创业,贫困户自主创业能力提高，扶贫合作社带动种养业,养猪300头、种水稻195亩,利润12.5万元,户收增加1500元。

荷岭村

荷岭村位于岭东乡东南部,平均海拔200米,东至高城梅源村,南至高城里山村,西至兰田村，北至苏溪村。距县城26千米,距乡政府6千米,交通比较便利,属丘陵山区,全村面积5.4平方千米,山林面积3070.5亩,耕地面积1696.96亩。村两委班子成员4人，聘用干部1人,支部书记乡下派。村党支部下设3个党小组,党员32名,其中预备党员1名,辖11个村民小组,全村354户,1348人,全村劳动人数780人，外出务工、经商、办厂、就学等500人。村设有医疗卫生室1所,小学1所(学前班至四年级)，全校学生56人,小学教师7人，便利小超市4家，文体活动篮球场1个。辖区内有浩安烟花材料企业1家，属乡管，乡敬老院设在11组，有春晖、赣硒、荷岭扶贫专业合作社3家。有谢氏、熊氏两座祠堂,熊氏、谢氏两座庙宇。以谢姓、熊姓、王姓、钟姓、曾姓人口居多,占全村人口的80%。历史遗迹有1处,红军时期修建一座预警炮楼壕沟遗址。

全村已实现组组通水泥公路，组组通宽带,80%农户通网络电视,全村户户接通自来饮用水,水源主要是山泉水。村民生活水平和幸福指数逐年不断提升，全村有家庭小轿车145辆。主要特色产品有有机稻米、高粱酒,荷岭的高粱酒誉满全县。农民收入来源主要是务工、经商、办厂、粮食种植、酿酒、家禽家畜养殖为主。

2020年，荷岭村从严从实抓好党的建设,一是采取“支部+村集体经济合作社+企业(合作社)+贫困户(农户)”的发展模式,引进赣硒脐橙种植专业合作社投资120万元，建成了

200 亩脐橙基地。二期 300 亩脐橙基地已完成整地，预计投资 220 万元。二是对标对表“三化建设”评价清单，投入资金 2.5 万元改造成了荷岭党群服务中心。让党员群众更加有获得感。三是认真抓好党员发展，2020 年发展党员 3 名，其中预备党员 1 名，35 岁以下 1 名，具有大专文化的 1 名，女性 1 名，确保党员队伍结构得到优化。三是如期完成脱贫攻坚任务，全村 47 户 142 名贫困户人均收入达到 5800 元，全面达到“两不愁三保障”工作目标，全部稳定脱贫。稳步推进社会各项事业，通过向上级跑项争资，全面推进农村厕所革命，完成改厕 159 户，改水 25 户，非贫困户农户改造住房 6 户，完善了 5 组、10 组 2 个新村点建设。村庄环境进一步美化、亮化。修复村主干公路 1450 平方米，拓宽养护村主干道 3000 多米，方便了村民出行。

兰田村

兰田村位于岭东乡东部，南接丰顶山，西邻柴田村，北接潭埠村，东邻高城镇里山村。村部距乡政府 2.5 千米，辖区面积为 6.701 平方千米，耕地面积为 2773 亩，林地面积 8000 亩，辖 17 个村民小组，总户数为 565 户，2142 人，全村享受低保 78 户 115 人，五保户 13 户 13 人，有建档立卡贫困户 75 户，贫困人口 222 人，设 5 个党小组，有党员 48 人。

在党建工作中，一是抓班子建设，促进班子团结，班子更有战斗力；二是抓学习，组织党员干部学习习近平总书记系列重要讲话、党章党规、政策法规法律知识；三是开展“三化”建设，投入 4 万多元建设了村便民服务中心；四是做好软弱涣散村摘帽工作，大力完善软硬件设施，培养党员致富带头人 2 人。五是抓好党员发展，2020 年 1 名建党对象转为预备党员。

在脱贫攻坚工作中，按照上级工作部署，聚焦贫困户“两不愁三保障”及饮水安全问题，以贫困户增收减去支为目标，扎扎实实开展好脱贫攻坚工作。一是开展了决战决胜脱贫攻坚春季集中行动；二是做好“三个问题”整改，排查出中央脱贫攻坚专项巡视“回头看”反馈意见 6 个，“不忘初心、牢记使命”主题教育检视问题 4 个，2019 年度中央脱贫攻坚成效考核指出问题 5 个。对这些问题进行了认真整改并销号。三是做好县交叉检查问题整改，投入 4 万多元，对县交叉检查出的 52 个问题进行了整改。四是做好省级普查验收工作，胜利通过了上级的普查验收。

做好疫情防控工作，对外出务工返乡人员进行摸排，做好居家隔离，设立 2 个检查站，对过路的车辆及人员进行登记排查，测量体温，积极减少疫情带来的影响。

做好早稻种植工作。经过发动，农户栽种早稻 180 亩，村种植 490 亩，村合作社种植 100 亩，实现了能种尽种。

在新农村建设工作中，对 8、9 组两个组实施新农村建设点，新建路灯 60 盏、加宽路面 300 米、入户路硬化 1000 米、改厕 25 只、改水 68 户、桥梁加护栏 2 座、农民健身场所 2 个、水渠 300 米。

苏溪村

苏溪村是岭东乡的一行政村，地属山区村，四面环山，位于万载县西南部、岭东乡西部，南接潭埠镇，西邻双桥镇浩石村，北接高城镇梅源村，东邻兰田村。村部距乡政府 7 千米，距万载县城 27 千米，辖区面积为 8.3 平方千米，其中耕地面积为 1714 亩，山林面积 9580 余亩；下辖 14 个村民小组，有 368 户 1465 人；设 1 个党支部，3 个党小组，有正式党员 40 人；有 1 个小学教学点；村民用电率 100%，组级公路已全部进行了硬化。有贫困户 58 户 170 人，已全部实现脱贫，解决了“两不愁三保障”及饮水安全。全村无任何工业企业，村级经济十分薄弱，农民收入来源主要依靠农业种植和外出务工，部分村民生活水平低于全乡人均收入。

在党建工作中，深入开展“不忘初心、牢记使命”主题教育，学习《习近平关于“不忘初心、牢记使命”重要论述摘编》、《习近平新时代中国特色社会主义思想学习纲要》、习近平总书记视察江西时重要讲话，对照党章、党规等，组织党员认真学习，推进党员队伍建设，不断增强村“两委”和党员干事创业的担当精神热情和为民服务的本领。

在脱贫攻坚工作中，按照中央“两不愁三保障”的总体目标，牢牢抓住教育、医疗、就业等与民生密切相关的基础工作，取得一定成绩。苏溪村42名贫困人口在校学生，均享受到了教育补贴，无一辍学；村内卫生所也已完成改造，符合标准化村级卫生所标准；帮助57名在外地务工者申请了年度异地务工交通补贴，并在村内设立7个公益性岗位和4个扶贫专岗，一定程度上缓解了村内贫困户经济收入、就业难的问题；帮助贫困户实现“一自主三领办”奖补资金8.0808万元；组织贫困户进行了集中教育宣讲，激励贫困户自主脱贫光荣，宣传跟党走、听党话、感党恩等感恩教育。

抓好产业发展及基础建设，维护好光伏发电站良好运行，达到年发电量11万千瓦时；建立一个400亩有机水稻种植基地，解决贫困户劳动力务工收入8万元，并且获得上级产业奖补资金8万元；新建新农村点5组、13组两组的新农村点建设。

抓好人居环境整治。制定村规民约落实庭院“三包”责任制，同时发挥党员、组长、乡贤模范带头作用，对全村环境卫生管理分片区、责任到人，还投入大量资金整治全村脏、乱、差现象，对农村垃圾治理加大力度，全力营造良好的人居环境和优美的村容村貌。

田心村

田心村位于岭东乡政府南部，距乡政府1.7千米，距县城26千米，全村共有9个村民小组，282户1286人，共有党员27名，建档立卡贫困户51户182人，是“十三五”深度贫困村。全村耕地面积1027亩，林地面积1070亩，人均耕地和林地均不足1亩，是一个典型的缺田少山的贫困村。村民主要经济来源为水稻种植及外面务工为主。

自2016年开展脱贫攻坚工作以来，田心村发生了翻天覆地的变化。在近几年的时间里，在宜春联通公司和上级政府及有关单位的大力支持下，通过驻村第一书记、工作队员、全体村干部以及所有帮扶干部的辛勤努力，田心村建立起了光伏发电项目、果园鱼塘种养、现代农机服务队、鹌鹑养殖基地等产业扶贫项目，这些项目总投资300余万元。田心村产业扶贫项目以鹌鹑养殖为龙头，通过本地致富能手带动的优势，把鹌鹑养殖做成一个产业，做成田心村“一村一品牌，一村一特色”，以点带面，充分利用村集体资源入股发展村集体经济的模式带动其他产业的共同发展，对产业扶贫项目有较好的样板示范作用。

在基础设施建设方面，新建自来水饮水工程，解决村民饮水难、水质差的问题；接着硬化村级公路2.9千米，主干公路两边的排水沟和人行道铺砖4.9千米，并完成主干道路柏油路面铺设；新建了3个村民休闲广场，让村民们茶余饭后有了活动的场所，除了日常跳广场舞之外，孩子们也有了更好的活动之处。

10月，全村51户182人已全部脱贫。村集体经济由2017年的不足3万元在2019年增长至17万元，到2020年，村集体经济收入30余万元。

岭东社区

岭东社区位于岭东中心位置，东至柴田，西至田心，南至楠木，北至小关，面积约为20000平方米，交通便利。所在户籍258户，辖区常住人口1089人，分为4个片区，有党员16名，设2个党小组，有城镇困难群众20户34人，社区居民从事行业主要为经商和务工。岭东社区每月逢五逢十都是赶集日，附近乡镇的商贩也有来摆摊设点，还有岭东乡的群众会把种植的农作物，养的家禽在赶集日带入市场销售。全年投入资金36万余元，高质量完成了基层党建规范化，标准化，信息化建设。

双桥镇

【概况】 双桥镇地处万载县中心偏西南，距县城20千米，与高城镇、白良镇、岭东乡、潭埠镇、赤兴乡、仙源乡、茭湖乡7个乡镇相邻，是全县毗邻乡镇最多的地方。湘赣公路贯穿全镇，锦江河和牟溪河穿境而过,系万载县的交通咽喉,是万载县域中心所在,旧有“赣西商埠”之称。全镇下辖15个行政村、1个居委会,248个村民小组,总人口4.1万人,其中集镇人口3800余人。全镇有党支部24个,党小组47个,党员700多人。镇域总面积132.32平方千米,其中耕地面积3.5万亩,水田面积3.25万亩,森林面积12.17万亩。拥有小(一)型水库3座,小(二)型水库9座,山塘143座。

双桥镇现有干部职工69人,2020年一般公共预算收入4050万元,财政总收入1.08亿元。2020年获得“工业经济发展先进乡镇”“万载县党风廉政建设先进单位”“第一届万载县文明村镇”称号。根据工作需要,镇机关设置以下11个办公室(所):党政办、扶贫办、应急办、土管办、城建办、政法办、农业农村办、社会事务办、开放型经济办、人居新村办、财政所。

【抓好基层党建】 全力推进基层党建“三化”建设,全镇投入68万元,新建便民服务中心1个,改造便民服务中心8个,群众来村办事实现“一站式”服务。选优配齐村两委班子,全镇15个村、1个社区全部实现书记主任“一肩挑”。创新“党建+社会组织”模式,通过党建引领聚合力、社会共建添助力、制度保障增活力三大抓手,扶持引导双桥志愿者协会、双桥花炮商会、宋家湾民情理事会、鲤陂水利协会、深塘老年协会等社会组织协同参与社会治理。开展了中共十九届五中全会宣讲工作,出动宣传车20余次,开展讲座30余场。在2020年全省劳动模范和先进工作者表彰大会上,万载县有6名代表获得表彰,其中就有3名双桥籍人才朱华军、朱东茂、钟红英和1名双桥企业家黄映艳。11月20日,中央文明委在北京召开全国精神文明建设表彰大会,绍江村被评为“全国文明村镇”。镇纪委以执纪审查和执纪监督为主业,共立案查处违纪违法案件7件,启动党内问责3起5人,涉及违反中央八项规定精神案件1件,扶贫领域干部作风案件1件。全年共出双桥督查10期,通过督查,全年共发现9起扶贫领域问题,查处2起形式主义、官僚主义问题,强化了全镇党员干部队伍增强“四个意识”、落实“两个维护”的思想意识和行动自觉。

【抓好疫情防控】 成立以党委书记宋敏莉、镇长况勇为“双组长”的双桥镇疫情防控领导小组,科学部署疫情防控工作。全体镇村干部从大年初二开始就放弃休假,全身心投入疫情防控工作,连续作战将近2个月。累计出动宣传车2000多次,发放各类宣传通告10万余份,悬挂横幅标语500余条。组织干部群众、派出所民警、志愿者等1000余人,分成64个网格逐户排查,累计排查38000余人,设立卡点121个,登记进出人员23000余人。累计出动巡查人员2000人,劝阻取消红白事110余起,驱散聚集人群510处。收缴麻将200余副。累计排查出湖北返乡人员140例,其中武汉返乡人员62例,其他重点地区返乡人员462人,每日2次进行体温监测,确保安全度过14天医学观察期。4月底以来,双桥镇始终绷紧疫情防控这根弦,先后重点排查北京、新疆、青岛、广东、上海等高风险地区返乡人员21人,落实居家隔离措施并进行核酸检测。镇党委、镇政府先后投入100余万元保障疫情防控工作所需的人、财、物,落实好医务人员和相关工作人员防护措施,未出现1起因防控措施不到位引发的负面影响。

【抓好经济发展】 全年财政总收入完成1.09亿元,其中,税收1.07亿元,非税收入186.4万元,提前一个月完成全年目标。一是服务好复工复产企业,应对疫情和花炮企业第五轮整改影响。入驻县工业园企业盛欣塑业、锂都物流、中阳医科、天银化工、恒利钒业皆已复工复产,截至10月底累计上缴税收909万元,比2019年增加500多万元。双桥当地企业方面,2019年引进的投资3000多万元的广辉门窗和广弘防火门窗有限公司,已产生税收200余万元,投资1500万元的江西省酷匠新型建材有限公司也已投产,年税收可达 100 万元。二是全力保障花炮企业整改提升。采取“一厂一支服务队伍”的模式,由驻厂领导负总责,驻村办、应急办、政法办共同参与,精准服务企业。针对整改提升过程中出现的征地纠纷、劳资纠纷、安全规范等问题逐一解决,帮助企业尽快拿证。全镇上报保留企业 18 家,2 家企业处于招商状态,已发证企业 4 家,在整改企业 9 家,年底第五轮整改发证企业达到 8 家。由于整改及时,在仅剩 5 家未到期企业的不利局面下,花炮企业税收完成 2208 万元。三是加大招商引资力度,努力培植新的税源。2020 年 6 月份,新引进一家投资 6000 万元的浙江同盟医疗科技有限公司,主营医疗器械销售、医药技术研发、技术推广、销售等经营项目。

【夺取脱贫攻坚全面胜利】 一是强化四项保障。住房安全方面,镇村两级投入资金 137 万元,改造旱厕 398 户,安装门窗 17 户,补漏或裂缝修补 185 户。教育扶贫方面,疫情期间解决了 7 名贫困学生上网课问题,对全镇 3 名残疾人学生开展送教上门,133 名贫困学生享受了 2020 年“雨露计划”。健康扶贫方面,为 2324 名贫困户购买家庭医生签约服务,开办健康卫生知识讲座 65 次,收听人次共 3200 多人次,办理慢性病证 587 本。饮水安全方面,投资 86 万元在柏树龙溪片、龙田村 1 组、2 组、32 组、西江村修建农村生活饮水提升工程,切实解决困难群众饮水难问题。二是聚焦三项动能。就业扶贫方面,组织贫困劳动力参加就业招聘会 4 场,签约 22 人;设立公益性岗位 152 个,就业扶贫车间 7 个,吸纳 80 名建档立卡贫困劳动力就业;发放就业交通补贴 728 人 541500 元。产业扶贫方面,全镇 775 户贫困户申报“一自主”奖补金额 931758 元。各村因地制宜发展特色产业,有 20 亩以上种植、养殖基地 37 个,面积 3800 亩。其中黄源村依托良好资源优势,引进江西锦江酒业入股合作,镇党委书记宋敏莉和驻村第一书记刘永联合代言,打造了远近闻名的“黄源水酒”网红品牌,并获得第四届“中国创翼”创业创新大赛——专项扶贫组唯一一个三等奖,且获“全国优秀创新创业扶贫项目”称号。消费扶贫方面,助力消费扶贫,机关干部每人采购扶贫农产品 1000 元;组织爱心人士参与“全县第二届消费扶贫农产品展销会暨第七个国家扶贫日活动”,活动当天销售扶贫农产品 30 多万元。三是筑牢三大支撑。社会保障扶贫方面,全年共发放低保金 894.6 万元,五保金 283.4 万元;对全镇“两类人群”进行了全面摸排,截至 2020 年年底,全镇共有脱贫监测户 6 户 29 人,边缘户 5 户 18 人,明确了帮扶责任人,因户因人落实了帮扶措施并建立监测台账。精神扶贫方面:在全镇范围开展“五扶五评”“三讲一评”活动,贫困群众通过讲述身边的脱贫故事,激发脱贫内生动力;深入挖掘正面典型,17 期《脱贫路上》专题节目,双桥有 5 期上稿。干部帮扶方面:扎实开展“三级书记”遍访贫困户行动;组织第一书记和驻村工作队员分类进行业务知识考试,达到了熟悉政策、钻研业务的目的。四是推动整改清零。中央巡视整改“回头看”整改台账共认领 23 个问题,制定 28 条整改措施;“不忘初心、牢记使命”检视问题整改台账共认领 3 个问题,制定了 7 条整改措施;成效考核指出问题整改台账认领 21 个问题,制定了 27 条整改措施;以上 47 个问题已全部销号。

【优化生态环境】 一是稳步推进民生实事。总投资 800 万元可容纳 500 名学生的镇中心幼儿园已全部建成,于 2020 年 9 月 1 日开始投入使用。重点打造的全县第一所村级公办幼儿园——尚庄村幼儿园,也已完工并开园。污水处理厂主体设施已完工,污水管网主管已全部铺设完成,入户管已经大部分接通,并在 2020 年 8 月份开始投入使用,日处理量 500 吨,排放标准达到一级 B。中心小学周围路段改造工程已完成并投入使用,极大改善了中心小学师生及周边居民的日常出行。双桥梦想广场顺利通过验收并投入使用。投入

20万元新建镇司法所主体已完工,现进入装修阶段。全镇16个村(社区)公益性墓地正常使用。向上级争取资金120多万元,完成了黄源村、深塘村河堤和提灌站修复工程。全镇组组通公路建设和农村公路生命防护工程20千米已完成。二是多措并举开展集中整治。制定《双桥镇城乡环境综合整治实施方案》,并在全县创新推出“最美庭院”“最脏庭院”等评比活动,进一步提升了群众的知晓率和参与度。投入13万多元对原非正规垃圾填埋场进行覆土复绿,并顺利销号。按省、市、县、乡“1+2+1+1”的比例,配足每村不低于5万元的长效管护经费。政府出资近6万元,为各村添置垃圾桶和环卫设备,并出资58800元,新购买了装载机。以垃圾治理为重点,抓住万载至上栗公路沿线整治这个突破口,在全镇开展了为期一个月的大整治、大清理活动。对全镇15个村和集镇的积存垃圾、沟渠水面垃圾、乱堆乱放、集镇“檐下小屋”等进行了全面清理整治,清理卫生死角12处,累计清理垃圾800余吨,实现了村庄环境面貌的整体改善。镇垃圾压缩中转站已建成并安装到位,年内正式投入使用,有效解决生活垃圾终端处理问题。三是有序推进新农村建设。已完成了24个省建点,29个自建点建设,重点抓好玉泉深度贫困村以及西江山区乡镇非贫困村新农村点建设,重点抓好黄源7组新农村建设及万上线27个自建点的沿线环境整治工作。已申报新建达标型公厕7座,已完成户厕改造589户并全部投入使用,有效提升了城乡人居环境。

【稳定社会平安】 一是加大企业安全执法力度。上半年共检查企业1000余次,发现各类安全隐患320条,查处重大隐患30条,责令停产整顿企业6家,处罚企业16家共15万元。加大国土资源巡查力度,截至11月份,共巡查30余次,矿产立案案件1件,罚款6万元。二是重点整治散乱污企业。对省级环保督察中发现的1个问题和市级交叉检查中督查交办的5个问题开展“回头看”,督促企业整改到位;对2016—2019年上级取缔关闭的13家“散乱污”企业进行了全面巡查,确保问题销号不反弹。加强畜禽养殖污染防治,关闭无证养殖场3家。三是进一步优化国土资源配置。完成土地开发新增耕地面积506亩,实施增减挂钩项目2个,2019年项目109.5亩已完成验收;2020年增减挂钩项目,复垦面积106亩。完成村民居住房屋调查9517宗,发放农房一体确权登记证131本。大力加强地质灾害防治工作。四是全力维护社会和谐。大力开展“清存量、控增量、防风险”行动。共受理信访案件66件,已妥善解决55宗,剩下11宗正在积极按照程序有序办理中;重点信访事项8起,已化解平息6起。大力开展扫黑除恶活动,共悬挂宣传横幅1000余条、固定宣传展板15块、张贴宣传海报1000份、发放扫黑除恶宣传手册10000余份、宣传信30000余份、纸杯扇子等6000余份、举办集中宣传6次,营造良好的扫黑除恶宣传氛围,收集相关线索11条,打击黑恶势力3起。大力推进雪亮工程建设。投入2万元,购买了1.3万个印有公众安全宣传标语的漱口杯,通过“五员联动”的形式发放到每家每户。

【优化服务质量】 积极打造五型政府,纵深推进“放管服”改革。全面实施延时错时预约服务,进一步提高服务水平。截至11月初,办理计生业务510件、医保业务1321件、城乡居民养老保险1012件,受理医疗救助21件,共办理业务2864件。截至11月11日,全镇医保参保人数达到35391人,参保率为98.6%,为建档立卡贫困户和五保户等5000多免缴对象做了人工参保操作。截至11月共受理12345政府服务热线工单111件,按期办结率达100%,满意率100%。

【双桥镇领导成员】

党委书记:宋敏莉(女)

党委副书记、镇长:况　勇

党委副书记:李　遒

人大主席:潘鹏飞

主任科员:曹茂根

欧阳春根
吴文涌
党委委员、纪委书记:谢友萍
党委委员:龙瑞林
党委委员、宣传委员:凌湖根
党委委员、人武部长:黄志刚
党委委员:陈卫英(女)
党委委员、组织委员:聂凯
人大副主席:万　君(女)
政府副镇长:许雪伟
易卫芝(女)
黎爱明
凌　力
司法所长:龙　旸(女)
综治办专职副主任:张　维(2020年11月借调至县花炮中心)

【双桥镇各村(社区)概况】

柏树村

柏树村位于双桥镇西部,距县城30千米,东临垞上村,南邻昌田村,西邻潭埠镇,北邻龙田村,总面积11.7平方千米,耕地面积2878亩,山地面积16559多亩。柏树村辖25个村民小组,下设3个党小组,全村有党员38名,有农户708户3056人。柏树村有花炮企业2家、筷子厂1家,全村有劳动力约1450人,其中外出务工人员约330人,在该村企业务工人员约900人。

垞上村

垞上村位于双桥镇西南部,距县城25千米,东邻绍江村、南邻水南,西邻昌田,北邻柏树村,森林面积2360亩,耕地面积920亩,全村共有5个村民小组,331户1326人,2个党小组,20名党员,5名村干部。

昌田村

昌田村地处双桥镇西部,距县城30千米,万上公路穿境而过,东邻垞上村,南依浩石村,西接潭埠镇新开村,北靠柏树村,总面积5平方千米,是湘赣线贯穿之村,前有锦江秀水向东流,后有锦绣青山相环抱。昌田村总户数743户,总人口2968人,耕地总面积2450亩,林地面积4750亩,村内有小(一)型水库1座,小学校1所,村级卫生室1所,2家花炮企业。昌田村有两委干部5人,辖16个村小组,下设3个党小组,有党员36名。

大桥村

大桥村位于双桥镇集镇范围,距县城22千米,东邻山溪村,南邻绍江村,西邻龙田村,北邻西江村,辖区面积10平方千米,耕地面积2598亩,森林面积7000亩,下辖24个村民小组,下设3个党小组。全村共有正式党员40名,村干部5名,有农户916户3556人。有市级文物保护单位1座(牟溪桥),小(二)型水库1座,山场水库16座。

浩石村

浩石村位于双桥镇西南部,距县城31.5千米,东邻水南村,南邻岭东乡,西邻潭埠镇,北邻昌田村,辖区面积2.64平方千米(3960亩),村两委干部4人,下辖7个村民小组,下设2个党小组,全村有党员18名,有农户250户1100人,其中贫困户30户101人,低保户24户41人;耕地面积675亩,山地面积3170亩。2020年浩石村被评为万载县文明村镇。

黄源村

黄源村位于双桥镇偏南处,距集镇7千米,辖区面积10平方千米,耕地总面积2549亩,山林面积8012亩,20个自然村,20个村小组。总户数684户,总人口2647人。党支部1个,党小组3个,党员36名,其中女党员3名,35岁以下党员5人,流动党员8人,党龄50年党员9名。低保户81人,五保户10人。2017年建档立卡贫困户共有61户181人。

振民合作社实现流转土地200多亩。栽种优质早稻600多亩,糯稻500多亩。有水酒生产基地1个,带动村民100多户(种糯稻户、酿酒农户),年收入40多万元。全村村民以经商、酿酒、电商、务工、务农为主。村范围内有花炮企业1家,人均收入1.0万元。村内已建成新农村点4个,其中7组为新村精品点,近年来,村两委班子克服种种困难完成了村庄整治,新修水利工程。响应中央稳粮生产号召,加大早稻栽种面积,保护生态封山育林,改善群众生活环境,为建设富裕、文明、和谐的社会主义新农村迈出坚实的步伐。

龙田村

龙田村位于双桥镇西部,距集镇1千米,东邻大桥村,北与西江接壤,西与赤兴乡镜山村和浙桥村毗邻,南接绍江村,官双公路和万上公路穿境而过。全村有36个村民小组,有人口5980人,党员91人,党小组5个,总耕地面积4900亩,其中水田面积3200亩,有500亩稻虾养殖基地,带动10多户农户养殖小龙虾,森林面积14300亩,有230多亩有机蔬菜种植基地,规模型烟花鞭炮及木板企业6家,小规模作坊加工厂10个;文化古迹有傩神庙,陈太仙庙两座,清朝同治年间修筑的贞节牌坊1处;小(一)型水库1座,小(二)型水库2座,山场水库18座,灌溉面积1000多亩的百年鲤陂坝体。

清城村

清城村位于万载县双桥镇东北部,距县城21千米,东邻白良镇廖杭村,南邻尚庄村,西邻山溪村,北邻茭湖乡槽头村,距县城21千米,辖区面积20平方千米,在万载县域地图上属正中心位置,双研公路穿境而过,交通便利。全村有耕地面积2.53平方千米,林地面积10平方千米,水面面积0.36平方千米,村小学校1个,人口3766人,共816户,设19个村民小组,3个党小组,中共党员38名,村内有花炮,竹、木材生产加工企业2家,村合作社1个,合作社产业有虎塘冲1万多亩天然森林,小(一)、小(二)型水库天然水面绿色养殖,3000多亩绿色水稻种植,果园有“赣南脐橙”“四川沃柑”。清城村土地肥沃、森林丰富、山清水秀、民风淳朴,有着得天独厚的自然生态和人文资源,是镶嵌在万载腹地的一块绿宝石,境内有天然山泉瀑布群、红钩锥树群、土纸生产作坊、古太平祠、虎塘老石桥、红军革命标语遗址和“天子地”“关山布”“羊古山”历史故事传说,是开发养生休闲产业的天然氧吧,实属乡村振兴旅游开发投资最佳目的地。

山溪村

山溪村位于双桥镇集镇,距县城20千米,东临清城村,南临尚庄村,西至大桥村,北至西江村,辖区面积7平方千米,下辖内24个村民小组,947户,在籍3737人,有外来人口600多人,党支部1个,下设4个党小组,全村党员60名,其中女性党员11名,党龄50年党员12名,困难党员5名,预备党员1名,耕地面积2130亩,其中水田1960亩,山林面积7460亩。村有润民合作社1个,实现流转土地828亩,已成功建立龙虾、青蛙、螃蟹养殖基地113亩,栽种优质早稻715多亩,种植有机蔬菜零星共400多亩。有集体固定资产店面4间,年收入4.5万元,全村村民以经商、务工、务农为主,村范围内有宝龙、金岭两大花炮企业,人均收入1.1万元。村内已建成新农村点19个,其中湖西壁、塅心子为新村精品点,近年来,村两委班子克服种种困难完成了村庄整治、村部大楼建设、旧村部改造、新修水利等工程。

尚庄村

尚庄村位于双桥镇东部,距县城20千米。东邻高城镇南邻深塘村西邻白良镇,北邻山溪村,辖区面积21.3千米,下辖28个村民小组。下设3个党小组,全村党员51名,村干部5名,有农户868户,人口3752人。耕地面积3884亩,森林面积10998亩,村内有8家企业:恒大烟花厂、赣中花炮厂、九鑫花炮厂、康吉花炮厂、江西山清水秀、宜春水之能饮料有限公司、万载富鑫再生物资有限公司、三欧食品。

绍江村

绍江村位于双桥镇西南部,距县城27千米,辖区面积10平方千米,万上公路穿境而过,交通便利,有16个村民小组,564户2397人。村域面积1.3万亩(其中耕地2200亩,林地面积8000亩)。境内锦江河、龙溪河围绕村庄川流而过。境内群山起伏,自然环境优美,河溪交汇,气候宜人。森林覆盖面积率高达70%,犹如天然氧吧。村内人杰地灵,有绍江名人朱映晨、朱韶谷、朱光斗。村内企业:恒茂环保砖厂,金辉环保砖厂,弘天出口烟花公司,铃田出口烟花公司,港泰出口烟花公司,一民农民种养合作社,万载县鼎云生猪养殖公司,实诚养殖家庭农场,铃溪农民种养合作社,鑫远纸筒扶贫车间,勤泉矿泉水公司。近几年绍江村评为“宜春市文明村镇”“江西省文明村镇”“全省优秀人民调解组织”“江西省示范社区”

"全国文明村镇"。

深塘村

深塘村位于双桥镇南部，距离县城21千米，东邻高城镇，南邻高城，西邻黄源村，北邻尚庄村，辖区面积4平方千米，全村共有7个村民小组，268户，人口1176人，3个党小组，33名党员，耕地面积为1643亩。4名村干部。

水南村

水南村位于双桥镇西南部，距县城30千米，东邻黄源村，南邻浩石村，西邻昌田村，北邻垞上村，辖区面积5.925平方千米，下辖8个村民小组，下设2个党小组，党员24名，有农户386户、1445人、山林5172亩、耕地面积1630亩。新农村建设点1个，加长组级公路200米、安装太阳能路灯36盏，项目资金30万元；6组组级公路硬化长365米、宽3.5米共工程款14万元；水南桥至昌田段村级公路拓宽2米、长430米、安装太阳能路灯22盏，造价11万元；新建水南桥、渡口桥，计200米，造价500万元。高标准农田改造417亩，造价125万元。

西江村

西江村位于双桥镇北部，距离县城34千米，东临山溪村，南临大桥村，西临龙田村，北临玉泉村，辖区7.3平方千米，下辖8个村民小组，下设2个党小组，全村有党员17名，村干部4名，有238户898人，耕地面积686亩，山林面积9694亩。

玉泉村

玉泉村位于双桥镇北部，距县城30千米。全村95户335人，是全县最小的一个行政村，2个党小组，14名党员，5个村民小组，25户以上自然村1个——下保自然村，全村耕地面积514.6亩，林地面积5003亩，村干部3人。村有100千瓦光伏发电站1个，酸枣树种植198亩，双桥创业大道店铺1个。2020年被宜春市委组织部评为宜春市党员科普示范村。

双桥社区

双桥社区地处双桥镇城镇中心，东起双桥坳口，西至八角楼煤气站。东洲路、千禧路和老街路并向而行，创业路与人民南路正在紧张而又有序地建设中。辖区面积2.5平方千米，拥有常住人口1672人，流动人口3000余人，4名社区干部，下设4个选区，有党员45人。

高城镇

【概况】 高城镇位于万载县西南边陲，距县城6千米，与袁州区相接，与万载县岭东乡、双桥镇、白良镇、马步乡、康乐街道相邻，省道万(万载)上(上栗)公路穿境而过。辖区面积117平方千米，全镇辖13个行政村、1个居委会，总人口36690人。境内耕地面积40371亩，林地面积104864亩、其中公益林25750亩、小(一)型水库2座、小(二)型水库8座，森林覆盖率78.6%，境内主要有储藏量大、质地好的高岭土、金矿、河沙、石英石、石灰石、花岗岩等丰富矿产资源。

2020年，高城镇实现财政总收入9485万元，完成预算目标的116%，实现一般公共预算收入4513万元，其中税收收入9433万元，非税收收入52万元，完成预算目标的120.3%，同比增长31%。工农业基础不断增强，规上企业逐年增加，地方收入所占比重逐年增长，可用财力不断增大，为全镇各项事业发展提供了坚强保障。

【完善公路交通】 2020年，共投入420余万元对全镇15条组级公路进行硬化，已全部完工；投入17万余元，对街道至高城卫生院路面进行硬化；投入3万余元在街道两侧、商铺门口等可利用地合理画上了100多个停车位，使车辆更加有序、规范停放，有效缓解了道路拥堵问题。

【落实惠农政策】 全镇共建设新农村建设点87个，推进高标准农田建设约28665亩，投入水利设施方面资金200余万元，深入开展"清河行动"，对农村安饮项目进行维修，切实保障群众用水安全。通过一系列农业基础设施项目的实施，有效改善了农民生产生活条件，粮食直补、综合直补、良种补贴等中央补贴严格发放到位,确保农民真正得实惠。

【健全公共设施】 对高城集镇主街道及两侧人行道重新铺装,更换钢筋混凝土排水暗渠盖板,并埋设污水管道,同时修建水池等其他配套设施,共投入资金200余万元,改善了街道商户及群众生产生活条件,投入420多万元的卫生院综合大楼已完工并投入使用。全年投入240万元对万上线公路沿线16个村组进行整治,稳步推进美丽乡村建设,镇村面貌逐年改善。

【改观人居环境】 高城镇共投入400多万元用于改善农村人居环境,实现农村垃圾处理全覆盖。投资160万元的垃圾压缩中转站已经建成,日处理垃圾量达80吨。各村保洁员配备齐全,考核机制完善,坚持"一周一检查,一月一评比,一季度一排名"制度,对各村环境卫生不定期督查、暗访。同时在全镇打造了13个人居环境示范组,做到以点带面,全镇广大群众的环保意识进一步增强,村容村貌得到完全改观。

【加强民生保障】 高城镇不断加大民生领域保障力度,社会救助有序开展,不断提高医保覆盖率,基本上实现了应保尽保,全民参保。疫情防控有力有效,始终把人民群众生命安全和身体健康放在第一位,严格落实联防联控工作机制,因时因势调整防控策略,抓紧抓实常态化疫情防控,投入防控经费20余万元,社会爱心人士积极捐献物资8万余元,防疫物资储备充足。全镇实现新冠肺炎病例"零确诊",疫情防控取得重大成果。

【脱贫攻坚全面胜利】 镇党委发挥党委主体作用,主动作为,强化基层组织建设,夯实扶贫基础,真正把基层党组织建设成为带领群众脱贫致富的战斗堡垒。紧盯"两不愁三保障"的核心目标,抓好扶贫政策落实,拓展扶贫产业,大力开展"扶贫扶志",激发了贫困群众内生动力,极大程度消除了贫困户"等、靠、要"思想,带动贫困群众主动脱贫增收,为实现长远、稳定脱贫打牢了基础。截至2020年年底,高城镇贫困人口633户1750人全部实现高质量脱贫。

【聚焦产业发展】 高城镇以产业发展为核心,与招商安商相结合,激发了经济活力,增强了发展动力。传统产业发展升级,花炮企业经过第五轮整改,鸣鼎鸿等3家企业脱颖而出,规模更加壮大,市场竞争力更加强劲。传统农业落地开花,蓬勃发展,奇枫脐橙基地、大坪香菇基地、桥溪葡萄基地等一大批涉农基地抢抓市场机遇,向观光农业、采摘农业转型,为传统农业闯出了新路。新兴产业转型升级,入园的新能源、安全环保、电子信息等企业蓬勃发展,睿峰环保作为县政府重点培养企业,上市进程不断加快,2020年引进的宜春日鑫建材有限公司,项目总投资达8000万元,预计可实现年创税300万元以上;新引进的宜春普迪塑胶有限公司已签订入园协议,预计可实现年创税200万以上,还有正在洽谈的深圳市恒沁科技有限公司等企业,在新旧动能转换大背景下,将成为未来高城发展的新引擎。

【高城镇领导成员】

党委书记:谢文琪
党委副书记、镇长:潘海亮
党委副书记:朱俊刚
人大主席:欧阳小兵
主任科员:龙水云
　　　　　龙双全
党委委员、纪委书记:刘琦君
党委委员、县委组织员:张建军
党委委员、武装部长:刘根明
党委委员、县委宣传员:邓　奔
党委委员:许　明
　　　　　王茂生
副镇长:宋育波
　　　　陈秋根
人大副主席:范家伟
副科级干部:潘伟昌
综治专职副主任:秦　烺

【各村(社区)概况】

联胜村

联胜村位于万载县高城镇东部,是县城连接西线乡镇的"窗口",交通便利,工业发达,有建材厂、液化气站、食品加工厂、石材厂等多家企业坐落于联胜村。辖区面积6平方千米,其中耕地面积3030亩,小(二)型水库1座(南棚水库),山塘水库6座,林地面积6200亩,共有21个村民小组,668户2868人。村党支部设党小组4个，有党员44名,村干部5人。农业发展势头较好,有草莓、西瓜、橙子等等多个采摘基地,素有万载休闲采摘"后花园"之称。2020年人均纯收入8000多元，村集体经济收入10万余元。

桥溪村

桥溪村东起联胜村,西至奇枫村,南达锦江河,北接烧田村、鹅峰乡,村委会位于湘赣公路万上线旁,交通便利。全村有13个村民小组,487户2085人,4名村干部,4个党小组,47名党员。辖区面积为11.6平方千米,林地面积5600亩，耕地面积1570亩,旱地179亩。工农业协调发展，工业企业有金冠石材厂、皖江引线厂、家具加工厂、纯净水加工厂等，农业产业有迷迭香、葡萄、火龙果、脐橙等种植基地。由于地理位置优越,本村实现工农业年产值近亿元,年创造税收800多万元,实现村集体经济收入突破20万元。

奇枫村

奇枫村位于万载高城镇东北部,东邻桥溪村,南接高城村,西至南庙村,北连烧田村,距集镇3.5千米,总面积10.5平方千米。村委会坐落在湘赣公路万上线旁,交通便利,环境优美,万载古八景之一"紫盖浮云"位于奇枫村，千年紫盖寺重建于2019年。全村共有22个村民小组，1349户5019人，设5个党小组，现有党员73名。有企业3个。辖区林地面积5000余亩,耕地4271亩,小(一)型水库1座,小(二)型水库1座。

烧田村

烧田村位于高城镇辖区北面,四面环山,东邻鹅峰乡,西接奇枫村,南至桥溪村,北接白良镇。全村有居民426户1716人,14个村民组,25名党员,3个党小组。辖区内森林面积9996亩,耕地面积2664亩，山塘水库7座，有效地保障了良田灌溉,近年来农业发展迅猛,2020年粮食产量达到138.5万公斤,是高城有名的粮食产量大村。农业基地勃勃兴起,其中有高产油茶基地、中药材基地、苗圃基地、茭白基地、稻田鱼养殖基地等。组组通公路全覆盖，基础设施完备，人民安居乐业,2020年人均纯收入达到6800多元。

南庙村

南庙村毗邻高城集镇,东以锦江河为界、南至高城村、西连桃源村、北接双桥镇,有历史文人南唐宋齐邱宰相故里之称。2020年全村共有农户1018户4206人,25个村民小组,5个党小组,72名党员，小学1所,在校学生385名。辖区面积11.2平方千米,其中林地6000亩、耕地4200亩、旱地270亩,万载锦河穿境而过,辖区内水域发达点多面广,其中小(二)型水库2座,山塘水库2座。全村主产业以种植优质水稻为主，第三产业有水产养殖、蟠桃基地等。全村公共基础设施完备,2020年全村人均纯收入达到6500元以上。

桃源村

俗话说"酒香不怕巷子深"，桃源村具有悠久的高粱酒酿造历史。桃源村位于高城镇辖区西北部,东起南庙村,南邻双桥镇,西北部与梅源、高城村接壤。全村有20个村民小组,439户1625人,3个党小组，党员28人。耕地面积1797亩,水面面积20亩。桃源村四面环山、依山傍水,盛产茶叶、高粱酒等。有易地搬迁点2个,人民安居乐业。矿产资源丰富,有规模以上工业企业1家(桃源金矿)。

梅源村

梅源村地处高城镇西部,是高城、岭东、双桥三个乡镇的交界处,属偏远山区,是高城的"西藏",距高城集镇8千米,距县城20千米。全村分为17个村民小组,347户1359人。有3个党小组,25名党员。自然资源土地面积10平方千米,耕地面积2357亩(水田面积2194.63亩),人均1.73亩。林地面积8068亩,人均5.93亩,森林覆盖率95%,其中杉、松、杂用林为主,竹林1000亩,经济林100亩。

高城村

高城村位于万载县城西郊，距县城11.2千米，东接联胜村，西邻南庙、大坪村,南至团结村,北与锦河为界,岭高公路穿境而过,镇政府坐落在辖区内,是全镇的行政、经济、文化中心,人均纯收入达7000元以上。辖区面积约7平方千米,其中耕地面积3390亩,林地面积6600亩,水面面积390亩。全村共有22个村民小组,1081户4168人,村党支部设有5个党小组, 61名党员,村集体经济主要以花炮、水稻等种养殖业为主。

大坪村

大坪村距高城镇政府2千米,东至高城村,西至里山、梅源村,南至团结、复胜村,北至桃源村,昌栗高速穿境而过,交通便利,环境优美。全村总面积约9平方千米,其中耕地面积2823亩,旱地面积157亩,林地面积6360亩。下设24个村民小组,579户2263人,4个党小组,有党员41人。近年来,农业产业发展迅速,目前已有蔬菜种植基地5个,特别是香菇种植,发展了近30年,有香菇种植大户20多户,实现年产值600多万元,解决就业人口近百人。

复胜村

复胜村坐落在美丽的丰顶山脚下,距高城集镇约5千米。东边与团结、谷源村相邻,南接大坪村,北与袁州区交界,西至里山村。万载古八景之一“汤周雪霁”位于复胜村,万宜上县苏维埃政府驻入于复胜村贯前。辖区总面积10.5平方千米,林地5240亩,耕地3607.5亩。总人口3019人,分为33个村民小组,6个党小组。村小学1所(现有学生235人),村级卫生室1个,易地搬迁点1个(有28户居住),小(二)型水库1座。村民的主要经济来源以种养殖业及务工收入为主,沐浴着乡村振兴战略春风,复胜村小香薯种植产业正蒸蒸日上。

里山村

里山村位于高城辖区内西郊,东起大坪村,西至岭东乡,南与袁州区接壤,北接大坪、梅源村,岭高公路穿境而过,交通便利。全村有24个村民小组,620户2567人,党小组5个,党员57人。辖区面积13平方千米,林地面积11930亩,耕地面积3783亩。有小(二)型水库1座,山塘水库12座,村内以种植优质水稻为主。农业产业结构不断优化,建有高产油茶基地,畜牧业养殖基地等。通过产业发展,扩大了就业,实现了人均增收,2020年里山村人均纯收入不断增加。矿产资源丰富,花岗岩矿储备储量大,达10万立方米之多。

团结村

团结村位于高城辖区南部,距镇政府约3千米,东接马步乡,西邻谷源村,南至复胜村,北邻高城村,全村有24个村民小组,711户3184人。设党小组4个,党员42名。辖区面积9.1平方千米,其中,耕地面积4017亩,人均耕地1.26亩。林地面积8100亩,森林覆盖率83.5%,辖区内有小(一)型水库1座(佛岭水库),始建于60年代,水面260亩,有效灌溉面积3000多亩,有山塘水库2座(大冲、三角塘水库),水面28亩。农业产业以种植水稻为主,投资5000万元以上花炮企业1家,提供就业岗位500多个,实现人均增收1500多元。小微企业异军突起,以鞋子、书包等产品加工为主。

谷源村

谷源村位于高城镇南部,距镇政府5.5千米,东南部毗邻马步乡,西接袁州区,北邻团结村,全村有13个村民小组,364户1356人。党小组3个,党员26名。辖区面积10平方千米,耕地面积3450亩,人均耕地2.54亩,林地面积12820亩,森林覆盖率达90%以上,其中杉、松、杂用林3320亩,经济林2000亩,竹林7500亩。农业生产以种植水稻为主,不断发展百合产业,种植面积达到500多亩,实现人均增收600多元。辖区内的观音阁,始建于清咸丰年间,坐落在立新组、新屋组交界处,每年农历二月十九日、六月十九、九月十九日为庙会日。

高城社区

高城社区成立于2007年10月,坐落于高城老街。社区干部4人,党小组1个,党员11人,居民小组3个,居民住户226户1138人。镇直办单位有中心小学、镇卫生院、邮政所、电信所和农商银行等,有民办幼儿园1所。

白水乡

【概况】 白水乡位于万载县西北部，东与赤兴乡相连，南与潭埠镇接壤，西与黄茅镇分界，北与湖南省浏阳市小河乡、张坊镇毗邻，距县城48千米，总面积64平方千米，耕地面积15337.2亩(水田面积14159.45亩，旱地面积1177.75亩)，下辖7个行政村，1个居委会，125个村(居)民小组，总户数3223户(其中农业户2825户)，总人口11114人(其中农业户口10116人)。乡机关干部职工44名，政府内设置党政办公室(党建办)、农业农村办公室、社会事务办公室、财政经济办公室、社会治理办公室(应急管理办公室)5个党政内设机构;便民服务中心、综合行政执法队2个事业单位。2020年，全年共完成财政税收6396万元，新引进3家入园企业，1家实体企业。全乡建档立卡贫困人口550户1566人，2020年实现了全部脱贫。2020年，在县委、县政府的正确领导下，白水乡聚焦“六稳”“六保”工作任务，以“1+5”工作思路为抓手，切实把思想和行动统一到县委县、政府工作部署和要求上来，保持战略定力，继续攻坚克难，加快高质量发展步伐，确保全面建成小康社会和“十三五”规划圆满收官，各项工作取得较好成效。

【党建工作】 发挥关键引领作用，党建工作有实招。一是整合阵地资源发挥服务群众功能。以便民服务为目的，融入白水特色，解决了“老村部脏乱差、品位低，人气不旺、办事不便，信息不对称、决策不透明”等三大难题。二是谋划村级换届提升战斗堡垒作用。提前谋划、统筹考虑，成立村级换届筹备工作领导小组，一村一策，书记、主任“一肩挑”比例提前达到100%。三是发展壮大村级集体经济增强内生动力。7个村发展集体经济项目41个，全年集体经济收入超过20万元的村有3个，超过10万元的村有3个，5万~10万元的村1个。四是建设红色名村探索乡村振兴。利用槽岭村原红军医院旧址，以“三馆一碑一小道”为主线，致力将槽岭村打造成为市县机关支部主题党日活动平台和党员教育实践基地，发展乡村旅游，推进脱贫攻坚和乡村振兴有效衔接。五是规范组织生活发挥先锋模范作用。探索党员学习议事日“3+1”模式，把中心工作融入主题党日，做到每月一个主题、一套方案，党员参与中心工作意识不断增强，先锋模范作用越发突显。

【招商引资工作】 坚持经济发展第一要务，招商引资有进步。一是招商引资有进展，新引进后稷百合、苍黄医药、力创塑胶三家入园企业，总投资7500万元，2021年预计可实现年税收2500万元。二是安商服务有提升，落实班子成员挂企联企制度，明确专班专人，全力协助12家入园企业顺利复工复产。三是税收清理有力度，全面排查辖区内企业和项目情况，做到了应收尽收。四是搭好平台，提高质量，防范风险，做大做强总部经济。五是基层运转有保障，开源节流、以收定支，全年一般性支出、三公支出均压减15%以上。六是资金争取有成果，累计向省市县部门争资跑项争取资金100万元。全乡累计完成财政税收6396万元，公共财政收入2958万元，超额完成全年任务。

【脱贫攻坚工作】 全力打好发展基础，脱贫攻坚有力度。白水乡始终把脱贫攻坚当作最大的政治任务、最重要的民生工程，举全乡之力做好脱贫攻坚工作。一是紧盯目标任务，确保贫困人口实现稳定脱贫。未脱贫的24户46人已全部脱贫。二是紧扣四项保障，解决两不愁三保障突出问题。一户一户排查，一人一人过筛，医疗、教育、住房、饮水等政策全部落到实处。三是推进两业扶贫，深化利益联结提升带贫实效。2020年度共批复实施产业扶贫项目9个，批复资金372.96万元。吸纳25名扶贫户参与务工，发放务工工资12万元；流转贫困户土地153亩，发放租金5万余元;白水乡龙牙百合粉入选为江西省第二批扶贫产品目录。申请产业奖补414

人,发放奖补资金72.132万元;培养致富带头人21个,带动贫困户就业及发展产业105人,增收12万余元。实现贫困人口就业819人,公益性岗位126人,务工补贴申报341人、发放资金29.12万元,建立扶贫车间7个,吸纳贫困劳动力40人。全乡城镇困难群众29户93人,全面落实了基本生活保障、就业创业等政策,做到了“应保尽保、应救尽救”。

【乡村振兴工作】 全力以赴做农业,乡村振兴有亮点。一是打造特色农业产业,做足百合文章,用好白水龙牙百合国家地理标志商标,打好“花经济”和“粉经济”两张牌。利用贫困村产业扶贫项目,种植百合650余亩,连片450亩。引进后稷百合粉加工厂,进一步完善百合农产品产业链。2020年5月百合花开期间,吸引游客5万余人次。二是保护生态环境。牢固树立“两山”理念,压实“三长”制职责(河长制、林长制、路长制),今年实现违法采沙、毁林、破路案件零发生。推进老山石英矿绿色矿山建设工作,已完成方案编制。三是保障粮食生产,严守耕地红线,实现违法占用耕地建房零增长,全年完成早稻种植任务920亩,中稻3735亩,晚稻900亩,做到了应种尽种。四是推进“厕所革命”,整合新农村建设、村庄整治等项目资金进行户厕改造,全乡改厕率达到98%。

【民生实事工作】 切实做好项目建设,民生发展有成效。一是完成集镇污水处理厂征地工作,已开工建设,预计年底前可投入使用。二是启动白水初中新建工作,已完成选址。三是完成中小校门口街道改造工程,解决了上下学道路拥堵问题。四是完成3.2千米组级公路改造和9座危桥改造项目扫尾工作。五是完成12个新农村点建设和12个村庄整治项目建设,村容村貌进一步提升。

【人居环境工作】 乡村面貌焕然一新,环境整治有奇招。白水乡坚持“宜居”新农村理念,坚持以乡村振兴战略为指引,努力实现干净、整洁、美丽的乡村环境。一是以点带面,全域推进,开展最美示范村庄、美丽庭院评选活动。二是发动群众,提升意识,开展“五个一”活动。三是党员带头,示范引领。发挥党员环境卫生监督作用,组织对党员干部门前三包落实情况暗访并曝光。四是长效管护,打造专业队伍。整合多方资源,探索推广人居环境整村外包服务机制。五是强化督查,狠抓落实。扎实开展每月一评、每天一督活动。

【疫情防控工作】 狠抓疫情防控维护公共安全。白水乡坚决落实防控责任,守土有责,守土尽责,第一时间积极响应,全力以赴做好防控;坚决强化资源配置、统筹全乡力量,形成制度合力;坚决依靠群众、发动群众,落实联防联控,通过全面抓实抓细做到人员到岗、宣传动员、全面排查、人员管控、强制措施、设置检测点“六个”到位,全力打好、打赢疫情防控阻击战,实现了零投诉、零感染、零遗漏。截至年底,白水乡未出现确诊病例、疑似病例,乡内所有企业均已复工复产。

【综治信访工作】 狠抓综治信访保持社会稳定。根据清存量、控增量、防风险专项治理要求,排查隐患点5个,已解决2个,3个正在积极调解中。根据上半年公众安全感测评,群众对老山石英矿运输车辆道路交通安全问题反映较大,通过召开企业主会议、组织货车司机集中培训、增设减速带、规定运输时间、增设超速摄像头等方式降低风险。

【安全生产工作】 狠抓安全生产确保社会平安。全乡有3家花炮厂、1家矿山企业,均严格落实安全生产责任,全年开展安全生产大排查6次,排查隐患35条,全部整改到位,未发生安全生产责任事故。成立由党委书记、乡长分别带队的花炮企业服务小组,积极协调解决企业第五轮整改事宜,当前宏刚花炮整改进度完成70%以上,大地出口烟花已开始动工。

【白水乡领导成员】

党委书记:高包林

党委副书记、乡长:钟汉良
党委副书记:吴漂海
挂职党委副书记:晏君武
人大主席:汪仕文
主任科员:欧阳林洲
党委委员、纪委书记:王亮晶
党委委员、组委员:张　凯
党委委员、武装部长:韩勇德
党委委员、宣传员:郭琛钰(女)
人大副主席:刘小丹
副乡长:谌晶萍(女)
　　　龙小平
综治专职副主任:刘煌涛
司法所长:李小龙

【各村(社区)概况】

白水村

白水村,为乡政府驻地及集镇所在地,距万载县城49千米。村内有保护完好的阳澄古桥、出木井、仙人石等人文自然景观。全村共有18个村民小组、366户1416人,常住人口1066人,外出流动人口350人,主要流向福建、广东、浙江等地,从事创业和务工。产业以种植水稻、百合为主。全村总面积3.2平方千米,其中耕地面积1196.19亩(水田面积972.19亩、旱地面积224亩,人均0.84亩)、林地面积2522亩(人均1.78亩),资源禀赋不高、经济基础薄弱,2020年村集体收入17.32万元。共有党员34名、预备党员1名、入党积极分子2名。白水村2017年年底被确定为江西省深度贫困村,2020年实现整村脱贫摘帽。2019年7月被万载县委评为“先进基层党组织”。2020年“阳澄桥”被列入宜春市文物保护单位。

槽岭村

槽岭村是“十三五”省定贫困村、深度贫困村,地处赣西边陲,与湖南省浏阳市小河乡接壤。全村面积5.4平方千米,其中耕地面积759亩,人均耕地1.1亩,主要以种植水稻、百合为主。山林面积5892亩,主要以竹子、杉木、油茶为主,森林覆盖率达78.83%,其中天保林2000亩、风景林20亩。共有11个村民小组,总体来看是村庄小人口少、民风淳朴、社会稳定、生态宜居。有户籍人口187户668人。当地语言主要以客家方言、万载方言为主。全村有党员23名,长期在外打工的流动党员8人,占34%,退役军人党员3人,大学生党员1人,女性党员3名。入党积极分子8名。全村建档立卡贫困户44户147人,于2018年整村脱贫退出,2020年所有贫困户实现脱贫。2020年获“国家森林乡村”“乡村森林公园”称号。

主要产业:一是光伏发电站,建设了30千瓦和282千瓦发电站各1个,2020年共发电量约26万千瓦时,收益约12万元。二是槽岭饭店(槽岭村旅游服务中心),在白水乡集镇建设了1栋4层占地面积262平方米、建筑面积1048平方米的槽岭饭店,收益约6万元/年。三是百合种植、禽类养殖产业,带动30多户贫困户就业增收近10多万元。四是高产油茶346亩,正在抚育之中,预计挂果后能够为贫困户增收10多万元。五是私营企业主要有万载县二龙百合粉加工厂、槽岭水电站。

老山村

老山村辖区面积16平方公千米,其中耕地面积2878.1亩,山地面积15600亩。地处赣西边陲,东与赤兴花桥交界,南与永新相连,西与小河乡毗邻,北与湖南省浏阳市张坊镇接壤。辖区面积为16平方千米,耕地面积2771.92亩;林地面积15600亩;党小组3个,共有党员32名,预备党员1名,发展对象4名,村两委干部7名(包括大学生专职村干1名,后备干部2名),下辖14个村民小组,全村有人口334户1176人,其中建档立卡贫困户66户185人。主要产业有1.410千瓦高城镇贯前水电站,年收益10万元;2.100千瓦光伏发电站,年收益约5万元。主要经济来源有水稻种植、养殖家畜家禽、山林毛竹等。2017年列为深度贫困村,贫困村人口68户186人,贫困发生率15.6%。2019年脱贫29户78人(贫困发生率0.58%),2020年实现整村脱贫。

罗桥村

罗桥村位于白水乡西南部,距县城51千米。全村面积4.89平方千米,耕地面积1466.01亩,林地面积5847亩。全村有农户245户,总人口905人,耕地面积1466亩，林地5900亩，辖12个村民小组，村两委干部4人，党建宣传员1名，设3个党小组，有正式党员39人，考察对象2名，入党积极分子2名。原有建档立卡人口62户184人，2018年实现整村退出深度贫困村，2020年全村所有贫困户脱贫。主要产业以农业为主，种植品种为水稻、红薯和百合。畜牧业以猪、羊、兔和家禽为主。2020年村集体经济由2019年以前的不足10万增长到2020年年末的10.3万元。

文义村

文义村位于万载县白水乡东南部，距县城48千米。全村党员53名，下设5个党小组，现有农户586户2395人，劳动力1340人，其中外出500余人，约占40%。村内下辖25个村民小组，耕地面积2755亩，其中水田2415亩，旱地340多亩，主要种植水稻、百合、荞头等农作物；山林面积17800亩，其中国家级生态公益林5500亩，全村总面积16平方千米。现有建档立卡贫困户96户262人，2018年实现整村脱贫摘帽。

全村25个村民小组组级公路全部通路，并且每家每户新修了2米入户路，交通较为方便。2017年前自行安装自来水或山泉水313户，2017年6月文义村实施了农村饮水千吨万人(管网延伸)扶贫工程，对未安装自来水的273户1326人免费安装自来水，实现100%农户用水安全。改厕率也超过90%。100%农户通照明电，村委会通380伏动力用电。有线电视、互联网100%覆盖，文化广场、文化活动室、医疗室都已经建成。

文义村把培育富民产业作为精准扶贫的治本之策，按照“一村一品、一户一业”要求，通过“村集体经济+建档立卡贫困户”形式组建了万载县志诚农民种养专业合作社和万载文义春花光伏扶贫专业合作社，引导贫困户大力发展种植黄桃、黄金梨100亩，已挂果；每年种植百合100余亩，还有荞头等种植基地，同时引进博鹰手袋厂组建扶贫车间，吸纳劳动力59名；100千瓦地面光伏电站2017年12月建成并网发电，2020年度发电量12.3万余千瓦时。

永新村

永新村位于白水乡东北部，距县城50千米。村两委干部4人，其中聘用干部2人，大学生村干1人。党小组4个，党员56人，入党积极分子7人，发展对象3人。村内辖有31个村民小组，有农户654户2546人，其中脱贫户131户363人。“三类人员”4户12人，全村总面积约10平方千米，辖有耕地面积2606.4亩，其中水田2387.4亩，旱地219亩；山林面积17000亩，森林覆盖率78.83%。全村下设4个党小组，共有党员59名，其中流动党员8人，2020年发展预备党员3人。农业结构主要以种植百合、水稻，药材为主。2019年实现整村脱贫摘帽。

主要产业：1.现有100千瓦的村级光伏发电站；2.永祥山水扶贫画室（培训农民画师超过50人，实现30人稳定就业，其中贫困户11人）。3.中药材种植基地已种植药材80亩左右，主要品种为黄精、观音草、枳壳等，初加工厂房已建设完工。

月形村

月形村地处万载西南部，距县城48千米。全村257户903人，辖11个村民小组。共有党员31人，设3个党小组。耕地面积1278.49亩，山林面积4500亩。2018年被定为深度贫困村，全村建档立卡贫困户57户145人，2020年实现整村脱贫摘帽。主要产业：1.50吨果蔬保鲜冷库建成并租赁成功，年收入8000元；2.100亩蓝莓基地一期已种植60亩，二期40亩于2020年春季种植完成；3.投资136万元购买的潭埠店面已经开始返租收益，每年5万元。4.已经申报了20头牛和81只羊养殖基地，已经开始实施。

白水乡社区

白水乡社区现有在籍户数361户，人口978人，主要分布在集镇片，大庄片，一部分分散在各村居住，下设2个居民小组，有中共党员25名，设有2个党小组。二片区在永新村中心范围内，距乡政府驻地2.5千米。

大庄境内现存有500多年历史的陶瓷生产工艺遗址一处，

有烧制圆形窑二座，高 50 米烟囱一座及保荐完好的部分生产机械。为宜春市唯一的瓷文化遗址。有陶瓷工艺传承人欧阳世平，其手工制作陶瓷古玩产品远销省内外，深受消费者欢迎。

仙源乡

【概况】 仙源乡地处万载县西部偏北，距县城 46 千米，全境呈狭长山区地形，东接与茭湖乡槽头村，南傍赤兴乡浙桥村，西邻湖南省浏阳张坊镇富溪村，北靠高村镇西坑村。全乡地势北高南低，北端有全县的第二高峰——黄皮尖，海拔 1182.1 米。全乡辖区总面积 167 平方千米，辖 8 个行政村 1 个居委会，共有 5217 户，总人口 17558 人，其中乡村人口 17198 人，城镇人口 360 人，下设党支部 14 个，党员 469 人。总耕地面积 16958.7 亩，其中水田 15516.5 亩，旱地 1841.5 亩，山林面积 20 万亩（含官元山）。完成全乡 18605 人摸底和短表登记工作，其中户籍人口 17543 人，常住人口 8584 人。

仙源是革命老区，1932—1934 年中共湘鄂赣省委、湘鄂赣省苏维埃政府曾在此驻扎两年之久。全乡存有革命遗址 36 处，其中湘鄂赣省委、省苏维埃政府、红旗报社、军区指挥部、红五军校五处旧址被列为“全国重点文物保护单位”。2012 年，仙源被列为全国国防教育基地，并一举入选“国家 AAA 级红色旅游景区”，2017 年仙源乡湘鄂赣革命根据地更是被列入全国爱国主义教育示范基地。

【推进经济建设项目】 全乡充分发挥党员干部先锋模范作用，以“精准服务企业、助推招商引资”为载体，持续招大引强，新签约入园企业 2 家，一是总投资 7500 万元的江西凡高科技有限公司，正式投产后，可实现年税收 400 余万元。二是购地自建的万载龙恩智能科技有限公司，正式投产后，预计可实现年税收 200 余万元。此外 2019 年签约落户企业：宜春立浩生物纤维制造有限公司、江西比摩比智能科技有限公司均已产生税收。另一方面在 2019 年规模以上工业企业、规模以上服务业企业实现零的突破的基础上，进一步做好入统入规工作，2020 年上半年提前完成规上企业申报和 500 万元以上固定资产投资项目入库工作，固定资产投资项目有零的突破，推动全乡招商引资工作实现大提升。

【建设红色名村】 仙源乡党委、乡政府以打造“中组部红色名村示范点”为基本立足点，在全乡推进“红色小镇”建设，进一步带动全乡红色旅游发展。一方面进一步整合多方资金，提升基础设施建设完善规划布局。对湘鄂赣省委、省苏等保护文物旧址周边实施环境提升工程、对道路沿线的房屋进行统一风格装修，在仙源中心区域打造小源红色驿站、湘鄂赣革命纪念馆微缩展厅，同时对青溪村至仙源街的官双线沿路增加红色元素，浓厚红色氛围；另一方面积极开拓思路，争取民间资本和企业资金投入。在仙源村筹备建设红色民宿、干部培训和红色研学基地，积极引进拓展基地，以红色教育为基础，增加研学和培训的教学内容。以中组部红色名村示范点——仙源村为中心区，向周边辐射，通过旅游产业的发展，助推第三产业和第一产业的良性循环，增加农副产品附加值、提升餐饮产业的快速发展，被中组部定为红色名村。

【提高脱贫攻坚成效】 仙源乡把脱贫攻坚作为最大政治任务和一号民生工程。瞄准“两业扶贫”，持续增收筑牢全面小康长久根基。抓实“三项保障”，政策红利消除幸福生活后顾之忧。狠抓教育扶贫、健康扶贫、住房安全。不断加大道路硬化、饮水安全等基础设施投入，乡村面貌得到显著改善。同时，干部帮扶、生态扶贫、社会保障、资金绩效等政策都得到了严格落实。一是融合地方特色，发展富民产业。结合仙源实际，因地制宜选择产业项目，已成功申报 6 个产业项目，项目在 2020 年已全部完工。二是精准帮扶就业，保障稳步增收。全乡新增护林员、护路员、护河员三类人员公益性岗位共26个,新增光伏公益性岗位27个,在2020年均已落实上岗。与此同时,每月建立就业监测台账,有针对性帮助贫困群众就业,已实现全乡860名贫困劳动力就业。三是推进消费扶贫,实现供需双赢。组织全体机关干部职工向仙源村集中购买了仙源村高山优质大米,为村集体带来直接经济收入2.34万元。借助帮扶单位开展消费扶贫活动,实现销售收入33.9万元。充分搭乘万载县金色田园扶贫有限公司平台“快车”,对接本地农副产业,帮助64户贫困户销售鸡蛋、笋干、蔬菜、豌豆等多类农特产品达14.56万元,有效带动贫困户在家门口就能增收。四是帮扶两类人员,擦亮扶贫底色。全乡共有“两类人员”21户85人,通过落实帮扶责任人,开展针对性帮扶等措施,所有两类人员致贫返贫风险点均已消除。五是狠抓问题整改,确保脱贫成效。对标“两项清单”先后开展“春季集中行动”“再排查再整改行动”,落实“三项整改”,压实“专项整改”,确保所有问题全部清零。

【抓实疫情防控】 自新冠肺炎疫情以来,全乡党员干部迅速行动,充分发挥先锋模范作用,高岭村党员组建骑行小分队开展防疫宣传、新市村老党员自发到疫情防控点驻守、横岭村党员开设“爱心超市”,组成物资搬运队为困难群众送去生活必需品,数百余名党员宣传员、劝导员和志愿者冲在一线,坚决扛起疫情防控重大政治责任,筑起疫情防控坚实“堡垒”,严格按照要求开展疫情防控工作,确保了全乡无一例确诊病例。

【集镇面貌不断变化】 仙源乡按照“精心规划、精致建设、精细管理、精美呈现”的要求,以建设群众满意的“美丽宜居、整洁文明”集镇为目标,依托仙源得天独厚的红色资源和生态资源,循序渐进,逐年加大集镇建设投入,使仙源集镇和新市集镇的秀美风味不断显现,群众获得感和满意度不断提升。在2018年5月建设完成仙源乡新市易地扶贫搬迁安置点的基础上,为进一步提升新市集镇面貌、完善新市安置点公共服务功能,逐步建设完成了新市农贸市场、粤客隆大型商超等,带动贫困群众就业120余人,新市中心幼儿园即将建设完工并投入使用,可容约180人就学。

【落实惠民政策】 社会保障体系不断健全,人民生活不断改善。落实低保、五保、医疗救助、重点优抚对象补助、困难残疾人生活补贴补助的发放,为全乡1764名贫困人员进行医保代缴,新申领社保卡268张,补换卡134张、其中特殊人员(建档立卡贫困户、低保户、残疾户)免费补卡6张。医保县外住院及慢性病门特零星报销共67人次、报销金额136493.04元,医疗救助12人次、批准救助金额73254元。高度重视教育工作,全面推进校园文化建设,提升教育教学水平。

【推进粮食生产工作】 把早稻生产作为政治责任,重点工作,在20世纪90年代4300亩早稻种植面积基础上,做到应种尽种、宜种尽种,4月底前全面完成全乡5030亩早稻种植任务。大力发展有机农业,及时发放有机农业宣传资料,定时开展有机农业专项检查,2020年开展有机农业专项检查5次。

【优化生态环境】 一是加大经费投入。在2019年的基础上,对各村再增加5万~10万元经费,为全乡各村配备垃圾桶3600个,门前三包牌3210块,对全乡范围破损垃圾桶进行更换,高质量推进人居环境工作。二是做好护绿增绿文章。全面消除森林防火隐患,累计开展防火督查30余次。全力推进仙源瓷土矿、青峰瓷土矿矿区复绿、土地复垦等工作,确保复绿成活率达到90%以上。三是加强污染防治。投入430万元在仙源集镇铺设污水处理管网设施,减少污水排入河流,努力保护和发展仙源得天独厚的生态优势。强化环境保护。结合疫情防控开展卫生清洁行动60余次,对河流、水库、河塘、农田水面垃圾清理20余次;组织开展公路沿线环境大整治行动15次，全乡范围内农村垃圾得到进一步的彻底清理和巩固。四是严守耕地红线。2020年全乡耕地地力保护核对面积23165.74亩，惠及3804户农户，完成耕地流转面积2788.17亩；高质量完成高标准农田改造，覆盖仙源、新市两村3个标段的高标准农田建设项目，总面积达3983.1亩，提高耕地利用力度；加大对违规占用耕地打击力度，2020年以来，共查处违规占用耕地案件8起，有效地遏制占用耕地行为。

【平安保障稳控结合】 一是持续加强平安建设。扎实开展综治宣传月活动，布置标语26条，展板2块，发放宣传单1500余份。充分发挥“五员”平安建设团队作用，深入各村（社区）开展座谈走访、综治宣传、矛盾纠纷大排查等工作，共排查矛盾纠纷16起，解决16起，成功率达100%。

二是健全信息网络。建立覆盖全乡的信息员网络。把各村村民代表中素质相对较高的村民小组长和德高望重的老干部、老党员聘请为和谐平安理事会成员、每组专门配置一名治保员。充分利用他们熟悉当地情况，熟悉邻里关心的特点，积极配合乡、村调解员及时有效化解矛盾纠纷。三是积极防范安全风险。扎实开展“安全生产月”活动，发放各类安全宣传资料1000余份。狠抓防汛、消防、学校、道路交通等重点领域安全问题。积极开展信访条例宣传活动。深化平安法治建设，完善各项应急预案，全乡经济社会实现总体和谐稳定。

【仙源乡领导成员】

党委书记：胡琨震

党委副书记、乡长：周　琦

党委副书记：钱地德

　　　　　　姚智智

人大主席：王建新

纪委书记：曾志宇

组织委员：邬秋璎（女）

人大副主席：欧阳菲（女）

政府副乡长：刘林根

　　　　　　张小飞

政府副乡长：欧阳云松（女，2020年11月任）

司法所所长：王卫祥

综治专职副主任：常松海

【各村（社区）概况】

仙源社区

仙源社区成立于2011年7月6日，位于万载县仙源乡仙源街中心。东邻茭湖，西邻湖南浏阳张坊，南邻官元山，北邻赤兴，距县城43千米，辖区面积1平方千米。社区党支部有党员25名，下设2个党小组，4个居民小区，全乡城镇户口699户，人口1338人，其中居住在社区4个小区125户，408人。仙源社区地处湘鄂赣三省革命老区，山清水秀，气候宜人，有旅游景点：湘鄂赣省委旧址、省苏政府旧址、红旗报社旧址、省军区旧址、烈士塔等。是万载县传承红色基因教育基地，红色旅游胜地。

仙源村

仙源村位于仙源乡政府所在地，是仙源乡政治、文化、经济发展中心。辖区面积8.448平方千米，其中耕地面积2667亩，山地面积10000亩。全村共有人口516户2299人，下设18个村民小组，设4个片。党员44人，党小组4个。主要产业有有机水稻（玉珍香1号）、有机毛豆、香芋、蔬菜、脐橙种植及黑山羊、家兔养殖等。

新市村

新市村毗邻湖南省浏阳市张坊镇，距县城43千米，距乡政府3千米，是仙源乡最大的行政村。全村下辖28个村民小组、村民3980人，耕地面积5951.12亩，山林面积9820亩。村民经济收入以种植（水稻、毛豆、木姜、中草药）、养殖（肉兔、黑山羊、鸡、鸭）和外出务工为主。

青溪村

青溪村位于万载县仙源乡南面，距县城40千米，与赤兴乡接壤。青溪村管辖面积8.4平方千米。耕地面积2408亩，林地面积9834亩（其中公益林面积4988亩）。全村共有14个村民小组，563户2009人。水库移民559人，主要农产品有有机稻米，木姜，毛豆。该村为传统农业村，主要以出售有机农副产品为主要经济来源。

乐坪村

乐坪村位于仙源乡东南部,接新市村、双溪村,邻双桥镇西江村。全村有13个村民小组,户数375户,总人口1498人。辖区面积9.1平方千米,其中耕地面积2108.6亩水稻面积1104.7亩,林地面积9850亩。该村环境优美,森林覆盖面广,村内矿产资源丰富,已探明的有瓷土、石英等矿产,有2个瓷土矿。乐坪村是在2017年退出贫困村,截至2018年年底,所有贫困户均已脱贫。对已脱贫贫困户采取“脱贫不脱政策”方式,通过产业扶贫、就业扶贫、教育扶贫、健康扶贫、社会保障扶贫以及易地搬迁和危房改造等扶贫措施,继续开展帮扶,避免出现返贫现象。

双溪村

双溪村村位于仙源乡东部,面积8平方千米。全村下辖12个村民小组,有298户1384人,有林地面积7100亩,耕地面积1332亩。党支部有党员33名,党小组4个,村民收入以外出务工和有机种植养殖为主。

横岭村

横岭村位于万载县仙源乡北部,距离县城55千米,东邻万载县第二高山黄皮尖顶,南邻茭湖乡上峰村,西邻双溪村,北邻官元山,是仙源乡人口最少的一个行政村。2017年被列为深度贫困村,辖区面积18平方千米,耕地面积1450亩,林地面积8100亩。共11个村民小组248户860人。横岭村主要产业以水稻、竹木为主;扶贫产业有光伏发电、红花油茶、粮食烘干仓储加工项目。

高岭村

高岭村位于万载县西北边远山区,距仙源乡政府所在地20千米,距县城69千米,属仙源乡最偏远的一个行政村,而且地理海拔较高,日照少,温差大,无霜期短,自然资源更是匮乏,无论是发展种植业还是养殖业相比其他地方劳动强度更大、收益更低。由于交通不便,信息闭塞,经济、医疗、教育等相对落后。全村面积11.3平方千米,下辖21个村民小组,共有439户1619人。全村共有耕地1750亩,山林面积12500亩,分别坐落在3个自然村(片)。村民收入主要以种植水稻、山林产出及外出务工为主。

株木村

仙源乡株木村地处万载西南边缘山区,由株木村和界岭村两村合并而成,位于仙源西北部,距集镇5千米。全村下辖30个村民小组682户3400余人,有耕地3200余亩。株木村是县级有机农业村,山地面积14000亩,森林覆盖率达到90%。其中,生态公益林3000亩,杉、松、杂用材林4400亩,经济林600亩,竹林6000亩(人均1.86亩)。党支部下设党小组5个,党员55名,村民收入以外出务工和有机种植养殖为主。

高村镇

【概况】 高村镇——国家级生态乡镇,位于万载县城正北部边境,东与九龙、罗城交界,北与宜丰、铜鼓接壤,西与铜鼓、官元山相连,南与茭湖、三兴毗邻,总面积218.13平方千米,距县城37千米,是全县最大面积的乡镇。高村历史悠久,北宋年间,高氏迁入桃花山下建村,因四面高山环抱,而得高村之名,清康熙年间,王氏由长宁迁入聚居。境内山高水冷,梯田、冲田多,垅田少,有“高村上下十八里,河宽十八(驳)桥,七形九洲十八湾”之称。高村镇下辖12个行政村,总人口16639人。

2020年,高村镇在县委、县政府和镇党委的正确领导下,在市直、县直各部门的指导、帮助下,紧紧围绕县委“1423”工作要求,牢记初心使命,奋力担当作为。全镇呈现经济发展、社会进步、人民安居乐业、社会和谐稳定的良好态势。2020年中共万载县高村镇委员会成为全国脱贫攻坚先进集体推荐对象。

【经济运行量速提升】 2020年,高村镇共实现财政收入3837.9万元,圆满完成全年任务,其中地方收入1869.3万元。完成500万元以上固定资产项目申报3个:一是同心村主干道通村项目,二是2020年新村点项目，三是西坑村芦笋基地项目，共2150万元。工业投资完成1200万元，实现规模以上工业和服务业双丰收。

【勠力同心脱贫攻坚】 2020年，高村镇贯彻落实中央、省委、市委、县委关于巡视整改的工作部署，举一反三扎实推进各项整改销号工作。中央脱贫攻坚专项巡视“回头看”、“不忘初心、牢记使命”主题教育检视问题、2019年度中央脱贫攻坚成效考核指出问题共对照查摆问题47个，已全部整改到位。共批复产业项目14个，包括同心玫瑰加工厂、新竹新建冷链物流中心等建设项目，双洞黄牛、大坳蜂蜜等养殖项目，上村油茶、双洞番薯等种植项目，各村因地制宜发展产业扶贫项目，发挥资源优势、实现错位发展，致力发展壮大村集体经济，增强发展活力的动力源泉，帮助农民脱贫致富。组织贫困群众参加技能培训，其中人社部门技能培训37人，参加农业实用技能培训224人，帮助他们就地创业，发放县外交通补贴412人，共41.2万元，发放县内交通补贴219人，共16.45万元，不断激发贫困人口的内生动力，构建就业扶贫长效机制。一年来，继续开展“三讲一评”工作，评选出“脱贫奋进之星”34名，歧源村潘秀妹获全省“最美家庭”称号，同心村邓思茂获宜春市2020年“脱贫示范户”称号，更加坚定贫困群众致富增收的决心，起到表率作用。

【人居环境提升提质】 一是镇域环境提档升级。推行一月一整治、一月一督查、一月一排名、一月一讲评的考核机制，将改善农村人居环境工作列入年度目标考评，进行专项考评和奖惩。分别在7月和10月在全镇开展各为期一个月的“夏季战役”“秋冬战役”人居环境专项整治行动，对农村人居环境进行全面整改，清理陈年垃圾320余吨，张贴标语140余条，发放环境整治宣传单1500余份，紧盯“脏乱差”典型，突出问题导向，以督查促实效，在全县人居环境考核排名中均排列于第二方阵。二是农业工作稳步推进。高标准农田改造5000亩已全面验收；大力推广有机水稻种植、中药材种植和冬种农业生产，已完成种植中药材1800亩、早稻1005亩、再生稻4296亩、油菜300亩、连片冬种蔬菜230亩，并加强田间管理和病虫害防治工作；获批新农村建设点31个，如期完工，建设大美高村。

【民生工程全面夯实】 2020年，高村镇逐步消除制约农村发展的交通瓶颈，农民出行更方便，乡村振兴之路更宽广。一是省道S222高村至三兴公路改建工程。9月，在省市县各级领导的关心支持下，通过高村镇党委、镇政府积极争取，成功列为“2020年江西省重大项目”；11月，该项目的初步设计获市发改委批复同意。二是同心村喇叭口至同心5.8千米窄路面改造升级；双洞村、同心村2.4千米组级公路硬化均已全面完工；2020年危房改造74户已全面竣工。污水处理厂、“司法所＋五小工程”建设、高村冷链物流中心、高村集镇易地搬迁点后续帮扶产业综合大楼、高村街社区全民健身中心建设等项目正在稳步推进。三是新农村建设，向上申报新农村建设点31个并获批，已基本完工。在新农村建设的同时，高村镇进一步同推进厕所革命，共完成改厕362个，全面完成今2020年改厕任务，同时2020年新增公厕7座，9月底已经全部完工交付使用，使各村实现了公厕全覆盖。

【新冠疫情防控有力】 从大年初二开始，镇村干部积极投身疫情防控第一线，通过电话、微信、广播等方式，宣传最新防疫消息，扎实做好群众的防疫宣传和引导；对已引进的企业做好跟踪服务工作，疫情期间，坚持“宣传＋服务”并行，为企业专门安排复工“指导员”，助推企业壮大发展，稳定税收。通过联系各界，保障全镇防疫物资的供给；严守卡口，切断疫情外部输入的可能性。全镇未发现一例新冠肺炎感染病例，切实保障了群众的生命财产安全。

【政法工作有力有为】 一年来

共发放民情家访卡到13个村(居)委共630余份,实收回120份,录入系统19份,其中调处矛盾纠纷3起,收到群众建议6条,满意度为100%;共处理信访件共47件,每月调处率达100%;信访人满意度为100%。未发生一起刑事案件,未发生严重暴力事件、群体性事件和越级上访事件,通过多种形式开展扫黑除恶、禁毒、反邪教工作宣传,联合镇治安派出所积极开展对各类违法行为的打击行动,群众公众安全感和满意度显著上升,位居全县前列。

【党建引领全面加强】 “三化”建设全面推动。加强基层党组织阵地建设,以“三化”建设为契机,主动到丰城市和万载县的示范乡镇学习基层党组织“三化”建设,对辖区所有村的党群服务中心,进行了改造提升,硬件设施全部符合“三化”建设要求。高村镇纪委2020年查处案件14件,其中违反中央八项规定案件1件、信访了结9件。开除党籍1人,留党察看、降低岗位等级1人,严重警告1人,警告处分2人,以真实案件警示干部职工,切实守住纪律底线,始终把法纪规矩挺在前面,做到“干净做事,清白做人”。一年来,召开党风廉政建设会议4次,从自清门户、扫门前雪到逐步联动、全面铺开,反腐倡廉思路日渐清晰;从抓制度到抓源头,把党风廉政建设和反腐败斗争引向深入。

【高村镇领导成员】

党委书记:刘世琨
镇　　长:王　霞
党委副书记:张　颖(任至2020年3月)
　　　　邬立根(挂职副书记,2019年8月任)
人大主席:汪捷群
主任科员:阳晃忠
　　　　喻和国
纪委书记:刘志勇(任至2021年1月)
组织委员:吴　鹏
宣传委员:高　健
人大副主席:高　寅
副镇长:杨继斌
　　　　邱　毅
　　　　李　鹍(挂任县工业园区、党委委员、管委会副主任)
司法所长:陈开智
综治办专职副主任:张　颖
副科级干部:黄小平(2020年8月退休)

【各村(社区)概况】

高村街居委会

高村街居委会始建于1999年6月,坐落在高村集镇,东至桃花山路,西至昌盛路西,东南至高村桥头,北至汪家陂,辖区面积约1.5平方千米,共有636户1269人。有1个社区党支部,支部委员3人,党员27人。

高村村

高村村位于高村镇北纬28°20′,东经114°25′。东邻九龙、罗城、三十把水库,西靠上村,南邻歧源,北接严田、新联、大坳、锦源村坊。总面积21.63平方千米,辖区有18个村民小组,766户,2391人。水田面积2777.95亩,山林面积26647亩,其中公益林5975.53亩。主导产业有机水稻、毛豆、玉米、莲子等。养殖业有蜜蜂、山羊、兔、禽、鱼等。2020年村集体经济收入5.2万元,农民年平均收入6500元。

上村村

上村村位于高村镇北部,全村辖区面积18.63平方千米,耕地面积1229.9亩,林地面积16647亩,村民309户,总人口943人,下设村民小组10个,有村两委干部4人,党支部1个,党小组3个,党员35人。2020年村集体经济收入12.1万元,农民年平均收入6200元。

新竹村

新竹村位于万载县北部,东与歧源、高村交界,南接双洞、茭湖上坪,西连仙源高岭,北靠上村,距高村镇政府7千米。全村总面积11.58平方千米,辖12个村民小组,有345户1377人,全村共有耕地面积2886亩,林地面积11535亩,有党小组5个,党员45名。新竹村秉承着“从红色历史中走来,向绿色发展中走去”的发展理念,大力发展种植、养殖业,不断增大集体经济和农民收入,2020年村集体经济收入8.5万元,村民年均收入6850元。

双洞村

双洞村位于万载县西北部,

距万载县40千米，距高村镇8千米。四面环山，东邻歧源、西源，南邻谢溪，西靠上坪，北邻新竹，全村海拔450米，总面积4.72平方千米，耕地面积2893亩，其中水田2693亩，旱地200亩，山地面积4150亩，辖区内11个村民小组，农业户口275户，人口1008人，6个党小组，51名党员。主要产业为农业，林业，蔬菜种植，2020年村集体经济收入5万元，村民年均收入4000元。

歧源村

歧源村位于高村镇东南部，距县城32千米，距高村镇5千米，位于万载县高村镇的东大门，东接三兴、罗城、三十把水库；西邻新竹、梅洞；南连茭湖、小洞；北靠高村上村；辖区总面积14.9平方千米，耕地面积2766.63亩，山林面积18500亩。辖区内有14个村民小组，共有427户1527人，党支部下设5个党小组，共有党员41人。森林覆盖率79.42%，林木绿化率79.81%，2020年2月通过国家林业和草原局认定，获“国家森林乡村”称号。2020年建了三个新村点，分别为米岭下一组、上新屋组、大庙组。2020年村集体经济收入6万元，村民年均收入8000元。

严田村

严田村坐落于高村镇的东北部，东邻九龙，宜丰洞上，西接新联村，南靠高村，北连同心村，宜丰小水村，村部驻地为严田村严田塅新店里，距高村镇7.5千米，辖区总面积46平方千米，其中耕地面积4109亩，山林面积32848亩，森林覆盖率80%。下设17个村民小组，1个集体经济农民专业合作社，1个紫竹坛风景区，有人口1682人，有党小组5个，党员44人。全村产业主要以种植、养殖、林业为主。2020年村集体经济收入6万元，村民年均收入8000元。

新联村

高村镇新联村地处高村镇正北部，距离镇政府10千米，距离县城45千米，东邻严田村、西毗大坳村、南连上上村、北靠同心村。辖区总面积11.8平方千米，耕地总面积2005.13亩，森林面积6213亩。全村有9个村民小组，178户638人，3个党小组、中共党员33人。主要产业有100千伏地面光伏电站一个，锦西水力发电站50%股份，混合养殖基地占地40亩，养鸡鸭近20000羽，有机水稻种植200亩。2020年村集体经济收入10万元，村民年均收入8000元。

大坳村

大坳村位于高村镇以西，与新联村相接，西与白泉村相邻，南靠上村，北接同心村，距镇中心12.5千米。辖区面积6.5平方千米，全村山林面积8000余亩，耕地面积1550亩，分为9个村民小组，751人。有党小组4个，党员38人。以油茶、石蛙养殖、有机莲子、光伏发电站、马家柚为代表的扶贫产业基地5个。村集体有坳辉发电站1个，2020年村集体经济收入10万元，农民年平均收入8000元。

同心村

同心村位于北纬28° 25′，东经114° 24′，东邻宜丰，西连黎源、铜鼓，南接新联，北靠铜鼓。村部驻地上坪塅，距镇政府驻地18千米。辖区总面积2500公顷，其中耕地面积4450亩，主种一季晚稻。林地面积22000亩，森林覆盖率为78.7%，毛竹占80%，红豆杉、金钱松、豹皮樟、黄竹、龙竹等珍稀物种也有分布。全县第一高峰仙姑崇（海拔1404.4米）和景点仙姑坛就在此村境内。全村24个村民小组，共497户1647人、8个党小组，党员65人。2020年新联村喇叭口—同心村公路拓宽硬化工程全面完工，路面宽度由原来4.5米拓宽至5米。村集体经济收入6万元，村民年均收入4000元。

白泉村

白泉村位于高村镇西背，与大坳村相接，西与西坑村相邻，南靠上村，北连黎源村，距镇中心24千米。辖区面积7.5平方千米，全村山林面积9000余亩，耕地面积976亩，分为5个村民小组，536人。有党小组3个，党员26人。以蜂蜜养殖、茶叶、药材种植、光伏发电站为代表的扶贫产业基地4个，2020年村集体经济达2万元，，村民年均收入3000元。

西坑村

西坑村位于北纬28° 24′，东经114° 19′。东邻白泉行政村，南连官元山林场，西接铜鼓排埠镇，北靠铜鼓三溪村。村部驻地西坑街，距镇政府驻地25千米。全村辖14个村民小组(即14个自然村)，480户1576人，水田面积3577亩，山林面积24000亩，国土面积约22公顷。木竹资源丰富、有竹筷厂、芦笋基地，矿产有瓷土、钾长石。2020年村集体经济达8.86万元，农民年平均收入1.2万元。

黎源村

黎源村位于高村镇西北部，与铜鼓相连，距高村镇28千米。全村森林面积21058亩，耕地面积2026亩，辖区内18个村民小组，农业户口494户，人口1604人，6个党小组，62名党员。主要产业为农业，林业，药材种植，2020年村集体经济收入5万元，村民年均收入4200元。

茭湖乡

【概况】 茭湖乡地处万载县东北山区，距县城30千米，全乡面积86.55平方千米，耕地面积23833.28亩，森林面积93035亩，森林覆盖率达76%，境内生态环境优越，无工业污染，有丰富的红色、绿色旅游资源，被评为“国家有机食品生产基地”“江西魅力乡镇十强”“江西省省级环境优美乡”“全国现代农业科技示范基地”“全省产业融合试点乡镇”。2020年茭湖乡集镇安置点被国家发改委评为“美丽搬迁安置区”。全乡下辖7个行政村1个居委会，123个村民小组，3655户，总人口12130人；设有12个党支部，下设32个党小组，党员428人。茭湖乡内设党政办公室、扶贫办公室、农业农村、林业、水利工作办公室、党建办公室、社会事务办公室、应急住建办公室、经济发展办公室、综治新村办公室、财政所，现有在编在岗干部职工共42人。

2020年，茭湖乡在县委、县政府的坚强领导下，在全乡广大干部群众的共同努力下，坚持以习近平新时代中国特色社会主义思想为指导，稳中求进，改革创新，全乡经济社会实现了平稳健康发展。全年累计完成财政总收入3248.9万元，其中：税务3238.7万元、财政10.2万元。

【基础民生工程】 一是投资1300多万元总长9.2千米、涉及3个村的茭湖防洪工程已全面竣工，有效提升茭湖城乡整体面貌。二是加快推动污水处理厂、新敬老院、新幼儿园、加油站等项目建设。三是已新建完成槽头、谢溪、上峰村三个幸福食堂。四是完善路网建设，已实现茭湖到槽头公路县道改造，茭湖至谢溪公路、西源村村内道路拓宽改造，共改造公路18.86千米，投入资金1217.59万元(其中扶贫资金880.29万元)。五是加大“厕所革命”工作力度，狠抓村庄整治、人居环境、生活垃圾分类和生态环境保护，优化生产生活环境。

【重点工作推进】 一是严格落实“应保尽保、规范运作、分类施保、动态管理”的要求，切实做好城乡低保工作，全乡农村低保保障户数为447户657人(2020年新增29户35人)，其中为35户53人落实了低保兜底保障，城镇低保保障户数为15户17人。二是全力以赴做好疫情防控工作，筑牢“外防输入，内防反弹”防线，确保全乡实现“零”输入、“零”确诊。三是抓好早稻生产工作，2020年全乡共种植早稻732亩，再生稻528亩，一季晚稻做到应种尽种，超额完成上级下达的早稻种植任务。四是稳步推进有机农业，建立有机水稻、木姜、玉米、茶叶等种植基地2000多亩，同时与国企亚太中商签订了初步合作协议，并引进茭湖借在外成功人士合作开发生态旅游项目。五是因地制宜推进高标准农田改造，全乡7个村共3000亩的高标准农田改造，已完成地勘和规划设计，已全面动工。六是抓好林业资源和野外用火管护，严厉打击无证采伐林木、破坏公益林、天保林、阔叶林的违法行为，有效保护了茭湖的生态资源；压实各村的野外用火管控责任，强化宣传，加密野外用火巡查，未发生一起森林火灾。

【脱贫攻坚工作】 紧紧围绕全乡1818名贫困人口和6个深度村、1个非贫困村脱贫成果巩固,坚持问题导向,持续聚焦精准,积极推进扶贫措施、扶贫政策落实落地,着力解决“两不愁三保障”和饮水安全突出问题,取得了明显成效。一是加强扶贫项目建设管理和问题整改。对历年来实施的项目开展“回头看”、实施动态监测等,同时开展自查自纠,对存在问题进行整改。二是深入开展脱贫攻坚问题排查和整改。关于春季集中行动及延伸自查自纠发现各类问题、乡际交叉排查系统反馈问题共1925个,除1户贫困户车祸赔偿问题外,其余问题均已整改完成;关于中央巡视“回头看”指出的问题、国家和省成效考核反馈的问题、“不忘初心、牢记使命”主题教育检视的问题共认领49个,制定整改措施88条,已全部整改销号。三是继续依托“十四大扶贫工程”建设,创新工作思路,突出重点、多措并举,认真组织实施脱贫攻坚各类工程,扎实有效开展脱贫攻坚工作。同时,深入推进“党建+扶贫”,推进村干部与能人带头领办和党员主动参与、村民自愿参与、贫困群众统筹参与的“一领办三参与”模式,发展壮大村集体经济。

【安全稳定】 以严打整治为主线,以安全防范为重点,以平安宣传为基础,发放宣传资料,下村入户与群众面对面交流,切实提高广大居民对“双提升”工作的知晓率与参与率;始终坚持把隐患排查整治作为抓安全生产的关键,在重要时间节点、针对薄弱环节开展集中排查整治活动;扎实开展防溺水工作,成立防溺水工作责任小组,完善制度,强化日常管理,定期派专人在村周边的水域巡逻,做到安全隐患早发现、早排除。

【茭湖乡领导成员】

党委书记:漆建武(任至2020年3月)

　　易外根(2020年3月任)

党委副书记、乡长:敖　婷(女)

党委副书记:王　勇

挂职副书记:王　琦

人大主席:田新洪

主任科员:高秋生

纪委书记:吕建平

党委委员、县委宣传员:曾令锋

党委委员、武装部长:敖小明

党委委员、县委组织员:梁晨曦

人大副主席:杨　雯(女,任至2020年2月)

　丁芸芸(女,2020年11月任)

副乡长:龙小辉

　　邓根声

综治专职副主任:王　斌

司法所所长:刘　存

【各村(社区)概况】

谢溪村

谢溪村位于万载县中部偏北,距县城32千米,北毗茭湖乡2千米,距国道22010千米。全村辖区面积17平方千米,共有耕地面积3819亩,其中水田2937亩、旱地882亩;山林面积11907亩,其中国家级生态公益林2956.5亩、天然保护林2132.1亩。下辖20个村民小组,538户1836人。村主要产业有菊花、迷迭香、有机水稻、光伏等,2020年村集体收入65400元。

槽头村

槽头村位于茭湖乡西部,村部距乡政府6千米,全村辖区面积13.75平方千米,共有耕地面积3870亩,林地面积18800亩。下辖23个村民小组,576户2100人。村主要产业有茶树菇、油茶、光伏等,2020年村集体收入53600元。

上坪村

上坪村位于茭湖乡北部,距县城35千米,东北与高村镇交界,西与上峰村相邻,南与谢溪村接壤,全村辖区面积6.5平方千米,下辖15个村民小组,其中25户以上自然村落4个,总人口312户1062人。村主要产业有光伏、黄牛、油茶等,2020年村集体经济收入100400元。

上峰村

上峰村位于万载县的中北部,距乡政府15千米,坐落在海拔1180多米的黄皮尖脚下,全村辖区面积近18平方千米,其中耕地面积近3平方千米,山地面积13平方千米。下辖13个村民小组,总人口368户1375人,有建档立卡贫困户78户,贫困人口224人,贫困发生率16.29%,是“十三五”省定深度贫困村。村主要产业有茶叶、黑山羊、光伏等,2020年村集体经济收入88000元。

西源村

西源村位于茭湖乡东北部,北接高村镇歧源村,东邻三兴镇槽源村。村部驻地新坪组,距茭湖乡政府驻地7.5千米。全村耕地面积2876.83亩,其中水田面积2344.48亩,旱地面积532.35亩,林地面积15600亩,塘塍组水库面积3000平方米。下辖16个村民小组,总人口406户1417人,村主要产业有茶树菇、紫珠草、光伏、有机水稻等,2020年村集体经济收入76000元。

东江村

东江村距县城40千米,其中耕地面积3750亩,山林面积5660亩。下辖15个村民小组,总人口421户1487人,村主要产业有光伏、油茶、有机草莓等,2020年村集体经济收入66700元。

茭湖村

茭湖村距县城政府29千米,东与三兴交界,西与槽头村相连,南与白良镇接壤,北与谢溪村为界,全村辖区面积19.1平方千米,其中耕地面积3273亩,山林面积2万余亩。下辖21个村民小组,总人口697户2387人,村主要产业有有机水稻,2020年村集体经济收入61600万元。

茭湖社区

茭湖社区地处万载县境中部偏北山区,距县城30千米,在乡政府驻地附近,由县城227省道,经县道550、549,共30千米,距离昌栗高速互通口15千米。共有城镇人口246户425人。2020年村集体经济收入373000元,由乡政府下拨工作经费35.3万元和收取住户及店面卫生费2万元组成。

罗城镇

【**概况**】 2020年,在县委、县政府和镇党委的正确领导下,坚持以习近平新时代中国特色社会主义思想为指导,深入贯彻落实中共十九大和十九届二中、三中、四中、五中全会精神,积极应对疫情防控和经济下行压力等各种不利因素的影响和挑战,锐意进取、开拓创新、扎实工作,实现了全镇和谐稳定,经济社会各项事业持续健康发展,圆满完成了镇第十七届人大第八次会议提出的各项任务目标。财税收入逆势上扬。罗城镇深入贯彻党中央、国务院减税降费重大决策部署,减轻企业负担,在税率降低的政策下,罗城镇另谋发展出路,积极争取上级各类项目建设,增加财政收入。2020年,全镇实现财政收入1.0274亿元,比2019年增长15.4%。

【**重点项目稳步推进**】 占地400亩、投资5亿元万载东方希望畜牧有限公司养猪全产业链项目开工;占地1060亩、投资1.2亿元江山红花炮制造有限公司已经竣工投产;占地298亩、投资1.5亿元江西航行沥青公司投产;投资9000万元的恒昌农牧建设如火如荼;落户工业园区的大翔药业、大度家具为罗城镇实现税收2200万元;投资102万元的湖溪大桥、146万元的罗万大桥、373万元的横坑大桥、1440万元的喇叭口至九龙公路、870万元建设的卢洲至罗城集镇公路等项目建设完成;横坑足球场6月建成;投资150万元的“五小建设+司法所”项目已投入使用。

【**农业产业方兴未艾**】 全镇早稻栽种18505亩,罗大柚3500亩,红花草6000亩,药材栽种面积达4000亩,饲养肉牛380多头;罗城村200亩蓝莓,麻田村红茄300亩,卢洲、南垣、小浒稻田养鱼2000多亩,横坑牛蛙养殖基地40亩。

【**发展空间有力拓展**】 全镇共实施土地增减挂钩项目18宗72亩,实施土地开发项目建设总规模1205亩,新增旱地1035亩,水田,已完成立项,正在施工中。另已摸底测绘集中行动拟可实施旱改水开发规模157亩,林改水200亩,林改旱120亩。

【**优化生态持续发力**】 大力开展秸秆禁烧宣传,大气、水源污染治理取得新进展。坚持保护自然生态环境,着力推进“河长制”

"林长制"工作,严厉打击污染水体、乱砍滥伐等行为,定期开展"河长制"巡查监管。

【美丽乡村有序建设】 9月启动横罗段老街棚改项目，拆除25户共2763平方米,有效推进集镇改造升级。2020年共建成20个新农村点,其中13个省建点、7个自建点,全部实现"户户通"，拆除三房5989平方米,种植绿化苗木1250余棵，清运垃圾350余吨,粉刷墙面18000平方米,完成改水、改厕各89户，全面落实"村环境卫生公约""保洁人员岗位职责"等规章制度，进一步完善新村点长效管护机制。

【村庄清洁大力推进】 持续开展村庄清洁行动，做到彻底干、干彻底,做到与沟塘清淤、水利兴修、植树造林等有机结合,打通了断头渠，疏通了阻水沟,清理了臭水塘,全镇村庄环境焕然一新。充分利用村级广播、宣传标语、流动宣传车等多种宣传手段,营造浓厚氛围,并结合村级一事一议活动,发挥党员先锋带头作用,实现了清洁卫生网格化管理,初步建立了群众自主参与的长效机制,环境整治工作取得实效。

【农业基础不断增强】 积极推进土地流转工作,粮食适度规模经营继续增强,全镇有种粮大户56户，全镇累计土地流转面积18690亩。农业参保面积达到100%。

【自然资源管理取得实效】 全年完成卫片检查图斑复绿3次，全镇共涉及30个点共150亩，进行复垦,已进行现场核验。同时完成历年土地开发项目的整改工作,涉及小浒村和共大等地总计面积650亩地。无偿拆除了"三房"46宗,3980平方米。

【平安建设扎实推进】 统筹推进"平安创建"、"双提升"、"扫黑除恶"、防范非法集资、电信诈骗等工作，不断加大矛盾调处力度，排查和成功化解矛盾纠纷30起，有力提升公安机关破案率。深化"群防群治"建设,保证全镇人民群众生命和财产安全，全力维护社会稳定。从严开展"猎湖行动",强化基层党组织建设,不断提高基层治理能力和治理水平,营造风清气正良好政治生态。

【疫情防控取得实效】 严格实施乡、村干部多级网格管控管理,形成联防联控、群防群治局面,确保防控工作顺利、有效开展。针对重点地区返乡人员,严格按照上级政策要求,落实核酸检测及居家管理措施,确保"早了解、早隔离、早管理"。全年罗城镇无一例新冠肺炎病例。

【民生保障持续强化】 全年共有23659人参加城乡居民医疗保险；发放低保金416.572万元，惠及群众7258户次,12540人次；发放特困补助119.9619万元,惠及群众844人次;实施临时救助31人次,6.6万元,大病救助30人次,17.25万元;完成346户改厕工作,其中奖励补助293户,合计208030元。

【社会事业加快发展】 全面推进素质教育,推进义务教育均衡发展,开展法制和安全知识进课堂活动,增强儿童自我防范和避险意识，在全镇12所学校校园门口新施化黄色网格"安全线",保障学生安全,全年未发生一起校园安全事故。扎实开展精神文明创建活动,组织开展罗城足球赛、第三届"罗马"、"送戏下村"等丰富多样的群众性文体活动。开展新时代文明实践、志愿服务、卫生知识等宣传活动。

【脱贫攻坚再强化】 认真开展"抗疫情、补短板、促攻坚",全力打好脱贫攻坚收官战。紧紧围绕"两不愁三保障"及饮水安全依托产业扶贫、就业扶贫等"十四大工程"建设为抓手,创新工作思路,扎实有效开展脱贫攻坚工作。罗城镇2020年申请批复非贫困村产业奖补项目7个,项目总投资845.5万元,村级扶贫合作社投入212.5万元,预计达到收益44.8万元，带动贫困户就业125人。申请了"一自主"产业奖补政策共421户，金额共计812656元。县、镇两级致富带头人实训基地各2个,培育致富带头人11人。2020年脱贫31户50人,累计脱贫退出741户2151人,全镇贫困户已全部实现脱贫。

【推进法治政府和五型政府建设】 深入开展“优环境、促发展”大讨论活动,制定“三交工作法”,即与干部交谈、与企业交谈、与问题交锋,形成“干多干少不一样、干好干坏不一样”的干事创业氛围。全面推进政务公开标准化规范化。坚定推进政府系统全面从严治党,驰而不息正风纪。进一步规范村组干部日常管理,实现了村干部待遇连续三年上涨10%以上,2020年由镇财政出资12.48万元给党员小组长、村民小组长待遇人均增加600元。

【罗城镇领导成员】

党委书记:徐　俊
党委副书记、镇长:高　峰
党委副书记:郭颖琳(女)
人大主席:宋华牙
一级主任科员:林卫国
二级主任科员:邬发祥
党委委员、纪委书记:黄　实
党委委员、武装部长:刘洪波
党委委员、县委组织员:龙良伟
党委委员、县委宣传员:
辛　伟(女)
人大副主席:邹兵兵
副镇长:邹世勇
罗小琴(女)
刘　宽
综治专职副主任:王　燕(女)
二级主任科员:简汉德

【各村(社区)概况】

罗城村

罗城村地处罗城镇中心东邻南垣村、南邻麻田村,北邻横坑村,西邻黎明村。全村面积12.8平方千米,其中耕地面积3763.24亩,林地面积8700亩。村两委成员5人。全村有755户2917人,19个村民小组,5个党小组。有54名党员,贫困户103户331人,农民创收主要以外出务工和农业生产为主。人均收入5200元。

麻田村

麻田村共有19个自然村、27个村民小组,共875户3555人。全村共有党员67名,设立了党支部,5个党小组。村两委干部6人,其中支委委员3人、村委委员4人、两委交叉任职1人。在资源与收入方面,有耕地面积6315.23亩,其中旱田2220.23亩、水田4095亩;有林地面积19500亩;2019年,村民人均纯收入1.42万元,主要来源于种植水稻、养殖业、外出务工等3块。村集体经济经营性收入达10万元以上,主要来源于税收返还、产业发展等途径。

小浒村

罗城镇小浒村位于万载县东部,全村3166人,其中贫困户99户260人,耕地面积6401亩,林地面积8888亩。土地资源丰富,土地肥沃,水资源充足,特别适合发展种植产业。

卢洲村

全村共有7个自然村,14个村民小组,共812户2978人。全村共有党员69名,设立了党支部,6个党小组,村两委干部6人,其中支委委员4人,村委委员3人,两委交叉任职2人。

黎明村

黎明村辖区面积2.5万平方千米,其中耕地面积3476.61亩,山地面积3113.93亩。下辖村民小组16个,共568户2368人,其中党员67人。

湖溪村

湖溪村共有12个自然村、23个村民小组,共619户,2102人。全村共有党员44名,设立了湖溪村党支部,5个党小组。村两委干部6人,其中支委委员3人、村委委员5人、两委交叉任职2人。在资源与收入方面,有耕地面积3628.62亩,其中旱田800亩、水田2828.62亩;有林地面积1.3万亩;在产业方面,主要发展花炮、养殖、马家柚、油茶等产业,企业有万载县东泰烟花爆竹制造有限公司、万载县金祥花炮制造有限公司、万载县恒昌农牧有限公司等。

南垣村

南垣村共有3个自然村、17个村民小组,共586户,2402人。全村共有党员57名,设立了党支部,5个党小组。村两委干部6人,其中支委委员3人、村委委员5人、两委交叉任职2人。在资源与收入方面,有耕地面积 3498 亩，其中旱田 1498 亩、水田 2000 亩；有林地面积 3000 亩；2020 年村民人均纯收入 3 万元，主要来源于种植水稻、莲子产业、外出务工等。村集体经济经营性收入达 10 万元以上，主要来源于房屋出租、产业发展等。

横坑村

罗城镇横坑村地处万载县东北部，距县城 30 千米，距镇政府驻地 3 千米。辖 16 个村民小组，总户数 612 户，人口 2549 人，党小组 4 个，党员 75 人。全村面积 25 平方千米，耕地面积 3544 亩，森林面积 3.67 万亩，其中省级公益林 1.804 万亩，森林覆盖率 85%。

藏溪村

藏溪村地处罗城镇东北边陲，村域面积 19.2 平方千米，其中耕地面积 3665.8 亩，山林面积 2.6 万亩，森林覆盖率达 90%，村两委成员 5 人，全村现有党员 72 人（含 2 名预备党员），下设 6 个党小组，14 个村民小组，农户 550 户 1913 人，村内农户创收主要为外出务工及农林业生产。

居委会

社区管辖主要分布 3 个自然片区：中心街道 666 户 1321 人；东边的九龙垦殖场 371 户 736 人；南边共大果园场 83 户 204 人，共有户籍人口 1120 户 2261 人，集镇辖区内常住人口约 1743 人，居民 422 人。

三兴镇

【概况】 三兴镇位于县境东部，北高南低，属半山半丘陵地区，辖 10 个行政村，1 个居委会，179 个村民小组，总人口 3 万人，总面积 114.36 平方千米。镇政府驻地三兴街，距县城 13 千米。三兴镇地势平坦、交通便利，昌栗高速、铜万高速和国道 220 穿境而过，是县城北面的交通枢纽。三兴镇是国家现代（有机）农业示范区核心区和健康产业园、高新产业园所在地。2017 年入选全省第一批特色小城镇。获评“全国卫生镇”“江西魅力乡镇十强”“全市秀美示范乡镇”等称号。

三兴历史悠久，文化旅游资源丰富。南宋初期，邬氏迁居此地，开发大片土地，其中有一丘有三百把（约 12 亩），取名三百丘。明洪武年间，里裕乡人从闹场迁居此地开店设坊，遂成街市，1920 年，取兴旺发达之意，三百丘改名为三百兴，简称三兴。1958 年设立三兴公社，1984 年改为三兴乡，2000 年撤乡设镇，设立三兴镇。三兴为万载县北面最大的农村集镇，逢农历一、四、七当圩，每圩赶集者近万人。境内有全县乡镇唯一一个国家 AAAA 级旅游景区——恒晖大农业景区，保存有万岁桥、五娘祠、陶家宗祠等明清时期古建，灯彩戏“笑菩萨戏狮子”为全市非物质文化遗产。全镇共有副科级以上干部 18 人、一般干部 45 人，共 63 人。

2020 年面对新冠肺炎疫情和经济下行压力，全镇上下坚持以习近平新时代中国特色社会主义思想为指导，在县委、县政府和镇党委的坚强领导下，紧紧团结依靠全镇人民，统筹推进疫情防控和经济社会发展，扎实做好“六稳”工作，全面落实“六保”任务，全镇经济社会实现平稳高质量发展，圆满完成各项工作任务。

【实现产业转型升级】 狠抓实体经济发展，大力推动产业转型升级，积极培育新的经济增长点。一是经济指标总体平稳。努力克服疫情影响，积极推进复产复工，2020 年全镇共完成财政总收入 9743.7 万元，比上年减少 108.1 万元，其中：税务部门完成 8963.2 万元；财政部门完成 780.5 万元，一般公共预算收入完成 4891.5 万元；新增汇鑫源礼花、太平洋花炮、众泰达矿业 3 家工业企业入规，新增 2 家服务业企业入规；12 个固定资产投资项目入库，工业投资完成 4.83 亿元，其中工业技改完成 5200 万元，工业投资与工业技改均超额完成。二是招商项目快速落地。蒂亚五金、瑞宏五金、情尚用品、金池新型建筑材料 4 个 5000 万元以上招商引资项目顺利入园，正在进行厂房建设，预计 2021 年上半年可正式投产。投资 6000 万元的有机肥厂项目落户花塘村，并在一周内完成土地征地，年内已完成主体厂房建设；为东方希望集团租用土地600余亩，投资2亿元、年出栏20万头生猪养殖项目落户三兴；镇村两级干部攻坚克难，顺利破解了遗留多年的健康产业园征地问题。三是花炮产业提质增效。以第五轮花炮产业整改为契机，淘汰退出小乱差企业，全力支持14家花炮企业整改提升，通过镇村干部共同努力，一个月时间内完成全部花炮企业征地工作，三兴镇是全县保留花炮企业比例最高的乡镇。花炮企业整改提升后，企业数量虽然减少，但实现税收较之整改前还将略有增加，为三兴经济发展与群众就业奠定了扎实基础。与此同时，全县唯一一家A级证花炮企业，投资2亿元的汇鑫源礼花公司顺利投产，成为全省花炮行业标杆企业。四是有机富硒农业加快发展。依托农业产业强镇、田园综合体项目，支持恒晖、富仕龙、海达威、景云合作社等龙头企业或合作社发展壮大。通过改造提升，恒晖新建8个玻璃温室大棚、果蔬精处理厂房、低温冷冻库、芦笋生产加工基地，有机富硒产业加快发展。恒晖的有机馆、农梦馆重新设计，高标准建设，已重新开馆，迎接四方游客。

【城乡面貌全面改善】 年初对全镇重点项目进行逐一梳理，明确责任人、时间表、任务书，并逐一推动落实。一是集镇建设特色凸显。在全县率先实施的老街改造项目全部完工，旧貌换新颜，群众生活条件与街道环境全面改善；万芳新城即将建成，三兴集镇规模进一步做大；社会化足球田径场投入使用，公共体育设施更加健全；污水处理厂正式投入使用，集镇生活污水实现全部收纳处理；投资100万元，集镇人行道实现全覆盖，在初中、卫生院门前加装路灯，居民学生出行更加便利安全。街道环境持续整治，管线下地，集镇市容更加整洁清爽、干净有序，成功获批“全国卫生乡镇”金字招牌。二是美丽乡村建设持续推进。推进实施16个省级村点、8个自建村点的新农村建设，打造了三兴村西陂、湖源村13组、15组两个秀美乡村示范点，多次获市、县检查好评；争取上级美丽乡村建设资金961万元，对涉及恒晖景区周边的自然村、道路沿线环境进行提升改造，群众居住条件与景区周边环境明显改善；全镇新改造卫生厕所256户，新建公厕5个，厕所革命加快推进。三是农业基础更加稳固。农业产业强镇建设32个子项目全部建设完工，并通过县级验收，全镇农业生产与加工能力进一步提升；1.06万亩高标准农田建设如期完成通过验收，有力保障了全镇粮食生产。四是交通设施加快完善。三兴至工业园区两条专项公路建成通车，万芳公路新安装210盏路灯，极大方便了群众出行。与此同时，全力做好三兴镇红旗村香山至罗城镇湖泉、红旗村部至杭桥1组桥头两条专项公路项目的前期工作。目前专项公路建设项目已正式动工，预计在2020年年底实现通车，届时杭桥、红旗交通状况将明显改善，进城入园十分便利。

【社会事业稳步发展】 坚持以人民为中心的发展思想，按照“尽力而为、量力而行”的原则，织牢织密民生“保障网”，以实际成效赢得广大群众认可。一是脱贫攻坚成效显著。聚焦“两不愁三保障”、饮水安全，突出“两业扶贫”，不断提高贫困户收入，做好易地搬迁后续帮扶，实现贫困户精准兜底，顺利通过全国脱贫攻坚普查，全镇建档立卡贫困户536户1627人如期实现脱贫，三兴镇如期与全国同步实现全面小康。二是人居环境全面提升。将人居环境作为一件民生大事，持续推进，细化考核奖惩，加大投入力度，人居环境“漕源模式”在全县宣传推介，获得县委县政府领导高度肯定。三是教育工作取得重大突破。全镇尊师重教氛围更加浓厚，三兴初中中考成绩位列全县第二，赢得群众广泛点赞；加大教育投入，全镇奖励师生30余万元。四是安全稳定平稳有序。高标准建设镇应急所，实现花炮企业智能化监控，安全监管水平进一步提高，安全生产工作平稳有序，全年没有发生安全生产事故；按照减存量、控增量，强力攻坚信访老户，化解14件信访积案，信访形势明显扭转。五是扎实做好疫情防控。始终把人民生命安全和身体健康放在第一位，第一时间启动全镇联防联控机制，适时调整防控策略，果断决策处置，全镇党员干部群众、医务工作者齐心用力、昼夜坚守、无私奉献，取得了疫情防控阶段性顺利。红旗村海达威合作社理事长胥基础，大爱无疆，及时伸出援手，2020年正月向武汉无偿捐赠105吨爱心萝卜，在中央电视台《新闻联播》宣传报道。

【行政效能全面提升】 一是提升政务服务效能。围绕推进权利规范运行，深入开展“优环境、促发展”大讨论活动，全面加强自身建设。镇政府机关加强干部业务知识与法律学习，树立高效、廉洁政府形象，转变工作作风，群众诉求做到“我来办、马上办”。推广应用“赣服通”，引导群众网上办事，少跑路，群众满意度进一步提升。二是健全便民中心职能。通过资源整合，全镇11个村、社区全面完成标准化、规范化建设，便民服务中心全部设置在一楼，村干部下楼集中办公，落实代办事项，打通服务群众“最后一千米”。三是叫响营商环境品牌。通过不断努力，持续加强对辖区内与园区招商引资企业的用心用情服务，第一时间帮助企业破解难题，严格兑现约定承诺，打造优质营商环境，吸引越来越多企业落户三兴和园区，口口相传，三兴镇在外口碑更加响亮，营商环境品牌已经成为三兴的新名片、新品牌。

【三兴镇领导成员】

党委书记：兰思站
党委副书记：黄国洪、周金平
人大主席：张小平
纪委书记：罗　斌
武装部长：彭　刚
宣传委员：丁岸峰
组织委员：金之也
人大副主席：龙谷华（女）
副镇长：林万波
　　　　袁　庆
　　　　张　瑶（女）
综治专职副主任：龙小峰
司法所长：周帅凌
二级主任科员：曾小如

【各村（社区）概况】

沙潭村

沙潭村紧邻上高县，毗邻县城工业园，距县城约10千米，距三兴镇9.5千米。辖区面积6.67平方千米，耕地面积4126亩，全村共19个村民小组，农户510户，有农业人口2510人，党员55名，5个党小组。

三兴村

三兴村位于三兴镇中心地带，距县政府所在地13千米，东邻红旗村，西接漕源村，南临花塘村，北靠闹坪村。地处丘陵地带，西高中低。省道222、220穿三兴村而过，高速互通口在本村的中心地带。共有23个村民小组，常住人口3859人，外出流动人口856人，占全村人口20%，主要流向浙江、广东、福建、上海，从事行业主要为经商和务工。

石蛇村

石蛇村地处三兴镇东面，途经闹坪村，东邻上高县镇渡乡罗家村，北连杭桥村，南与沙潭村交界，全村面积4.8平方千米，其中林地4000余亩，耕地2369余亩。村两委成员4人，全村有党员24人，8个村民小组，农户175户786人。当地农民创收主要为外出务工和农业生产。

湖源村

湖源村距县城所在地13千米。全村有16个村民小组727户、2892人，其中农业人口2814人，外出务工人员898人。湖源村党支部下设党小组5个，全村党员63名。其中，35岁以下10名，60岁及以上25名，女党员7名。村民主要从事畜牧养殖、农作物种植以及外出务工，畜牧主要有鸡鸭羊牛等，农作物主要有水稻、蔬菜等。经济收入主要是务工收入和种植品售卖收入，产业发展水平低，经济结构单一，经济基础薄弱。

杭桥村

杭桥村地处三兴镇边缘．左邻罗城麻田、小浒村。右邻红旗村、石蛇村，终端上高镇渡黄田村。辖区面积.8.6平方千米，其中耕地面积3160亩，林地面积6500亩，水面面积300亩。全村共14个村民小组，总户数

456户，农业人口1965人。村主要产业有农业、畜牧业、外出务工。村两委班子成员3人，平均年龄50岁，两委已配备后备干部2人。

红旗村

红旗村地处三兴镇东北部，属半山半丘陵地，东接罗城镇麻田村，南接三兴镇石蛇村，西接三兴镇闹坪村，北接三兴镇漕源村，距县城18千米，距昌栗高速三兴镇出口5千米，万芳公路穿境而过；下辖29个村民小组，981户3971人，党员69人，10个党小组，村干部7人，其中村聘2人；耕地面积6960亩，林地面积24360亩，山塘水库10余座，其中小(二)型水库1座。

闹坪村

闹坪村位于江西省万载县城东面，临靠镇街道，境内交通便利，环境优美，省级万芳公路从中横穿而过，距县城仅12千米，全村现有8个自然村，22个村民小组，768户农户，总人口2867人；其中党员53人，入党积极分子3人，7个党小组，村干部8名；全村占地面积6平方千米，其中水田面积2610亩，山林面积3450亩；全村人均纯收入8000元左右，全村共有烟花企业3个。

漕源村

漕源村地处三兴镇西部彼邻茭湖乡、白良镇。全村有人口2026人，分为13个村民小组，549户。全村有耕地2600亩，林地20000亩，旱地300亩，有中共党员41人，分为4个党小组，村两委班子，现职4人，聘用干部3人。林业、务工是农户的主要收入，有机养殖牛、羊、鸡、兔、蜂蜜是漕源村农户的增收渠道。

三兴社区

三兴社区交通便利，位于三兴镇集镇中心，距离县城14千米。三兴社区东至灰山脚下，西至湖源新村，南至徐家垴，北至三兴初中。地处丘陵地带，平均海拔103~116米。三排线省道，国道G220从集镇穿境而过，铜万高速设三兴互通口及收费站，三兴街至茭湖、至高村、至上高镇渡县级公路四通八达。户籍人口1557人556户，辖区内人口3257人。住宅小区3个，为了完善集镇小区管理，共设楼长20名。设支部1个，共有党员22人。

万岁村

万岁村地处三兴镇南部，东邻沙潭村，南接鹅峰乡田江村，西连三兴村、花塘村，北毗红旗村，村域面积12平方千米。全村下设21个村民小组，共1018户4011人，耕地面积6136.76亩。60~79岁人员483人，80~89岁63人，90岁以上3人。设6个党小组，共有党员57人。

花塘村

花塘村辖区面积1.8平方千米，2963人。共有14个村民小组。随着“三农”政策的推行，虽然政策向农村偏移更多，农村经济整体得到了发展。因村集体在农村改革中已经全部分田分山到组到户。

白良镇

【概况】 白良镇位于万载县中部偏东，东与三兴镇相连，西与双桥镇交界，南与高城镇、鹅峰乡毗邻，北与茭湖乡接壤。全镇面积73.82平方千米，境内群山环抱，丘谷纵横。地势由东朝西。最高点为廖杭梨树坑附近，海拔482.5米；最低点为良福村，海拔86.8米。

全镇共有耕地1745.5公顷，其中水田1192公顷，进行高标准农田改造的耕地有830公顷。主要以种植水稻为主，兼种大豆、红薯、油茶、花生、中药材等经济作物。

全镇共有林地4665.67公顷，盛产杉木、毛竹、油茶等，种植杉木2.1万平方千米、毛竹1.7万平方千米、油茶3.4万平方千米，森林覆盖率68%。年产杉木1600立方米、毛竹10万根、茶油60吨，活力木总蓄积量为21.4万立方米。

白良镇下辖白良村、良福村、行田村、范塘村、坑口村、廖杭村、歧里村、锦江村、和平社区等8个行政村和1个社区，共151个村民小组。全镇总户数7305户，总人口24121人，其中农业人口19631人，城镇人口4490人。

镇政府驻白良街，距万载县城17千米，内设党政办公室(党建办公室)、农业农村工作办公室、社会事务办公室、财政经济办公室、社会治理办公室(应急管理办公室)、便民服务中心、综合行政执法队等职能办公室7个,2020年共有在编人员54人。全镇财政总收入完成6374.8万元,其中税务部门6122.9万元,财政收入251.9万元,一般公共预算收入3093.9万元。

【全力防御新冠肺炎】 白良镇自启动重大突发公共卫生事件一级响应工作以来,全体镇村干部放弃春节休息时间,严格要求开展疫情防控工作,共投入经费27万余元,全面封闭村落8个,设立有人值守卡点10个,对全镇群众进行了体温测量,排查进出白良人员1000余人,集中隔离外地返乡人员26人,居家隔离94人,确保了全镇无一例确诊病例。

【基础设施逐步完善】 2020年,该镇各项基础设施建设有序推行,其中配合党建“三化”建设,全镇9个行政村和社区都完成了党群服务中心硬件建设,全面提升了服务群众的能力;投资800余万元的白良镇中心幼儿园项目已完成主体工程建设;大力推进投资400余万元的白良初中改扩建工程,项目资金到位后即可动工;全面翻修了集镇自来水供水系统、集镇排水系统。“平安乡村”建设工作进入扫尾阶段,全镇安装监控摄像,覆盖全镇各关键地点,全面提升了白良治安水平,为白良群众保驾护航。

【项目引进效果显著】 为充分开发富硒资源,白良镇引进了万载亚太农业田园综合体及有机、富硒产业项目,项目总规划面积约为2万亩,总投资约20亿元。一期已在白良镇流转土地2700亩,用于开展超级稻及七彩油菜花种植。其中超级稻种植取得了亩产940公斤的好成绩。对金信纸厂进行整改提升,引进了投资6亿元的森晋纸业,项目位于县工业园,建成后预计年产值可达10亿元,企业入园已签订投资合同,完成了土地摘牌,正在开工建设。

【整改提升花炮行业】 扶持现有企业做大做强,引进荣安公司收购原落后企业荣利厂,新增投资2600万元进行高标准改造提升,已通过省市验收并正常生产。推动落后企业退出。通过第五轮国标整改提升,全镇共淘汰18家花炮企业,已按照退出要求拆除到位,其中兼并3家,转产3家,第一笔退出奖补资金390多万元已全部发放给企业,并解决万良花炮厂多年以来的欠薪问题,让农民工领到血汗钱。上报9家企业进入第五轮国标整改,4家已取得第五轮国标整改许可证,3家已动工进入整改阶段。

【聚焦聚力脱贫攻坚】 镇党委、镇政府紧紧围绕“两不愁三保障”关键指标,依托“十四大扶贫政策”,突出重点、多措并举,脱贫攻坚工作取得显著成效。据统计,全镇2016年建档立卡贫困户367户954人,2020年实现全面脱贫,贫困户人均收入由2016年的3380元增加到2020年10000余元,同全省、全国一道同步进入小康社会。

【安全生产态势平稳】 坚决落实安全生产“党政同责、一岗双责、齐抓共管、失职追责”的要求,扎实推进深化安全生产十三大专项整治活动,坚持每月早查夜巡不少于8次,共检查企业900余次,排查隐患350余条,下达3份处罚告知书,处罚金额7万元。做好新冠肺炎疫情期间防疫与复工复产工作,严格企业复工复产报批申请制度,要求企业做好消毒、戴口罩、体温检测、分批就餐等工作,阻断疫情传播途径。坚持镇村领导干部包村制,开展联合执法,组织地毯式集中排查,每季度开展一次打非治违工作,没有发现发放下手工问题。

【白良镇领导成员】

党委书记:汪晓艳

党委副书记、镇长:周文毅

党委副书记:周琳婧(2020年3月任)

人大主席:晏双移

二级主任科员:郭基荣

　　　　　　　陈景开

党委委员、纪委书记:杨　琼
党委委员、宣传委员:汪　隆
党委委员、组织委员:黄　闽
党委委员、人武部长:龙　震
人大副主席:黄　乐
政府副镇长:邓小根
　　　　　李洪亮
　　　　　喻松生
司法所长:黄锐锐
综治办专职副主任:方光运

【各村(社区)概况】

白良村

位于白良镇东部。东起狗形窝,西至江边,南起沈家塘,北至共青水库。新中国成立前属白良乡,新中国成立初期属三兴区白良乡。1958年成立3个大队,属先锋公社,1959年属白良公社,1968年合并成立白良大队。1984年设白良村民委员会,后一直沿用。

辖区面积8.42平方千米。下辖24个村民小组,人口1265户4047人,其中贫困户46户94人。全村共有耕地5062亩,种植大户2户,家庭农场1家,农民专业合作社3家,村民人均可支配收入5000元以上。有小学1所,卫生室2家。村集体经济收入5.1万元。

良福村

位于白良镇南部。东起上扬组,西至李家,南起岳水里,北至明头珠。新中国成立前夕属白良乡。新中国成立初期属建华乡。1958年成立3个大队,属先锋公社。1959年属白良公社。1968年合并成立良福大队。1984年成立良福村民委员会,后一直沿用。

辖区面积8.846平方千米。下辖28个村民小组,人口1191户3999人,其中贫困户61户178人。全村共有耕地4147.4亩,种植大户2户,家庭农场1家,农民专业合作社4家,村民人均可支配收入5000元以上。有小学1所,卫生室1家。村集体经济收入4.7万元。

行田村

位于白良镇南部。东起旭田,西至上高田,南起砚陂塅,北至行田。新中国成立前属白良乡。新中国成立初期属建华乡。1958年成立2个大队,属先锋公社。1959年属白良公社。1968年合并为行田大队。1984年成立行田村民委员会,后一直沿用。

辖区面积4.782平方千米。下辖13个村民小组,人口679户2224人。其中贫困户35户90人。全村共有耕地2191.4亩,种植大户6户,农民专业合作社2家,村民人均可支配收入5000元以上。有小学1所,卫生室1家。村集体经济收入9.2万元。

范塘村

位于白良西部。东起廖杭村,西至潭家,南起里源,北至迎东。新中国成立前属白良乡。新中国成立初期属大桥区。1952年属三兴区,设范塘乡。1958年成立2个大队,属先锋公社。1959年属白良公社。1962年合并成立范塘大队。1984年成立范塘村民委员会,后一直沿用。

辖区面积9.184平方千米,下辖16个村民小组,人口676户2259人。其中贫困户28户78人。全村共有耕地2348亩,种植大户1户,农民专业合作社1家,村民人均可支配收入5000元以上。有小学1所,卫生室2所。村集体经济收入2万元。

坑口村

位于白良镇南部。东起石家冲,西至上里源,南起丰田,北至东门。新中国成立前属白良乡。新中国成立初期属建华乡。1958年成立3个大队,属先锋公社。1959年属白良公社。1968年合并成立坑口大队。1984年成立坑口村民委员会,后一直沿用。

辖区面积9.336平方千米。下辖20个村民小组,人口738户2439人,其中贫困户42户142人。全村共有耕地2925.8亩,种植大户6户,农民专业合作社7家,村民人均可支配收入5000元以上。有小学1所,卫生室1家。村集体经济收入3.5万元。

廖杭村

位于白良镇西部。东起新屋,西至松树坪,南起柏树垴,北至下垴。新中国成立前属白良乡。新中国成立初期属建华乡。1953年后设廖杭乡。1958年成立2个大队,属先峰公社。1959年属白良公社。1968年合并为廖杭大队。1984年成立廖杭村民委员会,后一直沿用。

辖区面积12.003平方千米。下辖17个村民小组,人口

914户2993人，其中贫困户54户124人。全村共有耕地3550.8亩，种植大户4户，家庭农场1家，农民专业合作社7家，村民人均可支配收入5000元以上。有小学1所，卫生室1家。村集体经济收入22.6万元。

岐里村

位于白良镇西北部。东起弯塘，西至石山下，南起零田，北至梨树下。新中国成立前属白良乡。新中国成立初期属建华乡。1958年成立2个大队，属先锋公社。1959年并入坑口大队。1972年成立岐里大队，属白良公社。1984年成立岐里村民委员会，后一直沿用。

辖区面积9.793平方千米。下辖20个村民小组，人口882户2885人，其中贫困户69户162人。全村共有耕地3097.6亩，种植大户6户，农民专业合作社4家，村民人均可支配收入5000元以上。有小学1所，卫生室1家。村集体经济收入2万元。

锦江村

位于白良镇东北部。东起田岗上，西至棋子寨，南起暗山洞，北至锦江水库。新中国成立前属白良乡。新中国成立初期属三兴区白良乡。1958年成立4个大队，属先锋公社。1959属白良公社，1968年合并成立锦江大队。1984年成立锦江村民委员会，后一直沿用。

辖区面积9.538平方千米。下辖17个村民小组，人口766户2574人，其中贫困户35户90人。全村共有耕地2860.3亩，种植大户3户，农民专业合作社3家，村民人均可支配收入5000元以上。有小学1所，卫生室1家。村集体经济收入9万元。

和平社区

位于白良镇中部。系白良镇党委、镇政府所在地。东起白良村席垴上，西至白良卫生院，南起白良曾仙塘，北至白良何家屋场。和平社区成立于1997年，寓意和谐、平安，故名。辖区面积约1.2平方千米。有常住人口281户701人。

鹅峰乡

【概况】 鹅峰乡地处县城东郊偏南，因境内山形耸拔开张，望之如鹅展翅，有昂首飞鸣之势，故域名“鹅峰”。“昌栗”高速、“铜万”高速、国道320与“万芳”公路贯穿全境，地理位置优越，风景秀丽，锦江蜿蜒而过。“鹅峰耸翠”“石笋凌空”“小岭樵歌”“龙河晚渡”入选万载老八景。全乡总面积72.18平方千米，辖9个村1个社区，有124个村民小组，总户数6115户，总人口23336人。下设19个党支部，54个党小组(其中村42个，乡机关10个，卫生院2个)，中共党员625名。耕地面积21938亩，林地面积55665亩，森林覆盖率50.68%，可谓“六分山水二分田，二分道路和庄园”。

鹅峰乡为县工业园所在地，有三分之一的土地贡献给县工业园，为全县工业产生近三分之一的税收，同时为县城贡献三分之一的农副产品，有“工业摇篮、安康之地、幸福鹅峰”之称。2020年评获全省抗疫先进集体、省“五型”政府建设示范乡镇、省第四次全国经济普查先进集体、省模范劳动关系和谐乡镇、省先进基层党组织、全市共产党员示范乡镇、全市政务服务工作先进集体等。

【工业经济稳步提升】 全年完成财政总收入1.8亿元，占任务126%，一般公共预算收入8930万元，占任务数的111%。共签约项目18个，投资总额5.96亿元。规模以上工业企业总数达15家，规上工业企业主营业务收入完成13.8亿元，同比增长12.27%，利润总额完成1.58亿元，同比增长29.42%。逐渐形成了以有色金属、造纸业、烟花鞭炮、医药产业、橡胶制造、新型建材、竹木加工、服装鞋贸为主的八大支柱产业。

【现代农业稳产增效】 建成高标准农田4036亩，完成水稻种植15641亩，其他经济作物种植3500亩，大棚蔬菜800亩，粮食总产量143万吨。落实政策性水稻保险23.5万元，发放各类惠农政策补贴400余万元。结合产业扶贫，引导种植大户发展农业产业基地9个,申请非贫困村产业奖补资金42万元。

【人居环境全面提升】 高标准完成13个新村点建设、476户厕所改造任务。持续开展村庄全域清洁行动,新购买农户垃圾桶3000个、洒水车1辆,制作门前三包责任牌2000块,发放《环境整治致全乡村民的一封信》6000份,拆除乱搭乱建398起,清理农村生活垃圾6000余吨。实行环境卫生"红黑榜",周巡月评积极发动群众广泛参与,建立"五定包干"村庄长效管护机制。

【生态环境愈发秀美】 全面完成中央、省、市环保督察整改任务30个,关停洗砂企业1家,整改小散乱污企业3家,金柯纸业、胜洪建材分别新建3000平方米的污水处理池和引入先进脱硫除尘设备改造提升。实施工业企业污染源头日常监控,重点环境污染源每周巡查制,全年巡查出动1000多人次,发现环保隐患88起,整改落实88起。积极推进乡、村"河长制""林长制"APP巡查工作,"人防+机防"抓好秸秆禁烧和综合利用工作,修复污染土壤面积1.1万亩,全力打好"蓝天、碧水、净土"保卫战。

【城乡管理更加精细】 完成全乡8787栋农村房地一体确权登记、607个耕地图斑现场勘查和资料上报、68.2亩土地开发耕作项目入库及国土空间规划筹备等工作。新增危房改造3户,竣工率100%。严格控制农户乱占耕地建房,成立控违巡查小组24小时不间断、全覆盖巡查,共查处违法违章建筑123起,现场拆除83起,自行拆除1起,做到了建管并重,拆除存量、严控增量、长效管理。

【脱贫攻坚全面收官】 严格落实现行脱贫标准,全乡491户1437人全部实现高质量脱贫,顺利通过了国家脱贫攻坚普查验收工作。积极应对返贫致贫风险,共整改住房、饮水等"四项保障"问题536个。推进产业、就业双落实,打造"两基地一车间"27个,输出752人外出务工,帮助272户申请"一自主三领办"产业奖补资金42.98万元,线上、线下双线联动销售扶贫产品112.5万元,发放分类定级奖补资金54.38万元。鼓励群众自主创业,发放小额贷款375万元,创业致富带头人奖补资金2.3万元,持续巩固了脱贫成果。

【民生保障扎实有力】 高质量完成人大代表票决民生实事15件,新修、养护农村公路80多千米,提级改造多江至石笋"四好农村路"4千米。城乡低保、特困供养人员保障标准稳步提高,新增就业人口2189人,办理就业失业登记146人,发放稳岗就业补贴42.08万元,超额完成22家企业职工基本养老保险扩面征缴任务,完成比例158%,城乡社会基本养老保险和基本医疗保险实现全覆盖。

【公共服务提质升级】 完成9个行政村党群服务中心、综治中心和卫生室改造,完善文化之家、退役军人之家、幸福食堂等功能室。全乡小学光纤全面接入,实现教育城域网全覆盖,多江小学围墙修砌、操场硬化工程及东田、长江、田江等村小改厕项目高质量完成。建成鹅峰大会堂,改造升级9个新时代文明实践站,开展下基层惠民演出、"四送"文明实践活动50余场,实现城乡公共文化服务一体化建设。

【社会治理有序有效】 高标准新建应急管理所,组建联合应急救援队伍、安全生产执法队伍,对十四大安全领域采取风险分级管控、隐患排查治理、智能监控闭环监管工作机制,累计整改各类安全隐患583条,实现了安全生产零事故。"五员联动"配齐"一村一法律顾问,一村一民警,一村一法律明白人","五治融合""缘桌调解"化解各类矛盾纠纷110余起,累计为群众挽回经济损失130余万元。开展信访矛盾"清存量、控增量、防风险"专项行动,化解信访积案8件,化解率88.9%,退出全县信访工作重点管理单位。

【作风效能有效提升】 深化"放管服"改革,全面推行"一网通办、一厅通办"等便利化政务服务措施，网办率达 100%，“即办件”比例达 80.9%。深入开展“优环境、促发展”大讨论活动，设立工作“红黄榜”，引入电子评价系统，实行“每周实绩公示”制度，不断提高机关工作效能。

【营商环境持续优化】 派驻复工专员 28 人，制定援企稳岗措施 18 条，建立扶企清单 20 条，推行“领导挂企”服务和“企业沙龙”制度，“一企一策”为企业协调解决事项 158 项。强化银企对接，为 6 家企业融资 3500 万元，为 120 余家企业减税降负 3000 万元。

【鹅峰乡领导成员】
乡党委书记：杨　鹏
乡党委副书记、乡长：喻小兰（女，任至 2020 年 3 月）
　　袁帅清（2020 年 3 月任）
乡党委副书记：彭世昌
乡人大主席：巢　赟
主任科员：龙建斌
　　李小平（女）
　　辛增福
　　巢文伟
乡党委委员、纪委书记：巢雪勇
乡党委委员、县委宣传员：
　　翟初兰（女）
乡党委委员、县委组织员：
　　孙　卉（女）
乡党委委员、人武部长：丁继征
乡人大副主席：韩　博
副乡长：刘永红（女）
　　汪　俏（女，任至 2021 年 1 月）
　　王　良
乡司法所所长：喻　菲
乡综治办专职副主任：刘永聪
乡派出所所长：晏利洪
副科级干部：高祖华
　　谢观平
　　赖济辉
　　巢时汉
　　陈　杰

【各村（社区）概况】

布塘村

布塘村在成立初期，成立农会时以布仔上、烟塘两村各取一字而得名，位于万载县东郊 10 千米处，东邻上高县，西毗益莲村，南靠严坑村，北傍长江村，国道 320 穿境而过。辖区内 10 个村民小组 2148 人，总面积 6.5 平方千米，耕地面积 2268 亩，林地面积 2807 亩。布塘村坐落在县工业园发展规划区域内，村内有多家大、中、小型生产企业，为村民提供了大量的就业岗位。

东田村

东田村 1962 年合并东城、丁田两个大队，各取一字而得名。东田村位于县城东郊万芳公路 4 千米，国道 G220，昌栗高速穿行而过。辖区内 16 个村民小组 2667 人，辖区总面积 9 平方千米，耕地面积 2470 亩，林地面积 9923 亩。群山起伏，奇峰怪异，有“马鞍山”“狮子峰”“山将军”崖石。锦江河穿行东田境域，区域有储水量 10 万立方米以上水库 4 座。丁田桥被列入市文物保护单位。东田村龙背上新村点为鹅峰乡秀美乡村建设示范点。落户村内企业达 20 多家，规上企业 3 家。

东溪村

因境内东溪地片而得名。东溪村地处万载县城郊，距县城 10 千米，位于东溪水库上游。共有 7 个村民小组 1068 人。辖区面积 2.5 平方千米，耕地面积 1231 亩，林地面积 90000 亩，主要以种植养殖为主，种植的冬瓜、大蒜远近闻名。东溪村历史悠久，文化蔚然，建于清乾隆年间的云峰寺尚存，于 2015 年重新修建，吸引了广大游客前来观光。

田江村

田江村在 1958 年合并顶天、长江两大队各取一字而得名，位于万载县城北郊 9 千米处，昌栗高速和“万芳”线从中穿过，村部离昌栗高速万载出口 3 千米。全村有 11 个村民小组 2208 人，分布在锦江河和白良河交汇处，故而辖区又有“两河四岸”之美誉。全村耕地 2629 亩，林地 3600 余亩，田江村境内多山，林木繁茂，有山塘水库 6 个。因毗邻县工业园区，故有“出门就上班”之说，就业率 76%以上。

涂泉村

该村古时因田中两石堆形似兔子，上方有一口泉水塘，得名兔泉，明嘉靖年间俗称涂泉。涂泉村位于万载县东郊 2 千米处，东邻县工业园，西毗东升村，南靠十字布，北伴里泉村，11 个村民小组2881人。全村总面积5平方千米,耕地面积2599亩,其中水田1750亩。涂泉村地处县城与工业园接合部,交通便利,环境优美,资源丰富。涂泉村盛产茭白、马铃薯、扯皮薯,号称“涂泉三宝”。

严坑村

以境内严坑地片而得名。严坑村地处万载县城东郊国道320旁,距县城6.5千米,共有村民小组22个3036人,辖区面积6.7平方千米,耕地3086亩,山林7200亩,有小(一)型水库1座,小(二)型水库4座,水域面积360亩。

益莲村

1963年合并益新、莲塘两个大队,各取一字而得名。益莲村位于万载县城郊3千米处,国道320穿境而过。辖管15个村名小组2836人。辖区总面积1635亩,林地面积350亩。近年来,本着“以诚招商、以情招商”的理念,主动为客商提供方便,帮助解决困难和问题,形成“重商、亲商、安商、富商”的招商引资氛围,吸引了一批企业到益莲村安家落户,使村集体经济和村民获得了双丰收。

长江村

以驻地自然村而得名。元至正年间,村前挖有水塘数口,取名塘江,后水塘填成良田,且傍蜀江,改名长溪,俗称长江。长江村位于鹅峰乡东北端,毗邻县工业园,西临田江,南临布塘、益莲,东北靠三兴沙潭,共12个村民小组2268人。辖区总面积6.8平方千米,耕地面积2447亩,林地面积675亩。占地总面积253.4亩的长江村“虎形山”度假村,各项休闲,生活设备完善,具备餐饮住宿、野炊、娱乐等服务功能,为长江村打造了一个生态休闲旅游的新亮点。

多江村

以驻地自然村而得名。相传此地因村北多了一小江而斩断了龙脉,喻名多江。多江村位于万载县城郊北面,东临东田山脉,西接高城、白良,地大物博,风景优美。东有鸡冠山,有石笋凌空,九狮拜象,狮岩石刻、王氏化工大祠,百亩原始樟树林,千年古樟等文化古迹。有16个村民小组2960人,辖区总面积9.2平方千米,耕地3390亩,林地9230亩。有花炮、造纸等企业。

马步乡

【概况】 马步乡地处万载县东南部,东与鹅峰乡、上高县田心乡接壤,南与袁州区寨下、柏木、丰顶山毗邻,西与高城乡交界,北与康乐镇相连,是万载的南大门。全乡辖11个行政村和1个居委会,2个水库管理所,186个村民小组,2020年年底有9582户,总人口33688人,其中城镇人口462人。面积63.19平方千米,其中耕地2.07万亩,林地3.91万亩,森林覆盖率41.27%。全乡共设19个党支部,2020年年底有党员714名。2020年财政总收入1.18亿元,完成固定资产投资约12亿元。马步乡地理区位、生态环境、人文传承等方面得天独厚。境内属丘陵地带,地下资源有煤、硫黄、石灰石。在地理人文方面依然拥有得天独厚的资源,具体来说就是“五个一”:“一个传说”,即白马将军追马传说;“一匹布”,即国家级非物质文化遗产夏布制作技艺;“一个溶洞”,即闻名遐迩的竹山洞,地下暗河全长3985米;“一个人”,即万载第一位共产党员龙松泉烈士;“一块碑”,即有150多年历史的“禁赌碑”。乡内路网框架回环交错,国道320、湘赣公路、万宜高速公路连接贯穿全境,宝石村鲁塘设有高速出口,交通便捷。2020年3月被评为2019年度城乡生活垃圾一体化处理工作先进乡镇、2019年度全市信访工作“五无”乡镇,2020年1月被评为万载县筹备2019年全市文化和旅游产业发展大会先进单位,2020年被评为第一届万载文明村镇、2019年度新农村建设工作先进乡镇、2019年度水库退养工作先进乡镇、2019年度全县公共机构节能工作先进乡镇、2019年度“全县五四红旗团委”、2019年度全县民政工作先进单位、2019年度全县乡镇(街道)人大工作先进单位、2019年度工会工作先进单位、2019年度全县信访工作先进单位,预计2020年度人大工作、综治信访、安全生产、脱贫攻坚、人居环境、政务信息公开等工作在万载县名列前茅。马步乡党政内设机构有五个，分别是党政办公室（党建办公室）、农业农村工作办公室、社会事务办公室、财政经济办公室、社会治理办公室（应急管理办公室）。根据工作职责，设置2个事业单位，分别为便民服务中心和综合行政执法队，在职机关干部职工共72人。

【党的建设纵深推进】 狠抓教育强党。严格落实党委理论中心组学习制度。结合工作实际，定期开展针对性学习，通过班子成员定期学、带头学、真正学，落实好常态化教育。创新开办“马步论坛”。定期开办“马步论坛”，组织乡村干部开展集中学习和研讨，围绕学习主题，谈体会、谈认识、谈建议，提高党员干部政治理论素养和理论指导实践的能力。深入开展“优环境、促发展”大讨论活动。围绕活动主题，将学习教育持续深化、贯穿全程，并持续推动线下与线上“学习强国”平台学习齐头并进。狠抓组织强党。扎实推进基层党建“三化”建设。按照“三化”建设的要求，根据各村实际条件，按照“能留尽留，能用尽用，需改尽改”的原则，实现了村部外观干净整洁，内在价值凸显，服务功能增强目标，全乡基层党建“三化”建设全面完成。提前做好村两委换届准备。对各村的两委班子结构进行充分调研，在9月份马步乡11个村已全面实现村书记主任“一肩挑”，为村两委换届工作顺利开展打下坚实基础。率先抓好“红色名村”建设。将马步乡作为万载县第一位共产党员龙松泉烈士故乡的特有红色文化资源，与宝石村鲁塘新村点的秀美乡村资源进行整合，高标准完成了独具马步特色的“红色名村”党性教育基地的打造。持续壮大村级集体经济。为全面启动银田商业服务区业态，对达成租赁协议并成功入驻的村给予资金奖扶，引导各村采取第一年免租金的形式招凤引凰。已有一家大型超市、一家餐饮企业入驻，并有一批意向型企业正在积极洽谈，有望年内全面启动业态，真正让村级集体经济服务区成为各村发展村级集体经济的活力之源。

【经济发展平稳前行】 力促经济指标增长。2020年马步乡全年预计完成财政收入1.18亿元，完成一般公共预算收入6330万元。完成工业固定资产投资约12亿元，同比2019年基本持平。实现规模以上工业企业总产值约8.9亿元，同比2019年增长58%。2020年新增规上工业企业3家，规上服务业2家。推升招商引资势头。坚持项目为王，主动出击，2020年万载县安砼预拌砂浆有限公司、江西众协新型建材有限公司和宜春五和新型建材有限公司3个重点项目实现签约落户，签约资金达2.6亿元。同时全力服务好辖区内4家进入第五轮整改的花炮企业、7家入园企业，以及瑛维箱包、利荣商砼等重点企业。倾力重点项目建设。近年来，马步乡作为宜万同城桥头堡、南部新城主战场，服务重点项目共征地4260.5亩。2020年共征2358.23亩，其中南部新城用地和路网建设用地征收2319.23亩，其他项目征地39亩。

【乡村面貌焕然一新】 高标准管护人居环境。通过抓考核奖惩、抓网格管理、抓长效机制，抓示范带头，在全乡范围内推广“有人做事，有钱办事，有规约人，有情感人”的“四有”经验做法，全乡农村人居环境实现持续改善。持续开展污染防治攻坚行动，完成4个污水处理点建设，巩固矿山复绿、水库退养，加快补齐生态环境短板。高要求规范农村建房。按照“一户一宅” 有序规划农民建房，2020年共拆除三房6宗590平方米。拆除违法建筑合计77宗4840平方米（其中规划区外9宗580平方米），促进城乡环境更加规范有序。高品位建设秀美乡村。全面实施秀美乡村建设，2020年马步乡的13个美丽乡村示范村庄建设点也正在稳步推进。如今高速国道沿线的美丽乡村示范村庄已然成为休闲旅游佳地，其中宝石鲁塘新村更是入选省AAA乡村旅游点，每年迎接的考察团、旅游团不计其数。

【人民生活持续改善】 脱贫攻坚卓有成效。马步乡全面落实十四大扶贫工程,深入开展“春季集中行动”和“三项整改”,全力确保我乡433户1505人困难群众高质量脱贫。全乡提供扶贫专岗52个、公益性岗位53个,贫困劳动力就业率达到100%。11个村均已创建一定规模的产业基地,并通过产业实现贫困户受益全覆盖。同时积极响应“消费扶贫”号召,在全乡范围开展扶贫产品认购活动,促进了扶贫产业持续发展。“三农”工作扎实推进。确保粮食安全,全乡上下围绕“应栽尽栽,应种尽种”共栽种早稻8000多亩,保质保量完成县委、县政府布置粮食生产工作任务。加快土地流转,完成1万亩高标准农田流转,培育种粮大户和蔬菜专业户和特色种养大户,全乡获批11名创业致富带头人、1个乡级实训基地。做好土地开发和整改。完成林地2018年、2019年图斑清理工作。共清理林地图斑10起且限期整改复绿,立案查处6起处罚及补办手续金额累计近80万元。民生保障坚实有力。全力落实各项惠民政策。2020年共发放各类民政资金507.5万元。城乡居民医疗保险参保人数30644人,参保率96.1%。全面抓好9户19人城镇贫困人口脱贫解困工作。在全县率先建成残疾人失能托养中心,并为39户贫困残疾人进行无障碍改造。严格落实疫情防控,确保全乡零病例。完成全乡村级卫生所标准化、规范化建设,并多次迎接各级调研获得广泛好评。

【社会大局和谐稳定】 出硬招推进安全生产。全力支持花炮企业第五轮整改提升,全乡共有4家花炮企业进入第五轮整改,全部整改到位并申领安全许可证。同时把牢安全监管关,针对辖区内企业确保“一个企业、一个专班”压实安全生产责任,由驻厂领导、书记乡长每周调度,全年共发现各类隐患112条,督查隐患整改率达100%,确保隐患闭环管理,处罚企业3家共6万元。确保了全乡十六大专项整治落到实处,杜绝大小安全事故的发生。出新招破解信访难题。积极开展“五员联动,共创平安”活动,在“五员”基础上再添党员、组长、乡贤,打造“五员联动,共创平安5+3”特色团队,并在布城村推进综治实体化运行建设试点。按照“清存量、控增量、防风险”要求,建立“一日一报告”的重点人员零报告制度、“一周一调度”的突出信访问题联席会议制度、“一案一清查”的领导干部包案化解稳控制度以及考核奖惩制度的“四项机制”全力化提升信访化解成效。全乡,共排查出9起突出矛盾纠纷均得到了有效处理。

【马步乡领导成员】

党委书记:游承飏(任至2020年3月)

　　　　喻小兰(女,2020年3月任)

党委副书记、乡长:张　鹤

党委副书记:黄育荣(女)

人大主席:刘福泉

主任科员:周辉明

　　　　赖小龙

党委委员、纪委书记:鲍洪浪(任至2020年3月)

党委委员、县委组织员:黎修川

党委委员、武装部长:王水根

党委委员、副乡长:张海艳(女,挂职)

党委委员、县委宣传员:厉国昌

人大副主席:杨　雯(女,2020年3月任)

副乡长:林李华(女)

　　　周德明

　　　龙　珑(女)

　　　冯　鹨(女)

综治办专职副主任:辛闻博

副科级干部:李健民

　　　　郭业荣

【各村(社区)概况】

马步社区

马步社区于2019年年底成立,社区位于马步乡亭子里。共有11个组,299户462人。有城镇建档立卡贫困户9户14人。社区两委干部4人,党组织下设党支部,共有党员5人。2020年主要做好以下工作:一是人居环境,对辖区内环境卫生进行整改,做到门前无垃圾、无污染物堆放,地面干净整洁。修复了中学旁的绿化带、修理水沟面积长达200多米,并安装了警示柱。

二是城镇扶贫工作，详细了解困难群众的实际情况，做到应保尽保，并得到上级部门的一致好评。下一年，将加大力度做好集镇人居环境的整治工作，针对集镇车辆乱停乱放的现象，做到停放有序。对集镇未修的排水沟进行疏通和修复，积极跑项争资，促进项目建设。

布城村

马步乡布城村位于万载县城南，距县城仅 3 千米，是上高县、袁州区中心交会点。地处丘陵地带，平均海拔 91 米。布城村交通便利，国道 320、宜万高速连接线穿境而过。共有 28 个自然村，1454 户 5415 人。外出流动人口 362 人，主要流向广东、福建、上海、浙江，从事行业主要为运输和务工。全村建档立卡贫困户 61 户 205 人。村两委干部 7 人，村党组织设党支部，下设党小组 6 个，党员 92 人。现有专业合作社 1 家，即万载县金穗种养农民专业合作社，带动就业人员近 60 人。土地总面积 8.6 平方千米，其中耕地 4034 亩(水田 3254 亩)，人均耕地 0.74 亩，已流转耕地 680 亩。山地面积 7480 亩，森林覆盖率 60%。设有村级卫生所，共有乡村医生 3 人。境内主要有以乡村旅游、果蔬采摘、垂钓为一体的休闲娱乐。村内主要产业有 110 亩的脐橙、20 亩的火龙果、150 亩的葡萄和 200 亩的淡水鱼。布城村 2020 年主要特色工作：正在施工的宜万同城项目；自来水安装；全面完成了自然村主路和屋场内照明路灯安装。2020 年被评为第一届万载文明村镇；布城村狮冲组被评为 2019 年度新农村建设优秀理事会。

郭村村

郭村村位于万载县城南部，为万载新城区建设主要区域，距离县城中心 2 千米。东邻上高县界，南界布城村，西邻康乐街道猛辉村，北连康乐街道福星村。迎宾大道、国道 320 两条县主干道穿村而过。共有 17 个村民小组、1036 户 3690 人。全村建档立卡贫困户 35 户 125 人。全村总面积 3.5 平方千米，确权耕地面积 2250 亩，确权林地面积 1800 亩，水面面积 75 亩。山地面积 1066 亩，森林覆盖率 30%。其中，生态公益林 500 亩，杉、松、杂用材林 566 亩。村两委干部 7 名，村党组织设党支部，下设党小组 5 个，全村党员 63 名。规划建设完成了橘柚种植基地 50 亩（40 亩为种植基地，10 亩为鱼塘）。专业合作社 1 家，为志翔光伏农民专业合作社，带动 7 户 28 人获得光伏发电产业政策补助。村集体经济不断发展壮大，形成了占地面积 50 多亩的果树种植产业基地，同时以店面出租的方式增加集体经济收入，2020 年村集体经济收入已达到 30 万元。正在实施或准备实施的重点项目、重点工作主要有：落实基层党建“三化”建设，投入 6 万元翻修新村部；南部新城路网建设；宜万同城项目。2020 年被评为第一届万载文明村镇。

后塘村

后塘村位于万载县西南部，马步乡南面，距县城和乡政府所在地 9 千米，东邻康乐镇联和村，南界联胜村，西连高城团结村，北界黄村村。共有 6 个自然村，11 个村民小组、434 户 1576 人，全村建档立卡贫困户 31 户 116 人。土地总面积 7 平方千米，其中耕地 1958.8 亩（水田 1798.8 亩），人均耕地 1.24 亩，已流转耕地 800 亩。山地面积 10266 亩，森林覆盖率 71%。其中，生态公益林 1200 亩，杉、松、杂用材林 2500 亩，竹林 100 亩(人均 0.7 亩)，是县级生态村。境内有南岳祠、有一个扶贫基地，种了杨梅、马家佩、油茶林、药材等，自然村山清水秀，民风淳朴。村两委干部 4 名，村党组织设党支部，下设党小组 4 个，全村党员 34 名。后塘村主导产业有水稻，产业基地有 150 亩马家柚，50 亩杨梅，500 亩油茶，2020 年新增加了 120 亩枳壳。有专业合作社 3 家，分别是富源农民专业合作社、鑫康农民专业合作社、鼎扬农民专业合作社。2020 年实施的重点项目、重点工作：脱贫攻坚，投资 200 多万元的 1 万伏高压线改造，5 组、6 组新村点建设。

寨下村

寨下村位于万载县南部，相距 7 千米，东邻马步乡布城村，南界柏木乡石井村，西连泉塘村，北隔宝石村。地处丘陵地带，石灰石资源丰富。万宜高速穿境而过，距万载南出口1.5千米，有3条公路直达县城。共有5个自然村，12个村民小组，618户2228人。全村建档立卡贫困户29户108人。土地总面积3平方千米，其中耕地860亩(水田780亩)，人均耕地0.39亩，已流转耕地560亩。山地面积4010亩，森林覆盖率64%。其中生态公益林1986亩，杉、松、杂用材林1248亩，经济林652亩，竹林124亩。境内有跑马场、陈达仙洞、十八折、银山寨、山体卧佛等人文景观。主要土特产品有莲子、毛豆、稻田鱼，其中莲子共计100亩、毛豆50亩、稻田鱼70亩。有专业合作社1家、即万载县光伏扶贫专业合作社，目前有贫困户13人在此务工，月工资不少于2700元。境内有周、王两大宗祠，村口立有一方清朝末年的禁赌碑，告诫后人要勤劳致富，不能以赌为业。村两委干部5名，村党组织设党支部，下设党小组8个，全村党员39名。村级组织活动场所为单独建设，建于1997年，建筑面积648平方米，广场面积1800平方米，室内室外卫生环境好，有配备图书室。2020年重点工作:打造2021年扶贫产业项目水产养殖基地、做好秀美乡村日常管护。2020年3月，入选"国家森林乡村"；2020年3月，被评为2019年度城乡生活垃圾一体化处理工作先进行政村；2020年被评为第一届万载文明村镇。

新民村

新民村地处万载县城南郊3千米处，东邻猛辉村，西邻黄村村，南邻宝石村，北邻兴联村。全村处于丘陵地带，万竹公路，万宜高速，国道G220绕城公路穿境而过。共有24个村民小组1039户3750人。全村建档立卡贫困户36户107人。总面积3平方千米，其中耕地1953亩(水田830亩)，人均耕地0.52亩，已流转耕地400亩。2020年共完成早稻生产近900亩。村两委干部7名，村党组织设党支部，下设党小组6个，全村党员73名。村级组织活动场所为单独建设，修建于2007年，已修缮，建筑面积630平方米，广场面积400平方米，室内室外卫生环境好，配备图书室。现有专业合作社、家庭农场等4家：春正光伏扶贫专业合作社，带动42户135人种植水稻、中药材、光伏发电、稻虾养殖； 绿之瑶专业合作社，带动5户20人种植鸡脚菇、百合；友旺家庭农场，带动10户40人，稻鱼种养；绿缘合作社，带动5户15人综治瓜果、养殖稻田鱼，占地面积110亩。2020年对现有的停产多年的企业进行盘活，增强集体经济2万元。新民村2020年重点项目：投资14万元对四类人员的住房、厕所和自来水进行全面改造升级；国道G220绕城公路建设；投资10万元整治全村环境卫生；7组10组公路硬化1千米；国道G220安置点新村点建设；新民小学操场和围墙升级改造。2020年被评为第一届万载文明村镇。

泉塘村

泉塘村位于万载县东南部，马步乡南部，距县城和乡政府所在地5千米，东邻马步乡寨下村，南界宜春市袁州区柏木乡村，西连带塘村，北连宝石村。地处丘陵地带，平均海拔220米。地处宜万两县交界连接要道，距离宜万高速万载南出口1.5千米。共有12个自然村，753户2598人。全村建档立卡贫困户36户169人。土地总面积4.6平方千米，其中耕地2132亩(水田1691亩)，人均耕地0.82亩，已流转耕地1600亩。山地面积3334亩，森林覆盖率25%。境内有武状元庙1座，现存遗址。在屋场里自然村有一栋清乾隆年间龙氏宗祠。村两委干部5名，村党组织设党支部，下设党小组5个，全村党员52名。传统产业主要是水稻、辣椒、油茶，新发展的产业有食用菌种植以及正在计划的荞头种植。现有专业合作社两家，分别是泉顺光伏扶贫专业合作社和丰硕种养合作社。村集体现有山水林田资源及店面等固定资产：生态林1350亩；山塘水库1座，生态环境好，利用价值较高；银田服务区商业店面1间，已出租。2020年正在实施或准备实施的重点项目、重点工作：建华花炮厂升级改造、争取了34万元项目资金投入新村点建设和人居环境改造、泉塘小学争取项目资金38万元配备各类教学设施。

银田村

银田村位于万载县南郊、马步乡南部，距县城4千米，东邻布城村，南界寨下村，西连宝石村，北隔新民村、猛辉村并与万载县标志性建设“龙湖湿地公园”相连。宜万高速“万载南”出口连接线在银田村穿境而过，东邻国道320仅1千米，现正在修建的国道G220绕城公路穿插至银田5组。全村共有9个村民小组，507户1808人。全村建档立卡贫困户25户80人。土地总面积3.2平方千米，其中耕地1195亩（水田1051亩），人均耕地0.66亩，已流转土地500多亩，其中耕地300多亩。山地面积3433.95亩，森林覆盖率90%。其中，生态公益林880亩，杉、松、杂用材林1933.95亩，人工林620亩。村两委干部5名，村党组织设党支部，下设党小组3个，全村党员33名。村级组织活动场所为单独建设，建于2006年，无修缮，建筑面积120平方米，广场面积700平方米，室内室外卫生环境好，有配备图书室。有一家专业合作社，万载县银辉专业农民合作社，带动25户40余人参加种植西瓜、香瓜、果树等120亩，带动贫困户16人就业。2020年实施的重点工作有6组新村点建设、2020年新增扶贫产业项目。2020年被评为第一届万载文明村镇。

洞口村

洞口村位于万载县西部，马步乡西部，距县城和乡政府所在地10千米，东邻宝石村，南带塘村，西袁州区洪塘镇下坑村，北与黄村村和高城镇谷源村相连。地处丘陵地带，平均海拔65米，其中常家山自然组最高海拔高度130米。丰马公路从村内穿过，距离国道32010千米，宜万高速南出口6千米。全村共有18个村民小组，599户2083人，其中男性1101人、女性982人，人口较多的姓氏有：郭姓、龙姓。外出流动人口700人，主要流向广东、浙江，从事行业主要为经商和务工。全村建档立卡贫困户69户239人。村两委干部6名，村党组织设党支部，下设党小组4个，党员56人。土地总面积15平方千米，其中耕地2890.33亩（其中水田2490.33亩），人均耕地1.39亩，已流转耕地400亩。山地面积约8800亩，森林覆盖率69.68%。其中，生态公益林2125亩，杉、松、杂用材林3700亩，经济林50亩，竹林250亩，是县级生态村。境内有竹山洞风景旅游区。传统产业有栽植红薯、辣椒、水稻等，新发展的特色产业有400羽三黄鸡、占地30多亩的2000多株马家柚、近200亩的马铃薯，目前正在建设占地50亩左右的竹山洞农庄。2020年洞口村正在实施或准备实施的重点项目、重点工作：投资8万多元的石笏卫生所改造；投资16万多元的贫困户改水、改厕、改房；石笏5组新村点建设；石笏1组公路硬化200亩。2020年被评为第一届万载文明村镇。

宝石村

马步乡宝石村位于县城南，距县城6千米，以境内倒石下而雅称宝石。两水夹宝石而过，合于天陂段穿新龙河桥入县城流入蜀江，谓之龙河发源之一。上世纪八十年代初期，宝石与其他村一样盛产辣椒，其干椒远销锡兰、马来西亚、新加坡及港、澳等地。域内山峰属蒙山山脉，具有低山、丘陵水文地质特征，以龙窝山为著名。水储量丰富。鲁塘温泉测试流量每秒30升，水温31℃，水色透明，无色无味。全村面积3.5平方千米，共19个村民组，815户2913人，全村建档立卡贫困户26户，贫困人口73人。耕地2480亩，主产水稻。农民收入主要来源是销售笋、竹等农特产品和在外务工。村两委干部共6人，党支部下设5个党小组，共有53名党员。土地总面积3.5平方千米，其中耕地2480亩，2020年流转耕地1000亩。森林资山地面积1395亩。2020年重点项目和工作有，11组新农村建设、1组、11组、13组、15组路面硬化4500米。2020年被评为第一届万载文明村镇。

黄村村

黄村村位于万载县城郊南部，距县城4千米，东邻康乐街道兴联村，南临宝石村，西连洞口村，北与后塘村相连。万宜高速穿境而过，距离万载南互通口

2千米。共有17个村民小组，798户2860人，全村建档立卡贫困户37户128人。土地总面积4平方千米，其中耕地3030亩（水田2830亩），人均耕地1.06亩,已流转耕地2000亩。山地面积3216亩，森林覆盖率90%。其中，天然林保护面积1440亩。村内有县级文物保护名录古宅,郭家大屋和一座清代私塾。村两委干部5名,村党组织设党支部，下设党小组4个，全村党员36名。村集体现有水库2座;水田3亩;银田服务区商业店面1间面积169平方米，已出租。传统产业:夏布加工企业1家,年产值129万元,从事加工农户46家。宋树牙于2006年获得国家非物质文化遗产夏布传承人。有扶贫专业合作社1家,成员37户。2020年黄村正在实施或准备实施的重点项目、重点工作:8组新村点建设、土地开发170亩。

带塘村

带塘村位于万载县南部,马步乡东部,距县城和乡政府所在地10千米,东邻泉塘村,南界袁州区柏木乡石湖村,西连洞口村旅游景区,北与宝石村相连。距宜春明山机场35千米，宜春高铁站40千米（含火车货场),宜万高速万载南出口4千米。共有19个村民小组、1048户3618人。全村建档立卡贫困户48户153人。村党组织设党支部,村两委干部6名,村党支部下设党小组5个,共有党员58名。土地总面积7平方千米，其中耕地2480亩(水田2286亩),人均耕地0.69亩，已流转耕地2000亩。山地面积5800亩,人均1.6亩。森林覆盖率55%。其中,生态公益林654亩，经济林4106亩,阔叶林1040亩,是县级生态村。境内有小(一)型水库1座、有县级文物宝安寺等人文景观;多个自然村内古樟树较多。特色产品有300亩的荞头、1680亩的水稻、105亩的稻田鱼和100亩花生。2020年带塘村正在实施或准备实施的重点项目、重点工作:山背组新村点建设;1组、5组农饮工程建设;基本农田改造1800亩;渠道改造3千米;16个组的主管道亮化工程;农网改造3台变压器增架；村主干道1200株桂花树栽植;投资15万元用于“三化”建设,村办公场所改造升级;投资9万元建设文化休闲广场;黄金叶茶种植园建设项目，计划发展1500亩无公害茶叶,已经把土地整合出来。

赤兴乡

【概况】 赤兴乡地处湘赣边界，与湖南浏阳市张坊镇毗邻,全乡总面积81平方千米，有耕地11350亩，其中水田10868亩，旱地482亩，林地79568亩,森林覆盖率68.3%。全乡辖7个行政村和1个居委会,有131个村民小组,3930户14017人。全乡财政总收入3782万元,其中税收3600万元，财政收入182万元，一般公共预算收入1800万元。

【脱贫攻坚持续发力】 (1)针对三项问题清单,对标对表、举一反三,在明确责任人、整改时限的基础上,查找问题51个,制定整改措施75条，问题全部整改完成。(2)通过引、推、用三项发力提高贫困户收入。引进博鹰手袋厂和瑛维箱包厂,带动贫困户就业30多人，推动贫困户外出就业，落实好347人合计20万元交通补贴申领工作,用好公益性岗位深挖就业潜力，对106个公益性管理妥善管理，极大地满足了半劳力群众就业愿望。(3)启动“小康夜校”精神扶贫活动。通过邀请老科协、第一书记、致富能手讲课的方式,满足了贫困户掌握一技之长的愿望。落实“三讲一评”和“爱心超市”评比工作,营造了全乡感党恩氛围。(4)做好易地搬迁后续帮扶工作。集镇及皂下易地搬迁点处扶贫车间相继投入使用,解决140多个就业岗位;新建的农贸市场附属设施12月可竣工。(5)开展全乡住房和饮水安全问题摸排整改。申报危房改造6户,其中新建户5户、维修户1户,共摸排安全饮水问题57个，住房问题901个，全部整改到位。(6)全面开实施产业扶贫项目。全年上级批复产业项目7个,主要为构树种植、果树抚育、有机食品等,新华村的小香薯已卖出8万余斤。(7)做好两类人员监测。全乡摸排两类人员18户68人,其中边缘易致贫户13户50人,脱贫不稳定户5户18人,通过落实帮扶责任人,开展针对性帮扶等措施,消除风险11户,还有7户致贫风险未消除。

【安居环境显著提升】 一是大力开展人居环境整治,通过“每月之星”环境评比、进村入校宣讲、挂片包户责任制等形式,提高群众参与度。乡村环境显著改善。二是打好厕所革命仗,做到一村一台账,一户一表格。完成新建厕所537户,卫生厕改厕率达到91.93%,获得上级改厕奖补资金321000元。三是继续推进“拆三房”,无偿拆除了“三房”64宗,7745平方米。

【开展产业扶贫和新农村建设】 全年共发展产业项目8个,其中皂下村发展产业项目4个(果树抚育1500亩、栽种构树166.5亩、毛豆300亩、百合100亩),新华村发展产业项目3个(栽种小香薯200亩、构树栽种100亩、荞头100亩),楼山村发展产业项目1个(油茶抚育331亩);非贫困村共发展产业项目6个,其中花桥村发展产业项目4个(茶叶基地扩种加工厂房建设等、广华果树种植水产养殖、石槽种植养殖、购买耕田机),书堂村发展产业项目1个(水产养殖),镜山村发展产业项目1个(莲子基地),给贫困户带来土地租金收益14.1万元,给122名贫困人员带来务工收益11.1万元,678名贫困人员获得收益分红7.96万元,给村集体增收5.88万元。全年已被批复的新农村建设点共18个,其中,省建点17个,分别为浙桥村湾里组、分水坳、浙桥组,镜山村镜山组、王石组,花桥村张家花桥组、中山组、下洞组、上洞廖家山组,书堂村半岭组、石古窝、南溪组、集庄组、中塅组,楼山村横田组、皂下村燕子窝、新华村下山组,自建点1个,浙桥村庙下组,共投入资金530万元。新农村建设无偿拆除“三房”64宗,7745平方米,18个新农村建设点均已完成县级验收。

【抓好安全生产】 一是扎实推进深化安全生产十三大专项整治活动,对全乡安全生产许可证有效期内的企业不定期不定时开展安全生产监督和执法检查,共检查企业45家次,排查隐患10余条。二是坚持党政领导每月到企督导,乡应急办联合派出所严厉打击非法储存危险易燃易爆物品行为,积极落实上级部署,按要求组织烟花爆竹企业停产检修及驻厂干部跟班作业,确保全乡安全稳定。三是做好新冠肺炎疫情期间防疫与复工复产工作,严格企业复工复产报批申请制度。四是对交通、食品安全等领域开展大排查,积极督促好超市、学校等行业做好食品安全检测工作。

【做好民生实事】 坚持大力发展社会事业,保障民生,让人民群众分享经济发展成果。在全乡8个行政村和社区都建成了标准化的党群服务中心,群众办事方便快捷,服务群众能力显著提升,打造红色名村新华村和浙桥村,新修一条通往新华村阎王寨的赤潭公路,在浙桥村杨家祠硬化“一线天”到杨家祠环形道,方便游客参观游览。继续推进“雪亮工程”,全乡共安装了27处高智慧云眼,设置了37个巡更点,派出所人员24小时安全巡逻,公民安全感不断增强。着力打造皂下天子坳景区,天子坳景区被评为国家AAA级旅游景区,旅游工作得到了较大发展。

【招商引资能力增强】 引进投资5亿元的红狮控股集团,投资6000万元的东莞极显科技有限公司,投资3000万元的宜春永昇环保有限公司。计划投资2亿元的江西诺亚酒业有限公司已达成入园意向。主要领导坚持每月定期走访企业,协助解决疑难问题,营造好亲清的营商环境,11月派出招商小分队赴沈阳招商,努力为赤兴经济社会高质量跨越式发展注入强劲动能。

【赤兴乡领导成员】

党委书记:邹继勇

乡长:易外根(任至2020年4月)

　　吴世钦(2020年4月任)

副书记:潘　洁

人大主席:陈礼祥
纪委书记:鲍　伟
武装部长:杨万辉
宣传委员:陈月亮（2020 年 11 月任）
组织委员:欧阳思伟
人大副主席:龙伟平
副乡长:宋雅俐、汪贵明
综治办专职副主任:高祥辉
司法所长:黄淑贤(任至 2020 年 3 月）
　　　　陈　龙(2020 年 3 月任）

【各村(社区)概况】

花桥村

花桥村，位于万载县 40 千米的西北山区。西接湖南的张坊镇和白水乡,南倚书堂,北连仙源,东临皂下。这里青山环抱,草木葱茏,林木茂盛,四季常青,花草飘香。

全村共辖 23 平方千米。有 2.5 万亩山林,5100 多亩耕地,31 个村民小组,3774 人,1 所学校,1 所幼儿园,2 个教学点,1 个敬老院,1 个村卫生室,1 个分散式风力发电项目。红色和历史遗迹有天平山红军造币厂,包山红军医院和白屋烈士陵,湘赣边界土炮楼。有道教圣殿万寿宫,太保庙等宗教场所。村内万亩山林,茂林修竹,清流激湍。石拱桥,麻石路,锦江源流,流贯全村,新村民居,依山傍水。还有冰川化石红豆杉遍地皆是。距湖南高速公路仅 30 分钟路程。

主要特产有有机绿茶、有机水稻、番鸭、土鸡、生猪、黑山羊、泥鳅、高山蔬菜、野生猕猴桃、黄金梨、马家柚等水果。

花桥村文化历史厚重,有宋明清时期的秀才、举人、国学生、贡生、庠生不计其数,近年来花桥有各类本科大学生两百多人,崇教尚学的精神让学子和成功之士走出山区,更有许多成功的老板和企业高管遍布全国。

花桥村在赤兴乡党委乡政府的正确领导下，策应万载县委、县政府“十四五”规划,以“融入宜春、聚力园区、双城联动、特色彰显、宜业宜居”为蓝图。围绕乡党委、乡政府“红色引领、固本强基、生态优先、工业驱动、乡村秀美”总目标。从花桥的实际出发,锐意进取、务实当担、砥砺前行。把花桥打造成生态宜居、环境优美、产业发展、乡风文明。以绿茶、有机水稻、水果为龙头产业,带动其他产业共同推动全村经济发展,实现脱贫致富。

镜山村

镜山村位于万载县西部、赤兴乡东部,与双桥镇毗邻,距县城 30 千米和乡政府所在地 2 千米，全村总面积约 8 平方千米，耕地面积 1046 亩，水地面积 200 亩,山地面积 7340 亩。全村共有 12 个村民小组,382 户,总人口 1392 人,全部为农业人口。村内设有 1 个党支部,党员共有 33 人,下设 4 个党小组。村干部 6 人，其中党建信息员 1 人,女干部 1 人,平均年龄 44.8 岁,本科学历 1 人,大专 1 人,高中 2 人，初中 2 人。2013 年被列为“十二五”贫困村,有建档立卡贫困户 53 户 137 人。镜山村共有低保户 43 户 73 人，五保户 15 户 16 人，有劳动力能力的能出去务工的脱贫户主要是以外出务工就业为主,因需照顾家庭无法外出的主要在家发展产业、灵活就业、就近务工或安排公益性岗位、扶贫专岗等形式帮助增加家庭收入。

全村两河交加，桥梁众多，基础设施相对滞后。投资 62 万元长冲光伏电站正式并网发电，收入在 4 万元左右,全部用于公益性岗位支出、公益性事业劳务支出、贫困户分红。新建枣树新村点全部竣工。全村改厕 247 户全部完成，公墓建设完成使用。50 亩牛蛙养殖基地正常投产养殖,连片种植油菜 120 亩。

村集体经济年收入 5 万元左右,主要是光伏电站收入 4 万元，两个场地出租每年 1 万元。全村人均年收入 6200 元左右。镜山村一直注重人居环境改善,河道清理有序开展,实现每天保洁员上路,切实做到每周集中一小扫,每月一大扫,为实现美丽清洁镜山,平安、和谐加快发展而努力。

楼山村

楼山村位于赤兴乡中心地段,面积 5.6 平方千米,全村共有 14 个自然组;耕地 955 亩;林地 7310 亩；农户 367 户；村民 1312 人；其中建档立卡贫困户 57 户 172 人。2016 年脱贫 15 户 58 人,2017 年脱贫 34 户 110

人,2018 年脱贫 1 户 2 人,2019 年脱贫 6 户 6 人,2020 年脱贫 2 户 4 人。全村共有低保户 47 户 73 人,其中纳入建档立卡 25 户 46 人,五保 16 户 18 人,其中纳入建档立卡 12 户 14 人，村民的主要收入是外出务工和农田耕作。

楼山村因村内无任何企业和矿产,导致经济基础薄弱,“十二五”评定为省定贫困村,“十三五”纳入市定贫困村,通过政策帮扶得到良好的改善，于 2017 年整村顺利退出。全村学龄儿童无辍学生,基础设施已实现公路硬化村村通、组组通、户户通,利用新农村建设对全村进行饮、改沟、改厕,新建文体活动广场,并对集中自然组进行亮化。产业发展方面，已有光伏电站 1 座,年发总电量 9 万千瓦时，纯收益 3.6 万元,油茶种植 560 亩,当前正是抚育阶段。2017 年茶树菇种植 30 万筒,因市场波动较大,资金亏损,导致项目停产。2020 年,发展短期见效快项目早稻种植 120 亩、油菜种植 120 亩;产业项目吸收全体贫困户参与利益分配和产业务工,提高贫困人员经济收入,巩固脱贫成果。

书堂村

书堂村位于万载县赤兴乡西北部，是一个边远山区村、全村共有村民小组 40 个、农户 885 户、人口 3200 人,有 6 个党小组,党员 76 人,1 所村级卫生所、1 所小学,全村总面积 27 平方千米,其中耕地面积 3603 亩，森林面积 2500 多亩，村民收入主要以栽种有机水稻、高产油茶和养殖草食禽业和外出务工为主。本着全心全意为人民服务的宗旨，搞好地方基础设施建设，全年硬化了 6 个村民小组的水泥公路建设,全长 7 千米并已顺利通车,彻底解决了村民出行晴天一身灰,雨天一身泥的现象和车辆正常运输。争取上级政府和农业部门的大力支持，改造了 11 个村民小组高标准农田改造 600 多亩、彻底解决了农田灌溉运水难,耕种难、村民种田争水引起打架相骂这一纠纷问题,使村民种植水稻增产增收。全村种植有机水稻 2000 多亩和高产油茶 200 多亩。鼓励村民发展草食养殖业、全村一年来养殖的猪、羊、鸡、鸭、兔等供不应求、增加了村民的经济收入。着力改造村部环境面貌,投资 10 多万元,硬化村部场地公路加宽、安装路灯等、现在村部环境美化、亮化、大方、整洁。

新华村

新华村是“十三五”规划脱贫村全村有耕地面积 1100 亩，林地面积 5570 亩。村民共 362 户,总人口 1560 人,分为 17 个村民小组,党员有 48 人,其中女性党员 5 名、低保党员 2 名，村两委成员 5 名。有建档立卡贫困户 33 户 99 人,2020 年新华村重点工作主要是加强巩固脱贫成效。全面完成党建一体化，新建党群服务中心，党员会议室,新修公路 4 千米,引进瑛维箱包公司可解决就业 40 余人，村集体经济达到 10 万元，全面完成党委政府各项工作。

皂下村

赤兴乡皂下村系深度贫困村，位于万载县境内西北中心，距万载县城 35.5 千米，距赤兴乡政府 2 千米。东邻浙桥村,西邻楼山村,北邻花桥村,南邻镜山村。共有 8 个村民小组,辖区面积约 7 平方千米，其中耕地 1100 亩、山地面积 8750 亩,全村有党员 40 名，村两委干部 5 名。有建档立卡贫困户 42 户 161 人,2018 年整村脱贫摘帽，2019 年全村贫困户脱贫。

浙桥村

浙桥村位于赤兴乡东北部，是万载县第一次工农兵代表大会旧址所在地,也是国内革命战争时期往湘鄂赣苏维埃政府仙源的要塞地带。全村总面积 4 平方千米,共有 9 个村民小组,258 户 1058 人。有 4 个党小组,共有党员 38 名。2020 年村两委认真贯彻落实上级党委政府精神,努力做强做大村集体产业，发展 20 亩香椿种植项目，大力打造秀美乡村,落实农村“一户一宅”政策，拆除全村所有空闲危房，结合新农村建设整治农村脏、乱、差陋习;规划全村乡村游攻略,谋划以一线天景点为中心的“火烧四十里”沉积岩休闲游息地。浙桥村被宜春市评为“2019 年度城乡生活垃圾一体化处理工作先进行政村”、万载县“党建工作先进单位”、赤兴乡“科学发展综合考评第二名”。

赤兴居委会

赤兴居委会成立2002年，有户籍人口438人，常住人口1600余人，是赤兴政府所在地，社区居委会干部5人，有党员3名，2个党小组，4个居民小组。有文化走廊、图书室、桌球室、培训室等活动场所，2020年狠抓重点工作，治理了街道的脏，乱、差、现象，突出社区环境卫生的重要性，新冠疫情防控工作常态化管理，对城镇脱贫解困群众进行了一对一的帮扶，解决了贫困群众的确实需求，充分发挥社区职能作用，为群众排忧解难，脚踏实地做实事。

康乐街道

【概况】 康乐街道地处万载东南部，为县城所在地，是全县政治、经济、文化中心。街道地势平坦，交通便利，东距省城南昌165千米，西距长沙168千米，南距宜春30千米，北距湖南浏阳119千米，宜万高速、铜万高速、昌栗高速、宜万快速通道、国道G220穿境而过，万上、万芳省道横贯东西，辖区面积46.86平方千米，共有10个行政村、9个社区居委会、144个村民小组，总人口18.7万余人，其中农村人口约3.3万人。

街道党委下辖党(委)支部25个，村党小组59个，社区党支部46个，党员2175人。机关在编在岗干部82人，其中副科级以上干部23人。村干部74人(其中聘干22人)，社区干部96人(其中聘干18人)，社区专职网格员44人，临时网格员1人。街道有实体规模以上企业8家，1个混凝土公司、1个纸厂、3家医药公司、2个物流企业、1个建筑公司。近年来招引了茂隆新能源、启光涂装、百年门第木地板等入园企业。2020年财政收入截至12月31日已实现1.99亿元。

做好新建县五小、城区公办幼儿园、县中医院扩建等项目的征地拆迁工作，打通路网，确保龙湖学校顺利开学；二是做好南部新城“一纵两横”路网建设、田下古城配套区、“两桥三路”及锦江防洪工程的征地拆迁工作；三是打通老城区河西路、宝塔西路、宝塔东路、西环路、百合东路、万根竹东路、谢灵运路等城市断头路。四是加速推进老旧小区改造，提升城市功能与品质，全面完成17个老旧小区3883户改造，完善老城区功能。

街道现有农村建档立卡贫困户107户298人，已全部稳定脱贫。有城镇贫困人口855户1742人。

在县委、县政府的坚强领导下，旗帜鲜明讲政治、守规矩，推动中央、省委、市委、县委决策部署在康乐街道落到实处。通过开展“优环境、促发展”大讨论活动，落实市委于秀明书记四稳要求，建设风清气正的政治生态环境、打造“四最”一流的营商环境、呵护秀美自然生态环境，推动康乐高质量跨越式发展。一是坚定不移强化党的思想政治建设。突出政治引领，旗帜鲜明讲政治，进一步树牢“四个意识”，坚定“四个自信”，做到“两个维护”。二是坚定不移打造高素质干部队伍。聚焦征地拆迁、棚改旧改、项目建设、招商引资、脱贫攻坚、环保治理等重点工作，培养锤炼干部队伍。三是坚定不移夯实基层党建根基。以党建“三化”建设为抓手，不断增强基层党组织战斗力。拿出200万元用于升级改造19个村(社区)党组织活动场所，方便群众办事。四是坚定不移推进党风廉政建设。抓细抓实省市县各级巡视巡察反馈的问题整改。持续强化监督执纪，严格贯彻执行中央八项规定精神，推进作风整顿常态化制度化，营造风清气正的政治生态。五是坚定不移打造“务实、担当、能打胜仗”的“康乐精神”。坚持高点定位、勇争一流的目标导向，放大格局视野，树立“争第一、干一流、做最好”的雄心壮志。

【康乐街道领导成员】

万载县人民政府副县长、康乐街道党工委书记：潘集章

党工委副书记、办事处主任：黄长发

党工委副书记、政法委员：欧阳保光

主任科员：鲍和平
街办副主任(正科级)：龙成良
主任科员：彭新才
　　　　　彭吉友
　　　　　黄焕洋
纪委书记：郑清泉
武装部部长：郭基勇
党委委员：周建好
宣传委员：李剑峰
组织委员：何　明
人大工委副主任：欧阳敏
街办副主任：谢冬兴
　　　　　　邓树荣
司法所所长：彭开兴
副科级干部：潘国云
　　　　　　李兴和

【各社区、行政村概况】

北门社区

北门社区隶属于万载县康乐街道，位于县城东北部，辖区面积1.08平方千米，居民住户7870户，总人口26169人。按照地域分布，划分为22个网格，设有专职网格员8名。社区党委下设党支部6个，共有党员179名、预备党员4名，结对共建单位7个，县委组织部为牵头单位，县检察院、团县委、县城管局、县民政局、县城投局、县残联为共建单位，在职党员96名。

近年来，在上级党委的坚强领导下，北门社区积极探索党建引领社区治理的新路径，在党建“三化”建设中逐步完善社区工作机制，切实提高为党员群众办事能力，有效改善党员群众对社区的满意度。

社区依托党群服务站，承接政府公共服务职能，居民提供医保、社保、户籍、民政、计生、残疾人、退役军人等公共服务，实现社会服务、社会保障、教育事业、公共安全、调解仲裁等公共服务事项在社区全覆盖。办事大厅编制了46项公共服务目录，其中社区即办24项，流转街道部门14项，流转县级部门8项。在大厅中心位置公开办事流程及所需材料，让居民享受到“一站式”“最多跑一次”的优质、高效服务。

社区党群服务中心设立了居家养老、残疾人康复等服务站，与共建单位民政局、县残联长期开展专题服务。为完善服务质量，社区党群服务中心提供上门服务、代办服务。以为高龄党员、空巢老人、留守儿童、残疾人、贫困群众等弱势群体为服务重点，实现社区志愿服务常态化。

社区与共建单位坚持开展“双进双服务”工作。2020年疫情期间，县直单位99名干部参加社区疫情防控宣传、卡点值守，2020年以来，7个共建单位参与社区党组织生活、残疾人服务、关爱贫困群众、宣传等活动12次，在职党员认领困难群众微心愿26个。

东门社区

康乐街道东门社区，始建于2005年。管辖区域：宝塔东路以南、阳乐大道以东、百合路以北、康乐大道以东、将军中大道以北；有世纪花城、宏达家园、锦江御锦、阳光花苑、凤凰华府等小区；总面积约1.01平方千米，总户数7266户，总人口11528人，划分为12个网格；社区党委共有党员92人，下设5个网格党支部。社区有社区干部11人，网格员5人。

东门社区党群服务中心位于东大路以北(水管头路2号)，为适应城市现代化规范管理，强化“党建+”理念，以“一委一居一站”为载体，按照“管理有序，服务完善、环境优美、治安良好，生活便利，人际关系和谐”的要求，推进社区管理全面发展，一是建立“一站二中心”，即社区新时代文明实践站，党群服务中心、社区综合文化管理服务中心，实施社区精细化管理，为居民提供“一站式”服务。二是完善社区配套服务设施，成立社区残疾人康复站，社区劳动保障服务站，社区退役军人服务站、脱贫解困工作站、社区学雷锋志愿服务工作站、社区警务室、群众体育活动中心等，构建开放、集约、共享的格局。三是组织志愿者服务队、思想法制义务宣传队、文艺宣传队等，通过开展系列服务，凝心聚力搞好环境、卫生、治安、文化等工作，把社区建设工作落到实处，营造“小事不居民楼，好事办在家门口，温暖送到人心头”的温馨舒适环境。

凤凰社区

康乐街道凤凰社区成立于2018年5月。社区办公场所坐落在建成大道699号18栋(汽车服务广场综合楼)。地处县城东南,东起将军东大道,南至福星村,西至康乐大道南路,北至将军中大道,辖区面积1.07平方千米。居住户2985户,总人口9263人。辖区内有3个行政事业单位、1个学校、5个物业小区、1个宿舍区。是一个以物业小区为主、人口高度密集人户分离现象突出、社情民意复杂的城乡综合型社区。

社区按照"一委一居一站"的运行模式,充分发挥社区党委领导核心作用。社区党委有党员120人(在职党员90人),下设2个党支部。社区日常工作实行网格化服务,划分7个网格,细分20个楼院长。为全面做好居民服务工作,社区以"情系社区、服务万家"为宗旨,"方便群众,便捷实用"为原则,以"双进双服务"为力量,随时为社区居民提供优质服务,力争打造一个管理有序、服务完善、治安良好、环境优美、文明祥和的和谐社区。

建成社区

建成社区位于县城东北方向,管辖范围有宝塔东路以北、阳乐大道以东、东大路以南、东门转盘至创业大道西延段以东及梦想家园。辖区面积约0.72平方千米,共有居民34个楼院,实际住户6451户(不含空挂户),人口16633人。(其中梦想家园280户,人口900多人)。60岁以上老人2827人,80岁以上老人164人,低保户186户,享受人口333人,其中贫困户64户,贫困人口168人,残疾人151人,有一个太极拳老年团队,几支广场舞队伍。

社区办公地址位于和谐家园小区一期,面积396平方米,集党群服务中心、党员活动室、会议室、阅览室、新时代文明实践站、脱贫解困工作站、综治中心、退役军人服务站于一体,是党建、群团、社会工作的综合性服务阵地。社区有敢于攻坚克难、善于开拓进取、乐于热心奉献的社区干部9人,聘用干部2人,党委下设3个支部,有党员106名。入党积极分子3人,发展对象2人。在网络管理化上,共有18个网格,网格员6人。社区在上级党组织的领导与关怀下,本着"想群众所想、帮群众所难、解群众所忧"的服务宗旨,坚持以人为本的科学发展理念,发扬"团结、开拓、高效、争优"精神,充分发挥群众自治组织和各群众团体的作用,积极开展各类便民利民服务,全方位地造福于辖区居民,竭力打造充满活力、和谐平安的幸福社区。

金三角社区

金三角社区地处万载县城中南部,创建于1997年,2018年7月,原金三角社区一分为三,同年11月,新金三角社区党委正式成立。社区现辖范围东起康乐大道174号、西至迎宾大道、南至马步郭村、北接新村路,居民住户5090户,人口16562人,下设6个党支部、8个网格、20个楼院,党员126名。社区坚持"党建+"工作理念,积极探索"一心两点三服务"工作法,做精做强做实社区服务。金三角社区总户数5090户,其中含空房和拆迁户,实际住户数2756户,总人口数16562人。常住人口总数7550人。

社区突出便民服务、城市扶贫、美丽家园建设三项服务,创建全县便民服务一流社区,城市扶贫示范社区,"美丽宜居、整洁文明"城乡融合最具品质社区。近年来,金三角社区党委始终坚持"不忘初心、牢记使命",在街道党委办事处坚强领导下,获得"全国综合减灾示范社区""城市社区党风廉政建设先进示范点""防空工作先进单位""先进基层党组织""最佳服务窗口"等多项国家和省市县荣誉。

龙湖社区

龙湖社区成立于2018年6月,办公地点位于康乐街道阳乐大道411号(原老计生委)。管辖范围:龙河以东、宝塔路以南、阳乐大道(迎宾大道)以西;管辖路段:康南路、两路巷路、阳乐大道、康乐居民区、将军西大道、迎宾大道;管辖小区:宝源万象、龙河星城一、二、五期、振泰城市花园、锦昌花园、水悦龙湖一、二、三期,帝景龙湖、名仕御湖、龙湖国际;龙湖社区管辖区域的单位:康乐实验学校、工信委、疾病预防控制中心、卫生监督所、皮肤病医院、石油公司、邮政支局、中国邮政储蓄银行万载支行、江西银行、中国农业发展银行、供水公司、供电公司、移动公司、农村商业银行股份有限公司、人民检察院、教体局、交通局、档案局、环境保护局、审计局、就业和社会保障服务中心、人力资源和社会保障局农商行总部、康乐街办、康乐派出所；管辖人口：总户数5559户，总人口19852人，60岁以上老人2689人，未成年人5373人。辖区内共有党员254人，下设6个党支部。

社区在政府部门的指导下，协助各部门组织社区成员进行自治管理，搞好社区党建工作、人居环境、社会保障、文化、人口户籍管理、计生和治安等各项管理。为大家进行便民服务，办理社区公共事务和公益事业，组织志愿者队伍，办好社区服务业。宣传宪法、法律、法规和国家政策，维护居民的合法，教育居民履行依法应尽的义务，协助政府落实城镇最低生活保障制度，介绍就业和开展优抚救济工作。组织引导社区成员开展法制教育、公德教育、青少年教育和"两劳"人员教育，调解民间纠纷，向政府或其派出机关反映居民的意见、要求和提出建议。开展职业培训，文化娱乐和体育活动，开展五好文明创评活动。

南门社区

南门社区地处沿河西路292号，有社区干部9名、聘干2名、网格员4名。辖区内有6条路(沿河西路、宝塔西路、将军西大道、百合路、明德路、小南门路)；共有住宅小区6个，分别是百合花城、雨露家园、龙河星城三期、龙河星城四期、百合华府、鱼种场安置小区。社区总户数4819户，常住人口11231人；其中未成年人有1902人，60岁以上老年人有1396人，流动人口多为县各乡镇户籍人口。

社区党委有党员144名，下设6个党支部，社区按照"一委一居一站"的运行模式，充分发挥社区党委领导作用。日常工作实行网格化服务，划分7个网格，细分28个楼院长。为全面做好居民服务工作，社区以"情系社区、服务万家"为宗旨，"方便群众、便捷实用"为原则，以"双进双服务"为力量，随时为社区居民提供优质服务，力争打造一个管理有序、服务完善、治安良好、环境优美、文明祥和的和谐社区。

务前社区

康乐街道务前社区地处县城中心，东起阳乐大道，南至宝塔东路，西至沿河东路，北至万根竹路。总户数3920户，总人口10868人，设有4个网格和拆迁的一些零星网格，常住人口2147户5987人。社区内设社区党组织、居民委员会、保障服务、治保调解、环境卫生、文化教育、计划生育、综合治理、妇联、工会、共青团等。

社区有工作人员共16名，两委干部9名，其中党委委员5名，聘用干部2名，网格员5名。10余年来，务前社区先后被中共万载县委授予"先进基层党组织"、"文明单位"、"四零平安社区"、"先进基层党组织"、五五普法教育工作"先进单位"等称号，被宜春市平安家庭创建领导小组授予全市平安家庭创建活动"示范社区"称号，被江西省减灾委、江西省民政厅授予"全县综合减灾示范社区"等称号，共20余次。

西门社区

西门社区积极配合及响应县委县政府的安排，搬至原公安局老年活动中心办公。社区地处县城西侧，东起沿河西路，南靠宝塔西路，西沿环城西路，北至龙山公园，所辖路段：青石甲路、学前路、司背路、河西路、田下路、南大路、环城西路、沿河西路(100号后全部)、宝塔路(400号以后双号)。辖内面积1.5平方千米，社区现有总户数4038户，人口13746人（含江工社区数据），实际住户304户，人口1126人。辖区内有县党政大楼、武装部、县三中、二小、县行政服务中心等单位。西门社区设有社区党委、社区居委和党群服务站，党委下设5个党支部，在册党员134名（其中预备党员1名，另有新华书店转入6名退休党员）。党委有发展对象1名，入党积极分子3名；共建单位有县委政法委、县公安局、县林业局、县水利局、县公路分局和新华书店，共有报到党员140名，楼院长16名，有贫困户250户，共653人，其中享受人口461人，特困户 11 户，特困人员 11 人。西门社区两委班子成员 8 人,聘干 2 人,社区网格员 5 人,退休干部 8 人。

西门社区在康乐街道党委、政府的正确领导下,坚持“以人为本、依法建居、科学管居、和谐兴居”的科学发展理念,紧紧围绕“打造文明温馨家园、创建和谐西门社区” 这个奋斗目标,充分发挥群众自治组织和各群众团体的作用,积极开展各类便民利民服务,全方位地服务于辖区居民。多年来,在社区两委和全体居民的共同努力下,西门社区先后获“县级十佳和谐社区”“县级文明社区”“县级先进基层党组织”“县社会保障工作先进单位”“创省级文明县城先进单位”“县四零社区”“市级先进基层组织”“五好社区”“省残疾工作示范社区”“康乐街道先进基层组织和社会治理先进单位”等称号。

东升村

东升村位于万载县县城东门，东至涂泉村和十字布村,南至联星村,西至城东路,北至和谐佳园。有土地面积 2096 亩,其中耕地 1396 亩，林地面积 700 亩;全村辖 8 个村民小组,有农户 607 户,人口 2438 人;党小组 4 个,党员 53 人。

2020 年,在各级政府、部门的正确领导和关心支持下,全村人民积极投身于全村的建设中。通过多渠道引进外资,兴办了东升花炮厂、旭日粮油加工厂、振源医药有限公司等企业,东升村有店面 8 间出租，老村部出租,原东升小学场地出租,合计租金 12 万元,为增加农民收入,促进经济的发展打下了坚实的基础。

福星村

康乐街道福星村位于万载县城南郊区，东靠上高江南,南邻马步郭村,西接猛辉村,北依凤凰山公园。

福星村地势平坦，迎宾大道、康乐大道、宜万同城快速车道、建成大道穿境而过,路网交错,交通便利。全村总面积约 2.5 平方千米,耕地面积 1776.1 亩,山林面积 2093 亩。下设 14 个村民小组,农户 1083 户,常住人口 4246 人,正式党员 69 人,预备党员 3 人,设 7 个党小组。

福星村村委会坐落于环湖南大道，县四小学校旁，占地 1000 多平方米,设有办事大厅、多功能会议室、幸福食堂等,另有 6 间店面和综合服务大楼,每年能为村集体经济增收四十余万元。福星村班子结构合理,村两委成员实现了 3 个 90 后,1 个 80 后,3 个 70 后的“天平”配置,左有开拓的思维,右有沉稳的心性,加以充沛的干劲,组成一支高素质、高效能的综合治理团队。多年来获街道、县委“文明基层党组织”和脱贫攻坚“先进单位”称号。

康乐村

康乐村地处万载县城城南,是典型的城中村,村占地面积约为 1 平方千米。全村有五个村民小组,户籍户数 281 户,户籍人口 1272 人。全村共有党员 48 名。

全村无耕地面积,村级资产有金都宾馆、沙发厂、液化气站、汽修厂等,2019 年村级经济总收入为 62 万元。

里泉村

里泉村坐落在县城东郊 2 千米处，全村 23 个村民小组,1529 户农户,人口 5849 人,8 个党小组,党员 80 名,全村耕地面积 3560 亩，林地面积 1312 亩,小(二)型水库 2 座,人均年纯收入 7000 元。建档立卡贫困户 13 户 30 人，至 2020 年已全部脱贫。村主要以种植水稻、蔬菜等作物。有种粮大户 100 亩以上 2 户,桑葚基地 1 个,莲子基地 2 个,葡萄基地 1 个,橙子基地 1 个,苗木基地 1 个,水厂养殖 1 个。鼓励发展传统产业蔬菜种植,蔬菜腌制加工。

联和村

联和村位于万载县西部,县城西部,距县城和乡政府所在地 2 千米,东邻县城,南界兴联村,西连联胜村,北隔锦江河。联和村 21 个村民小组，总户数 909 户,其中农业户 898 户,总人口 3126 人,全村有低保户 108 人,分散供养五保户 6 户 6 人,党员 62 人，党小组 4 个，外出务工 230 人。全村原有建档立卡贫困户 21 户 42 人,至 2020 年已全部如期脱贫。村两委班子成员 6 人,第一书记 1 人,聘用干部 2 人。

该村积极配合政府工作,将

宜万高速、昌栗高速、西环路等两旁可视范围内进行环境整治、危旧房屋拆除、裸露山体复绿、房屋外墙改造、种植早稻等,使村容村貌得到了翻天覆地的改变,大大提高了村民的居住环境。

在抓经济发展的同时,村两委始终把平安建设工作摆上到重要议事日程，建立了信息平台,完善了三网建设,村干部经常深入农户,了解群众疾苦和愿望需求，了解社会发展动向,发现问题及时解决,发现事故苗头及时处理，防止事故扩大化,特别注重安全生产和森林防火,使群众生活有安全感。近 3 年来,联和村党支部及村委先后被授予“先进基层党组织”“高质量发展综合考评先进单位”等称号。

联星村

联星村位于县城东门口,东临十字布村、国道 320,北接东升村,建成大道穿境而过,西靠县城,南邻阳乐村。全村辖区面积 1.5 平方千米,耕地 572 亩,8 个村民小组,总户数 937 户,总人口 2882 人,党员 54 名,党小组 8 个，全村有低保户 31 户,52 人。

村级资产有宝塔东路维力大厦两间店面,维力大厦后停车场等,2020 年村级经济总收入为 12 万元。

猛辉村

猛辉村位于宜春市万载县康乐街道南区，地处城乡接合部,东邻福星,西至马步乡新民村,南至马步银田村,北至将军大道。全村地形以丘陵为主,全村占有地 2.7 平方千米,经过二期棚改拆迁,剩余耕地面积 128 亩,户籍人口数 4192 人,有党员 101 名（预备党员 2 名),6 个党小组,18 个村民小组。村集体经济收入 5.7 万元,农民人均纯收入 4250 元，猛辉村设猛辉村委会,共有干部 8 名(含大学生村党建宣传员 1 名)。在党建“三化”工作中,按照康乐街道党委统一部署,完善各项党建资料台账整理工作及党员会议议程制度。积极推进猛辉村党建工作的深度和广度,发挥了党员带领群众的示范作用,建立了、稳固了党和群众的桥梁。

十字布村

十字布村位于县城东部,西接联星村、东升村,南接福星村,将军大道穿境而过，北接益连村,东接严坑村、上高。全村辖区面积 3.16 平方千米，耕地面积 2630 亩,林地面积 4444 亩。辖区 20 个村民小组，共有 1127 户,人口 4296 人,党员 67 人,共分 7 个党小组。现有建档立卡贫困户 9 户,32 人。

发展种植产业,充分利用村闲置土地,村集体经济奇迹扶贫专业合作社利用闲置土地预计种植经济作物及其他农作物 100 亩,预计收入 8 万元。为增加农民收入,促进本村经济的发展打下了坚实的基础。村级集体经济收入 7.8 万元。

兴联村

兴联村位于万载县康乐街道西侧,距离县城两千米。东邻猛辉村，西邻高城镇联胜村,北邻联和村，南邻马步乡新民村。全村辖 22 个村民小组，有农户 1229 户,户籍人口 4769 人。村内土地总面积 6.1 平方千米,其中耕地亩 3761.5 亩（水田 3009.6 亩,旱地 751.9 亩),林地面积 3400 亩。全村原有建档立卡贫困户 16 户 44 人，至 2020 年已全部如期脱贫（2018 年脱贫 11 户 35 人,2019 年脱贫 4 户 6 人,2020 年脱贫 1 户 3 人)。村党支部下设党小组 6 个,党员 110 人。村两委班子成员 7 人,第一书记 1 人,聘用干部 1 人,大学生村干 1 人。

全村积极投身于新农村建设,通过对村民小组进行道路硬化、村庄亮化、改水改厕改环境、修建村民活动场所等,使村民的生活环境得到明显改善,村级基础设施建设也更上一个台阶;村两委班子多渠道引进外资,兴办了润昕竹木加工厂、金勇竹木加工厂、轻松化工厂,银湖混凝土公司等企业，促进村民就业增收;村委投入建设资金 500 余万元建成综合服务大楼,村两委班子决议后将大楼以每年 60 万元的租赁费出租给广仁骨科医院,为促进本村经济的发展打下了坚实的基础，在全村努力下,近 3 年来,兴联村党支部及村委先后被授予“先进基层党组织”“脱贫攻坚先进单位”“高质量发展综合考评先进单位”等称号。

阳乐村

阳乐村位于县城中心,东临康乐大道,西临阳乐大道,南临将军大道,北临环城东路,交通便利,人流量大。全村面积大约1.5平方千米。全村有502户,总人口1961人,其中未成年238人,60岁以上236人。设5个村民小组和5个党小组,有党员50人,村两委干部4人,聘用村干部2人。全村建档立卡贫困户1户1人,已完成脱贫;有低保户7户10人。全村村民主要从事建筑业、第三产业、经商及在外务工。村级集体经济收入主要以收租赁费为主,集体资产有银通概念酒店、前进食堂,有山林89亩。

统计资料

2020 年万载县建筑业企业主要生产指标完成情况表

表 4

指 标 名 称	计量单位	自年初累计	上年同期	同比增长（%）
企业个数	个	18	15	0.20
签订的合同额	亿元	16.47	16.10	0.02
建筑业总产值	亿元	13.11	11.70	0.12
竣工产值	亿元	8.66	9.44	–0.08
房屋建筑施工面积	万平方米	55.61	80.88	–0.31
其中:新开工面积	万平方米	30.24	62.02	–0.51
房屋建筑竣工面积	万平方米	51.69	65.87	–0.22
从事建筑业活动的从业人员平均人数	万人	0.42	0.37	0.14

2020年万载县农林牧渔业总产值和商品产值

表5

单位:万元

项　目	按现价计算	按可比价计算	商品产值(现价)
农林牧渔业总产值	384617	355890	250721
一、农业产值	159427	159281	79364
(一)谷物及其他作物	88864	88066	43022
1.谷物	70197	69812	34788
其中:小麦	180	177	111
稻谷	67146	67365	33302
玉米	1228	1270	540
2.薯类	5998	5834	2639
其中:马铃薯	1676	1577	736
3.油料	2994	2877	1343
其中:花生	1249	1198	549
油菜籽	1487	1429	653
4.豆类	3781	3702	1661
其中:大豆	2323	2296	1021
5.棉花	30	26	13
6.生麻	90	86	38
7.糖类	1365	1340	601
8.烟草	52	56	22
9.其他农作物	4357	4333	1917
其中:饲料作物	1467	1467	645
(二)蔬菜、食用菌及花卉盆景园艺产品	62391	63072	29641
1.蔬菜(含菜用瓜)	61051	61794	28480
2.食用菌	1340	1278	1161
3.花卉	0	0	0
4.盆景园艺	0	0	0
(三)水果、坚果、茶、饮料和香料	4840	4757	3385
1.水果	4236	4174	2896
其中:梨	74	77	47
柑橘	551	515	458
2.坚果	237	241	191
其中:核桃	0	0	0
板栗	223	227	180
松子	0	0	0

续表 5

项　　目	按现价计算	按可比价计算	商品产值(现价)
3.茶及饮料原料	367	342	298
其中:茶叶	367	342	298
4.香料作物	0	0	0
其中:花椒	0	0	0
八角	0	0	0
(四)中草药材	3332	3386	3316
二、林业产值	50530	49683	26155
(一)林木的培育和种植	15280	14931	0
1.育种育苗	6468	6384	0
2.造 林	2104	1996	0
3.抚育和管理	6708	6551	0
(二)竹木采运	17194	17565	15504
其中:村及村以下	3684	3611	3545
(三)林产品	18056	17187	10651
三、牧业产值	131509	104648	106259
(一)牲畜饲养	24412	22995	20275
1.牛的饲养	16902	16105	16057
2.羊的饲养	5441	4962	3591
3.其他牲畜饲养	1106	1012	627
4.奶产品	0	0	0
其中:牛奶	0	0	0
5.毛绒产品	0	0	0
其中:羊毛	0	0	0
6.其他牲畜副产品	963	916	0
(二)猪的饲养	73680	49168	67221
(三)家禽的饲养	28855	28246	16164
1.肉禽	25193	24889	13857
2.禽蛋	3662	3357	2307
(四)狩猎和捕捉动物	0	0	0
(五)其他畜牧业	4562	4239	2599
其中:蚕茧	0	0	0
兔	4466	4138	2545
四、渔业产值	35241	36275	31033
其中:养殖	29938	29699	26579
(一)鱼 类	23809	24678	20700
(二)虾蟹类	6838	6952	6692
(三)贝 类	1207	1219	896
(四)其 他	3387	3426	2745
五、农林牧渔服务业产值	7910	6003	7910

2020年万载县规模以上工业企业单位数及生产、销售、从业人员情况

表6

项　　目	企业单位数(个)	工业总产值(现价)	工业销售产值(现价)	出口交货值	工业增加值可比价增长(%)	平均用工人数(人)
总 计	186	2941829	2859318	3701421	3.8	35916
一、按登记注册类型分组						
国有企业						
集体企业						
股份合作企业						
股份制企业	172	2641569	2565062	3170517	3.4	26456
外商及港澳台商投资企业	2	207701	207701	3904	14.5	7252
其他经济类型企业	12	92559	86555	527000	-3.9	2208
总计中:中央企业						
地方企业	186	2941829	2859318	3701421	3.8	35916
总计中:国有控股企业						
总计中:非公有制工业	186	2941829	2859318	3701421	3.8	35916
总计中:私营企业	161	1905460	1827425	3275628	3.7	24025
二、按企业规模分组						
大型企业	2	277517	277215	265677	6.5	6222
中型企业	19	986214	980068	965665	-3.4	8755
小型企业	165	1678098	1602035	2470079	7.4	20939
三、按轻重工业分组						
轻工业	48	874635	860830	1313589	2.1	7387
重工业	138	2067194	1998488	2387832	4.7	28529
四、按工业行业大类分组						
非金属矿采选业	2	20207	18890		-2.1	71
农副食品加工业	5	55787	54825		-7.7	346
食品制造业	4	214510	214208	30587	1.9	1119

续表 6

项　　目	企业单位数（个）	工业总产值(现价)	工业销售产值(现价)		工业增加值可比价增长(%)	平均用工人数(人)
				出口交货值		
酒、饮料和精制茶制造业	3	53060	53060	694	0.9	380
纺织服装、服饰业	3	98812	95365		5.8	784
皮革、毛皮、羽毛及其制品和制鞋业	5	125522	125522	95407	17.5	2180
木材加工和木、竹、藤、棕、草制品业	4	17419	17366		8.5	200
家具制造业	2	5995	5647		12.0	157
造纸和纸制品业	8	52201	51305		3.1	597
印刷和记录媒介复制业	1	4731	4731		80.9	63
文教、工美、体育和娱乐用品制造业	2	6149	6069		3.7	96
石油、煤炭及其他燃料加工业	1	2742	2557		8.1	36
化学原料和化学制品制造业	95	727871	692741	229804	–1.4	15678
橡胶和塑料制品业	11	335774	336919		–2.7	1816
非金属矿物制品业	8	80281	79725		4.5	444
有色金属冶炼和压延加工业	10	284948	254033		6.8	1199
通用设备制造业	3	31611	31286		4.6	263
专用设备制造业	1	8977	8977	4672	0	168
电气机械和器材制造业	6	183176	174611	390	6.5	2281
计算机、通信和其他电子设备制造业	6	216449	216173	8589	10.9	6992
仪器仪表制造业	1	206	206		–65.9	35
废弃资源综合利用业	3	403581	403281		16.0	793
电力、热力生产和供应业	1	6164	6164		–16.1	102
水的生产和供应业	1	5658	5658		16.1	116

2020 年万载县规模以上工业主要产品产量表

表 7

产品名称	计量单位	产量	同比增长(%)
大米	吨	43115	37.9
精制食用植物油	吨	4976	-3.8
冷冻蔬菜	吨	2372	13.5
罐头	吨	70616	12.1
冷冻饮品	吨	33006	2.8
发酵酒精(折 96 度,商品量)	千升	69121	-0.1
饮料酒◇	千升	1767	2.1
其中:◇白酒(折 65 度,商品量)	千升	1767	2.1
饮料◇	吨	5780	38.6
服装◆	万件	877	-22.0
◆梭织服装△	万件	795	-7.2
◆针织服装	万件	82	-69.4
手提包(袋)、背包	万个	1335	16.4
鞋◇	万双	461	24.9
竹地板	平方米	68284	-42.2
家具◇	件	16840	-4.1
机制纸及纸板(外购原纸加工除外)◇	吨	52761	12.6
◇包装用纸及纸板△	吨	11578	3.2
纸制品◇	吨	13825	-1.2
其中:◇瓦楞纸箱	吨	300	-36.2
化学试剂	吨	76103	-4.2
活性炭	吨	28582	-6.9
塑料制品◇	吨	56971	-80.8
水泥◇	吨	371413	7.3
十种有色金属◆	吨	33593	57.0
◆精炼铜(电解铜)	吨	32883	53.7
◆镍	吨	710	0.0
黄金	千克	203	8.6
铝材◇	吨	10286	3.0
泵◇	台	44392	6.5
变压器◇	千伏安	113645	88.4
灯具及照明装置	套(台、个)	23817032	19.8
电子元件◇	万只	5365	-58.3
自来水生产量	万立方米	2003	19.5

2020年万载县社会消费品零售总额表

表8　　　　单位:万元

指　标　名　称	2020年	比上年%
社会消费品零售总额	654695.1	2.5
按行业分组		
1.批发业	352343.7	4.4
限额以上企业(单位)	73969.1	5.2
2.零售业	496314	4.8
限额以上企业(单位)	47378.2	9.4
限额以下企业(单位)及个体户	448935.8	15.6
3.住宿业	7327	−6.8
星级(限额以上)企业(单位)	5493.8	5.9
星级以外(限额以下)企业和个体户	1833.2	−70.8
4.餐饮业	47271	−2.5
星级(限额以上)企业(单位)	2953.4	18.3
星级以外(限额以下)企业和个体户	44317.6	−49.2

2020 年万载县各乡镇财政收入

表 9　　　　单位:万元

指标名称	2020 年财政总收入	其中:一般公共预算收入	税务部门	财政部门
全县合计	286355	163052	244815	41541
县本级小计	117440	77107	89253	28187
县直	77220	55754	49033	28187
工业园	40220	21353	40220	
乡镇小计	168915	85945	155562	13353
康乐街办	19922	12389	17526	2396
鹅峰乡	17272	8947	15693	1579
马步乡	11197	6112	10420	777
高城乡	9223	4370	9171	52
双桥镇	10854	3324	10647	208
赤兴乡	3451	1749	3403	48
仙源乡	3356	1576	3319	37
岭东乡	4475	2273	4269	206
白水乡	2612	1191	2526	86
潭埠镇	15947	7417	14466	1481
株潭镇	18661	10379	17268	1393
黄茅镇	20216	10436	16350	3866
三兴镇	9744	4892	8963	781
白良乡	6375	3094	6123	252
茭湖乡	3249	1847	3239	10
高村镇	3816	1857	3809	8
罗城镇	8547	4093	8371	176

2020 年万载县财政收入分项完成情况表

表 10　　　　单位;万元

科目＼项目	2020 年	2019 年	增长%
财政总收入	286355	281240	1.8
一、一般公共预算收入	163052	165629	-1.6
（一）一般公共预算税收收入	115995	126120	-8.0
1.增值税（45%）	64759	68877	-6.0
2.企业所得税（32%）	5687	5753	-1.1
3.个人所得税（32%）	1002	1078	-7.1
4.环境保护税（80%）	213	198	7.6
5.城建税	7861	6921	13.6
6.耕地占用税	756	7112	-89.4
7.契税	16853	16050	5.0
8.其他税收	18864	20132	-6.3
（二）非税收入	47057	39509	19.1
1.行政性收费收入	18414	14112	30.5
2.罚没收入	19622	17640	11.2
3.专项收入（含教育费附加）	6202	5352	15.9
4.其他收入			
5.国有资产有偿使用收入	2819	1962	43.7
6.政府住房基金收入	0	443	-100.0
二、中央收入	110339	106201	3.9
1.增值税（50%）	75998	76530	-0.7
2.消费税（100%）	21798	16864	29.3
3.企业所得税（60%）	10664	10787	-1.1
4.个人所得税（60%）	1879	2021	-7.0
三、省级收入	12965	9410	37.8
1.增值税（5%）	11239	7653	46.9
2.企业所得税（8%）	1422	1438	-1.1
3.个人所得税（8%）	251	269	-6.7
4.环境保护税（20%）	53	49	8.2

2020年万载县一般公共预算支出分项完成情况表

表11 单位:万元

项目 / 科目	2020年	2019年	增长%
一般公共预算支出	487751	477537	2.1
一、一般公共服务支出	30385	43639	-30.4
二、外交支出	0	0	
三、国防支出	860	220	290.0
四、公共安全支出	20381	19051	7.0
五、教育支出	107439	102932	4.4
六、科学技术支出	13548	13458	0.7
七、文化旅游体育与传媒支出	5372	5313	1.1
八、社会保障和就业支出	54340	57415	-5.4
九、卫生健康支出	61611	50156	22.8
十、节能环保支出	24917	22437	11.1
十一、城乡社区支出	31661	53517	-40.8
十二、农林水支出	60606	54929	10.3
十三、交通运输支出	14810	9397	57.6
十四、资源勘探信息等支出	15033	4496	234.4
十五、商业服务业等支出	1923	499	285.8
十六、金融支出	383	3	12682.3
十七、援助其他地区支出	0	0	
十八、自然资源海洋气象等支出	13537	2838	377.1
十九、住房保障支出	19893	27718	-28.2
二十、粮油物资储备支出	742	789	-6.0
十九、灾害防治及应急管理支出	4300	3233	33.0
二十一、其他支出(类)	113	452	-75.1
二十二、债务付息支出	5847	5021	16.5
二十三、债务发行费用支出	49	25	93.9

2020 年万载县小学分年龄分人口入学情况表

表 12

单位:人

	校内外学龄人口		在校学龄人口		在校学生数							
	计	其中:女	计	其中:女	计	其中:女	一年级	二年级	三年级	四年级	五年级	六年级
合计	53754	25760	53754	25760	57043	27155	7991	8807	9486	9826	10149	10784
其中:农村												
5 岁以下					1		1					
其中:农村												
6 岁	7127	3453	7127	3453	7127	3453	7115	12				
其中:农村												
7 岁	8587	4041	8587	4041	8587	4041	835	7740	12			
其中:农村												
8 岁	9570	4632	9570	4632	9570	4632	39	1005	8500	25	1	
其中:农村												
9 岁	9520	4569	9520	4569	9520	4569	1	44	900	8548	21	6
其中:农村												
10 岁	8842	4264	8842	4264	8842	4264		5	36	924	7825	52
其中:农村												
11 岁	10108	4801	10108	4801	10108	4801		1	27	201	1718	8161
其中:农村												
12 岁					2955	1234			8	111	518	2318
其中:农村												
13 岁					282	132			3	14	56	209
其中:农村												
14 岁					40	21				1	7	32
其中:农村												
15 岁及以上					11	8				2	3	6
其中:农村												

2020 年万载县初中分年龄人口入学情况表

表 13

单位:人

	校内外学龄人口		在校学龄人口		初中在校学生数				
	计	其中:女	计	其中:女	计	其中:女	一年级	二年级	三年级
合计	29983	14399	29983	14399	32335	15369	11145	10365	10825
其中:农村									
10 岁以下					3	3	2	1	
其中:农村									
11 岁					99	51	95	2	2
其中:农村									
12 岁	9451	4601	9451	4601	9451	4601	9236	179	36
其中:农村									
13 岁	11137	5341	11137	5341	11137	5341	1692	8158	1287
其中:农村									
14 岁	9395	4457	9395	4457	9395	4457	102	1874	7419
其中:农村									
15 岁					2040	820	13	123	1904
其中:农村									
16 岁					172	77	3	17	152
其中:农村									
17 岁					28	15	1	8	19
其中:农村									
18 岁					10	4	1	3	6
其中:农村									

2020 年万载县普通中学和小学专任教师技术职称、年龄结构情况表

表 14

单位：人

	合计	其中：女	245 岁及以下	26–30 岁	31–35 岁	36–40 岁	41–45 岁	46–50 岁	51–55 岁	56–60 岁	61 岁以上
合计	5679	3680	757	1407	800	476	712	568	657	282	20
小学：小计	3147	2273	441	768	492	318	443	244	264	166	11
其中：女	2273	*	395	677	429	258	254	125	118	13	4
中学高级	63	22				1	15	19	16	12	
小学高级	1035	521	2	40	60	157	292	156	200	123	5
小学一级	887	697	53	283	241	115	89	44	37	22	3
小学二级	338	295	69	163	59	19	15	7	5	1	
小学三级											
未评职称	824	738	317	282	132	26	32	18	6	8	3
初中：小计	1812	1019	229	479	202	102	209	245	284	62	
其中：女	1019	*	200	374	147	65	93	65	75		
中学高级	326	76				2	35	90	160	39	
中学一级	479	200		3	43	49	134	131	100	19	
中学二级	436	301	45	188	92	39	33	19	16	4	
中学三级	75	51	24	26	12	4	1	4	4		
未评职称	496	391	160	262	55	8	6	1	4		
高中：小计	720	388	87	160	106	56	60	79	109	54	9
其中：女	388	*	72	121	67	27	31	34	29	6	1
中学高级	216	65				1	24	47	89	47	8
中学一级	189	90		5	51	49	32	28	17	6	1
中学二级	192	146	24	112	45	4	3	2	2		
中学三级	8	5	4	1	1	1				1	
未评职称	115	82	59	42	9	1	1	2	1		

2020年万载县医疗卫生

表15

机构分类	机构个数(个)	已报机构(个)	编制床位数(张)	实有床位数(张)	编制人数	在岗职工(人) 合计	小计
总计	273	273	3006	4225	1213	3911	2976
一、医院	9	9	2007	2305	602	1802	1533
综合医院	7	7	1507	1805	415	1300	1090
中医医院	1	1	400	400	187	362	329
专科医院	1	1	100	100	0	140	114
骨科医院	1	1	100	100	0	140	114
二、基层医疗卫生机构	259	259	850	1670	492	1746	1143
卫生院	17	17	850	1670	492	1066	940
乡镇卫生院	17	17	850	1670	492	1066	940
中心卫生院	4	4	301	751	191	470	427
乡卫生院	13	13	549	919	301	596	513
村卫生室	187	187		0		575	100
诊所、卫生所、医务室	55	55	0	0	0	105	103
诊所	53	53	0	0	0	101	99
卫生所、医务室	2	2	0	0	0	4	4
三、专业公共卫生机构	5	5	149	250	119	363	300
疾病预防控制中心	1	1	0	0	33	42	34
县属	1	1	0	0	33	42	34
其他	0	0	0	0	0	0	0
专科疾病防治院(所、站)	2	2	99	150	8	114	99
专科疾病防治所(站、中心)	2	2	99	150	8	114	99
精神病防治所(站、中心)	1	1	89	140	0	97	82
皮肤病与性病防治所(中心)	1	1	10	10	8	17	17
妇幼保健院(所、站)	1	1	50	100	61	185	151
县属	1	1	50	100	61	185	151
其他	0	0		0	0	0	0
妇幼保健院	1	1	50	100	61	185	151
卫生监督所(中心)	1	1	0	0	17	22	16
县属	1	1	0	0	17	22	16
其他	0	0		0	0	0	0

机构、床位、人员情况表

在岗职工（人）										
卫生技术人员								其他技术人员	管理人员	工勤技能人员
执业（助理）医师		注册护士	药师（士）	技师（士）		其他				
	执业医师				检验师		见习医师			
1125	892	1327	165	215	118	144	40	105	132	223
540	500	789	75	76	39	53	15	68	76	125
375	342	559	45	62	35	49	12	40	50	120
133	132	160	25	7	0	4	3	10	20	3
32	26	70	5	7	4	0	0	18	6	2
32	26	70	5	7	4	0	0	18	6	2
465	284	424	76	107	56	71	25	29	25	74
302	217	395	66	107	56	70	25	29	25	72
302	217	395	66	107	56	70	25	29	25	67
123	97	201	30	49	23	24	18	2	9	32
179	120	194	36	58	33	46	7	27	16	40
93	12	7	0	0	0	0	0	0	0	0
70	55	22	10	0	0	1	0	0	0	2
68	54	20	10	0	0	1	0	0	0	2
2	1	2	0	0	0	0	0	0	0	0
120	108	114	14	32	23	20	0	8	31	24
18	16	7	0	9	9	0	0	0	8	0
18	16	7	0	9	9	0	0	0	8	0
0	0	0	0	0	0	0	0	0	0	0
52	49	34	5	8	5	0	0	0	6	9
52	49	34	5	8	5	0	0	0	6	9
46	43	29	2	5	2	0	0	0	6	9
6	6	5	3	3	3	0	0	0	0	0
50	43	73	9	15	9	4	0	7	12	15
50	43	73	9	15	9	4	0	7	12	15
0	0	0	0	0	0	0	0	0	0	0
50	43	73	9	15	9	4	0	7	12	15
0	0	0	0	0	0	16	0	1	5	0
0	0	0	0	0	0	16	0	1	5	0
0	0	0	0	0	0	0	0	0	0	0

2020 年万载县各乡镇(街道)户数与人口情况表

表 16

乡镇	年末总户数(户)	年末总人口(人)			总人口中分性别(人)		总人口中分年龄(人)				2020 年度人员变动(人)			
		合计	城镇人口	乡村人口	男	女	0–17 岁	18–34 岁	35–59 岁	60 岁及以上	出生	其中:男	死亡	其中:男
全县	161073	579097	232066	347031	303317	275780	167486	123464	205552	82595	6729	3562	4881	2817
康乐	32940	104243	104243		51338	52905	27274	21022	40502	15445	1105	598	713	378
株潭	16978	69573	12168	57405	36113	33460	22297	16380	21811	9085	799	398	521	299
黄茅	14767	60502	3580	56922	32135	28367	18649	14166	19582	8105	741	385	533	322
潭埠	11403	46713	19623	27090	24591	22122	14666	10110	15725	6212	552	294	377	218
双桥	10292	38375	20957	17418	20273	18102	10826	8131	13695	5723	455	238	385	236
高村	5476	16628	1092	15536	8955	7673	4088	3407	6469	2664	202	107	194	114
三兴	8168	30766	22376	8390	16212	14554	9006	6378	11040	4342	376	178	225	121
罗城	7973	26118	1529	24589	13906	12212	7269	5201	9610	4038	278	157	254	154
马步	9582	33688	21604	12084	17700	15988	10259	7541	11411	4477	465	253	251	140
鹅峰	6108	23294	10329	12965	12057	11237	6799	5173	8229	3093	302	168	154	92
白良	7417	24051	4470	19581	12886	11165	6884	4936	8547	3684	246	122	248	138
白水	3212	11105	3761	7344	6090	5015	3052	2203	4029	1821	118	69	104	55
岭东	3700	13738	4940	8798	7400	6338	4324	2764	4814	1836	155	83	154	100
仙源	5217	17558	360	17198	9640	7918	4562	3289	6928	2779	185	105	148	89
茭湖	3661	12196	403	11793	6756	5440	3145	2383	4808	1860	150	88	116	72
高城	10189	36547	172	36375	19564	16983	10363	7701	13213	5270	420	227	391	215
赤兴	3990	14002	459	13543	7701	6301	4023	2679	5139	2161	180	92	113	74

索　引

说　明

说明：此索引依照国家标准《索引编制规则（总则）》的相关规则进行编制。此索引为主题索引，按主题词中第一第二个字汉语拼音字母顺序排列，主题词后的阿拉伯数字表示该词所在页码。对特载、大事记、统计资料等类目不作主题索引。

D

E

G

H

J

K

P

Q

Y

Z